方李邦琴北京大学人文学科文库出版基金赞助

北大中国史研究丛书
荣新江 张帆 主编

古代北京与西方文明

欧阳哲生 著

图书在版编目(CIP)数据

古代北京与西方文明/欧阳哲生著. —北京：北京大学出版社，2018.6
（北京大学人文学科文库. 北大中国史研究丛书）
ISBN 978-7-301-29676-9

Ⅰ.①古… Ⅱ.①欧… Ⅲ.①北京—地方史—古代 Ⅳ.①K291

中国版本图书馆 CIP 数据核字(2018)第 138320 号

书　　名	古代北京与西方文明 GUDAI BEIJING YU XIFANG WENMING
著作责任者	欧阳哲生　著
责任编辑	张　晗
标准书号	ISBN 978-7-301-29676-9
出版发行	北京大学出版社
地　　址	北京市海淀区成府路 205 号　100871
网　　址	http://www.pup.cn　新浪微博：@北京大学出版社
电子信箱	pkuwsz@126.com
电　　话	邮购部 62752015　发行部 62750672　编辑部 62767315
印刷者	北京大学印刷厂
经销者	新华书店 650 毫米 ×980 毫米　16 开本　41 印张　628 千字 2018 年 6 月第 1 版　2018 年 6 月第 1 次印刷
定　　价	108.00 元

未经许可，不得以任何方式复制或抄袭本书之部分或全部内容。
版权所有，侵权必究
举报电话：010-62752024　电子信箱：fd@pup.pku.edu.cn
图书如有印装质量问题，请与出版部联系，电话：010-62756370

总　序

袁行霈

　　人文学科是北京大学的传统优势学科。早在京师大学堂建立之初，就设立了经学科、文学科，预科学生必须在5种外语中选修一种。京师大学堂于1912年改为现名，1917年，蔡元培先生出任北京大学校长，他"循思想自由原则，取兼容并包主义"，促进了思想解放和学术繁荣。1921年北大成立了四个全校性的研究所，下设自然科学、社会科学、国学和外国文学四门，人文学科仍然居于重要地位，广受社会的关注。这个传统一直沿袭下来，中华人民共和国成立后，1952年北京大学与清华大学、燕京大学三校的文、理科合并为现在的北京大学，大师云集，人文荟萃，成果斐然。改革开放后，北京大学的历史翻开了新的一页。

　　近十几年来，人文学科在学科建设、人才培养、师资队伍建设、教学科研等各方面改善了条件，取得了显著成绩。北大的人文学科门类齐全，在国内整体上居于优势地位，在世界上也占有引人瞩目的地位，相继出版了《中华文明史》《世界文明史》《世界现代化历程》《中国儒学史》《中国美学通史》《欧洲文学史》等高水平的著作，并主持了许多重大的考古项目，这些成果发挥着引领学术前进的作用。目前北大还承担着《儒藏》《中华文明探源》《北京大学藏西汉竹书》的整理与研究工作，以及《新编新注十三经》等重要项目。

　　与此同时，我们也清醒地看到，北大人文学科整体的绝对优势正在减弱,有的学科只具备相对优势了;有的成果规模优势明显,高度优势还有待提升。北大出了许多成果,但还要出思想,要产生影响人类命运和前途的思想理论。我们距离理想的目标还有相当长的距离,需要人文学科的老师和同学们加倍努力。

我曾经说过:与自然科学或社会科学相比,人文学科的成果,难以直接转化为生产力,给社会带来财富,人们或以为无用。其实,人文学科力求揭示人生的意义和价值、塑造理想的人格,指点人生趋向完美的境地。它能丰富人的精神,美化人的心灵,提升人的品德,协调人和自然的关系以及人和人的关系,促使人把自己掌握的知识和技术用到造福于人类的正道上来,这是人文无用之大用!试想,如果我们的心灵中没有诗意,我们的记忆中没有历史,我们的思考中没有哲理,我们的生活将成为什么样子?国家的强盛与否,将来不仅要看经济实力、国防实力,也要看国民的精神世界是否丰富,活得充实不充实,愉快不愉快,自在不自在,美不美。

一个民族,如果从根本上丧失了对人文学科的热情,丧失了对人文精神的追求和坚守,这个民族就丧失了进步的精神源泉。文化是一个民族的标志,是一个民族的根,在经济全球化的大趋势中,拥有几千年文化传统的中华民族,必须自觉维护自己的根,并以开放的态度吸取世界上其他民族的优秀文化,以跟上世界的潮流。站在这样的高度看待人文学科,我们深感责任之重大与紧迫。

北大人文学科的老师们蕴藏着巨大的潜力和创造性。我相信,只要使老师们的潜力充分发挥出来,北大人文学科便能克服种种障碍,在国内外开辟出一片新天地。

人文学科的研究主要是著书立说,以个体撰写著作为一大特点。除了需要协同研究的集体大项目外,我们还希望为教师独立探索,撰写、出版专著搭建平台,形成既具个体思想,又汇聚集体智慧的系列研究成果。为此,北京大学人文学部决定建设"北京大学人文学科文库",旨在汇集新时代北大人文学科的优秀成果,弘扬北大人文学科的学术传统,展示北大人文学科的整体实力和研究特色,为推动北大世界一流大学建设、促进人文学术发展做出贡献。

我们需要努力营造宽松的学术环境、浓厚的研究气氛。既要提倡教师根据国家的需要选择研究课题,集中人力物力进行研究,也鼓励教师按照自己的兴趣自由地选择课题。鼓励自由选题是"北京大学人文学科文库"的一个特点。

我们不可满足于泛泛的议论，也不可追求热闹，而应沉潜下来，认真钻研，将切实的成果贡献给社会。学术质量是"北京大学人文学科文库"的一大追求。文库的撰稿者会力求通过自己潜心研究、多年积累而成的优秀成果，来展示自己的学术水平。

我们要保持优良的学风，进一步突出北大的个性与特色。北大人要有大志气、大眼光、大手笔、大格局、大气象，做一些符合北大地位的事，做一些开风气之先的事。北大不能随波逐流，不能甘于平庸，不能跟在别人后面小打小闹。北大的学者要有与北大相称的气质、气节、气派、气势、气宇、气度、气韵和气象。北大的学者要致力于弘扬民族精神和时代精神，以提升国民的人文素质为己任。而承担这样的使命，首先要有谦逊的态度，向人民群众学习，向兄弟院校学习。切不可妄自尊大，目空一切。这也是"北京大学人文学科文库"力求展现的北大的人文素质。这个文库第一批包括：

"北大中国文学研究丛书"（陈平原　主编）

"北大中国语言学研究丛书"（王洪君　郭锐　主编）

"北大比较文学与世界文学研究丛书"（陈跃红　张辉　主编）

"北大批评理论研究丛书"（张旭东　主编）

"北大中国史研究丛书"（荣新江　张帆　主编）

"北大世界史研究丛书"（高毅　主编）

"北大考古学研究丛书"（赵辉　主编）

"北大马克思主义哲学研究丛书"（丰子义　主编）

"北大中国哲学研究丛书"（王博　主编）

"北大外国哲学研究丛书"（韩水法　主编）

"北大东方文学研究丛书"（王邦维　主编）

"北大欧美文学研究丛书"（申丹　主编）

"北大外国语言学研究丛书"（宁琦　高一虹　主编）

"北大艺术学研究丛书"（王一川　主编）

"北大对外汉语研究丛书"（赵杨　主编）

此后,文库又新增了跨学科的"北大古典学研究丛书"(李四龙、彭小瑜、廖可斌主编)和跨历史时期的"北大人文学古今融通研究丛书"(陈晓明、王一川主编)。这 17 套丛书仅收入学术新作,涵盖了北大人文学科的多个领域,它们的推出有利于读者整体了解当下北大人文学者的科研动态、学术实力和研究特色。这一文库将持续编辑出版,我们相信通过老中青学者的不断努力,其影响会越来越大,并将对北大人文学科的建设和北大创建世界一流大学起到积极作用,进而引起国际学术界的瞩目。

2017 年 10 月修订

"北大中国史研究丛书"序

近年来,北大的人文研究开始活跃起来。国际汉学家研修基地、人文社会科学研究院、区域与国别研究院纷纷成立,举办各种各样的学术活动,会议、工作坊、讲座纷至沓来。一时间,学术气氛浓郁,不同学科也进一步加强了交流。与此同时,新的人文学部也在沉闷的评审、提职、定级、评奖的会议之外,开始组织讲座、论坛和工作坊,建设跨学科研究平台;构筑"北京大学人文学科文库",希望整体展示人文学科的学术成果。我等受命编辑"文库"中的"北大中国史研究丛书",得到同行的踊跃支持。

北大的中国史研究,可以追溯到1899年京师大学堂初设时的史学堂,作为新式教育的一科,包含中国历史研究。1903年,史学堂改为中国史学门和万国史学门,相当于今天的中国历史和世界历史两个专业。1912年京师大学堂改称国立北京大学,1919年设立史学系。1952年院系调整,新的北大历史系又接纳了清华大学历史系和燕京大学历史系的许多著名学者,使北大历史系成为研究中国历史的重镇。在北大史学系到历史系的发展历程中,中国史学研究的队伍不断壮大,名家辈出,也产生了许多传世名著。

但是,由于在20世纪经历了多次国难、内战、政治运动,特别是"文革"的迫害,在处于政治旋涡中的北大,史学研究者也不免受到冲击甚至没顶之灾。而且,最近几十年来社会观念巨变,大学里政经法等社会科学越来越受到重视,文史哲则日渐萎缩,历史学科的规模更是受到较大的限制。

然而，历史学作为一个综合性大学的基础人文学科，是不可或缺的。而中国历史，更是居于中国大学首位的北京大学所不可或缺的。北大的中国史研究者，也有着比其他人更加厚重的义务，需要更加努力地做好自己的研究。中国近代学术起步要晚于西方和日本，所以在相当长的一段时间里，即便是中国历史研究领域，也有不少优秀的学者是西方或日本培养起来的，陈寅恪先生因而有"群趋东邻受国史，神州士夫羞欲死"的感叹。历次政治运动，也使国人的许多研究领域拉开了与国外优秀学者的距离。但改革开放以来，包括北大学人在内的中国学者奋起直追，在中国史的许多方面，我们已经走在了学科发展前列，产生出一批优秀的学术著作，为东西洋学者同行刮目相看。

过去，北大历史系学人的特点之一，就是单打独斗。一些优秀学者在各个出版社出版的著作，为弘扬北大学术，做出了极大的贡献。但这样的做法，也使得不少学术研究成果，变成各种丛刊的组成部分，显现不出北大的学术积淀。"北京大学人文学科文库"的想法之一，就是把北大学人的成果凝聚在一起，形成一个比较宏大的气势，推进北大的人文研究。这一做法，对于北大中国史研究，无疑有助于提振士气，凝聚力量，可以集中展现北大中国史学科的研究成果。相信北大历史系暨中国古代史研究中心的学者，有义务，有承担，把自己最满意的研究成果，在"北大中国史研究丛书"中陆续推出。

荣新江　张　帆
2018 年北大校庆前两日

目 录

导 论 ··· 1
 一　选择"古代北京与西方文明"课题的缘由 ············· 1
 二　关键概念的梳理：古代北京、西方 ················· 4
 三　国内有关古代北京与西方关系的研究成果概述 ······ 16
 四　西方相关研究及其值得注意的动向 ················ 34
 五　研究"古代北京与西方文明"课题的
   主要内容、基本思路 ··························· 53

第一章　欧洲与中国文明对话的新开端
   ——以西人在元大都"汗八里"的经验为中心
   的考察 ·· 56
 一　中西交通的新形势及西人来华路线 ················ 57
 二　马可·波罗进入元大都的路线、时间、住所 ········ 62
 三　《马可波罗行纪》中的"汗八里" ················· 65
 四　《马可波罗行纪》与同期中外北
   京史籍的比较及其影响 ························· 81
 五　孟高维诺笔下的北京天主教 ····················· 88
 六　《鄂多立克东游录》中的元大都 ·················· 96
 七　马黎诺里游记中的"汗八里" ···················· 100
 结　语 ·· 103

第二章　17世纪西方耶稣会士眼中的北京
   ——以利玛窦、安文思、李明为中心的讨论 ······ 106
 一　17世纪来京耶稣会士概述 ······················ 107

二　利玛窦的"北京经验" ………………………………………… 112
三　安文思《中国新志》中的北京 ……………………………… 131
四　李明《中国近事报道》中的北京 …………………………… 143
结　语 ……………………………………………………………… 162

第三章　来自北极熊的窥探
——17世纪俄罗斯遣使的"北京经验" ………………………… 165
一　17世纪俄罗斯赴京使节及其相关文献概述 ………………… 166
二　俄罗斯使团的使命 …………………………………………… 173
三　俄罗斯使团的地理收获 ……………………………………… 177
四　对北京城的观察与记录 ……………………………………… 184
五　外交往来与礼仪之争 ………………………………………… 199
六　从商贸考察到"京师互市" …………………………………… 211
结　语 ……………………………………………………………… 219

第四章　18世纪法国耶稣会士的"北京经验"
——以《耶稣会士中国书简集》为中心的讨论 ………………… 223
一　18世纪来京之法国耶稣会士概述 …………………………… 225
二　法国耶稣会士赴华使命及其书简、报告 …………………… 231
三　《书简集》所载进入北京的路线、时间和住所 …………… 240
四　法人眼中的北京建筑和园林艺术 …………………………… 252
五　出入清宫的法国耶稣会士 …………………………………… 263
六　北京的地震、灾害纪实 ……………………………………… 277
结　语 ……………………………………………………………… 282

第五章　文明的较量与权力的博弈
——以教廷多罗、嘉乐使华的"中国礼仪之争"为中心 ……… 286
一　多罗使华与康熙的冲突 ……………………………………… 286
二　嘉乐使华与康熙的博弈 ……………………………………… 303
结　语 ……………………………………………………………… 314

第六章　16—18世纪葡萄牙、荷兰遣使的"北京经验" ······ 315
　一　平托《远游记》中的北京 ······ 316
　二　皮雷斯使团的北京之行（1521年）······ 326
　三　清朝前期葡萄牙使团的"北京经验" ······ 330
　四　清朝初期荷兰遣使三进北京 ······ 349
　五、荷兰德胜使团在北京（1795年）······ 365
　结　语 ······ 377

第七章　俄国东正教传教团的"北京经验" ······ 380
　一　俄罗斯东正教传教团驻京概述 ······ 382
　二　俄国传教团的教堂、房舍、墓地和土地 ······ 398
　三　俄罗斯传教团在京的多重活动 ······ 407
　四　俄罗斯传教团的北京文献 ······ 423
　五　中俄贸易在北京 ······ 439
　结　语 ······ 447

第八章　英国马戛尔尼、阿美士德使团的"北京经验" ······ 450
　一　鸦片战争前英国使团的两次北京之行及其相关文献 ······ 454
　二　马戛尔尼使团在北京、热河的行程和食宿安排 ······ 468
　三　马戛尔尼使团笔下的北京、热河 ······ 482
　四　阿美士德使团的"礼仪之争"——叩头 ······ 510
　结　语 ······ 531

总结　盛世下的忧患——中西关系视角下的康雍乾盛世 ······ 540
　一　中西交流给北京带来的"西方元素" ······ 540
　二　不对称的中西方文化交流 ······ 543
　三　康雍乾盛世下潜存的危机因素 ······ 552

附录一　16—18世纪来京西方耶稣会士一览表 ……………… 563
附录二　鸦片战争以前北京与西方关系编年事辑 ………… 594
参考文献 ………………………………………………………… 608
书成后记 ………………………………………………………… 639

导　论

北京作为元、明、清三朝古都,是中国政治、经济、文化、军事的中心,在中西关系特别是中西文化交流史上,她扮演着极其重要的角色,其历史地位堪与汉、唐长安媲美。从元代以来,西方的旅行家、传教士、外交使节和商人源源不断地走向北京,他们将自己亲身经历的"北京经验"(The Beijing Experience)以笔记、日记、书信、回忆录等各种文体记录下来,带回自己的故土,成为西方世界介绍北京、想象北京的经典素材,构成西方"北京形象"的源泉。从这些西方人士的"北京经验"中,我们可以窥见西方人士近千年中国观的演变过程——从极为倾慕,到逐步渗透。通过解析这一过程,我们将看到中西关系演变的一个侧面——西方视野里的北京形象。

一　选择"古代北京与西方文明"课题的缘由

确定以"古代北京与西方文明"作为自己的研究课题,是由文献的、历史的、学术的、现实的和个人的多重因素合力促成。

从文献材料看,元代以降,西方人士源源不断地走向北京,或游历、或传教、或经商、或奉使,北京是西方人士进入中国后的首要目的地,北京的城市文化、风土人情、建筑园林也成为他们考察、记录的主要对象。围绕这座文明古城和享誉世界的大都市,来京的西方人士撰写了数量众多的不同体裁的纪实作品,包括日记、书信、游记、回忆录、考察报告、旅行札记、社会调查、绘画作品,它们具有纪实、写实的性质,这类作品可谓西方人士亲历北京的历史记录,亦是西方人士留存的"北京经验"或"北京记忆"的历史文献。这些不同体裁的作品值得特别提到的有:反映元大都盛景的《马可波罗行纪》《鄂多立克东游录》;反映晚明北京风情的意大利耶稣会士《利玛窦中国札记》及其书信、俄罗斯伊万·佩特林使团《关于中国、喇嘛国和其他国土、游牧地区与兀鲁思以及大鄂毕河和其他河流、道路等情况之报告》;反映清初改朝换代后北京状况的有葡萄牙传教士安文思著《中国新史》、荷兰使节约翰·尼霍夫著《荷使初访中国记》、俄罗斯使团《费·伊·巴伊科夫条陈文本对比》、斯帕法里《中国介绍》;反映康熙前期京师风貌的有法国耶稣会士李明著《中国近事报道》、白晋著《康熙传》、《张诚日记》、荷兰伊兹勃兰特·伊台斯与德国亚当·勃兰德合著《俄国使团使华笔记》;反映18世纪北京风俗政情的有法国传教士汉学名著《耶稣会士中国书简集》《中华帝国全志》《中国丛刊》;反映18世纪末乾隆接待英国马戛尔尼使团的纪实作品有《马戛尔尼勋爵私人日志》、巴罗著《中国行纪》、斯当东著《英使谒见乾隆纪实》和随团画家亚历山大的大量画作。1997年牛津大学出版社出版由新西兰驻华大使克里斯·埃尔德编纂的《老北京:世界统治者之城》,该书搜集了从1300年至1993年七百年间出版的142种有关北京的英文书籍(部分作品为英译著作),从中摘选了400多则精彩片断,按十六个专题,分门别类,编选成书,浓缩了西方人士对北京的评价和印象。该书被列为"中国城市旧闻丛书"首卷出版,足见西方人士对北京历史文化的浓厚兴趣和强烈爱好。① 据我个人不完整的统计,迄今仅使用英、法、德、俄、葡、荷等欧美语种写作的以北京为题材或研究对象的著作在五百种以上,这是值得我们重视的一笔学术、文化资源,其所蕴含的丰富的历史文献价值和学术研究价值,理应为我们所重视和取鉴。

　　从历史地位看,北京是继长安之后中国历史上又一中外文化交流的中心。长安作为汉唐时期的中国政治、经济、文化中心,是公元前2世纪到公元9世纪这一时段内中外文化交流的中心,她对沟通中原与西域、中亚、印度、波斯等地的文化交流产生了关键的作用。北京作为元、明、清三朝古都,是这一时期中国政治、经济、文化、军事的中心,也是同期中外文

---

① Chris Elder. *Old Peking: City of the Ruler of the World*. Hong Kong: Oxford University Press, 1997.

化交流的中心。在中国古代历史上,长安(西安)、北京若如两颗前后并峙、交互辉映的双子星座,北京在中外文化交流史上的重要地位由此可见一斑。

相对于北京这一历史地位而言,我们现今对北京与外来文化之间关系的研究,显得相对薄弱。对北京与中西文化交流更是缺乏有深度的研究。

当然,之所以选择这一研究课题,与我个人的研究兴趣亦有很大关系。在京二十余年,从最初的向往,到长年浸泡在北京文化所产生的陶醉,对这座城市的感情可谓与日俱增,因而对这座城市也产生了从学术上探究的兴趣。平时闲逛书店,留意搜购北京历史的研究专著和古籍文献。出国访学,也着意寻访收集西方有关北京学的文献材料、研究著作,日积月累,这方面的材料逐渐增多。以自己长期从事研究中国近现代史的工作感受,以为中西关系是近代以来最为关键、最为复杂、最难处理的一对关系。把握好这一关系,对中国的发展、对中华民族的伟大复兴可以说极为重要。因此,产生了研究中西关系史,特别是中西文化交流史的兴趣。而以"古代北京与西方文明"作为切入点,具有天时(时代的急迫需要)、地利(身处北京的地缘)、人和(京城近年国际汉学研究的热烈气氛)的优势,可谓是再合适不过。加上北京大学本身具有研究中外文化交流史与北京学的学术传统。前辈学者如向达先生的《唐代长安与西域文明》即为研究长安与西域关系的经典之作。季羡林先生以研究中印文化交流史与敦煌学见长,在地域上实为以汉唐长安与外来文明的关系为中心。周一良先生在1980年代组织北京大学相关专业教师,撰写了《中外文化交流史》(河南人民出版社,1987年),再次确认了北大在这一领域的领先地位。侯仁之先生在英国利物浦大学留学时即撰写以北京为题材的博士论文《北平历史地理》,①从此将其身心投入北京历史地理的研究,他是大家所仰慕的北京历史地理研究的宗师。他们的长处是具有国际视野,他们的研究从一开始就建立在广阔的国际视野基础之上,因为他们的研究成就,

---

① Hou, Renzhi. *An Historical Geography of Peiping*. Ph. D Dissertation. Livepool: University of Liverpool, 1949. 中译本有侯仁之著,邓辉、申雨平、毛怡译:《北平历史地理》,北京:外语教学与研究出版社,2014年。

国际学术界才对中国在这些领域的学术研究表现出应有的尊重。我从事"古代北京与西方文明"这一课题研究,实际上是传承北大老一辈学者开创的这一学术传统。这多重因素的结合将我引入"古代北京与西方文明"这一课题中来,这项课题实际上是我多重兴趣点的结合与贯通。

二 关键概念的梳理:古代北京、西方

本课题的研究涉及两个关键概念,这里有必要先作一梳理和厘清。一、古代北京。二、西方。

北京建城之始约为周朝初年。《史记·燕召公世家》称:"周武王之灭纣,封召公于北燕。"从考古发掘的遗址看,在北京的房山琉璃河董家林发现了大面积的燕国古城遗址,东西长约850米,南北宽约600米,城墙厚约4米,用土夯筑而成。城墙分主城墙、内附墙和护坡三部分。城垣外有沟池环绕,颇具规模。这可能是燕国的都邑所在。迄今已有3000多年。① 侯仁之先生对燕蓟历史有经典说明:

> 春秋时期,燕并蓟,移治蓟城。蓟城核心部分在今北京宣武区,地近华北大平原北端,系中原与塞上来往交通之枢纽。
>
> 蓟之得名源于蓟丘。北魏郦道元《水经注》有记曰:"今城西北。隅有蓟丘,因丘以名邑也,犹鲁之曲阜、齐之营丘矣。"证以同书所记蓟城之河湖水系,其中心位置适在今宣武区广安门内外。
>
> 蓟城四界,初见于《太平寰宇记》所引之《郡国志》,其书不晚于唐代,所记蓟城"南北九里,东西七里",呈长方形。有可资考证者,其西南两墙外,为今莲花河故道所经;其东墙内有唐悯忠寺,即今法源寺。②

另据《史记·周本纪·正义》载:"蓟、燕二国,俱武王立,因燕山、蓟丘为名,其地足自立国。蓟盛燕微,用并蓟居之,蓟名遂绝焉。"1995年北京市宣武区人民政府在今广安门北滨河公园内修建了一座"蓟城纪念柱"。其

---

① 参见朱祖希:《北京城演进的轨迹》,北京:光明日报出版社,2004年,第24页。
② 侯仁之:《北京建城记》,收入氏著:《北京城的生命印记》,北京:三联书店,2009年,第492页。

上篆书:"北京城区肇始于斯地,其时惟周,其名为蓟。"并由北京大学教授、著名历史地理学家侯仁之先生题写了碑文——"北京建城记"。

公元前221年,秦始皇统一中国后,初设三十六郡,蓟城为广阳郡的治所。两汉时期,燕地或设燕国、广阳国,或仍称广阳郡,其治所都在蓟城。魏晋时期,广阳郡属魏国;西晋蓟城初为燕王封地,后隶属幽州治所。五胡十六国时期,蓟城成为后燕的都城。北魏统一北方后,燕郡隶属幽州,州、郡治所俱在蓟城。隋重新统一中国后,初废燕郡存幽州,大业初年改幽州为涿郡,均治蓟城。唐代隋后,改涿郡为幽州,仍治蓟城(或名幽州城)。可以说,迄至唐末,蓟城是北方重镇,是汉族与北方少数民族交集的重要地区。

契丹政权建立后,后唐节度使石敬瑭曾以称臣、割让十六州给契丹。辽国建立后,在幽州建立陪都,因地处其所辖疆域南部,故称为南京(又称燕京)。金灭辽后,金海陵王迁都燕京,模仿汴京建造宫阙,"广燕京城",并以之为中都。又因以汴京(开封府)为南京,以中京(大定府)为北京。北京正式成为皇都。

忽必烈建立元朝后,派人来燕京勘察,经过周密规划,决定放弃燕城旧址,改在其东北方以金朝琼华岛离宫为中心兴建新都。1267年开始大规模兴建新城工程,1276年皇城的主体建筑基本竣工。1283年皇室、衙署、商铺相继迁入大都。元大都是中国政治中心,也是中外文化交流的中心。伴随蒙元的征服步伐走向欧洲、西亚、北非,大都的盛名远播亚、欧、非。元大都可谓当时世界上最辉煌、最雄壮、最繁华的城市。西人称之为"汗八里",意为大汗之城,表现了其对该城的极度称羡之情。

明朝建立之初,定都南京,将大都府改为"北平府",在此设地方行政机构——北平布政司。1399年燕王朱棣起兵,攻下南京,1403年升北平为北京,改北平府为顺天府。北京再次成为全国政治、经济、文化中心。1644年,明亡清兴,清承明制,定都北京。

古代北京经历了从一个地方性的重镇,到北方的主要城市,再到全国性的政治中心,直至闻名世界的大都市的发展过程。在其成长的过程中,各族人民对北京做出了贡献。北京是中华民族凝聚力的象征,是博大精深、丰富多彩的中华文化的体现。

"西方"在中国历史地理学上是一个含混而不确定的名称,它与历史上的中西交通密切相联,这一名称经历了一个漫长的变迁、演变过程。要理解中国人的"西方"观念,首先要从追溯中国历史上与这个概念相联的两个地域名称说起,即汉唐时期的"西域"和宋元明时期的"西洋"。探讨历史上从"西域""西洋"到"西方"的名称转换过程,可以看出中国人的西方观念之变迁。

中原通西域始自汉武帝建元二年(前139)张骞出使西域。司马迁所作《史记·大宛列传》详记张骞出使事迹,文中出现了"西域"一词:"是岁汉遣骠骑破匈奴西域数万人,至祁连山。"在《史记·卫将军骠骑列传》有"匈奴西域王"之称,也使用了该词。可见,"西域"之名在汉武帝时期已使用,其所指并不明确,将"匈奴西域"并联在一起,说明西域为匈奴之地或匈奴统辖之区域。

对"西域"一名的范围明确做出界定的是《汉书·西域传》,称:"西域以孝武时始通,本三十六国,其后稍分至五十余,皆在匈奴之西,乌孙之南。南北有大山,中央有河,东西六千余里,南北千余里。东则接汉,阸以玉门、阳关,西则限以葱岭。"余太山先生认为:"这一关于'西域'的定义可能形成于西汉开展西域经营之前,亦即上述地区被匈奴统治时期。据《汉书·匈奴传上》,公元前176年(文帝前元四年)冒顿单于遗汉书中提到匈奴征服了'楼兰、乌孙、呼揭及其旁二十六国'。这'二十六国'显然是'三十六国'之误。也就是说,由于冒顿发动的战争,'三十六国'成了匈奴的势力范围。正是这一范围,被匈奴称为'西域'。"①余氏这一看法,与我上述对《史记·大宛列传》中的"匈奴西域"一词解析相一致。即西域最早是指匈奴统治的区域,但西域之名是否为匈奴所命名,还是汉人之称呼,仍有待考证,从语义上说,"西域"初义应指西部化外之域,这应是汉人对西部的指称。

《汉书·西域传》实际所涉范围要较此更大,该传述及当时的中西交通:"自玉门关、阳关出西域有两道:从鄯善傍南山北,波河西行至莎车,为南道;南道西逾葱岭则出大月氏、安息。自车师前王廷(今吐鲁番)随北山,波河西行至疏勒(今喀什),为北道。北道西逾葱岭则出大宛、康居、奄蔡(黑海、咸海间)焉。"这就是当时西域的范围。现今论者一般认为,"'西

---

① 余太山:《两汉魏晋南北朝正史西域传要注》,北京:中华书局,2005年,第60页。

域'有广狭二义。广义的'西域',泛指玉门关、阳关以西的广大地区。狭义的'西域'主要指塔里木盆地及其周围地区。"①《汉书·西域传》实际介绍的是广义的"西域"。

随着中西交通范围的拓展,东汉的"西域"范围也随之增大,由于东罗马帝国与东汉通使,欧洲开始进入中国的文献记载。《后汉书·西域传》称:"西域内属诸国,东西六千余里,南北千余里,东极玉门、阳关,西至葱岭。其东、北与匈奴、乌孙相接。南北有大山,中央有河。其南山东出金城,与汉南山属焉。"所载范围包括大秦(东罗马帝国)、天竺(印度)、安息(波斯)等国,可见当时"西域"范围之广,远超《汉书·西域传》。"具体而言,将意大利半岛和地中海东岸、北岸也包括在内了。这是两汉魏晋南北朝正史'西域传'所描述的'西域'中范围最大的,以后各史'西域传'实际描述的范围再也没有越出此传。"②当时中原与西域交通的情形与西汉相比似无大改,具体情形为:"自敦煌西出玉门、阳关,涉鄯善,北通伊吾千余里,自伊吾北通车师前部高昌壁千二百里,自高昌壁北通后部金满城五百里。此其西域之门户也,故戊己校尉更互屯焉。"而西域通中亚、印度、地中海诸国的交通情形:"自鄯善逾葱领出西诸国,有两道。傍南山北,陂河西行至莎车,为南道。南道西逾葱领,则出大月氏、安息之国也。自车师前王庭随北山,陂河西行至疏勒,为北道。北道西逾葱领,出大宛、康居、奄蔡焉。"(《后汉书》卷八十八《西域传》)这些路线实际上就是当时的丝绸之路,故西域也是与丝绸之路紧密相联的一个历史地理概念。

有关魏晋南北朝正史著作,如《魏书》《南史》《北史》《新唐书》均设《西域传》,多取西域之广义。而《魏略》《晋书》《梁书》及后来的《旧唐书》则改设《西戎传》,其所述范围涵盖此前的西域。唐朝与西域的交通较此前更为发达,中原与西域的关系自然更为密切。其中《旧唐书·西戎传》中"拂菻"一条记"大秦"之事曰:"拂菻国一名大秦,在西海之上,东南与波斯接。地方万余里,列城四百,邑居连属。"(《旧唐书》卷一九八《西戎传·拂菻》)《新唐书·西域传》记"拂菻"一条曰:"拂菻,古大秦也,居西海上,一曰海西国。去京师四万里,在苫西,北直突厥可萨部,西濒海,有迟散城,东南

---

① 余太山:《两汉魏晋南北朝正史西域传要注》,北京:中华书局,2005年,第60页。
② 同上书,第258页。

接波斯。"(《新唐书》卷二二一《西域传·拂菻》)显然,随着中国与中亚、西亚、欧洲的交通日益增多,中国对这一带地区诸国情形的了解越来越清晰。

与西域相联的一个名称是"西天"。印度古称"天竺",古代中国通称印度为"西天"。其名来源可能有二:一是唐代佛教信徒玄奘前往"天竺"取经,俗称"西天取经",这是就地理上而言,意指比西域更为遥远的西方。二是在佛教用语中,"西天"意为极乐净土、极乐世界。唐代皇甫曾《锡杖歌送明楚上人归佛川》诗曰:"上人远自西天至,头陀行遍南朝寺。"宋代晁冲之《以承宴墨赠僧法一》诗中有"王侯旧物人今得,更写西天贝叶书"之语。可见,唐宋时期"西天"一词已经流行。

《宋史》未再列《西域传》,而在卷四百九十列传第二百四十九《外国六》之下列"天竺""于阗""高昌""回鹘""大食""层檀""龟兹""沙州""拂菻"诸条。可见宋朝失去了对西域的控制。《元史》亦未再设《西域传》,甚至《外国传》,只是在卷十六《志第十二·地理志三》有"甘肃等处行中书省"涉及原辖西域之地区的介绍,这可能是因元朝所辖之区域空前之广大,所谓"西域"和"外国"大多在其控制或相关汗国的统治区域内。《明史》在卷三百二十九至卷三百三十二设《西域传》,其所涉范围大致只是狭义上的"西域"了。而在《西域传》之前设有《外国传》,显示出明朝与西域微妙而复杂的关系,既不同于"外国",又与内地有别,但"西域"作为中西交通的特殊区域或必经之地已失去原有的意义和价值。

"西洋"这一名称的出现相对较晚。如果说,"西域"一词与中西陆路交通紧密相联,那么,"西洋"的名称则是伴随中西海路交通兴起的产物。从"西域"到"西洋",实为中西交通由陆路转向海路的飞跃。

"西洋"的名称可能最早见于五代。据刘迎胜先生考证,《西山杂志》记载,泉州蒲氏家族蒲有良至五代时"之占城,司西洋转运使",宋末其族人蒲甲又"司占城西洋之转运使"。这里的"西洋"大体上指今马来半岛和印尼苏门答腊周围海域。① 开封为宋代犹太人居住集中之地,开封犹太寺院中曾存四通碑文,其中《重建清真寺记》刻于明弘治二年(1489),文

---

① 刘迎胜:《东洋与西洋的由来》,收入南京郑和研究会编:《走向海洋的中国人》,北京:海潮出版社,1996年,第120—135页。

称:"噫!教道相传,授受有自来矣。出自天竺,奉命而来,有李、俺、艾、高、穆、赵、金、周、张、石、黄、李、聂、金、张、左、白七十姓等,进贡西洋布于宋。帝曰:'归我中夏,遵守祖风,留遗汴梁。'"①此处"进贡西洋布于宋"一语说明宋代已使用"西洋"一词。元代刘敏中所著《中庵集》之《不阿里神道碑》提到不阿里的远祖从西域的"哈剌哈底"徙居"西洋",此处"西洋"意指印度东南海岸的马八尔国。元代汪大渊的《岛夷志略》十余处使用"西洋"一词,如"西洋丝布""出于西洋之第三港""后西洋人""舶往西洋""舶往西洋者""用西洋丝布""舶往西洋""国居西洋之后""至西洋或百日之外""亦西洋诸番之马头也""界西洋之中峰""西洋亦有路通"等,②足见元代"西洋"一词流布之广。周达观的《真腊风土记》述及真腊国"服饰"时,称"往往以来自西洋者为上"。③ 周致中的《异域志》在"虎六母思""西洋国""黑暗国"条下三次提到"西洋国"或"西洋"。④

万明女士对"西洋"一词在元、明两代的演变作了梳理。她认为:"将'西洋'作为一个区域来整体看待,并将这种称谓固定下来,被人们广泛地接受、采纳和统一应用,经历了一个历史过程,这一过程的开端是在元代,而它的完成是在明初下西洋的时代。"她将明代"西洋"一词的演变分为两个阶段:洪武年间到永乐年间,《明太祖实录》洪武三年(1370)出现有"西洋琐里"的国名。《明太宗实录》永乐元年(1402)有"西洋剌泥回回哈只马哈没奇剌泥等来朝,贡方物"。随着郑和下西洋,马欢述"往西洋诸番",费信"历览西洋诸番之国",而巩珍所著书名《西洋番国志》则将下西洋所到国家和地区,包括占城、爪哇、旧港乃至榜葛拉国、忽鲁谟斯国、天方国,均列入西洋诸番国,从而扩展了"西洋"的范围。⑤ 记录郑和下西洋的著作有马欢的《瀛涯胜览》、费信的《星槎胜览》、巩珍的《西洋番国志》(1434)、黄省曾的《西洋朝贡典录》(1520)。其中《西洋番国志》所载西洋二十番国

---

① 《重建清真寺记》,收入李景文、张礼刚、刘百陆、赵光贵编校:《古代开封犹太人:中文文献辑要与研究》,北京:人民出版社,2011年,第21页。
② 参见汪大渊著,苏继庼校释:《岛夷志略校释》,北京:中华书局,2000年,第133、178、187、214、218、240、264、280、318、325、339、352页。
③ 周达观著,夏鼐校注:《真腊风土记校注》,北京:中华书局,2000年,第76页。
④ 周致中著,陆峻岭校注:《异域志》,北京:中华书局,2000年,第23、30页。
⑤ 万明:《从"西域"到"西洋"——郑和远航与人类文明史的重大转折》,载《河北学刊》2005年第1期。

为：占城、爪哇、旧港、暹罗、满剌加、哑噜、苏门答剌、那孤儿、黎代、南浡里、锡兰、小葛兰、柯枝、古里、溜山、祖法儿、阿丹、榜葛剌、忽鲁谟斯、天方。① 《西洋朝贡典录》对《西洋番国志》的错误有所修正，所载西洋诸国增至二十三个：占城、真腊、爪哇、三佛齐、满剌加、浡泥、苏禄、彭亨、琉球、暹罗、阿鲁、苏门答腊、南浡里、溜山、锡兰山、榜葛剌、小葛兰、柯枝、古里、祖法儿、忽鲁谟斯、阿丹、天方。② 这可以说是欧人来华前中国人的"西洋"范围。张燮所著《东西洋考》(1617年刻印)所载"西洋列国"只有交阯、占城、暹罗、下港、柬埔寨、大泥、旧港、麻六甲、哑齐、彭亨、柔佛、丁机宜、思吉港、文郎马神、迟闷。范围较《西洋番国志》《西洋朝贡典录》所述略小。"西洋"一词广泛运用于明代社会，出现了广、狭两义。狭义包括郑和所到的今天的东南亚、印度洋至波斯湾、北非红海一带；广义"是一个象征整合意义的西洋，有了引申海外诸国、外国之义"。③ 也有学者根据《东西洋考》卷九《舟师考》中的"西洋针路""东洋针路"之说，提出西洋与东洋最初并非地理之概念，而是航线概念，沿南海以东航行所经诸地为东洋，沿南海以西航线航行所经各处为西洋。④ 此说可备一说。

不过，明代虽使用"西洋"之名，其所指范围并非限定欧洲，甚至不含欧洲，而是指东南亚、西亚、东非或印度洋周围国家。郑和下西洋中的"西洋"即是指其所经这些地区。接近近代地理概念的"西方"是伴随欧洲传教士东来而出现的一个地域名词。据黄时鉴先生查阅所获，利玛窦《畸人十篇》中有述："沙辣丁者，西方七十国之总王也"，"佛氏窃闻吾西方天堂地狱之说"。此处"西方"指欧洲无疑。自称"耶稣教学子"的李应试在其《刻〈两仪全览图〉》短文中六次使用"西方"一词，都是指欧洲而言。其文

---

① 参见巩珍著，向达译：《西洋番国志》，北京：中华书局，2000年。
② 参见黄省曾著，谢方校注：《西洋朝贡典录校注》，北京：中华书局，2000年。
③ 万明：《从"西域"到"西洋"——郑和远航与人类文明史的重大转折》，载《河北学刊》2005年第1期。有关"西洋"概念的探讨，还可参见洪建新：《郑和航海前后东、西洋概念考》，收入《郑和下西洋论文集》第1集，北京：人民交通出版社，1985年。沈福伟：《郑和时代的东西洋考》，收入《郑和下西洋论文集》第2集，南京，南京大学出版社，1985年。陈佳荣：《郑和航海时期的东西洋》，收入南京郑和研究会编：《走向海洋的中国人》，北京：海潮出版社，1996年，第136—147页。
④ 参见刘迎胜：《海路与陆路——中古时代东西交流研究》，北京：北京大学出版社，2011年，第17页。

末句是"西方人西泰先生及其耶稣会士,吾友人也"。① 对欧洲地理最早系统介绍的是意大利籍耶稣会士艾儒略(P. Jules Aleni)的《职方外纪》,该书卷二介绍了欧洲诸国及其地理。② 首次正式使用"西方"一词,且明确直指欧洲者可能是艾儒略的另一部不太为人们所提及的小册子——《西方答问》,此书开宗明义谓:"敝地总名为欧逻巴,在中国最西,故谓之太西、远西、极西。以海而名,则又谓之大西洋,距中国计程九万里云。"该书将世界分为五大洲:亚细亚、欧逻巴、利未亚(即非洲)、亚墨利加(即美洲)、墨瓦腊尼加(即大洋洲)。"自此最西一州,名欧逻巴,亦分多国,各自一统。敝邦在其东南,所谓意大利亚是也。此州去贵邦最远,古未相通,故不载耳。"③该著分上、下卷,上卷分国土、路程、海舶、海险、海贼、海奇、登岸、土产、制造、国王、官职、服饰、风俗、五伦、法度、谒馈、交易、饮食、医药、性情、济院、宫室、城池兵备、婚配、守贞、葬礼、丧服、送葬、祭祖,下卷分地图、历法、交蚀、星宿、年月、岁首、年号、西土诸节。其中在"路程"一节介绍了自欧洲来华的航行路线和时间。在"登岸"一节对欧洲与"回回"、天主教与"天竺浮屠"(印度佛教)作了区别。"问:贵邦到敝邦,从何省登岸?曰:极西海舶,不到贵国,只到小西洋而回。西客在小西换舟,到广东香山边,予辈亦乘客舟而至。""问:有西方人从陕西进,三年一贡。亦有传道之僧从四川、云南而来者,不知与贵邦同否?曰:来自秦中皆回回之类,此与中国相连地,与敝邦相悬绝也。来自四川、云南者,天竺浮屠之类,与天主圣教又悬绝也。"④

随后由耶稣会士利类思(P. Louis Buglio)、安文思(P. Gabriel. de. Magalhaens)、南怀仁(P. Ferdinand Verbiest)编写的《西方要纪》,实为

---

① 参见黄时鉴:《"西方"何时指称欧洲?》,收入氏著《黄时鉴文集》Ⅲ,上海:中西书局,2011年,第125页。

② 参见〔意〕艾儒略原著,谢方校释:《职方外纪校释》,北京:中华书局,2000年版,第67—118页。

③ 黄兴涛、王国荣编:《明清之际西学文本:50种重要文献汇编》第二册,北京:中华书局,2013年版,第736页。

④ 同上书,第740页。有关对艾儒略《西方答问》的研究,参见 Mish, John L. Creating an Image of Europe for China: Aleni's Hsi-fang Ta-wen Introduction, Translation, and Notes. Monumenta Serica. *Journal of Oriental Studies*. Vol.XXIII. 1964(《华裔学志》23卷,1964)。

《西方答问》的增删本。① 该书开首即称:"西洋总名为欧罗巴,在中国最西,故谓之大西。以海而名,则又谓之大西洋。距中国计程九万里云。"由于该书出自利类思、安文思、南怀仁三位传教士之手,故对西方之介绍带有相当正面的色彩。如"风俗"一节:"西洋风俗,道不拾遗。偶或有遗,得之者则悬垣壁,以便原主复取。"如"法度"一节:"西洋虽以德养民,亦有图圄刑罚以惩已犯罪而儆未犯者,但不用棰楚耳。定罪必依国法,不敢参以私意。若不依法者,罪反归于有司矣。"如"性情"一节:"尚直重信,不敢用诈欺人,以爱人如己为道,有无相济。又尚志,难于忍辱。交处多情义,一国中少有不得其所者,即他邦之人至,尤不敢慢,更加礼焉。"如"教法"一节:"西方诸国奉教之后,千六百年,大安长治,人心风俗和善相安,家给人足,不争不夺,各乐其业。"② 由此可见,"西方"作为一个地理名称明确指称欧罗巴洲,是由明末清初耶稣会士艾儒略撰著的《西方答问》和利类思、安文思、南怀仁编写的《西方要纪》两书确定下来的。有趣的是,张潮在将该书收入《昭代丛书》时,为该书作《跋》称:"西洋之可传者有三:一曰机器,一曰历法,一曰天文。三者亦有时相为表里。今观《西方要纪》所载,亦可得其大凡。然必与其国人之能文者相与往复问难,庶足以广见闻而资博识也。"将西洋可资学习者定格在"机器""历法""天文"三项,显示张潮对西学的了解尚较为肤浅和片面,也反映了时人对西方认识的局限,但与近代洋务运动"中体西用"的思想主张联系起来,它又不失为学习西方的先声。

与"西方"一词同时采用并广为流行的指称"欧罗巴"的同义词还有"泰西""太西""极西""远西"。耶稣会士熊三拔(P. Sabbathin de Ursis)撰说、徐光启笔记、李之藻订正的《泰西水法》(1612年初刻)和耶稣会士邓玉函(P. Jean Terrenz ou Terentio)译述、毕拱辰润定的《泰西人身说概》(1643年刻)两书的书名即采用了"泰西"这一名词。此词一直到晚清仍然沿用,如晚清介绍西方的重要典籍,徐继畲所著《瀛寰志略》,魏源编撰的《海国图志》,英国传教士李提摩太(Timothy Richard)口译、蔡尔康笔录的《泰西新史揽要》,德国传教士花之安(Ernst Faber)撰写的《自西

---

① 收入黄兴涛、王国荣编:《明清之际西学文本:50种重要文献汇编》第二册,第829—838页。
② 同上书,第834—837页。

徂东》等书，即采用了"泰西"一名指称欧洲。"极西""远西"常见于各种介绍西方学术书籍的作者署名前，如《修身西学》《齐家西学》两书作者署名为"极西高一志撰"，《超性学要》作者署名为"极西耶稣会士利类思译义"，《四末真论》作者署名为"远西耶稣会士柏应理撰"，《西方答问》作者署名为"远西艾儒略撰"。

"西洋""西海"两词继续沿用，但其义由原来的泛指东南亚、西亚、东非一带，逐渐转向专指欧洲，这也许最能反映明末以后中西交通的实际。《四库全书》收入南怀仁撰写的《坤舆图说》，卷前介绍："怀仁西洋人，康熙中官钦天监监正。是书上卷，自坤舆至人物，分十五条，皆言地之所生。下卷载海外诸国道里、山川、民风、物产，分为五大州，而终之以西洋七奇图说。"①这里的"西洋"系指称欧洲。"西海"则常见于来华西人撰译的各种书籍署名中，如1614年初刻于北京的《七克》，作者署名"西海耶稣会士庞迪我撰述"。1623年在杭州成书的《性学觕述》，署名"西海后学艾儒略著"。艾儒略所撰《职方外纪》卷二《欧逻巴总说》开首曰："天下第二大州名曰欧逻巴。其地南起地中海，北极出地三十五度。北至冰海，出地八十余度，南北相距四十五度，径一万一千二百五十里。西起西海福岛初度，东至阿比河九十二度，径二万三千里。共七十余国。"②这里的"西海"即为大西洋。当时，人们对"洋"与"海"之区别并不甚在意或了解，故"西洋"与"西海"混用是常见的事。

与"西方"相联的还有一些词，如"西学""西儒""西医""西历""西国"等，几乎同时出现在介绍西方学术、医学、历法、地理的书籍里。最早使用"西学"一词的可能是意大利耶稣会士艾儒略的《西学凡》(1623年初刻)。该书开首即称："极西诸国，总名欧逻巴者，隔于中华九万里。文字语言经传书集，自有本国圣贤所纪。其科目考取虽国各有法，小异大同，要之尽于六科。一为文科，谓之勒铎理加；一为理科，谓之斐录所费亚；一为医科，谓之默第济纳；一为法科，谓之勒义斯；一为教科，谓之加诺搦斯；一为道科，谓之陡录日亚。"③第一次在中文世界系统介绍了西学及其门类。

---

① 收入黄兴涛、王国荣编：《明清之际西学文本：50种重要文献汇编》第四册，第1732页。
② 〔意〕艾儒略原著，谢方校释：《职方外纪校释》，北京：中华书局，2000年版，第67页。
③ 收入黄兴涛、王国荣编：《明清之际西学文本：50种重要文献汇编》第一册，第233页。

比利时耶稣会士金尼阁(P. Nicolas Trigault)撰述的《西儒耳目资》(1626年刻)较早使用了"西儒"一词。以"西学"命名刊刻、篇幅较大的书籍当推意大利耶稣会士高一志(P. Alphonse Vagnoni)编撰的《修身西学》《齐家西学》《治平西学》三书。作为与中学相别的"西学"在明末的少数士大夫中开始传播。

  晚清以降,西方对中国的影响渐次扩大到军事、经济、政治、文化诸方面,地理范围也由欧洲扩展到美洲、澳洲。"西方"成为基督教文化圈的代名词,并被赋予地理以外其他方面的内涵。第二次世界大战以后,世界出现所谓东西方冷战,这里的"西方"则是指以美国为首的资本主义阵营(包括亚洲的日本、大洋洲的澳大利亚和新西兰),它是一个意识形态共同体的指称,以苏联为首的东欧社会主义国家被排除在"西方"以外。冷战结束以后,虽然苏联解体,取而代之的俄罗斯仍不为西方或欧共体所接受,是与西方并立的另一极,所谓"西方"当然也不包括俄罗斯和其他与俄罗斯关系密切的独联体国家。

  从历史上看,古代西方文明主要是指古代希腊、古代罗马所涵盖的区域,它与东方文明国家(包括地处近东、中东、远东的四大文明古国,即埃及、巴比伦、印度、中国)相对应,主要是一个地理概念。在近现代,随着西方国家意识形态色彩的加重,西方学者就认为:"西方文明首先可以近似定义为法治国家、民主、精神自由、理性批判、科学和以私有制为基础的自由经济。"[①]它显然带有排斥非"西方"文化或文明的意味。在这种背景下,当西方学者使用"西方"这一名称时,就不仅是一个地理指称,可能还带有某种程度的文化优越感,它与"西方中心主义"有着某种关联。有的西方学者区分了"旧西方"与"新西方"两个概念:"旧西方大约从恺撒开始,一直持续到法国大革命。旧西方是指一种欧洲文化秩序:它在哲学上以柏拉图为主导,在宗教上以希伯来圣经的伦理一神教为主导,在法律和社会组织上则以古罗马遗产为主导。拉丁基督教会是它的中心,也是它最持久的机构。现代批判性思维的兴起和启蒙运动深深地影响了旧西方,接着在19世纪,旧西方进入知识和工业快速发展的时期。""新西方"

[①] 〔法〕菲利普·尼摩著,阎雪梅译:《什么是西方》,桂林:广西师范大学出版社,2009年,第2—3页。

是指从20世纪50年代开始由美国领导的西方,"新西方是某种类似于人类顶峰的事物,因为它是以第一批得到彻底解放的人的出现为标志的。这些人知道,他们自己是他们的世界观、知识体系、技术和价值的唯一创造者。他们的世界完全是属人的世俗的世界。他们的政治是自由民主的政治,他们的经济秩序是'社会市场'或'国家主导的资本主义',他们的伦理首先是人道主义"。"在艺术和个性方面,西方人特别罗曼蒂克,他们坚持把他们自己看做是自己生活的创造者。他们热爱'时尚',表现自我。每个人都想成为他自己,用自己的'生活方式'安排生活。"[①]按照这种区分,古代北京实际对应的是"旧西方"。第二次世界大战以后,中国才真正面临同以美国为首的"新西方"打交道。

梳理中国人的"西方"观念,从汉唐时期的"西域"到宋元明时期的"西洋",最后到明末清初以后出现的"西方""泰西",可以看出中国人的"西方"观之演变是与中西交通密切相联的一个概念,中西交通伸向哪里,"西方"的意涵就指向哪里,"西方"可以说是一个流动不居的历史地理概念。"西方"这一名称往往表现的是一种异域、异种情调,即为华夏文明之外的化外之域或非我族类的文化。从文明程度来看,"西方"文明经历了一个从异域文明到强势文明的演变过程,在这一演进过程中,它既受到了中国文化的排拒,又常常通过交流、融会,为华夏文明所吸收。近代欧美的崛起,亦即"西方"的崛起,与华夏文明形成新的对峙,也是中国最重要的参照系。作为新兴的强势文明,西方在与大清帝国的军事对决中胜出,其在宗教、科技、军事、经济、政治、法律方面的优势地位因此确立。在西方文明的强大冲击下,中国传统的价值体系和社会—文明结构逐渐解体,中华民族以其顽强的生命力和深厚的文化底蕴,谋求建设一种适合自我生存的新文明,中国在与西方的冲突、交流、融合中开始艰难的社会转型和步入现代化的历程。

北京与欧洲发生关系是在元朝以降,故我们这里讨论的古代北京与西方文明的关系,实际上是元、明、清三朝北京与西方的交往。北京与欧

[①] Don Cupitt. *The Meaning of the West: An Apologia for Secular Christianity*, London: SCM Press, 2008. pp.1-2. 中译文参见〔英〕唐·库巴特著,王志成、灵海译:《西方的意义》,成都:四川人民出版社,2012年,第2—3页。

洲的来往除俄罗斯循陆路来京外,其他欧洲国家来京主要是走海路,由西向东,在泉州、广州、澳门等地登陆,然后北上。由于北京是元、明、清三朝的政治、经济、文化中心,西方来京人士日益增多,中西文化交流遂在北京的对外交流中分量加重,晚清以后实际成为中外文化交流的主体内容。

三 国内有关古代北京与西方关系的研究成果概述

探讨北京与西方文明关系的论著可从直接论述与相关论述两方面来把握。直接论述是指以探讨北京与西方文明关系为主题的论著,这方面的论著多以研究西方传教士在北京的活动为主,如余三乐的《早期西方传教士与北京》(北京:北京出版社,2001年)、《中西文化交流的历史见证——明末清初北京天主教堂》(广州:广东人民出版社,2006年)两书,前书围绕"17—18世纪的北京——中西文化交流的中心"这一论点展开论述,对这一时期较为重要的来京西方传教士,如利玛窦、邓玉函、罗雅各、龙华民、汤若望、利类思、安文思、南怀仁、安多、白晋、张诚、巴多明、宋君荣、庞嘉宾、纪理安、戴进贤、刘松龄、徐日升、张诚——作了介绍,对传教士所涉历史的几个亮点,如传教士与钦天监、传教士与中俄《尼布楚条约》的签订、传教士与《皇舆全览图》、传教士与中学西传等问题作了重点讨论,对传教士在京的两处墓地——栅栏、正福寺墓地的历史变迁也作了介绍,堪称第一部系统讨论西方传教士与北京关系的中文论著。后书则主要以17、18世纪天主教在京的南堂、东堂、北堂的历史演变为讨论对象,内容较前书更为深入、细化。其中对清代文人学士们所写的与中西文化交流史相关的诗文收集,对南怀仁在清初担任清朝与俄罗斯谈判的翻译工作所做的细致爬梳,都可见作者的独到功力。

北京天主教墓地是明清中西文化交流的重要历史遗迹,学界对这些历史遗迹非常关注,其中围绕栅栏墓地的图册有林华、余三乐、钟志勇、高智瑜编《历史遗痕——利玛窦及明清西方传教士墓地》(北京:中国人民大学出版社,1994年),高智瑜、马爱德主编《虽逝若存——栅栏:北京最古老的天主教墓地》(澳门特别行政区政府文化局、美国旧金山大学利玛窦研究所,2001年),北京行政学院编《青石存史——"利玛窦与外国传教士墓地"的四百年沧桑》(北京:北京出版社,2011年)。这些书籍图文并茂,保留了大量栅栏墓地和石刻的珍贵历史照片。明晓燕、魏扬波主编《历史遗踪——正福寺天主教墓地》（北京：文物出版社，2007年）叙述了在京法国耶稣会、遣使会的历史演变，对正福寺墓地、墓碑拓片录文作了详细注释。吴梦麟、熊鹰著《北京地区基督教史迹研究》（北京：文物出版社，2010年）从文物发掘的视角，对北京地区基督教史迹专门做了研究，内容涉及北京景教史迹文物、元明清天主教史迹文物、东正教史迹文物及其相关研究成果的述评，内容独特，具有一定学术价值。此外，陈东风著《耶稣会士墓碑人物志考》（北京：中国文联出版社，1999年）中对在京耶稣会士墓碑碑文的翻译和分析、人物考证、欧洲来华船只、墓碑人物在华时间表等，亦有一定参考价值。

通论性的北京天主教史、基督教史研究著作值得一提的有：陈月清、刘明翰著《北京基督教发展述略》（北京：首都师范大学出版社，1998年），该书为北京市哲学社会科学"八五"规划的研究项目，将上起元代，下至1949年的北京基督教史分为《基督教的传入中国与元代汗八里的"也里可温"》《明末清初天主教在北京的传播和发展》《近代北京基督教的发展》《传教士在北京教会的文教活动》《东正教在北京》《北京基督教的教皇及教徒生活习俗》六章叙述，内容简略，粗线条地勾勒了基督教在北京的传播和发展史。佟洵主编《基督教与北京教堂文化》（北京：中央民族大学出版社，1999年），该书为北京学研究所、燕京研究院所立课题。《绪论》综论"一、源远流长的北京教堂文化；二、北京教堂文化的特点；三、北京教堂文化对北京传统文化的影响"。《基督教在北京的传播与发展》一节分别论述天主教、东正教、新教在北京的传播始末。《著名的传教士与信徒在北京地区的活动》一篇介绍了元代第一位来京大主教约翰·蒙特·科维诺，明末来京传教士利玛窦，清初第一位钦天监监正汤若望，康熙至乾隆年间在京的传教士南怀仁、张诚、白晋、戴进贤、刘松龄、郎世宁等。《北京地区的教堂和传教士墓地》一篇对北京主要基督教教堂、东、南、西、北四大天主教教堂及栅栏、正福寺两处墓地做了介绍。相对过去同类书籍，该书内容较为详尽，但编排混乱、错舛不少，如目录中将蒋友仁列为"康熙年间的法国传教士"，将邓玉函、罗雅谷与龙华民列为"在清朝历局任职的传教士"等。杨靖筠著《北京天主教史》（北京：宗教文化出版社，2009年）和《北京基督教史》（北京：宗教文化出版社，2014年），前书为北京市哲学社会科学"十一五"规划重点项目，全书五章，分别讨论"天主教传入北京"

"明清时期的北京天主教""近代时期的北京天主教""新中国成立后的北京天主教""北京天主教"诸题。后书共四章,分别讨论"基督教概述""基督教传入北京""近代时期的北京基督教""北京基督教的文化事业"诸题。两书的线索清晰,内容较前此各书有一定扩充,但征引文献材料基本上局限于通论性或介绍性的中文文献,几乎没有发掘相关档案材料,反映了作者视野的局限。

此外,姜立勋、富丽、罗志发的《北京的宗教》(天津:天津古籍出版社,1995年)第五篇《北京的基督教》讨论涉及北京的天主教、基督教、东正教,该书为北京市哲学社会科学规划办公室组织的科研项目,内容仍较简略,论述扩及1949年以后北京天主教、基督教、东正教的情形,因作者姜立勋担任北京市民族事务委员会主任,使用了一些官方的材料,此点常成为后来论者回避讨论1949年以后北京天主教、基督教的理由,但究其内容,实际拓展的深度却有限。佟洵等编著《北京宗教文物古迹》(北京:光明日报出版社,2004年),该书第一章《北京的天主教及其教堂》、第二章《北京的东正教》、第三章《北京的基督教》,在编排体例上较作者原所主编《基督教与北京教堂文化》一书有很大进步,新增"北京天主教若瑟修女会""北京基督教青年会与女青年会"等内容,为同类书籍所无。上述两种编著大体平铺直叙天主教、基督教在北京的发展过程,内容比较通俗,属于一般性的介绍文字。

左芙蓉的《北京对外文化交流史》(成都:巴蜀书社,2008年)和《古近代北京对外文化关系史》(北京:光明日报出版社,2011年)是研究北京对外文化交流史的代表性作品。前著主要考察北京与外国之间的文化交流,包括在北京发生的文化交流活动,北京或北京人与外国或外国人之间的文化交流,外国人在北京的相关活动等。上起元朝,下迄近代,其中上编内容为元、明、清(1840年以前),共五章,分别讨论"元与亚非诸国的交流""元与欧洲的往来""明清之际与亚洲的交往""西学东渐与中学西传"(此节涉及天主教在北京的传播)、"中西交流与冲突"(包括礼仪之争、英国使团入京、中西方贸易、从会同馆到四译馆)。后著为北京市哲学社会科学"十五"规划项目,在《元明清初编》,分别以专题"使节往来""科技交流与贸易往来""中外旅行家""宗教文化交流""涉外机构与语言学校""外国人看古代北京"六章的篇幅讨论古代北京对外文化关系史,两著框架设计大体完备,且不重复,内容仍较为简略。

从现有的北京与西方文明关系研究状况来看,绝大部分论著尚停留在一般性介绍的水平。对相关外文研究论著或外文文献征引很少,与国际学术界同行对话尚谈不上;对中文档案材料的发掘和利用亦明显不够。总的来看,这一课题确为北京史研究中的薄弱环节。

间接研究或相关研究论著大都是以中西文化交流史、中国天主教史等为主要内容或研究对象,其中部分内容或篇章与北京相关。这方面与本课题相关的国内研究论著较多,主要涉及以下八个方面:

一、《马可波罗行纪》研究。《马可波罗行纪》是一部奇书,是第一部向西方详细介绍元大都的经典游记,对其内容的真实性在西方一直争议不断,它被译介到中国后,国内学者对它的研究一直比较重视,相关的研究论文、著作持续出现。一般来说,中文世界偏向认为该书为西人游历中国一部内容比较真实的游记,将之与中国文献相互印证。较为重要的著作有:(1)余士雄主编《马可波罗介绍与研究》(北京:书目文献出版社,1983年),该书选辑了从1874年(清同治十三年)映堂居士在《中西闻见录》发表的第一篇介绍马可·波罗的文章《元代西人入中国述》到余士雄在《中国建设》1982年第4期发表的《马可波罗在中国》这一百多年间,国内报刊发表的有关马可·波罗的介绍文字和研究论文,共38篇,作者包括名家向达、岑仲勉、邵循正、杨志玖、张维华等人,其中所收张宁《〈马可波罗行纪〉中的元大都》(原载《人民日报》1980年4月10日)一文与本课题直接相关。(2)中国国际文化书院编《中西文化交流先驱——马可·波罗》(北京:商务印书馆,1995年),1991年10月6—9日中国国际文化书院、意中文化交流协会、北京对外文化交流协会等联合主办了马可·波罗国际学术研讨会,作为马可·波罗离开中国、回到意大利700周年之纪念,这是一次高质量的国际学术研讨会。该书是这次研讨会的论文结集,共收中外学者论文30篇,分五章分别讨论马可·波罗到过中国的考证、马可·波罗在中国的文化见证、马可·波罗与宗教、《马可波罗行纪》对西方文化的影响、马可·波罗在中国等主题,在第二章收有张宁《〈马可·波罗游记〉中的大都文明》一文。(3)杨志玖著《马可波罗在中国》(天津:南开大学出版社,1999年),该书可谓杨先生研究马可·波罗成果的汇集,它针对国外学者对马可·波罗到过中国的质疑,从中国史籍搜寻材料与

《马可波罗行纪》印证马可·波罗到过中国,《马可波罗行纪》并非伪书,这是中国学者研究马可·波罗最具功力的著作。其中第六篇《马可波罗只到中国北方吗?——与海格尔先生商榷》开首提到海格尔(John W. Haeger)《马可波罗在中国吗?问题与内证》(Marco Polo in China? Problems with Internal Evidence),该文认为马可·波罗只到过元大都,他有关中国其他各地的记载,都是在北京听来的。(4)彭海著《马可波罗来华史实》(北京:中国社会科学出版社,2010年),探究马可·波罗和他叔父离乡返乡二十六年间(1270—1295),特别是在元廷任职外放十七年间(1274—1290)在华游历的史实。它从三个方面探讨马可·波罗在华史事:一是对屠寄1921年前成书的《蒙兀儿史记》中《马可波罗传》的相关指认进行辨析、补充。二是考证马可·波罗来华存世物证。三是辨析马可·波罗对于他在华期间出仕、出使的亲身记述,其中对《马可波罗行纪》中的襄阳炮战、扬州为官两大疑案作了重点探讨。此外,余士雄的《中世纪大旅行家马可·波罗》(北京:中国旅游出版社,1988年)对马可·波罗来华历史背景、《马可波罗行纪》记述的元初中国状况和各地城市情况、《马可波罗行纪》的外国版本和中文译本、马可·波罗对后世的影响等问题作了探讨,其中有不少作者独到的研究所获。党宝海著《马可波罗眼中的中国》(北京:中华书局,2010年),行文流畅、文画并茂,对马可·波罗来华路线、元代的北京与杭州、忽必烈、马可·波罗的真实性诸题做了生动的描述。

二、明末清初传教士在北京活动研究。 明末清初来京传教士利玛窦、庞迪我、汤若望、南怀仁的个案研究,历来是中国天主教史研究的重点,而对利玛窦又尤为重视。1983年9月11—13日在台北,2010年12月9—11日在肇庆先后两次召开学术研讨会,会后将与会者提交的论文分别结集为《纪念利玛窦来华四百周年、中西文化交流国际学术会议》(台北:辅仁大学出版社,1983年)、《利玛窦与中西文化交流——第二届利玛窦与中西文化交流学术研讨会论文集》(香港:香港出版社,2012年),前书收入论文44篇,后书收入论文23篇,两书以利玛窦为中心,对明末清初以来的中西文化交流史做了诸多新的探讨。研究利玛窦值得推介的专著有:罗光著《利玛窦传》(台北:光启出版社,1960年)是较早的利玛窦传记作品,行文通俗,征引中、外文文献材料丰富,对利玛窦在北京的叙述占全书篇幅的一半。张奉箴著

《利玛窦在中国》(台南:闻道出版社,1983年)对利氏的著述与影响、利氏与中国士人、利氏与在华西洋同工、利氏与中国耶稣会士等问题的探讨有一定深度,著述与交友是利氏在北京活动的主要内容,可视为利氏的"北京经验"。林金水著《利玛窦与中国》(北京:中国社科出版社,1996年),对利氏所受的科学教育、利氏与中国士大夫的交往、利氏对中国天文学、数学、地理学、思想、语言、美术、音乐、中外学术的影响这些专题,做了较为深入的探讨,征引中外文相关文献资料丰富,是一本具有较高学术水准的著作。宋黎明著《神父的新装——利玛窦在中国(1582—1610)》(南京:南京大学出版社,2011年)充分利用了德礼贤编辑整理的原版《利玛窦资料》,对相关的中文翻译作品所存误译做了订正,对利氏的"北京岁月"、利氏的遗产之论述下力较大,学术质量在已有研究基础上有新的超越。

张铠的《庞迪我与中国——耶稣会"适应策略"研究》(北京:北京图书馆出版社,1997年),过去人们将焦点投注在利玛窦身上,几乎无人顾及他的助手庞迪我,张铠的这本著作具有填补空白之用。该著既在纵向展示庞氏的生平活动,又横向考察了耶稣会"适应"策略的形成与发展、庞氏与利玛窦和龙华民之间的关系、庞氏在中西文化交流中的先驱作用等问题,对西文资料的发掘不遗余力,它在中文世界第一次叙述了庞迪我1602年3月9日致西班牙托莱多主教路易斯·德古斯曼的长信,即《一些耶稣会士进入中国的记实及他们在这一国度看到的特殊情况及该国固有的引人注目的事物》,这封信详细报告了庞迪我与利玛窦历尽艰辛到达北京的历程,他俩如何通过向万历皇帝贡献礼品,获得在北京的居留权;中国的地理概貌、行政区划;中国政治、经济、军事、风俗、各个阶层和妇女等,可以说是中国国情的汇报提纲,①极具文献价值。张著是一本具有开拓性意义研究著作。

黄正谦著《西学东渐之序章——明末清初耶稣会史新论》(香港:中华书局,2010年),主要探讨耶稣会士东来之政治背景、在华耶稣会之适应政策及礼仪之争、在华耶稣会士之上层传教策略、在华耶稣会士所传播之宗教文化等问题,对西文资料的发掘甚为用力,梳理材料条分缕析,是近

---

① 张铠:《庞迪我与中国——耶稣会"适应策略"研究》,北京:北京图书馆出版社,1997年,第110—141页。

年来中文世界少见的以明末清初耶稣会士为主题的力作。

现有研究来华西方传教士的著作几乎都集中在耶稣会这一教派,对其他教派的研究鲜有人问津。崔维孝著《明清之际西班牙方济会在华传教研究(1579—1732)》(北京:中华书局,2006年),是国内第一部系统探讨方济各会在华早期传教史的著作,该著在第二章《西班牙方济各会传教士艰难的中国之行》第三节《西班牙传教士北京之行与福建教难(1637)》介绍了雅连达、马方济两位西班牙方济各会士于1637年8月14日到达北京,并经汤若望帮助安置,在京居留了半个多月。这是对明末方济各会士第一次来京之情形的记载。①

三、西方使节来京访问及中西关系史研究。17、18世纪中西关系史研究的成果相对较多,其中研究教廷与中国关系史的有:罗光著《教廷与中国使节史》(台北:传记文学出版社,1983年),该著分上、下两册,与本课题相关的内容有"教廷与元朝的往返使节""多罗宗主教出使中国""嘉乐宗主教出使中国"诸节,内容占全书篇幅的一半以上。该著征引西文资料相当丰富,方豪虽在《中国天主教史人物传》中对该著有所补正,但该著在研究罗马教廷与中国关系史方面仍不失为扛鼎之作。研究罗马教廷与中国关系史的著作还有:顾卫民的《中国与罗马教廷关系史略》(北京:东方出版社,2000年),该著第一章《罗马教廷与蒙古帝国》、第二章《明清之际中国的天主教》、第三章《中国"礼仪之争"》与本课题相关。在材料上这三章内容较罗光一著并无新的增加,因题为"史略",该书的基本构架略当大纲性质。陈方中、江国雄的《中梵外交关系史》(台北:台湾商务印书馆,2003年),该著只有第二章《未建立外交关系时期》所研究的"蒙古时期""葡萄牙保教权时期""法国保教权时期"属于本课题的研究范围,该著内容侧重于20世纪以后中国与罗马教廷的关系。《中梵外交关系史国际学术研讨会论文集》(台北:辅仁大学历史学系,2002年),是2002年12月5—6日"中梵外交关系史国际学术研讨会"的论文结集,其中查时杰《从

---

① 崔维孝:《明清之际西班牙方济会在华传教研究(1579—1732)》,北京:中华书局,2006年,第92—98页。马方济、雅连达之译名可能有误,应译为艾文德(Francisco de la Madre de Dios)、艾肋德(Gaspar Alenda),参见〔意〕柯毅霖(Gianni Criveller)著,王志成等译:《晚明基督论》,成都:四川人民出版社,1999年,第168页。〔美〕邓恩著,余三乐、石蓉译:《从利玛窦到汤若望:晚明的耶稣会传教士》,上海:上海古籍出版社,2008年,第228、230页。

蚕池口到西什库——天主教北京北堂的历史》、冯明珠《坚持与容忍——档案中所见康熙皇帝对中梵关系生变的因应》两文与本课题相关,冯文利用《康熙朝汉文珠批奏折汇编》《康熙朝满文奏折全译》研究罗马教廷多罗、嘉乐使华过程,在材料上有新的拓展。

以1999年澳门回归祖国为契机,国内学术界对澳门史、中葡关系史研究及其相关历史文献的整理有了重大进展。过去研究中国与葡萄牙关系的仅有周景濂编著《中葡外交史》(北京:商务印书馆,1991年)这本小册子。近期研究中葡关系史的重要著作有:1.万明著《中葡早期关系史》(北京:社会科学文献出版社,2001年)。该著广泛采用了近半个世纪出版的中文明清史籍、档案、地方志、文集和各种相关外文文献,在材料上较周景濂编著《中葡外交史》大有扩充,在研究视角上,该书围绕澳门探讨中葡早期关系史,对中葡早期关系史设置专题加以探讨,是一部具有一定深度的专题研究著作。其中第二章《中葡两国的第一次正式交往》、第九章《外交往来与交锋》与本课题关联密切。2.黄庆华著《中葡关系史》(3卷,合肥:黄山书社,2006年)。该著列入中国社会科学院重大课题,皇皇三大卷,上百万言。其中上册探讨的范围是从明朝到鸦片战争前的中葡关系史,在材料上广搜中文、葡文相关历史文献,在内容上不局限于澳门史的角度,而是从更为广阔的视野来把握中葡关系史,是迄今最具功力、也是最大篇幅的中葡关系史著作。

研究中俄关系史较早的代表性著作有陈复光著《有清一代中俄关系》(昆明:云南大学法学院,1947年),该书前两章对17、18世纪俄罗斯遣华使节巴依阔夫、伊兹勃兰德、义杰斯、伊兹玛依洛夫、萨瓦,以及俄国东正教传教团随团来京留学生有简略评述。"文革"时期,鉴于在意识形态上反对苏联修正主义和新沙皇的需要,中国史学界曾大张旗鼓地研究沙俄侵华史,一方面组织力量翻译《十七世纪俄中关系》等一批与中俄关系有关的俄文历史文献,一方面研究、编撰《沙俄侵华史》,其中中国社会科学院近代史研究所编著《沙俄侵华史》(4卷,北京:人民出版社,1976—1990年)为同类著作之翘楚,该书第1卷"叙述十七、十八卷沙俄对中国的侵略",第2卷第一章《〈尼布楚条约〉后一百五十年间沙俄侵略黑龙江的野心》叙述19世纪前期沙俄的侵华活动,对同时期俄罗斯来华使团经历、俄国东正教会的侵略活动有均有论述。以"侵华史"概括17、18世纪俄罗斯对华关系史似有失全面,同时期俄罗斯与中国的关系毕竟属于平等交往的范畴,故双方来往还包含正常的文化交流、贸易往来的一面。1980年代,对17、18世纪中俄关系的叙述逐渐从"沙俄侵华史"回归到"中俄关系史"研究。张维华、孙西著《清前期中俄关系》(济南:山东教育出版社,1997年)是这一转向的一个标志,该书以早期中俄关系史为研究对象,内容涉及中俄军事冲突、外交谈判、贸易往来和俄罗斯东正教来华传教团等问题,是一部较为系统研究早期中俄关系史的专著。与此同时,对中俄关系史各个方面的研究逐渐展开,孟宪章主编的《中苏贸易史资料》(北京:中国对外经贸出版社,1991年)和《中苏经济贸易史》(哈尔滨:黑龙江人民出版社,1992年)、李明滨著《中国与俄苏文化交流志》(上海:上海人民出版社,1998年)、宿丰林著《早期中俄关系史研究》(哈尔滨:黑龙江人民出版社,1999年)等书,从经贸关系、文化交流等方面拓展中俄关系史研究。叶柏川著《俄国来华使团研究(1618—1807)》(北京:社会科学文献出版社,2010年),该书"第一次对俄国来华使团进行了全方位剖析与解读。作者"抓住了俄国来华使团集'陪臣'与'商贾'于一身的特点,从政治、经济、文化三方面交叉研究,分别论述了俄国使团的自身构成及其中俄礼仪之争、中俄边界交涉、中俄贸易、北京俄国传教团等等的关系"。[1] 在发掘中、俄文材料、比较同时期俄国与西方赴华使团及鸦片战争前后俄国来华使团方面,作者均一展其长。

中国与西班牙关系史是鲜见人涉足的一个领域,张铠著《中国与西班牙关系史》可谓填补空白之作。由于西班牙与中国的关系是片断的,该著设置相关专题,从古代丝绸之路延伸至西班牙(1—5世纪)、海上丝绸之路时代的中国与西班牙(6—15世纪)直到20世纪的中国与西班牙,其中所设"西班牙来华传教士在促进中国与西方文化交流中的先驱作用"一题,讨论了来京的耶稣会士庞迪我、因1664年教案被押送北京的多明我会士利安当、闵明我,并第一次对闵明我的《中华帝国历史、政治、伦理及宗教论集》做了系统介绍。[2] 李向玉、李长森主编《明清时期中国与西班

---

[1] 宿丰林:《早期中俄关系史研究的最新力作——〈俄国来华使团研究〉(1608—1807)》,载《西伯利亚研究》2011年第2期。

[2] 参见张铠:《中国与西班牙关系史》,郑州:大象出版社,2003年,第208—255页。

牙国际学术研讨会论文集》(澳门:澳门理工学院,2009年),收集了2007年10月30日至11月2日在澳门理工学院举行的同名会议的论文,共20篇,内中涉及来京传教士的有赵殿红《西班牙多明我会士闵明我在华活动述论》、黄鸿雁《从清朝中期两宗教案看嘉庆帝的中西文化观》、汤开建和刘清华《康熙时期艾若瑟出使罗马始末考》、张西平和骆洁《柏应理与中国儒学的西传》等文。

研究明、清两代外交及中外关系史的专著有:万明著《中国融入世界的步履:明与清前期海外政策比较研究》(北京:社会科学文献出版社,2000年初版;故宫出版社,2014年修订版)主要从静态、动态两方面对明、清(1840年以前)两朝的海外政策做了分析,并给予了历史的反思,对中国古代朝贡体系重新加以探讨,该著是较早对明、清两代的对外关系做出系统分析的论著。李云泉著《万邦来朝:朝贡制度史论》(北京:新华出版社,2004年初版,2014年修订版)是国内第一部系统探讨朝贡制度的专著,它从通史角度考察朝贡制度,既考察了不同时期朝贡制度的发展,又对各个时期(特别是明清两朝)朝贡机构以及礼仪变化做了全面的论述。王开玺著《清代外交礼仪的交涉与论争》(北京:人民出版社,2009年)、曹雯著《清朝对外体制研究》(北京:社会科学文献出版社,2010年)、何新华著《威仪天下——清代外交礼仪及其变革》(上海:上海社会科学院出版社,2011年),三著均从外交礼仪的角度对清代外交制度做了系统探讨。王著是研究清代外交礼仪的交涉与论争的专著,《绪论》对外交的定义、中国古代外交的萌动、传统外交与近代外交、中国的重礼传统、中国传统外交礼仪的异同作一概说。第一章《明清天朝大国与东方国家的秩序》、第二章《清朝初期中俄两国外交使团的交往礼仪》、第三章《中英外交礼仪冲突的初起》涉及清朝前期中西关系。曹著专题性较强,第一部分《清朝藩封体制的建立与运作》第一章《藩封体制框架下的清朝与周边国家、地域的关系》、第二章《清前中期的中俄关系》、第四章《在华传教士的影响》、第五章《嘉庆朝对天主教的取缔》诸章与本课题相关。何著为探讨清代外交制度与外交礼仪的专著,首先总论"清代属国来华朝贡的一般性规定",如关于贡期、贡道等规定;次论清代属国来朝礼仪、册封礼仪、颁诏礼仪;再论清代中荷、中葡、中俄、中英外交礼仪交涉;是书前七章内容与本课题相关。吴建雍著《18世纪的中国与世界(对外关系卷)》(沈阳:辽海出版社,

1999年)内容侧重清代前期中外经济贸易关系,其中"北京中俄贸易"一节与本课题有关。

四、俄罗斯东正教传教团在北京的活动研究。由于俄罗斯东正教传教团长驻北京,研究它的历史实际上也是研究东正教在北京的历史。这方面的中文著作有:吴克明著《俄国东正教侵华史略》(兰州:甘肃人民出版社,1985年)、蔡鸿生著《俄罗斯馆纪事(增订本)》(北京:中华书局,2006年)、肖玉秋著《俄国传教团与清代中俄文化交流》(天津:天津人民出版社,2009年)、张雪峰著《清朝前期俄国驻华宗教传道团研究》(新北:花木兰出版社,2012年)等。蔡著对"俄罗斯馆的起源和沿革""俄罗斯与汉学""中俄贸易与俄罗斯馆"等问题作了深入探讨,在发掘中文文献和中俄文文献相互印证方面做了相当细致的工作。肖著对俄国东正教驻北京传教团的宗教活动、研究活动、教育活动和其他文化交流活动(图书、医学、美术)等方面做了比较系统的评述,在发掘相关俄文文献材料下力较大。此外,张绥著《东正教和东正教在中国》(北京:学林出版社,1985年)的第三编《东正教在中国的历史》第一章《俄罗斯正教传入中国》、第二章《1860年以前的俄罗斯正教驻北京传道团》也涉及俄国传教团在北京的历史。

五、英国马戛尔尼使团访华研究。朱杰勤著《中外关系史论文集》(郑州:河南人民出版社,1984年)收入作者的三篇论文:《英国第一次使臣来华记》(1936年)、《英国东印度公司之起源及对华贸易之回顾》(1940年)、《英国第一次使团来华的目的和要求》(1980年),是为这一课题研究的开拓之作。朱雍著《不愿打开的中国大门——18世纪的外交与中国命运》(南昌:江西人民出版社,1989年),是第一部系统探讨18世纪(实际上主要是乾隆时期)清朝外交与中国历史命运之间关系的博士论文,该著对清朝外交政策走向封闭的原因、英国为打开与中国通商大门所作的努力、马戛尔尼使团访华及其遇挫作了通盘性的考察,作者对这段历史的反思性结论令人深省。张芝联主编《中英通使二百周年学术讨论会论文集》(北京:中国社会科学出版社,1996年),是1993年9月中旬在承德召开的同名会议的论文结集,共收中外学者论文22篇,其中秦国经《从清宫档案看英使马戛尔尼访华历史事实》、〔法〕戴廷杰《马戛尔尼使团的外表与内幕》、〔德〕达素彬《第三者的观点:赫脱南关于马戛尔尼使团的描述》等文对马戛尔尼使团研究在材料上有新的发掘。秦国经、高换婷著《乾隆皇帝与马戛尔尼》(北京：紫禁城出版社，1998年)通过发掘清宫档案和中文文献，还原了马戛尔尼使团在北京、承德的访问过程。叶向阳著《英国17、18世纪旅华游记研究》(北京：外语教学与研究出版社，2013年)通过对马戛尔尼使团成员提供的报告、游记和日志的研究，发掘了大量相关英文文献材料，从一个侧面充实了对马戛尔尼使团的研究。这些论著反映了1989年以后国内学术界在该领域的新近进展。

六、早期汉学研究。西方早期汉学主要是由游记汉学、传教士汉学和专业汉学三部分组成，它们(特别是前二者)均与北京有着密切的关系。上世纪80年代随着对外开放的进行，中国学术界翻译、介绍外国学术著作蔚然成风，以《海外中国研究丛书》为代表的系列丛书拉开了大规模译介海外中国历史文化研究成果的阵势。90年代以后，国内学术界兴起一股研究国际汉学的热潮，任继愈主编《国际汉学》、阎纯德主编《汉学研究》、刘梦溪主编《世界汉学》等刊相继问世，这些刊物刊登了不少与本课题相关的中外学者的论文。

《国际汉学》刊登的相关论文(包括国外汉学家发表的在内)有：〔德〕孙志文《汤若望的教育基础及当时之学术思潮》(2辑)、〔荷〕许理和《十七、十八世纪耶稣会研究》、黄一农《明末清初天主教传华史研究的回顾与展望》、〔比〕钟鸣旦《基督教在华传播史研究的新趋势》(4辑)、〔美〕孟德卫《中国礼仪之争研究概述》、余三乐《利玛窦中国遗址考察初记》(5辑)、高倩《一个葡萄牙冒险家的传奇——平托和他的〈游记〉》、许光华《16至18世纪传教士与汉语研究》(6辑)、〔美〕魏若望《晚明时期利玛窦在中国的传教策略》(7辑)、〔法〕雅夫-西尔韦斯特·德·萨西《与北京的文学通信(至1793年)》(9辑)、〔英〕A.明甘那《基督教在中亚和远东的早期传播》、耿昇《法国对入华耶稣会士与中西文化交流的研究》(10辑)、〔美〕魏若望《汤若望和明清之际的变迁》、〔德〕柯蓝妮《纪理安——维尔茨堡与中国的使者》(11辑)、吴梓明《西方中国基督教史研究述评》(12辑)、〔丹〕龙伯格《韩国英——中国最后的索隐派》(13辑)、〔波〕爱德华·卡伊丹斯基《波兰人17—20世纪在向欧洲介绍中国和中国文化中的贡献》(14辑)、柳若梅《18世纪俄罗斯汉学概说》(15辑)、龙云《法国专业汉学的兴起》(16辑)、〔德〕柯蓝妮《白晋的索隐派思想体系》、〔俄〕米亚斯尼科夫《俄罗斯档案总局主办的"清代俄罗斯与中国"展览》(17辑)、辛岩译《张诚书信选译》、〔德〕柯蓝妮《颜珰在中国礼仪之争中的角色》(19辑)、〔比〕南怀仁《康熙朝欧洲天文学的回归》(20辑)、《纪念利玛窦逝世400周年》专栏(四篇)、〔美〕魏若望《消除误解:薄贤士和他的〈中国礼仪之争问题的说明〉》(21辑)、〔德〕埃利希·蔡特尔《邓玉函,一位德国的科学家、传教士》、李晟文《从沙勿略到利玛窦:早期来华耶稣会士遣使赴京传教策略的酝酿、演变与实施》(22辑)、汤开建《清宫画家法国耶稣会修士王致诚在华活动考述》(23辑)、〔德〕李文潮《龙华民及其〈论中国宗教的几个问题〉》(25辑)、〔美〕斯坦尼斯拉夫《耶稣会士与北京的数学与科学》(26辑)等。

《汉学研究》刊登的相关论文(包括国外汉学家发表的在内)有:〔意〕史兴善《利玛窦入华的行程路线》(1辑),〔法〕皮埃·于阿尔、明翁《法国入华耶稣会士对中国科技的调查》(2辑),〔法〕詹嘉玲《18世纪中国和法国的科学触撞》,佚名《中国在早期西方的形象》(3辑),耿昇《意大利入华画家年修士事迹钩沉》《从法国安菲特利特号远航中国看17—18世纪的海上丝绸之路》,余三乐《北京正福寺法国传教士墓地的历史变迁》(4辑),〔法〕米桓夫人《从〈中国通史〉看法国18世纪的"中国热"》,康志杰《明清之际在华耶稣会士为何抵制荷兰染指中国》(5辑),余三乐《17、18世纪北京成为中西文化交流的中心探因》(6辑),阎国栋《俄国汉籍收藏家斯卡奇科夫》,肖玉秋《18世纪俄国来华留学生及其汉学研究》,〔美〕穆若望(John W. Witek, S. J.)《汤若望与明清变迁》(7辑),耿昇《16—18世纪的入华耶稣会士与中西文化交流》,肖玉秋《俄国东正教驻北京传教士团的儒学研究》,张西平《明末清初天主教入华史中文文献研究回顾与展望》(8辑),〔俄〕А. Н. 霍赫洛夫《卡法罗夫:生活与科学活动》(8、9辑),金国平、吴志良《伊比利亚文献对长城早期记载》(9辑),陈开科《巴拉第·卡法罗夫对中国基督教史的研究》,曹青《法国耶稣会士白晋事迹综述》,〔德〕柯兰霓(Claudia Von Collani)《耶稣会士纪理安的〈北京文书〉》(10辑),李伟丽译《俄国汉学家 Н. Я. 比丘林著作自序三题》,〔意〕马西尼《意大利传教士汉学研究评述》,余三乐《论南怀仁的〈欧洲天文学〉》(11辑),张雪峰《清朝初期中俄两国官方媒介语言的确立》(12辑),姜西良《晚明西人入华方式比较及历史背景分析》《利玛窦研究》专栏,13辑),〔比〕高华士《关于南怀仁的〈欧洲天文学〉》,〔法〕尼奈特·布思罗伊特《西方中国游记散论》(14辑),张永奋《意大利汉学概说》(15辑),王硕丰《贺清泰与〈古新圣经〉》(16辑),钱林森《16世纪法国对亚洲和中国的发现与描述》、耿昇《路易九世遣使元蒙帝国,中法关系的肇始》(17辑)等。这些论文或译文,对所探讨问题相对比较深入,可谓学术界研究元明清时期中西文化关系的最新成果。

进入新世纪后,系统研究欧美汉学的专著持续推出,这方面的研究著作有:吴孟雪、曾丽雅著《明代欧洲汉学史》(北京:东方出版社,2000年),张国刚等著《明清传教士与欧洲汉学》(北京:中国社会科学出版社,2001年),计翔翔著《十七世纪中期汉学著作研究——以曾德昭〈大中国志〉和安文思〈中国新史〉为中心》(上海:上海古籍出版社,2002年),张西平著《欧洲早期汉学史》(北京:中华书局,2009年)等。阎纯德主编《列国汉学史书系》(北京:学苑出版社)第一辑所出熊文华《英国汉学史》和《荷兰汉学史》,阎国栋《俄罗斯汉学三百年》、陈开科《巴拉第的汉学研究》、赵春梅《瓦西里耶夫与中国》、李伟丽《尼·雅·比丘林及其汉学研究》、许光华《法国汉学史》、胡优静《英国19世纪的汉学史研究》,第二辑所出耿昇《法国汉学史论》等著均与本课题相关。对西方早期汉学的研究,有助于"古代北京与西方文明"课题研究的深化。

七、明清时期中西文化交流史研究。明清时期中西关系的主要内容是文化交流,故学界历来重视对中西文化交流史的研究。前辈学者在这一课题做出开拓性贡献的著作有:张星烺著《欧化东渐史》(上海:商务印书馆,1934年),向达著《中外交通小史》(上海:商务印书馆,1933年)和《中西交通史》(上海:中华书局,1934年),张维华著《明史佛郎机吕宋和兰意大利亚四传注释》(北平:燕京大学哈佛燕京学社,1934年),[①]陈受颐著《中欧文化交流史事论丛》(台北:商务印书馆,1970年),方豪著《中西交通史》(台北:中华文化出版事业委员会,1953年)、《方豪六十自定稿》(台北:台湾学生书局,1969年)、《方豪六十至六十四自选待定稿》(台北:台湾学生书局,1974年)与《方豪晚年论文辑》(台北:辅仁大学出版社,2010年),朱谦之著《中国哲学对于欧洲的影响》(福州:福建人民出版社,1985年),范存忠著《中国文化在启蒙时期

---

① 张维华此著后又修订,改题《明史欧洲四国传注释》(上海:上海古籍出版社,1982年)。

的英国》(上海:上海外语教育出版社,1991年)等,这些著作奠定了中文世界研究中西文化交流史的基本格局。张星烺编注《中西交通史料汇编》(北平:辅仁大学图书馆,1930年),其中第一编《古代中国与欧洲之交通》编译两汉到明代中国与欧洲交通史料,则为研究古代中国与欧洲文化交流史提供了可资利用的基本文献。冯承钧翻译了上百种西方汉学家有关东南亚史地、西北史地、中西宗教交流史的著作,为研治中西交通史做出了重要贡献。

1990年代以后,研究中西文化交流史的风气再起,出现了大批这方面的研究论著。其中研究明清时期中西文化交流史的专著有:许明龙主编《中西文化交流先驱——从利玛窦到郎世宁》(北京:东方出版社,1993年)和所著《欧洲十八世纪"中国热"》(北京:外语教学与研究出版社,2007年)、马肇椿著《中欧文化交流史略》(沈阳:辽宁教育出版社,1993年)、林仁川和徐晓望著《明末清初中西文化冲突》(上海:华东师范大学出版社,1999年)、何兆武著《中西文化交流史论》(北京:中国青年出版社,2001年)、沈定平著《明清之际中西文化交流史》(北京:商务印书馆2001年初版、2012年增订版)、张西平著《中国与欧洲早期宗教和哲学交流史》(北京:东方出版社,2001年)、吴伯娅著《康雍乾三帝与西学东渐》(北京:宗教文化出版社,2002年)、张国刚著《从中西初识到礼仪之争——明清传教士与中西文化交流》(北京:人民出版社,2003年)、卓新平主编《相遇与对话——明末清初中西文化交流国际学术研讨会文集》(北京:宗教文化出版社,2003年)、朱雁冰著《耶稣会与明清之际中西文化交流》(杭州:浙江大学出版社,2014年)、吴莉苇著《天理与上帝——诠释学视角下的中西文化交流》(北京:宗教文化出版社,2014年)等。研究中西科技交流史的有:樊洪业著《耶稣会士与中国科学》(北京:中国人民大学出版社,1992年),潘吉星著《中外科学之交流》(香港:香港中文大学出版社,1993年)与《中外科学技术交流史论》(北京:中国社科出版社,2012年),韩琦著《中国科学技术的西传及其影响》(石家庄:河北人民出版社,1999年),张承友、张普、王淑华著《明末清初中外科技交流研究》(北京:学苑出版社,2000年),王冰著《中外物理交流史》(长沙:湖南教育出版社,2001年),刘潞主编《清宫西洋仪器》(上海科学技术出版社,1999年),郭福祥著《时间的历史映像——中国钟表史论集》(北京:紫禁城出版社,2013年)。研究中西音乐交流史的有：陶亚兵著《中西音乐交流史稿》（北京：中国大百科全书出版社，1994年）和《明清间的中西音乐交流》（北京：东方出版社，2001年）。研究中西美术交流史的有：莫小也著《十七—十八世纪传教士与西画东渐》（杭州：中国美术学院出版社，2002年）、严建强著《十八世纪中国文化在西欧的传播及其反应》（杭州：中国美术学院出版社，2002年）、聂崇正著《清宫绘画与"西画东渐"》（北京：紫禁城出版社，2008年）。此外，中华文化通志编委会编《中华文化通志》第九典《宗教与民俗典》中的卓新平著《基督教犹太教志》，第十典《中外文化交流》中的李明滨著《中国与俄苏文化交流志》、朱学勤和王丽娜著《中国与欧洲文化交流志》。季羡林主编《中外文化交流史丛书》（长沙：湖南教育出版社，1998年。按照学科分文学、哲学、医学、美术、音乐、宗教、教育、图书八种），李喜所主编《五千年中外文化交流史》第一、二卷（北京：世界知识出版社，2002年），张国刚、吴莉苇著《中西文化关系史》（北京：高等教育出版社，2006年），何芳川主编《中外文化交流史》（上、下册，北京：国际文化出版公司，2008年），张国刚著《文明的对话：中西关系史论》（北京：北京师范大学出版社，2013年），耿昇著《中法文化交流史》（昆明：云南人民出版社，2013年），多有涉及元明清三朝中西文化交流史方面的内容和篇章。众多这一方面论著的问世，带来了中西文化交流史研究新的繁荣。

澳门文化司署出版的《文化杂志》（1987年创办至今）是一家以东西文化交流史为主题的杂志，它为在这一领域研究的中外学者提供了新的园地。该刊刊登与本课题有关的论文有：诺奥·巴斯多《十七世纪葡国为建造北京两座最早的耶稣会教堂所做的贡献》（1987年，第2期）、若埃尔·加良《徐日昇神父——十七世纪在中国皇宫的葡萄牙乐师》（1988年，第4期）、若昂·德乌斯·拉莫斯《一幅送给雍正皇帝的里贝拉宫壁画》（1993年，第15、16期）、E.布拉章《葡萄牙和中国外交关系史的几点补充：马努埃尔·迪·萨尔达尼亚出使中国（1667—1670）》、亚卡西奥·费尔南多·德·索萨《18—19世纪葡萄牙传教士在中国：北京教区》（1994年，第18期）、陈占山和黄定平《16、17世纪入华葡籍耶稣会士述考》、阿布雷沃《北京主教汤士选与马戛尔尼勋爵使团》（1997年，第32期）、阿布雷沃《最后一批葡萄牙耶稣会士在北京的财产》（2000年，第40期）、熊鹰《北京石刻艺术博物馆及所藏外国传教士墓碑》、明晓艳《北京法国耶稣会士墓地及钱德明神父墓碑》(2003年,第48期)、姚京明:《平托〈远游记〉里的中国想象》(2004年,第52期)、余三乐《北京天主教南堂在中西文化交流中的文化功能》(2007年,第65期)、吴艳玲《使命与生命:17—18世纪宫廷葡萄牙传教士的教务活动》(2012年,第83期)、吴艳玲《北京天主教东堂与中葡文化交流》(2013年,第88期)等。

八、文化形象与都市想象研究。 西方的中国观或中国形象是近年来跨文化研究中的主要课题,投入这一课题研究的多为历史学、比较文学等专业的学者,吴孟雪著《明清时期欧洲人眼中的中国》(北京:中华书局,2000年)、张国刚和吴莉苇著《启蒙时代欧洲的中国观——一个历史的巡礼与反思》(上海:上海古籍出版社,2006年)、周宁著《天朝遥远——西方的中国形象研究》(2册,北京:北京大学出版社,2006年)可谓这方面的代表作。周宁主编的《世界之中国——域外中国形象研究》(南京:南京大学出版社,2007年)及《世界的中国形象丛书》(北京:人民出版社,2010年),其中李勇著《西欧的中国形象》、孙芳和陈金鹏等著《俄罗斯的中国形象》两书的部分章节与本课题相关。

从现有的国内研究成果来看,主要集中在传教士与中西文化交流、西方外交使节与明清两朝的接触(特别是交往中的礼仪之争)等问题研究。在材料发掘方面,有关明清档案和历史文献的整理、出版取得了重大进展,为从事明清时期的中西文化交流史和中西关系史研究提供了比较便利的条件。有关清代天主教档案史料,最早进行发掘的是陈垣编辑《康熙与罗马使节关系文书影印本》(北平:北平故宫博物院,1932年),公布相关档案14件。① 从20世纪六七十年代起,吴相湘先生主编、台湾学生书局影印出版《天学初函》(明末李之藻编刊于1626年,1965年)、《天主教东传文献》(1966年)、《天主教东传文献续编》(3册,1966年)、《天主教东传文献三编》(6册,1972年)。从1990年代起,新的一波整理中国天主教史文献浪潮再起,由比利时钟鸣旦教授与荷兰杜鼎克教授联合发起,中国台湾学者祝平一、黄一农教授等收集和整理的《徐家汇藏书楼明清天主教文献》(5册,台北:辅仁大学神学院,1996

---

① 此书后有李天纲整理本,收入〔意〕马国贤著,李天纲译:《清廷十三年——马国贤在华回忆录》,上海:上海古籍出版社,2004年,第141—171页。

年)出版,将原藏于上海徐家汇藏书楼,1949 年被耶稣会士带到菲律宾后,又辗转收藏于台湾的一批汉文文献公诸于世。接着,钟鸣旦、杜鼎克主编了《耶稣会罗马档案馆明清天主教文献》(12 册,台北:利氏学社,2002 年)。他俩还与蒙曦一起主编了《法国国家图书馆明清天主教文献》(26 册,台北:利氏学社,2009 年)。这三大宗文献为研究明清天主教史提供了大量新的历史材料。此外,辅仁大学天主教史研究中心陈方中主编《中国天主教史籍汇编》(台北:辅仁大学出版社,2003 年)收入《天主教传行中国考》《燕京开教略》《正教奉褒》三种,是研究中国天主教早期历史的重要史料。

与此同时,中国大陆对天主教文献的整理也开始起动,复旦大学教授朱维铮先生编辑《利玛窦中文著译集》(香港:香港城市大学出版社;上海:复旦大学出版社,2001 年)。叶农教授整理《艾儒略汉文著述全集》(2 册,桂林:广西师范大学出版社,2011 年)。周骋方先生编校《明末清初天主教史文献丛编》(5 册,北京:北京图书馆出版社,2001 年)收入了明万历年间至清康熙朝有关天主教史文献七种:《辩学遗牍》《代疑篇》《三山论学纪》《天学传概》《破邪集》《辟邪集》《不得已》。韩国学者郑安德博士在北京大学进修期间编辑、整理《明末清初耶稣会思想文献汇编》(5 卷,北京:北京大学宗教研究所,2003 年)。中国第一历史档案馆编《清中前期西洋天主教在华活动档案史料》(4 册,北京:中华书局,2003 年)。中国第一历史档案馆、中国海外汉学研究中心合编、安庆成编译《清初西洋传教士满文档案译本》(郑州:大象出版社,2015 年)。黄兴涛、王国荣编《明清之际西学文本:50 种重要文献汇编》(4 册,北京:中华书局,2013 年)。张西平主编《梵蒂冈图书馆藏明清中西文化交流史文献丛刊》(第一辑 44 册、177 种,郑州:大象出版社,2014 年)。此外,中国第一历史档案馆编《康熙朝汉文朱批奏折汇编》(3 册,北京:档案出版社,1985 年)、中国第一历史档案馆编《康熙朝满文朱批奏折全译》(北京:中国社会科学出版社,1996 年)也保存了不少与传教士在北京活动相关的档案材料。① 由于这些档案材料

---

① 有关这方面的情形,参见冯明珠:《坚持与容忍——档案中所见康熙皇帝对中梵关系生变的因应》,收入《中梵外交关系史国际学术研讨会论文集》,台北:辅仁大学历史学系印行,2002 年,第 145—182 页。

新近出版,现有的中国天主教史研究实际利用率较低,收藏在欧洲罗马教廷、巴黎图书馆等处的大量教会档案和中文档案尚待整理出版。

中西关系史专题档案整理成为这时期明清档案整理的一大亮点。有关清代中俄关系的有:中国第一历史档案馆编《清代中俄关系档案史料选编》(第一编,北京:中华书局,1981年),第一编所收档案文献的时间范围为顺治十年三月至雍正十二年十二月。原定乾隆、嘉庆、道光为第二编,可惜尚未编成出版。有关中英关系档案文献有:中国第一历史档案馆编《英使马戛尔尼访华档案史料汇编》(北京:国际文化出版公司,1996年)。有关中葡关系档案文献有:第一历史档案馆编《中葡关系档案史料汇编》(2册,北京:中国档案出版社,2000年),中国社会科学院近代史研究所张海鹏主编《中葡关系史资料集》(上、下卷,成都:四川人民出版社,1999年),中国第一历史档案馆、澳门基金会、暨南大学古籍研究所合编《明清时期澳门问题档案文献汇编》(6册,北京:人民出版社,1999年)。由于上世纪90年代香港、澳门先后回归祖国,学界对中英、中葡关系的研究比较重视,故加大了对相关档案的发掘力度,对其利用率也相对较高。

四 西方相关研究及其值得注意的动向

西方汉学兴起之初,即对中西关系史研究比较重视,可谓其强项,这当然与其谋求向中国殖民开拓的战略相关。西方早期汉学研究在相当长时期具有服务或服从于其对华政策的需要,表现出强烈的"西方中心主义"色彩,这是难以讳言的事实。

北京作为地理名称出现在西文文献中可追溯到元代。在《马可波罗行纪》中被称为"汗八里"(Cambaluc,Khan-baligh),此名可能出自突厥语"皇城"(han-baliq)。《鄂多立克东游录》亦称之为"汗八里"(Cambalech),此语可能出自中亚对元大都的称呼,Can=Khan,Balech=Baliq,意为汗之城。[①] 明代,西班牙人门多萨编撰的《中华大帝国史》称北京为Paguia,

---

[①] 何高济译:《海屯行纪、鄂多立克东游录、沙哈鲁遣使中国记》,北京:中华书局,2002年,第79页。

其意为皇帝的驻地,或"北方的宫廷"。①葡萄牙使节多默·皮列士(一译皮雷斯)于1512—1515年间撰著的《东方志——从红海到中国》首次将"汗八里"称为北京Peqim。② 参加皮雷斯使团的克利斯多弗·维埃拉在1524年从广东发出的信中将北京拼写成Piquim。③葡萄牙籍耶稣会士费尔南·门德斯·平托(Ferāo Mendes Pinto,1514—1583)成稿于1576年的《远游记》称北京为"八京"或"巴京"(Paquim),一般认为是粤语Pequim的谐音。④第一位访问明朝的西班牙天主教传教士马丁·德·拉达(Martin de Rada)在他撰写的《记大明的中国事情》(1576年)中称北京为Pacquiaa,⑤这是极少见的一种拼读,可能是北京拼读的西班牙语转写。波兰耶稣会士卜弥格编辑的《中国地图集》中,北京用拉丁文标为PEKIM。⑥清代,法语文献中称呼北京的名称有Pékin、Pekin、Peking、Pé-kin,如法国皇家科学院主席多尔图·德梅朗《致北京耶稣会传教士巴多明神父关于中国各种问题的通信》用的是Pékin。⑦法国耶稣会士钱德明等编著《中国丛刊(北京传教士关于中国历史、科学、艺术、风俗、习惯录)》则用Pekin。⑧ 荷兰德胜使团法籍翻译小德经(1759—1845)著《北京、马尼拉、法兰西岛游

---

① 参见〔西〕门多萨撰,何高济译:《中华大帝国志》,北京:中华书局,2004年,第21页。

② 〔葡〕多默·皮列士著,何高济译:《东方志——从红海到中国》,南京:江苏教育出版社,2005年8月,第97页。

③ 《广州葡囚书简·克利斯多弗·维埃拉的信》,收入〔葡〕巴洛斯、〔西〕艾斯加兰蒂等著,何高济译:《十六世纪葡萄牙文学中的中国 中华帝国概述》,北京:中华书局,2013年,第82页。

④ 参见费尔南·门德斯·平托著,金国平译:《远游记》,澳门:澳门基金会,1999年,第307页。又参见〔葡〕费尔南·门德斯·平托著,王锁英译:《葡萄牙人在华见闻录》,澳门:澳门文化司署、东方葡萄牙学会,海口:海南出版社、三环出版社,1998年,第199页。

⑤ Martin de Rada. Relation of the things of China which is properly called Taybin. Chris Elder edited. *Old Peking: City of the Ruler of the World*. Hong Kong: Oxford University Press,1997. p.55.

⑥ 参见〔波〕卜弥格著,张振辉、张西平译:《卜弥格文集》,上海:华东师范大学出版社,2013年,第196—197页。

⑦ Dortous de Mairan. *Lettres au R. P. Parrenin, Jésuite, missionnaire à Pékin: contenant diverses questions sur la Chine/Par M. Dortous de Mairan.* Paris: Imprimerie Royale,1770.

⑧ Joseph Marie Amiot. *Mémoires concernant l'histoire, les sciences, les arts, les moeurs, les usages, &c. des Chinois/par les missionnaires de Pékin.16 vol.* Paris: Nyon, 1776—1814.

记》使用 Peking。① 第二次鸦片战争后法国特使团专员克鲁雷著《北京之旅,远征中国的回忆》用的是较少见的 Pé-kin。② 英语文献中出现的北京名称有 Pe-king、Pekin、Peking,如荷兰使团成员约翰·尼霍夫《荷使初访中国记》一书的最初英文译本(1669 年)和法文译本(1665 年)用的都是 Peking。③ 荷兰使节范罢览《1794 年和 1795 年荷兰东印度公司驻中华帝国朝廷使节纪实》一书的英译本用的是 Pe-king。④ 英国马戛尔尼使团礼品总管约翰·巴罗著《中国游记:从北京到广州》用的是 Pekin。⑤ 可见,在欧洲早期文献中,北京并无一个确定、统一、规范的名称,上述各名称应是拉丁文的转写。晚清以降,汉字的拉丁文转写先后使用威妥玛式拼音和邮政式拼音,这两种拼音系统都将北京拼写为"Peking"。威妥玛式拼音由英国人威妥玛(Thomas Francis Wade,1818—1895 年)所创,1867 年开始使用。邮政式拼音是一个以拉丁字母拼写中国地名的系统,为 1906 年春季在上海举行的帝国邮电联席会议通过,将其作为拼写中国地名标准的方案。中华民国成立以后继续沿用这两种拼音。20 世纪上半期各种英文书籍基本上都将北京拼读成 Peking,如喜仁龙(Osvald Sirén)的《北京的城墙和城门》(*The Walls and Gates of Peking*)、裴丽珠(Juliet

---

① Chrétien-Louis-Joseph de Guignes. *Voyages à Peking, Manille et l'île de France: faits dans l'intervalle des années 1784 à 1801. par M. de Guignes.* 3 vol. Paris: de L'Imprimerie imperiale, 1808.

② Georges de Kéroulée. *Un voyage à Pé-kin/par Georges de Kéroulée.* Paris: P. Brunet, 1861.

③ Johan Nieuhof. *An embassy from the East-India Company of the United Provinces, to the Grand Tartar Cham, Emperor of China delivered by their excellencies, Peter de Goyer and Jacob de Keyzer, at this imperial city of Peking.* London: Printed by J. Macock for the author, 1669.

④ A. E. van Braam Houckgeest. *An authentic account of the embassy of the Dutch East-India company to the court of the emperor of China in the years 1794 and 1795 (subsequent to that of the Earl of Macartney.), containing a description of several parts of the Chinese empire, unknown to Europeans/taken from the journal of Andre Everard van Braam; translated from the original of M. L. E. Moreau de Saint-Mery.* 2 vol. London: Printed for R. Phillips, 1798.

⑤ John Barrow. *Travels in China: containing descriptions, observations, and comparisons, made and collected in the course of a short residence at the imperial palace of Yuen-min-yuen, and on a subsequent journey through the country from Pekin to Canton.* London: T. Cadell and W. Davies, 1806.

Bredon)的《北京纪胜》(*Peking: A Historical and Intimate Description of its Chief Places of Interest*)、立德夫人(Mrs. Archibald Little)的《我的北京花园》(*Round About My Peking Garden*)、安妮·布里奇(Anne Bridge)的《北京郊游》(*Peking Picnic*)、甘博(Sidney David Gamble)的《北京社会调查》(*Peking: a Social Survey*)、燕瑞博(Robert William Swallow)的《北京生活侧影》(*Sidelight on Peking Life*)等,显然这是威妥玛式拼音和邮政式拼音普及的结果。中华人民共和国成立以后,1958年在中国大陆地区威妥玛式拼音和邮政式拼音被汉语拼音所取代,北京的汉语拼音为 Beijing。Peking 只使用于某些特定的专有名称,如 Peking Opera、Peking Duck、Peking University 等。

欧美学界对古代北京与西方文明关系的研究大致是从以下四个方面来展开:

一、基督教入华史研究。教会研究机构在这一研究领域扮演关键角色。利玛窦、汤若望、南怀仁是17世纪耶稣会在北京的核心人物,也是国际学术界最为重视研究的来华传教士主要代表。

《华裔学志》社是较早成立的中国天主教研究机构,1935年创办于北平,1949年转到东京,1963年搬到美国加州大学洛杉矶分校(UCLA),1972年迁到德国圣奥古斯丁至今。该社定期出版刊物《华裔学志》,迄至2015年已出63卷。内中不少与本课题相关的论文,如:第1卷载福克司(Fuchs, Walter)《清朝(1644—1911)地图绘制之相关资料》。第3卷载斐化行(Bérnard, Henri, S. J)《汤若望关于天文历法的著作(〈崇祯历书〉、〈西洋新法历书〉)》。第4卷载《北京(天主教)北堂的图书馆小史》《遣使会1862年北平北堂图书目录》《北堂图书馆中文书目》。第5卷载裴化行《南怀仁为汤若望的科学工作继承者》。第23卷载 Mish, John L《艾儒略(1582—1649年)介绍给中国的一个欧洲的伟大形象——〈西方答问〉(导论、译文、注释)》。第25卷载 Harris, George L.《利玛窦(1552—1610年)在16世纪引导文化改变的努力之实例研究》。第41卷载柯兰霓(Collani, Claudia von)《〈明史〉中的利玛窦(1552—1610年):1707年出自耶稣会士白晋(1656—1730年)给耶稣会士安多(1644—1709年)的报导》。第42卷载柯兰霓《耶稣会士闵明我(1638—1712年)对教宗特使多罗(1668—1710年)抵达中国的报导》。第43卷载 Nesterova, Elena《俄国画家 Anton Legašov 在中国：俄国"北京传教士团"的历史略谈》。① 第 53 卷载柏理安（Liam Mathew Brockey）《耶稣会"葡萄牙"教会在十七世纪的北京》。第 54 卷载劳悦强（Yuet Kueng Lo）《第二我：利玛窦在中国结交之友谊》、高马士（Josef Kolmaš）《耶稣会神父严嘉乐（Karel Slavíček）——第一位波西米亚汉学家》。第 55 卷载柯兰霓《西方与〈易经〉的首次相遇——18 世纪法国耶稣会士的书信、拉丁文本及其译文的介绍与编辑出版》、梅欧金（Eugenio Menegon）《耶稣会的象征在中国：〈口铎日抄〉所描述的佛兰德版画及其欧洲寓意在中国的运用》。② 第 58 卷载高华士（Noël Golvers）《清代耶稣会士傅圣泽在北京北堂私人收藏的西文书籍以及耶稣会士在中国的矛盾交织状态》。第 60 卷载斯坦尼斯拉夫·叶茨尼克（Stanislav Južnič）《架设圣彼得堡与北京天文台之间的一座桥梁：斯洛文尼亚传教士刘松龄研究》等文。

《华裔学志》社出版的专书有：Shu-Jyuan Deiwiks，Bernhard Führer，Therese Geuen 编《欧洲与中国互见：17 世纪欧中科学交流》(*Europe meets China-China meets Europe The Beginnings of European-Chinese Scientific Exchange in the 17th Century*, 2014)，该书是 2012 年 6 月 12—13 日在波恩东亚学社举行的一次会议论文结集，这次会议以探讨 17 世纪中欧之间早期科技交流为主题，收文 7 篇，主要涉及徐光启、汤若望、康熙与中欧科技交流史事。Christian Stücken 著《来自天上的官员：戴进贤（1680—1746）及其生平与事业》(*Der Mandarin des Himmels: Zeit und Leben des Chinamissionars Ignaz Kögler SJ (1680—1746)*, 2003)，该书主要评述来华德国传教士戴进贤在清廷钦天监的工作。马雷凯（Roman Malek）和柯毅霖（Gianni Criveller）编《烛颂，与中国相会时的友谊》(*Light a Candle. Encounters and Friendship with China. Festschrift in Honour of Angelo S. Lazzarotto P.I.M.E*, 2010)，内收多篇论文涉及中欧早期文化交流。该社出版的《华裔学志丛书》

---

① 前 50 卷中译目录参见 Zbigniew Wesolowski（魏思齐）编：《〈华裔学志〉中译标题目录 1—50 册(1935—2002)》，台北：辅仁大学出版社，2004 年。

② 参见《附录之三：〈华裔学志〉第 51 至 55 册目录内容》，收入 Zbigniew Wesolowski（魏思齐）编：《〈华裔学志〉中译论文精选：文化交流和中国基督宗教史研究》，台北：辅仁大学出版社，2009 年，第 436—466 页。

(Monumenta Serica Monograph Series),其中有数种与本课题相关,如评述汤若望在北京传教及在清廷任职的活动有魏特(Alfons Väth S. J.)著《耶稣会神父汤若望(1592—1666):中国传教士、皇帝的天文学家以及朝廷的顾问》(*Johann Adam Schall von Bell S. J. Missionar in China, Kaiserlicher Astronom und Ratgeber am Hofe von Peking 1592—1666. ein Lebens- und Zeitbild*,1991)。马雷凯编《西学与基督教在中国:汤若望(1592—1666)的贡献与影响》(*Western Learning and Christianity in China. The Contribution and Impact of Johann Adam Schall von Bell, S.J.(1592—1666)*,2 vol,1998),为纪念汤若望诞辰 400 周年,1992 年 5 月在德国圣奥古斯丁举行了盛大的国际学术研讨会,该书为提交这次国际会议的论文结集,收文 54 篇。按内容分为八部分:一、汤若望:其人与背景。二、汤若望与同时代的中国人。三、汤若望:占星术、天文学与历法。四、西学在中国:汤若望的贡献。五、汤若望的宗教写作与活动。六、在文字与插图中的汤若望。七、汤若望:接受与影响。八、中欧相遇:其他案例。评介南怀仁天文学成就及在京活动的有:高华士(Noël Golvers)著《南怀仁的欧洲天文学,迪林根,1687:原文、翻译本、注脚以及注释》(*The Astronomia Europaea of Ferdinand Verbiest, S. J. (Dillingen, 1687) Text, Translation, Notes and Commentaries*,1993)。魏若望(John W. Witek)编《南怀仁(1623—1688):耶稣会传教士、自然科学家、工程师以及外交官》(*Ferdinand Verbiest, S. J. (1623—1688) Jesuit Missionary, Scientist, Engineer and Diplomat*,1993),为纪念南怀仁逝世三百周年,1988 年在比利时鲁汶大学召开了"南怀仁国际学术研讨会",该书是这次会议的论文结集,共收与会中西学者论文 31 篇,按内容分六部分:一、南怀仁的欧洲背景。二、作为科学家的南怀仁。三、作为工程师的南怀仁。四、作为外交家的南怀仁。五、作为传教士的南怀仁。六、南怀仁对中国和欧洲的影响。社会科学文献出版社 2011 年出版了该书中文简体字译本。探讨柏应理生平及其来华传教活动的有韩德力(Jeroom Heyndrickx)《柏应理(1623—1693):将中国带到欧洲的人》(*Philippe Couplet, S. J. (1623—1693) The Man Who Brought China to Europe*,1990),该书是 1986 年在鲁汶大学召开的"柏应理国际学术研讨会"会议论文的结集,收文 12 篇。探讨明末清初教廷与中国礼仪之争的有孟儒卫(D. E. Mungello)编《中国礼仪之争：它的历史与意义》(*The Chinese Rites Controversy. Its History and Meaning*，1994)，该书是1992年10月16—18日利氏学社在旧金山召开的"中国礼仪之争在中西历史中的意义"国际学术研讨会论文的结集，收文15篇，按内容分五部分：一、介绍。二、礼仪之争的中国观点。三、多明我派与未来主义者。四、神学的、政治的争论。五、过去、现在与未来的礼仪之争。六、评论。探讨中国基督教发展史的有马雷凯编《耶稣基督的中国面相》(*The Chinese Face of Jesus Christ*，2002)，该书共5卷(现已出4卷)，收录研究在华耶稣会最新成果，前4卷内容涉及从唐朝到当代关于基督教的中国面相的讨论，西文、中文有关耶稣基督在华的著作详解目录和总索引、词汇表。第5卷拟定为西方传教士和中国人尝试用艺术的方式所刻画的耶稣肖像。值得一提的是，该社还出版了安·丝婉·富善(Anne Swann Goodrich)撰著的三种研究北京风俗、宗教的专著：《北京东岳庙》(*The Peking Temple of the Eastern Peak. The Tung-yüeh Miao of Peking and Its Lore with 20 Plates*，1964)、《中国地狱：北京寺庙的18种地狱与中国的地狱概念》(*Chinese Hells. The Peking Temple of Eighteen Hells and Chinese Conceptions of Hell*，1981)和《北京纸神：家庭崇拜的观点》(*Peking Paper Gods. A Look at Home Worship*，1991)，显示了该社对北京民俗研究的特殊兴趣。

利氏学社是致力推动中国天主教史研究的又一机构。台北利氏学社1966年创立，巴黎利氏学社(Institut Ricci de Paris) 1972年创立，旧金山大学利玛窦中西文化历史研究所(Ricci Institute for Chinese-Western Cultural History，University of San Francisco)1984年创立，在此基础上1989年成立国际利氏学社。1999年又在澳门设立利氏学社。①

澳门利氏学社出版与本课题相关的著作有：(1)《〈北京大事记：康熙时期西方历史资料〉学术研讨会论文集》。德国耶稣会士纪理安(1655—1720)留下一部《北京大事记》手稿，主要记述了1705—1710年间发生在北京的重要事件，内容涉及教廷使节多罗访华与中国礼仪之争。这本论

---

① 意大利马切拉塔利氏中心(Istituto Matteo Ricci per le relazioni con l'oriente, Macerata)成立时间较早，与利氏学社无组织隶属关系。

文集围绕这部手稿的史料价值做了富有深度的探讨，共收文16篇，书前有鲁保禄(Paul Rule)长文评介《〈北京大事记〉的历史意义》(*The Historical Significance of the Acta Pekinensia*)。正文将所收论文分为三部分：一、《北京大事记》工程。二、《北京大事记》与礼仪问题的背景。三、《北京大事记》与中欧关系的演变。① (2)万德化、萨安东编辑论文集《在一个皇帝的光与影下：徐日昇(1645—1708)，康熙帝与在华耶稣会士》。为纪念徐日昇逝世三百周年，2008年11月10—12日在里斯本、11月27—29日在澳门举行了"在一个皇帝的光与影下：徐日昇(1645—1708)，康熙帝与在华耶稣会士"学术研讨会，提交论文的作者共22位。论文按内容分为六部分：一、传教与人。二、宫廷与中国文化。三、康熙皇帝时期的中国传教士。四、欧洲科学与知识在中国的披露。五、中俄谈判在尼布楚。六、西方音乐传入中国。②

比利时鲁汶大学南怀仁研究中心是中国天主教史研究、出版的又一个重要机构。其前身为南怀仁协会(Verbiest Foundation)，1982年由比利时圣母圣心会和鲁汶大学共同创立，2007年易名为南怀仁研究中心(Verbiest Institute)，该机构致力于中国天主教史研究，并谋求与中国学者的合作，迄今已举办十二次学术会议(每三年举办一次)，出版了31种外文著作、14种中文著作。其出版品中与本课题相关者有：韩德力(Jeroom Heyndrickx)编著《柏应理(1623—1693)：将中国带到欧洲的人》(*Philippe Couplet, S. J. (1623—1693): The Man Who Brought China to Europe*)，比利时耶稣会士柏应理最先将中国哲学及孔子介绍到欧洲，对西方影响极大；他还带了一位中国教徒沈福宗返回欧洲，一起会见法国国王路易十四；柏应理在晋见教皇述职时，为耶稣会在华的传教立场作了解释。该著对柏应理在中国与欧洲及教廷的关系上所扮演的重要角色做了系统阐述。高华士(Noël Golvers)著《南怀仁的欧洲

---

① The Macau Ricci Institute. *Acta Pekinensia Western Historical Sources for the Kangxi Reign*, International Symposium Organised by the Macao Ricci Institute(Macao, 5th—7th October 2010). The Macau Ricci Institute, 2013.

② Wardega, Artur K., and De Saldanha, António Vasconcelos, eds., *In the Light and Shadow of an Emperor Tomás Pereira, S. J. (1645—1708), the Kangxi Emperor and the Jesuit Mission in China*, London: Cambridge Scholars Publishing, 2012.

天文学》(The Astronomia Europaea of Ferdinand Verbiest, S. J. (Dillingen, 1687)),该书搜集了南怀仁的天文学著作,反映了清初耶稣会士在清廷传输欧洲天文学的情形。魏若望(John. W. Witek)编著《南怀仁:耶稣会传教士、科学家、工程师及外交家(1623—1688)》(Ferdinand Verbiest, S. J. —Jesuit Missionary, Scientist, Engineer and Diplomat (1623—1688))。[1] 该书为1988年在鲁汶大学召开的南怀仁国际学术研讨会论文集,收入论文16篇,分别从南怀仁的欧洲背景,作为科学家、工程师、外交家、传教士的南怀仁,对中国和欧洲的影响等视角探讨南怀仁的一生,是全面论述南怀仁的一部论著。伊夫斯·德·托玛斯·博西耶尔夫人(Mme Yves de Thomaz de Bossierre)著《耶稣会士张诚神父传(1654—1707):法王路易十四的数学家,法国来华使节团长》(Jean-François Gerbillon, S. J. (1654—1707). Mathématicien de Louis XIV. premier Supérieur général de la Mission française de Chine)[2],该书发掘了耶稣会罗马档案馆、巴黎外方传教会收藏的有关张诚的档案和书信,对张诚从暹罗到中国的旅行,张诚伴随康熙的第三到第八次鞑靼旅行,张诚在宫廷的生活,张诚与欧洲的关系做了具有原创性的还原叙述,是迄今唯一的张诚传记。高华士著《南怀仁的中文天际》(Ferdinand Verbiest, S. J. (1623—1688) and the Chinese Heaven),该书汇集了现在欧洲收藏的南怀仁天文学著作约220篇,并从天文、汉学、历史、语言、藏书学等视角进行讨论,书中插入大量图解(60幅图片、6幅图表、4幅地图),对了解西方天文学在中国的传输、耶稣会遗存在欧洲的出版物颇有助益。高华士与埃夫西缪斯·尼古拉依迪斯(Efthymios Nicolaidis)合编《南怀仁与十七世纪中国的耶稣会科学》(Ferdinand Verbiest and Jesuit Science in 17th Century China),该书发掘了南怀仁1676年写于北京的两部未刊手稿,它们曾由俄国使节斯帕法里带回莫斯科,呈献给俄国沙皇。译者将拉丁文本重新编排、译成英文,并详加注释。高华士著《为中国而设的西学图书馆:欧洲与中华耶

---

[1] 中译本有魏若望编《南怀仁(1963—1988)——鲁汶国际学术研讨会论文集》,北京:社会科学文献出版社,1994年。

[2] 中译本有〔法〕伊夫斯·德·托玛斯·德·博西耶尔夫人著,辛岩译《耶稣会士张诚——路易十四派往中国的五位数学家之一》,郑州:大象出版社,2009年。

稣会传教站间的西书流通（大约 1650 到 1750 年间）》(*Libraries of Western Learning for China. Circulation of Western Books between Europe and China in the Jesuit Mission（ca. 1650 —ca. 1750）*)，全书分三部：第一部《书籍的取得与流通机制》(*Logistics of book acquisition and circulation*)、第二部《耶稣会图书馆的设立》(*Formation of Jesuit libraries*)、第三部《图书与读者》(*Of books and Readers*)。该书主要探讨"西学东渐"中"书路"(Book Road)如何取代此前的"丝路"在中西文化交流中所扮演的角色。解答那些传教士想引进什么书，为何他们认为这些书应该引进，书籍如何取得以及如何流通，中国人如何才能参考这些图书，有无阅读流通网的建立，以及这些书籍最后的落脚处等鲜为人知的问题。第一部介绍耶稣会在华传教站取得西方新书的过程，第二部叙述在华耶稣会的学校及会院怎样配置西方图书，第三部介绍引进这些西书的内容。其中在第二部对北京天主教东、南、西、北四堂的图书馆创建和收藏西书情形作了介绍，特别提到龙华民于 1610 年前后所定下的开馆策略以及金尼阁与邓玉函在 1616—1619 年间执行的情况。并对耶稣会图书馆的特色，以及其与当时欧洲耶稣会图书馆作了比较。方豪先生早在 20 世纪 40 年代就注意到西书在中土的收藏、流布这一问题，他撰写《明季西书七千部流入中国考》《北堂图书馆藏书志》等文，①发掘了相关中文文献材料和当时北堂的收藏。高华士此著在材料发掘和历史还原方面，下力甚大，覆盖了前此相关成果，体现了其深厚的功力，是一部探讨"西学东渐"具有里程碑意义的巨著。

其他还值得提到的中国基督教史研究著作，探讨元代蒙古与教廷关系的有：〔法〕伯希和撰，冯承钧译《蒙古与教廷》（北京：中华书局，2001年），澳大利亚学者罗依果著《出使大汗的教皇使节》。② 探讨明末清初来华耶稣会士的专著有：〔法〕裴化行著，管震湖译《利玛窦神父传》（北京：商务印书馆，1993 年）；〔美〕邓恩著《从利玛窦到汤若望——晚明的耶稣会

---

① 参见《方豪六十自定稿》上、下册，台北：学生书局，1970 年，第 39—54、1833—1848 页。
② Igor de Rachewiltz. *Papal Envoys to the Great Khans*. Stanford：Stanford University Press，1971.

传教士》(上海：上海古籍出版社，2008)；①〔美〕柏理安著《东游记——耶稣会在华传教史 1579—1724》(澳门：澳门大学，2014 年)；②〔英〕林辅华(C. W. Allan)著《耶稣会士在北京宫廷》；③〔英〕罗博登(Arnold Rowbotham)著《传教士与满大人：耶稣会士在清廷》；④魏特著，杨丙辰译《汤若望传》(上、下册，上海：商务印书馆，1949 年)。探讨法国耶稣会士的论著有：〔法〕卫青心著，黄庆华译《法国对华传教政策》(2 册，北京：中国社会科学出版社，1991 年)；〔德〕柯兰霓著，李岩译《耶稣会士白晋的生平与著作》(郑州：大象出版社，2009 年)；〔美〕魏若望著，吴莉苇译《耶稣会士傅圣泽神甫传：索隐派思想在中国及欧洲》(郑州：大象出版社，2006年)等，这些著作在其从事的专题研究上对本课题均有参考价值。此外，公认的权威性的中国基督教通史著作、工具书，如〔美〕赖德烈著《基督教在华传教史》；⑤〔英〕阿·克·穆尔著《一五五〇年前的中国基督教史》；⑥〔法〕沙百里著，耿昇译《中国基督徒史》(北京：中国社会科学出版社，1998年)；〔法〕谢和耐著，耿昇译《中国与基督教》(上海：上海古籍出版社，2003年)；〔法〕费赖之著(Louis Pfister)，冯承钧译《在华耶稣会士列传及书目》(2 册，北京：中华书局，1995 年)；〔法〕荣振华著，耿昇译《在华耶稣会士列传及书目补编》(2 册，北京：中华书局，1995 年)，亦是本课题研究常备的参考书。

二、中西文化交流史。在近代以前的欧洲各国中，法国是与中国文化交流较为频繁的国家。法国汉学界因此对中法文化交流史研究相对也最

---

① Dunne, George Harold. *Generation of Giants: the Story of the Jesuits in China in the Last Decades of the Ming Dynasty*. Notre Dame: University of Notre Dame Press, 1962.

② Liam Matthew. Brockey. *Journey to the East: the Jesuit Mission to China, 1579—1724*. Cambridge, Mass.：Belknap Press of Harvard University Press, 2007.

③ C. W. Allan. *Jesuits at the Court of Peking*. Shanghai：Kelly and Walsh Limited, 1935.

④ Arnold H. Rowbotham. *Missionary and Mandarin: The Jesuits at the Court of China*. Berkeley：University of California Press, 1942.

⑤ Kenneth Scott Latourette. *A History of Christian Missions in China*. New York：The Macmillan Company, 1929. 中译本有赖德烈著，雷立柏、静也、瞿旭彤、成静译：《基督教在华传教史》，香港：道风书社，2009 年。

⑥ A. C. Moule. *Christians in China before the year 1550*. London：Society for Promoting Christian Knowledge. New York；Toronto：The Macmillan Co., 1930. 中译本〔英〕阿·克·穆尔著，郝镇华译：《一五五〇年前的中国基督教史》，北京：中华书局，1984 年。

为重视。提到法国汉学研究,人们自然会想到《通报》(T'oung Pao),该刊创于1890年,迄今已出101卷,它对中西文化交流史、中西关系史颇为重视,在这一领域刊登了不少力作或史料。与本课题相关的论文有:1890年第1卷第2期载 Girard De Rialle《十七世纪赴威尼斯的中国使团》(Une mission chinoise à Venise au XVIIe siècle)。1891年第2卷第4期载考迪埃(Henri Cordier,一译考狄,汉名高第)《约翰·曼德维尔》(John Mandeville)。1893年第4卷第1期载宋君荣(A. Gaubil)《鞑靼地区霍林人的现状:宋君荣神父未发表的手稿,发表于此并附序言及评注》(Situation de Ho-lin en Tartarie, Manuscrit inédit du Père A. Gaubil, S. J., publié avec une introduction et des notes)。1906年第7卷第4期载考迪埃《张诚神父未发表的五封信》(Cinq lettres inédites du, Père Gerbillon, S. J.),1908年第9卷第1期载考迪埃《十八世纪法国驻广州领事馆》(Le Consulat de France à Canton au XVIIIe siècle),1911年第12卷第4期载考迪埃《葡萄牙人来到中国》(L'arrivée des Portugais en Chine)。1915年第16卷第4期载考迪埃《地理及历史集:宋君荣神父的未刊手稿》(Mélanges géographiques et historiques. Manuscrit inédit du Père A. Gaubil S.J.)。1916年第17卷第3期载考迪埃《对耶稣会的取缔及北京传教团》(La suppression de la Compagnie de Jésus et la mission de Peking)。1922年第21卷第5期载穆勒(A. C. Moule)《关于鄂多立克的书目札记》(Bibliographical Notes on Odoric)。1934年第31卷第1/2期载普理查德(E. H. Pritchard)《驻北京的传教士与马戛尔尼使团有关的书信(1793—1803年)》(Letters from Missionaries at Peking Relating to the Macartney Embassy(1793—1803))、伯希和(Paul Pelliot)《关于澳门早期的一部著作:张天泽〈中葡1514—1644年间的贸易:葡中文献综合〉》(Un ouvrage sur les premiers temps de Macao)。1936年第32卷第5期载戴闻达(J. J. L. Duyvendak)《荷兰早期的中国研究》(Early Chinese Studies in Holland)。1938年第34卷第1/2期载戴闻达《派驻中国宫廷的最后的荷兰使团(1794—1795)》(The Last Dutch Embassy to the Chinese Court 1794—1795)。1938年第34卷3期载陈观胜(Kenneth Ch'en)《利玛窦对中国周边地区所作笔记的可能来源》(A Possible Source for Ricci's Notices on Regions near China)、伯希

和《十六、十七世纪中国的方济会》(Les Franciscains en Chine au XVIe et au XVIIe siècle)、戴闻达《〈实录〉中最后的荷兰使团》(The Last Dutch Embassy in the "Veritable Records")。1940 年第 35 卷第 5 期载戴闻达《关于荷兰最后驻中国宫庭的使团的补充文件》(Supplementary Documents on the Last Dutch Embassy to the Chinese Court)。1944 年第 39 卷增刊载 Albert Kammerer《十六世纪葡萄牙人对中国的发现以及海图的绘制》(La Découverte de la Chine par les Portugais au XVIème Siècle et la Cartographie des Portulans),1954 年第 43 卷第 1/2 期载傅乐淑(Fu, Lo-Shu)《康熙年间两个葡萄牙赴华使团》(The Two Portuguese Embassies To China During the K'ang-Hsi Period)。1956 年第 44 卷第 1/3 期载伯戴克(Petech, Luciano)《关于康熙年间葡萄牙赴华使团的评价》(Some Remarks On the Portuguese Embassies To China in the K'ang-Hsi Period)。1992 年第 78 卷第 4/5 期载刘怡玮(Liu, Cary Y.)《元首都,大都:帝国大厦计划和官僚》(The Yüan Dynasty Capital, Ta-Tu: Imperial Building Program and Bureaucracy)。在研究中西关系方面,《通报》应是最值得我们关注的西方刊物。

法国汉学界研究中欧文化交流史(特别是中法文化交流史)的专著有:〔法〕谢和耐、戴密微著,耿昇译《明清间耶稣会士入华与中西汇通》(北京:东方出版社,2011 年);〔法〕艾田蒲著,许钧、钱林森译《中国之欧洲》(2 卷,桂林:广西师范大学出版社,2008 年);〔法〕维吉尔·毕诺著,耿昇译《中国对法国哲学思想形成的影响》(北京:商务印书馆,2000 年);〔法〕陈艳霞著《华乐西传法兰西》(北京:商务印书馆,1998 年);〔法〕贝尔纳·布里赛著,王媚、丽泉、赵丽莎译《法兰西在中国 300 年——从路易十四到戴高乐》(上海:上海远东出版社,2014 年);〔法〕蓝莉著,许明龙译《请中国作证——杜赫德的〈中华帝国全志〉》(北京:商务印书馆,2015 年)[①]等。法国学者在西方汉学界研究中西文化关系史方面发挥了举足轻重的作用。

此外,Thomas H. C. Lee 编辑《中国与欧洲:16 至 18 世纪的想象与

---

① Isabelle Landry-Deron. *La preuve par la Chine: la "Description" de J.-B. Du Halde, Jésuite, 1735*. Paris : Editions de l'Ecole des hautes études en sciences sociales, 2002.

影响》一书,是从 1987 年 3 月在香港中文大学主办的一次同题学术研讨会上提交的 26 篇论文中选择 13 篇而成,论文多讨论这一时期中欧之间的思想、科技、艺术交流和交互影响。①

三、国际汉学中的北京研究。早在元代,北京已进入西方的视野,并在《马可波罗行纪》中留下了对元大都的大篇幅记载。但对北京进行研究,而不是停留在一般简单描述的基础上,应是在 17 世纪以后。葡萄牙耶稣会士安文思积其在京二十年生活经验撰写的《中国新史》,用数章篇幅对其所推崇的"北京之宏伟"作了详细描述,其内容可以说具有研究的成分。18 世纪以后,法国来京的耶稣会士与巴黎出版商合作编辑出版的《中华帝国全志》《中国丛刊》(或译作《中国杂纂》),包括大量有关北京的政情、风俗、建筑、园林的介绍和研究。俄国东正教第九届传教团大司祭比丘林编译的《北京志》可谓第一部以俄文系统介绍北京的著作。近代以后,随着西方殖民者侵入北京,以北京为专题的研究著作随之也大量出现。1876 年上海美华书馆出版贝勒(一译布莱慈奈德)撰著《北京及周围的考古和历史研究》,介绍了北京及其周围的文物和历史。② 顾路柏(Wilhelm Grube,1855—1908)是德语世界最早关注北京学的汉学家,他于 1898 年在北京北堂出版的《北京东方学会杂志》(*Journal of the Peking Oriental Society*)第 4 卷发表《北京丧葬习俗》(Pekinger Todtengebräuche),1901 年出版《北京民俗概况》(*Zur Pekinger Volkskunde*),③比较系统地介绍北京风土人情和社会习俗。1902 年法国出版樊国梁著《北京:历史与描述》,对北京的风土人情、人文景观、政治机构作了全面介绍,并详叙西方(特别是传教士)与北京的关系,是近代西人评述北京的一部巨著。④ 1922 年上海别发洋行出版英国女作家裴丽珠著

---

① Thomas H. C. Lee ed. *China and Europe: Images and Influences in Sixteenth to Eighteenth Centuries*. Hong Kong:The Chinese University Press,1991.

② E. Bretchneider. *Archaeological and Historical Researches on Peking and its Environs*. Shanghai: American Presbyterian Mission Press, 1876.

③ Wilhelm Grube, Zur Pekinger Volkskunde. in: *Veröffentlichungen aus dem Königlichen Museum für Völkerkunde*, VII, Bd. 1—4,Berlin:W. Spemann,1901.

④ Pierre-Marie-Alphonse Favier. *Peking, histoire et description*. Peking: Impr. Lazaristes, 1897. reed. 1898; Lille: Societe de Saint Augustin, 1900; Lille: Desclee de Brouwer, 1902.

《北京:主要景点历史和本质的描述》,主要介绍北京的城市风貌、风俗节气与重要建筑。① 1924年伦敦John Lane出版社出版喜仁龙著《北京的城墙和城门》,对北京的内外城墙、内外城门做了实地考察和描述,并配以大量相关图片,在北京城门、城墙尽遭拆毁的背景下,该书具有历史文献价值。② 1932年伦敦出版斯文赫定著《热河:帝王之城》,介绍了热河的寺庙建筑和历史,并备一章述及马戛尔尼使团在热河觐见乾隆的情形。③ 1934年美国伊利诺依大学出版社出版麻伦著《清代北京圆明园和颐和园的历史》,详介康熙到乾隆时期圆明园的建造,在第二次鸦片战争时期被劫以及衰落的情形。这是较早系统介绍清朝皇家园林的一部专著。④ 1935年北平魏智初版阿灵顿与威谦·卢因森合著《寻找老北京》,对北京内、外城的重要景观及其传说故事做了翔实介绍。⑤ 南希·斯坦哈特著《中国帝都规划》(Chinese Imperial City Planning),其中第八章对明清时期的北京城市规划作了探讨。⑥ 2000年美国加州大学出版社出版韩书瑞的巨著《北京寺庙与城市生活(1400—1900)》,以寺庙为中心展示了明清时期的北京城市生活和社会风貌。⑦ 此外,〔俄〕斯卡奇科夫著,柳若梅译《俄罗斯汉学史》(北京:社会科学文献出版社,2011年)前六章相当一部分内容评述俄国传教团传教士在北京的汉学研究。〔英〕傅熊著,王艳、〔德〕儒丹墨译《奥地利汉学史》(上海:华东师范大学出版社,2011年)在"起始时期"一篇介绍了卫匡国、白乃心、恩理格、刘松龄、魏继晋等来京传教士的汉学成就。可以说,北京作为西方汉学经久不衰的题材,其历史文化、风

---

① Juliet Bredon. *Peking: A Historical and Intimate Description of its Chief Places of Interest*. Shanghai: Kelly & Welsh, 1922, 1931.

② Osvald Sirén. *The Walls and Gates of Peking*. London: John Lane press, 1924.

③ Hedin Sven, Nash E. G.. *Jehol, city of emperors*, translated from the Swedish by E. G. Nash. London: Kegan Paul, Trench, Trübner and Co., Ltd., 1932.

④ Carroll Brown Malone. *History of the Peking Summer Palaces under the Ching Dynasty*. Urbana: University of Illinois Press, 1934.

⑤ L. C. Arlington and William Lewisohn. *In Search of Old Peking*. Peking: Henri Vetch, 1935.

⑥ Nancy Shatzman Steinhardt. *Chinese Imperial City Planning*. Honolula: University of Howai'i Press, 1999.

⑦ Susan Naquin. *Peking: Temples and City Life, 1400—1900*. Berkeley: University of California Press, 2000.

土人情和城市建筑,是西方汉学家、外交使节和旅行家们津津乐道的话题。

四、中西关系史。 中西关系构成元、明、清时期北京与西方文化交流的大背景。有关中西关系史的通论性著作有:〔美〕马士著,张汇文等译《中华帝国对外关系史》(上海:上海书店出版社,2000年);〔英〕赫德逊著,李申、王遵仲、张毅译《欧洲与中国》(北京:中华书局,2004年);〔美〕孟德卫著,江文君等译《1500—1800中西方的伟大相遇》(北京:新星出版社,2007年2月)。探讨中意关系的有:〔意〕白佐良、〔意〕马西尼著,萧晓玲、白玉崑译,《意大利与中国》(北京:商务印书馆,2001年版)。探讨中荷关系史有:〔荷〕包乐史著,庄国土、程绍刚译《中荷交往史》(阿姆斯特丹:路口店出版社,1989年,北京:1999年修订版)。探讨中英关系的有:普理查德著《早期中英关系的关键年代:1750—1800》、[1]《十七、十八世纪中英关系》;[2]〔法〕佩雷菲特著,王国卿、毛凤支等译《停滞的帝国——两个世界的撞击》(北京:三联书店,1993年);〔英〕格林堡著,康成译《鸦片战争前中英通商史》(北京:商务印书馆,1961年);〔美〕何伟亚著,邓常春译《怀柔远人:马嘎尔尼使华的中英礼仪冲突》(北京:社会科学文献出版社,2002年)等。研究中俄关系史的论著有:〔法〕加斯东·加恩著,江载华、郑永泰译《彼得大帝时期的俄中关系史(1689—1730年)》(北京:商务印书馆,1980年);〔俄〕特鲁谢维奇著,徐东辉、谭萍译《十九世纪前的俄中外交及贸易关系》(长沙:岳麓书社,2010年);〔俄〕阿·科尔萨克著,米镇波译《俄中商贸关系史述》(北京:社会科学文献出版社,2010年);〔苏〕米·约·斯拉德科夫斯基著,宿丰林译《俄国各民族与中国贸易经济关系史(1907年以前)》(北京:社会科学文献出版社,2008年);〔英〕约·弗·巴德利著,吴持哲、吴有刚译《俄国·蒙古·中国》(上、下卷,北京:商务印书馆,1981年)等。从历史的角度考察,俄国、英国是在近代以后才真正对中国产生较大影响的欧洲国家,历史学者因为后来的重要,往往因此将眼光回溯到前近代。比较而言,西方学者在研究中俄关系史、中英关系史方面积累的成果相对更有分量。

---

[1] Earl H. Pritchard. *The Crucial Years of Early Anglo-Chinese Relation*, 1750 —1800. Washington: Research Studies of the State College of Washington, 1936.

[2] Earl H. Pritchard. *Anglo-Chinese Relation during Seventeenth and Eighteenth Centuries*. Urbana: University of Illinois Press, 1930.

20世纪七八十年代以来,西方研究中西关系史或中西文化交流史呈现出某些新的特点或新的趋向,值得我们关注:

第一,研究呈现整体视野。西方学者在研究西方与东方、西方与中国的历史关系方面不乏体系庞大、叙事宏阔的巨著,如唐纳德·F.拉赫著《欧洲形成中的亚洲》,全书三卷,从1965年出版第一卷,到1970年、1977年出版第二卷,再到1993年出版第三卷,前后耗时近三十年,这是一部叙事宏大、取材丰富的巨著。① 作者的关注点在"发现"亚洲对欧洲形成的影响,这是一个全新的主题。第一卷《发现的世纪》叙述地理大发现时代欧洲与亚洲的"新信息渠道"(香料贸易、印刷文献、基督教传教团),以及来自葡萄牙人、耶稣会士、意大利人、英国人、荷兰人的印度观、东南亚观、日本观、中国观。第二卷《奇迹的世纪》的视觉艺术篇叙述欧洲各国的亚洲珍宝收藏、各类艺术品收藏和亚洲动物绘画;文学艺术篇则展示了16世纪进入欧洲的亚洲图书对欧洲各国文学的影响;学术研究篇则探讨了技术与自然科学、制图和地理学、引入欧洲语言中的亚洲语汇。第三卷《发展的世纪》先从欧洲各国对亚洲的贸易、葡萄牙保教权下的亚洲传教活动、欧洲各国文献中的亚洲三方面探讨欧亚之间的关系,然后分别论述欧洲人在南亚、东南亚、东亚的活动。全书表现了作者的整体视野,将欧洲与亚洲的互相关联全面地展现出来。

无独有偶,另一部以亚洲为研究对象的莫菲特(Samuel Hugh Moffett)著《亚洲基督教史》(*A History of Christianity in Asia*,香港:基督教文艺出版社,2000年),同样是一本"资料丰富,视野广阔,治学严谨却能深入浅出"的好书,作者在序中自称:"着手进行这本早期亚洲基督教研究,是希望提醒大家:教会始自亚洲,教会最早的历史是亚洲教会史。其首个中心亦在亚洲。"该书对从古代到1900年的亚洲基督教史做了全景式的描述。

上述两书的叙史方式,可能因受研究主题所限,涉及的是亚洲与欧洲的关系,但作者处处留意二者之关联,不是从局部,而是从整体把握它们

---

① Donald F. Lach. *Asia in the Making of Europe*. 3 Vol. Chicago: University of Chicago Press, 1965、1977、1993. 中译本有〔美〕唐纳德·F.拉赫著,周宁总译校:《欧洲形成中的亚洲》(3卷,9册),北京:人民出版社,2013年。

的关系,注重发掘亚洲在与欧洲交往中发挥的影响,这一研究取向可能与全球史的兴起和全球史观念的风行有一定关系。

第二,研究视角逐渐调整到以研究中国对欧洲的影响为主,改变了殖民统治时代或帝国主义时代强调西方对东方影响的偏向。如法国学者艾田蒲(René Etiemble)所著《中国之欧洲》(*L'Europe Chinoise*),这部作者用时五年撰写的两卷本巨著,上卷《从罗马帝国到莱布尼茨》,论述从罗马帝国时代与中国的早期交流到阿拉伯游记、《马可波罗行纪》描述的中国,再到明末清初耶稣会士从中国带来的消息及在欧洲产生的反应;下卷《西方对中国的仰慕到排斥》,内涉罗马教廷否认耶稣会士眼中的中国之欧洲、17和18世纪欧洲戏剧中的几个中国侧面、仰慕中国的伏尔泰、仰慕与排斥中国者之间的争论。作者从前言《欧洲中心论招摇撞骗的杰作:谷登堡为印刷术发明家》开宗明义就高举反对欧洲中心主义的大旗,表现了其超越欧洲本土文化的情怀。诚如中译本译者许钧所评价的那样:"他不像以往某些崇尚中国的思想家,对中国文化隔雾看花,盲目崇拜,而是刻意寻求真切的了解;也不像当代一些平庸的文化史家,只满足于对既成的文化事实作一般性的考察和描述,而是力图对所描绘的事实作当有的思考和评价,他高于前人和同辈的地方,似乎正在于他对自己的研究对象,既充满一种激情、一种真情实感,又具有深刻的理性认识。换言之,他能把自己对中国文化的热爱、迷恋建立在理性的科学基础之上,切忌以个人感情好恶来代替理性评判。他在这部著作中尖锐地批评了西方某些哲学家凭借对中国的一知半解和个人好恶,滥用自己的感情,或'捧',或'骂',爱走极端的倾向。"[①]

又如法国学者维吉尔·毕诺的《中国对法国哲学思想形成的影响》一书,耿昇认为,"作者从宏观上论述了17—18世纪中国对法国哲学思想形成的影响,尤其是以儒家思想为代表的中国文化与以基督教为代表的西方文化的冲撞、影响及造成的后果。他对法国人自西东来的过程,以及由此而引起的西学东渐和东学西渐的许多问题,都有独到的见解,观点也比较公正客观"。"他立足于法国哲学思想史,从中揭示出受中国哲学思想和文化影响并且汲取了中国文化营养的成分,巧妙地将中国文化史与法国文化史有机

---

① 《译序》,〔法〕艾田蒲著,许钧、钱林森译:《中国之欧洲》上卷,桂林:广西师范大学出版社,2008年,第4—5页。

地结合起来,全面论述,深入分析,从整体上得出了概括性的结论。这种做法在外国的中国学研究领域中 还未曾有过先例。因为西方的汉学家,往往懂得中国史而不精通本国史,精通本国史的学者对于中国史又不甚了解,这两个领域之间似乎总有一条鸿沟相阻隔。毕诺的这部书可以说打破了这种阻隔,为研究中西文化交流开辟了新的蹊径。"①

文化交流的深入之处在于价值交流。两书作者关注的主题是中国文化(特别是中国哲学)对欧洲的影响,表现了他们对欧洲与中国文化交流的深度关切,实际上也是承认了中国文明的合理性及其存在价值,这可以说是后殖民时代西方学术界出现的新的文化转向。

第三,注重发掘相关档案文献。发现新的材料是推动历史研究进步的主要途径,中西关系史研究自然也不例外,最近二三十年来西方有关中西关系史方面比较有分量的论著在这方面都有出色的表现。如上述法国学者维吉尔·毕诺的《中国对法国哲学思想形成的影响》一书,该书第一卷第一编《有关法国认识中国的资料》,即着力介绍17、18世纪法国耶稣会士有关中国的材料,篇幅占全书的三分之一。第二卷《有关法国认识中国的未刊文献》,收入傅圣泽致罗特兰修道院长、弗雷烈致入华耶稣会士等书简共41件,这些书简在杜赫德编辑的《耶稣会士中国书简集》均未见收。有关探讨法国"国王的数学家"赴华的两本论著:〔法〕伊夫斯·德·托玛斯·德·博西耶尔夫人著、辛岩译《耶稣会士张诚——路易十四派往中国的五位数学家之一》(郑州:大象出版社,2009年),〔德〕柯兰霓著、李岩译:《耶稣会士白晋的生平与著作》(郑州:大象出版社,2009年)也从法国国家图书馆、耶稣会罗马档案馆、伦敦公共档案部、巴黎外方传教会等处发掘了大量未刊的法文手稿、拉丁文手稿文献材料。探讨马戛尔尼使团访华的最有分量的两本著作:〔法〕佩雷菲特著《停滞的帝国》几乎利用了英国、法国、中国三方收藏的档案文献材料,〔美〕何伟亚著《怀柔远人》从英国印度事务部发掘了马戛尔尼、阿美士德使团的档案材料。

第四,注重关键"地方知识"的发掘与研究。在中国广大的区域中,究竟哪些地方对西方来说更为重要? 当然是那些与西方利益关联度较高的

---

① 《译者的话》,〔法〕维吉尔·毕诺著,耿昇译:《中国对法国哲学思想形成的影响》,北京:商务印书馆,2000年,第2页。

地方。西方的中国地方研究主要集中在三个区域：少数民族边疆地区、北京、沿海通商口岸。其中对北京的关注和研究，可谓西方持续千年、不断积累的核心"地方知识"。西方对中国的研究从其初始即关注中国的少数民族与边疆地区的研究，与汉唐史、元史、清史相关的西域学、敦煌学、蒙古学、藏学、满学这些学问的兴起，表现了西方对中国少数民族和边疆地区的高度关注，即反映了西方的这一价值取向。汉唐时期的长安为中外文化交流的中心，西人经中亚、西域，沿丝绸之路万里迢迢来到长安，但在西方历史文献中对这方面的记载相对匮乏。在近代以前，北京无疑是西方最为重视的中国城市，人们几乎找不到第二个像北京这样更能对西方产生持久吸引力并留下诸多历史记录的城市。对于其他区域只能说有些零星的观察记录，没有系统的研究。近代以后，随着一批沿海通商口岸的开埠，西方逐渐将注意力转移到经营他们获取特权和租界的通商口岸城市。

中西文化关系史研究是欧美汉学研究的强项。在长期的研究过程中，他们形成了自己的学术传统，占有了支撑其优势地位的学术资源。相对来说，我们的中西文化关系史研究仍是一个比较薄弱的环节。要迎头赶上欧美在这方面的学术水准，尚需下大力气，不断进取，做出艰苦的努力。

五 研究"古代北京与西方文明"课题的主要内容、基本思路

研究"古代北京与西方文明"这一课题，主要是探讨古代北京与西方文明之间关系，它主要包括两方面内容：一方面探讨西方人士在北京的活动及其相关历史记载，西方有关北京的历史文献及其所形成的北京形象，西方人士的"北京经验"对西方文化、历史的影响；一方面探讨嵌入北京的"西方元素"（如天主教、基督教、东正教）对北京城市文化及中国历史文化的影响。具体探讨的问题主要为：一、元朝中西交通的新形势及西人在"汗八里"的活动与相关历史记载。二、明末清初西方耶稣会士在北京的活动与相关历史文献。三、明末清初俄国使团的"北京经验"。四、18世纪法国耶稣会士的"北京经验"。五、俄罗斯东正教传教团的"北京经验"。六、西方外交使节（主要是罗马教廷、荷兰、葡萄牙）的"北京经验"。七、英国马戛尔尼、阿美士德使团的"北京经验"。这是一项跨元明清史、中西关

系史、国际汉学、北京史等领域的研究。

研究"古代北京与西方文明"课题,旨在通过发掘鸦片战争以前北京与西方交往的历史文献材料,主要是传教士、外交使节、旅行者来京访问、旅行、工作或居住的历史文献,勾勒鸦片战争以前西方人士的"北京经验",评介西方与北京相关的重要历史人物及其代表作,从而梳理"西方北京学"的历史沿革,构筑"西方北京学"的基本框架,将"西方北京学"内含的丰富性、复杂性呈现出来;对鸦片战争以前西方人士来京的诸多历史作用、鸦片战争以前西方与中国文明及实力重新做出评估,为中西关系史、国际汉学、北京史研究拓展一片新的天地。

在文献材料上,本课题以利用鸦片战争以前来京西方人士撰写的游记、回忆录、书信、日记、调查报告和美术作品等纪实、写实的作品为主,同时参考西文相关研究著作和中文历史文献材料(特别是档案文献),做到中西结合,中西文献相互印证。应当承认,西方文献材料具有不同于中文历史文献材料的自身特点,来华西人初来乍到,他们的观察和活动常常带有"田野考察"的性质。他们观察的视角和留意的地方,常有中文文献所不涉及,或语焉不详,或避讳之处。来京的西方使节或传教士多受到清朝皇帝的召见,他们对觐见清帝时的宫廷场景、皇帝相貌的描写,对接受的外交礼仪之重视,在中文文献中常常鲜见道及;他们因条件限制,多只与接待的官员发生关系,对接触的满汉官吏差异的敏锐洞察,是极好的政治史材料;早期西方来华使节、传教士和旅行者几乎为清一色的男性,他们对中国妇女装束审美趣味的品头论足,可谓当时妇女生活的写生素描。日本学者矢泽利彦发掘、利用这方面的材料,撰写过《西人所见16—18世纪的中国妇女》《西人所见的中国皇帝》《西人所见16—18世纪的中国官僚》三著,显示出西文文献材料的特殊性。①

在结构布局上,本课题将全面介绍与重点研究相结合,即先以概略性的文字评述某一时期或某一专题西方人士的"北京经验",然后以代表人物或重要文献为案例作重点解析。在已有研究的基础上,采取详人所略,

---

① 参见〔日〕矢泽利彦:《西洋人の見た十六~十八世紀の中国女性》,东京:东方书店,1990年。〔日〕矢泽利彦:《西洋人の見た中国皇帝》,东京:东方书店,1992年。〔日〕矢泽利彦著:《西洋人の見た十六~十八世紀中国官僚》,东京:东方书店,1993年。

略人所详的做法,尽量争取详略得当。

在问题设置上,本课题既与传统的中外文化交流史重视中外之间科技、艺术交流有别,也与一般意义上的中国外交史关注双方订立的条约制度不同,它以研究元、明、清(鸦片战争以前)来京的西方传教士和遣使的"北京经验"为主,着重探讨西人来京的路线、途径,在京居住、生活、活动和通信手段,与元、明、清三朝和北京士人的交往,对北京建筑、风俗、历史、地理的观察和研究,在北京对中国政治、经济、文化、军事情报的搜集和窥探等问题。这些问题大多不在传统的中西关系史、中西文化交流史的视野之内。

开展"古代北京与西方文明"的课题研究,具有重要的学术价值:第一,西方人士的"北京经验"既是中西关系(特别是中西文化交流)的核心内容,是我们了解中西关系的主要线索,又是西方世界想象北京的重要历史素材,构成西方视野里"北京形象"的源泉。开展本课题研究,有助于我们了解西方视野里的北京形象及其演变,有助于深化中西关系史的研究。第二,"鸦片战争以前西方人士的'北京经验'"构成国际汉学研究(特别是传教士汉学)的重要组成部分。西方来京人士留下的历史文献,如《马可波罗行纪》、利玛窦著《耶稣会与天主教进入中国史》《耶稣会士中国书简集》《马戛尔尼勋爵私人日志》等,既是西方人士有关其"北京经验"的历史记录,又是西方汉学的经典。研究这些名著所包含的西人"北京经验",将大大拓展、充实现有的国际汉学研究,有助对西方北京学知识谱系的掌握。第三,北京与外来文明之间的关系,是北京史研究中的薄弱环节,开展本课题研究,意在充实这一领域的研究,从一个侧面深入拓展北京史研究。第四,随着北京的国际化程度越来越高,北京的国际地位日益提升,在人们呼唤把北京建设成为第一流国际大都市的时刻,我们务必对北京作为历史文化名城的外来文化因素做一系统清理,从而使北京建设国际化大都市的构想建立在扎实、可靠、稳固的历史基础之上。

第一章

欧洲与中国文明对话的新开端
——以西人在元大都"汗八里"的经验为中心的考察

从元朝开始,欧洲与中国文明的对话和交流进入一个新阶段。这里所谓"新"主要包含三层意义:一是从元朝开始,中欧文化交流地点发生了转移,欧洲与中国文化交流的重心由长安转向元大都——"汗八里"。二是从元朝开始,欧洲与中国的交往正式见诸于各种西人游记、书信记载,例如,《马可波罗行纪》《鄂多立克东游录》《马黎诺里游记》等即是当时意大利商人、遣使游历中国的代表性作品,它们见证了欧洲与中国交往的历史,也是最早报道北京的西方游记作品。三是从元朝开始,罗马教廷派遣孟高维诺等方济各会士赴元大都,在这里设立教堂,发展信徒,从此罗马天主教传入到中国内地,中西宗教交流进入一个新的阶段。[①]

不过,有关元朝时期中西交通的材料在中国史籍中的记载相对较少,作为正史的《元史》除了记述也里可温教和马黎诺里

[①] 有关元代在中西交通史上的历史地位,向达先生曾指出:"从元代以后,西方——或者更确实一点是欧洲——的文化逐渐向东方传布。七百年来的中国,同西方的文化一天一天的接近,同印度的文化一天一天的离远。"他还说:"到了元朝,中西交通之盛,为以前所未有,西方欧洲诸国的人士聚焦于和林以及大都者为数不少。加以也里可温教的存在和僧人约翰的传述,于是罗马教皇便想用宗教的力量来感化这犷悍的蒙古人,以求得一次意外的收获。……那时北京一隅,奉天主教的至几万人,漳泉一带,都有教堂,也可算盛矣。"对元代在中国与西方(欧洲)关系的新拓展所起的历史作用给予高度评价。参见向达:《中西交通史》,长沙:岳麓书社,2012年,第7—8页。

使华外,鲜有相关记载,这反映了明朝对前朝这方面史迹的忽略甚至可能是忌讳。因此今天我们研究有元一朝的中西交通史主要是依赖西籍史料。英国著名东方学家裕尔(Henry Yule)编译的四卷本巨著《东域纪程录丛——古代中国闻见录》(Cathay and the Way Thither: being a collection of medieval notices of China)即是这方面文献的汇集,张星烺编注,朱杰勤校订的《中西交通史料汇编》第 1 册第五章《元代中国与欧洲之交通》即多取材于该书。① 以往论者对马可·波罗及其游记研究相对较多,②而对孟高维诺、鄂多立克、马黎诺里等方济各会士留下的游记、书信论述较少。本章试以现存西籍所载"汗八里"的材料为基础,勾勒西人最初的北京形象——"汗八里"。

一 中西交通的新形势及西人来华路线

13 世纪蒙古族的铁蹄遍布欧亚大陆,在他们所征服地区,成吉思汗及其子孙们先后建立元朝和四大汗国:金帐汗国、察合台汗国、窝阔台汗

---

① 参见张星烺编注,朱杰勤校订:《中西交通史料汇编》第 1 册,北京:中华书局,2003 年版,第 255—420 页。H. Yule trans & ed. Cathay and the Way Thither. 4 Vol. London:Printed for the Hakluyt Society,1913—1916. 1938—1939 年该书在我国影印出版,由文殿阁书庄发售。该书第一卷有中译本〔英〕裕尔撰,〔法〕考迪埃修订,张绪山译:《东域纪程录丛——古代中国闻见录》(昆明:云南人民出版社 2002 年初版,北京:中华书局 2008 年再版)。第二卷《珀德农的鄂多立克》(Odoric of Pordenone)有中译本〔意〕鄂多立克著,何高济译:《海屯行记、鄂多立克东游录、沙哈鲁遣使中国记》(北京:中华书局,2002 年),但注释部分删略不少。第三卷分《来自中国和印度传教士的信件和报告》(Letters and Reports of Missionary Friars from Cathay and India)、《蒙古人治下的中国》(Cathay under the Mongols)、《裴戈罗提有关前往中国路线的记载》(Pegolotti's Notices of the Land Route to Cathay)、《马黎诺利的东方行记》(Marignolli's Recollections of Eaastern travel)四部分。大部分内容的中译文见诸张星烺编注,朱杰勤校订:《中西交通史料汇编》第 1 册,第 318—420 页。第四卷为《伊本·白图泰游记》(Ibn Batuta's in Bengal and China)、《鄂本笃从阿格拉到中国行记》(The Journey of Benedict Goës from Agra to Cathay)。

② 中文有关马可·波罗的权威研究论著首推杨志玖著:《马可波罗在中国》,天津:南开大学出版社,1999 年。近有彭海著:《马可波罗来华史实》,北京:中国社会科学出版社,2010 年。而专就《马可波罗行纪》记述元大都盛景研究之论文则有张宁《〈马可波罗行纪〉中的元大都》,收入余士雄主编:《马可波罗介绍与研究》,北京:书目文献出版社,1983 年,第 85—106 页。朱耀廷:《〈马可波罗行纪〉中的元大都——农业文化与草原文化结合的产物》,载《北京联合大学学报(人文社会科学版)》2009 年第 2 期等文。

国、伊利汗国。这些汗国将欧亚大陆连成一片,在被征服的广阔疆域,蒙古各大汗国之间为了政治、军事、经济方面联系的必要,开拓海陆交通,建立通信驿站,从而使中国与中亚、西亚、欧洲地区的联系和来往更加紧密。

与以往历朝相比,蒙元帝国交通之发达,主要体现在海运交通和邮驿制度这两方面。白寿彝先生论及元代海运开拓的重要性时说:"元明清交通底特色,是海运底发达。""元以前的海运,并不是有整个的计划,而元以前的海运也与国家大计,无密切的关系。自元时起,海运底意义便显然和以前不同,这时的海运,显然关系着国家底根本;它在元明清的重要,一如运河之在唐宋。"①方豪先生指出元朝时期邮驿之发达:"元代幅员最广,东西交通亦最发达,欲究其原因,诚不易言,而我国之邮驿制度亦以元时为最发达,实为最大原因之一。然以邮驿完善,乃促进交通之频繁;而交通之频繁,固亦使邮驿之制,益臻完善也。"②鄂多立克的游记对蒙元驿站发达情形的形象报道,可为此提供佐证:

> 因为旅客需要供应,所以他叫在他的整个国土内遍设屋舍庭院作为客栈,这些屋舍叫做驿站(yam)。这些屋舍中有各种生活必需品,〔对于在那些地区旅行的一切人,无论其境况如何,有旨叫免费供给两餐。〕当帝国中发生新事时,使者立刻乘马飞奔宫廷;但若事态严重紧迫,他们便乘单峰骆驼出发。他们接近那些驿站——客栈或车站时,吹响一只号角,因此客栈的主人马上让另一名使者作好准备;前来投递情报的骑士把信函交给他,他本人则留下来休息。接过信的另一名使者,赶快到下一驿站,照头一人那样做。这样,皇帝在普通的一天时间中得知三十天旅程外的新闻。

> 但步行的急差则另有安排。一些被指派的急差长期住在叫做急递铺(chidebeo)的驿舍中,而这些人腰缠一带,上悬许多铃子。那些驿舍彼此相距也许有三英里;一个急差接近驿舍时,他把铃子摇得大声叮响;驿舍内等候的另一名急差听见后赶紧作准备,把信尽快地送往另一驿舍。于是消息从一名急差转给另一急差,迄至它送抵大汗本人。总之,整个帝国内发生的事,他就能马上或者至少迅速地全

---

① 白寿彝:《中国交通史》,北京:商务印书馆,1993年,第159—160页。
② 方豪:《中西交通史》下册,上海:上海人民出版社,2008年,第325页。

部获悉。①

内中有关急递铺之叙述,与中文文献《经世大典·急递铺总序》所记内容颇为接近。② 蒙元交通、邮驿之空前发达,成为蒙元史的一大特征。因而研究蒙元交通也成为中外学术界的一大课题。③

元代发达的交通网络,为西人来华提供了必要条件。西人前往元大都"汗八里"所走的路线,大致可分为陆路、海路两途。选择陆路者可以马可·波罗、马黎诺里为代表。马可·波罗是从意大利出发,渡过地中海,先到君士坦丁堡,然后横过黑海,到达克里米亚,再穿过西域的大沙漠,到达上都,最后南下抵达大都。④ 马黎诺里先由海道抵君士坦丁堡,然后渡黑海抵喀法,穿过察合台汗国都城阿力麻里,"过沙山,乃至东方帝国都城汗八里"。⑤ 选择海路者以鄂多立克、孟高维诺为代表。鄂多立克是从君士坦丁堡出发,先到巴格达,再由波斯湾乘船经过印度、斯里兰卡、苏门答腊,最后抵达中国广州,以后走陆路到扬州,沿大运河北上到大都。⑥ 孟高维诺先到波斯国讨来思城,然后泛洋至印度,再经东南亚海域、南海到中国。⑦ 欧谚曰:"条条大路通罗马。"在13、14世纪,元大都作为世界性

---

① H. Yule trans & ed. *Cathay and the Way Thither*. Vol. 2. London: Printed for the Hakluyt Society, 1913. pp. 232—233. 中译文参见何高济译:《海屯行纪、鄂多立克东游录、沙哈鲁遣使中国记》,北京:中华书局,2002年,第84—85页。

② 参见方豪:《中西交通史》下册,上海人民出版社,2008年,第327页。

③ 有关这方面的研究成果,参见德山:《元代交通史》,呼和浩特:远方出版社,1995年。党宝海:《蒙元驿站交通研究》,北京:昆仑出版社,2006年。德国学者奥博瑞熙特的《13—14世纪蒙古统治下中国的驿站交通》(Peter Olbricht, *Das Postwesen in China: unter der Mongolenherrschaft in 13. und 14. Jahrhundert*, Wiesbaden: Otto Harrassowitz, 1954)。岩井大慧:《元代东西交通略考》,收入东京帝国大学史学会编:《史学会创立五十周年纪念 东西交涉史论》上册,东京:富山房,昭和十四年,第359—394页。

④ 参见尚铭:《马可·波罗和〈马可波罗记〉》,收入陈开俊等译:《马可波罗游记》,福州:福建科技出版社,1981年版,第1页。

⑤ H. Yule trans & ed. *Cathay and the Way Thither*. Vol. 3. London: Printed for the Hakluyt Society, 1914. pp. 211—213. 中译文参见《马黎诺里游记》,收入张星烺编注,朱杰勤校订:《中西交通史料汇编》第1册,第351—353页。

⑥ 参见何高济译:《鄂多立克东游录》中译者前言,收入《海屯行纪、鄂多立克东游录、沙哈鲁遣使中国记》,第31—32页。

⑦ H. Yule trans & ed. *Cathay and the Way Thither*. Vol. 3. London: Printed for the Hakluyt Society. 1914. p. 45. 中译文参见《约翰孟德高维奴信之一》,收入张星烺编注,朱杰勤校订:《中西交通史料汇编》第1册,第320页。

的大都会,可谓四通八达,条条大路通大都。

由于陆上交通相对便捷,当时"欧洲的旅行者们前往中国旅行大多数走的是陆路",这与明清时期主要通过海路前往中国的西方传教士、商人明显有别。裕尔论及元朝中欧通商情形时指出:"裴哥罗梯之《通商指南》最可证明当时中欧通商之盛。氏虽未亲至东方,然确闻诸曾至东方商人。吾人读其书,可悉当时欧亚二洲陆道通商所经之道途及情况若何也。"①此处裕尔所说的裴哥罗梯的《通商指南》,第一章即述"陆道至契丹"。张星烺先生附注曰:"《元史》卷一一七《术赤传》,谓其封地在西北极远,去京师(汗八里即北京)数万里,驿骑急行二百余日方达京师,术赤封地即钦察国。后经拔都力征经营,疆宇更广。其都城在窝尔加河畔撒雷城。约翰孟德高维奴第一遗札言由克里米亚至北京须时五六月,裴哥罗梯《通商指南》谓须时八阅月以上。三书小有不同,而大抵相符也。"②也就是说,当时从欧洲由陆路来元大都,大约需六到八月不等。而从海路来华,则需两年多时间。

元朝后期,各大汗国之间烽火连天、战争不断,陆路交通受到阻碍。孟高维诺在对陆、海两路进行比较时提到这一点:"来此道途,以经峨特(Goths)国境(今克里米亚 Crimea)为最便捷。沿驿道,随邮差而行,五六阅月即可抵此。若由海道则道途辽远,且危险万状。其第一程,约与阿扣港(Acre)至渤洛文斯省(Provence,古代法国省名)相等。第二程,约与阿扣港至英格兰相等。苟无信风,至有须二年余始得抵此者。然陆道梗绝,不通已久,鞑靼诸王自相攻伐故也。"③马黎诺里后来也由于各大汗国互相攻击,陆路交通受到阻断,被迫改由海路返回。他述其此情时说:"陆路

---

① 《三六、商人裴哥罗梯及其〈通商指南〉》,收入张星烺编注,朱杰勤校订:《中西交通史料汇编》第 1 册,第 413 页。

② 《三七、〈通商指南〉中有关中国之记载》,收入张星烺编注,朱杰勤校订:《中西交通史料汇编》第 1 册,第 415 页。

③ H. Yule trans & ed. *Cathay and the Way Thither*. Vol. 3. London: Printed for the Hakluyt Society,1914. pp. 48—49. 中译文《一七、约翰孟德高维奴信之一》,收入张星烺编注,朱杰勤校订:《中西交通史料汇编》第 1 册,第 323 页。

因有战争,闭塞不通,行旅裹足。"①伴随着蒙元帝国的崩溃,中西交通的诸种条件随即消失,因此,"基督教使团和商人活动很快从欧洲与中国的交流中退出"。②明末清初以后,西欧来华之传教士、商人或使节,几乎均取海路前往中国,这与当时欧亚大陆奥斯曼、俄罗斯两大帝国的崛起,以及这两大帝国在陆路阻断中西交通有关。

关于蒙元帝国在中西交通史上的历史作用,西方与中国学者都曾给予充分肯定:

> 要是没有蒙古帝国,马可·波罗和许多其他人也许还留在本乡,或到别的地方发挥他们的冒险精神去了,因为他们无法在不安全的条件下完成穿越亚洲的长途跋涉,也无法为他们的商业活动或传教活动在中国找到必要的条件。因此,蒙古帝国时代,虽然中国人将其视为自己历史上最忧伤的时代,但实际上却是人类最有魅力的一个时代。由于当时欧洲所充满的活力和只有世界性的帝国才能提供的安全保障,才使得人员易于往来,思想易于交通,货物易于流通。③

> 蒙古人,虽然是残忍的,但是还有一种对于世界的责任感,并且对文明作出了一定的贡献。他们从亚洲的一端到另一端开辟了一条宽阔的道路,在他们的军队过去以后,他们把这条大道开放给商人和传教士,使东方和西方在经济上和精神上进行交流成为可能。④

> 他们所建立的完备而高效的邮驿制度无疑推动了欧亚文明之间的交流,元朝也因此而成为历史上中国与西方交通最为频繁的朝代之一。⑤

---

① H. Yule trans & ed. *Cathay and the Way Thither*. Vol. 3. London: Printed for the Hakluyt Society,1914. p. 228. 中译文《二七、马黎诺里记》摘录,收入张星烺编注,朱杰勤校订:《中西交通史料汇编》第1册,第355页。

② Ibid., Vol. 1. p. 172. 中译文〔英〕裕尔撰,〔法〕考迪埃修订,张绪山译:《东域纪程录丛》,北京:中华书局,2008年,第134页。

③ 〔意〕白佐良、〔意〕马西尼著,萧晓玲、白玉崑译:《意大利与中国》,北京:商务印书馆,2002年,第24页。

④ 〔英〕道森著,吕浦译:《出使蒙古记》,《绪言》,北京:中国社会科学出版社,1983年,第29—30页。

⑤ 孙尚扬、钟鸣旦:《一八四〇年以前的中国基督教》,北京:学苑出版社,2004年,第82页。

蒙元邮驿和交通之发达实为当时的中西关系和文化交流奠定了新的基础,东西方文化第一次在蒙元帝国的怀抱里聚合在一起。

二 马可·波罗进入元大都的路线、时间、住所

《马可波罗行纪》(以下简称《行纪》)堪称西方世界第一部真正意义上的"发现东方"之巨著。其问世以来,在西方广为流传,版本达 143 种之多。①《行纪》第一卷记述了"马可波罗自地中海岸赴大汗忽必烈驻夏之上都沿途所经之地及传闻之地",也就是说,这一卷实际交代马可波罗赴上都所走路线,这在地理学上是一大贡献。其中"引言"部分为概述大致经过。

马可·波罗父亲尼古剌(Nicolas)与其弟玛窦(Matteo)为威尼斯富商,1260 年自君士坦丁堡前往黑海营商,中途遭遇战火,为安全考虑只好向东,在波斯境内的不花剌城遇见东鞑靼君主旭烈兀遣往上都觐见大汗的使臣,他愿带马可兄弟二人前往上都去见大汗。1266 年马可兄弟随使臣到达上都大汗驻地。忽必烈接见马可兄弟二人,详询教皇、教会、罗马诸事,随即作书,请马可兄弟与一男爵作为使臣,"此类书信之内容,大致命教皇遣送熟知我辈基督教律,通晓七种艺术者百人来"。② 波罗兄弟返回途中,抵达阿迦,时在 1269 年 4 月,闻教皇逝世之消息,遂往见埃及之主教大使梯博(Thibaudde Plaisance),后者建议他俩回去等候新教皇选出。波罗兄弟遂回家乡威尼斯(一译搦齐亚),携马可"径赴阿迦",因教皇没有选出,经大使同意,波罗兄弟携带马可,从阿迦出发,"拟往复命大

---

① 法国学者考迪埃对《马可波罗行纪》的版本从出版次序上作了归类:第一类是原本,如颇节(Pauthier)本;第二类是改订本,如剌木学(Ramusio)本;第三类是合订本,如裕尔(H. Yule[一译玉耳]-H. Cordier)的校订本。参见冯承钧:《序》,收入〔法〕沙海昂注,冯承钧译:《马可波罗行纪》,北京:商务印书馆,2012 年,第 1 页。颇节本的中译本以〔法〕沙海昂注,冯承钧译《马可波罗行纪》为代表。合订本以〔意〕马哥孛罗(Marco Polo)著,〔英〕亨利·玉尔(H. Yule)英译兼注,〔法〕亨利·考狄(H. Cordier)修订兼补注,张星烺汉译兼补注《马哥孛罗游记》(第 1 册,北平:燕京大学图书馆,1929 年)为代表,惜未译完。有关《马可波罗行纪》的版本源流及在中国介绍,参见杨志玖:《马可波罗在中国》,天津:南开大学出版社,1999 年,第 41—45、195—235 页。党宝海:《新版前言》,收入 A. J. H. Charignon 注,冯承钧译,党宝海新注:《马可波罗行纪》,石家庄:河北人民出版社,1999 年,第 3—15 页。

② 〔法〕沙海昂注,冯承钧译:《马可波罗行纪》,北京:商务印书馆,2012 年,第 19 页。

汗"。行到剌牙思,听说大使梯博业已当选教皇,号梯烈果儿,遂改回阿迦谒见教皇。"教皇以礼待之,并予祝福。嗣命宣教士二人往谒大汗,履行职务。此二人皆为当时最有学识之人。一名尼古勒(Nicole de Vicence),一名吉岳木(Guillaume de Tripoli)。教皇付以特许状,及致大汗书。他们四人接到书状以后,教皇赐福毕,遂携带尼古剌君之子马可,辞别教皇,从阿迦到剌牙思。"①由此可见,波罗兄弟是负有教皇与大汗之间往来传递书信使命的。

经过三年的艰苦跋涉,波罗兄弟及马可抵达上都。大汗设宴款待三人。马可"嗣后熟习鞑靼的风俗语言,以及他们的书法,同他们的战术,精练至不可思议。他人甚聪明,凡事皆能理会,大汗欲重用之"。其后人皆称之"马可波罗阁下"(Messire Marc Pol)。"马可波罗仕于大汗所垂十七年,常奉使往来于各地。"②

第一卷正文部分详载马可兄弟及小波罗从威尼斯到上都的路线及其沿途见闻。1271年,他们从威尼斯起程,渡过地中海,到达小亚细亚半岛的小阿美尼亚、突厥蛮州(Turcomanie)、大阿美尼亚、谷儿只(Georgie);然后南行,沿着底格里斯河谷,途经毛夕里国(Mossoul)、报达城(Badad)、帖必力思城(Tabriz)、法儿斯国,到达伊斯兰教古城巴格达;随后向东,进入波斯境内,经过耶思德、起儿漫国、哈马底城、忽鲁模思城(Ormus)、忽必南城,这里是伊儿汗国的管辖范围;再向东穿过今阿富汗境内的巴里黑城、巴达哈伤州、帕筛州、客失迷儿州,翻过帕米尔高原,穿经今新疆西部的可失合儿国(Kachgar),开始进入西域的鸭儿看州(Yarkend)、忽炭州(Khotan)、培因州(Pein)、车儿成州(Ciarcian, Tchertchen)、罗不城(Lop)、唐古忒州(Tangout)、哈密州(Camul)、欣斤塔剌思州(Chingintalas),然后沿着河西走廊,经过肃州、甘州,折向北到达唐古忒州的亦集乃城(Bdzina),最后到达上都——哈剌和林城(Karakorum)。时在1275年夏。

《行纪》对马可波罗来华沿路情形记载的另一个重要价值是对沿途的

---

① 〔法〕沙海昂注,冯承钧译:《马可波罗行纪》,第25页。
② 同上书,第27—28页。

基督教徒散布状况做了记录。① 朱谦之认为:"据《马可波罗游记》所收汉文资料,均足以证元代景教的发达情形。据《马可波罗游记》所述由喀什噶尔以东,直至北京沿线一带,几无一处无聂派基督教徒。"② 其所经之可失合儿国、鸭儿看州(今新疆境内)、唐古忒州、肃州、甘州、额里湫、鄜州、额里哈牙国(今甘肃境内)均载有聂思脱里派之基督教徒。③

在13世纪的外文文献中,记载有关通过陆路从西欧来到元上都的有《柏朗嘉宾蒙古行纪》《鲁布鲁克东行纪》,从欧洲经西亚、新疆来到元大都的有《马黎诺里游记》,但他们对沿途所经之地的记载比较简略,远不如《马可波罗行纪》详细。《行纪》对沿途的风土人情、历史地理均有报道。马可·波罗对此有所交代:"马可慎重执行他的使命,因为他从前屡见使臣出使世界各地,归时仅知报告其奉使之事,大汗常责他们说:'我很喜欢知道各地的人情风俗,乃汝辈皆一无所知。'大汗既喜闻异事,所以马可在往来途中注意各地之事,以便好归向大汗言之。"④ 这是《行纪》可能详细描写所经之地的风俗、地理的缘由。由此可以看出,《行纪》作为一部地理文献具有极高的价值。

马可·波罗到达大都的时间尚不可确考,一般认为他抵达上都的时间是在1275年(至元十二年),到达大都应在同一年。他到达大都后,忽必烈交给他的第一次使命是出使云南,据陈得芝先生考证,"波罗出使云南的时间不会早于至元十七年",而"波罗经过京兆的时间大约在至元十七年六月之前不久"。⑤ 由此可以推断,马可波罗第一次到大都的时间大致是在1275年(至元十二年)到1280年(至元十七年)之间。在大都期间,马可波罗学习了数种语言。于是,"大汗欲重用之","命他奉使至一程

---

① 《马可波罗行纪》有关基督教的材料摘录,参见 Moule, A. C. *Christians in China before the year 1550*. London: Society for Promoting Christian Knowledge; New York, Toronto: The Macmillan Co., 1930. pp. 128—144. 中译文参见〔英〕阿·克·穆尔著,郝镇华译:《一五五〇年前的中国基督教史》,北京:中华书局,1984年,第147—165页。相关研究成果介绍,参见张西平:《〈马可·波罗游记〉与中国基督教史研究》,收入氏著《中西文化的初识:北京与罗马》,上海:华东师范大学出版社,2012年,第126—133页。

② 朱谦之:《中国景教》,北京:人民出版社,1993年,第177页。

③ 〔法〕沙海昂注,冯承钧译:《马可波罗行纪》,第86、87、88、109、113、117、119、148、150页。

④ 同上书,第27—28页。

⑤ 陈得芝:《马可波罗在中国的旅程及其年代》,收入氏著《蒙元史研究丛谈》,北京:人民出版社,2005年,第432页。

途距离有六个月之地"。① 第二次在大都的时间是 1280 年从云南回京到 1282 年出使扬州、杭州之间,《行纪》所述 1282 年 3 月阿合马被杀一事,马可·波罗自称此时正在大都。第三次在大都的时间是 1286 年马可·波罗在扬州任官三年后从扬州回到大都作短暂停留,到随同忽必烈征讨乃颜(1287 年春末)之间。第四次是 1287 年回到大都到 1288 年南下出使"印度"(即今东南亚)之间。第五次是 1290 年从"印度"回到大都到 1291 年 1 月奉命出使波斯之间。② 总之,马可·波罗五次在元大都的时间前后约九年,占其来华时间(1275—1291)一半以上。

有的学者认为,"如果马可波罗至元十二年(1275)到大都,那么他最初住在南城老会同馆,至元十三年(1276)迁入北城新会同馆"。③ 这种说法值得商榷,马可·波罗初到大都时,可能住进会同馆,这是合乎常理的安排。但到他后来为元廷服务后,应另有安排,不会继续住在供使节下榻的会同馆。

三 《马可波罗行纪》中的"汗八里"

《行纪》对中国繁华的城市、丰富的物产、发达的交通、有序的政治、多元的宗教极度称羡的描写,对尚处在"黑暗的中世纪"的欧洲产生了强烈的冲击和震撼。由于元大都是元朝政治、经济、文化的中心,也是当时中外文化交流的中心,是书对元大都浓墨重彩的描述,成为全书最重要的亮点所在。故将《行纪》中有关元大都的描述文字做一解析,实为总结马可·波罗的"汗八里"经验。

描述"汗八里"的内容主要集中在该书第八十三章《大汗之宫廷》到第一〇四章《契丹州之开始及桑干河石桥》,篇幅约占全书的十分之一。如果说,《行纪》是一部奇书,那么,马可·波罗对"汗八里"的宫殿之建制、街道之布局、大汗之诞节、朝会、行猎及其周围交通、邮

---

① 〔法〕沙海昂注,冯承钧译:《马可波罗行纪》,第 27 页。
② 有关马可·波罗在华游历忆述,参见彭海:《马可波罗来华史实》,北京:中国社会科学出版社,2010 年,第 131—172 页。林梅村:《马可波罗在北京》,收入氏著《大朝春秋:蒙元考古与艺术》,北京:故宫出版社,2013 年,第 171—172 页。林文认为马可·波罗四次在京。
③ 林梅村:《马可波罗在北京》,收入氏著《大朝春秋:蒙元考古与艺术》,第 173 页。

驿的大手笔描写,对一个远道而来的欧洲旅行者来说,毫不夸张地说,称得上是一大"奇观"。《行纪》多处使用"奇观"二字,正是表现了马可·波罗对汗八里的这种观感。《行纪》对"汗八里"的描述,着力于大汗威权和物质财富,体现了"权力的发现"和"物质的启蒙"这两大后来为西人所重视的元素。故《行纪》所蕴藏的丰富的"汗八里"的史料价值,值得我们发掘和解读。

"汗八里"之意涵 "汗八里"之名最初出现在《行纪》中是在第八〇章《大汗还汗八里城》:"大汗讨灭乃颜以后,还其汗八里都城,大行庆赏。"①冯承钧先生注曰:"汗八里(Cambaluc, Khan-baligh)犹言汗城,后此第八四章别有说。波罗此名先指金之故都,继指新旧二城。有若干本(如剌木学本之类)别名新城曰大都,但自明代以后,此城则以北京之名而显。"②马可·波罗到达"汗八里"的最初时间可能是在1275—1276年间。第八四章《大汗太子之宫》再次解释道:"古昔此地有一名贵之城名称汗八里,汗八里此言'君主城'也。"③冯承钧根据耶稣会士宋君荣《北京志》一文解释:"波罗于此处训释汗八里名称之义。其后宋君荣神甫亦云汗(can, khan)犹言帝王。巴勒哈(balga)、巴勒哈惕(balgat)、巴勒哈孙(balgasun)、八里黑(balik)等字,在鞑靼语中皆犹言'城',则当作Cambalik 或 Khambalik,而在此处讹作 Cambaluc,质言之,帝城是已。案蒙古语宫廷名称斡耳朵(ordo),则亦得名此城斡耳朵八里(ordobalik)矣。"④此处冯氏认为"汗八里"一词出自鞑靼语,似有不妥。《辞海》(1980年版)、《汉语大词典》(2001年第二版)中,均释为源自"突厥语"。英国学者吴芳思(Frances Wood)在《马可·波罗到过中国吗?》一书也认为,该词源自突厥语"皇城"(han-baliq——汗八里)一词,拉希德1291—1293年与和德里14世纪20年代的作品中,也提到同一词汇,显然这是当时中亚细亚人对北京的称呼。⑤

---

① 〔法〕沙海昂注,冯承钧译:《马可波罗行纪》,第176页。
② 同上书,第177—178页。
③ 同上书,第189页。
④ 同上书,第190页。
⑤ 参见〔英〕吴芳思著,洪允息译:《马可·波罗到过中国吗?》,北京:新华出版社,1997年,第80页。

皇宫、皇城、钟楼 《行纪》对"汗八里"的介绍是从皇宫入手。雄伟壮丽、气势轩昂的宫阙建筑,显然最易打动人们的心灵,引起西方读者对东方帝都的向往。第八三章《大汗之宫廷》对皇宫的描绘拉开了介绍"汗八里"的序幕:

> 周围有一大方墙,宽广各有一哩。质言之,周围共有四哩。此墙广大,高有十步,周围白色,有女墙。此墙四角各有大官一所,甚富丽,贮藏君主之战具于其中,如弓、箙、弦、鞍、辔及一切军中必需之物是已。四角四官之间,复各有一官,其形相类,由是围墙共有八官,甚大,其中满贮大汗战具。但每官仅贮战具一种,此官满贮战弓,彼官则满贮马辔,由是每官各贮战具一种。
>
> 此墙南面辟五门,中间一门除战时兵马甲仗由此而出外,从来不开。中门两旁各辟二门,共为五门。中门最大,行人皆由两旁较小之四门出入。此四门并不相接,两门在墙之两角,面南向。余二门在大门之两侧,如是布置,确使此大门居南墙之中。
>
> 此墙之内,围墙南部中,广延一哩,别有一墙,其长度逾于宽度。此墙周围亦有八官,与外墙八官相类。其中亦贮君主战具。南面亦辟五门,与外墙同,亦于每角各辟一门,此二墙之中央,为君主大官所在,其布置之法如下。
>
> 君等应知此官之大,向所未见。宫上无楼,建于平地,惟台基高出地面十掌。宫顶甚高,宫墙及房壁满涂金银,并绘龙、兽、鸟、骑士形像,及其他数物于其上。屋顶之天花板,亦除金银及绘画外别无他物。
>
> 大殿宽广,足容六千人聚食而有余,房屋之多,可谓奇观。此宫壮丽富赡,世人布置之良,诚无逾于此者。顶上之瓦,皆红黄绿蓝及其他诸色。上涂以釉,光泽灿烂。犹如水晶。致使远处亦见此宫光辉,应知其顶坚固,可以久存不坏。①

这段文字的原型应是指元朝的"大明殿"。它一方面表现了皇宫之大,殿堂之宽,建筑之美,藏物之丰,"可谓奇观";一方面告诉人们宫中"贮藏君

---

① 〔法〕沙海昂注,冯承钧译:《马可波罗行纪》,第182—183页。

主之战具",让人产生宫禁森严之联想。这是马可·波罗向人们推出的第一幅宫殿场景。所述宫殿顶瓦涂以彩釉,则与后来考古发掘元宫所得材料完全一致。①

《行纪》似乎注意到宫廷空间还保留了蒙元王朝的游牧民族特性。"上述两墙之间,有一极美草原,中植种种美丽果树。不少兽类,若鹿、獐、山羊、松鼠,繁殖其中。带麝之兽为数不少,其形甚美,而种类甚多,所以除往来行人所经之道外,别无余地。"②这段描写与《南村辍耕录》的"万岁山"条中所谓"山之东为灵圃,奇兽珍禽在焉"一语颇为相符。③

《行纪》还描写了太液池、金水河、万岁山这一带的风景:④

> 由此角至彼角,有一湖甚美,大汗置种种鱼类于其中,其数甚多,取之惟意所欲。且有一河流由此出入,出入之处间以铜铁格子,俾鱼类不能随河水出入。

> 北方距皇宫一箭之地,有一山丘,人力所筑。高百步,周围约一哩。山顶平,满植树木,树叶不落,四季常青。汗闻某地有美树,则遣人取之,连根带土拔起,植此山中,不论树之大小。树大则命象负而来,由是世界最美之树皆聚于此。君主并命人以琉璃矿石满盖此山。其色甚碧,由是不特树绿。其山亦绿,竟成一色。故人称此山曰绿山,此名诚不虚也。

> 山顶有一大殿,甚壮丽,内外皆绿,致使山树宫殿构成一色,美丽堪娱。凡见之者莫不欢欣。大汗筑此美景,以为赏心娱乐之用。⑤

相对上述颇节本及诸古本之描叙,冯承钧认为"刺木学本叙述较有次第,自外墙及于中央,此外别有若干细情不见于诸原本者","用见北京初

---

① 张宁:《记元大都出土文物》,《考古》1972 年第 6 期。
② 〔法〕沙海昂注,冯承钧译:《马可波罗行纪》,第 183 页。
③ (元)陶宗仪撰,王雪玲校:《南村辍耕录》卷之一《万岁山》,沈阳:辽宁教育出版社,1998 年,第 14 页。
④ 有关《马可波罗行纪》与中国史籍所载的出入和相合之处比较,参见张宁:《〈马可波罗行纪〉中的元大都》,收入余士雄主编:《马可波罗介绍与研究》,北京:书目文献出版社,1983 年,第 85—106 页。
⑤ 〔法〕沙海昂注,冯承钧译:《马可波罗行纪》,第 183—184 页。

建时之遗迹":①

> 此城之广袤,说如下方,周围有二十四哩,其形正方,由是每方各有六哩。环以土墙,墙根厚十步,然愈高愈削,墙头仅厚三步,遍筑女墙,女墙色白,墙高十步。全城有十二门,各门之上有一大宫,颇壮丽。四面各有三门五宫,盖每角亦各有一宫,壮丽相等。宫中有殿广大,其中贮藏守城者之兵杖。街道甚直,此端可见彼端,盖其布置,使此门可由街道远望彼门也。②

> 各大街两旁,皆有种种商店屋舍。全城中划地为方形,划线整齐,建筑房舍。每方足以建筑大屋,连同庭院园圃而有余。……方地周围皆是美丽道路,行人由斯往来。全城地面规划有如棋盘,其美善之极,未可言宣。③

这段对大都城的描写,有三处不确:一是大都并非正方形,而是呈南北稍长的长方形;二是大都并非十二城门,而只有十一城门;三是大都面积较《行纪》所述要小。④ 这些不确之描述,《鄂多立克东游录》亦存在。⑤ "环以土墙""街道甚直"则与实际相符,"有如棋盘"更是对大都平面规划的经典描绘。

大都城中建有一座钟楼,《行纪》报道了这座钟楼,且提到了当时实行严厉的"宵禁制度":"城之中央有一极大宫殿,中悬大钟一口,夜间若鸣钟三下,则禁止人行。鸣钟以后,除为育儿之妇女或病人之需要外,无人敢通行道中。纵许行者,亦须携灯火而出。每城门命千人执兵把守。把守者,非有所畏也,盖因君主驻跸于此,礼应如是,且不欲盗贼损害城中一物也。"⑥这座钟楼建于至元九年二月。当时大都的确实行严格的"禁夜"。所谓"一更三点,钟声绝,禁人行"。⑦

---

① 〔法〕沙海昂注,冯承钧译:《马可波罗行纪》,第184页。
② 同上书,第189页。
③ 同上书,此段出自剌木学本第二卷第七章,第192页注七。
④ 参见(元)陶宗仪撰,王雪玲校:《南村辍耕录》(二)卷之二十一《宫阙制度》,第245—251页。
⑤ 参见何高济译:《海屯行纪、鄂多立克东游录、沙哈鲁遣使中国记》,第79页。
⑥ 〔法〕沙海昂注,冯承钧译:《马可波罗行纪》,第190页。
⑦ 《元典章》卷五七,《刑部卷之十九·禁夜》,北京:中华书局,2012年,第1903页。

阿合马之被刺及其主谋人之处死　《行纪》第八四章记述了一起"汗八里城之谋叛及其主谋人之处死"事件,此事因马可波罗声称"适在其城",且其叙述真实,可与中国史籍印证,故被人们视为马可波罗1282年在汗八里的证据。

据《行纪》所载,事情的大致经过是,"有一会议,正式任命十二人组合成之,职司处分土地官爵及一切他物,惟意所欲。中有一人是回教徒,名称阿合马(Ahmed),为人较狡黠而有才能,权任甚重,颇得大汗宠任。大汗宠之甚切,任其为所欲为"。阿合马任职二十二年,"迄后国人,质言之契丹人,因其妻女或本身蒙大辱或受奇害者,忍无可忍,乃相谋杀之而叛政府"。① 于是契丹人千户陈箸与万户王箸合谋,趁大汗和皇太子离开汗八里,"驾幸上都驻骅三月之时举事",王、陈二人将起事之谋通知了国中契丹要人。起事之因除了他们个人及家庭受辱外,根本原因为其长官为鞑靼人,多为回教徒,"待遇契丹人如同奴隶也";另一原因是大汗对所征服之地,"因是疑忌土人,而任命忠于本朝之鞑靼人回教徒或基督教徒治理",②汉人得不到信任和任用。毫无疑问,这是一次民族起义。举事当日,王箸、陈箸"矫传令旨,伪称皇太子已归,召阿合马立入宫",王箸坐宫中宝座,乘阿合马入宫跪谒之际,陈箸在旁"举刀断其首"。守护在宫门的鞑靼军人发现是计,射杀王箸,擒获陈箸,起事遂败。大汗班师回朝,"已而得阿合马罪状,始知其父子作恶多端"③,故命人没收阿合马财产,开棺戮阿合马尸,并严禁回教。

《行纪》对此事件的叙述基本上与历史相合。值得追究的是《行纪》记述此事所取的立场,由于马可·波罗属于色目人,且熟悉波斯语,他对事件性质的把握和描述,与拉施特《史集》的观点基本一致。④ 他称王箸刺杀阿合马为"叛乱","视此案为汉人造反排斥色目,又指责元廷因而迫害伊斯兰教徒,是反映了波斯人或回回人的政治观点"。⑤ 马可·波罗的这

---

①　〔法〕沙海昂注,冯承钧译:《马可波罗行纪》,第192—193页。
②　同上书,第194页。
③　同上书,第194—195页。
④　参见〔波斯〕拉施特主编,余大钧、周建奇译:《史集》第二卷,北京:商务印书馆,1985年,第341—346页。
⑤　蔡美彪:《试论马可波罗在中国》,收入中国国际文化书院编:《中西文化交流的先驱——马可·波罗》,北京:商务印书馆,1995年,第302页。

一政治立场可能与他在中国操波斯语有关。波斯语是当时中亚和中国商贸往来的通用语言。

大汗之执掌大权之十二男爵、禁卫　《行纪》记载了元朝的中枢机构："应知大汗选任男爵十二人,指挥监察其国三十四区域中之要政。""应知此十二男爵同居于一极富丽之宫中,宫在汗八里城内。宫内有分设之房屋亭阁数所,各区域各有断事官一人书记数人,并居此宫之内,各有其专署。此断事官及书记等承十二男爵之命,处理各该区域之一切事务,事之重大者,此十二男爵请命于君主决之。"①这与《元史》的记载出入较大,说明马可·波罗对元朝省、台、院的运作并不真正了解。②

《行纪》详介了元廷的禁卫——怯薛丹之禁卫:"应知大汗之禁卫,命贵人为之,数有一万二千骑,名称怯薛丹(Quesitan),法兰西语犹言'忠于君主之骑士'也。设禁卫者,并非对人有所疑惧,特表示其尊严而已。此一万二千人四将领之。每将各将三千人。而此三千人卫守宫内三昼夜,饮食亦在宫中。三昼夜满,离宫而去。由别一三千人卫守,时日亦同。期满复易他人,由是大汗常有名称怯薛丹之禁卫三千骑更番宿卫。此一万二千人轮番守卫各有定日。周而复始,终年如此。"③这与《元史·兵制·宿卫》对禁卫的记载大致相符。

大汗之禁卫所披袍服珍贵异常,显示其特殊身份:

> 应知大汗待遇其一万二千委质之臣名曰怯薛丹者,情形特别,诚如前述。缘其颁赐此一万二千男爵袍服各十三次。每次袍色各异,此一万二千袭同一颜色也,彼一万二千袭又为别一颜色,由是共为十三色。
>
> 此种袍服上缀宝石珍珠及其他贵重物品,每年并以金带与袍服共赐此一万二千男爵,金带甚丽,价值亦巨,每年亦赐十三次,并附以名曰不里阿耳(Bolghari)之驼皮靴一双。靴上绣以银丝,颇为工巧,彼等服之,俨同国王,每年在十三次节庆中,命各人各衣其应服之袍服。

---

① 〔法〕沙海昂注,冯承钧译:《马可波罗行纪》,第221页。
② 参见彭海:《马可波罗来华史实》,第174—177页。
③ 〔法〕沙海昂注,冯承钧译:《马可波罗行纪》,第197页。

君主颁赐一万二千男爵每人袍服十三袭,合计共有十五万六千袭,其价值甚巨,前已言之。……应知节庆举行之日,引一大狮子至君主前,此狮见主,即俯伏于前,似识其主而为作礼之状,狮无铼绁,未见此事者,闻之必以为奇也。①

大朝会、诞节、年终庆节、行猎　《行纪》的一大特色是花了相当篇幅对元廷政俗加以介绍,极力渲染元廷盛大的场面。元朝每年例行有三大庆祝活动:大朝会、大汗诞辰节和年终庆典。每年五月,"大汗归其都城汗八里后,留居宫中三日,于是设大朝会,偕诸后妃大事宴乐。然后从汗八里宫出发,赴上都,即前此所述有大草原及竹宫,并驯养海青之地也。大汗留居上都,始阳历五月初,迄阳历八月之二十八日。……夫然后还其汗八里都城。在此都城于阳历九月中举行万寿节,嗣后历十月十一月十二月一月二月。于二月举行所谓白节之元旦节"。然后外出游猎三月。大致说来,全年如是分配:"居其都城者六阅月,游猎者三阅月,居其竹宫避暑者三阅月,偶亦赴他处,惟意所欲。总之,其起居悉皆欢乐也。"②这些庆典活动既表现了元朝的政治礼制,又反映了当时的风俗约规。

大朝会的场面令马可·波罗大开眼界,他记下了这一激动人心的盛会。先看大朝会体现的元朝宫廷的等级秩序:"大汗开任何大朝会之时,其列席之法如下。大汗之席位置最高,坐于殿北,面南向,其第一妻坐其左。右方较低之处,诸皇子侄及亲属之座在焉。皇族等座更低,其坐处头与大汗之足平,其下诸大臣列坐于他席。妇女座位亦同,盖皇子侄及其他亲属之诸妻,坐于左方较低之处,诸大臣骑尉之妻坐处更低。"③再看前来朝贡的外国人士,"殿外往来者四万余人,缘有不少人贡献方物于君主,而此种人盖为贡献异物之外国人也"。④ 接下来是大朝会的宴庆活动,充满了节日般的欢乐气氛:"大汗所坐殿内,有一处置一精金大瓮,内足容酒一桶(untonneau communal),大瓮之四角,各列一小瓮,满盛精贵之香料。注大瓮之酒于小瓮,然后用精金大杓取酒。其杓之大,盛酒足供十人之

---

① 〔法〕沙海昂注,冯承钧译:《马可波罗行纪》,第204—205页。
② 同上书,第214页。
③ 同上书,第197页。
④ 同上。

饮。……应知此种杓盏价值甚巨,大汗所藏杓盏及其他金银器皿数量之多,非亲见者未能信也。"①"献饮食于大汗之人,有大臣数人,皆用金绢巾蒙其口鼻,俾其气息不触大汗饮食之物。大汗饮时,众乐皆作,乐器无数。大汗持盏时,诸臣及列席诸人皆跪,大汗每次饮时,各人执礼皆如上述。至若食物,不必言之,盖君等应思及其物之丰饶。诸臣皆聚食于是,其妻偕其他妇女亦聚食于是。食毕撤席,有无数幻人艺人来殿中,向大汗及其他列席之人献技。其技之巧,足使众人欢笑。诸事皆毕,列席之人各还其邸。"②这简直是一幅梦幻般的欢庆场面。

每年大汗的诞辰日都会举行规模盛大的庆祝仪式。马可·波罗目睹现场,对与会男爵骑尉衣着的奢华大为感叹:"大汗于其庆寿之日,衣其最美之金锦衣。同日至少有男爵骑尉一万二千人,衣同色之衣,与大汗同。所同者盖为颜色,非言其所衣之金锦与大汗衣价相等也。各人并系一金带,此种衣服皆出汗赐,上缀珍珠宝石甚多,价值金别桑(besant)确有万数。此衣不止一袭,盖大汗以上述之衣颁给其一万二千男爵骑尉,每年有十三次也。每次大汗与彼等服同色之衣,每次各易其色,足见其事之盛,世界之君主殆无有能及之者也。"③在这样的庆典上,与会的外宾照例向大汗贡献礼品,而大汗会赏赐他选任的十二男爵:"庆寿之日,世界之一切鞑靼人及一切州区皆大献贡品于大汗。此种贡品皆有定额,并有他人献进厚礼以求恩赏。大汗选任男爵十二人,视其应颁赏之数而为赏赐。"各界宗教人士也会举行相应的祈祷活动,以示敬贺。"是日也,一切偶像教回教基督教之教徒,及其他种种人,各向其天主燃灯焚香,大事祈祷礼赞,为其主祝福求寿,大汗寿诞之日,庆祝之法盖如此也。"④

每年年终,大汗也会与其臣属举行节庆,是日现场之华丽,马可·波罗叹为"世界最美之奇观":

> 是日依俗大汗及其一切臣民皆衣白袍,至使男女老少衣皆白色,盖其似以白衣为吉服,所以元旦服之,俾此新年全年获福。是日臣属

---

① 〔法〕沙海昂注,冯承钧译:《马可波罗行纪》,第197—198页。
② 同上书,第198页。
③ 同上书,第200—201页。
④ 同上书,第201页。

> 大汗的一切州郡国土之人,大献金银珍珠宝石布帛,俾其君主全年获有财富欢乐。臣民互相馈赠白色之物,互相抱吻,大事庆祝,俾使全年纳福。
>
> 应知是日国中数处入贡极富丽之白马十万余匹。是日诸象共有五千头,身披锦衣甚美,背上各负美匣二,其中满盛白节宫廷所用之一切金银器皿甲胄。并有无数骆驼身披锦衣,负载是日所需之物,皆列行于大汗前,是为世界最美之奇观。
>
> 尚有言者,节庆之日黎明,席案未列以前,一切国王藩主,一切公侯伯男骑尉,一切星者哲人医师打捕鹰人,以及附近诸地之其他不少官吏,皆至大殿朝贺君主。其不能入殿者,位于殿外君主可见之处。其行列则皇子侄及皇族在前,后为诸国王公爵,其后则为其他诸人,各按其等次而就位。①

这里所言从大汗到臣民都穿白衣,确是蒙古人的风俗,他们认为白衣为吉祥的象征。② 各就各位后,主持仪式者呼众向大汗鞠躬。"诸人跪拜,首触于地,祝赞其主,事之如神"。然后至一坛前,坛上有一金牌,上书大汗名,牌前有一金炉,大家焚香。礼毕,遂以贡献之物上呈大汗,"其物颇美而价值甚贵"。大汗检视贡物后,与众人回案进食。"食毕,诸艺人来前作术以娱观众,诸事毕后,诸人各归其邸"。③

大汗有行猎之习,他命周围猎户打猎,以供其需。"大汗居其都城之三个月中,质言之阳历十二月一月二月中,在四围相距约四十日程之地,猎户应行猎捕鸟,以所获之鸟与大兽献于大汗。大兽中有牝鹿、花鹿、牡鹿、豹子,及其他种种大野兽,其数居猎物之强半"。④在汗八里还建有豢养野兽的动物园。"大汗豢有豹子,以供行猎捕取野兽之用。又有山猫(loupscerviers)甚夥,颇善猎捕,更有狮子数头,其躯较巴比伦(Babylonie)之狮子为大,毛色甚丽,缘其全身皆有黑朱白色斑纹也,此则豢养以供捕取野猪、熊鹿、野驴及其他大猛兽之用。此种狮子猎取猛兽,

---

① 〔法〕沙海昂注,冯承钧译:《马可波罗行纪》,第202—203页。
② 参见杨志玖:《马可波罗在中国》,第17页。
③ 〔法〕沙海昂注,冯承钧译:《马可波罗行纪》,第203页。
④ 同上书,第206页。

颇可悦目。"①

　　大汗行猎之场面颇为壮观。大汗有两男爵——伯颜、明安,为其亲兄弟,称"古尼赤",系"管理番犬之人"。大汗行猎时,其一男爵古尼赤将所部万人,携犬五千头,从右行。别一男爵古尼赤率所部从左行。"相约并途行。中间留有围道,广二日程。围中禽兽无不被捕者。所以其猎同猎犬猎人之举动,颇可观。"②从阳历十二月到第二年二月,大汗驻跸都城。阳历三月初即从都城开始南下,至于海洋,其距离有二日程。大汗出行的阵仗庞大,"行时携打捕鹰人万人,海青五百头,鹰鹞及他种飞禽甚众,亦有苍鹰(autours),皆备沿诸河流行猎之用"。打猎按一定的数目分配,"每所分配禽鸟一二百,或二百以上,为数不等,此种打捕鹰人以其行猎所获多献大汗"。③

　　大汗行猎时,"各人有一小笛及一头巾,以备唤鸟持鸟之用,俾君主放鸟之时,放鸟人勿须随之"。君主之鸟,爪上各悬一小牌,以便认识。其他男爵之鸟亦然。大汗由此路径赴海洋,其地距其汗八里都城有二日程,"沿途景物甚丽,世界赏心娱目之事无逾此者"。"大汗坐木楼甚丽,四象承之,楼内布金锦,楼外覆狮皮。携最良之海青十二头。扈从备应对者有男爵数人。"大汗在楼中卧床观看海青捕物,其他侍从在旁观望,其乐融融。"故余敢言世界之人,娱乐之甚,能为之优,无有逾大汗者。"④

　　汗八里之商贸　大都作为元朝都城,商业贸易亦颇为活跃。北京本来就是北方重镇,辽、金两朝移都于此后,即已成为北方少数民族与汉族交错汇集之地,商贸繁荣。元世祖定都大都后,大规模建筑新城,人口相应增加,商业贸易亦呈现前所未有的繁荣局面,来自四面八方的人流涌向"汗八里",汗八里及其"城郭"拥有众多的人口。第九四章《汗八里城之贸易发达户口繁盛》描述了这一盛景:"应知汗八里城内外人户繁多,有若干城门即有若干附郭。此十二大郭之中,人户较之城内更众。郭中所居者,有各地来往之外国人,或来入贡方物,或来售货宫中。所以城内外皆有华

---

① 〔法〕沙海昂注、冯承钧译:《马可波罗行纪》,第207页。
② 同上书,第208页。
③ 同上书,第208—209页。
④ 同上书,第210—211页。

屋巨室,而数众之显贵邸舍,尚未计焉。"①大都周围的附城汇聚了来自各地的富商大贾。

世界各地的珍奇异物和各种商品源源不断地运往大都,以供大都各个阶层之需:"外国巨价异物及百物之输入此城者,世界诸城无能与比。盖各人自各地携物而至,或以献君主,或以献宫廷,或以供此广大之城市,或以献众多之男爵骑尉,或以供应屯驻附近之大军。百物输入之众,有如川流之不息,仅丝一项,每日入城者计有千车。用此丝制作不少金锦绸绢,及其他数种物品。"②天下之宝物尽纳于大都,大都是当时经济的重心所在。

伴随繁荣的商贸,大都还存在两万多妓女,但相关的报道在外国文献中甚为少见:"凡卖笑妇女,不居城内,皆居附郭。因附郭之中外国人甚众,所以此辈娼妓为数亦夥,计有二万有余,皆能以缠头自给,可以想见居民之众。"③《行纪》这一记载与实际甚为相合,当时因为战乱,大都及周围一带地区的娼妓甚众,给人以"繁荣娼盛"之感。

大都与周围的城市保持密切往来:"约有城市二百,位置远近不等。每城皆有商人来此买卖货物。盖此城为商品繁盛之城也。"④显然,大都是全国的商贸中心。

汗八里商贸发达的一个重要表现是纸币的流通。第九五章《大汗用树皮所造之纸币通行全国》记载了当时发行之纸币,具有极高的史料价值:"在此汗八里城中,有大汗之造币局,观其制设,得谓大汗专有方士之点金术。缘其制造如下所言之一种货币也。此币用树皮作之,树即蚕食其叶作丝之桑树。此树甚众,诸地皆满。人取树干及外面粗皮间之白细皮,旋以此薄如纸之皮制成黑色。"⑤这些纸币可与当时西方的货币兑换,说明当时中西商贸往来之频繁:"幅最小之纸,值秃儿城之钱(denier tournois)一枚,较大者值物搦齐亚城之银钱(gros véntitien)半枚,更大者

---

① 〔法〕沙海昂注,冯承钧译:《马可波罗行纪》,第215页。冯承钧引剌木学本补注:"城外每门有附郭甚大,其街道与两邻近城内之附郭相接。延长有三四哩。每一附郭或街道,有华厦甚众,各地往来之商人居焉。每国之人各有专邸。"
② 〔法〕沙海昂注,冯承钧译:《马可波罗行纪》,第215页。
③ 同上。
④ 同上。
⑤ 同上书,第216—217页。

值物搦齐亚城之银钱一枚。别有值物搦齐亚银钱五枚六枚十枚者。又有值金钱(besant d'or)一枚者,更有值二枚四枚五枚以至十枚者。此种纸币之上,钤盖君主印信,由是每年制造此种可能给付世界一切帑藏之纸币无数,而不费一钱。"①纸币在市场交易中普遍流通,反映了当时元大都商业的繁荣:"既用上述之法制造此种纸币以后,用之以作一切给付。凡州郡国土及君主所辖之地莫不通行。……盖大汗国中商人所至之处,用此纸币以给费用,以购商物,以取其售物之售价,竟与纯金无别。"②不过,大都的第一功能毕竟是政治中心,故对来大都的外国商人之商贸活动也会做出相应的限制。"尚应知者,凡商人之携金银宝石皮革来自印度或他国而莅此城者,不敢售之他人,只能售之君主。有贤明能识宝货价值之男爵十二人专任此事。君主使之用此纸币偿其货价。商人皆乐受之,盖偿价甚优,可立时得价,且得用此纸币在所至之地易取所欲之物,加之此种纸币最轻便可以携带也。"③商人可以"优价"售出货物,然后得有偿之纸币而归,何乐而不为。

大都附近的山区出产"黑石",可作燃料。《行纪》写道:"契丹全境之中,有一种黑石,采自山中,如同脉络,燃烧与薪无异,其火候且较薪为优。盖若夜间燃火,次晨不息。其质优良,致使全境不燃他物。所产木材固多,然不燃烧。盖石之火力足,而其价亦贱于木也。"④这可能是欧洲最早对煤的记载。这一记载与熊梦祥的《析津志》对煤的记载相符。⑤ 后来至京的西人都颇留意于煤矿。

元代酿酒业发达,官家专设"尚饮""尚酿"局,管理酒业。⑥《行纪》对契丹之酒颇为赞赏:"契丹地方之人大多数饮一种如下所述之酒:彼等酿

---

① 〔法〕沙海昂注,冯承钧译:《马可波罗行纪》,第 217 页。
② 同上。
③ 同上。
④ 同上书,第 231 页。
⑤ (元)熊梦祥:《析津志辑佚》,北京:北京古籍出版社,2001 年,第 209 页。"城中内外经纪之人,每至九月间买牛装车,往西山窑头载取煤炭,往来于此。新安及城下货卖,咸以驴马负荆筐入市,盖趁其时。冬月,则冰坚水涸,车牛直抵窑前;及春则冰解,浑河水泛则难行矣。往年官设抽税,日发煤数百,往来如织。二、三月后,以牛载草货卖。北山又有煤,不佳。都中人不取,故价廉。"
⑥ 参见《元史》卷九四《食货二·酒醋课》,北京:中华书局,2013 年,第 2394—2397 页。

造米酒,置不少好香料于其中。其味之佳,非其他诸酒所可及。盖其不仅味佳,而且色清爽目。其味极浓,较他酒为易醉。"①

汗八里之交通、邮驿 大都作为全国的政治、经济、文化中心,交通四通八达,邮驿畅通。《行纪》对此亦有记载:

> 应知有不少道路从此汗八里城首途,通达不少州郡。此道通某州,彼道通别州,由是各道即以所通某州之名为名,此事颇为合理。如从汗八里首途,经行其所取之道时,行二十五哩,使臣即见有一驿,其名曰站(Iamb),一如吾人所称供给马匹之驿传也。
>
> 此种驿站中备马,每站有多至四百匹者。有若干站仅备二百匹,视各站之需要而为增减。盖大汗常欲站中存有余马若干,以备其所遣使臣不时之用。应知诸道之上,每二十五哩或三十哩,必有此种驿站一所,设备如上所述。②

出生威尼斯的马可·波罗对桥有着特殊的敏感和爱好,也许这易勾起他对故乡的情思,《行纪》有多处记载他所见的石桥,其中在途经大都郊区桑干河畔发现的一座石桥,令他印象深刻:

> 自从汗八里城发足以后,骑行十哩,抵一极大河流,名称普里桑干(Pulisangin, Pulisangan)。此河流入海洋。商人利用河流运输商货者甚夥。河上有一美丽石桥,各处桥梁之美鲜有及之者。桥长三百步,宽逾八步,十骑可并行于上。下有桥拱二十四,桥脚二十四,建置甚佳,纯用极美之大理石为之。桥两旁皆有大理石栏,又有柱,狮腰承之。柱顶别有一狮。此种石狮巨丽,雕刻甚精。每隔一步有一石柱,其状皆同。两柱之间,建灰色大理石栏,俾行人不致落水。桥两面皆如此,颇壮观也。③

马可·波罗所记"桑干河石桥"成为后来西人来京搜寻的重要标志性建筑,以致他们以"马可·波罗桥"来命名这座桥。清初耶稣会士安文思、殷

---

① 〔法〕沙海昂注,冯承钧译:《马可波罗行纪》,第230页。
② 同上书,第223页。
③ 同上书,第236—237页。

铎泽在他们的著作中对此桥亦有详记。① 今人则以"卢沟桥"之名称之。

处在桑干河石桥西南的涿州是大都通向南方的分岔路口,是大都的门户,这里工商业颇为发达。"从此石桥首途,西行二十哩,沿途皆见有美丽旅舍,美丽葡萄园,美丽园囿,美丽田亩,及美丽水泉。行毕然后抵一大而美丽之城,名曰涿州(Giogiu)。内有偶像教徒之庙宇甚众,居民以工商为业,织造金锦丝绢,及最美之罗,亦有不少旅舍以供行人顿止。从此城首途,行一哩,即见两道分歧,一道向西,一道向东南,西道是通契丹之道,东南道是通蛮子地域之道。"②马可·波罗第一次出使云南时即经此地南下。

汗八里之贫民、星者　《行纪》考察了汗八里的各个阶层,注意到在显赫、奢华的皇公贵族之外,还存在一个需要接济的贫民群体,其数量"甚众"。"大汗在此城中,选择贫户,养之邸舍之中。每邸舍六户八户十户不等。由是所养贫民甚众。每年赈给每户麦粮,俾其能供全年之食。年年如此。此外凡欲逐日至宫廷领取散施者,每人得大热面包一块,从无被拒者。盖君主命令如是散给,由是每日领取赈物之人,数逾三万。是盖君主爱惜其贫民之大惠,所以人爱戴之,崇拜如同上帝。"③

汗八里存在为数不少的占星巫师。《行纪》首次提及汗八里之星者是在第八四章,它与大都营建新城有关。"大汗曾闻星者言,此城将来必背国谋叛,因是于旧城之旁,建筑此汗八里城。中间仅隔一水,新城营建以后,命旧城之人徙居新城之中。"④第一〇三章《汗八里城之星者》对此行业者有详细介绍:

> 汗八里城诸基督教徒回教徒及契丹人中,有星者巫师约五千人,大汗亦赐全年衣食,与上述之贫户同。其人惟在城中执术,不为他业。
>
> 彼等有一观象器,上注行星宫位,经行子午线之时间,与夫全年之凶点,各派之星者每年用其表器推测天体之运行,并定其各月之方

---

① 参见〔葡〕安文思著,何高济译:《中国新史》,郑州:大象出版社,2004年,第7—9、16—17页。
② 〔法〕沙海昂注,冯承钧译:《马可波罗行纪》,第238页。
③ 同上书,第233页。
④ 同上书,第189页。

位,由是决定气象之状况。更据行星之运行状态,预言各月之特有现象。①

这段文字说明:一、在元大都充当"星者巫师"者多为基督徒、回教徒和契丹人。二、这是一个专门职业,从业者享受大汗所赐衣食。

大都的葬俗因宗教信仰不同而有所区别:"应知城内不许埋葬遗骸。脱死者是一偶像教徒,则移尸于城郭外,曾经指定一较远之处焚之。脱死者所信仰者为别教,则视其为基督教徒回教徒或他教之人,亦运尸于郭外,曾经指定之远地殡葬,由是城内最适宜于卫生。"②

大都的居民待人礼貌,给人宾至如归之感。"其人语言和善,互相礼敬。见面时貌现欢容。食时特别洁净。礼敬父母,若有子不孝敬父母者,有一特设之公共法庭惩之。"③

从《行纪》对"汗八里"的描写看,虽然有关大汗的诞节、禁卫、年终庆节、行猎、大朝会这方面的内容较多,所花笔墨亦多,但在当时似应属流行的街巷传闻,后来访问元大都的鄂多立克留下的游记亦不乏这方面的描写,当然也不排除后者抄袭《行纪》的可能。但《行纪》对元朝宫廷的描写极为细致,说明马可·波罗出入宫廷极为频繁,甚至可能是家常便饭,否则他不可能了解其中这么多的细节。有的学者认为,马可·波罗是教皇派往中国的使节,从他对"汗八里"留下的记录来看,我们不能证明这一点。《行纪》除了在第八四(重)章《汗八里城之谋叛及其主谋人之处死》、第一〇三章《汗八里城之星者》两章提到基督教徒外,并没有留下有关元大都基督教情形的记录。教皇使节孟高维诺来元大都是在马可·波罗离开中国之后发生的事,天主教在元大都还没有生根。但基督教的另一支——聂思脱里派,应已渗入元大都。《行纪》对马可·波罗来华所经之中亚、西域当地的宗教情形,特别是基督教(实为聂思脱里教)特别留意记载,而对元大都之宗教现状所留笔墨甚少,这说明他在"汗八里"时与宗教并没有多大关系。相反,《行纪》有关元大都商贸情形的描述堪称具有独特的价值,这可能与马可·波罗本人的

---

① 〔法〕沙海昂注,冯承钧译:《马可波罗行纪》,第233—234页。
② 同上书,第215页。
③ 同上书,第235页。

商人身份有关,他对商业情报的搜集可以说不遗余力。

四 《马可波罗行纪》与同期中外北京史籍的比较及其影响

在13世纪,欧洲人到中国旅行、经商或传教者,并不只有马可·波罗。但像马可·波罗这样,在朝廷任职且多次外放,因而遍游中国,最后又将自己的经历整理成文,留下宝贵历史记录的,则只有他一人。"因此,在历史上,欧洲第一次有了关于中国及其邻国的详细记述,而这些文字绝非建立在道听途说或胡乱猜测的基础上。"①

在大航海时代以前,《行纪》与西方另一重要东方游记——《曼德维尔游记》齐名,后者是欧洲人描写亚洲(特别是中国)的经典读物。不过,《行纪》与后者相比,显然更具实录性质,虽然《行纪》对其所经地区风土人情的描写并非都是亲历所闻,不乏道听途说,但大体来说仍是有所根据。一般认为,《曼德维尔游记》是英国曼德维尔爵士虚构的东方游记,文学虚构的成分多于写实,但它的抄本、版本达300多种,远远超过了《行纪》,可见其传播范围之广。②

该书从第六六章《契丹国及其无穷的财富》到第七八章《鞑靼皇帝继承人的册立》,涉及对契丹、大汗、大都的记叙,但其内容明显可见出自中国游客的传说。尽管作者声称:"我们一行人在可汗宫中的十六个月中,

---

① Lach, Donald F. *Asia in the Making of Europe*. Vol. Ⅰ. Book one. Chicago: University of Chicago Press, 1965. p. 35. 中译文参见〔美〕唐纳德·F. 拉赫著,周云龙译:《欧洲形成中的亚洲》第一册(上),北京:人民出版社,2013年,第39页。对《马可波罗行纪》有关亚洲知识的系统研究,见 L. Olschi. *L'Asia di Marco Polo*. Florence: 1957. 此书有 John A. Scott 的英译本, *Marco Polo's Asia: An Introduction to His "Description of the World" called "II Milione"*. Berkeley and Los Angeles: University of California Press, 1960。

② 有关《曼德维尔游记》的版本介绍,参见〔英〕约翰·曼德维尔著,郭汉民、葛桂录译:《曼德维尔游记》,《中译本序》,上海书店出版社,2006年,第13—14页。Frances Wood. *The Lure of China: writers from Marco Polo to J. G. Ballard*. New Haven, Conn.; London: Yale University Press, 2009. pp. 11—16. 吴芳思(Frances Wood)不仅介绍了《曼德维尔游记》的版本流行情形,而且将《曼德维尔游记》与《马可波罗行纪》做了比较。在《马可·波罗到过中国吗?》一书中,吴芳思对马可·波罗是否去过中国提出强烈的质疑,并做了详细的论证。在《中国的魅力》一书中,她强调《曼德维尔游记》在17世纪以前的重要性和影响力超过了《马可波罗行纪》。

可汗正与蛮子王开战。战争的缘由是大汗想亲眼看看那里的宫殿是否如传说中的那么庄严华丽,而事实是美丽更有过之,若非亲眼所见,决不敢相信。相比较而言,我们的饮食更为简纯,那里的平民各种动物的肉都吃,餐罢便在衣裙上揩揩手,一天只吃一餐,很少吃面食。但贵族的餐饮更为花样繁多,讲究礼仪。"①这段话很难作为作者亲临元大都的实证。在对中国财富、大都场景和大汗威权的描写上,《曼德维尔游记》虽与《行纪》异曲同工,但我们仍只能以虚拟的文学作品来界定该作品的性质。请看该书《大都:大汗雄伟华丽的宫殿》一节对大都的描写:

> 在契丹省的东部有一座旧城,旁边鞑靼人又建了一座新城,取名为大都(Cadon),该城共有七个城门,每个城门相隔整整一英里,所以新旧两城的城墙加起来约有20英里长。城中建有大汗雄伟华丽的宫殿,宫墙长约两英里。内部美景令人目不暇接。宫中的御花园内有小山,山顶上有一座大殿,其精巧华美无与伦比。山上山下树木茂盛,果实累累。四周有一道沟渠与纵横的小河相连,有成群野禽游嬉其中,所以,不出宫大汗便可享受狩猎之趣。山顶的大殿有二十四根包金的殿柱,过道铺有昂贵的豹皮。这些兽皮不仅花纹美丽,而且气味宜人,花纹颜色如血一般鲜红,在阳光的照耀下令人不可逼视。这种皮革贵如黄金。
>
> 皇宫的中央是大汗的殿宇。殿宇中镶有各种宝石,四周悬有美丽的挂件。在殿的四角下方各有一条金龙,水可由龙口导出。整个殿宇富丽堂皇,殿尽头的首座是皇帝的龙床,前面的桌子镶有金边、宝石、珍珠。登上宝座的台阶用各式宝石铺就,旁边镶金。②

这段对大都城门数目、城墙长度、皇宫建筑的描写显然虚拟、想象的成分较多,一个亲临大都的作者绝不可能写得如此离谱。从书的内容和风格来看,《曼德维尔游记》更像一部适合当时欧洲读者口味的骑士传奇,这也可能是它流传更广、版本更多的原因。

不过,《曼德维尔游记》虽非作者亲历,但其中的有些情节却所据有

---

① 〔英〕曼德维尔著,任虹译:《曼德维尔游记》,收入周宁编注:《契丹传奇》,北京:学苑出版社,2004年,第407页。

② 同上书,第405—406页。

实,并非全为杜撰。以其描写"汗八里"为例,如谈到赴华路程时说:"契丹是一个富饶的大国,商业发达。每年商贾都会云集于此买卖香料和其他商品。那些来自庞巴底或意大利,如威尼斯、热亚那的商人,要爬山涉水历经六个多月才能到达这里。"①所言"六个多月"的时间正是当时欧洲商人经陆路来华的路程。

汉文记载元大都之著述有《析津志》《南村辍耕录》。《析津志》为元末熊梦祥所撰。熊氏利用出任崇文监丞之机,接触了大量内府藏书和文献资料,并实地地考察了大都及所辖地区的山川名胜。元大都曾被称为析津,辽代定南京为析津府,治析津宛平(即今北京西南)。该书对元大都的城池街市、朝堂公宇、台谏叙、工局仓廪、额办钱粮、祠庙仪祭、寺观、河闸桥梁、古迹、东西马步站、名宦人物、岁纪风俗、学校、物产、属县都有较详细的记载,是最早记述北京地区的一部专门志书。②《析津志》因早已佚失,其确切卷帙已不可得。现今的《析津志辑佚》系从《永乐大典》《日下旧闻考》《宪台通纪》《顺天府志》(残卷)等书辑佚而成。外人对此书基本上缺乏了解,更不用说进入研究视野。

《南村辍耕录》为元末明初陶宗仪(1321—1407)所撰,共三十卷,该书"凡六合之内,朝野之间,天理人事,有关于风化者,皆采而录之",记载元代社会的掌故、典章、文物、天文、历算、地理、风俗及评述诗词、小说、戏剧、书画方面的内容,内中涉及不少元大都历史、地理、风情、人文方面的掌故。冯承钧先生为《行纪》第二卷第八三章《大汗之宫廷》作案语曰:"案《辍耕录》是布莱慈奈德同《新元史》所采史料之要源,曾详述元末之宫阙制度。"③其所指为俄国布莱慈奈德(E. Bretschneider,1833—1901)的《北京考古记》(*Archaeological and Historical Researches on Peking and its Environs*)。也就是说,《南村辍耕录》进入了欧洲学者的研究视野。

与上述两本汉文著作比较,《行纪》对汗八里的记述,在内容侧重上明显不同,一是介绍大汗的宫廷、禁卫、诞节、行猎、大朝会所用的篇幅较大,

---

① 〔英〕曼德维尔著,任虹译:《曼德维尔游记》,收入周宁编注:《契丹传奇》,第405页。
② 参见《整理说明》,收入(元)熊梦祥:《析津志辑佚》,北京:北京古籍出版社,2001年,第6—7页。
③ 〔法〕沙海昂注,冯承钧译:《马可波罗行纪》,第187页。

这部分内容在中文著作付诸阙如。其中之原因,可能是汉文作者没有机会直接接触大汗,因而也就缺乏这方面的观察和体验。而马可·波罗作为欧洲人,在元朝被列入色目人一等,则有机会接触大汗,并有较多机会闻说大汗之事迹。二是对"汗八里城之贸易发达户口繁盛"的介绍,在汉文著作中也几乎没有。虽然汉文著作也有对物产、市场的介绍,但其角度与《行纪》迥然不同,其对商贸的介绍缺乏比较的成分和世界的视野。由此可见,《行纪》从史料价值而言,亦可补汉文著作之不足,或与之互相参证。

《行纪》在14世纪初开始出现手抄本和各种版本,逐渐在意大利、法国等国流行开来。1477年德国纽伦堡刊行了第一个德译本。1579年英国伦敦刊印了第一个英译本。"在1550年之前,马可·波罗为欧洲提供了关于东方的最为广泛、最为权威的描述。在他对中国的辽阔疆土的观察中,马可·波罗没有对大汗的政策提出任何批评,事实上,读者还为马可·波罗对于鞑靼人和忽必烈大汗的同情和敬重所打动。"①

《行纪》对15—18世纪西方读者了解北京有很大影响,成为那些前往北京访问、旅行的传教士、遣使、商人们的旅行指南,或为他们观察北京的必备参考书。自《行纪》出版以后,欧洲开始兴起一股寻找东方的热潮。《行纪》早期读者中最著名者莫过于哥伦布,熟读《行纪》的他在阅读过的书页空白处留下了近百处眉批。受《行纪》影响,哥伦布带着寻找东方财富的美好理想,携带西班牙国王费尔南多二世致大可汗的信函,踏上了发现"大汗之国"的航程。研究哥伦布的学者认为:"哥伦布在准备西航和率船队横渡大西洋的整个航程中,始终把中国(大汗之国)作为航行的目的地,并不断寻找通往大汗京城的航道。哥伦布在启航前就带了西班牙国王致蒙古大汗的国书和礼物。他在航行中和到达加勒比海的古巴岛、海地岛等地时一直在寻找通往亚洲大陆腹地大汗宫廷的道路,他确信他的船队所到达的这些岛屿就是亚洲东岸中国大

---

① Lach, Donald F. *Asia in the Making of Europe*. Vol. I. Book one. Chicago: University of Chicago Press,1965. p. 36. 中译文参见〔美〕唐纳德·F. 拉赫著,周云龙译:《欧洲形成中的亚洲》第一册(上),第40页。

陆沿海的岛屿。这在哥伦布第一次航行和航海日记中有清楚的记录。"①证之于哥伦布的《航海日记》,当他的船队航抵古巴岛时,误认为古巴即是《马可波罗行纪》中所说的西邦戈岛——日本岛。1492年10月24日他写道:"我认为彼等所谓之古巴岛,即人们经常谈及的充满奇闻异事的西邦戈岛。从地球仪和世界地图上看,它也正处于这片海域。"②带着寻找大可汗国的使命,船队继续前行,10月30日哥伦布写道:"远征军司令说,应设法前往大可汗之国。他认为大可汗就在附近,也即大可汗居住之契丹城就在附近。"③

1585年在罗马出版的西班牙人门多萨所著《中华大帝国志》一书,谈及西方人士有关中国的游记时,也花了大篇幅介绍《马可波罗行纪》,其中提及《行纪》记叙"汗八里"时说:"当汗迁往 Khanbalu,即汗八里(汗之城),据信即今北京时,马可也随同前往。这座城市被认为在壮丽方面超过他所曾见到的一切东西。宫殿的面积包括一个每边长6英里的四方广场,此说和事实出入不太大。然而,在这个范围内有皇家的武器库,及田地和草地,养育有各种猎物。宽大殿室的屋顶盖有华丽的金箔,绘有鲜艳的色彩,而在四壁刻有龙和战争的图像。宫殿的北面有一座山头,叫做绿山,四围约有1英里,生长着从帝国各地采集的最好的树,而这是由大象运到这里的。""这个叙述和现代旅行家的叙述惊人地一致,而在记该国的内政、邮递制度,还有在歉收时期皇家仓廪把谷物施舍等方面,也和迄今所知中国史的记载符合。"④可以说,在16世纪,《行纪》是欧洲人了解中国的主要必备参考书。

明末第一位来到北京的意大利耶稣会士利玛窦在他的回忆录《利玛窦中国札记》中提到了马可·波罗对契丹(Cathy)、汗八里(Campalu)、中国(China)的记载,并表示:"如果有人反驳说,或许马可波罗所说的契丹

---

① 萨那:《新航路开辟与中西经济文化交流》,收入黄邦和、萨那、林被甸主编:《通向现代世界的500年——哥伦布以来东西两半球汇合的世界影响》,北京:北京大学出版社,1994年,第373页。
② 〔意〕克里斯托瓦尔·哥伦布著,孙家堃译:《航海日记》,南京:译林出版社,2011年,第49—50页。
③ 同上书,第56页。
④ 〔西〕门多萨撰,何高济译:《中华大帝国史》,《绪论》,北京:中华书局,1998年,第13页。

的疆界较现在的中国更广大,这种反对理由尽管存在,它却什么也证明不了。"①

1688年在巴黎出版的葡萄牙耶稣会士安文思《中国新史》一书中谈及马可波罗所述"契丹"(Catai)和"蛮子"(Mangi)同属中国时,列举了五大证明,其中第二、三、四即是以北京为例。② 显然,到17世纪中期,《行纪》仍是西方来华人士研究北京最重要的参考书目。

《行纪》在1793年访华的马戛尔尼使团成员著作中被多次提到,显示使团成员对《行纪》作过仔细研究。使团由大沽口登陆到达天津时,使团秘书斯当东在《英使谒见乾隆纪实》一书中写道:"在十三世纪马哥孛罗到中国的时候,天津已被称为'天府之城'了。虽然在十三世纪天津已是一个大城市了,但天津的老名字叫'天津卫'。"③《行纪》中未提长城,这个问题在17世纪中期波兰耶稣会士卜弥格的著作中曾多次解释过。斯当东在《英使谒见乾隆纪实》一书中用一章(第十三章)的篇幅讨论了他们所见到的长城,显见他们对这一经历的格外重视。当他们穿过长城时,也考究起马可·波罗在《行纪》中为何未提长城的缘故:

> 第一个写中国游记的欧洲人马哥孛罗穿行鞑靼区到北京去的时候一定经过了长城,但他在游记里却未提一个字。……《马可孛罗游记》里没有提到长城,但这一件事情绝不能抵消这么多证明它的存在的信而有征的历史文件。《马可孛罗游记》是他回国以后写的。即使他当时确曾穿过长城,可能他在中国所记的原始笔记不齐全,也或者可能他在写书的时候,原始材料不在手头,以致把长城遗漏掉。后来在威尼斯的道奇图书馆找出马哥孛罗到中国的路线图,这个疑问才告解决。原来当时马哥孛罗并不是通过鞑靼区

---

① 参见何高济、王遵仲、李申译,何兆武校:《利玛窦中国札记》,北京:中华书局,2001年,第332—333页。相关论述详见本书第123—124页。
② 参见〔葡〕安文思著,何高济、李申译:《中国新史》,第6—7页。相关论述详见本书第133—135页。
③ Staunton, George, Sir. *An Authentic Account of an Embassy from the King of Great Britain to the Emperor of China: including cursory observations made, and information obtained in travelling through that ancient empire, and a small part of Chinese Tartary.* Second Volume. London: G. Nicol, 1797. p.204. 中译文参见〔英〕斯当东著,叶笃义译:《英使谒见乾隆纪实》,上海:上海书店出版社,1997年,第279页。

到北京的,他从欧洲同东方商人结队到达撒马尔罕和卡什戛;从这里朝着东南方向,穿过恒河到达孟加拉;以后沿着西藏山脉之南到达中国陕西省,最后由陕西省经过山西省到达北京;因此,他事实上并没有穿行长城线。①

直到 19 世纪下半期,在西方介绍中国、研究中国的书籍中,《行纪》仍是最常被提及或引用的参考书。如美国学者卫三畏(S. Wells Williams)的《中国总论》(*The Middle Kingdom*)就多处引用《行纪》中的文字和对汗八里的描写。②

《行纪》对"汗八里"的描绘成为西方首次建构北京形象的经典文本。在这个文本中,我们看到的是大汗至高无上、君临天下的威权,规模浩大的东方典礼仪式,排列有序、若如棋盘的街道布局,繁荣的东西贸易,游牧民族的朝会、行猎习俗,聚焦在汗八里的形形色色的各种肤色、各种信仰、各个阶层的群体,丰饶的物产(如煤、酒),这是一幅世界帝国之都的图景。在马可·波罗的眼里,汗八里真正是令其大开眼界的国际性大都市。从这个经典文本中,欧洲读者可以感受到令人震撼的诸多元素:威严的大汗、壮丽的都城、浩大的典礼、繁荣的商贸、丰饶的物产。毫无疑问,《行纪》将打动每一位欧洲读者的心灵,激发他们对未来、对世界的想象。无独有偶,与马可·波罗同时代的意大利诗人但丁写下《论世界帝国》,主张建立一个大一统的世界帝国,由一位至高无上的君主实行统治,以保障世界人民所要求的最大和平。马可·波罗的绰号为"百万"(Il Milione),意指他与人交谈他那些荒诞离奇的东方经历时,常将"百万"挂在嘴上。以至《行纪》一书一度曾以《百万》命名,以迎合那些意欲向东方寻找财富的人们的口味。《行纪》对中国与亚洲诸国的记述,很快进入欧洲地理学家的视野,他们在自己的著述或地图中,纷纷采纳《行纪》的描述。大汗国、

---

① Staunton, George, Sir. *An Authentic Account of an Embassy from the King of Great Britain to the Emperor of China: including cursory observations made, and information obtained in travelling through that ancient empire, and a small part of Chinese Tartary*. Second Volume. London: G. Nicol, 1797. pp. 366—367. 中译文参见〔英〕斯当东著,叶笃义译:《英使谒见乾隆纪实》,上海:上海书店出版社,1997 年,第 279,344—345 页。

② S. Wells Williams. *The Middle Kingdom*. Vol. I. Vol. II. New York: Charles Scribners Sons,1895. pp. 32,87,318; p. 423.

契丹、汗八里这些中国地理名词,逐渐为欧洲读者所熟知。"从西方地图绘图对远东的描述这一角度来看,马可·波罗的影响甚至到18世纪都没有完全消失。""在欧洲对远东的认识史的研究中,马可·波罗是后古典时代被引用得最多的作者之一。地图制图和地理学文献都不断引用他的描述。"①《行纪》对汗八里的夸张描写,唤起欧洲读者对东方帝都的向往,也点燃起他们向东方寻找财富的欲火。

五 孟高维诺笔下的北京天主教

当蒙古军队的铁蹄掠过俄罗斯大地向西猛烈推进时,欧洲各国一片恐慌。罗马教皇英诺森四世一方面欲沟通与蒙古的关系,规劝蒙古大汗停止杀戮行为;一方面想打探蒙古内部的虚实,以作抵御之策,遂于1245年派遣方济各会会士柏朗嘉宾(Jean de Plan Carpin,1182—1252)为首的三人代表团出使蒙古。② 第二年7月22日,柏朗嘉宾及随行抵达和林。8月24日参加贵由皇帝登基大典。8月底觐见贵由大汗(即定宗),呈递教皇玺书。定宗复教皇书大意谓:

> 你教宗和王公巨卿,如诚心和我修好,便当速来见我,不可迟延。你来信要我信基督而受洗,我不知我为什么应该受洗。你来书,又因我们杀人之多,而觉得惊奇,尤其因为信基督的波兰人、匈牙利人、奥拉维人,而感不安,我亦不明白你惊奇的原因。我告诉你:他们不听上天和成吉思汗的命,杀戮我们所派使臣,上天所以借我们的手来杀他们。你们西方人,自以为独奉基督而鄙视别人,但……我亦信上天,赖上天之力,我将自东徂西,征服世界。

书末玺印文曰"真主在天,贵由在地;上天神威,众生之王"。③ 这是罗马教廷与蒙古发生关系的开始。显然,柏氏未能如愿完成教皇交给他的规劝蒙古人皈依基督教的使命。1247年柏氏一行返抵里昂。次年柏氏病

---

① 〔意〕曼斯谬·奎尼、米歇尔·卡斯特诺威著,安金辉、苏卫国译:《天朝大国的景象:西方地图中的中国》,上海:华东师范大学出版社,2015年,第4—5、112页。
② 参见罗光:《教廷与中国使节史》,台北:传记文学出版社,1983年,第22—23页。
③ 转引自方豪:《中国天主教史人物传》,北京:宗教文化出版社,2007年,第16页。

逝,遗留下《柏朗嘉宾蒙古行纪》(一译为《蒙古史》),①实为他此行的报告,这是我们现见最早西人在蒙古旅行的记录。

1253年,鲁布鲁克的威廉(William of Rubruk)受法国国王路易九世的派遣,从康士坦丁堡出发去蒙古和林,沿途先后会见撒里答和拔都。1254年4月到达哈刺和林,受到蒙哥汗的接见。威廉要求留在蒙古传教,遭拒,遂于1255年返回的黎玻里。应当地主教之请,威廉以长信形式将自己的旅行经历写出来,这就是后来人们所见的《鲁布鲁克东行纪》。②

柏朗嘉宾以后,罗马教廷与蒙古的来往逐渐增多。③ 教廷遣使首次到达元大都是方济各会会士孟高维诺(Giovnanni da Montecorvino, 1247—1328)。1289年教皇尼古拉四世派遣孟高维诺前往中国。孟氏一行先抵波斯,然后经海道在印度登陆,最后由海路到达中国的泉州。1293年孟氏抵达元大都,受到元世祖忽必烈高规格的接见,被允准在大都传教。孟哥维诺在京设立教堂三座,收纳信徒达6000余人,足见当时天主教在大都发展之盛。有关他在印度、中国旅行和传教情形,现留有孟氏东游印度、中国时所写的三封书信,这三封信分别于1292年在印度、1305年1月8日和1306年2月在元大都所写。

孟高维诺在元大都所写第一封信主要谈及他在大都传教情形及与聂

---

① 此著中译本现有三种:一是〔英〕道森编,吕浦译,周良霄注:《出使蒙古记》,北京:中国社会科学出版社,1983年,内收约翰·普兰诺·加宾尼著《蒙古史》《鲁不鲁乞东游记》等文,所据英文本为 Christopher Dawson Edited. *The Mongol Mission. Narratives and Letters of the Franciscan Missionaries in Mongolia and China in the Thirteenth and Fourteenth Centuries*. London & New York: Sheed and Ward, 1955。二是耿昇、何高济译:《柏朗嘉宾蒙古行纪、鲁布鲁克东行纪》,北京:中华书局,2002年,所据法文本、英文本为 Traduit et Annote Par Don Jean Becquet Et Par Louis Hambis. *Jean De Carpin Histoire Des Mongols*, Paris: Librairie d'Amérique et d'Orient, 1965. W. W. Rockhill: *The Journey of William of Rubruck to the Eastern Parts, 1253—1255*. London: Hakluyt Society, 1900。三是余大钧、蔡志纯译:《普兰·迦儿宾行记、鲁布鲁克东方行记》,呼和浩特:内蒙古大学出版社,2009年,所据为1957年苏联沙斯契娜(N. P. Shastina)夫人的俄译本。

② 有关鲁布鲁东的旅行目的,在学术界尚有争议,有为法王使节和传教士两说,参见方豪:《中国天主教史人物传》,第17—18页。耿昇、何高济译:《柏朗嘉宾蒙古行纪、鲁布鲁克东行纪》,何高济:《鲁布鲁克东行纪》中译者前言,第184—186页。

③ 有关教廷与蒙古关系的研究,参见〔法〕伯希和撰,冯承钧译:《蒙古与教廷》,北京:中华书局,2001年。I. De Rachewiltz. *Papal Envoys to the Great Khans*. Stanford: Stanford University Press, 1971.

斯脱里派的冲突:

> 契丹为鞑靼皇帝所辖境域。皇帝之称号曰大汗。余谒见,递呈教皇之国书,请其改奉基督正宗。然彼迷信偶像已深,难挽回也。大汗待基督教徒颇宽厚。二年以来,余皆与之同居。
>
> 聂思脱里派徒,名为宗奉基督,而实则远离圣道,其人在东方有权有势。不与同道者,则虽至小教堂,不许建设,稍与异旨之文字,不得刊布也。
>
> 东方诸国,自昔圣徒绝迹。余初来此境,受聂派直接虐待,或唆使他人来欺侮余,种种情形,备极惨酷。……
>
> 余居此布教,无人辅助,几十一年。前二年始有日耳曼科龙城(Cologne)僧人阿尔奴特(Arnold)来此相助传道。
>
> 余于京城汗八里(Cambaliech)筑教堂一所。六年前已竣工,又增设钟楼一所,置三钟焉。自抵此以来,共计受洗者达六千余人。若无上方所叙逸言妨害,则至今受洗者,当有三万余人。来受洗者,至今尚陆续不绝也。
>
> 余尝收养幼童一百五十人,其父母皆崇奉异端。幼童年龄,自七岁至十一岁不等。皆毫无教育,亦无信仰。余皆加洗礼,教之以希腊及拉丁文。①

孟高维诺在信中还透露了他收养佐治王为信徒,并经他手建造第一座教堂之过程:

> 此间有佐治(George)王者,印度拍莱斯脱约翰(Prester John)大王之苗裔。门阀显赫,昔信聂思脱里派教说。余抵此之第一年,即深与余结纳,从余之言,改奉正宗(Catholic,即天主教),列名僧级。每奠祭时,王亦盛装来至余处,参预典礼,聂思脱里派徒因谤王为弃教。王率其臣民大部来归正宗,捐资建教堂一所,雄壮宏丽,无异王侯之居。堂内供奉吾人所信仰之天主,三一妙身(Holy Trinity,译名见

---

① H. Yule trans & ed. *Cathay and the Way Thither*. Vol. 3. London: Printed for the Hakluyt Society, 1914. pp. 45—47. 中译文参见《一七·约翰孟德高奴信之一》,收入张星烺编注,朱杰勤校订:《中西交通史料汇编》第1册,北京:中华书局,2003年,第320—321页。

《景教碑》)及吾主教皇。王赐题额为"罗马教堂"。……

> 余用书写、颂读、口演三种方法同时并举,广事宣传。佐治王生时,尝约余将拉丁礼节全文译成方言,俾可在其境内行用。王生时,余尝在其教堂内,用拉丁仪节,举行奠祭,用地方语文颂读《圣经》及《创世记》。①

孟高维诺希望罗马方面派助理辅佐他,并展示了中国领土之广大,以示传教之前景:

> 余若有二三同伴在此助理,则至今日大汗必受洗矣! 诸君欲来此传教,余则无任欢迎。来此者须具有牺牲个人利益,而以作人仪表为职志者,方可也。

> 据余所闻,世界王公地之广,人口之庶,财赋之富,无有能与大汗陛下比拟者矣。②

罗马教廷收到孟高维诺来自大都的这封信,可以想象受到了极大的鼓舞,教皇遂一面任命孟高维诺为大主教,授权他统辖契丹、蛮子(中国南部)各处主教、高僧,直隶教皇;一面于1307年派遣七名方济各会传教士去襄理孟高维诺,这七位传教士是:哲拉德(Gerard)、裴莱格林(Peregrine of Castello)、安德鲁(Andrew of Perugia)、尼古拉斯(Nicholas of Bantra or of Apulia)、安德鲁梯斯(Andrutius of Assisi)、赛福斯托德(Ulrich Sayfustordt)、威廉(William of Villeneuve)。这七人只有哲拉德、裴莱格林和安德鲁三人到达了中国,其他四人在途经印度时病逝。③ 1311年教皇克莱孟五世再增派彼得(Peter)、哲罗姆(Jerome)和托玛斯(Thomas)

---

① H. Yule trans & ed. *Cathay and the Way Thither*. Vol. 3. London: Printed for the Hakluyt Society, 1914. pp. 47,50. 中译文参见《一七、约翰孟德高奴信之一》,收入张星烺编注,朱杰勤校订:《中西交通史料汇编》第1册,第322、324页。张星烺作注解释了佐治王的生平事迹,并考证佐治王所建教堂"必在五原县境内。距京师路程,正约二十日"。

② H. Yule trans & ed. *Cathay and the Way Thither*. Vol. 3. London: Printed for the Hakluyt Society, 1914. pp. 48-51. 中译文参见《一七、约翰孟德高奴信之一》,收入张星烺编注,朱杰勤校订:《中西交通史料汇编》第1册,第323—324页。

③ H. Yule trans & ed. *Cathay and the Way Thither*. Vol. 3. London: Printed for the Hakluyt Society, 1914. pp. 71-75. 关于这七人东游的情形,中译文参见《二〇、泉州主教安德鲁之信》,收入张星烺编注,朱杰勤校订:《中西交通史料汇编》第1册,第331—337页。此信言之甚详。

三人赴中国传教。①

孟高维诺在大都的第二封信中,除了谈及他在大都新建教堂外,还介绍了元朝所辖国土:

> 一千三百零五年,余在大汗宫门前,又建新教堂一所。堂与大汗宫仅一街之隔。两处相去不过一箭耳。鲁喀龙哥(Lucalongo)入彼得(Peter)者,笃信基督圣教。善营商,当余由讨来思起程时,彼即伴余东来。新教堂地基,即彼购置,捐助与余,以礼敬天主。大汗国全境,适合建筑教堂之地址,据余所观,未有过于此者矣。……
>
> 第一教堂与第二教堂,皆在城内。两处相距,有二迈耳半,盖汗八里城大,莫与比拟也。余将所收幼童,分为两队。一队在第一教堂,他队则在第二教堂,各自举行祭务。余为两堂住持。每星期轮流至一堂,指导奠祭。盖诸童皆非僧人,不知礼仪也。
>
> 东方诸邦,尤以大汗所辖国境,庞大无比,全世界各国,莫与比京。余在大汗廷中有一职位。依规定时间,可入宫内。宫内有余座位,大汗以教皇专使视余,其待余礼貌之崇,在所有诸教官长之上。大汗陛下虽已深知罗马教廷及拉丁诸国情形,然仍渴望诸国有使者来至也。②

从孟高维诺的这两封信中,我们可以获悉以下信息:首先,元朝对包括天主教在内的各大宗政策态度宽容,孟高维诺在朝廷中甚至拥有很高的官位,这是孟氏在元大都得以顺利传教的保障。③ 据陈垣先生考证,元也里可温在朝中可领官位。"教而领之以官,自北齐之昭元寺崇虚局始。""元制,礼部亦掌僧道,然有宣政院以专掌释教僧徒,秩从一品;有集贤院以兼

---

① 参见张星烺编注,朱杰勤校订:《中西交通史料汇编》第1册,第330页。Moule, A. C. *Christians in China before the Year* 1550. London: Society for Promoting Christian Knowledge; New York; Toronto: The Macmillan Co., 1930. p. 168. 中译文参见〔英〕阿·克·穆尔著,郝镇华译:《一五五〇年前的中国基督教史》,第191页。

② H. Yule trans & ed. *Cathay and the Way Thither*. Vol. 3. London: Printed for the Hakluyt Society,1914. pp. 55—57. 中译文参见《一八、约翰孟德高奴信之二》,收入张星烺编注,朱杰勤校订:《中西交通史料汇编》第1册,第326—328页。

③ 有关元朝对也里可温的优待政策,参见陈垣:《元也里可温教考》第六—八、十章,收入《中国现代学术经典·陈垣卷》,石家庄:河北教育出版社,1996年,第16—22、24—27页。

掌玄门道教,秩从二品;而礼部之掌,遂有名无实。是可见元代对于僧、道之尊崇。顾也里可温之在元,亦为一种有力之宗教,特置崇福司,秩从二品,其阶级盖在宣政之下,而与集贤等也。"①元朝包容天主教的政策对改变教廷与蒙古接触之初的恐惧、仇恨心理有一定作用。其次,孟高维诺在元大都传教,颇受欢迎,创设教堂两座,收纳教徒甚众。从孟氏二信可知,他所建第一座教堂是在 1299 年(元大德三年),它配有一座三口钟的钟楼,这可能是北京最早的钟楼。第二座教堂建于 1305 年(元大德九年),当年圣方济各祭日(10 月 4 日)竣工,这座教堂内有可容 200 人的礼拜堂,屋顶竖有红色的十字架,在城内是一个醒目的标志。这座教堂可能是与他一起从印度迈拉尔来的意大利商人彼得鲁斯捐助建成的。② 据徐苹芳先生考证,孟高维诺所建的第二座教堂位置可能在元皇城的正北门厚载红门外(今地安门以北)。③ 最后,孟高维诺在传教过程中,受到基督教另一教派——聂思脱里派的排挤和打击,两派冲突激烈。聂思脱里派在唐朝时由波斯传入,先于罗马天主教流入中国,其势力明显较大。《马可波罗行纪》对其所见聂思脱里派之情形有详细记载,可证聂思脱里派势力在元朝前期明显盛于新来的天主教。④ 民国初年,北京大学整理前清所遗留档案时,发现在北京午门城楼上保存的叙利亚景教前后唱咏歌抄本,即为聂思脱里派在元大都留存的文件。⑤ 聂思脱里派对罗马天主教来华怀有妒意,故极力排斥,双方势同水火。据张星烺先生考证:"关于景教僧在东方之生活情况,汉文及他亚洲诸国文,皆无记载。吾人仅能于元初西欧东来人士之笔记之中,藉悉略情。然未能尽信。盖元时西欧人东来者,

---

① 陈垣:《元也里可温教考》第十章,收入《中国现代学术经典·陈垣卷》,第 25 页。
② 参见〔法〕勒内·格鲁塞著,蓝琪译:《草原帝国》,北京:商务印书馆,1999 年,第 399 页。
③ 参见徐苹芳:《元大都也里可温十字寺考》,收入《中国考古学研究——夏鼐先生考古五十年纪念论文集》,北京:文物出版社,1986 年,第 309—316 页。关于教堂地址另有两说:一是张星烺先生认定:"约翰新教堂在宫门前一箭之地,当即在新华门附近。"这里是元宫城的南门崇天门。参见张星烺编注:《中西交通史料汇编》第 2 册,北平:辅仁大学,1930 年,第 115 页。中华书局版删去此注。二是日本学者佐伯好郎提出是在元大都宫城的北门厚载门外。参见佐伯好郎:《支那基督教の研究》第 2 册,东京:春秋社,1943 年(昭和十八年),第 369 页。
④ 有关这方面的研究,参见朱谦之:《中国景教》,北京:人民出版社,1998 年,第 177—183 页;江文汉:《中国古代基督教及开封犹太人》,上海:知识出版社,1982 年,第 118—119 页。
⑤ 参见〔英〕阿·克·穆尔著,郝镇华译:《一五五〇年前的中国基督教史》,第 342—354 页。此处为译者增补的附录七。

如卢白鲁克、仙拍德、海敦、马哥孛罗、约翰孟德高维奴等,无不攻击聂派也。"①证之于约翰柯拉约作于 1330 年的《大可汗国记》,其中所设"国中小级僧人状况""国中聂派叛教者之状况""大可汗对基督教徒之恩眷"诸节,言及当时天主教在华之状况,及对聂思脱里派之恶诋,②可见厌恶聂思脱里派是方济各会会士的共识。

元朝也里可温教内部虽然教派纷争,但获得很大发展,陈垣先生对此有所析论:"有元得国,不过百年耳。也里可温之流行,何以若此?盖元起朔漠,先据有中亚细亚诸地,皆昔日景教(聂斯托尔派)流行之地也。既而西侵欧洲,北抵俄罗斯,罗马教徒、希腊教徒之被掳及随节至和林者,不可以数计;而罗马教宗之使命,如柏朗嘉宾、隆如满、罗伯鲁诸教士,又先后至和林;斯时长城以北,及嘉峪关以西,万里纵横,已为基督教徒所遍布矣。燕京既下,北兵长驱直进,蒙古、色目,随便住居(详《廿二史札记》),于是塞外之基督教徒及传教士,遂随军旗弥蔓内地。以故太宗初元(宋绍定间)诏旨,即以也里可温与僧道及诸色人等并提。及至孟哥未诺主教至北京,而罗马派之传播又盛。"③元朝对也里可温教的宽厚、收揽政策实在是为安抚、安置中亚、西亚、东欧之征服地异族异教的一大举措。

除孟高维诺以上两信外,安德鲁曾于 1326 年 1 月在泉州主教任上发出一信给教皇,信中报告了他们来华途中的艰难遭遇及在华的传教经历,其中特别提到在汗八里五年所享受到皇帝赐予的优厚的"阿拉发"待遇:

> 足下既闻余昔与同伴主教裴莱格林(Friar Peregrine)二人,经历艰苦饥困,海陆危险,衣衫为盗匪劫掠殆尽,九死一生之中,始得仰赖天主之灵,于一千三百零八年(元武宗至大元年)抵大可汗皇帝陛下之都城汗八里(Cambaliech)。既抵汗八里,传教皇谕旨,拜总主教后,居其处几五年之久。于此时间,尝自皇帝取得阿拉发(Alafa,阿拉伯语也)一份,俾可供给吾等衣食之用。阿拉发者,皇帝所赐外国

---

① 《一四、元时在中国之基督教之分两派》,收入张星烺编注,朱杰勤校订:《中西交通史料汇编》第 1 册,第 314 页。
② H. Yule trans & ed. *Cathay and the Way Thither*. Vol. 3. London: Printed for the Hakluyt Society. 1914. pp. 89—103. 中译文参见《三〇、大可汗国记》,收入张星烺编注,朱杰勤校订:《中西交通史料汇编》第 1 册,第 378—381 页。
③ 陈垣:《元也里可温教考》第十五章,收入《中国现代学术经典·陈垣卷》,第 45 页。

使臣、说客、战士、百工、伶人、术士、贫民以及诸色人等之俸金。供其生活费用也。所有俸金之总数,过于拉丁数国王之赋税。

安德鲁对中国极度赞扬,称:"此国大皇帝之财富尊荣,国土之广,臣民之众,城邑之多而且大,国家组织,兵马强盛,国中太平,无人敢执刀以犯其邻,种种情形,余将不复赘言。"①

安德鲁是继哲拉德、裴莱格林之后第三任刺桐港(即泉州)主教,自然在信中对刺桐传教情形亦作了交待,并以其亲身经历证明元朝对天主教采取优待的政策:

在此大帝国境内,天下各国人民,各种宗教,皆依其信仰,自由居住。盖彼等以为凡为宗教,皆可救护人民。然此观念,实为误谬。吾等可自由传道,虽无特别允许,亦无妨碍。犹太人及萨拉森人改信吾教者,至今无一人。然偶像教徒来受洗礼者,前后甚众。既受洗而不守基督正道者,亦复不鲜。②

孟高维诺于1328年逝世。教皇闻讯后,于1333年任命巴黎大学宗教学教授尼古拉斯(Nicholas)为汗八里总主教,同行者有教士20人,平民6人,一说其可能半途而辍,未能到任。1338年意大利使节马黎诺里奉使东方,至元大都时,其《纪行传》明言大都无主教。另一说马黎诺里抵京时,尼古拉斯尚在途中,确未到京,其可能在后来抵京。《明史》卷三二六《拂菻传》谓:"元末,其国人捏古伦入市中国,元亡不能归。太祖于洪武四年八月(1371年)召见,命赍书诏,还谕其王。"德国汉学家夏德等人认可此说。③ 有趣的是,因孟高维诺去世,新总主教尼古拉斯久未到京,在华之天主教徒乃上书罗马教皇请派主教。元顺帝同时亦颁给教皇谕旨,

---

① H. Yule trans & ed. *Cathay and the Way Thither*. Vol. 3. London: Printed for the Hakluyt Society, 1914. pp. 71-72. 中译文参见《二〇、泉州主教安德鲁之信》,收入张星烺编注,朱杰勤校订:《中西交通史料汇编》第1册,第331-332页。

② H. Yule trans & ed. *Cathay and the Way Thither*. Vol. 3. London: Printed for the Hakluyt Society, 1914. p. 74. 中译文参见《二〇、泉州主教安德鲁之信》,收入张星烺编注,朱杰勤校订:《中西交通史料汇编》第1册,第334页。

③ H. Yule trans & ed. *Cathay and the Way Thither*. Vol. 3. London: Printed for the Hakluyt Society. 1914. pp. 11-13. 中译文参见《二二、北京第二任总主教尼古拉斯》,收入张星烺编注,朱杰勤校订:《中西交通史料汇编》第1册,第340-341页。

并派使者安德鲁、威廉等十六人由陆路西行,于 1338 年到达意大利阿维南城。教皇当年即有回复元朝之书,这三份文件见证了教廷与蒙元帝国后续关系互动与亲近之一面。①

六 《鄂多立克东游录》中的元大都

鄂多立克(Odoricus de Portu Naonis,1286—1331)意大利人,是方济各会的传教士。鄂多立克 1318 年开始东游,1321 年抵达印度,然后取海道来中国,1322—1328 年在华,先后行经广州、泉州、福州、杭州、南京、扬州、临清,最后到达汗八里城,在元大都待了整整三年。然后西行经甘肃、土番国(西藏),取道中亚、波斯返回意大利。死前在病榻上口述《鄂多立克东游录》(*The Eastern Parts of the World Described by Friar Odric, the Bohemian, of Friuli, in the Province of Saint Anthony*)。② 鄂多立克与马可·波罗、伊本·白图泰、尼哥罗康梯被誉为中世纪的四大旅行家。也许人们将聚光灯太多投射在《马可波罗行纪》上,对《鄂多立克东游录》缺乏应有的关注。据统计,截止到 1938 年,《马可波罗行纪》的各种版本达 138 种之多,而《鄂多立克东游录》(以下简称《东游录》)各种欧洲语言的版本也有 76 种,可见鄂氏一书的后续影响也不可小视。

裕尔编撰《东域纪程录丛——古代中国闻见录》第二卷收入其译注的《鄂多立克东游录》,足见此书在中西交通史文献中所占分量之重。裕尔编辑整理的《鄂多立克东游录》共有 52 节,其中涉及他在汗八里经历的为第 37 节《该僧侣抵达汗八里,对它们的描述,关于那里的大可汗廷的宫殿》到第 42 节《关于汗所保留的四大节日》这六节。

在第 37 节,鄂多立克描述了所见元大都的城市布局和雄伟壮丽的宫廷建筑:

---

① H. Yule trans & ed. *Cathay and the Way Thither*. Vol. 3. London: Printed for the Hakluyt Society, 1914. pp. 179—189. 中译文参见《二三、元顺帝谕罗马教皇》《二四、阿兰人上罗马教皇书》《二五、教皇回报元朝书》三篇,收入张星烺编注,朱杰勤校订:《中西交通史料汇编》第 1 册,第 341—346 页。

② 有关鄂多立克的生平,参见何高济译:《海屯行纪、鄂多立克东游录、沙哈鲁遣使中国记》,第 31—32 页。另参见方豪:《中国天主教史人物传》,第 23—24 页。方豪以"和德里"名之。

这后一城有十二门,两门之间的距离是两英里;两城之间也有大量居民,二者的四周加起来超过四十英里。大汗在这里有他的驻地,并有一座大宫殿,城墙周长约四英里。其中尚有很多其他的壮丽宫殿。〔因为在大宫殿的墙内,有第二层围墙,其间的距离约为一箭之遥,而在两墙之间则有着他的库藏和他所有的奴隶;同时大汗及他的家人住在内层,他们极多,有许多子女、女婿、孙儿孙女以及众多的妻妾、参谋、书记和仆人,使四英里范围内的整个宫殿都住满了人。〕

大宫墙内,堆起一座小山,其上筑有另一宫殿,系全世界之最美者。此山遍植树,故此名为绿山。山旁凿有一池〔方圆超过一英里〕,上跨一极美之桥。池上有无数野鹅、鸭子和天鹅,使人惊叹;所以君王想游乐时无需离家。宫墙内还有布满各种野兽的丛林;因之他能随意行猎,再不要离开该地。

总之他居住的宫殿雄伟壮丽。其殿基离地约两步,其内有二十四根金柱;墙上均悬挂着红色皮革,据称系世上最佳者。宫中央有一大瓮,两步多高,纯用一种叫做密尔答哈(Merdacas)的宝石制成〔而且是那样精美,以致我听说它的价值超过四座大城〕。瓮的四周悉绕以金,每角有一龙,作凶猛搏击状。此瓮尚有下垂的大珠缀成的网繸,而这些繸宽为一拃。瓮里的酒是从宫廷用管子输送进去;瓮旁有很多金酒杯,随意饮用。

宫殿中尚有很多金孔雀。当鞑靼人想使他们的君主高兴时,他们就一个接一个地去拍手;孔雀随之振翅,状若舞蹈。那么这必定系由魔法驱动,或在地下有机关。①

第 38 节《该僧侣叙述汗廷的情况》描述了大汗接见外宾的壮观场面,这一场面背后映衬的是"权力的神秘感":

当大汗登上宝座时,皇后坐在他的左手,矮一级坐着他的另两个妃子;而在阶级的最低层,立着他宫室中的所有其他妇女。已婚者头上戴着状似人腿的东西,高为一腕尺半,在那腿顶有些鹤羽,整个腿

---

① H. Yule trans & ed. *Cathay and the Way Thither*. Vol. 2. London: Printed for the Hakluyt Society, 1913. pp. 217—222. 中译文参见何高济译:《海屯行纪、鄂多立克东游录、沙哈鲁遣使中国记》,第 79—81 页。

缀有大珠,因此若全世界有精美大珠,那准能在那些妇女的头饰上找到。

国王右手是他的将继位的第一个儿子;下面立着出身于皇亲血统者。还有四名书记,记录皇帝说的话。皇帝前立着他的诸王及其他人,其数无穷,除了说些浑话逗乐君王的小丑外,没有人敢置一词,除非君主点到他。但甚至他们也不敢斗胆越国王给他们设置的雷池一步。

宫门前站着诸王作守卫,以防有人接近门口;倘若他们抓到这样做的人,他们把他打个半死。

当大王想设筵席的时候,他要一万四千名头戴冠冕的诸王在酒席上侍候他。他们每人身披一件外套,仅上面的珍珠就值一万五千佛洛林。宫内安排得井井有条,一切人都编入十户、百户和千户内,各有执掌,对自己权限中或其属下权限中的差错,相互负责。①

鄂多立克为意大利方济各会传教士,故对元大都的宗教状况颇为留意。在这一节他还提及各种人种、各大宗教云集宫廷的情形,可以窥见元朝宫廷集多元文化为一体的盛况:

我,僧侣鄂多立克,在他的那座城市中整整住了三年;因为吾人小级僧侣在王宫中有指定的一席之地,同时我们始终必须尽责地前去为他祝福。于是我抓住机会勤勉地询问基督徒、撒剌逊人和各色偶像教徒,也询问皈依吾教的信徒,其中有些是该宫廷中的大王公,且仅与皇帝本人发生联系。现在这些人都异口同声告诉我说:仅皇帝的乐人就有十三土绵;其余看管猎犬和野兽禽鸟者是十五土绵;给御体看病的医师是四百偶像教徒、八名基督徒及一名撒剌逊人。所有这些人都从皇帝的宫廷领取他们需要的供应。〔人数不多也不少,但当有人死了,就另派一人接替他。〕至于其余的机构,无法计算。〔总之,宫廷确实雄伟,世上最井井有条者,有诸王、贵人、奴仆、书记、

---

① H. Yule trans & ed. *Cathay and the Way Thither*. Vol. 2. London: Printed for the Hakluyt Society, 1913. pp. 222—225. 中译文参见何高济译:《海屯行纪、鄂多立克东游录、沙哈鲁遣使中国记》,第81—82页。

基督徒、突厥人及偶像教徒,都从官里领取他们所需的东西。"①

第39节《大可汗出巡时的次序》谈到了大汗夏天在上都,冬季回到汗八里及大汗出巡时雄壮的队列情形:

> 当他要从一个地方出巡到另一个地方时,下面是其次序。他有四支骑兵,一支在他前面先行一日程,两翼各一支,另一支殿后一日程,所以他可说是始终走在十字的中心。这样行军,各支人马都有为它逐日规定的路线,并在其停驻地获得粮草。②

第40节《汗域之广大;其中的客栈怎样得到供给;消息怎样送给君王》,介绍了元朝广阔的领土:

> 这个帝国被其君主划分为十二部分,每部分叫做一个省(Singo)。这十二部分中,蛮子那部分构成一个省,下属两千大城。并且,确实地,他的那个帝国是那样大,如有人想逐个访问这些省,那他要足足花上六个月的时间;而这尚不把为数五千的岛屿算在内,它们不包括在十二个省中。③

第41节《有关汗的大狩猎》介绍了大汗的狩猎活动:

> 大汗要去狩猎时,其安排如下。离汗八里约二十天旅程之地。有一片美好的森林,四周为八日之程;其中有确实令人惊奇的大量形形色色的野兽。森林周围有为汗驻守的看管人,精心地给予照看;每三年或四年,他要带领人马到这片林子去。④

---

① H. Yule trans & ed. *Cathay and the Way Thither*. Vol. 2. London:Printed for the Hakluyt Society,1913. pp.225—226. 中译文参见何高济译:《海屯行纪、鄂多立克东游录、沙哈鲁遣使中国记》,第82—83页。

② H. Yule trans & ed. *Cathay and the Way Thither*. Vol. 2. London:Printed for the Hakluyt Society,1913. p.228. 中译文参见何高济译:《海屯行纪、鄂多立克东游录、沙哈鲁遣使中国记》,第83页。

③ H. Yule trans & ed. *Cathay and the Way Thither*. Vol. 2. London:Printed for the Hakluyt Society,1913. p.231. 中译文参见何高济译:《海屯行纪、鄂多立克东游录、沙哈鲁遣使中国记》,第84页。

④ H. Yule trans & ed. *Cathay and the Way Thither*. Vol. 2. London:Printed for the Hakluyt Society,1913. pp.234—235. 中译文参见何高济译:《海屯行纪、鄂多立克东游录、沙哈鲁遣使中国记》,第85页。

第 42 节述及大汗保留的四大节日等民俗：

> 每年，那位皇帝要保留四大节日，就是说，他的生日，他行割礼的日子，等等。他召他的诸王、他的俳优及他的亲属都去参加这些节日盛会，所有这些人在节日盛会上均有他们固定的位子。但是，特别在他的生日和割礼日，他希望大家都出席。①

鄂多立克系从海路来到中国，《东游录》对他沿途所经国家的风俗、物产、地理和到达中国广州后，历经泉州、福州、杭州、扬州等城市的情形作了详细记载，这是《东游录》的另一重要价值。这些知识对那些由海路前往中国的西方旅行者自然会所助益。此前孟高维诺虽亦泛洋东来，但仅留一信述及他到达印度的情形，故远不如鄂多立克对沿途情形交代之详。鄂多立克为何东来，在元大都有何具体活动，《东游录》没有材料说明。《东游录》记录相对零碎，篇幅也远小于《马可波罗行纪》，其价值与《马可波罗行纪》不可同日而语。但其对元朝宫廷和大汗生活的介绍，对所经地区风土人情的记载，均保有相当重要的史料价值，可以说是《马可波罗行纪》的续篇。

七 马黎诺里游记中的"汗八里"

1338 年，教皇班尼狄德十二世遣使马黎诺里（Marignolli，约 1290—?）携带国书、礼物来华。1342 年马黎诺里一行抵达元大都，在"汗八里"驻留四年（一说三年）。1353 年返归阿维南，向教皇英奴森德六世（Innocent VI）递呈大汗国书。1354 年在罗马城得遇日耳曼皇帝察里四世（Charles IV），应招前往日耳曼，晚年将其奉使东游事迹著书存世。② 不少内容涉及他在"汗八里"的珍贵史料。

马黎诺里在游记中，首先交代他奉教皇之命赴华及对华之印象："愚

---

① H. Yule trans & ed. *Cathay and the Way Thither*. Vol. 2. London: Printed for the Hakluyt Society, 1913. p. 237. 中译文参见何高济译：《海屯行纪、鄂多立克东游录、沙哈鲁遣使中国记》，第 86—87 页。

② 有关马黎诺里生平简介，参见《二六、〈马黎诺里游记〉之发现及其行程》，收入张星烺编注，朱杰勤校订：《中西交通史料汇编》第 1 册，第 346—349 页。马黎诺里生卒年均不详，1357 年他仍存活于世。

陋无才,时虞蹉跌。一千三百三十八年(元顺帝至元四年)教皇班尼狄德十二世命余与数人携国书与礼物,赠送鞑靼大汗。其国在东方,威权所达,几有东方世界之半。兵马强盛,国库充实,城邑相连,管辖众国,难于胜数。各民族之在其境内者,不知凡几,皆各自有语言文字,若一一言之,将骇人听闻也。"马黎诺里觐见大汗时,最为人称道者是他献"天马"之举,其游记不惜笔墨记下了这一幕:

> 过沙山,乃至东方帝国都城汗八里。其城之大,户口之众,军威之盛,吾将不复赘言矣。大汗见大马、教皇礼物、国书、罗伯塔王(King Robert)书札及其余印,大喜。见吾等后,更为欢悦。恩遇极为优渥。觐见时,皆衣礼服。余之前,有精致之十字架先行,香烛辉煌。至宫殿内,赋《天主惟一》之章(Credo in Unum Deum)。赋诗毕,余为大汗祈祷,加福于彼。大汗亦低首受之。①

内中所称"大汗见大马"一事,在《元史》卷四《顺帝本纪》中也有记载,可以相互印证:"至正二年,秋,七月,佛郎国贡异质马,长一丈一尺三寸,高六尺四寸,身纯黑,后二蹄皆白。"此事在当时传为美谈,一时文人士子竞相以"天马赞""天马赋"为题赋诗撰文,②这算是元末中西文化交流的一大盛事。

在"汗八里",马黎诺里受到极高的礼遇,其日常所需食宿费用均由大汗供给,游记对此作了交代:

> 退朝至馆舍。舍装饰美丽,大汗命亲王二人,侍从吾辈。所需皆如愿而偿。不独饮食诸物,供给吾辈,即灯笼所需之纸,皆由公家供给。侍候下人,皆由宫廷派出。其宽待远人之惠,感人深矣。居留汗八里大都,几达四年之久,恩眷无少衰。吾等衣服、馆舍、器具皆赠给上品。来此同事,共有三十二人,总计大汗供给费用,达四千余马克。

马黎诺里作为方济各会的传教士,自然关注"汗八里"的天主教状况,

---

① H. Yule trans & ed. *Cathay and the Way Thither*. Vol. 3. London: Printed for the Hakluyt Society, 1914. pp. 209—210,213—214. 中译文参见《二七、〈马黎诺里游记〉摘录》,收入张星烺编注,朱杰勤校订:《中西交通史料汇编》第1册,第350、353页。

② 《二八、元代关于拂郎献马之文献》,收入张星烺编注,朱杰勤校订:《中西交通史料汇编》第1册,第358—369页。

其中所见教堂显为孟高维诺所建：

> 留汗八里时，常与犹太人及他派教人，讨论宗教上之正义，皆能辩胜之。又感化彼邦人士，使之崇奉基督正宗。因之拯救灵魂于地狱苦境者不少也。
>
> 汗八里都城内，小级僧人有教堂一所，接近皇宫。堂内有总主教之寓所，颇为壮丽。城内他处，尚有教堂数所，各有警钟。教士衣食费用，皆由大汗供给，至为丰足。①

马黎诺里归国前，大汗设宴欢送，并赐给途中所需费用，显示出元朝与教廷的亲密关系：

> 大汗见吾辈家乡念切，无意流连，乃许归还教皇，携其赠物，并三年费用。临行，设宴欢送，宣言请教皇复派余或他人有红衣主教之品级者，来到汗八里充主教。盖东方人士，不论其是否基督教徒，皆崇仰主教也。
>
> 居留汗八里约三年，乃复起行，携大汗赠给之路费，并良马二百匹，经蛮子国（Manzi）而归。②

从最初不顾艰难险阻前往和林的柏朗嘉宾、鲁布鲁克，到长途跋涉，经过千山万水来到汗八里的孟高维诺、鄂多立克、马黎诺里，全为方济各会士。方济各会（Franciscan Order）为1209年意大利人方济各获得教皇英诺森三世批准创立的一个教会组织，会士之间互称小兄弟，故又称"小兄弟会"；主张向社会底层宣讲"清贫福音"，提倡过安贫、节欲的苦行生活，以托钵乞食为生。这是一个在下层民众中有着广泛基础的教派。为什么元朝时期欧洲前往中国的传教士几乎全是方济各会士？意大利学者白佐良对此作了解释："方济各会的创始人随第五次十字军远征来到异教徒中间的时候，他是带来福音书的第一人，并在1219年试图改变回教国

---

① H. Yule trans & ed.. *Cathay and the Way Thither*. Vol. 3. London：Printed for the Hakluyt Society, 1914. pp. 214—215. 中译文参见《二七、〈马黎诺里游记〉摘录》，收入张星烺编注，朱杰勤校订：《中西交通史料汇编》第1册，第353—354页。

② H. Yule trans & ed. *Cathay and the Way Thither*. Vol. 3. London：Printed for the Hakluyt Society, 1914. p. 215—216. 中译文参见《二七、〈马黎诺里游记〉摘录》，收入张星烺编注，朱杰勤校订：《中西交通史料汇编》第1册，第354页。

家的君王的信仰,未能成功。于是,方济各会士们带着他们的信仰前往蒙古和中国,同时还有可能领受了某种微妙的外交使命,他们成了执行这一新任务的最佳人选。"①不仅如此,受命赴华的方济各会士几乎都是低阶层的传教士,用马黎诺里的话说:"来者须亦为小级僧人。盖彼方人士,相识者只此级僧人而已。前教皇基罗拉摩(Pope Girolamo)初亦小级僧人。教皇派遣约翰·孟德高维奴到东方,宣教多年。阿兰人及鞑靼人仰之如圣人,而孟亦小级僧人。"②这一方面可能是下级传教士更具进取和刻苦精神,一方面或许是蒙古族在军事上固然极其强大,但在文化(特别是宗教)方面并无优越之处的缘故。至于基督教的信众,多为阿兰人、突厥人,伯希和认为这可能是基督教随元的灭亡而消失的原因:"这种十三四世纪的东亚基督教,大致可以说不是汉人之基督教,而为阿兰人、突厥人之基督教,或者还有少数真正蒙古人信仰此教,所以在1368年时偕元朝而俱亡。"③明末清初以后,天主教东传的主力由耶稣会士承担,所派传教士不乏地位较高者,因而其对话、渗透的对象往往是饱学的士大夫和中、高级官僚阶层。

结　语

方豪在《中国天主教史人物传》中,所选元代入华西人有柏朗嘉宾、罗伯鲁、马可波罗、孟高维诺、和德里、马黎诺里、马薛里吉思诸人,除马薛里吉思为色目人,在镇江活动以外,其他西人均来自欧洲,他们的活动舞台主要是在元大都,这说明元大都已成为当时欧洲与中国交往的中心。

通览游历元大都的西人游记、报告或书札,人们发现他们的报道充满了羡慕、赞誉之词,他们笔下的汗八里是新兴世界大都,其所勾勒的形象大致为:元大都是一座规划有序、街道整齐、有如棋盘的城市;大汗拥有君临天下的帝王之尊,其雄伟的宫殿群落、奢华的宫廷生活和宏大的出巡仪

---

① 〔意〕白佐良、〔意〕马西尼著,萧晓玲、白玉崑译:《意大利与中国》,第40页。
② H. Yule trans & ed. *Cathay and the Way Thither*. Vol. 3. London: Printed for the Hakluyt Society, 1914. p.215—216. 中译文参见《二七、〈马黎诺里游记〉摘录》,收入张星烺编注,朱杰勤校订:《中西交通史料汇编》第1册,第354页。
③ 伯希和:《唐元时代中亚及东亚之基督教》,原载1914年《通报》,中译文收入冯承钧:《西域南海史地考证译丛》第一卷,北京:商务印书馆,1995年,第69页。

仗,充分表现了举世无匹的皇帝威严;大都拥有四通八达的交通网络和联络各地的邮驿,对世界各地的信息了如指掌;元朝对各种宗教、各种人种、各种文化采取包容的宽厚政策,元大都是多元文化的缩微体。《大可汗国记》称誉"契丹国人口殷众。都市大于巴黎及佛罗伦斯者,不一其数。人烟稠密之地甚多,至若小城市,则更不可以数计"。① 它反映了元代中国城市(特别是北京、杭州)的繁荣景象,给西人确实留下了深刻的印象。元代以前,尽管西人对中国有零星、碎片的记载,但还说不上已形成中国形象。② 元代包括《马可波罗行纪》在内的西人游记作品,构建了西方第一个中国形象——契丹传奇。其中至高无上的大汗、疆域广阔的领土、威猛野蛮的军队、繁华富裕的都市是其主要表征。③ 这些充满夸张的描写对尚处在中世纪黑暗状态的西方来说,无疑是"权力的发现"和"物质的启蒙"。它不仅对诱导西方后来建立强大的中央集权、积极向海外殖民拓展、寻找梦想中的东方世界起着重要的推动作用;而且长久地成为激发西方作家想象中国灵感的主题和素材。④

元代将中西文化交流推进到一个新的阶段。元代将中国人传统的"西方"地理概念从汉代的西域(从新疆到中亚一带)、唐代的西天(印度)延伸到了欧洲;文化交流的内容在原有的以输入印度佛教、中亚各大宗教为主的基础上,开始增添新的文化内容,这就是引入欧洲的天主教。元代以后,中西文化交流出现新的"欧洲元素",而天主教作为欧洲宗教文化的主体成为中欧文化交流的主要内容,中西文化交流内容获得了新质。须加说明的是,元朝时期,天主教在中国的生存压力并非来自官方的压制或儒教的排斥,而是其同教的另一教派——聂思脱里派。据《大可汗国记》所载:"汗八里城内有叛教者甚众,号曰聂思脱里派徒。其人皆守希腊教会礼节,不从罗马教堂,崇奉异派。""聂派教徒,居契丹国境内者,总数

---

① H. Yule trans & ed. *Cathay and the Way Thither*. Vol. 3. London: Printed for the Hakluyt Society, 1914. p. 95. 中译文参见《大可汗国记》,收入张星烺编注,朱杰勤校订:《中西交通史料汇编》第1册,第375页。

② 日本学者岩村忍曾对元代以前欧洲人有关"东洋"的知识做过论述,参见岩村忍:《十三世纪东西交涉史序说》,东京:三省堂,昭和十四年,第1—58页。

③ 相关研究参见周宁编注:《契丹传奇》,北京:学苑出版社,2004年,第151—222页。

④ 参见 Jonathan D. Spence. *The Chan's Great Continent: China in Western Minds*. New York: W. W. Nortn & Company, 1999.

有三万余人。皆雄于资财,惟甚惧正派基督教徒。"①可见聂思脱里派势力之盛及与天主教冲突之激烈。迄今考古出土的元代也里可温教遗存物大都为聂思脱里派的十字架,亦显见聂派活动之痕迹。明初虽然因崇佛排耶,天主教一度归于寂灭,但随着传教士的东来很快再度复兴。明末清初天主教再次成为最具潜在势力的外来宗教。儒耶文明对话的新格局从此真正形成,儒耶冲突亦随之而起,其情形延续到近现代也没有根本的改变,儒耶对话发展成为中欧文化交流的重要内容和时代话题。

---

① H. Yule trans & ed. *Cathay and the Way Thither*. Vol. 3. London: Printed for the Hakluyt Society, 1914. pp. 101—102. 中译文参见《大可汗国记》,收入张星烺编注,朱杰勤校订:《中西交通史料汇编》第 1 册,第 380 页。

第二章

17 世纪西方耶稣会士眼中的北京
——以利玛窦、安文思、李明为中心的讨论

明末清初西方来京人员主要出自两途,一是传教士,二是遣使。其中传教士又以耶稣会士人数尤多。由于各种原因,17 世纪进入北京的西方传教士留下其在京观察、生活记录者并不太多,利玛窦、安文思、李明三位耶稣会士是这颇为稀见名单中的三位代表。他们有关北京的著述,不仅留下了当时西方耶稣会士观察北京的亲历经验,成为西方世界了解北京的第一手珍贵材料,而且为我们考察明末清初的北京提供了在中文文献中不易见到的另一面,是我们研究明末清初中西文化交流史的重要历史文献。

17 世纪西方耶稣会士的"北京经验"主要由三部分组成:一是在北京的实际生活经历,包括与朝廷的关系、与士人的交往和传教经历,它常常是中西关系史或中西文化交流史的研究对象;二是对在北京所见所闻的实录,特别是对北京城的基本面貌的描绘,它构成西方北京知识谱系的来源,是西方汉学的重要组成部分;三是通过对北京的"城市阅读",认识和评估中国的政府机构、政治制度、经济状况、科技水平和风俗习惯,这是一项跨文化研究,属于"形象学"的研究范围。现有的研究成果多集中在第一方面,[①]故本章侧重对第二、三方面内容的探讨。

[①] 有关这一专题的西文研究成果相对较多,代表作有:C. W. Allan. *Jesuits at the Court of Peking*. Shanghai: Kelly and Walsh Limited, 1935. Arnold H. Rowbotham. *Missionary and Mandarin: The Jesuits at the Court of China*. Berkeley: University of California Press, 1942. Liam Matthew. Brockey. *Journey to the East: the Jesuit Mission to China, 1579—1724*. Cambridge, Mass.: Belknap Press of Harvard University Press, 2007. 中文专著较少,余三乐:《中西文化交流的历史见证——明末清初北京天主教堂》,广州:广东人民出版社,2006 年。

一 17世纪来京耶稣会士概述

检索法人费赖之《(Le P. Louis Pfister, S. J.)在华耶稣会士列传及书目》(Notices biographiques et bibliographiques sur les Jésuites de I'ancienne mission de Chine. 1552—1773)和荣振华(Joseph Dehergne, S. J.)《在华耶稣会士列传及书目补编》(Répertoire des Jésuites de Chine De 1552—1800)两著,从1598年利玛窦首次入京开始,到1700年成立在华法国耶稣会士传教区这一百多年间,西人以耶稣会士身份来京知名者,约为77人,现将这份名单从两书列传中辑出。① 按他们来京时期,可大致划分为三个阶段。

第一阶段从1598年利玛窦入京至1644年明亡,共有18位耶稣会士来京,他们是:利玛窦(Matteo Ricci,意)、郭居静(Lazzare Cattaneo,意)、庞迪我(Diego de Pantoja,西)、李玛诺(Emmanuel Diaz Senior,葡)、费奇规(Gaspard Ferreira,葡)、熊三拔(Sabatino de Ursis,德)、龙华民(Nicolò Longobardo,意)、阳玛诺(Emmanuel Diaz Junior,葡)、金尼阁(Nicolas Trigault,法)、艾儒略(Giulio Aleni,意)、毕方济(Francesco Sambiasi,意)、傅汎际(Franciscus Furtado,葡)、邓玉函(Johann Schreck,德)、汤若望(Johann Adam Schall von Bell,德)、罗雅谷(Giacomo Rho,意)、方德望(Etienne Lefèvre,法)、陆若汉(Jean Rodriguez,葡)、万密克(Michel Walta,德),其中龙华民、汤若望、方德望到清初仍居京,成为跨越明、清两朝的在京耶稣会士。利玛窦是这一阶段的中心人物。②

第二阶段从1644年清军进京至1666年汤若望病逝,共有31位耶稣会士来京,他们是:安文思(Gabriel de Magalhāes,葡)、利类思(Lodovico Buglio,意)、穆尼阁(Jean-Nicolas Smoguleki,波)、卫匡国(Martino

---

① 以下参见〔法〕费赖之著,冯承钧译:《在华耶稣会士列传及书目》上、下册,北京:中华书局,1995年;〔法〕荣振华著,耿昇译:《在华耶稣会士列传及书目补编》上、下册,北京:中华书局,1995年。每人名字后括号列其原名、国籍。

② 有关这一阶段耶稣会士在中国的情形,参见 George H. Dunne. Generation of Giants: The Story of the Jesuits in China in the Last Decades of the Ming Dynasty. Notre Dame: University of Notre Dame Press, 1962.〔意〕柯毅霖著,王志成、思竹、汪建达译:《晚明基督论》,成都:四川人民出版社,1999年。

Martini,意)、瞿洗满(Simão da Cunha,葡)、白乃心(Jean Grueber,奥)、吴尔铎(Albert Dorville,比)、南怀仁(Ferdinand Verbiest,比)、聂伯多(Pierre Cunevari,意)、金弥格(Michael rrigault,法)、郭纳爵(Inácio da Costa Ferreira,葡)、何大化(António de Gouvea,葡)、潘国光(Frarcuis Brancati,意)、李方西(Ferrariis,Jean-François Ronusi de,意)、张玛诺(Emmaneul Jorge,葡)、成际理(Félicien Pacheco,葡)、汪儒望(Jean Valat,法)、洪度贞(Humber Augery,法)、刘迪我(Jacques le Favre,法)、聂仲迁(Adrien Greslon,法)、穆格我(Claude Motel,法)、穆迪我(Jacques Motel,法)、柏应理(Philippe Couplet,比)、苏纳(Bernard Diestel,德)、毕嘉(Jean-Dominique Gabiani,意)、殷铎泽(Prosper Intorcetta,意)、陆安德(Andre-Jean Lubelli,意)、鲁日满(Francols de Rougemont,比)、瞿笃德(Stanislas Torrente,意)、恩理格(Christian Herdtricht,奥)、闵明我(Philippe-Marie Grimaldi,意)。①内中安文思、利类思作为战俘押解至京,还有21位系因1665年教案从各地遣送北京。②汤若望是这一阶段的中心人物,人们称此期为"汤若望时代"。③

第三阶段从1666年汤若望病逝至1700年,共有28位耶稣会士来京。他们是:皮方济(Francois Pimentel,葡)、徐日昇(Thomas Pereira,葡)、李西满(Simon Rodrigues,葡)、罗历山(Alexandre Ciceri,意)、马玛诺(Emmanuel Rodrigues,葡)、苏霖(Joseph Suarez,葡)、安多(Antoine Thomas,比)、塞巴斯蒂昂·德阿尔梅达(Almeida Sebastião de,葡)、④洪若翰(Jean de Fonteney,法)、张诚(François Gerbillon,法)、刘应(Claude

---

① 〔德〕魏特著,杨丙辰译:《汤若望传》,第2册,北京:知识产权出版社,2015年,第49页提到"1651年之前,我们曾多次在北京发现索德超神甫(P. d'Almeida)之踪迹"。此处应有误。索德超(1728—1805)迟至1759年入华,参见〔法〕费赖之著,冯承钧译:《在华耶稣会士列传及书目》下册,北京:中华书局,1995年,第933—936页。

② 押解来京的耶稣会士名单参见〔法〕费赖之著,冯承钧译:《在华耶稣会士列传及书目》上册,第180—181页。荣振华著,耿昇译:《在华耶稣会士列传及书目补编》下册,第842—843页。

③ 有关汤若望生平事迹研究,参见〔德〕魏特著,杨丙辰译:《汤若望传》(2册),北京:知识产权出版社,2015年。Alfons Väth. *Johann Adam Schall von Bell S. J. : Missionar in China, kaiserlicher Astronom und Ratgeber am Hofe von, Peking 1592—1666 . ein Lebens-und Zeitbild*. Nettetal: Steyler Verlag, 1991. Edited by Roman Malek, S. V. D. *Western Learning and Christianity in China. The Contribution and Impact of Johann Adam Schall von Bell*, S. J. (1592—1666). 2 Vol. Nettetal: Steyler Verlag, 1998.

④ 此人未见汉名,其生平参见〔法〕荣振华著,耿昇译:《在华耶稣会士列传及书目补编》上册,北京:中华书局,1995年,第20页。

de Visdelou,法)、白晋(Joachim Bouvet,法)、李明(Louis le Comte,法)、郖维铎(Maur de Azevedo,葡)、郭天爵(Francois Simois,葡)、卢依道(Isidore Lucci,意)、李国正(Emmanuel Ozorio,葡)、纪理安(Bernard-Kilian Stumpf,德)、法安多(Antoine Faglia,意)、费约理(Christophe Fiori,意)、鲍仲义(Joseph Baudino,意)、何多敏(Jean-Dominique Paramino,意)、翟敬臣(Charles Dolzé,法)、南光国(Louis Pernon,法)、雷孝思(Jean-Baptiste Régis,法)、巴多明(Dominique Parrenin,法)、卫嘉禄(Charles de Belleville,法)、罗德先(Bernard Rhodes,法)。① 中心人物先后为南怀仁、徐日昇和张诚。② 1688年法国5位"国王的数学家"耶稣会士来京和1698年白晋带来的数位耶稣会士,使法国耶稣会士在人数上骤然增多,其所形成的"规模效应"明显对葡萄牙在中国原有的保教权构成挑战。③

从上述耶稣会士来京名单可见,17世纪来京的耶稣会士共计77人,约占同时期来华耶稣会士(180多人)的三分之一强,这与16世纪西方耶稣会士基本局限在东南沿海等地活动的历史格局大为不同。17世纪耶稣会士经过一个世纪的努力,深入腹地,进入北京,形成了一个散布中国境内12个省份的传教网络。16世纪澳门是中西文化交流的主要媒介或中转站,到17世纪八九十年代,北京实已成为中西文化交流的中心。从所属国籍或民族看,意大利21人,葡萄牙21人,法兰西21人(其中1688年以后12人),德意志5人,④比利时5人,奥地利2人,波兰1人,西班牙1人。耶稣会士的这种国籍分布与其在欧洲的发展情形基本一致。⑤ 由于当时葡萄牙拥有"保教权",葡萄牙耶稣会士在华居于领导地位。意大

---

① 樊继训可能于1700年抵京,暂未计入,参见〔法〕费赖之:《在华耶稣会士列传及书目》下册,第573页。

② 有关南怀仁的新近研究成果,参见 Noël Golvers. *The Astronomia Europaea of Ferdinand Verbiest, S. J. (Dillingen, 1687) Text, Translation, Notes and Commentaries*, Nettetal: Steyler Verlag, 1993. Edited by John W. Witek, S. J. *Ferdinand Verbiest, S. J. (1623—1688) Jesuit Missionary, Scientist, Engineer and Diplomat*. Nettetal: Steyler Verlag, 1993.

③ 有关法国传教区的设立及其与葡萄牙保教权之间的矛盾,参见张国刚:《从中西初识到礼仪之争——明清传教士与中西文化交流》,北京:人民出版社,2003年,第228—235页。

④ 费赖之、荣振华将邓玉函列为德意志人,参见〔法〕费赖之:《在华耶稣会士列传及书目》上册,第158页;〔法〕荣振华:《在华耶稣会士列传及书目补编》下册,第957页。但亦有人认为邓玉函应为瑞士人,参见〔瑞士〕冯铁、〔瑞士〕费瑞实、〔瑞士〕高思曼著,陈壮鹰译:《走进中国——瑞士人在华见闻录》《前言》,上海:东方出版中心,2000年,第1页。

⑤ 有关这方面的情形介绍,参见〔法〕埃德蒙·帕里斯著,张茹萍、勾永东译:《耶稣会士秘史》,北京:中国社会科学出版社,1990年,第33—56页。

利、葡萄牙籍的耶稣会士在17世纪前80多年具有优势,随着1688年法国"国王的数学家"五位耶稣会士的到来,法兰西人后来居上,到18世纪后逐渐取代了此前意大利、葡萄牙人的地位。耶稣会于1551年创立印度果阿管区,管辖范围包括中国、日本和葡萄牙在东方的领地,从1582年到1698年中国历任副省会长共有23位,内中有18位在京传教,①这说明北京已成为这一时期来华耶稣会士的重心所在。②

耶稣会士来京之缘由:一为皇帝所召,约占来京的耶稣会士一半,这些人大多身怀一技之长,或修历,或以数学、音乐、美术见长,或充当翻译,他们驻京时间相对较长。邓玉函、汤若望、南怀仁、闵明我、徐日昇、安多等先后执掌钦天监,葡萄牙籍耶稣会士在钦天监尤具势力。③ 二为被押解京师。1665年因教案被押解抵京者就有21人,这些人居京时间甚短,且无行动自由,被监禁在东堂达两月之久,"方奉旨定断:除南怀仁等四教

---

① 有关中国的历任副省会长名单参见〔法〕荣振华:《在华耶稣会士列传及书目补编》下册,第780—782页。

② 有关耶稣会的教阶职务及相关问题介绍,参见戚印平:《远东耶稣会史研究》,北京:中华书局,2007年,第563—594页。

③ 据载:"清朝建立之初,还不时檄取'澳中精于推算者'到清朝天文学最高管理机关钦天监任职。据统计,在钦天监任过职的西方人员中,仅任过监正、副监正的葡萄牙人就有11位,他们为中国的天文事业做出了贡献。在清初的地图测绘方面,也有多位葡萄牙人参与了其中的工作,这些都不能不说是中葡关系史上极有意义的一页。"(《前言》,收入中国第一历史档案馆编:《中葡关系档案史料汇编》上册,北京:中国档案出版社,2000年,第2页)在钦天监任职的葡萄牙传教士是:徐日昇(康熙二十七年至三十三年,治理历法)、徐懋德(雍正七年至乾隆三十九年,监副)、傅作霖(乾隆十八年至四十六年,监副、监正)、高慎思(乾隆三十七年至五十二年,监副、监正)、安国宁(乾隆四十年至六十年,监副、监正)、索德超(乾隆四十六年至六十年,监副、监正)、汤士选(乾隆五十三年至六十年,监副)、福文高(嘉庆八年至道光元年,监正)、李拱辰(嘉庆十二年至道光六年,监正)、高守谦(嘉庆十四年至道光六年,左监副)、毕学源(道光四年至六年,右监副)。参见郭世荣、李迪:《清钦天监西洋监正高慎思》,载《内蒙古师范大学学报》(哲学社会科学版)2005年3月第34卷第2期。从乾隆三十九年(1774)傅作霖起,一直到道光六年(1826)李拱辰为止的52年,全由葡萄牙传教士担任西洋监正,前后7任。而且同期的左、右监副,也全都是葡萄牙人。葡萄牙人在钦天监的领导人员,远远超过其他西方国家。葡萄牙耶稣会士在钦天监发挥了重要作用,〔葡〕佛朗西斯·罗德里杰斯著《葡萄牙耶稣会天文学家在中国(1583—1805)》(澳门:澳门文化司署,1990年)一书对此做了系统评述。有关清钦天监任职情形,参见薄树人:《清钦天监人事年表》,载《科技史文集》第1辑,上海:上海科学技术出版社,1987年,第86—101页。屈春海:《清代钦天监暨时宪科职官年表》,载《中国科技史料》1997年第3期,第45—71页。有关清钦天监的管理,参见史玉民:《清钦天监管理探赜》,载《自然辩证法通讯》2002年第4期。史玉民:《清钦天监研究》(中国科技大学博士学位论文),2001年。

士仍得留居京师外,其余俱遣发广东交该省总督看管"。① 真正自由游历来京或潜入京城者绝少。与西方来京的其他传教士教派相比,耶稣会在人数上占有绝对优势。

来京的西方耶稣会士中,其中有一部分在京身殁,死后葬在北京西郊的栅栏墓地,他们是:利玛窦(1610)、邓玉函(1630)、罗雅谷(1638)、龙华民(1654)、汤若望(1666)、安文思(1677)、利类思(1682)、南怀仁(1688)、郭天爵(1694)、翟敬臣(1701)、南光国(1702)。② 他们成为北京的"永久居民",是17世纪中西文化交流的历史见证。

除耶稣会士外,其他还有方济各会士、多明我会士来京。1637年8月14日方济各会士艾文德、艾肋德到达北京,受到了汤若望的接待。③ 1665年因教案来京的有方济各会士1人,多明我会士4人。④ 不过,当时方济会在京尚未自立教堂和设立教会组织。⑤ 这与方济会、多明我会的传教策略有关,他们比较注重在下层民众和地方传教,在"中国礼仪之争"中更是与利玛窦的"适应策略"持相反意见。⑥ 而耶稣会注重在上层官僚和士人中传教,利玛窦在北京获得居留权后,就"打算建立基督教国家高度文明教养中心与中国知识分子之间的永久密切联系,片刻也不怀疑只要

---

① 王治心:《中国基督教史纲》,第105页。王著专立第十一章《第二次教难前后》言及此次教案甚详。

② 参见高智瑜、〔美〕马爱德主编:《栅栏:北京最古老的天主教墓地》,澳门特别行政区政府文化局、美国旧金山大学利玛窦研究所,2001年,第35页。

③ 有关这两位方济各会士在京情形,参见 George H. Dunne. *Generation of Giants: The Story of the Jesuits in China in the Last Decades of the Ming Dynasty*. Notre Dame: University of Notre Dame Press, 1962. pp. 247—252。德国学者魏特将两位方济各会士来京时间系于1650年7月,此说明显有误。参见〔德〕魏特著,杨丙辰译:《汤若望传》,第2册,北京:知识产权出版社,第50—51页。

④ 名单参见〔法〕费赖之著,冯承钧译:《在华耶稣会士列传及书目》上册,第180页。

⑤ 参见崔维孝:《明清之际西班牙方济会在华传教研究(1579—1732)》,北京:中华书局,2006年,第467—471页表1《1579—1700年入华方济会传教士统计表》。该表注3说明"该表未提及1633年派往台湾,1634年11月由台湾进入中国内陆的西班牙方济会传教士马方济(Francisco de la Madre de Dios,应译艾文德),他曾于1637年与同会雅连达〔艾肋德〕一同前往北京传教,1638年被驱逐出境"。又据杨靖筠:《北京天主教史》,北京:宗教文化出版社,2009年,第112—113页《北京教区历任主教》:"伊大任,意籍方济各会,1690—1721年第一任。"方济会传教士可能迟至1690年才将北京纳入其传教区范围。

⑥ 参见晏可佳:《中国天主教简史》,北京:宗教文化出版社,2001年,第98—100页。

争取到知识分子,全中国也就争得了"。①因此,耶稣会士始终以在北京发展教徒、争取上层的认可和支持作为自己的目标。

17世纪西人进入北京的另一渠道是遣使。通过遣使进入北京者有:荷兰遣使三次(1656、1667、1686年)、俄罗斯遣使七次(1618、1656、1660、1670、1670、1676、1693年)、葡萄牙遣使两次(1670、1678年)。② 这些遣使团大多为清初来京。从时间上看,清初来京的人数,不管是传教士,还是外交使团,明显超过明末,这反映了清初顺治、康熙统治时期中西关系及其文化交流的规模明显超越了明朝。其中之原因既与清朝相对开明的对外政策有关,也与西方渴望加强与东方,特别是中国的交往,因而加大向中国的渗透力度有关。有人以为清初统治者比明朝更为保守、"排外"的说法并不足为据。

二 利玛窦的"北京经验"

北京作为"东方文明的交汇点",她所展现的宏大与辉煌,始终是诱惑西方的一盏明灯。利玛窦是我们迄今确认进入北京的第一位西方耶稣会士,此举在西方人看来是"登上了月球"。③ 在外人不得随意进入内地游历的背景下,其进京确是充满了神秘和传奇色彩。对此,利氏本人有所体认:"中国人不允许外国人在他们国境内自由居住,如果他还打算离开或者与外部世界有联系的话。不管什么情况,他们都不允许外国人深入到这个国家的腹地。我从未听说过有这样的法律;但是似乎十分明显,这种

---

① 〔法〕裴化行著,管震湖译:《利玛窦神父传》下册,北京:商务印书馆,1995年,第571页。有关利玛窦在北京传教的"适应策略"论述,参见沈定平:《明清之际中西文化交流史》第6章《适应传教路线的最终形成和理论总结》,北京:商务印书馆,2001年,第371—486页。

② 参见〔法〕费赖之著,冯承钧译:《在华耶稣会士列传及书目》上册,第512页。王开玺:《清代外交礼仪的交涉与论争》,北京:人民出版社,2009年,第70—137页。〔俄〕娜·费·杰米多娃、〔俄〕弗·斯·米亚斯尼科夫著,黄玫译:《在华俄国外交使者(1618—1658)》,北京:社会科学文献出版社,2010年,第21页。

③ George H. Dunne. *Generation of Giants: The Story of the Jesuits in China in the Last Decades of the Ming Dynasty*. Notre Dame: University of Notre Dame Press, 1962. p.73. 中译文参见〔美〕邓恩著,余三乐、石蓉译:《从利玛窦到汤若望——晚明的耶稣会传教士》,上海:上海古籍出版社,2008年,第59页。

习惯是许多世代以来对外国根深蒂固的恐惧和不信任所形成的。"①因此，利玛窦的"北京经验"作为一个范本，向后来的耶稣会士解答了三个问题：一是，如何进入北京？二是，如何在北京留下来长期居住？三是，如何在北京开展传教活动？利玛窦留下的日记、书信及其回忆录，为我们探讨这些问题，提供了较为完整的答案。②

已往的论者注意到，利玛窦获得北京社会的"接纳"经历了三个步骤：首先是"获万历皇帝允为留住京城口谕"，然后是谋求北京知识界即士大夫群的"接纳"，最后是1605年在北京宣武门内设立天主教堂（即南堂的前身）和1610年去世后被皇帝赐予在阜成门外二里沟墓地安葬。在京十年期间，利玛窦对中西文化交流做出了重要贡献：包括携带西物、西书进

---

① 何高济、王遵仲、李申译：《利玛窦中国札记》，北京：中华书局，2001年，第62页。
② 利玛窦作品现存主要有三个版本：1.金尼阁根据利玛窦回忆录手稿翻译、整理的拉丁文译本，1615年在奥格斯堡（现在德国境内）出版，这是最早的利玛窦回忆录版本，书题《耶稣会进行基督教在中国的远征/自同会利玛窦神父的五卷本回忆录/致教宗保禄五世/中国的风俗、礼法、制度和新开端/最准确、最忠实地描述传教事业极为艰难的初始阶》(*De Christiana Expeditione a pud Sinas suscepta ab Societate Iesu. Ex P. Matthaei Ricij eiusdem Societatis Commentarjis. Libri V. Ad S. D. N. Paulum V. In quibus Sinensis Regni mores leges atque instituta & nova illius. Ecclesiae difficillima primordia accurate et summa fide describuntur.*)。这个版本因有多种译本而广泛流传。2.意大利耶稣会士文图里（Pietro Tacchi Venturi）1909年发现利玛窦手稿，将其整理为《耶稣会士利玛窦神父历史著作集》(*Opere storiche del p. Matteo Ricci S. I.*)。全书凡两卷，1911年出版第一卷，题为《中国回忆录》(*I commentarj della Cina*)。1913年出版第二卷，题为《中国来信》(*Le lettere dalla Cina*)。3.德礼贤应文图里之约，将《耶稣会士利玛窦神父历史著作集》第一卷详加注释，1942、1949年在意大利罗马国家书店（La Libreria dello Stato）出版三册，书题《利玛窦史料——天主教传入中国史》(*Fonti Ricciane—Dell' Introduzione Del Cristianesimo In Cina*)。相关介绍参见〔意〕利玛窦著，文铮译：《耶稣会与天主教进入中国史》的《译者前言》，北京：商务印书馆，2014年。〔意〕利玛窦、〔法〕金尼阁著，何高济、王遵仲、李申译：《利玛窦中国札记》的《中译者序言》，北京：中华书局，2001年。

利玛窦著作的中文译本主要有三：1.〔意〕利玛窦、〔法〕金尼阁著，何高济、王遵仲、李申译，何兆武校：《利玛窦中国札记》（北京：中华书局，1983年），该书系据 Louis Joseph Gallagher 译自拉丁文本的英译本（纽约，Randon House 1953）译出。2.刘俊余、王玉川、罗鱼合译：《利玛窦全集》（台北：光启文化事业、辅仁大学出版社，1986年），前两册为《利玛窦中国传教史》，译自德礼贤整理的《利玛窦史料——天主教传入中国史》；后两册为《利玛窦书信集》，译自文图里整理的《中国来信》。有学者考证该译本存在"误译、误排和装订错误等"问题，参见谭世宝：《利玛窦中国传教史译本的几个问题》，载《世界宗教研究》1999年第4期。3.〔意〕利玛窦著，文铮译：《耶稣会与天主教进入中国史》（北京：商务印书馆，2014年），此书译自德礼贤的《利玛窦史料——天主教传入中国史》，译文相较光启本有一定改进。

入北京,在京开展译书活动,造就徐光启等科学人才等。① 不过,利氏在中西文化交流史上还有一个重大贡献,即向西方介绍、宣传北京,这是过去人们常常忽略的一面,它也是利玛窦"北京经验"的重要组成部分,在京十年是利氏一生最重要的十年。可以这么说,如果没有在京这十年的生活,利玛窦就不过是入华的一位普通传教士而已。

利玛窦从进入中国境内起,就将进入北京,请求皇帝允准传教作为自己的目标。1595 年他在南昌传教时曾获得一个陪伴兵部侍郎余立进京的机会②,然而事情的进展并不如意,他走到南京就被迫止步了。他向罗马方面报告这一消息时,毫不掩饰地表达了自己想要进京的强烈愿望:

> 我这次旅行是希望能到北京,获得中国皇帝的正式批准,方能放心地去传教,否则什么也不能做。③

> 神父,您要知道中国十分广大,大多读书识字,写好的文章,但对所有外国人十分敏感,好像所有外国人皆能强占他们的领土似的,不让任何洋人入境。因此对传教事业十分不利,我们不能聚集很多人给他们布道,也不能声明我们来这里是为传扬天主教,只能慢慢地,个别的讲道不可。现在我们所希望的,是无论采什么方式,务必先获得中国皇帝的青睐,准许我们自由传教,假使能办到这一项,我敢说,很快能归化几十万、几百万人。④

利玛窦第一次进京是 1598 年从南京乘船沿大运河北上,途经江苏、山东、直隶三省。通过此行,利氏对大运河在向北京供应物资方面所发挥的功能有了清晰的了解,这也许是利氏"北京经验"的最早收获。"从水路

---

① 参见魏开肇:《利玛窦和北京》,载《北京社会科学》1996 年第 3 期。有关利玛窦的研究成果可谓汗牛充栋,相关目录参见汉学研究中心资料组编:《利玛窦研究文献目录》,台北:汉学研究中心,2012 年 3 月印制。

② 过去人们根据德礼贤考证,将 Scielou 译为石星,参见何高济、王遵仲、李申译:《利玛窦中国札记》,第 277、290 页。经王剑、郭丽娟《也谈〈利玛窦中国札记〉中"Scielou"之人名》(载《广西地方志》2012 年第 1 期)一文考证,"当为广西柳州人余立无疑"。

③ 《利氏致罗马总会长阿桂委瓦神父书》(1595 年 11 月 4 日),收入《利玛窦全集》第 3 册,台北:光启文化事业、辅仁大学出版社,1986 年,第 201 页。

④ 《利氏致罗马富利卡提神父书》(1596 年 10 月 12 日),收入《利玛窦全集》第 3 册,第 219 页。

进北京城或者出北京都要通过运河,运河是为运送货物的船只进入北京而建造的。他们说有上万条船从事这种商业,它们全都来自江西、浙江、南京、湖广和山东五省。这几个省每年都向皇帝进贡大米和谷物。其它十个省则以银子上税。除去这些进贡的船只外,还有更大量的船都属于各级官吏们,来往不绝,再有更多的船从事私人贸易。"①"沿途各处都不缺乏任何供应,如米、麦、鱼、肉、水果、蔬菜、酒等等,价格都非常便宜。经由运河进入皇城,他们为皇宫建筑运来了大量木材、梁、柱和平板,特别是在皇宫被烧毁之后,而据说其中有三分之二都被火烧掉。神父们一路看到把梁木捆在一起的巨大木排和满载木材的船,由数以千计的人们非常吃力地拉着沿岸跋涉。"②经过调查,对北京的物资供应,利氏似已了如指掌。"每年南方各省要向皇帝运送各种在贫瘠的北京为生活舒适所缺少或需要的物品:水果、鱼、米,做衣服用的丝绸和六百种其它物品,这一切东西都必须在规定的日期运到,否则受雇运输的人将受重罚。"③利氏的另一个收获是对沿途所经重要城市的纬度作了精确测量:扬州北纬32度,淮安约34度,徐州34.1/2度,济宁35.2/3度,临清37.2/3度,天津39.1/2度,北京40度,"这就纠正了那些只凭想象认为北京位于纬度50度的人的错误"。而从南京到北京的距离为3335视距尺。④ 这大概是西人第一次对于南京至北京的距离和各地纬度的精确测算。⑤

9月8日利玛窦进入北京。这一天正是圣母圣诞节的前夕,进入利玛窦视野的北京城,与此先他所居住的南京城风格迥然不同,他对这两座城市做了比较:

> 城市的规模、房屋的规划、公共建筑物的结构以及防御都远不如南京,但人口、军队、政府官员的数目则超过南京。它在南面由两层高而厚的城墙所包围,城墙上面的宽度可供十二匹马并行而不觉阻碍。这些城墙主要是砖建筑。墙基全用巨石支撑,墙内填满调合好

---

① 何高济、王遵仲、李申译:《利玛窦中国札记》,第325页。
② 同上书,第326页。
③ 同上。
④ 同上书,第328页。
⑤ 参见陈观胜:《利玛窦对中国地理学之贡献及其影响》,载1936年《禹贡》第5卷第3、4期。

的泥土。它们不比在欧洲所见的城墙更高。在北面则只有一道城墙保护。夜晚,所有这些城墙上都由大批军队警卫着,数量之多有如在进行战争。……皇宫建筑在南墙之内,象是城市的一个入口,它一直延伸到北墙,长度贯穿整个的城市并且一直穿过城市的中心。城市的其余部分则分布在皇宫的两侧。这个皇帝的居处不如南京皇宫宽阔,但它建筑的雅致和优美却由于它的细长的线条而显得突出。由于皇帝不在那里,南京已逐渐衰微,象是一个没有精神的躯壳,而北京则由于有皇帝在而变得越来越有吸引力。

北京很少有街道是用砖或石铺路的,也很难说一年之中哪个季节走起路来最令人讨厌。冬季的泥和夏季的灰尘同样使人厌烦和疲倦。由于这个地区很少下雨,地面上分离出一层灰尘,只要起一点微风,就会刮入室内,覆盖和弄脏几乎每样东西。①

利玛窦并不觉得北京比南京好,这可能与他已习惯于南京的生活有关。利氏特别留意到北京人"在多灰尘的季节"戴面纱的习俗,"面纱的质料非常精细,可以看见外面,但不透灰尘"。"戴面纱的习惯对神父们是恰合时宜的。在战争岁月里,外国人走在街上多少有些冒险,但是戴上面纱,他们可以愿意到哪里就去哪里,不受干扰地旅行。"②面纱竟然成了掩护神父们活动的面具。

像马可·波罗一样,利玛窦对北京居民使用的燃料——煤发生了兴趣。"我们曾说过北京样样物资丰富,大部分是由外面运进来的;尽管如此,北京的生活还是困难的,除了那些富有而无需节约的人以外,这里经常缺乏薪火,但这种匮乏可由一种沥青物质补充,它缺乏一个更好的名称,我们称它为沥青或矿物胶脂。这是一种从地下挖出来的化石焦,象列日(Liege)附近的比利时人所用的那种一样。"③

第一次进入北京,利玛窦遇到的一个难题是兑现汇票。"澳门神学院院长李玛诺神父为这次旅行寄来了很多钱,但唯恐他们在北京需用更多的钱,所以又给了他们一张汇票,这是从澳门一个商人那里买来的,他们

---

① 何高济、王遵仲、李申译:《利玛窦中国札记》,第 329 页。
② 同上书,第 330 页。
③ 同上。

用这张汇票可以在北京换取同等的金额。"遗憾的是,"他们在北京找不到一个认可签这个姓名的人"。此事说明中国商人"对这种作生意的方式表示不满,中国没有一个地方是流行这种办法的"。① 持有汇票却不能在北京兑现,这反映了当时中西方汇兑制度的差异和隔阂。

1599年8月14日利玛窦致信高斯塔神父简述了自己第一次北京之行:"去年(1598年)我曾去北京一趟,原希望能克服困难,在京都立足,只可惜基于种种原因与阻碍,仇人的作梗而功败垂成;但这次北上并非完全虚行,我们参观了许多地方城镇,收获也不算少。对北京之行我曾根据您在信中的指示撰写漫长的报告,(经由澳门院长转)给总会长,所以您可以就近阅读,就不必我再重复同样的经历了,因为那项报告曾费我整整三、四天的功夫去撰写它。"②利氏所说的这份报告现未公布,详情不得而知。美国神父邓恩后来如是评价利玛窦的第一次北京之行:"这一次的北京之行,使利玛窦对作为明王朝都城的北京,其政治上的作用有了进一步的了解,也使他更加确信传教工作需要耐心和慎重,同时也坚定了必须建立一个可靠的联络网的信念。这趟旅程也使他们获得了其他方面的知识。在一路北上的途中,利玛窦和郭居静以太阳为参照物,测算出他们所经过的大城市所在的纬度,他们还以中国的'里'为长度单位,测量出从一个城市到另一个城市的距离。到了北京之后,根据这些数据,利玛窦认为当时的中国与马可·波罗所讲的'契丹'是一个国家。"③以后,耶稣会士在利玛窦的基础上继续工作,"通过比较和研究在中国、印度以及欧洲所发生的一系列的月食的观察结果,熊三拔确定了北京的经度。与此同时,庞迪我也计算出了从广东到北京的多数主要城市的纬度"。④

1600年5月18日利玛窦第二次获机从南京北上,不料在天津遭到太监马堂的扣压,经过神宗的"御批"才得以放行,并终于在1601年1月

---

① 何高济、王遵仲、李申译:《利玛窦中国札记》,第335页。
② 《利氏致高斯塔神父书》(1599年8月14日),收入《利玛窦全集》第4册,第254页。
③ George H. Dunne. *Generation of Giants*: *The Story of the Jesuits in China in the Last Decades of the Ming Dynasty*. Notre Dame: University of Notre Dame Press, 1962. p. 55. 中译文参见〔美〕邓恩著,余三乐、石蓉译:《从利玛窦到汤若望——晚明的耶稣会传教士》,第42页。
④ George H. Dunne, *Generation of Giants*: *The Story of the Jesuits in China in the Last Decades of the Ming Dynasty*. Notre Dame: University of Notre Dame Press, 1962. p. 116. 中译文参见〔美〕邓恩著,余三乐、石蓉译:《从利玛窦到汤若望——晚明的耶稣会传教士》,第100页。

24日到达北京。① 利玛窦最初被安排在"四夷馆"居住,这是明朝接待外宾的馆舍,利氏在札记中留有对"四夷馆"的详细记载:

> 这座外宾馆是一座宽敞的建筑,四周有围墙,重门紧闭。中国人是不允许进去的,除非有特别命令,而外国人也不得离开这里,除非是他们在中国的事已经办完要回国去,或者是前来出庭或奉特诏进宫。这座建筑里有许多小房间,有时候住在这里向中国皇帝进贡的外国人为数达千人以上。这些斗室简直就是羊圈,而不是能想象给人居住的房间。房间没有门,也没有陈设任何家具,连一张椅子、一张板凳或床都没有,这是因为所有的东方人,除中国人外,都是在地板上坐、吃和睡觉的。……
>
> 神父们在这座所谓的馆舍中一经安顿下来,他们就比住在这里的其他人受到了更高的礼遇。他们被分配住在专为中国大臣间或来此视察时居住的房间里。这些房间里布置有沙发、床位和加倍厚的缎面被子,并有椅子和其他必需品。工役们对他们招待更为周到,他们的尊崇与日俱增。……
>
> 被拘留在专为他们设置的住所里的外国人,所受的待遇很不坏;还为他们准备了粮食,要不是被派运粮的人转移或偷了这些粮食的话,粮食还会更充裕得多。外国人离境时,由一名正式官员作东为他们举行宴会;官员的级别要看外国人来自的国家的重要性而定。②

不久,神宗打破西人不许长住京城的"祖制",破例允许利玛窦一行居留京师,并配发相当的俸禄,利氏如实地报告了这一突破性的进展:皇上"恩准我与四同伴居留京师,一如准许供职朝廷的回教人或鞑靼人居留北京一般。因为曾多人相告,在中国获此特恩,颇不容易,而这特恩为我等传教事业却非常有利,因为蒙准居住北京,获皇上恩赐生活费一事,在中国社会中甚受重视,虽然所获为我们全体会士的开支仍显不够,但我及四位同伴则可终老京师,且如已往和在朝廷供职的人一样,有诵经及行动之

---

① 利玛窦第二次进京经历,参见林金水:《利玛窦与中国》,北京:中国社会科学出版社,1996年,第75—82页。

② 何高济、王遵仲、李申译:《利玛窦中国札记》,第413—415页。

自由"。① 最初的两三年,因购置房产费用太高,利玛窦一行挤住在一间不大的房间里。直到1605年8月他们才在城南宣武门找到了一处固定住所,"修建一间漂亮宽阔的礼拜堂",②这就是南堂的前身。1635年(崇祯八年)刊印刘侗、于奕正合著的《帝京景物略》对该堂和利玛窦事迹略有记载,堪称珍贵史料:

> 堂在宣武门内东城隅,大西洋奉耶稣教者利玛窦,自欧罗巴国航海九万里入中国,神宗命给廪,赐第此邸。邸左建天主堂,堂制狭长,上如覆幔,傍绮疏,藻绘诡异,其国藻也。供耶稣像其上,画像也,望之如塑,貌三十许人。左手把浑天图,右叉指若方论次,指所说者。须眉竖者如怒,扬者如喜,耳隆其轮,鼻隆其准,目容有瞩,口容有声,中国画绘事所不及。所具香灯盖帏,修洁异状。右圣母堂,母貌少女,手一儿,耶稣也。衣非缝制,自顶被体,供具如左。按耶稣释略曰:耶稣,译言救世者,尊主陡斯,降生后之名也。陡斯造天地万物,无始终形际,因人始亚当,以阿袜言,不奉陡斯,陡斯降世,拔诸罪过人。汉哀帝二年庚申,诞于如德亚国童女玛利亚身,而以耶稣称,居世三十三年。般雀比剌多,以国法死之,死三日生,生三日升去。死者,明人也,复生而升者,明天也。其教,耶稣曰契利斯督,法王曰俾斯玻,传法者曰撒责而铎德,如利玛窦等。奉教者曰契利斯当。如丘良厚等。祭陡斯以七日,曰米撒,于耶稣降生升天等日,曰大米撒。刻有天学实义等书行世。③

在第二次居住北京期间,利玛窦获得大量第一手的北京材料,丰富了他的"北京经验",保留至今的1602—1609年期间他所撰写的十九封书信,体现了他的这一收获。从利玛窦书札中,我们可清晰地获得利玛窦在北京的传教活动和发展教会组织的线索。据利氏自述,1602年8月10

---

① 《利氏致罗马阿耳瓦烈兹神父书》(1605年5月12日),《利玛窦全集》第4册,第298页。
② 有关利玛窦在宣武门住所来源有两说,一为利玛窦自己在信和札记中所说的自购,一为中文文献黄伯禄《正教奉褒》和刘侗、于奕正《帝京景物略》所说的万历皇帝赐予。参见余三乐:《中西文化交流的历史见证——明末清初北京天主教堂》,第6—8页。
③ (明)刘侗、于奕正著:《帝京景物略》,北京:北京古籍出版社,2001年,第152—153页。

日(圣劳伦佐节)李玛诺曾来到北京"办理重要事务"。① 1604年,北京会院除他本人外,"尚有庞迪我神父与费奇观神父;修士有徐必登与石宏基;另外有学生两人,他们被视为耶稣会中之人,给我们助一臂之力;我们一共十六人,大家每日皆很忙碌"。他们当时已可自由传教,在北京制作了世界地图,甚受中国士人的重视。1605年他们在北京印刷了日常经文、信经、天主十诫以及其他有关天主教信仰的种种问答,分发给中国各教会使用,"这样中国教友有了统一的经文与要理问答。这册较以前使用的与原文更符合"。② 这一年"北京教友增加一倍,在领洗簿上登记的已有一百人以上"。③ "其中几位颇有地位,所以在教友数目字上我们不如其它教会;但如以教友的素质而言,我们却在其它教会之上。"④ 1606年,"有三十六人受洗,弃婴不计在内"。⑤ 1607年,费奇观神父在北京近郊给142人付洗。这时,利玛窦遇到了一次攻击,"10月11日,八位地位显赫人士控告我们谋反倡乱,倾覆大明帝国。法官拒绝八人的控告,谓:他认识我们已许久了,深知我们是行善、爱好和平之人;至于所传布宗教之真伪,八人也无权过问;我们的房舍并非向他们所购买,他们也不是物主。但八人仍旧吵闹不休,法官便以严厉的口吻将人斥退"。⑥ 他们得以安然渡过难关,会务工作仍然获得发展,"我们给一百三十、四十个人付了洗,部分来自城市,部分来自乡间。这些教友多次催促我们给更多的人讲道付洗;假使有人能去和他们接触的话,全体民众都会归化基督了"。⑦ 到1608年,北京教会发展到三百余位教友,"多为知识分子,是好教友"。为开展会务,北京教会雇用了八九个佣人,需用大批款项支持每日的开销。利玛窦

---

① 《利氏致龙华民神父书》(1602年9月2日),收入《利玛窦全集》第4册,第261页。费赖之将李玛诺来京时间系于1604年,可能有误。参见〔法〕费赖之著,冯承钧译:《在华耶稣会士列传及书目》上册,第78页。

② 《利氏致罗马马塞利神父书》(1605年2月),收入《利玛窦全集》第4册,第264、265、268、269页。

③ 《利氏致罗马总会长阿桂委瓦神父书》(1605年7月26日),收入《利玛窦全集》第4册,第306页。

④ 《利氏致德·法比神父书》(1605年5月9日),收入《利玛窦全集》第4册,第275页。

⑤ 《利氏致罗马总会长阿桂委瓦神父书》(1607年10月18日),收入《利玛窦全集》第4册,第341页。

⑥ 同上书,第341、348页。

⑦ 《利氏致罗马高斯塔神父书》(1608年3月6日),收入《利玛窦全集》第4册,第355页。

自曝:"西班牙国王曾给我们提供全部必需品,只可惜不易到手。中国朝廷仍继续每月提供薪金与米粮为五人之用。但如我上面所讲的,我们计有十四、十五人,当然不够开支。"①现今尚存的有关17世纪前十年北京天主教教徒人数的统计数据不一,应以利玛窦书札所提人数最为权威。

传教士对当地发生的灾情有着特别的敏感,因为这是他们发展事业可以利用的机会,利玛窦书札中有多处提到和记载了1604、1607年北京发生的两次暴雨水灾和随之而出现的传染病流行情况,即反映了这一情形:

> 去年北京豪雨成灾,许多民房倒坍,因为他们房舍的结构不如我们的坚固,所以损失严重,很多村庄与农田为水淹没,死伤累累,随行而来的是大饥荒,因此不少人在街上贩卖儿女,每名只要四五两银子。皇帝拨下二万银两济贫,以供重建房舍,或购买其它必需品之用。此外又打开帝仓,里面储藏许多粮食,每年增加,这时以便宜的价钱出售给京民与附近的老百姓。京都也有许多地方每天舍饭,提供饥民果腹,但也不能救济所有的穷人,不少人饿死在路旁,尤其城墙外,饿尸枕籍。②(1605年2月)

> 今年在北京发生了传染病,正好提供教友表现爱人助人之德的机会,照顾病患。他们表现甚佳,其中有个二十二岁的青年,烈日当空,每天去看顾一个患病教友,虽然有被传染的危险,且距我会院约三、四里之遥;但他们热心侍候,患者目前已痊愈了。这场瘟疫源于去年的水灾,又因接踵而来的荒年,老百姓因而缺少粮米所致。③(1605年7月26日)

利玛窦信中所述1604年北京因暴雨所出现的水灾在中文文献中有记

---

① 《利氏致罗马总会长阿桂委瓦神父书》(1608年8月22日),收入《利玛窦全集》第4册,第384页。
② 《利氏致罗马马塞利神父书》(1605年2月),收入《利玛窦全集》第4册,第270—271页。
③ 《利氏致罗马总会长阿桂委瓦神父书》(1605年7月26日),收入《利玛窦全集》第4册,第307页。

载,①但随后出现的疾疫流行情形似不曾见载。

  去年北京下了一场豪雨,给京都带来很大的灾祸,很多房屋倒坍,百姓损失惨重,许多人丧命,运粮船千艘也沉没了。据说为修建新宫殿的木材皆随河水流失,值金五百万两,不过大部分后又找回。帝颁赐银两十万,助民重建房舍,又豁免百姓税粮。

  我们的会院地势很高,因此一切平安,毫无损失,是京师中少有的好地方。②

利玛窦此信所述1607年北京暴雨致灾在中文文献中亦有记载,③他对损失情况之记录亦可补中文文献之不足。

利玛窦入乡随俗,在北京为适应本地习俗,做了不少自我调整。"在这里我们都穿中国式衣服,相当体面,长袖方帽,留胡须,头发略长。长指甲是我们不宜效法,因为麻烦太多。""中国人的床为木板,上放草席一张,编织讲究,但我为要习惯使用它还先吃了不少苦头。每天只吃大米,而无面包与葡萄酒,为〔对〕我并不十分痛苦,由于已习惯了这种生活多年,如让我更改此习,我还会感觉有些不便呢!"④但他所见也有看不惯甚或厌恶的习俗,如炼金术和"企图延年益寿长生不死",这两种做法当时"在全国各地而特别是在有权势的人们当中是很普遍的",利氏"称之为中国人两种非常愚蠢的作法"。⑤他注意到这种恶习像瘟疫一样空前流行,到处泛滥,"在我们现在居住的北京城里,在大臣、宦官以及其他地位高的人当中,几乎没有什么人是不沉溺于这种愚蠢的研究的"。⑥ 在给罗马方面的书信中,利玛窦甚至批评当朝的神宗:"这位万历皇帝久久不立太子,不接见他的儿子,也不和任何人谈论立太子的事,整日住在宫中……我真不知

---

  ① 参见于德源编著:《北京历史灾荒灾害纪年》,北京:学苑出版社,2004年,第78页。于德源:《北京灾害史》下册,北京:同心出版社,2008年,第722—723页。
  ② 《利氏致罗马总会长阿桂委瓦神父书》(1608年3月8日),《利玛窦全集》第4册,第367页。
  ③ 参见于德源:《北京灾害史》下册,第724—726页。
  ④ 《利氏致罗马朱利奥和热罗拉莫·阿拉列奥尼昆仲神父书》(1605年7月26日),收入《利玛窦全集》第4册,第316页。
  ⑤ 何高济、王遵仲、李申译:《利玛窦中国札记》,第96页。
  ⑥ 同上书,第98页。

道我们中有谁能了解中国的这种治理之道？"①他实际已感受到大明王朝正在走向没落。

1608年万历皇帝大兴土木、修筑皇宫,运输建筑材料的车辆从南堂门口经过,利玛窦记下了自己目睹的这一幕情景:"今年北京宫中开始修建一座非常雄伟辉煌的建筑,据说皇帝花费了3百万两黄金;许多石块用大车搬运,经过会院的门口,体积真是大极了,用一百匹骡子方能拉得动,这些将作大殿柱子的基石,而柱子是木头的。基石取自不远的山上,只是挖掘装车,每块需花费在千元以上。"②为修理钟表,利玛窦常有机会出入皇宫,他注意到皇宫内有人数众多的太监,豢养着珍禽奇兽、成群的大象:"宫内有无数太监,分担各种职务。皇帝、皇后、宫女、天子、公主、太后等都住在内宫中,除太监可进入外,任何人都不可以进去。宫后面有御花园,其中有花坛、假山、凉亭、莲池与其它寻乐之处;皇帝一般不出皇宫一步,所以老百姓谁也不曾看见过皇帝一面。宫内还养了一些珍禽奇兽,如熊、虎、豹及其它动物;大象就有四十多头,这些大象整天什么也不做;每天晚上只有五头象在五座大殿外值更巡逻,不过仍只是做个姿态而已。"③这一年他好不容易获得了一次参观北京城墙的机会,"今年我应几位太监与官吏之请,到北京城垣上参观,看到城墙建筑宏伟、甚宽广,其上外建雉堞,内建石栏,中央为甬道,甬道铺砖,作为御敌之用。甬道上不但可以并行十匹马,还可并行七、八辆车。每隔一段建有墩台,一方面为守军住所,节日庆典时,其上旗帜飘扬,这样墩台或碉堡究竟有多少？我也数不清,要有几百座吧。守城之军和其将领应在百万以上,日夜守卫,不敢懈怠。"④可见,外人平时不经允许不得随意登上城墙。

作为一个欧洲人,利玛窦有一项重要的"地理发现",即他花了很大心血终于弄清了历史上欧洲人所指称的契丹(Cathy)、汗八里(Cambalu,或鞑靼人所称Campalu)、中国(China)的真实含义。⑤利玛窦为这一问题

---

① 《利氏致罗马总会长阿桂委瓦神父书》(1608年8月22日),收入《利玛窦全集》第4册,第390页。
② 《利氏致德·法比神父书》(1608年8月23日),收入《利玛窦全集》第4册,第400页。
③ 同上。
④ 同上书,第400—401页。
⑤ 何高济、王遵仲、李申译:《利玛窦中国札记》,第331页。

专门请教当时居京的两位阿拉伯突厥人,"他们明确告诉他,此时此地他们确实居住在大契丹,北京就叫汗八里"。利氏由此推测:"威尼斯人马可波罗是在鞑靼人占领时期来到这个国家的。他甚至可能是和鞑靼人同来的,根据他解说,中华帝国是以鞑靼人所用名称而为欧洲所知,鞑靼人称中国为Catai,称首都为Cambalu。""以后,葡萄牙人用中国(China)这个名字,把这个国家的名声传遍全欧洲,这个词很可能得自暹罗居民。同时他们称首都为北京,这是所有中国人都知道的名称。"①利玛窦在1608年3月8日致罗马总会长阿桂委瓦神父书信中,无比兴奋地汇报了自己这一"地理大发现"。② 这一发现随即"传到印度,后来又传到欧洲"。自从《马可波罗行纪》问世以来,西方人带着寻找遥远的"契丹"的梦想向东方探险,他们不知契丹与中国实为一个国家,现在终于有了结果,故对利氏来说,这当然是一个如获至宝的发现。③

利玛窦日常工作很大一部分时间为接客款友、回访礼拜所占用。他与京城官员、士人交往、互动频繁,据学者考证,其在京结交的士大夫不下五十余位,④其中与徐光启的交往被传为佳话。⑤ 他的中文著述,如《天主实义》,即经徐光启润色。⑥ 此外,他还须回复其他三地教士和外地中国朋友频繁的来信。"要求代为解决他们所发生的难题,因为我较他们年纪高。此外我常有许多东西要写;在中国各处又有不少朋友,他们也时常来信问东问西。"⑦对此他常有精疲力竭之感。1608年,他明显意识到自己的生命可能在北京结束:"自八年前到了北京,始终都在这里,每天相当的忙,我想我也将在此结束我的生命,因为这中国在位皇帝不希望我离开京

---

① 何高济、王遵仲、李申译:《利玛窦中国札记》,第332—333页。
② 参见《利氏致罗马总会长阿桂委瓦神父书》(1608年3月8日),收入《利玛窦全集》第4册,第376页。
③ 有关利玛窦对契丹即中国的考证评述,参见林金水:《利玛窦与中国》,北京:中国社会科学出版社,1996年,第269—273页。
④ 参见林金水:《利玛窦与中国》附录一《利玛窦与中国士大夫交游一览表》,第303—314页。
⑤ 有关利玛窦与徐光启的交谊,参见孙尚扬:《利玛窦与徐光启》,北京:新华出版社,1993年。余三乐:《徐光启与利玛窦》,北京:中华书局,2010年。
⑥ 参见《利氏致龙华民神父书》(1602年9月2日),收入《利玛窦全集》第4册,第261页。
⑦ 《利氏致父书》(1605年5月10日),收入《利玛窦全集》第4册,第281—282、284—285页。

师一步。"①于是他开始安排自己的后事,撰写回忆录,完成自己对教廷的交待。

利玛窦之所以能在京居留十年并自由传教,首先是得益于皇帝的"恩准",利氏意识到这一点:"中国皇帝愿意我留在北京,并提供给我们生活费,保护我们;虽然对归化中国帝王并无希望,但这并不重要,由于我们享有皇帝的这些特恩,许多人便皈依了基督,我们的同会同仁也能在其它地方享受太平。"②利氏之所以获得万历皇帝如此的"恩赐",与他所献方物赢得万历皇帝的喜欢有很大关系。进京之初,据1601年1月27日(万历二十八年十二月二十四日)利玛窦进疏可知其所贡方物:"伏念堂堂天朝,方且招徕四夷,遂奋径趋阙廷,谨以原携本国土物,所有天帝图像一幅、天帝母图像二幅、天帝经一本、珍珠镶嵌十字架一座、报时自鸣钟二架、万国图志一册、西琴一张等物,陈献御前。此虽不足为珍,然出自西贡,至差异耳,且稍寓野人芹曝之私。"后来实际进献的方物有所增加,计有:"时画:天主圣像壹幅。古画:天主圣母像壹幅。时画:天主圣母像壹幅(神皇启阅,初奉御前,其后收藏御帑,今上复命重整圣龛恭奉)。天主经壹部。圣人遗物,各色玻璃,珍珠镶嵌十字圣架壹座。万国图志壹册(万历四十年庞迪我、熊三拔等奉旨翻译进览,其后艾儒略增译,见《职方外记》行世)。自鸣钟大小贰架(神皇将大者造楼悬之,小者置御前)。映五彩玻璃石贰方。大西洋琴壹张(神皇问琴操西曲,利玛窦敬译八章以进)。玻璃镜及玻璃瓶大小共捌器。犀角壹个。沙刻漏贰具。乾罗经壹个。大西洋各色锁袱共肆匹。大西洋布并葛共伍匹。"③其次与他本人的科技素养和力促中西科技、文化交流的意愿有关,这一点可谓正中中国士人下怀,他所制作的《世界地图》在这方面发挥了重要作用。利氏自称:"两年前我寄给大人的《世界地图》在中国已翻印十多次了,对我们推崇备至,因为这类作品是中国未曾看见过的。许多中国文人在文中谈到我们,因为他们以往只

---

① 《利氏致其弟安东·利启书》(1608年8月24日),收入《利玛窦全集》第4册,第403—405页。
② 《利氏致父书》(1605年5月10日),收入《利玛窦全集》第4册,第281—282、284—285页。
③ 《熙朝崇正集》卷二,收入韩琦、吴旻校注:《熙朝崇正集 熙朝定案(外三种)》,北京:中华书局,2006年,第19—20页。

知有中国,而不知尚有其它许许多多国家。现在他们跟我们的神父们学习许多新奇的事,而神父们个个精干,中国人也自叹不如。"①"我在中国利用世界地图、钟表、地球仪和其它著作,教导中国人,被他们视为世界上最伟大的数学家;虽然我没有很多有关天文的书籍,但利用部分历书和葡萄牙文书籍,有时对日月蚀的推算较钦天监所推算的还准确,因此当我对他们说我缺少书籍,不能校正中国历法时,他们往往并不相信。所以,我建议,如果能派一位天文学者来北京,可以把我们的历法由我译成中文,这件事为(对)我并不难,这样我们会更获得中国人的尊敬。希望您把这件事向总会长神父美言几句,因为这件事为(对)中国非常重要,这是举国上下一致的希望,派遣一、两位精通天文历数者前来中国,长驻北京,因为(对)其它城市缺乏助力。"②再次与他本人所奉行的"适应策略"密切相关,这一策略使利氏与京城士人结成了鱼水般的密切关系。"我们在北京几乎一切均按朝廷指示行事,因此帝国的高官大员无不尊重我们,也常来会院拜访我们,彬彬有礼。我们新近购置这所宅院,靠近顺成门,大小房间四十,十分宽敞,方便接见访客。我几乎整天座(坐)在客厅里等候访客的到来。每隔三、四天,我要出门回拜他们,这可说是相当疲倦的工作,确实超出了我们的体力;但又不能放弃,否则便被排斥,被目为野蛮人,那就不能再谈传教皈依的事了。"③最后利氏本人的中学素养对他与士人的交往也有极大的帮助。"去年我曾把我多年翻译的欧几里德的一本书(即《几何原本》前六卷,由其师克拉威奥校正重编)告竣,立刻印刷,藉此书我甚获中国士大夫的景仰,因为我中国书看的不少,而且我是耶稣会在中国最久的神父。"④这些因素构成利玛窦在京居留的条件,也是他在京自由传教的诀窍。

  1609年2月15日,利玛窦向远东副省会长巴范济神父诉说了自己在

---

  ① 《利氏致父书》(1605年5月10日),收入《利玛窦全集》第4册,第281—282、284—285页。
  ② 《利氏致罗马阿耳瓦烈兹神父书》(1605年5月20日),收入《利玛窦全集》第4册,第302页。
  ③ 《利氏致罗马总会长阿桂委瓦神父书》(1608年8月22日),收入《利玛窦全集》第4册,第391—392页。
  ④ 《利氏致其弟安东·利启书》(1608年8月24日),收入《利玛窦全集》第4册,第403—405页。

北京的遭遇和苦衷:

> 请求中国皇帝恩准自由传教之事,就是我日夜所思所念,也可以说,是我多年希望能够获得到的。只可惜中国的政情与其它国家不同;不但神父您,连那些已到中国而未曾来过北京的传教士,都不易明瞭为达到这个目的是有多难,不但不能获得,而且连去求的可能也没有。原因是除了太监与后妃、宫女可以和皇帝讲话外,谁也不可能和他直接交谈;如有事必须禀明时,只能用书面,也就是"奏疏"由阁老——即大学士代为呈递。大学士在呈递前还应审察一番,看看是否措词得体,合乎法令否?然后,方代为送交太监,递呈皇帝批阅;洋人呈递"奏疏"是行不通的,因为洋人根本禁止居留,当然不能直接上奏疏了。我到北京时,便知道朝廷有这种规定,于是便由管理我们的礼部,为我们向皇帝请求恩准合法在京师居住;先后曾上了六道奏疏,可惜皆无回音;不得已再透过一位大官,也是我的至友,代我上奏疏。他告诉我已收到我的请求,并把这项请求送到内宫。但仍无回答,我们怀疑是太监作梗。奏疏中,我不要求别的,只希望能在北京居住,或返南京。不过我们也知道,通常皇帝不会自批,是由礼部处理。幸亏我和礼部已交上了关系,他们对我们很了解,否则不但不会代我们呈递奏疏,反而会把我们驱逐出境呢!我们到北京所有的遭遇便是这样……也许是因为我们在这里居住已久,对中国的事务知之甚详,如一旦离开回国,可能会做出其有害中国之事,故特准予居留。①

从这封信可知,利氏在京十年虽欲一睹万历皇帝的尊颜,却因皇帝幽居深宫,终功败垂成,无缘觐见。② 作为万历皇帝的"门客",他只能在紫禁城周围徘徊,为在北京定居,他实在已做出最大的努力。

利玛窦居住北京期间,遇到的困难除了与中方的交流外,还有一层困难就是与本国教会通信。由于当时中国与欧洲没有固定的邮政关系,利

---

① 《利氏致远东副省会长巴范济神父书》(1609年2月15日),收入《利玛窦全集》第4册,第408—409页。

② 西方有些学者误认为利玛窦觐见过万历皇帝,参见 S. Wills Williams. *The Middle Kingdom*. Vol. II. New York:Charles Soribners Sons,1895, p.292。

氏与本国神甫或罗马教廷的通信，一般均需通过来往北京与广州、澳门之间的传教士或教徒传递，然后从广州、澳门搭船经海路送往印度，再由印度寄往欧洲。可以想象这有多么困难，需时之久难以估算。利玛窦在南京时，他与欧洲的通信差不多需要花三年多的时间才能收到或寄到。1599年8月14日利氏在南京回复高斯塔神父的信中提到他们当时通信遇到的困难："今年六月间，一连收到您两封信，一封写于一五九五年底，另一封写于一五九六年，您想不到我是多么高兴啊！由此足以看出您是多么关怀我了。因为我在遥远的东方，能收到由欧洲来的信函，尤其是您的信函，给我带来莫大的快慰。那两封信差不多一年前已到中国，由于我现在住在内陆，不能很快收到它们。"①一封从罗马发出的信，花了三年多的时间才到达利氏的手中，当时的通信之难可见一斑。利玛窦到达北京后，通信手段没有任何改善。迄至1605年，耶稣会在华仅在北京、南京、南昌和韶州四处设有会院，这四处实际上也就成为耶稣会在内地的通讯联络点。1605年5月9日利氏致德·法比神父的信中提到了他们通信的情况，从中可见当时通信的困难：

  今年我可说收到您两封信，后一封方收到，在其中您称曾先给我写了一封；王丰肃神父从澳门来信，告诉我在那里有您寄给我的一些东西，但因行李过多，只能把您的信带给我，东西只有等七、八个月后方有人北上再带给我。……

  北京距海港很远，在海港（按：指广州）才能遇见葡萄牙人，他们是来远东做生意的，藉着他们我们才能和印度、日本与欧洲联络交往。很对不起您，除信件外，我不能给您寄些什么，以示我对您的尊敬。送信还须用中国行脚，而这些行脚并非时时都有，其人数也根本不多；因此当您不曾收到我的信，不必惊讶。去年一条船在途中沉了，上面有范礼安神父寄给我们的东西，约值二百两银子以上。②

  1605年5月10日利氏致高斯塔神父信中也提到寄信时间之长非常人所能想象："今年尚不曾收到您的来信，也许信已到了中国，目前尚在南

---

① 《致高斯塔神父书》（1599年8月14日），收入《利玛窦全集》第4册，第253页。
② 《利氏致德·法比神父书》（1605年5月9日），收入《利玛窦全集》第4册，第273、278页。

京途中。因为有时候一封信从澳门送到北京,需要八个月的时间才能到达。因此您如很晚才收到我的信,并不值得惊讶,因为我们相距太远了。兹收到我启蒙老师尼古拉神父的信,当时您正主持翡冷翠公学;我这封信也许三年后,也许七年后您方能收到。"①许多信在路途中遗失,利玛窦在信中不断抱怨这一点。1607年10月18日利氏致罗马总会长阿桂委瓦神父书信中提到这一点:"已经两年了,不曾把基督的这个新羊栈有关的近况向您报告,因为这段时期没有船只由印度开往欧洲;1605年的报告早已寄出(按:信已遗失),兹把1606年至1607年10月的传教情况向您禀告。"②1608年3月6日利氏在致罗马高斯塔神父的信中再次提到:"我不知道是什么原因您已四、五年不曾收到我的信。"③1608年3月8日利氏在致罗马总会长阿桂委瓦神父的信中不得不解释:"今年收到你的来函,您表示已数年不曾收到我的信或消息而感到难受,这本是每年应当写的。我也感到痛苦,因为许多致您的信件在途中遗失了。"④1609年2月17日利氏在致阿耳威列兹神父信中对信件的遗失表示非常痛苦:"今年收到您1605年12月19日的来信一封,获悉这数年中您不曾收到我的信,感到十分惊讶。但神父您应知道这些年中,葡萄牙在印度洋中很多船舰遭遇不幸的海难和英、荷等的洗劫。当然我不会不给您写信,这是千真万确的,我认为我有义务,而且有很大的义务给您写信。"⑤正因为利玛窦与欧洲之间的通信困难重重,故迄今尚存或我们现能看到的他们之间的通信颇为有限。耶稣会士与欧洲教会之间通信的困难,随着耶稣会在中国各地教会组织的发展、联络网络的扩大,才逐渐得到缓解。⑥

在西方以中国游记为题材的作品中,《利玛窦中国札记》是继《马可波

---

① 《利氏致高斯塔神父书》(1605年5月10日),收入《利玛窦全集》第4册,第291页。
② 《利氏致罗马总会长阿桂委瓦神父书》(1607年3月18日),收入《利玛窦全集》第4册,第328页。
③ 《利氏致高斯塔神父书》(1608年3月6日),收入《利玛窦全集》第4册,第353页。
④ 《利氏致罗马总会长阿桂委瓦神父书》(1608年3月8日),《利玛窦全集》第4册,第363页。
⑤ 《利氏致罗马阿耳威列兹(R. Alvarez)神父书》(1607年3月18日),《利玛窦全集》第4册,第417页。
⑥ 有关耶稣会在17世纪中国的发展,参见王治心:《中国基督教史纲》,第112—114页。书中制表:《1664年全国教务形势》《1701年中国教务状况》。

罗行纪》之后又一部引起轰动,且产生深刻、长远影响的巨著。《利玛窦中国札记》原稿为意大利文,1615年经金尼阁之手译成拉丁文,题名《基督教远征中国史》,在德国奥格斯堡出版。随后出现各种欧洲文字的译本,拉丁文本四种,法文本三种,德文本、西班牙文本、意大利文本各一种,1625年《普察斯朝圣者丛书》出版了第一个英文摘译本,其原稿直到1910年利玛窦逝世三百周年才收入《耶稣会士利玛窦神父历史著作集》出版。① 如果说,《马可波罗行纪》作为一部东方异国的游记,充满了传奇、怪诞的色彩,因此其真实性常常遭到人们的质疑,那么《利玛窦中国札记》则以其真实、可靠、可信,赢得了后人的尊重,它不仅成为以后传教士"中国经验"的范本,而且开启了西方传教士汉学的先河。

从中意文化交流史的角度看,人们喜欢将利玛窦与马可·波罗相提并论,称之为促进中意文化交流前后并峙的两座高峰。17世纪步利玛窦后尘来京的意籍耶稣会士有熊三拔、龙华民、艾儒略、毕方济、罗雅谷、利类思、卫匡国、聂伯多、潘国光、李方西、毕嘉、殷铎泽、陆安德、瞿笃德、闵明我、卢依道、费约理、鲍仲义诸人,但他们并未后来居上,超越利玛窦,留下更为丰富的"北京经验"文献材料。从这个意义上说,利玛窦既是明末清初中意文化交流的开拓者,又是一座不曾被人逾越的高峰。英译本《中国在16世纪:利玛窦日记,1583—1610》一书译者路易斯·J.加拉格尔称:"《利玛窦札记》这本书对欧洲文学、科学、哲学、宗教及生活方面的影响,或许要超过17世纪其它任何的史学著作。"② 奈杰尔·卡梅伦誉之更甚:"在所有想欲了解中国人及其文明的欧洲人中,他是最富才艺、且最为重要。在所有曾经居留在中国的西方人中,他是唯一一位被中国人以他们自己的语言和文学对他作为一名学者毫无保留地给予尊重。为达此地位,利玛窦在所有的才艺上至少把自己变成了半个中国人。"③ 西方学术界对利氏越来越高的评价,显现了利玛窦在中西文化交流史上无可替代的地位。

---

① 参见《中译者序言》,收入何高济、王遵仲、李申译:《利玛窦中国札记》,第3页。
② Mathew Ricci. *China in the Sixteenth Century: The Journals of Mathew Ricci, 1583—1610*. Translated from the Latin by Louis J. Gallagher. New York: Random House, 1953. p. xix.
③ Nigel Cameron. *Barbarians and Mandarins: Thirteen Centuries of Western Travellers in China*. Hong Kong: Oxford University Press, 1970. p. 149.

三 安文思《中国新志》中的北京

安文思(1609—1677)为葡萄牙大航海家麦哲伦之后裔,十六岁加入耶稣会。1634年抵果阿,教授修辞学二年。1640年随某华官赴中国杭州。1642年8月28日抵达成都,随利类思学习中国语言文字,在川时,安氏遭遇张献忠农民军起义,将其经历写成《江南四川行记》《1651年中国著名大盗张献忠暴行记》。1648年安文思作为清军战俘与利类思一起被押解至北京,1651年获释,以后一直居京,1677年殁于东堂。①在京29年中,安氏做了两件大事:一是1655年他与利类思创建了北京第二座教堂——东堂(圣若瑟教堂),开始他们在北京的传教事业;②二是1668年他撰成《中国十二绝》(或《中国十二优点》,现译为《中国新史》)一书,其手稿由中国教团总监柏应理带往欧洲。该著历述中国历史、文字、语言、典籍、民俗、商业、物产、贵族、政府部门、京城诸事,堪称当时中国的一部"百科全书"。其生平事迹最早见于利类思著《安文思传略》,③近人费赖之《在华耶稣会士列传及书目》第88号和方豪著《中国天主教史人物传》亦收其传。④今人以计翔翔《十七世纪中期汉学著作研究——以曾德昭〈大中国志〉和安文思〈中国新志〉为中心》一书对安氏及其所著《中国新志》有专门讨论。⑤

---

① 有关安文思的生平事迹,参见〔意〕利类思、〔比〕南怀仁著,韩琦、吴旻校注:《安先生行述》,收入《熙朝崇正集 熙朝定案(外三种)》,北京:中华书局,2006年,第407—409页;〔意〕利类思:《安文思传略》,该传最早见于《中国新史》法译本,中译本收入〔葡〕安文思著,何高济、李申译:《中国新史》,郑州:大象出版社,2004年,第181—187页;〔法〕费赖之著,冯承钧译:《在华耶稣会士列传及书目》上册,第256—259页;方豪:《中国天主教史人物传》,北京:宗教文化出版社,2007年,第285—289页。

② 其传教事迹参见余三乐:《中西文化交流的历史见证——明末清初北京天主教堂》,第162—176页。

③ 该传最早见于《中国新史》法译本,中译本收入〔葡〕安文思著,何高济、李申译:《中国新史》,郑州:大象出版社,2004年,第181—187页。

④ 参见〔法〕费赖之著,冯承钧译:《在华耶稣会士列传及书目》上册,第256—259页。方豪:《中国天主教史人物传》,第285—289页。

⑤ 参见计翔翔:《十七世纪中期汉学著作研究——以曾德昭〈大中国志〉和安文思〈中国新志〉为中心》,上海:上海古籍出版社,2002年,第225—321页。

《中国新史》原稿为葡萄牙文,经人译成法文,1688年在巴黎出版,题名为《中国新志》(Nouvelle Relation de la Chine)。同年又据法文版译成英文,在伦敦出版,书题 A New History of China。1957年澳门又出版了据法文本译出的新葡萄牙文本。① 从《中国新史》最初出版的法译本前言可知,之所以出版该书,是因为当时罗马德斯特列红衣主教想从刚从中国归来的中国传教团总监柏应理那里了解皇都北京及中国政府、制度的情况,柏应理因难以应对,遂将随身携带的安文思的文稿呈上。受主教之命,法译本译者整理、翻译了安文思的手稿。这一来由对后来我们看到的1688年在巴黎出版的法译本《中国新史》,也就是最初出版的《中国新史》可能产生引导性的影响。我们现在看到的《中国新史》最重要的价值即在于它对中国政府和制度、北京城市面貌的详细而真实的介绍,似与主教大人的要求有某种关联。②

关于安文思《中国新史》记述北京的文献价值,1688年《中国新史》英译本的译者在该书第17章《记北京城:皇宫四周的墙及中国主要房屋的形状》的注释中即已特别说明:

> 这一章很奇特,因为它包括对中国首都及宏大皇宫的详细记述。其他的记载,无一例外的,很少谈及,而且一般也很含混,这不是值得奇怪的事。因为使臣始终住在专为接待他们的馆舍,而传教士,他们是除了路过,或者当他们在最后一次受迫害时被作为囚犯押往那里之外,从未见过北京。所以只有汤若望神父、南怀仁神父和安文思神父才能把这个大城市的情况告诉我们。的确,这最后一位神父是惟一向我们记述它的人。他在那里居住了25〔29〕年。③

---

① 关于《中国新史》版本情况,参见《中译者前言》,收入〔葡〕安文思著,何高济、李申译:《中国新史》,第2页。

② 有关法译本的翻译、整理情形,参见《法文版前言》,收入〔葡〕安文思著,何高济、李申译:《中国新史》,第5—8页。

③ Gabriel Magaillans. *A New History of China: Containing a Description of Most Considerable Particulars of that Vast Empire, Written by Gabriel Magaillans of the Society of Jesus, done out of French*. London: Thomas Newborough, 1688. p. 273. 中译文参见〔葡〕安文思著,何高济、李申译:《中国新史》,第136页。中译本系据1689年英译本译出,北京大学图书馆藏有此书的1688年版。

清初,在西人心目中,只有汤若望、南怀仁、安文思这三位在北京有过长期居留经历的耶稣会士有资格传述他们的"北京经验"。遗憾的是,汤若望、南怀仁没有留下这方面的大部头著述,只有安文思的《中国新史》完成了这一使命。可见《中国新史》在耶稣会士向欧洲传播"北京经验"历程中占有的重要地位,它是第一本比较全面地向西方介绍清初中国(特别是北京)的书籍。对此,张西平在中译本序言中明确指出:"如果和他以前的著作相比,对北京的介绍最为详细,是这本书的重要特点。他不仅介绍了王府街、白塔寺、铁狮子胡同、鲜鱼口这样的街道,还详细介绍了皇城,包括皇城的大小,皇城中的二十座宫殿等。如果不是经常在皇宫中活动,绝不可能对它做如此细的描写。正因为安文思长期生活在北京,他的这些报道和描写不仅推动了当时西方对中国的认识,也给我们提供了许多了解和认识清代历史的细节和材料,这些在今天依然是很有价值的。"①

上述中、西两位学者对《中国新史》一书与北京关系密切的提示持之有据。验证《中国新史》一书,其对北京言之甚详,它将"北京之宏伟"列为"中国十二绝"之一。其中第17—21章以北京为介绍对象,内容几占全书的四分之一。其他有些章节,如第11章《中国的贵族》、第12章《这个国家良好的政体、官吏之间的差异以及朝廷的部门》、第13章《记十一个部,即文官六部、武将五部》、第14章《北京的其他几个部》,所述中央政府部门亦在北京,其实也是对北京作为政治中心的介绍。可以说,《中国新史》供给我们丰富的清初北京史料,它实为安文思"北京经验"的结晶。

与利玛窦一样,安文思有关北京的知识谱系最初是以《马可波罗行纪》为底本,故在该书第一章《中国人和外国人给中国取的名字及契丹和蛮子国》开篇,安文思首先对《马可波罗行纪》中有关北京的三处记载作了详细考证。一是《马可波罗行纪》关于北京城的大致描绘,即"马可·波罗在其著作的第2卷第16章和第17章中对北京新、旧城及皇宫所作的描述,因为他所说的都符合我们今天所看见的,也符合我们在本书中所描绘的"。二是《马可波罗行纪》所提北京使用煤的记载。"宫廷中饮用的酒和烧用的石煤,称之为煤,这种煤是从距该城两里格的山区运来,奇怪的是这里矿藏永不枯竭,尽管已逾四千年,不仅这个人口众多的大城市,而且该省的大部分地区

---

① 张西平:《中文版序言》,收入〔葡〕安文思著,何高济、李申译:《中国新史》,第2页。

都用煤,消耗数量之大,令人难以置信。任何家庭,不管多么穷,都有一个用这种煤取暖的暖室(热炕),它的热度大大高于木炭。这种暖室(热炕)用砖砌成,如同床和卧榻一样。有三四掌高,其宽窄视家庭人数而定。暖室(热炕)上铺有席垫或毡毯,人在上面躺卧、睡觉。"①文中有关热炕的记载可能是西文文献中有关北京甚至中国北方热炕最早、最详细的记载。三是对《马可波罗行纪》提及的卢沟桥作了详细考证:

> 马可•波罗在第二卷第三十七章中描写的一座著名的桥,位于北京以西两里格半……这座桥是中国最美丽的桥,但不是最大的,因为还有更长的桥。作者说这条河叫做普里桑乾,这是西鞑靼人给它取的名字,他们当时统治全国,但有许多西鞑靼人在北京仍混合于东鞑靼人之中。中国人称这条河为浑河(Hoen Ho),即浑浊的河,因为河水急湍,带来大量泥沙,使它全年浑浊。马可•波罗说这座桥有二十四拱,然而它只有十三拱,至于说舟船可在这条河上航行,则是不可能的。因为尽管它水位很高,由于落差很大,迂回及布满岩石,而不能通航。导致马可•波罗出现这些错误的原因是,往西大约三里格远另有一条河及一座二十四拱的桥。其中五个在中央成拱形,其余是平的,铺以既长且宽的大理石板,结构精美,平坦宛如一条直线。在桥中间可以看见马可•波罗所说的石碑。这条河叫做琉璃河(Gieu Li Hô),即玻璃河,因为它清澈、安静,并可通航。从而你可发现作者是把这一座桥误认为另一座桥:头一座是中国最美丽的,由于它的优秀工艺和制作材料,可能也是世界上最美丽的,它全部用最好的大理石,按照完美的建筑学规则精工修造。两侧共有一百四十个支柱,每边七十柱,柱与柱间相距一步半,中间装有大理石方板,上面雕刻着各种花朵、水果、鸟及其他动物;这是一件华丽而完美的工艺品,令人赞叹不已。在桥东进口处,有两个漂亮而高大的雕像座,覆盖以大理石板,其上是按中国人表现形象雕刻的两只大狮子,在这两个狮子的腿间、背上、两侧和胸前,雕刻着各种姿态的小狮子,有的站立,有的蹲着,有的往下,有的朝上,其美丽精巧令人赞叹。向西的另一端,可以看见两个雕像基座,两头象,均用同样的大理石制成,制作

---

① 〔葡〕安文思著,何高济、李申译:《中国新史》,第6页。

的工艺和完美一如狮子。马可·波罗忘了描述这两者,除非他以后再予以补充。中国人断言这座桥已修建了两千年,至今一直没有受到丝毫损害。①

这是继《马可波罗行纪》后,西人对卢沟桥的又一次较为详细的记载。②在介绍完后卢沟桥后,安文思附带提到了1668年北京的大水灾以及卢沟桥两个桥拱被冲垮的情况。③这可能是西文文献有关这次灾害的最详细的记录。英译者在译注中,提到传教士聂仲迁在《中国史》第3卷第8章中记载了卢沟桥在1668年8月26日坍塌,传教士鲁日满、殷铎泽在他们的记述中也记载了此事。④ 中文文献《清圣祖仁皇帝实录》《三冈识略》对此次水灾和卢沟桥遭破坏情况亦有记载,可以相互印证。⑤

北京是中国的政治中心,如要深入"阅读北京",其核心内容自然离不开对北京政治内涵的深入解读。《中国新史》的首要贡献是对清廷政府部门机构的相关职能及其在北京的相关位置记述甚详,篇幅几占该书的四分之一,这应是安氏"阅读北京"的一大创获。

有关中国的政治制度,《利玛窦中国札记》在第1卷第6章《中国的府机构》对明朝的政府机构略有介绍,⑥曾德昭的《大中国志》对明朝政府机构及政治制度亦有片断的介绍,⑦但两书的评价对象均为明朝。比较而言,《中国新史》不仅篇幅量大,且论述系统,表现了安文思对这一主题的深入钻研。《中国新史》从第12章到第16章,用了整整五章的篇幅讨论清初的政治制度。第12章《这个国家良好的政体、官吏之间的差异及朝廷的部门》首先从《中庸》的孔子九条箴言阐发中国的政治原理,然后介

---

① 〔葡〕安文思著,何高济、李申译:《中国新史》,第7—8页。
② 计翔翔考证安文思所见"著名的桥"与《马可波罗行纪》所记的卢沟桥并不一致,可备一说。参见计翔翔:《17世纪中期汉学著作研究——以曾德昭〈大中国志〉和安文思〈中国新志〉为中心》,上海:上海古籍出版社,2002年,第278—280页。然若从安文思所记1668年水灾的情形看,安氏对卢沟桥所知甚详。
③ 〔葡〕安文思著,何高济、李申译:《中国新史》,第8—9页。
④ Gabriel Magaillans. *A New History of China: Containing a Description of the Most Considerable Particulars of Vast Empire, Done out of French*. London: Thomas Newborough, 1688, pp.28—29. 中译文参见〔葡〕安文思著,何高济、李申译:《中国新史》,第16—17页。
⑤ 参见于德源:《北京灾害史》上册,第50—51页;下册,第758—759页。
⑥ 参见何高济、王遵仲、李申译:《利玛窦中国札记》,第44—63页。
⑦ 〔葡〕曾德昭著,何高济译:《大中国志》,上海:上海古籍出版社,1998年,第128—173页。

绍"全国的官员分为九等,每等分为两级。这一划分意味着皇上仅赐给官员品位,而不管其职位"。① 其中"第一等的官吏是皇帝的顾问",包括内阁、阁老、宰相、相公、相国;"第二等相当于皇上顾问的助手和辅佐,很有权势,备受敬畏",属于二三品官员,他们常常是从各省总督、六部首要提升,通称为大学士;"第三等的官吏。叫做中书科,即官吏的训练所。他们的任务是誊写文件,也就是这个衙门的事务,皇帝赐予他们行使职能的宫殿",他们属于四、五、六品官员。②

第13章《记十一个部,即文官六部、武将五部》首言文官六部,即吏部、户部、礼部、兵部、刑部、工部的职能和部长官(尚书)、机构、办事程序。并提道:"这六个部,按照它们的等级,设在皇宫附近,在东侧一座宽广华丽的方形建筑物内,每一边的长度为一个半火枪射距。这些建筑各有门户、庭院及房舍。第一位首脑在中间,从街道开始,有一座三扇的大门,经过其他几个门、正门和庭院,饰有门廊,及用漂亮柱子支撑的回廊,你就来到一座大堂,第一位首脑及他的助手在其中就座,尚有另外许多各有所司的官吏,一般称为大堂官吏。"③次言武官五府。"武将官员分为五个部,叫做五府,即五类。其衙门在西面,位于皇宫的右侧,因名字而各异。"它们分别是前、后、左、右、中五府。"这五府之上有一个高级的部,叫做戎政府,即是说高级军事部,其首脑一直是国内最大的公侯。"④

第14章《北京的其他几个部》分别介绍了翰林院、国子监、都察院、行人司、大理司、通政司、太常寺、光禄司、太仆司、钦天监、太医院、鸿胪寺、上林苑、尚宝司、锦衣卫、税课司、督捕、府尹、宗人府等部门的职能和机构。

通过这三章,安文思清晰地勾勒出在北京的清朝中央机构和京兆机构,从而对作为政治中心的北京有了一个全面的介绍。像这样系统介绍清朝的政府部门,在西方文献中可以说是第一次。计翔翔认为:"安文思对政府各机构的详细描述,使早期汉学在政治研究领域取得了长足的进步,从此以后,西方读者不再满足于以前仅仅对'阁老'和六部的介绍。安

---

① 〔葡〕安文思著,何高济、李申译:《中国新史》,第94页。原译将"mandarin"译为曼达林,现改,下同。
② 同上书,第94—95页。
③ 同上书,第97页。
④ 同上书,第103—104页。

文思对宫廷和宫廷礼仪的描述,也前无古人。"①安氏这一成果,当然是其长期居住北京观察和研究所得,实具有政治情报的性质。

第15章《省的几个衙门和官员》主要介绍地方政府的机构。第16章《中国的大帝王及其赋入》开首即对第三章所提中国人对国家起源的三种意见作了回应。这三种意见是:一、把中国的开始"说成在创世之前数十万年"。"尽管平民百姓相信这是真的,但聪慧而有学识的人则认为这些书籍不过是无稽之谈,难以相信,尤其自孔夫子以来把它斥为伪书。"②二、"以伏羲作为这个国家的创始人,他最初在中国最西部的陕西境内统治,后来又在几乎位于帝国中部的河南。根据他们的文献记载,这个帝王开始统治是在基督诞生前两千九百五十二年,大约在大洪水之后两百年,这是根据七十家注释所说。有学识的人认为这好像是真的,其中许多人认为是无疑问的"。③ 三、"这个国家在四千零二十五年前由一个名叫尧的君王奠基。这最后一种意见,被他们当做金科玉律,若有中国人拒不相信,他会被看做是异端,而且这样的人要受严惩。所以福音的布道者一旦用文字或口头对此表示怀疑,那就足以关闭我们的圣教之门,把我们都判处死刑。仅仅因为毫无根据地怀疑某人对此不相信,就会成为充军的充分理由。因为这一缘故,传教的神父们获得圣主教的许可,承认七十家的说法,教会在第五次宗教大会上批准;同样也承认后两种意见,这很有可能,以避免上述的麻烦,及许多其他容易想象得到的问题"。④ 安文思在第十六章对这三种意见巧妙地做了回应:"深通中国书籍和历史的神父们,认为这后一种意见是确定的,第二种意见似乎有可能。又因据通俗本《圣经》的记载,有必要说伏羲和尧肯定是在洪水之前出生和统治的,因此我们在这个国家不得不依据七十家的说法。这点明确后,中国的历史看来非常可能不仅与埃及、亚述、希腊和罗马历史相符合,而且与《圣经》的年表有更惊人的吻合。"⑤英译者在注释中特别对此说明:"写于1669年

---

① 计翔翔:《17世纪中期汉学著作研究——以曾德昭〈大中国志〉和安文思〈中国新志〉为中心》,第246页。
② 〔葡〕安文思著,何高济、李申译:《中国新史》,第37页。
③ 同上。
④ 同上书,第38页。
⑤ 同上书,第125页。

的这一章,可以作为安文思神父在一年前对第三种意见的肯定,这可从他在本书中记录的日期不同上看出来。"①安文思的这一论述,对西方读者有一定影响,德国哲学家莱布尼茨、沃尔弗对中国历史开端的看法,"完全接受了在华传教士的意见而立场更加坚定"。②

在该章中,安文思详细列举了皇帝的赋入,"即每年缴给他的国库和粮仓的赋税":国库每年收入1860万银克朗,每年运送宫廷粮仓的米面达4332万8千8百34袋,1035万5千9百37个盐块(每块重50磅)、258磅极细的朱砂、94737磅漆、38550磅干果。③此外,还有丝、棉、豆料、家禽、生畜、水果等物资。为了让读者对他"所见的丰富物资有一个概念",安文思还补充了一个细节加以说明,即1669年12月8日康熙皇帝为汤若望和1665年教案平反,设宴招待在京的三位耶稣会士,这是一则弥足珍贵的史料:

> 1669年12月8号,皇帝命令三位官员去汤若望神父的墓地焚香,其目的是向他作特殊的礼敬;又命令赐给当时在朝的三个神父(我是其中之一)三百二十五克朗,支付他丧葬的费用。我们的几个官员朋友和北京的大部分基督徒应邀参加了简朴的仪式,但这不是我要述说的。第二天,按照习惯,我们回去向皇帝的格外恩赐表示谦恭的谢意。我们谢礼后,皇帝陛下派一名使者叫我们留下,因为他还有事对我们说。我们等了一个多时辰,大约下午三时,我们被引进御殿,皇帝坐在他的宝座上要我们坐在右面第三排第一张桌前,这时住在京城的大官,其中许多是皇亲,按他们的品级就座。这里有两百五十张桌子,每张桌上有二十四个银盘,直径约一掌半宽。按照鞑靼的方式,一个银盘摆在另一个银盘上,这就是说,一个盘子在桌上,其余的盘子按一定间距一个接一个重叠地往上放,第一个盘子的边支撑着其他盘子的边,盘中全都盛满食物,包括各种水果和甜品,但没有浓汤。宴会一开始,皇帝将他自己桌上的两个金盘送给我们,和银盘

---

① 〔葡〕安文思著,何高济、李申译:《中国新史》,第131页。
② 参见计翔翔:《十七世纪中期汉学著作研究——以曾德昭〈大中国志〉和安文思〈中国新志〉为中心》,第296页。
③ 〔葡〕安文思著,何高济、李申译:《中国新史》,第129页。

一样大小,盛着蜜饯和美味果子。席间,他还送给我们另一个金盘,盘内盛着二十个全国最好最大的苹果,他们称之为苹果。宴会结束时,他又送给我们一盘梨及我们所提到的那种金色苹果。皇帝当时赐给我们的恩宠,在我们看来格外吃惊;对于那些听见这个插曲的人也是一样,但这对其余受邀的人来说并不特殊,因为他们每天都受到皇帝同样的宴请。不过在其他时候,某些公众庆祝的节日上,将在宫廷里更加隆重地招待贵胄和官员,人数约有五千。由此,读者可以推想这位皇帝的气派和威势,源源不断运往宫廷的丰富食物,大大超过我所作的叙述。①

接受宴请的三位神父为当时尚在京的安文思、利类思、南怀仁,其描述现场之细恐非中文文献所能及。对于这场教案及自己的遭遇,安文思曾在1669年2月2日作于北京的一封信札中有所交代。② 康熙八年(1669),鳌拜被黜后,利类思、安文思、南怀仁上奏康熙,请求为汤若望平反。③ 康熙为教案平反,包括为早已去世的汤若望举行隆重的葬礼,举行宴会安抚、慰藉曾被拘押的三位耶稣会士,后又开释拘禁在广州的传教士,准许他们各归本堂。④ 对于自己在这场教案中的遭遇,安文思在1669年2月2日作于北京之信札中曾详加叙述。⑤

《中国新史》另一大特色是对北京皇城和城市建筑作了详尽介绍,这应是安文思多次出入皇宫,实地考察或亲临现场所获得的材料。

在第2章《中国的广度和分界:城市和有墙村镇的数目及其他中国作者提供的特点》,安文思提到中国所处的纬度:"它从北到南有二十三度,从位于纬度四十一,直隶省边境的昌平(Cai Pim)堡起,直到广东省南纬度十八的海南岛的子午点;所以,根据中国书籍的记载,中国从北到南是五千七百五十里。"⑥他将北京最北的昌平纬度确定为北纬41度,这与我

---

① 〔葡〕安文思著,何高济、李申译:《中国新史》,第130—131页。
② 参见〔法〕费赖之著,冯承钧译:《在华耶稣会士列传及书目》上册,第259页。
③ 参见《汤若望昭雪文件》,收入《熙朝崇正集 熙朝定案(外三种)》,第393—394页。
④ 关于康熙平反教案一事,参见王治心:《中国基督教史纲》,第109页。
⑤ 参见〔法〕费赖之著,冯承钧译:《在华耶稣会士列传及书目》上册,第259页。
⑥ 〔葡〕安文思著,何高济、李申译:《中国新史》,第19—20页。原译"直隶省"作"北京省"、"昌平"作"开平",现改。

们现在所确定纬度基本一致。文中在介绍中国的地理时,还提到"临海的省是北京、山东、南京、浙江、福建和广东。和外国临近的是北京、山西、陕西、四川、云南、广西"。①

在第 8 章《这个民族的非凡勤勉》中有两处涉及北京,一处谈及北京的小商小贩,一处谈及北京的钟鼓楼:

> 仅在北京城,就有一千多户人家,他们没有正当职业,只靠出售取火盒的火柴及做蜡烛的蜡为生。还有许多人别无谋生之道,只在街头和屋舍的垃圾堆里捡破丝绸、棉布和麻布、废纸及其他破烂,把它们洗干净,再卖给他人用来制造种种东西。他们搬运东西的发明也很奇特,因为他们不像我们那样费大气力搬运物品,而是用技术。②

> 在北京的皇宫内,你可以看见高楼上的鼓和钟,在城里另有两座钟、鼓楼。城里的鼓直径有 15 市腕尺,它是我第一次提及的那面鼓。宫廷钟的大小如我在葡萄牙所见到的一样。但声音非常响亮,清脆和悦耳,与其说它是钟,还不如说它是一种乐器。③

吉克尔神父在他《乐理》(Musurgie)一书中称,艾福特城(Erfort)迈耶斯(Mayence)的选帝侯下面那口钟"不仅是欧洲最大的,也是全世界最大的"。安文思根据南怀仁神父对两钟的比较和他在 1667 年所做的观测,得出结论:"它比汤若望和南怀仁神父利用机械装置,安放在我们上述钟楼上的钟要小。""这口钟是北京城夜间用来警卫和报时的,我有把握断言,欧洲没有类似的钟,它完全可能是世界上最大的。当夜里打钟时,它的声音,或者说可怕的响声,竟如此之大,那样强烈,又非常响亮,遍及全城,越过城墙,传到郊区,响彻四方。在中国皇帝命令铸造这口钟的同时,还铸了七口钟,其中五口钟仍躺在地上。"④

安文思将"北京之宏伟"列为"中国十二绝"之十二。他从第 17 章到第 21 章,用了五章的篇幅介绍北京的皇城和其他著名建筑,其文献价值

---

① 〔葡〕安文思著,何高济、李申译:《中国新史》,第 21 页。此处所谓"北京"疑为"直隶"。
② 同上书,第 76 页。
③ 同上书,第 77 页。
④ 同上书,第 78 页。

堪与同时期介绍北京城市建筑的相关中文文献媲美。第17章《记北京城：皇宫四周的墙及中国主要房屋的形状》详细记载北京新城的大小、城门的数目和新、旧两城的城区数：

> 北京城，即京城，位于一片平原上，它是大四方形，每边长十二中国飞朗，折合大约三意大利哩，或者将近一葡萄牙里格。它有九门，三门在南，其他每边各二门。并非如卫匡国神父在他的地图集第二十九页所说有十二门，看来他是依据马可·波罗的书（卷二第七章）来描述的。这座城现为鞑靼人所占据。①

英译者在此章注释中特别说明安文思与此前卫匡国的记载不一致，他补充了曾德昭、汤若望、柏应理和《荷兰出使记》的相关记载，②说明安文思的说法比较可靠，这大概是欧洲有关清初北京城的最新，也是最精确的记录。③ 安文思提到北京与西方在建筑上的两点区别：第一是朝向为坐北朝南。"所有的城市及皇帝、贵胄、官吏和富人的宫室都是门户和主房朝南。"第二是多为平房。"我们修建房屋是一层建在另一层上，而中国人的房屋却是建在平地上，一间接一间。所以我们占有空间，他们占有地面。"④

第18章《皇城的二十座宫殿》详细介绍了皇城内的主要宫殿及其布局："皇城内有二十座宫殿，它们从北到南呈一直线。"这些宫殿依次为：大清门、长安街东、西门、端门、午楼（或午门）、皇极门、皇极殿、建极殿、中极殿、保和殿、乾清门、乾清宫、中宫、奉天宫、御花园、玄武门、南上门、万岁门、寿皇殿、北上门、北安门。安文思逐一介绍了每座宫殿的规格、建制和作用。

第19章《记皇城内的二十座特殊的宫殿》介绍了皇城内其他宫殿。"除了为皇帝本人设计的宫殿外，另外还修建了几座特殊的宫殿，其中许

---

① 〔葡〕安文思著，何高济、李申译：《中国新史》，第132页。
② 1656年荷使访问北京的游记，参见〔荷〕约翰·尼霍夫（Johan Nieuhof）原著，〔荷〕包乐史、〔中〕庄国土著：《〈荷使初访中国记〉研究》，厦门：厦门大学出版社，1989年，第82—92页。
③ Gabriel Magaillans. *A New History of China: Containing a Description of the Most Considerable Particulars of Vast Empire*, Done out of French. pp. 274—281. 中译文参见〔葡〕安文思：《中国新史》，第137—141页。
④ 〔葡〕安文思著，何高济、李申译：《中国新史》，第135页。

多以其美观、宏伟、广大,足以作为大王子的府宅。"这些宫殿为:文华殿、武英殿、崇先殿、仁智殿、慈庆宫、景华宫、御婚殿、慈宁宫、储秀宫、启祥宫、翊号殿、祥宁宫、永寿宫、乾宁宫、交泰殿、坤宁宫、承乾宫、宏德殿、谨心殿。"这些宫殿名字在我们的语言中看来很寻常,但可以肯定的是,在中国语言中它们却非常有意义并充满神秘色彩,这是由他们的文人按宫殿的建筑风格和用途而有意创制的。"①安文思分别介绍了这些宫殿的位置、形制。

第20章《同一范围内另外几座宫殿和庙宇》"记述的这些宫殿,是在宫殿围墙的最内层,它们被两道墙分开,彼此又被另一些同样结构的墙隔开"。处在这两层之间的宫殿有:重华殿、兴阳殿、万寿殿、清辉殿、英塔殿、万娱殿、虎城殿、中砭宫、太皇殿。"除了这些宫殿外,在两重围墙内还有许多向偶像献祭的庙宇;其中有四座最知名,它们也被称做宫殿,因为它们面积大,殿堂多,建筑漂亮。"②这四座殿为太光明、太皇殿、马卡拉殿(音译)、喇嘛殿。

安文思描述了这些宫殿建筑:"我们所述建筑物盖以黄、绿、兰色大厚瓦,用钉固定以防风暴,因北京的风很大,屋脊总是从东到西,高出屋顶约一矛的高度。末端饰以龙、虎、狮及其他动物的躯体和头部造型,它们沿着整个屋脊盘绕伸延。从它们的口和耳中,涌出各种花朵及奇形怪状的东西或其他悦目的装饰,一些装饰就依附在它们的角上。由于这些宫殿都漆上上述的色彩,当太阳升起时,从老远看去,如我多次所观察到的,它们都是用纯金制成,至少是镀金,以蓝、绿色作彩饰,产生非常美妙、华丽、庄严的景观。"③一幅金光灿烂的宫殿建筑场景呈现在读者眼前,读后让人不能不神往。

第21章《北京的皇家庙宇及皇帝外出进行公祭的方式》介绍皇城外的皇家庙宇:"除了皇城内的庙宇,皇帝还有另七座庙,他每年都要前往每座庙各作一次祭祀。五座在新城,两座在老城内。"④这七座庙为:天坛、地坛、北天坛、日坛、月坛、帝王庙、城隍庙。安文思提到"有两个原因使皇

---

① 〔葡〕安文思著,何高济、李申译:《中国新史》,第160页。
② 同上书,第167页。
③ 同上书,第170页。
④ 同上书,第172页。

帝离宫外出":"第一,当他去狩猎或者出游的时候。""第二,当他去祭祀即公祭的时候。"安文思接着记载了皇帝出巡所带的庞大的仪仗队,共24列。这一章的内容后来在李明的《中国近事报道》一书第6封信《给德布永公爵夫人》中被引述,可见安氏一书的反响。①

在17世纪葡萄牙籍耶稣会士中,先于安文思入京者有费奇观、阳玛诺、傅汎际,其后有瞿洗满、郭纳爵、何大化、张玛诺、成际理、徐日昇、苏霖、郭天爵、金弥格等人,他们中间除了徐日昇、苏霖两人在京居留时间超过安文思,其他似无人比安氏更长,更无人像安氏这样留下了一部"北京经验"历史见证的经典著作——《中国新史》,这是一部个人经验和学术研究兼备的著作。安文思在中葡文化交流史上地位之重要由此可见一斑。值得指出的是,安文思是从赞美的角度评介清廷政治制度,他将"政治之发达""中国君主之伟大"列为"中国十二绝"之十、十一。对于《中庸》所制定的儒家政治原理,安氏更是引为政治范型,这反映了他作为葡籍耶稣会士政治眼光的局限;安文思对北京城貌及其建筑的描述,也没有像后来的法国耶稣会士那样带着比较,甚至挑剔的眼光,而是倾倒在"北京之宏伟"的场景之下。尽管如此,1688年法文版译者在回顾了西方的早期汉学史后,充满信心地指出:"由于作者在京城长久居留,通晓那里的语言和典籍,与当朝要人的交往,享有进入皇宫的自由,以及他对撰写材料和事实所作的选择,无疑会使我们确信作者对他所讲述之事具有完备的知识。"②从《中国新史》使用材料的真实性,从其内容显现的重要价值,都可证明法文版译者所言并不过誉。

四 李明《中国近事报道》中的北京

李明(1655—1728),中文名字复初,出生于法国波尔多。1671年10月15日加入耶稣会,同年进入吉廷教区修院。1685年法国国王路易十

---

① 参见〔法〕李明著,郭强、龙云、李伟译:《中国近事报道(1687—1692)》,郑州:大象出版社,2004年,第161页。李明写道:"新近译出并附有同样博学而又有教育意义的注释的安文思神父的游记,同样记述了当今皇帝前往天坛向上天进行祭祀时威严排场的出行,这次出行有些特别之处,值得在此重复谈谈。"

② 《法文版前言》,收入〔葡〕安文思著,何高济、李申译:《中国新史》,第5页。

四选派遣使赴华,李明与耶稣会士洪若翰、张诚、刘应、白晋、居仁·塔夏尔(Guy Tachard)六人当选。出发前夕,巴黎天文台首任台长乔瓦尼·多米尼克·卡西尼(Giovanni Domenico Cassini,1625—1712)与这六位耶稣会士进行过多次会谈;巴黎科学院接纳了这六位学者,并为他们配置了先进的科学仪器;国王下令为他们准备了多幅法国王宫的画作和精美的图书作为礼品带往中国。1685年3月3日,他们从法国布雷斯特港口出发。作为法国派往中国的第一批传教士,他们以博学多艺著称,被称为"国王的数学家"。同年9月舰队到达暹罗。关于这一阶段的旅行,居仁·塔夏尔和张诚留有旅行记录。① 1687年6月19日,除居仁·塔夏尔折返法国外,其他五人从暹罗登上一艘开往宁波的中国帆船,7月23日到达中国宁波。1688年2月8日到达北京。3月21日康熙皇帝在召见五位法国使者后,决定留下张诚和白晋在宫中服务,为他讲授西方科学和担任翻译,其他三人可赴外地自由传教。② 此后李明的行迹,留下的史料甚少。据费赖之《在华耶稣会士列传及书目》中的李明传载,李明"未久派往山西与刘应神甫共处若干时,已而派往陕西,接管方德望神甫之旧管教区二年"。③ "澳门葡萄牙人截留法国寄来之经费,致使明与刘应、洪若翰神甫等皆受窘迫,不得已各弃其传教区域徙居海港附近而求自给,1690年明随洪若翰神甫赴广州与葡人论曲直,是行也曾将南京至广州诸水道绘成地图一幅。已而洪若翰神甫遣之回法国,以新设传教会之窘状报告上级人员。1692年抵法国,转赴罗马,嗣后居留法国而为勃艮第公爵夫人之告解人。1728年殁于波尔多。"④李明离京以后的经历显然非常曲折、困窘,这与葡萄牙人利用"保教权"对法国耶稣会士的施压有直接关系。

---

① 塔夏尔著有《暹罗行记》(*Voyage de Siam des pères jésuites envoyéz par le Roy aux Indes et à la Chine*,巴黎;1686年)。张诚留有旅行报告,现存泰国曼谷金刚智国家图书馆。参见〔法〕伊夫斯·德·托玛斯·博西耶尔夫人著,辛岩译:《耶稣会士张诚——路易十四派往中国的五位数学家之一》,郑州:大象出版社,2009年2月版,第2、3、167页。

② 此行情形,参见辛岩译:《耶稣会士张诚——路易十四派往中国的五位数学家之一》,第1—9页。

③ 参见〔法〕李明著,郭强、龙云、李伟译:《中国近事报道(1687—1698)》,第310页。〔法〕费赖之著,冯承钧译:《在华耶稣会士列传及书目》上册,第441—442页。

④ 参见〔法〕费赖之著,冯承钧译:《在华耶稣会士列传及书目》上册,第441—442页。

1687年李明等五位法国耶稣会士来华,是西方传教史上的重要转折点,从此"形成了独立于葡萄牙会士之外的一个特别的集团",①使中国的传教进入一个由葡萄牙与法国共同执掌的时代。1696年李明在法国巴黎出版《中国近事报道(1687—1692)》(*Nouveaux Mémoires sur L'état Présent de la Chine 1687—1692*)一书,②开启了法国传教士汉学研究的先河。

李明的《中国近事报道》有其特殊的文献价值。一是它为李个人独著,这与后来出版的《耶稣会士中国书简集》为众多法国耶稣会士的书信汇编,属于集体作品不同。二是它原汁原味,没有经过编辑加工,这与《耶稣会士中国书简集》系经杜赫德神父这位法国"18世纪中国问题的权威"编辑而成有所不同。三是它以书信体写作报告的形式,每信有其集中讨论的主题,开法国耶稣会士报告以书信撰写体裁之先河。③ 正因为集这些优点于一身,1990年该书法文版重印时,编辑在序中对该书的价值仍大加赞赏,并深为作者在当时"中国礼仪之争"中所遭受的悲剧命运表示不满:

> 直到18世纪中叶,耶稣会士几乎是远东见闻独一无二的介绍者。但是,他们的作品苦于都是集体创作:书信集更富教化意义,却不能引人入胜。在当时,描述和记叙都是由一个出版者兼新闻检查官编辑成册的,而编者的主要任务就是把传教士的信件"变得更文明"些。而《中国近事报道》却幸运地未遭此厄运;李明的风趣、他的毫不动摇的独特性,文笔的幽默和自然流畅都未经过任何文学上的包装。这是一个非凡的个人人格的体现。④

从内容上看,《中国近事报道》确有其特别之处,每一封信都有其确定

---

① 〔法〕叶理世夫:《法国是如何发现中国的》,《中国史研究动态》1982年第3期。

② 一译为《中国观察新志》,参见〔法〕费赖之著,冯承钧译:《在华耶稣会士列传及书目》上册,第442页。

③ 这种以书札体讨论问题的形式可以追溯至法国著名思想家帕斯卡尔(Blaise Pascal,1623—1662)的《致外省人信札》,该著以批评耶稣会士的海外传教政策而著称于世。此书1657年出版后即被罗马教会列为禁书,但这种以书信体讨论问题的形式在法国渐渐流行,一直被沿袭到18世纪,启蒙思想家孟德斯鸠的《波斯人信札》(*Lettres persanes*)、著名作家布瓦耶·德·阿尔让(Boyer d'Argens,1704—1771)的《中国人信札》(*Lettres chinoises*),即属这类体裁的作品。

④ 《1990年法文版序:上帝创造了中国……》,〔法〕李明著,郭强、龙云、李伟译:《中国近事报道(1687—1692)》,第8页。

的讨论主题。《中国近事报道》共收 14 封信,从第 1 封信"十年前下令他的六个耶稣会士臣民作为数学家去中国"一语可以证明此信约写于 1695 年,①此时李明实际上已回到法国快三年了,也就是说,《中国近事报道》所收书信均为李明回到法国以后所撰写。从第 3 封信"由于公务之需我不得不走遍几乎整个中国。五年中,我已行程二千法里。在您所想了解的方面,可能我比任何人都更能满足阁下的要求,并向您讲述在这方面所应该持有的大体上正确的看法。下面就是我认为比较卓越,因而值得介绍的事物"一段话可知,②此信及以后的信,内容均为李明有意识地报告其在某一方面所获富有价值的信息,故在内容上虽无编辑加工之嫌,却有作者精心构思之力。第 5 封信述及李明与一伪装的中国贵族妇女的一段谈话,作者自称"我写了几个中国字,因为她自称知书识字";"我用中文和她说话;担心她理解上有困难,我用全国通用的,宫中一直使用的官话与她对话"。③由此来看,李明似懂中文,甚至能进行中文对话,这对他理解中国文化和民族习俗自然有极大帮助。

  作为传教士汉学的重要著作,《中国近事报道》的汉学研究价值已被中国学者注意。④ 但此书包含的丰富的清初北京或西人与清初北京关系的史料价值,却尚未见人具体论及。由于李明在华活动地点并非只在北京,这些信件所包含的内容自然也并不局限北京。但就其所获信息来源来说,它们应为李明的"北京经验"之提炼和总结。其与北京相关的内容主要体现在前三封信中,下面我们将《中国近事报道》中各信所含有关清初北京的内容辑出,以显现李明的"北京经验"。

  首先,李明在第一封信《致蓬查特兰大臣暨国务秘书阁下——暹罗—北京之旅》,详细谈及来华的准备、旅途过程,特别是从暹罗至北京之旅情形,⑤其选择赴华线路反映了法国耶稣会士与葡萄牙之间的矛盾。

---

① 〔法〕李明著,郭强、龙云、李伟译:《中国近事报道(1687—1692)》,第 21 页。
② 同上书,第 63—64 页。
③ 同上书,第 128 页。
④ 参见张西平:《欧洲早期汉学史——中西文化交流与西方汉学的兴起》,北京:中华书局,2009 年,第 469—474 页。
⑤ 有关从暹罗至北京的旅途情形,同行的洪若翰亦有报告。参见《耶稣会传教士洪若翰神父致拉雪兹神父的信》,收入《耶稣会士中国书简集》第 1 册,郑州:大象出版社,2005 年,第 250—299 页。

李明一行是 1687 年 6 月 17 日从暹罗乘船前往宁波，7 月 23 日抵达。此前张诚等四人曾经历了从暹罗到澳门初航的失败，并被迫折返暹罗。此次在宁波登陆后，遭到清朝地方官员的扣留，后写信给南怀仁，经南怀仁的帮助才获康熙皇帝允准入京。这次航行一个地理上的收获，是他们绘制了一张宁波港的地图。①

李明一行于 11 月 26 日由宁波坐船沿大运河北上，十三天后到达扬州，然后转走陆路，次年 2 月 8 日到达北京。关于此次旅途，李明有所交代，在宁波出发时，"总督因接待我们的不周，担心我们在皇帝面前说他的坏话，特地为我们派来轿子，把我们一直送上他为我们准备的上等船只。他命一队双簧管乐手和几名号手伴我们同船进京。他甚至还馈赠 10 皮斯托尔给我们，并交给我们一个叫 cam-ho 的朝廷特令，根据此命令，如果我们走水路，所到之处都要为我们提供备好的船只和六十二名挑夫，而如果需要，如河水结冰迫使我们取道陆路，还须加派挑夫。除此以外，所经城市，都要提供约值半皮斯托尔的盘缠。……另外，总督还命一官吏护送我们直至京城，并监督各地按我们的奉诏身份给予我们享受应有的待遇"。② 法国耶稣会士沿途受到当地官兵、居民和传教士们的热烈欢迎，"经过十三天的旅行，我们抵达扬州城，这里天气凉爽，我们有一直未曾离家的感觉"。③ 到达扬州后，改走陆路。关于后一段旅途，李明写道："由于河水结冰，运河已无法航行了。人们为我们提供了马匹，供我们代步，又雇佣了更多的挑夫，为我们搬运行李，大雪和严寒又迫使我们乘上轿子，后面还有骑马的侍卫跟随，以保证我们更加安全。""由于我们途中在好几个地方停留过。可以说，真正花在旅途上的时间是一个半月。"④他承认，由于康熙皇帝的谕旨，在中国境内的长途旅行极为顺利。

李明一行所走的这条路线颇为特殊，既与绝大部分欧洲传教士、使节从广州经陆路北上不同，又与后来英国马戛尔尼、阿美士德使团从海路北

---

① 参见〔法〕李明著，郭强、龙云、李伟译：《中国近事报道(1687—1692)》，第 382 页。李明后来提及此事时说："一张描述世界上最难进出的宁波港的入口，由于它四周遍布无数的岛屿和礁石，所以最熟练的领航员都感到发怵。我们在这张图上附加了从暹罗到中国的道路，还有在途中能看到的主要海岸或岛屿。"

② 〔法〕李明著，郭强、龙云、李伟译：《中国近事报道(1687—1692)》，第 42 页。

③ 同上书，第 43 页。

④ 同上书，第 44 页。

上直奔大沽口有别。之所以做出这样的路线选择,与他们一行对葡萄牙传教士的看法有关。当时葡萄牙对远东地区拥有"保教权",他们对中国教区的传教士行使管理权,法国耶稣会士与葡萄牙传教士心存矛盾,他们"认为不必再像去年那样去澳门",那样做会引起葡萄牙人的不悦。① 在宁波被清朝官员扣留期间,洪若翰就李明一行的到来知会南怀仁,并央其提供帮助,南怀仁不顾"冒触犯果阿总督和澳门总督的危险",②毅然尽其所能给予了帮助,向康熙请求允准李明一行进京。由此不难看出,法国耶稣会士从一开始就撇开葡萄牙澳门当局,另辟蹊径。③而李明一行在登陆以后之所以受到礼遇,与他们所持的法国国王使者的身份和康熙的诏令有关。

在这封信中,李明根据自己在华的实地考察所掌握的数据,纠正了欧洲地理学家对中国地理知识的两个错误:一是"把整个的辽东省放在长城的这边了。它确实是在长城以外,尽管它始终隶属中国"。二是"把整个中国王朝放在东方一边,比它实际的位置远约 500 法里。这是用肉眼无法发现的。但是,我们在东海岸所作的观测结果不允许对此有所怀疑。因此,中国距离欧洲比原来认为的要近得多"。④至于中国的面积,"从广州起,我们确认它位于纬度 23 度以上,至北京,纬度达 40 度,从南到北共占纬度 17 度,但我们定为 18 度,因为在北京以北,广州以南至王国的边境,还有约 20 法里。这 18 度约计 450 法里,即王国的纬度之长。由东到西的经度也不少于纬度,约 400 法里宽。这个测定是准确的,是建立在精

---

① 〔法〕李明著,郭强、龙云、李伟译:《中国近事报道(1687—1692)》,第 24 页。在此语后,李明加注说明:"葡萄牙惟恐失去它对派往中国的传教使团握有的特权,对派往康熙皇帝身边工作,服务于法国世俗利益的'国王的数学家传教士'的到来是敌对的。"

② 李明在信中说道:"这位神父有充分的理由置我们的请求于不顾……因为,如果他保护我们,他就会冒触犯果阿总督和澳门总督的危险。他曾接到他们的信,而这些信件显然既违背葡萄牙国王的意愿,又不符合基督慈悲之心。"〔法〕李明著,郭强、龙云、李伟译:《中国近事报道》,第 37 页。

③ 有关法国耶稣会士与葡萄牙传教士之间的矛盾,参见阎宗临:《清初葡法西士之内讧》,收入氏著:《中西交通史》,桂林:广西师范大学出版社,2007 年,第 137—141 页。张国刚:《从中西初识到礼仪之争——明清传教士与中西文化交流》,第 228—235 页。张著对此作了更为详尽的讨论。

④ 〔法〕李明著,郭强、龙云、李伟译:《中国近事报道(1687—1692)》,第 31—32 页。

确的观测基础上的"。① 对中国面积的估计比实际情形显然要小,但对北京、广州两地的纬度观测则准确无误。随后,李明述说了明末清初发生在北京的历史故事,从李自成攻打北京到崇祯帝自缢,再到吴三桂打开山海关降敌,最后是清军入关进京,他将这一幕接一幕的戏剧性场面呈现在读者眼前,让人对明末清初北京城的政治风云变幻浮想联翩。②

因为所走的路线是乘船沿大运河北上,所以李明一行对大运河沿途情形自然有相当的了解。第四封信《致克莱西伯爵:关于中国的气候、土地、运河、河流和水果》对大运河作了详细的介绍。其中虽不无错误之处,如说明大运河南自广州,但他的介绍大都为他们所目睹的实景:

> 由于在四百多法里的大片面积上,土地高低不平,或者没有一个适宜水流的坡度,人们不得不修建了多个船闸。尽管和我们的船闸极不一样,但人们在谈及时均如此称呼。正是这些瀑布,犹如奔腾而下的激流,随着各个运河所处的不同的水平高度,或急或缓地从高处落下。为了把船从较低的运河提上来,雇佣了一些人为此目的在各船闸旁听候派遣。
>
> 如果他们能见到我们的船闸只需一个人就能轻而易举地打开或关闭,使我们最长最重的船只或上提或下降安全通过闸口,他们该会多么惊奇啊!
>
> 在中国,我在多处地方见到两条运河互不相通,然而人们依然能使船只从一条运河过到另一条运河中去,哪怕它们水平面积相差15法尺,这就是他们的做法。……
>
> 正如他们所称呼的,这条水路对于将南部省份的粮食布匹运往北京是必不可少的。如果中国人的话可信,有80至100吨位的船一千艘每年航行一次,全部运载皇帝陛下所需用品,即使不计私人船只,其数字也是可观的。当这些庞大的船队通过时,人们会说船上载的是东方各王国向大清帝国的贡品,并说这种船队一次运载的贡物足够鞑靼生存几年所需;然而,北京自己独享全部贡品,并且如果外省不向这座大

---

① 〔法〕李明著,郭强、龙云、李伟译:《中国近事报道(1687—1692)》,第33页。
② 同上书,第33—35页。

城市提供市民生活所需,这船队运来的货物还远远不敷所需。①

书中还特别刊用了两幅大运河的画作。一幅是"使船只从一运河过渡到水平面不同的另一运河奇观"。一幅是"中国运河两岸的堤坝"。② 这应是见于西文书籍中描绘大运河的较早图画材料。

其次,李明在第二封信《致德内穆尔公爵夫人——皇帝接见及北京城见闻》详细描写了他们初到北京时,迅即受到康熙皇帝的接见,这与此前来京的耶稣会士相比,可以说是一项空前未有的最高规格待遇,这应与他们的法国国王使者身份有关。

初进紫禁城,李明立即被豪华的宫殿所吸引:

> 我们必须乘轿子直到皇宫的头道门外,从那里,我们得步行穿过八进院子。这些院子长得惊人,四周是不同建筑风格的住所,但是,十分一般,不够漂亮。那些建立在过道门上的方形亭,看上去倒有几分雄伟壮丽。从一个院子进入另一个院子的门惊人地厚实、宽大、高敞,十分匀称,由于时间的流逝,白大理石台阶已不那么光滑美丽了,其中一个院子中横穿着一条流动的溪流,我们走过几座同样是大理石修建的桥,大理石更白,雕刻得更为精致。
>
> 夫人,很难详细叙说并描述这座令人喜爱的宫殿,因为它的美不在于组成这座宫殿的建筑物,而在于由建筑物组合的奇妙的整体,没有尽头的院子和建筑得有规有矩的园子的结合,的确显示出庄重,并表现出这里主人的权威。③

在穿过紫禁城的建筑群后,李明一行终于到达康熙所在大殿。李明就自己近距离对皇帝宝座和康熙皇帝形象的观察做了细致、生动的记录:

> 在我看来,皇帝是中等以上的身材,比欧洲人自炫身材匀称的普通人稍胖,但比一般中国人希望的稍瘦一点;面庞丰满,留有患过天花的疤痕。前额宽大,鼻子和眼睛是中国人式的细小的。嘴很美,面孔的下半部长得很好。他的气色也很好。人们可以发现他的举止行

---

① 〔法〕李明著,郭强、龙云、李伟译:《中国近事报道(1687—1692)》,第109—111页。
② 同上书,第109页。
③ 同上书,第50页。

为中有某种东西使他具有主宰者的气派,使他与众不同。①

这是康熙首次接见法国人。书中特别插入一幅康熙的肖像画,画下的说明词为"康熙:中国和鞑靼的皇帝。时年41岁。画像作于其32岁时"。②该画从其风格看显系西人所画。在介绍了康熙皇帝后,李明接着引用徐日昇神父对南怀仁葬礼的报道,它描述了南怀仁死后十分隆重的葬礼场面,南怀仁被安葬在北京西郊的栅栏墓地,紧贴在利玛窦墓之后右侧,可见其葬礼规格之高。③

复次,李明在第三封信《致富尔斯登堡主教大人——城市、建筑物以及中国最巨大浩繁的工程》,对北京城市面貌、人口、街区、皇宫作了详细介绍,其中对北京和巴黎的比较颇具价值。

关于建都北京的原因,是"由于不安于现状的好斗的鞑靼人的不断入侵中原,迫使朝廷迁都到北方的省份,以便皇帝能够随时亲率最庞大的一支御林军抵御外侵。这就是建都北京的原因"。关于北京的地理位置:"北京高于水平面40度,位于距离长城不远的一个富饶的平原上,濒临东海。贯通南北的大运河使之与几个美丽的省份相沟通,北京的部分衣食就来自这些省份。"从这段话可知,李明当时尚不知在中国东面,东海之北还有黄海、渤海,以为东海一直延伸到北边,北京"濒临东海"。关于北京城市的面积:"北京城呈正方形,过去周边长4古法里。但是,自从鞑靼人在此建都以后,迫使中国人迁往城墙以外。不久,就在城外建起一座新的城镇。由于新城是一个细长形状,使北京城形成一个不规则形。所以北京城是由两个城组成的:一个称之为鞑靼城;另一个名为汉人城,与鞑靼城面积一样大,但人口要多得多。两城加起来,周边长达6古法里,各边长3600步。这些尺寸是准确的,因为这是皇上专门命人用绳子丈量出来的。"由此可知,李明当时对北京的面积了解颇为精确。

李明从面积、住房、人口等方面对北京与巴黎两城作了比较,这可能

---

① 〔法〕李明著,郭强、龙云、李伟译:《中国近事报道(1687—1692)》,第54页。书中还特别刊用了一幅康熙画像,这也许是出现在西方最早的康熙肖像画。
② 同上书,第53页。依康熙(1654—1722)生卒年推算,此画作于1685年。
③ 参见高智瑜、马爱德主编:《栅栏:北京最古老的天主教墓地》,第35页。按照南怀仁的死期,他的墓葬位置应排在后面,但安葬时放在利玛窦之右后侧,位置明显靠前,显示对其地位之特别尊重。

是在西文文献中,我们所见到的最早将两城所作比较的记载。"两城的确差别很大。根据比莱先生及受命于市府的先生们为巴黎建造新城墙所作之地图,巴黎城最长的部分不过2500步。因此,即使假设它是正方形,城周也不足8000步。也就是说,巴黎比鞑靼城的一半还小;因此,巴黎至多相当于北京城的四分之一"。① 北京城市面积虽大,但住房情形却不如巴黎。"如果考虑到中式房屋一般为平房,仅一层,而巴黎的房子是一层叠一层,假设有四层之高,那么,北京城容纳的住宅不会多于巴黎,甚至,稍少于巴黎,因为北京的街道无可比拟的宽阔,皇帝的宫殿极其大,且居住人口并不多,其中还有能供20多万人用的粮库,以及大面积的草房和小型房屋供大学士考试时使用,加在一起,就使这城市变得异常巨大了"。② 关于北京的人口,李明是从北京的住房情形加以推论:"巴黎的住房比北京多。因此,当同样大的空间,我们给10个人住,这里就必须容纳20至25人是实情的话(因为他们住得比我们拥挤得多),就只能得出结论:北京人口只有巴黎人口的两倍左右。这样,我认为可以说北京人口是二百万,而丝毫不必担心与真实数字相去甚远。"路易十四时代,巴黎人口为50万。③李明还特别说明:"我在人口问题上着笔这么多是因为我注意到,这是历史学家们研究最少的一方面。"实际上,北京城清初的人口数量较李明估计的要少。据韩光辉统计,康熙二十年北京城人口不过766900,州县人口876800,合计1643700。④

在李明的眼中,北京的街道繁华、热闹、拥挤。他说:"几乎到处一样。甚至在通衢大道上,道路也常被堵塞。当您看见骡马、骆驼、车轿和一二百人在各处聚集,一起听评书,您真会以为整省的人都压上北京来看什么特别节目来了。可以肯定地说,从表面现象看,我们人口最密集的城市与之相比,也成了僻静的去处了;尤其,通常人们认为妇女的数目超过男人很多。然而,在这外出的神奇庞大的人群中,您却从来遇不到一位女士。这就是为什么某些人从表面现象作出判断,认为两城市中的居民不过六

---

① 〔法〕李明著,郭强、龙云、李伟译:《中国近事报道(1687—1692)》,第64页。
② 同上书,第64—65页。
③ 同上书,第66页。
④ 参见韩光辉:《北京历史人口地理》,北京:北京大学出版社,1996年,第120页。

七百万。而实际上距真实情况甚远了。"①北京街面的宽阔、笔直给李明留下了深刻印象。"这座大城市的街道都是笔直的。最大的街道宽约6—20法尺,长一法里多,两侧几乎皆为商业铺房,铺内摆满丝绸、瓷器和漆器的商店形成一道美妙的风景。中国人的一个习俗使店铺变得更为美丽:每位商人都在店门前的一个支架上放上木板,板高约7—8肘,涂色的、涂清漆的或常常是涂成金色的,上面用大字写上店内所售货物的名称。几乎等距离排列在房屋门前两侧的那些壁柱形成一个有些特别的柱廊。这在中国几乎所有城市都是一致的。在一些地方,我还见到一些这样的'壁柱',那么洁净,就像是要把街道装饰成戏剧中的一个场景似的。"②北京街道旁低矮的平房和满是灰尘和泥土的街道,却使李明感到不雅。"有两样东西损害了街道的美观。一是街道与两侧建造得不好且低矮的房屋不成比例;二是街道上的黄泥和尘埃。在其他方面那么文明的中国,在这方面可看不出文明体现在哪里。无论冬天夏天,对出行的人都是不方便的。"③中西方的建筑风格差别主要表现为:一是在房屋高低上,中式房屋大都为平房,西式房屋多为高层建筑。中低西高,西人以高为荣。二是在建筑材料上,中式房屋以木制为主,西式房屋以石制为主。西式建筑结实、耐久,西人以其坚固为耀。中西建筑所呈现的这两大差别,在中西方文明初遇时即已表现出来。

皇宫是人们最感兴趣的建筑,也是李明着力介绍并以为"值得一提"的建筑:

> 皇宫不仅包括皇帝的寝宫及花园,而且还是一个小城市,其中朝廷的各级官员们有各自的私宅,还有许多工人住在"城"内,为皇上效力和受雇于皇上,因为,除太监外,任何人都不能在内宫的套房居住。外城四周有高墙环绕,与内宫之间还有一座稍矮的墙相隔。房子均极矮,比鞑靼城的房子要逊色得多。
>
> 内宫是由处于同一水平上的九个大院子组成,全部在一条中轴线上,这里我未将侧翼作为办公室及马厩的房子计算在内。连通院

---

① 〔法〕李明著,郭强、龙云、李伟译:《中国近事报道(1687—1692)》,第65页。
② 同上书,第67页。
③ 同上。

子的门是大理石的,上面均建有哥特式建筑风格的大亭子,屋顶尖端的亭子的构架成为相当奇特的装饰。这是用很多块木头叠砌而成的,向外突出,呈挑檐状,从远处望去,产生相当美的效果。

院子的侧面都是封闭的,或建有一排排的小住所,或修些长廊。皇帝的府邸更不一般,粗柱支撑的牌楼,通往前厅的白大理石的台阶,覆盖着光彩夺目的琉璃瓦的屋顶,雕刻的装饰,清漆金饰,墙饰,几乎一色大理石或陶瓷铺设的路面,尤其是组成这一切的数量极大,所有的东西都具有一种华丽庄严的气势,显示出伟大皇帝的宫殿的气派。①

与皇宫相连的数量远不如"想象得多"的侍卫、住满宫廷的太监、数量庞大的宫女也在李明的视野之内。不过,李明根据自己的观察,对中国建筑艺术及其风格不无微词。"套房之间缺乏浑然一体的联系,互相没有呼应,装饰也无规律可循,没有我们宫殿那种既华丽又舒适的相辅相成的美感。再有,随处可见一些无以名状的玩意,恕我冒昧地说,那是一些欧洲人不喜欢的、会使对真正建筑术稍有品位的人反感的东西。"李明对某些传教士(极有可能是指安文思)渲染北京建筑的言论表示不满,以为"他们大约在欧洲没见过更美好的建筑,或者是由于长期客居中国,已是习以为常了"。② 在另一处,李明甚至表现出对一般中国建筑不屑一顾的态度:"大概因为整个北京除皇宫以外,再也找不着其他建筑物值得一提了。所以,我敢大言不惭地说,如果称那些大人物的房子是宫殿的话,那简直就是我们词汇的堕落、降级。这不过是些很一般的房子,一些平房。的确,用作官员住所的房子数量之多,在一定程度上弥补了在豪华宏伟方面的不足。并非中国人不喜欢铺张讲排场,不会大手大脚,而是国家习俗所限,与众不同是危险的。"③这些批评明显带有他的西式审美成见。

北京的城门和城墙也许是李明最欣赏的建筑,也是他认为"最迷人的地方"。"城门和城墙均极宏伟,与皇城匹配得当。城门并不像中国其他公共建筑的门那样装饰有图像或浮雕。所有的美都在一个'高'字中,它们出奇地高,高形成了世界上无可比拟的美的效果。"他对巴黎与北京的

---

① 〔法〕李明著,郭强、龙云、李伟译:《中国近事报道(1687—1692)》,第 67—68 页。
② 同上书,第 68 页。
③ 同上书,第 70 页。

城门做了比较:"如果只考虑建筑物之精巧和建筑术的美妙之处,那么,巴黎的城门无疑是更美的。但是,当人们一旦接触了北京,就不得不承认这些大建筑物,如果我能这样说,这些富丽堂皇的建筑,尽管有些不像样子,却具有我们所有的装饰所不能与之相匹敌的威严气势。另外,城门的穹顶是大理石的,其他部分则是用很厚实并砌得很好的砖建成。""城墙和高大的门洞匹配。高墙挡住投向所有建筑物的视线,宽墙可供在上面骑马巡逻。每隔一段距离,大约一箭之遥,就有一些方槌楼作为护城。护城河是干的,但宽且深。一切都显得很规整,维修得相当好,像是随时随地都可应付一场围城战似的。"①这里李明对北京城墙"高大"的描述和欣赏颇为符合西方人的审美取向。

对北京观象台的报道是第 3 封信的一大亮点。自从利玛窦在京传输欧洲的天文仪器和西方的天文学以来,明、清两朝对西方的天文学日益重视,汤若望、南怀仁先后执掌钦天监,观象台仪器的欧化进程加速,观象台成为京师中西文化交流具有历史意义的一个象征。②李明实地考察了观象台,他描写了自己所见的观象台存放的新、老仪器:

> 就是在这个塔楼的平台上,中国的天文学家摆上了他们的仪器。尽管仪器数量不多,却占满了平台的整个空间。但是,钦天监监正南怀仁神父认为这些仪器对于天象观测毫无用处,说服皇帝撤换它们以便为他的仪器腾出位置。这些仪器现仍存放在与院子相连的一个大厅里,布满灰尘,被人遗忘。……
> 这座观象台是老仪器,所以它不显得那么重要,加之它所处的地理位置,外表以及建筑,就更不值得一提了。现在,南怀仁神父新安装的青铜仪器使它得以充实。新仪器又大,铸造又好,上面到处有龙纹装饰,布置得很方便实用。刻度的精确与机器的其他部分相适应。国家皇家科学院的新方法,在舭板处设置瞄准用的镜片。在这方面,国内可能尚无可与之相比的仪器。但是,无论神父怎样细心教他们准确地划分度盘,中国工人,或是太粗心,或是没能忠实依照已经作

---

① 〔法〕李明著,郭强、龙云、李伟译:《中国近事报道(1687—1692)》,第 84 页。
② 有关这方面的论述,参见张柏春:《明清测天仪器之欧化》,沈阳:辽宁教育出版社,2000年,第 94—350 页。

上的记号,这样,我使用巴黎优秀工人的方法在辐线可能是1.5法尺的1/4圆周上计算,结果比塔楼上的辐线6法尺的还多。①

李明将6台新制的仪器分别画出来,并对它们的大小尺寸和形制作了描绘。这6台仪器是黄道浑仪、二分仪、地平经度仪、大象限仪、六分仪、天体仪。②李明承认"这是我所描述的仪器中最美、制作最优良的机器"。③这可能是最早比较系统地向西方宣传北京观象台及其使用仪器的材料了。对于中国在天文学方面的成就,李明似有相当的了解和比较内行的评论,他在第8封信中评论道:"至于天文学,我们不得不承认世上从来没有哪个民族像它那样长期致力于天文学的研究。这门科学得益于他们无数的观测成果,但是,这些观测记载并未注意细节的叙述。"他注意到自17世纪初以来西方传教士在天文学方面为中国做出的突出贡献。④

李明看到了欧洲人梦寐以求的万里长城。他在介绍建筑物时特别提到了长城,称之为"大城墙"。"万里长城,它从东海一直伸展到陕西省。这实际并非它真有这么长,但是,肯定地说,如果它的蜿蜒曲折都计算在内,它决不少于五百古法里。再者,这并非一堵平常的墙;墙上还到处修有箭楼,这使之更为坚固,几乎相当于军事堡垒的城墙。""长城蜿蜒着,沿着最高的丘陵地伸展,随着地方的布局和地势的不平,忽而高些,忽而低些,不应该想象,像有些人以为的那样,长城到处都在一个水平线上。""整个建筑几乎都是用砖砌成,墙体建得很牢固,所以几世纪以来,它不仅延续下来,而且至今还几乎完好无缺。"⑤他以为长城是一项前所未有的、最伟大的、同时也是最荒诞的工程。他不认为这座城墙能达到抵御鞑靼人进攻的目的,但他赞赏工人的灵巧及工程的难度。⑥

北京给李明留下了深刻而难忘的印象。"因它广阔的面积、城门的高大、城墙的瑰丽、宫殿的宏伟、16万多驻军的要塞和众多的居民而成为值

---

① 〔法〕李明著,郭强、龙云、李伟译:《中国近事报道(1687—1692)》,第72页。
② 同上书,第73—81页。
③ 同上书,第80页。
④ 同上书,第194页。
⑤ 同上书,第85—86页。
⑥ 同上书,第58—86页。

得称道的首都。"①尽管此前已有法国人来过北京,但没有一人像李明这样对北京作出如此真实而富有见地的评述。

再次,李明对中国政治的观察和评论,借助了他的"北京经验"。

在第6封信《致德布永公爵夫人:有关中国人生活的清洁卫生和雅致奢华》中,李明对中国官员讲究排场和皇帝出巡的浩大场面给予了描述。"在北京,亲王出行是由他的四名官员开路,自己则夹在杂乱走着的随从当中。""不仅王公贵族和上流社会人士在公共场合前呼后拥地带着随从,就是一般人家上街,也总是以马代步或乘坐遮得严严实实的轿子,后面跟着仆人或保镖。鞑靼女人有时也乘坐两轮轻马车,但几乎不使用四轮华丽马车。"②在这封信中,李明引用安文思的描述对皇帝出巡、狩猎和豪华的公共盛典的场面作了较大篇幅的介绍。③

在第9封信《致红衣主教德斯泰大人:论中国政治及政府》,李明谈到"中国政治及政府"这一敏感的话题,与一般欧洲人对中国的偏见不同,他以为:"在古代形成的各种政府思想中,可能没有比中国的君主制更完美无瑕的了。这个强大帝国的创立者当初倡导的君主制跟今天几乎一模一样。"④虽然荷兰通过尼德兰资产阶级革命,已创建了共和国,但李明认为中国没有采取共和制,却"更反对暴政,说暴政的根源在于君主犯下的天理王法所不允许的出规〔轨〕逾矩行为,而不在于绝对权力本身"。他没有像安文思那样对中国政府机构做大量的介绍,而是着力于对中国政治机制的论述。李明认识到中国君主制长久存在的合理性:"法律既赋予了皇帝至高无上的权力,也要求在他行使权力过程中要温和适度,这是长此以来支撑中国君主制广厦的两大支柱。"李明在介绍中国皇帝具有至高无上的权力时,借助了他的"北京经验"。皇权表现为:一、"他掌握着举国官员的升迁任免,可以自己做主给宠幸者封官授爵,因为他根本不会兜售官职"。李明举例说明:"我在北京亲眼目睹过行使这种泱泱皇权的实例,奇怪的是并没有什么轰动。三位阁老(即三位位极人臣的显贵,相当于国家部长)在任上中饱私囊,最后事情败露,皇上知道后立即查抄了他们的财

---

① 〔法〕李明著,郭强、龙云、李伟译:《中国近事报道(1687—1692)》,第84页。
② 同上书,第153—154页。
③ 同上书,第161—163页。
④ 同上书,第217页。

产,并迫令其辞职。前两位是怎样处理的我不知其详,第三位是朝中元老,德高望重,也被判加入普通御林军行列,把守宫掖大门。一天,我看见备受屈辱的他跟普通门卫一样在值岗。路过的时候,我也像别人那样给他屈膝下跪,大家对这位不久前还身居高位的人依然保持着崇敬之情。"① 二、"尽管每个人掌握着一定财物,可以安享自己的土地,但如果皇帝觉得国家急需,便可以增添贡赋"。在此,李明比较了当时中、法两国的国家收入:"我仔细分析过人们的传言和书本的记述,却不相信国库每年进账二千二百万两白银(葡萄牙人称为taëls)一说,一两白银差不多相当于我们的4法郎。但是,每年在全国征收的稻谷、小麦、食盐、丝绸、布匹、清漆和其他形形色色的物品也价值五千万两白银之巨,也就是说将全部收入折合成白银作出最精确的估算,皇帝的正常年收入达到二千八百万法国斤银。"李明在此语后特加注"1683年,法国的国家收入增加到116.00万斤银两"。② 三、"皇帝可以自由宣战、停战,或在保持帝国尊荣的前提下按自己属意的条件缔约"。四、"皇帝有从皇室成员或臣民中选择继位人的权力"。五、"历代皇帝的绝对权力并不仅仅限于现世,他可以像对待生者一样给死者以追封和贬谪,从而褒扬或惩治他们的后人或家庭,可以给死者追加伯爵、侯爵或其他类似的封号"。六、"他可以废除旧文字,创立新文字;可以变更行省、府道和家族的称谓,可以下令在谈话、作文、著书时避哪些讳,用什么词"。③ 其中所提供的当时中、法国家收入数据尤为珍贵。从他的评述中,可以看出他对中国的君主制并不反感,他是抱着理解的态度来解释中国政治制度的合理性。他对中国政治的介绍,对法国18世纪所出现的加强王权的趋势和法国启蒙运动思想家们有关中国专制制度的论述有一定影响,魁奈的《中华帝国的专制制度》一书即或明或暗地引述了李明的著述。④

---

① 〔法〕李明著,郭强、龙云、李伟译:《中国近事报道(1687—1692)》,第219页。
② 同上书,第221页。
③ 同上书,第221—223页。
④ 参见〔法〕弗朗斯瓦·魁奈著,谈敏译:《中华帝国的专制制度》,北京:商务印书馆,1992年,第24、40、73—77页。如魁奈宣称:"我从有关中国的报告中得出结论,中国的制度系建立于明智和确定不移的法律之上,皇帝执行这些法律,而他自己也审慎地遵守这些法律。"(第24页)"对于中国城市的数目之众多与规模之宏伟,只需引用勒孔特(即李明——引者按)神父的叙述,即可获得一个大体印象。"(第40页)此外,第三章《实在法》第二节《皇帝的绝对权力受到制约》、第三节《帝国朝廷的机构》(第73—77页)都可看出魁奈对中国政治的了解。

最后,李明介绍了北京基督教的发展情形和同行的耶稣会士张诚的工作成就。第11封信《致国务参事德胡耶先生:论基督教在中国的扎根和发展》叙述了基督教在中国的传教历史,特别提到1665年教案发生时汤若望、南怀仁诸人在北京的遇难故事。①

第12封信《致国王的忏悔神父:尊敬的拉雪兹神父:传教士在中国宣讲耶稣教义的方式和新基督徒们的虔诚》,提到了张诚在北京受到康熙宠信的缘由是他在中俄尼布楚谈判中的卓越表现:

> 根据最初制定的计划,我们所有人都应当留在北京的皇宫里为皇帝效劳;但天意却另有安排,人们最终还是依从了我们的意愿,让我们为了宗教的利益分散到各个省去。人们只是把张诚神父和白晋神父留在朝廷中,两个人首先专心于学习语言,并取得了非常大的成功,所以他们不久之后就可以帮助基督徒了,甚至能够在几次重大事务中为皇帝效力。这段时间最引人注目的是人们在距离北京300古里的地方讨论的莫斯科人同中国人之间的和平问题,张诚神父受派跟随被任命为帝国全权代表的索额图亲王一同前去。……
>
> 他常常穿梭于两个营地之间传话,出谋划策,缓和他们的脾气和隐瞒那些必然会激怒他们的话语。最终他巧妙地照顾了双方的利益,使中国人和莫斯科人皆大欢喜地缔结了和平协议。
>
> 索额图亲王对神父表现出的满怀热情和聪明才智感到非常高兴,所以公开声称没有他一切都将是毫无希望的。亲王用同样的话语与皇帝谈论他;因此皇帝十分好奇地想见一见他。他发现神父能干、真诚、热心地执行,甚至是揣摸他的旨意;他喜欢这种性格。他让神父在他身边,在宫殿中、在郊外和鞑靼之行中陪同他。②

谈及当时的传教方式时,李明提到了当时耶稣会士传教工作重点的转移,"自从对汤若望神父的最近一次迫害以来,在目前的中国的基督徒中,我们不再考虑王公贵胄和大臣,但我们每年并未停止为官员、大学士和其他要人行洗礼。但的确老百姓占了绝大多数……我们并非今天才认识到穷人总是教堂里优秀的一部分和耶稣基督的宝贵遗产"。李明估算

---

① 〔法〕李明著,郭强、龙云、李伟译:《中国近事报道(1687—1692)》,第289—290页。
② 同上书,第302页。

了当时中国基督教徒的人数,并报道了当时北京教堂的情形,他坦白地说:"我几乎跑遍了整个中国,甚至致力于统计信徒数量,但我从未能了解到确切的数字。然而我相信那些认为有 30 万基督徒的人并非远离实际在胡说八道。"具体谈到北京的情形,"北京的教堂修建得非常好,主立面的石头由传教士亲自奠基,非常精致,有相当高的品位"。①经过一个世纪的发展,与利玛窦时代相比,基督教显然有了较大的进步。

第 14 封信《致比尼翁院长大人:我们在印度和中国所做观察的概述》中,李明提到他们所做的一些天文观察和地图测绘工作也与北京有关。"第一次是发生于 1688 年 4 月底的日食,尽管以前我们在北京时日食并不十分大,但我们知道在中国的某个地方应该是日全食。""我们迅速从北京动身去山西省的重要城市绛州,根据我们的计算,在那里太阳将会是全食;然而事实并不是那样,我们弄错了,因为我们尚未精确地了解中国的经度。"②李明还提及他们有机会观察到了两颗彗星,其中"第二颗彗星于 1689 年 9 月在本地治里、马六甲和北京出现。它的运动与第一颗相反,它远离太阳,向南极前进,穿过天狼星座和半人马星座,于第二年 1 月初消失在南极"。③张诚参加中俄勘界工作是法国耶稣会士中一件引人注目的事件,李明兴奋地报告了张诚的测绘制图工作所取得的重大收获:

另一张更加令人感到新奇,甚至它在种类上也是独一无二的。因为欧洲人至今极少获得在大鞑靼旅行的机会,迫使地理学家只能利用人所做的一些与事实不符的某些回忆录描述,似乎故意要剥夺我们对此的了解。几年前在中国皇帝和莫斯科公爵之间激烈的战争,使我们得以在各个方向上仔细勘察了王国的边界。各省份的面积、土质、河流、高山、沙漠和所有可能引起君主们兴趣,以及今后可能用于在他们之间缔结和平盟约的事物。

除了这些张诚神父手中的回忆录之外,这位神父还在国家的中心区域进行了多次二三百古里的远足:有时向西,有时向北,尽可能多地观察主要地域的纬度和经度。因此他所描绘的地图给我们了解

---

① 〔法〕李明著,郭强、龙云、李伟译:《中国近事报道(1687—1692)》,第 334—335 页。
② 同上书,第 369 页。
③ 同上书,第 376 页。

这个广阔国家的真正布局以一个相当正确的概念。①对张诚的测绘制图工作对欧洲汉学的贡献和价值给予高度评价。

相对于《利玛窦札记》和安文思的《中国新史》，李明《中国近事报道》"北京经验"的成分要少得多，这与李明在北京的时间相对较短有关。但如放大到"中国经验"，李明的《中国近事报道》则毫不逊色。三本书的共同之处是个人游历与学术研究兼备，在学术研究方面，李明一书所占的分量似更重。李明对中国政治、宗教、艺术方面的介绍充满了褒扬之词，但他在比较中西之间科技方面时却对西方科技有相当程度的自信。他以为中国人"在科学方面表现平平"，并从西方擅长的数学、天文学、航海术这几大领域对中西差距做了比较；他承认中国"历来就有火药、印刷术，并使用指南针，这些在欧洲是新技术，而且是我们应该感激他们的发明"。②他对中医做了富有价值的评论，认为"作为医学基础的物理学和解剖学一直是他们的缺项，他们在医学上从未取得过巨大的进展。然而，必须承认他们获得了对脉搏的独特的认识，这使他们在世界上享有盛名"。③他的这些评论显示了他具有相当高的学养。李明的《中国近事报道》尽管在1700年被巴黎索尔邦神学院禁止，但对法国启蒙运动的思想家们（特别是重农学派）产生了重要影响。④在法国五位"国王的数学家"中，最有资格谈论其"北京经验"的应推白晋、张诚两人。他俩不仅有在北京较长的生活经历，且有在皇帝身边担任翻译和教职的经验，这是耶稣会士前所未有的一种体验。白晋撰写的《康熙皇帝》和留下的书信、日记，张诚留下的日记见证了他们这一新奇的经验。经过一个多世纪的持续努力，从利玛窦艰难地走进北京，学会与朝廷官员交谊；到汤若望、南怀仁等凭其拥有的技艺在钦天监这样一些科技部门谋得一官半职，再到张诚、白晋在皇帝身边贴身服侍，耶稣会士终于进入了北京社会的核心，难得地成为融入北京的一分子。

---

① 〔法〕李明著，郭强、龙云、李伟译：《中国近事报道(1687—1692)》，第382页。
② 同上书，第204页。
③ 同上书，第195页。
④ 参见〔法〕艾田蒲著，许钧、钱林森译：《中国之欧洲》下卷，桂林：广西师范大学出版社，2008年，第240—249页。许明龙：《欧洲18世纪中国热》，北京：外语教学与研究出版社，2007年，第169—172页。

结　语

　　《利玛窦中国札记》及其书简是 17 世纪初期（1598—1610）耶稣会士"北京经验"的历史记录，安文思的《中国新史》展示了 17 世纪中期（1648—1677）耶稣会士眼中的北京，李明的《中国近事报道》展现的是 17 世纪后期（1688—1692）耶稣会士视野中的北京形象，这三部著作组合在一起，构建了一幅较为完整的 17 世纪西方耶稣会士的北京画像，奠定了西方北京知识谱系的重要基础。从文献意义上说，《利玛窦中国札记》及其书简是以意大利文撰写，《中国新史》是以葡萄牙文撰写，《中国近事报道》是以法文撰写，这三位作者对各自国家及其所属民族乃至整个欧洲的"中国观"（特别是"北京经验"）的建构具有开拓性的作用，是为 17 世纪欧洲传教士汉学的经典之作，其著作内容和著述体裁对后来都有很大的影响。

　　须加指出的是，上述著作带有欧洲人那种异样的眼光，对中国的观察亦充满了好奇和猎奇；他们对北京乃至整个中国的描述虽然不无比较、批评，但基本上是从羡慕、仰视的角度来介绍；他们对北京的描述，往往以此前的《马可波罗行纪》对元大都"汗八里城"的描写为参照，说明此前欧洲人有关北京知识的来源主要是以《马可波罗行纪》为底本；这些著作手稿出版快，初版后在欧洲迅速出现各种语言的译本，这一情形反映了当时欧洲对中国知识的渴求，它对推动西方向远东的殖民拓展自然会起到重要作用。

　　与 16 世纪西方作者撰写、出版的有关中国的游记相比，如西班牙人门多萨 1585 年在罗马出版的《中华大帝国志》、葡萄牙人费尔南·门德斯·平托 1580 年完稿的《远游记》（1614 年出版），利玛窦、安文思、李明这三部作品在叙述知识的精确度和可信度，在对包括北京在内的广大中国的知识拓展上，都有了很大的进步。门多萨的《中华大帝国志》可谓 16 世纪西方汉学的一部巨著，系根据三位赴华传教士的游记和环球游记的材料所写，由于这三位传教士没到过北京，他们的游记没有提供任何"北京经验"的材料，所以我们在这部大部头的《中华大帝国志》中只能看到有关北京一些零碎、带有传说性的描述。① 费尔南·门德斯·平托的《远游记》在该书第 105 节《中国国王的居住地北京城的一鳞半爪》至第 107 节《北京城里的若干轶事》述及北京,但作者是以罪犯身份押解到北京,其行动受到限制,虽有见闻,毕竟非常局限,如作者提到"北京城地处北纬四十五度",②与实际纬度相差甚大。作者在书中数处引用了他所获得的一本"介绍北京宏伟规模的小册子"——《亚洲圣都》,这大概是当时一本相当于《北京指南》一类的小册子,他对北京的介绍材料不乏取自该书者。

从遣使方面言,16 世纪西方使节进入北京的记录仅有一次,即 1521 年葡萄牙国王唐·曼努埃尔(Don Manuel)所派的第一个葡萄牙使节皮雷斯从广州经陆路到达北京。③ 1562 年新任葡萄牙国王驻印度全权代表 F. 库蒂尼奥(D. Francisco Coutinho)第二次派遣迪奥戈·佩雷拉(Diogo Pereira)出使中国,该使节抵达澳门后,未获广东地方政府的同意。后只得改派迪奥戈·佩雷拉的妹夫戈易斯(Gil de Góis)以国王特使的身份出使中国,"但是,戈易斯特使的广州之行,却对恢复中葡关系和派遣耶稣会士入华传教等事,毫无建树"。④ 从传教方面看,迟到 1598 年利玛窦才首次以合法身份获得允准进入北京。可以想象,16 世纪西方人实际的"北京经验"确是极为贫乏,这种情形与当时比较隔膜的中西关系和疏远的中西文化交流状况基本一致。由此可见,耶稣会士在 17 世纪居留北京所获得的"北京经验",对西方世界来说的确是一个重要的跨越,他们为西方传教士汉学奠定了新的坚实基础。

与中国在同一时期对欧洲的记载相比,耶稣会士的这三部作品也表现了相当的超前性。清朝前期修《明史》,内中涉及欧洲者,有《佛郎机传》

---

① 该书仅在第 1 部《中华大帝国史》的若干处,如第 1 卷第 7 章《这个帝国的十五省》、第 3 卷第 2 章《国王的宫廷、他驻跸的城市,及全国没有一人拥有财物的事》等章节提到过北京、顺天府、直隶省等处,但作者显然都是据第二手材料所写,且描述十分简略,反映了当时欧洲人对北京所知甚少。
② 〔葡〕费尔南·门德斯·平托著,王锁英译:《葡萄牙人在华见闻录》,海口:海南出版社,1998 年,第 199 页。
③ 有关"葡萄牙初次遣使明廷"的情形,详见黄庆华:《中葡关系史》上册,合肥:黄山书社,2006 年,第 86—115 页。
④ 有关"葡萄牙二次遣使与协援平息兵变"的情形,详见黄庆华:《中葡关系史》上册,第 198—211 页。

《吕宋传》《和兰传》《意大里亚传》四传,张维华先生曾从"溯源""辑补"和"比证"三方面对之加以评论。① 这四传所据材料大都既非实证所得,亦非亲历所获,固存诸多舛误。这与上述耶稣会士所撰著述无论在篇幅上,还是在可信度上,其差距均不可以道里计。直到清初,中国人对欧洲的认识,尚只是停留在葡萄牙、荷兰、意大利、西班牙这四个有过接触的国家上,对其他国家鲜有了解,故《明史》只给这四国立传。即使如此,对这四国的了解也掺杂诸多错误,对17世纪欧洲都市(如巴黎、伦敦、罗马等)的几无了解。②这说明在17世纪,中西之间的互相认识已开始明显朝着有利于西方的方向倾斜,欧洲在与中国的交往中,不仅掌握了主动权,而且在知识领域也开始占据领先地位,西方有关中国的知识正在迅速地增长,而在对"北京经验"的聚积上正在取得新的惊人突破,这与中国对欧洲都市的茫然无知恰好形成鲜明的对比。

作为"传教士汉学"的代表性作品,利玛窦、安文思、李明的著述明显带有服务于传教的色彩,他们作品的内容包含有相当分量的宗教内容(利玛窦、李明的著作尤其如此),且对其在北京传教活动及其成就,时常不免有夸大之嫌。他们对于北京的考察,基本上停留在对皇宫、街区面貌描述的层次,对中国皇权和政治机制的评估常常是羡慕而不像后来的启蒙思想家们那样抱持批评的态度。他们在北京对中国科技状况的观察和交流,对增进中西文化交流确有一定的贡献,这一反哺为主的成果虽非他们的初衷,不失为17世纪中西相遇和接触一个有益的收获。

17世纪作为中西文化交流一个崭新的起点,从利玛窦到汤若望、安文思、南怀仁,再到法国五位"国王的数学家",传教的接力棒从意大利,传到葡萄牙,再传到法国,这是一个重要的历史过渡。它表明,意大利、葡萄牙在早期的传教地位逐渐由法国传教士所取代,18世纪是法国人主导欧洲与中国关系的世纪,在传教、汉学这些领域尤其如此。随着1688年法国五位"国王的数学家"耶稣会士的来京,一个属于法国耶稣会士的时代悄然而至。

---

① 张维华:《明史欧洲四国传注释》原序,上海:上海古籍出版社,1982年,第2—3页。
② 参见庞乃明:《明代中国人的欧洲观》,天津:天津人民出版社,2006年。由此书可见,明代中国人对欧洲地理的了解很大程度上得自于来华传教士的传输,中国人没有留下自己赴欧洲城市游历的记录,清初的情形几无改变。

第三章

来自北极熊的窥探
——17世纪俄罗斯遣使的"北京经验"

17世纪俄罗斯人越过乌拉尔山向东扩张,侵吞包括西伯利亚在内的大片土地,建立起一个横跨欧亚大陆的帝国。从这时起,中国北部边境出现一个新兴的强悍异族,它逐渐取代了蒙古,成为中国北疆新的边患。俄国人在向东方进行殖民扩张的同时,又向北京派出了一批又一批使团,努力探寻与明、清两朝建立外交、商贸关系的可能。

北京是17世纪俄罗斯与中国接触的关键地点。她不仅是俄罗斯使团出使的目的地,而且是他们地理探索的主要考察对象。俄罗斯使团回国后留下的报告、日志和回忆录等文献材料对其履行外交使命、与华商贸往来、考察地理环境等方面的情形作了详细报道,为我们了解俄罗斯使团的来京过程提供了较为完整的历史材料。本章即以这些材料为基础,辅之以中国方面整理的《清代中俄关系档案史料选编》[①]等中方相关材料,探讨17世纪俄罗斯使团在京活动及使团成员对北京的观察记录,以展现俄罗斯使团的"北京经验"。

[①] 中国第一历史档案馆编:《清代中俄关系档案史料选编》第一册(上、下册),北京:中华书局,1981年。此册提供了清朝顺治至雍正年间的中方档案文献。

一 17世纪俄罗斯赴京
使节及其相关文献概述

13世纪,成吉思汗及其后裔建立了横跨欧亚空前的大帝国,俄罗斯人沦入蒙古人统治之下。14世纪中国史籍中开始出现"斡罗思"的记载,[①]15世纪俄罗斯文献出现对中国的记载。[②] 中、俄开始各自进入对方的视野。中、俄两国的真正相遇是在17世纪。"在整个十七世纪,俄国穿越西伯利亚,一直推进到黑龙江流域。在十七世纪中叶,它似乎已经在外贝加尔区建立了固定的居留地,即市镇或修道院,这样,它就与截然不同于西伯利亚西部和中部游牧民族的邻邦中国,面对面地相遇了。它马上就同它的邻邦进行外交的和武力的接触。"[③]17世纪是俄罗斯向东方扩张的第一个百年,也是中、俄碰撞的初始。

俄罗斯学者常常将俄国向东方探险和扩张的原因,上溯到16世纪英国或欧洲其他国家对俄罗斯提出过境到中国去的要求。他们指称:"从16世纪下半叶起,莫斯科开始从外国资料获取有关中国的信息。这是由于商人,最初是不列颠商人,然后是欧洲其他国家的商人都在努力寻找一条通往东方富裕国家的道路。俄国统治者认真关注中国始于英国人的描述,他们从16世纪后半叶起,积极寻找从东北方向(经过北方的海洋或从陆路经过俄罗斯和中亚)通往富足的东方,特别是通往中国的道路,以避开东南方向的道路。"[④]《十七世纪俄中关系》第一卷的《第2、3、4号文件》即是辑录17世纪初英国使臣向俄罗斯外务衙门提出让英国商人过境前

[①] 据张星烺考证,"俄罗斯之名,公元1223年即元太祖即位之第十八年,速不台侵俄罗斯南部时始见之,其名作斡罗思部,又作阿罗斯,又作兀鲁思,又作乌鲁斯。《元朝秘史》作斡鲁斯,盖皆蒙语Oros者也"。参见张星烺编注:《中西交通史料汇编》第一册,北京:中华书局,2003年,第262页。

[②] 参见〔俄〕亚·弗·卢金著,刘卓星、赵永穆、孙凌齐、刘燕明译:《俄国熊看中国龙——17—20世纪中国在俄罗斯的形象》,重庆:重庆出版社,2007年,第4页。

[③] 〔法〕加斯东·加恩著,江载华、郑永泰译:《彼得大帝时期的俄中关系史(1689—1730年)》,北京:商务印书馆,1980年,第1页。

[④] 〔俄〕亚·弗·卢金著,刘卓星、赵永穆、孙凌齐、刘燕明译:《俄国熊看中国龙——17—20世纪中国在俄罗斯的形象》,第5页。

往中国、印度的相关文件。① 这种说法是否能够成立,值得进一步考证和推敲。的确,从 16 世纪起,西欧各国的商人、传教士都有探寻从陆路通往中国的打算,但这一企图自始即遇到了俄罗斯人的警觉和抗拒。② 法国学者加斯当·加恩认为:"是俄罗斯国家、商人和海盗的政治、商业和冒险的野心,才使如此值得注意的广阔地区及时地归属于俄国名下。"③事实上不管是英国商人,还是欧洲其他国家的传教士,他们寻求通过过境俄罗斯前往中国的计划都没有成功,俄罗斯几成西欧通往中国不可逾越的一道屏障。

有关 17 世纪俄罗斯派遣使节来华次数,法国学者费赖之提到俄罗斯遣使四次(1656、1676、1689、1693 年)。④另一位法国学者加斯东·加恩以为:"从十六世纪末叶到十七世纪末叶,俄国派往中国的仅有两位使臣和两次官方使团";"一次是巴伊阔夫,他于 1656 年 3 月 3/13 日到达北京,同年 9 月 4/14 日才离开;另一次是摩尔达维亚人尼果赖,于 1676 年 5 月 15/25 日到达中国首都,并停留到 1676 年 9 月 1/11 日。介于巴伊阔夫使团和尼果赖使团之间的二十年间,俄国可能曾两度派遣官方使节前往中国:一次是由塔拉的'贵族之子'伯夫列夫和不花剌人阿勃龄携带一封致中国皇帝的信离开莫斯科,信件的日期是 1658 年 3 月 10/20 日,于 1662 年 11 月 1/11 日回到莫斯科;第二次只由阿勃龄一人单独回到中国,这是 1668 年至 1672 年间的事。这些俄国早期的外交使节,负责去同中国建

---

① 参见苏联科学院远东研究所等编,黑龙江大学俄语系翻译组译:《十七世纪俄中关系》,第一卷第一册,北京:商务印书馆,1975 年,第 49—53 页。

② 参见同上书,第 85—86 页。"第 18 号文件:1617 年 6 月 28 日。——商人伊·阿·尤金等人就是否让英国商人寻找前往印度和中国的道路一事在贵族杜马的答问词摘要"提到:"他们听说,英国人老早就在寻找通往中国的道路,但不会找到,今后他们如再找不到,过一阵子就一定会放弃。大贵族们议决:对英国使臣仍按君主先前的谕示,并按贵族决议加以劝阻。"直到 19 世纪末,英国人才实现这一蓄谋已久的计划,1890—1891 年英国人 Julius Mendes Price 穿过北冰洋、西伯利亚、蒙古、戈壁和中国北部,直达黄海海边,完成了历史性的破冰之旅。参见 Julius Mendes Price, *From the Arctic Ocean to the Yellow Sea: the Narrative of a Journey, in 1890 and 1891, across Siberia, Mongolia, the Gobi Desert, and North China*. London: S. Low, Marston & Co., 1892.

③ 〔美〕乔治·亚历山大·伦森编,杨诗浩译:《俄国向东方的扩张》,北京:商务印书馆,1978 年,第 13 页。

④ 参见〔法〕费赖之著,冯承钧译:《在华耶稣会士列传及书目》上册,北京:中华书局,1995 年,第 512 页。

立和平的商务关系,结果都失败了。这是由于中国人不欢迎这两位使节本人,而且也因为对于中俄两国在黑龙江流域的持续斗争和流血冲突感到烦恼"。① 从这两位法国学者的论述可见,直到 20 世纪前二三十年俄罗斯以外的西方国家学者对俄罗斯遣使的真实情况仍可能缺乏全面的了解。

17 世纪俄罗斯遣使来京至少有七次:

第一次,伊万·佩特林使团首次出使北京(1618 年 9 月 1—4 日在京)。

第二次,费·伊·巴伊科夫使团出使北京(1656 年 3 月 3 日—9 月 4 日在京)。

第三次,佩菲利耶夫出使北京(1660 年)。②

第四次,阿勃林使团出使北京(1670 年 6 月在京)。

第五次,米洛瓦诺夫使团出使北京(1670 年 7—8 月在京)。

第六次,尼·加·斯帕法里出使北京(1676 年 5 月 15 日—9 月 1 日在京)。③

第七次,伊台斯使团赴京(1693 年 11 月 2 日—1694 年 2 月 19 日在京)。④

除了上述七次以外,在中俄《尼布楚条约》谈判期间,俄国还曾派专使或信使专程前往北京呈递国书,由于其人数甚少,故未作为使团对待。

来华的俄罗斯使者大致可分为三级:第一级是全权大使,一般由杜马贵族或内阁大臣担任,参加 1689 年中俄《尼布楚条约》谈判的俄方代表戈洛文属于这一等级。第二级是公使,由内阁大臣或其他官员担任,斯帕法

---

① 〔法〕加斯东·加恩著,江载华、郑永泰译:《彼得大帝时期的俄中关系史(1689—1730 年)》,第 1—2 页。

② 这里 1658—1662 年系指使团出使中国的起始和结束时间,而非在京时间,在京具体时间尚不详。有关佩菲利耶夫使团的原始文献材料早已佚失,Baddeley, John F. *Russia, Mongolia, China*. Vol. Ⅱ. London: Macmillan, 1919. pp. 167—168. 中译文参见参见〔英〕约·弗·巴德利著,吴诗哲、吴有刚译:《俄国·蒙古·中国》下卷第一册,北京:商务印书馆,1981 年,第 1196—1198 页。该著系引班蒂什—卡缅斯基的记述,提到使团仅有"两名急使"。

③ 尼果赖·加甫里洛维奇·斯帕法里,外人一般称其姓斯帕法里,中国人习惯称其名尼果赖。

④ 伊兹勃兰特·伊台斯,一译为伊兹勃兰特·义杰斯,中国史籍记作雅布兰。

里属于这一等级。第三级是急使或信使,一般由俄廷秘书或商人担任,其任务不过是传递两国君主的信件,在外交场合他们并不能代表俄国君主。① 17 世纪来华的第一、二、三、四、五、七次使团都属于这一级别。可见,17 世纪来华俄罗斯使节,其层级相对较低,反映了当时俄罗斯与中国的外交接触实际仍处在一个较低层面。因此,俄罗斯使团在外交层面以外所做的其他方面工作,如地理考察、商贸往来,亦值得我们关注和研究。

俄国赴华使团的人数每次不等。佩特林使团只有 4 人。巴伊科夫使团正式成员有六七人,随行的军役人员有 20 多人。佩菲利耶夫使团人员不详。阿勃林使团约有 30 人。米沙瓦诺夫使团 6 人。斯帕法里使团有 20 余人,另有 40 名哥萨克兵护卫。伊台斯使团成员有 10 余人,火枪兵、哥萨克兵 90 人。② 各个使团由使节、商人、通译、医生、测量人员、画家、军役人员等组成。③ 其中还有一些外籍人员充任使节,或参与使团。使团成员的多种成分有助于使团从多方面了解中国的情况,而外籍人员的参与则为使团所获资料向俄罗斯以外地区的传播提供了方便。1686 年至 1689 年俄国派遣戈洛文使团与清朝谈判,该团规模最大,因未进入北京,故不在本文的考察之列。由于戈洛文使团与签订中俄《尼布楚条约》直接相关,在 17 世纪中俄关系中所占地位也最重要,《十七世纪俄中关系》第二卷收入《费·阿·戈洛文使团出使报告》全文,篇幅远超 17 世纪历次俄罗斯使团文献之和。过去人们对该使团的关注和研究要远超于其他俄国赴华使团。

俄国使团在京的中介或翻译主要由在京的耶稣会士充任。在斯帕法里使团、伊台斯使团访京期间,耶稣会士不仅担任翻译,而且还是使团重要消息或情资的主要来源之一。④

系统展现俄罗斯赴华使团的俄文文献材料有:〔俄〕彼得·伊万诺维奇·戈东诺夫编写的《关于中国和遥远的印度的消息》(1669 年编成)、俄国

---

① 参见王开玺:《清代外交礼仪的交涉与论争》,北京:人民出版社,2009 年,第 100 页。
② 参见叶柏川:《俄国来华使团研究(1618—1807)》,北京:社会科学文献出版社,2010 年,第 13—60 页。
③ 参见同上书,第 106—120 页。
④ 有关康熙年间耶稣会士与中俄交涉的关系研究,参见曹雯:《清朝对外体制研究》,北京:社会科学文献出版社,2010 年,第 112—119 页。

古文献研究委员会编辑出版的《历史文献》(1841—1843年出版)及《历史文献补编》(1846—1875年出版)、①〔俄〕尼古拉·班蒂什—卡缅斯基编著的《俄中两国外交文献汇编1619—1792》(1803年辑成,1882年出版)、②苏联科学院远东研究所编辑的《十七世纪俄中关系》(第一、二卷,1969、1972年出版)③等著,其中《十七世纪俄中关系》在诸著中较为系统、也较为齐全。此外,涉及历次使团的原始文献还有:〔俄〕娜·费·杰米多娃、〔俄〕弗·斯·米亚斯尼科夫编著《在华俄国外交使者(1618—1658)》、④〔俄〕尼·加·斯帕法里著《被称为"亚洲"的天下,包括中国各城市和省份》,〔荷〕伊兹勃兰特·伊台斯、〔德〕亚当·勃兰德撰著《俄国使团使华笔记(1692—1695)》⑤等。非俄语的相关文献则以〔英〕约·弗·巴德利编著的《俄国·蒙古·中国》(1919年出版)⑥一书收集材料最为系统。中国最近出版的叶柏川著《俄罗斯使团研究1618—1807》(社会科学文献出版社,2010年)是中文世界有关这一课题的最新研究成果,其中第九章《俄国来华使团的俄文档案文献研究》对相关档案文献作了较为系统的综述,颇具参考价值。⑦

佩特林出使报告"原文最初存于圣彼得堡皇家图书馆。1625年,珀切斯在其《游记》中首次把该报告译为英文,题目是:《两名俄国哥萨克从西伯利亚去中国及其邻近地区记事》。1628年,德文和拉丁文的出使报告在法兰克福出版的《东印度》和《东印度史》两书中出现。1667年,约翰·坎切尔在其《三篇旅行记及关于日本国简介》一书中,发表了瑞典文

---

① 该书有中译本,郝建恒、侯育成、陈本栽译:《历史文献补编——十七世纪中俄关系文件选译》,北京:商务印书馆,1989年。

② 该书中译本参见〔俄〕尼古拉·班蒂什—卡缅斯基编著,中国人民大学俄语教研室译:《俄中两国外交文献汇编1619—1792》,1982年。

③ 该书中译本参见苏联科学院远东研究所等编,黑龙江大学俄语系翻译组译:《十七世纪俄中关系》,北京:商务印书馆,1975年。

④ 中译本参见〔俄〕娜·费·杰米多娃、〔俄〕弗·斯·米亚斯尼科夫著,黄玫译:《在华俄国外交使者(1618—1658)》,北京:社会科学文献出版社,2010年。

⑤ 〔荷〕伊兹勃兰特·伊台斯、〔德〕亚当·勃兰德著,北京师范学院俄语翻译组译:《俄国使团使华笔记(1692—1695)》,北京:商务印书馆,1980年。

⑥ Baddeley, John F. *Russia, Mongolia, China*. London: Macmillan, 1919. 该书中译本参见〔英〕约·弗·巴德利著,吴持哲、吴有刚译:《俄国·蒙古·中国》,北京:商务印书馆,1981年。

⑦ 参见叶柏川:《俄国来华使团研究(1618—1807)》,第407—450页。

译本。彼得·范德尔·奥则于1707年在莱登发表了荷兰文译本。除这些首刊本外,其后还出版了许多其他文字的版本。出使报告最早的俄文刊印本由斯帕斯基发表在1818年的《西伯利亚通报》上,1914年,弗·伊·彼克罗夫斯基依据莫斯科档案馆的原件,把出使报告登于帝俄科学院出版的《通报》上"。① 英国学者约·弗·巴德利编著的《俄国·蒙古·中国》即依据俄文1818年《西伯利亚通报》的文本,参校原件,将这一报告译成英文收入该书,一般认为是最好的英译本。②

费·伊·巴伊科夫使团的文献主要保留在《费·伊·巴伊科夫条陈文本对比》(版本一、二)。③《俄中两国外交文献汇编1619—1792》内收《1653年派赴中国的第一个使团——巴伊科夫使团》《给巴伊科夫的训令》《阿勃林奉派前往北京》三条即与此次使团之行有关。④《十七世纪俄中关系》第一卷第一、二册所收第66—74号文件与此行有关,⑤其中第74号文件为《费·伊·巴伊科夫使团赴清帝国的出使报告》(第一、二种文本),其内容与上述《费·伊·巴伊科夫条陈文本对比》(版本一、二)基本相同。娜·费·杰米多娃在《1654—1658年费·伊·巴伊科夫使团出使中国》一文对使团的始末及保存的使团报告两个文本作了精深研究,⑥以为"在描述北京城的建筑和防御工事、中国的历史及民事等各方面,文本二都比文本一详细得多"。⑦ 苏联学者对费·伊·巴伊科夫出使报告的文献价值评价甚低:"贝科夫既不通汉语,也不通蒙古语,又没有文化。没有派司书跟随他,因此后来根据他口述所写的

---

① 参见张维华:《清前期中俄关系》,济南:山东教育出版社,1997年,第13—14页。

② Baddeley, John F. *Russia, Mongolia, China.* Vol. Ⅱ. London: Macmillan, 1919, pp.73—86. 中译文参见〔英〕约·弗·巴德利著,吴持哲、吴有刚译:《俄国·蒙古·中国》下卷第一册,第1045—1065页。

③ 收入〔俄〕娜·费·杰米多娃、〔俄〕弗·斯·米亚斯尼科夫著,黄玫译:《在华俄国外交使者(1618—1658)》,第116—163页。

④ 〔俄〕尼古拉·班蒂什—卡缅斯基编著,中国人民大学俄语教研室译:《俄中两国外交文献汇编1619—1792》,第21—28页。

⑤ 收入苏联科学院远东研究所等编,黑龙江大学俄语系翻译组译:《十七世纪俄中关系》第一卷第一、二册,第203—277页。

⑥ 参见〔俄〕娜·费·杰米多娃、〔俄〕弗·斯·米亚斯尼科夫著,黄玫译:《在华俄国外交使者(1618—1658)》,第76—115页。

⑦ 同上书,第104页。

贝科夫出使报告,其内容只是枯燥地列举了使节团在前往北京的艰苦途程中所经过的居民点,简短地记述了城市、地势以及与中国官吏的会见。"①不过,使团在探索俄国前往中国的路线方面所作的贡献,得到了俄国学者的认同,并被认为这是使西方对使团报告感兴趣的亮点:"拜科夫使团几乎没完成俄国政府庞大计划中的任何一条,贸易活动也屡屡受挫。但拜科夫的这次旅行却具有极大的学术意义。在他上报给政府的《出使报告》中,记载了在他之前俄国和西方完全不知道的通往中国的道路。很可能,作为俄中贸易中间人的布哈拉人已经广泛地使用了这些路线。此外,拜科夫还记述了很多俄国人过去对中国人的传闻。相比佩特林的中国之行,拜科夫的中国之行在西方所引起的兴趣更为强烈。1666—1672年间在巴黎出版的旅行文集中,地理学家德维诺收入了拜科夫的《出使报告》,后来被译成拉丁语、德语、荷兰语和法语出版。拜科夫的《出使报告》在俄国也多次出版。"②巴伊科夫使团与佩特林使团一样,其贡献主要是在地理发现上,这与欧洲当时大举走向世界的抉择有关。

有关伊台斯使团1692—1695年赴华之行的主要文献材料为〔荷〕伊兹勃兰昂特·伊台斯、〔德〕亚当·勃兰德撰著的《俄国使团使华笔记(1692—1695)》。③ 据1967年出版的俄译本译者交待,俄译本系据伊台斯笔记1704年荷兰文本第一版译出,勃兰德的笔记则根据1698年的德文本第一版译出。这一著作具有重要的文献价值:"在伊台斯之前俄国使节就已到过中国,但他们的出使报告锁在外交事务衙门里。斯帕法里留下了几部有重大价值的著作,但只有为数不多的几份抄本,伊台斯和勃兰德则出版了自己的笔记。他们的笔记译成了各种欧洲语言,这使他们驰名于许多国家。笔记成了17世纪末期的地理学和民族志学文献和俄中

---

① 〔苏〕普·季·雅科夫列娃著,贝璋衡译:《1689年第一个俄中条约》,北京:商务印书馆,1973年,第95页。
② 〔俄〕П. E. 斯卡奇科夫著,〔俄〕B. C. 米亚斯尼科夫编,柳若梅译:《俄罗斯汉学史》,北京:社会科学文献出版社,2011年,第15—16页。
③ 〔荷〕伊兹勃兰特·伊台斯、〔德〕亚当·勃兰德著,北京师范学院俄语翻译组译:《俄国使团使华笔记(1692—1695)》,北京:商务印书馆,1980年。

关系文件。"①换句话说,17世纪来华俄国使团中,真正进入欧洲人的视野或为外人广泛所知的是伊台斯使团。

伊台斯使团于1692年3月3日从莫斯科出发,到1695年2月1日返回莫斯科,历时2年10个月20日。由于伊台斯是荷兰人,他在结束使华后即着手整理他的旅行日记,以向外公布。"伊兹勃兰德·义杰斯在俄国是外国人,他的商队中也有其他外国人,这些外国人最着急的是向欧洲方面散布他们赴华旅行时所观察到的大部事实以及商队所得到的结果。""1696年克利斯丁·门采尔在他的《中国大事简记》中由义杰斯的旅行报告中选录了一些片段;次年莱布尼兹在他的《中国近况》中也同样从中摘录了一些。1698年义杰斯的一个同行者德国人亚当·布兰德于汉堡发表了一部关于此行的更为全面的作品,这本书立刻有了英译本,接着又(在1669年)译成了荷兰文和法文。义杰斯在与韦特森取得联系后,于1704年用荷兰文发表了他自己的游记,接着出版英文版(1706),德文版(1707),较迟才出版法文版(1718)。而韦特森于1705年又发表了他的著作的第二版,其中采用了他的朋友义杰斯所提供的资料。这样,幸而由于义杰斯的出使北京,欧洲有文化的公众在17世纪的最后几年或18世纪初年,才得以了解中国这个国家、它的习俗和商业情况,而直到那时为止,由于缺乏个人直接的观察与报告,欧洲对于这些还很不了解,或了解得很不全面。"②伴随伊台斯使华游记的出版,使团旅行情况和北京风貌很快为欧洲所知。

二 俄罗斯使团的使命

在中俄交往史上,伊万·佩特林使团被认为是俄国第一个官方赴华考察团,其级别较低,为西伯利亚地方政府派遣。"使团的目的并非是与中国建立外交关系,也没有这样的权力。它的任务是弄清通往中国的道路,获得有关这个国家本身以及其经济和政治状况的信息。从佩特林的

---

① 参见〔荷〕伊兹勃兰特·伊台斯、〔德〕亚当·勃兰德著,北京师范学院俄语翻译组译:《俄国使团使华笔记(1692—1695)》,第29—30页。

② 〔法〕加斯东·加恩著,江载华、郑永泰译:《彼得大帝时期的俄中关系史(1689—1730年)》,北京:商务印书馆,1980年,第72—73页。

'报告'来看,这个任务得以顺利完成。"①俄罗斯学者弗·斯·米亚斯尼科夫在归纳伊万·佩特林使团的文献材料时指出:

> 有关佩特林使团的档案资料可以分成两类:第一类就是考察的总结性文件,这些文件直接通报考察的路线和结果。第二类就是公文处理以及往来通信,它们提供了俄罗斯人首次中国之行的间接资料。
>
> 第一类档案资料中保存至今的原本文件只有三份:佩特林的《关于中国、喇嘛国和其他国土、游牧地区与兀鲁思,以及大鄂毕河和其他河流、道路等情况之报告》;佩特林在索尔多格休息站回答问题的纪录,这在历史文献中常被称为《佩特林口呈》;以及佩特林和马多夫请求奖励他们中国之行的呈帖。这些文件使我们得以相当完整地了解到有关俄罗斯新土地开发者此次旅程的情况。②

弗·斯·米亚斯尼科夫所述第一类档案材料收入他与娜·费·杰米多娃合编的《在华俄国外交使者(1618—1658)》一书,③其中佩特林的《关于中国、喇嘛国和其他国土、游牧地区与兀鲁思,以及大鄂毕河和其他河流、道路等情况报告》有两个版本。苏联科学院远东研究所编辑的《十七世纪俄中关系》一书第24—29号文件亦收入了佩特林使团这部分材料。④

---

① 〔俄〕娜·费·杰米多娃、〔俄〕弗·斯·米亚斯尼科夫著,黄玫译:《在华俄国外交使者(1618—1658)》,《前言》,第5页。

② 〔俄〕娜·费·杰米多娃、〔俄〕弗·斯·米亚斯尼科夫著,黄玫译:《在华俄国外交使者(1618—1658)》,《前言》,第32页。

③ 同上书,第47—75页。

④ 苏联科学院远东研究所等编,黑龙江大学俄语系翻译组译:《十七世纪俄中关系》第一卷第一册,第96—127页。其中第24号文件《1618年9月1日和4日之间。——中国神宗皇帝致沙皇米哈伊尔·费奥多罗维奇的国书》、第25号文件《1619年5月16日以前。——蒙古阿勒坦皇帝就派遣使者以及托木斯克军役人员伊·彼特林及其同伴从中国归来等事致米哈伊尔·费奥多罗维奇皇帝的国书》为《在华俄国外交使者(1618—1658)》所未收。不过,据 Л. И. 杜曼在《在华俄国外交使者(1618—1658)》一书《前言》中所言:"本书作者首次尝试对留存的不同版本的伊万·佩特林和费·伊·巴伊科夫的报告进行研究。因此发现各文本之间的差异竟如此之大,甚至不得不认为其中一些版本的条陈是独立的文献。""本书由条陈的文本、导读文章和注释组成。条陈将主要保存下来的文本同时刊印。"由此可见,从版本看,《在华俄国外交使者(1618—1658)》显然更具文献价值。

费·伊·巴伊科夫使团一般被认为是俄罗斯派往中国的第一个正式使团。据1675年2月23日西伯利亚衙门致外务衙门的公函称:"费奥多尔·巴伊科夫不是由西伯利亚衙门派往中国,他回到莫斯科也没有向西伯利亚衙门报到,他是由财务衙门派去中国的。"① 俄国学者认为,巴伊科夫使团"有两个主要任务:一是与中国建立睦邻关系(当时统治中国的是清王朝,1644—1912),二是理顺贸易联系"。② 也有学者认为,该使团"主要是为了贸易,因此派的不是使臣,而是信使,他的外交使命只是向中国皇帝递交沙皇'亲善'国书。信使选择了托波尔斯克大贵族之子费多尔·伊萨科维奇·贝科夫,因为他是个精通商业的人,并且能够经得住到中国去的遥远而艰苦的路程。使节团的组织和派遣工作是由大国库衙门办理的,它给贝科夫拨了五万卢布作为购买货物之用,这在当时是很大的一笔款项"。③

在17世纪来华俄国使团中,尼·加·斯帕法里使团是级别较高、且负有多重使命的一个。据1675年2月28日俄国外务部门为尼·加·斯帕法里出使清帝国事给他的训令,该使团所负使命为:

(1)同中国大臣商定,大君主的国书应怎样书写和用什么文字书写,才便于博格德汗了解;至于中国致俄国的信函,则希望用拉丁文或土耳其文书写。(2)关于书写两国皇帝称号的问题,拟按下述办法解决:把大君主的称号抄写一份给中国大臣,同时让中国大臣把博格德汗的称号抄送一份给俄国。但是,如果斯帕法里发现博格德汗盗用邻国其他大君主的称号,应予以拒绝。(3)要仔细审查中国致大君主信函中所写的大君主称号,不允许和大君主国书中所写的有丝毫不同。(4)如果在中国有俄国俘虏,则请求无偿释放,或者付给一定的赎金,但每名俘虏不得超过三十卢布。(5)要求派遣真正的中国人担任使节,携带友好亲善文书以及各种宝石、银锭、丝绒、花缎和各种

---

① 苏联科学院远东研究所等编,黑龙江大学俄语系翻译组译:《十七世纪俄中关系》第一卷第二册"第178号文件",第495页。
② 收入〔俄〕娜·费·杰米多娃、〔俄〕弗·斯·米亚斯尼科夫著,黄玫译:《在华俄国外交使者(1618—1658)》,《前言》,第6页。另参见〔俄〕特鲁谢奇著,徐向辉、谭萍译:《十九世纪前的俄中外交及贸易关系》,长沙:岳麓书社,2010年,第17页。
③ 〔苏〕普·季·雅科夫列娃著,贝璋衡译:《1689年第一个俄中条约》,第93页。

草药等礼品前往俄国。(6)要同中国方面商定,允许去俄国的中国使节每次可以自北京运往莫斯科一至三千万更多普特的白银以及各种宝石和各色丝绸,俄国方面将用大君主国库中为中国使节所中意的各种货物来交换。(7)要探明自中国经由鄂毕河、亚内舍尔河、色楞格河或额尔齐斯河前往俄国的水路。(8)聘请中国建造石桥的工匠去俄国作短期服务。(9)极力劝说中国商人携带货物到俄国去,答应他们一定会得到俄国大君主的恩典。(10)自北京返回俄国边界时,应派遣两名军役贵族和一名书吏去探明由边界到阿斯特拉罕的道路,以便以后自莫斯科能经阿斯特拉罕前往中国经商。(11)力求在北京的耶稣会教士将中国早期给俄国的四封中文公函译成拉丁文,因为在莫斯科过去没有,现在仍然没有中文翻译,以致[至]俄国大君主对中国朝廷当时的要求至今仍无所悉。(12)请求允许两国商人自由往来于双方国境。(13)尽力探明一条可通往俄国的较近的路线,特别是水路(经由大海或江河)。如果能找到的话,他——斯帕法里最好能得到允许走此路线返回。(14)最后,要说服中国大臣以友好亲善的态度接受上述各点,因为俄国大君主一贯希望同他们的博格德汗永远友爱相处。①

在这份交代多重任务的清单中,其中与中国建立通商关系(第5、6、8、9、12项)和探明前往中国的最近路线(第10、13项),是斯帕法里使团肩负的两大主要任务。遗憾的是,过去我们对斯帕法里使团和此前其他俄罗斯使团的研究,多专注于外交层面,忽略了其他方面的探讨,这实为一大缺陷。

实际上,17世纪俄罗斯使团所负使命有一个拓展过程,从最初的探寻通往中国的路线和沿途进行地理考察,到寻求与中国建立商贸关系,再到试图与中国建立比较全面的外交关系,以解决两国之间所存的各种争端,两国逐渐从远交走到近邻。到17世纪末,俄罗斯实已成为中国北疆最大的陆上邻国。

---

① 参见〔俄〕尼古拉·班蒂什—卡缅斯基编著,中国人民大学俄语教研室译:《俄中两国外交文献汇编1619—1792》,第41—42页。又见苏联科学院远东研究所等编,黑龙江大学俄语系翻译组译:《十七世纪俄中关系》第一卷第二册"第182号文件",第503—518页。

三 俄罗斯使团的地理收获

探明进入中国的路线是俄罗斯使团所肩负的使命,实际上也是使团必须首先弄清的问题。英国学者 S. A. M. 艾兹赫德论及 1655—1833 年西方与中国的交往之路时,称有两大变化:"一是由于欧洲的东印度公司和英国茶叶市场,好望角航线变成了主要的交通线,取代了文艺复兴时期的大西洋航线",广州取代澳门成为东西交流的中心。"二是由于莫斯科公国和俄罗斯的茶叶市场,一条新的交往路线——远北陆路开始形成,并很快坐上了东西交往的第二把交椅",并认为"西伯利亚—中国交通航线的开辟,可被视为欧洲部分回应 17 世纪总危机的飞跃,这条路线先是通往北京,1727 年以后通往俄—蒙边界的恰克图"。① 可以说,远北陆路的开辟,是俄罗斯人在 17 世纪打通东西方交通的重大突破。俄国学者特鲁谢维奇在《十九世纪前的俄中外交及贸易关系》一书中专辟第三章《通往中国之路——路况及运费》讨论,②显示论者对这一问题之重视。

在佩特林使团出使中国前,俄国人对中国的情况了解甚少。如《十七世纪俄中关系》收入的"第 19 号文件"提到:"现在我国大君主的人也已经到达这个中国。在这个中国,皇帝名叫大明。中国城是在海湾之滨,骑上快马绕城一周要走十天,这还不包括它的属县和辖地。"③"第 22 号文件"提到:"阿勒坛皇帝的使臣现在还在朕大君主处。他们谈到中国时说:从他们那里骑快马走旱路到中国要一个月,沿途缺水,尽是沙地,路程异常艰苦。从朕的西伯利亚边界城市托木斯克出发,经过很多游牧汗国到阿勒坛皇帝他们那里,大约要走十八个礼拜旱路,而且路程异常艰苦,途中缺水。中国四周用砖墙围起来,绕城一周大约要走十天,城墙之外没有任

---

① Samuel Adrian Miles Adshead. *China in World History*. 3rd ed. Houndmills, Basingstoke, Hampshire: Macmillan; New York: St. Martin's Press, 2000. pp. 264,276. 中译文参见〔英〕S. A. M. 艾兹赫德著,姜智芹译:《世界历史中的中国》,上海:上海人民出版社,2009 年,第 297、311 页。

② 参见〔俄〕特鲁谢维奇著,徐东辉、谭萍译:《十九世纪前的俄中外交及贸易关系》,第 59—73 页。

③ 苏联科学院远东研究所等编,黑龙江学俄语系翻译组译:《十七世纪俄中关系》第一卷第一册"第 19 号文件",第 87 页。

何属县。中国在河边,不是在海边,这条河叫什么河,他们不知道。中国货物不多,而黄金和其他贵重装饰品,在中国都不出产,也不盛行。由此可以知道,这个国家不大。"①可见,俄罗斯当时有关中国的知识来源尚为传说、二手的性质。因此,佩特林使团的中国之行可谓破冰之旅,以后源源不断派往中国的使节继续提供有关中国的信息。对此俄罗斯学者承认:"开辟了从欧洲通往东亚,直抵太平洋沿岸这一道路的首批俄国新土地开发者和使节,为地理科学作出了巨大的贡献。他们中最值得推崇的当属伊万·佩特林、费奥多尔·巴伊科夫和尼古拉·斯帕法利以及其他许多在当时的地理发现中起到极其重要作用的俄国旅行家。正是他们首次提供了有关中国以及从欧洲经由西伯利亚去往中国之途的确切消息。"②在《十七世纪俄中关系》等文献中,我们可以看到保存了大量这方面的材料。

俄罗斯学者认为:"伊万·佩特林所收集到的信息是对17世纪地理学的巨大贡献。这是欧洲人在世界上首次找到那时还不为人所知的经西伯利亚和蒙古草原通往中国的陆路路线,当时很多人都把中国想象为一个神话般的国度。他们不仅仅是找到了,而且还在其后留下了对经过蒙古这一漫长而艰难的路线的详尽描述,以及对他们在所到诸国所见所闻的口述。"③佩特林的出使报告对其旅行路线的描写,为这一结论提供了直接证明。

巴伊科夫使团对后来的影响更大,这不仅因其层级更高,而且因其在地理上的收获更大。巴伊科夫使团回程改换了路线,其旅途非常艰难,他的报告对此作了披露:

> 巴伊科夫离开中国京城汗八里城回国时,选择了另外一条路线,未按出国时所行经的介乎蒙古和布哈拉之间的道路行走。他们在相去一日路程的地方通过布哈拉的城市哈密和吐鲁番,然后便向右转去了。
>
> 他由中国京城启程后走了半年,方回到阿勃莱属下那些布哈拉

---

① 苏联科学院远东研究所等编,黑龙江学俄语系翻译组译:《十七世纪俄中关系》第一卷第一册"第19号文件",第94页。

② 〔俄〕娜·费·杰米多娃、〔俄〕弗·斯·米亚斯尼科夫著,黄玫译:《在华俄国外交使者(1618—1658)》,《前言》,第2页。

③ 同上书,第5页。

农民的地方,旅途极为艰苦;大雪弥漫,气候严寒,饲草缺乏,骆驼、马等牲畜冻死和饿死的不少。①

俄罗斯学者认为:"巴伊科夫此行对于研究通往中国的陆路路线和收集关于中国及其周边国家的信息仍然具有重要意义。费·伊·巴伊科夫带回的信息对以后的出使和研究中亚、东亚都十分有益。"②《十七世纪俄中关系》所收录的"第176号文件",即1674年外务衙门编写的"关于前往清帝国的路线"即是巴伊科夫使团前往中国的路线。③ 它成为斯帕法里使团成行所依的重要文献材料。

斯帕法里使团在地理发现上取得的进展更大。英国学者约·弗·巴德利在讨论斯帕法里使团留下的文献材料时,特别强调其在地理探索上所做的重大贡献。使团回国后留下的文献材料主要有:(一)由托博尔斯克至中国边境的旅途日志,或简称《西伯利亚纪行》;④(二)《出使报告》,介绍由中国边境至北京的旅程及在北京期间的情况;⑤(三)《中国介绍》(或译《被称为"亚洲"的天下,包括中国各城市和省份》),附卫匡国《鞑靼战记》的俄译文以及地图一幅。⑥ 它们是该使团"发现中国"的主要材料。

---

① 〔俄〕娜·费·杰米多娃、〔俄〕弗·斯·米亚斯尼科夫著,黄玫译:《在华俄国外交使者(1618—1658)》,《前言》,第162页。

② 同上书,《前言》,第7页。

③ 参见苏联科学院远东研究所等编,黑龙江大学俄语系翻译组译:《十七世纪俄中关系》第一卷第二册"第176号文件",第488—492页。

④ Baddeley, John F. *Russia*, *Mongolia*, *China*. Vol. Ⅱ. London: Macmillan, 1919. pp. 242—285. 中译文参见〔英〕约·弗·巴德利著,吴持哲、吴有刚译:《俄国·蒙古·中国》下卷第二册,第1320—1391页,收入《斯帕法里出使中国,1675—1677年》的《一、从托博尔斯克至中国边境》。

⑤ 参见苏联科学院远东研究所等编,黑龙江大学俄语系翻译组译:《十七世纪俄中关系》第一卷第三册"第183号文件",收入《出使报告》,第519—691页。Baddeley, John F. *Russia*, *Mongolia*, *China*. Vol. Ⅱ. London: Macmillan, 1919. pp. 286—422. 中译文参见〔英〕约·弗·巴德利著,吴持哲、吴有刚译:《俄国·蒙古·中国》下卷第二册,第1392—1593页,收入《斯帕法里出使中国(续)》的《二、从中国边境至嫩江》《三、从嫩江到北京》《四、在北京期间》《五、回国的旅程》诸节。

⑥ Baddeley, John F. *Russia*, *Mongolia*, *China*. Vol. Ⅱ. London: Macmillan, 1919. p. 208. 中译文参见〔英〕约·弗·巴德利著,吴持哲、吴有刚译:《俄国·蒙古·中国》下卷第二册,第1264页。该册第1291—1303页辑录了《中国介绍》最有价值的第四、五章。据巴德利考证,从第六章开始直到全书末尾,"都是逐字逐句译自卫匡国的著作,但偶尔作些零星补充,更多的却是值得重视的删节"(第1267页)。

《中国介绍》最有价值的部分是详叙通往中国的海路、陆路。第四章《前往中国有哪些海上航线，如何乘船去中国》介绍了两条通往中国的海路："第一条航线乃是葡萄牙人发现的，他们早在一百五十多年前，就发现了东印度群岛，占领了一些沿海地区，接着便从印度经海上来到中国沿海的广东省和广州城。""从荷兰或葡萄牙经由这一航线去中国，需时一年，如遇顺风，时间还可短些 。但由于海上有狂风恶浪和其他危险，许多人都在途中丧生。然而海上航线可直通中国的许多口岸城市和港湾要塞，中国人由这些地方启航去印度通商，印度人也经海上来中国。"巴德利特别提到，"这条航路也通到北京，你首先在海上航行，接着溯一条大河行驶四天，即可抵达京城"。第二条航路为俄罗斯人发现，由黑龙江入海口乘船，绕过大海岬朝鲜，来到中国的辽东半岛，"由辽东再到中国最大的港口天津"，"从天津到北京，仅有二百俄里水路。中华帝国各地的人，都是这样（经海上和河流）去京城的"。"经由这条海路，不仅可以去中国，也可以去日本那个大岛。"①可见，与西欧其他国家殖民者主要探寻海路以到达中国东南沿海城市不同，俄罗斯人的海路是以北京为目的地。而从北边向南航行到天津这条新航线，则成为俄罗斯人可能利用的一条专线。虽然我们现在尚未发现17世纪俄罗斯人利用这条海路航行到北京的记录，但显然俄国人已掌握了这方面的地理知识。

巴德利提到英国、荷兰当时也有从北方打通海路的打算。"英国人和荷兰人曾不止一次地试图从阿尔汉格尔斯克启航，取道北海洋，经过鄂毕河、叶尼塞河和其他西伯利亚河流的入海口去中国，通过这条航线去中国和印度贸易，当然是近便多了。但是他们始终无法通过，因为夏季海上到处飘浮着冰山，而冬季，又封冻很厚。"②显然，英国人、荷兰人的这一尝试归于失败。

在第五章《前往中国有哪几条陆路，西伯利亚等地区的人是如何去中

---

① Baddeley, John F. *Russia*, *Mongolia*, *China*. Vol. Ⅱ. London：Macmillan, 1919. pp. 223－225. 中译文参见〔英〕约・弗・巴德利著，吴持哲、吴有刚译：《俄国・蒙古・中国》下卷第二册，第1291—1293页。

② Baddeley, John F. *Russia*, *Mongolia*, *China*. Vol. Ⅱ. London：Macmillan, 1919. p. 225. 中译文参见〔英〕约・弗・巴德利著，吴持哲、吴有刚译：《俄国・蒙古・中国》下卷第二册，第1293—1294页。

国的,其中以哪一条路最为理想和安全》中,巴德利介绍了"耶稣会士从波斯和印度去中国的路,我们俄国人从北方由西伯利亚去中国的路",实际上是对此前欧洲人前往中国的陆路作了全面综述。它包括:第一条陆路"是由印度去中国,当年耶稣会士为印度名王莫卧儿了解有关中国的情况,走的就是这条路"。第二条陆路"是由波斯去中国"。第三条陆路"是巴伊科夫所走过的那条路,这条路布哈拉人、喀尔木克人以及我们俄国人都走过多次,即从托博尔斯克乘平底船溯额尔齐斯河到盐湖,由盐湖改行旱路,通过喀尔木克和蒙古地区到优美的中国城市库库屯。库库屯地处塞外草原,是防御喀尔木克人的前哨,由该城再走两个礼拜便到北京"。第四条陆路"是新近发现的,它由色楞格斯克堡出发,通过鄂齐垒赛因汗和呼图克图喇嘛统治的蒙古地区,在草原上,赶着载货的牲畜要走八个礼拜,不久前,商人和哥萨克就走过这条路"。"由托博尔斯克和色楞格斯克来的两条路,在长城外会合成一条大道直通北京。"第五条陆路即是斯帕法里此行所走的路,它"由涅尔琴斯克堡经过呼尔地区、嫩江,然后到北京。无论从俄国或俄国边境出发去北京,这条路都要比上述几条路更近一些,因为从涅尔琴斯克至嫩江一段,骑我们自己的马三周即可抵达,到了嫩江就有定居的中国人(满洲人)和达呼尔人,地方长官会为你提供车辆和伙食,将你送到北京"。第六条陆路"是由阿穆尔河畔的阿尔巴津堡通往嫩江,带着驮畜上路,到嫩江的第一批村屯只需走十天,这是最新发现的由俄国领土去中国的最近便、最安全的路。在俄国领土与中国领土之间的那些地区,没有(独立的)土著部落,除俄国人和中国人外,再无其他人往来其间"。"从通嫩江的关口到滨海的长城东端之间,共有八个关口,这些关口只供中国各族臣民贸易使用,不准外国人通过。"第七条陆路"是最近刚发现的,它通过蒙古车臣汗(的领地)并经过达赉诺尔,据侍郎说,再没有比这条路线更近的了,因为从涅尔琴斯克至达赉诺尔只是一周路程,而达赉诺尔附近居住着从事农耕的中国臣民,他们乘牛车去北京只用三周时间"。① 斯帕法里所述这七条通往中国的陆路,其中后面五条陆

---

① Baddeley, John F. *Russia*, *Mongolia*, *China*. Vol. Ⅱ. London:Macmillan, 1919. pp. 226—228. 中译文参见〔英〕约·弗·巴德利著,吴持哲、吴有刚译:《俄国·蒙古·中国》下卷第二册,第 1295—1298 页。

路都是俄罗斯人所开辟,它的目标都是指向或可通往北京。换句话说,北京是俄国人最为关注的目的地。经过近半个多世纪的探索,到17世纪70年代,对于俄罗斯人来说,可以说已是"条条大路通北京"了。

斯帕法里的"地理发现"为巴德利所道破:"这两章乃是对地理知识的一项贡献,它在文章写成的那个时期具有极大的价值,可是直到如今,斯帕法里的崇拜者中竟无一人提到它。"①俄罗斯因为与中国接壤,在地理环境上较其他欧洲国家享有"地利"之便。斯帕法里写道:"无论从俄国、西伯利亚或任何其他地区去中国,除了上述几条路线以外,没有也不可能再有其他的路了,因为中国的领土起自东方的边缘,又伸向南方,再无别的地区比西伯利亚更靠近中国了,对它的京城而言,尤为如此,因由阿尔巴津骑马去北京,仅需三个礼拜。"②俄国人充分认识到自己所占有的这种"地利"之便,故不允许其他欧洲国家染指,这是它拒绝西欧其他国家过境俄罗斯或西伯利亚前往中国的真正缘由。

有关斯帕法里带回的地图,他本人在《中国介绍》第二章末尾有所交代:"我们由长城来到这里,亲自进行观察和了解,(除了)俄国人外,再无别人能如同我们现在这样,经过(陆)路和长城关口前来中国,为了使人们更好地理解,我们不仅已将北京和长城附近居住着什么民族等情况写成一本书,同时也将其绘成一幅地图——北京以北地区居住着什么民族?有哪些河流和地方?都已一一真实可靠地记载下来,并反映在地图上,这是一个创举,因为整个欧洲真正知道的只有一幅中华帝国地图,耶稣会士也不例外。可是直到今日,包括耶稣会士在内,无人知道由中国到蒙古以及西伯利亚之间的情况,因为当我们在北京期间与教士们谈起这些事情时,他们都表示惊奇。"③据巴德利推测,这幅"地图也是从卫匡国处借来

---

① Baddeley, John F. *Russia, Mongolia, China*. Vol. Ⅱ. London: Macmillan, 1919. p. 210. 中译文参见〔英〕约·弗·巴德利著,吴持哲、吴有刚译:《俄国·蒙古·中国》下卷第二册,第1267页。

② Baddeley, John F. *Russia, Mongolia, China*. Vol. Ⅱ. London: Macmillan, 1919. p. 228. 中译文参见〔英〕约·弗·巴德利著,吴持哲、吴有刚译:《俄国·蒙古·中国》下卷第二册,第1299页。

③ Baddeley, John F. *Russia, Mongolia, China*. Vol. Ⅱ. London: Macmillan, 1919. p. 210. 中译文参见〔英〕约·弗·巴德利著,吴持哲、吴有刚译:《俄国·蒙古·中国》下卷第二册,第1267页。

或偷来的",不过斯帕法里"对耶稣会士地图中所缺部分作了补充,也就是添加了他在沿途所搜集到的关于长城以北的情况:居住着什么民族,有哪些河流和地方,等等。若从斯帕法里就托博尔斯克至长城一段旅程逐日记下的详细日志判断,他是能够绘出这幅地图的;他的日志内容十分丰富和精确,无论当时或在以后很长时期中,就这段旅途的全程或其中一段所写的任何其他作品,都是无法与之相比的。还有一个直接的证据,即当时他所携带的行装包括有专供绘图用的仪器"。① 显然,这是一幅较为精确、也颇富价值的地图。

斯帕法里使团虽然没有完成沙皇交给他与中国政府建立贸易、外交关系的使命,但使团"为国际学术界带来了早期在欧洲一度不为人知的、陆路经蒙古和满洲可去中国的知识",使团带回的信息和材料汇聚于他们从托博尔斯克到北京沿途所写的日志、《出使报告》及《中国介绍》。《中国介绍》一书在17、18世纪的俄罗斯有40多种抄本,反映了当时俄人对中国的强烈兴趣。"斯帕法里中国之行在国外的影响之广远胜于俄罗斯",1692年法国巴黎出版了菲利普·阿夫里尔的《寻找穿越欧亚入华的新路线行纪》一书,该书绝大部分内容引自斯帕法里的《被称为"亚洲"的天下,包括中国各城市和省份》一书。② 从此,斯帕法里扬名西方,成为西欧出版商竞相追逐的对象。

俄罗斯学者特鲁谢维奇对俄罗斯各地到北京路程做了比较精确的估算:"从北京至恰克图3041俄里(或者1714俄里),到伊尔库茨克3539俄里(或者2205俄里),到下堪察加9888俄里,到托博尔斯克6448俄里(或者5740俄里),到莫斯科8832俄里(或者8139俄里),到彼得堡9556俄里,到阿尔汉格尔斯克8509俄里。巴伊科夫用3年零5个月的时间完成了从托博尔斯克至北京,又从北京返回托博尔斯克的旅行;伊兹玛依洛夫从彼得堡到北京、从北京到莫斯科的双程旅途花了一年半的时间;伊兹勃兰特·伊台斯从莫斯科出发,用了将近3年的时间。从库伦至北京通常

---

① Baddeley, John F. *Russia*, *Mongolia*, *China*. Vol. Ⅱ. London:Macmillan, 1919. p.214. 中译文参见〔英〕约·弗·巴德利著,吴持哲、吴有刚译:《俄国·蒙古·中国》下卷第二册,第1275页。

② 〔俄〕П. Е. 斯卡奇科夫著,〔俄〕B. C. 米亚斯尼科夫编,柳若梅译:《俄罗斯汉学史》,第25页。

为3个月的路程,从祖鲁海图出发则需要4个月。"①当时的交通运输工具只是马匹和骆驼,沿途多经过草原、戈壁滩,且常遇不明身份的强盗,其旅途之艰险可以想象。②

俄罗斯汉学家高度评价17世纪俄罗斯使团的地理学成就:"伊万·佩特林、费多尔·拜科夫(即巴伊科夫——引者按)、尼古拉·斯帕法里及其为国际学术界带了早期在欧洲一度不为人知的、陆路经蒙古和满洲可去中国的知识,但是却没能完成交给他们的直接任务。俄罗斯中国之行的报告(记录、出使报告、旅行日记、地图)被译成其他文字后很快就传到了欧洲,丰富了世界地理学的内容。"③这些在地理学及其他方面的斩获,为俄罗斯汉学奠定了重要基础。

四 对北京城的观察与记录

俄罗斯使团中国之行的目的地是北京,其"北京经验"的重要组成部分即是在北京现场的观察、体验,这方面他们留下了大量纪实性的、富有重要价值的文献。

1618年9月1日伊万·佩特林使团到达北京,在京只停留了四天。齐赫文斯基称:"彼特林是一位观察力锐敏的人物,他在北京居留期间,善于搜集有关中国居民日常生活习俗的引人入胜的资料。"④利用在京短暂的宝贵时间,佩特林对北京城做了力所能及的观察和记录,它可能是俄罗斯人留下的有关北京城的最早文字记录。

首先映入伊万·佩特林使团眼帘的是北京的城楼、城墙:

> 从白城到大中国城2天行程,大明皇帝就住在这里。这座城市非常大,石头砌成,洁白如雪,呈四方形,绕城一周需4日。城市四角矗立着一些高大的城楼,洁白如雪;城墙中央矗立着一些高大的城楼,城楼的颜色也是洁白如雪。城楼带有花檐,刷着蓝黄两种颜色。

---

① 〔俄〕特鲁谢奇著,徐向辉、谭萍译:《十九世纪前的俄中外交及贸易关系》,第69—70页。
② 相关情形的论述,参见〔俄〕特鲁谢维奇著,徐东辉、谭萍译:《十九世纪前的俄中外交及贸易关系》,第59—73页。
③ 〔俄〕П. Е. 斯卡奇科夫著,〔俄〕B. C. 米亚斯尼科夫编,柳若梅译:《俄罗斯汉学史》,第27页。
④ 〔苏〕齐赫文斯基主编:《中国近代史》上册,北京:三联书店,1974年,第71页。

城楼的炮眼上架着大炮,城门旁也架着大炮,堆放着炮弹。每座城门有20名卫兵把守。①

使团对北京的地理位置及与周围的商品运输作了调查:

> 大明皇帝所居住的中国城地处平原,绕城有一条河,名为游河,注入黑海。据说从中国城到大海7天行程。大船开不到距海7天路程的大中国城下,货物都是用小船和平底帆船运到中国城。大明皇帝将这些货物分配给中国的各个城市。而从中国的各个城市货物又转运到境外,到蒙古、阿勒坦汗国、黑喀尔木克等地以及其他很多国家和各兀鲁思,运到布哈拉附近沙尔城的铁王那里。而中国人和曼齐喀图王妃的人将货物由边境从有呼图克图和喇嘛的鄂尔图斯国、从中国和黄蒙古以及曼齐喀图王妃的国家运送各种货物出境,有丝绒、绸缎、锦缎、白银、豹皮、虎皮、黑色的津丹布等。他们用这些货物换得马匹,这些马匹被运到中国,又从中国运往大海对岸的蛮子那里,就是我们称为涅姆齐人的。他们把银子铸成锭子,银锭有值50卢布、2卢布、3卢布的,我们的货币单位叫"卢布",而他们叫做"两"。②

使团看到了金碧辉煌、巍峨雄壮的紫禁城:

> 在大中国城的白色外城之内还有一座磁城,那里是皇帝居住的地方。据说从城墙到大中国城的白城,徒步沿着一条石砌的街道需行半日。一直到磁城,街道两旁都是砖石砌的店铺,出售各种各样的货物;街道为灰石所铺,店铺的上面还有砖砌的房子。店铺前是漆成彩色的木栅栏。大明皇帝住的磁城以各种奇珍异宝装饰起来,皇室矗立于磁城中央,宫殿的上方是金顶。③

使团对北京城居民的服饰、民俗存有自己的观察视角和看法:

> 中国人无论男女都很清洁,穿本民族式样的衣服:衣袖很宽,如

---

① 〔俄〕娜·费·杰米多娃、〔俄〕弗·斯·米亚斯尼科夫著,黄玫译:《在华俄国外交使者(1618—1658)》,第56页。
② 同上书,第56—58页。
③ 同上书,第56页。

我国女人夏天穿的肥袖衬衣;里面穿的半长内衣也像俄国样式。中国人不擅战,他们的手工业和商业十分发达。但他们打仗却十分胆小,据说不久前蒙古人用奇袭夺取了他们两座城市。①

在《1619年9月23日至11月10日之间喀山衙门对托木斯克哥萨克伊万·佩特林及其旅伴中国之行的问询答辞》中,亦保有一段对北京城的描绘,其中皇城、商品和城市建筑是他们的主要关注对象:

> 克雷姆城极其宏伟壮观,位置接近东印度海,呈四方形。据说,绕城一周需要10天。城门也像前面几座城市一样,装饰华美,上面用金子画着草,铺着大理石,在一个大屋顶下。城里街道两旁都是房屋,没有菜园。城里人口非常之多。……城市中央有磁石建造的宫殿,阿尔布尔皇帝就住在这里。该城宏伟壮观,有很多枪炮,皇帝的宫殿也是用那种磁石和石板所建。这里的亭台楼阁极多,都刷成金银色。②

这是在俄文文献中最早出现的描述北京城的第一手资料,显然具有"发现"的意义。

佩特林使团报告几乎使用了一半的篇幅描写他们在北京的所见所闻,这足以表现他们对这一经历的重视和炫耀。但使团在北京毕竟停留短暂,匆匆一过,走马观花,所得印象自然是一鳞半爪、零星片断罢了。

费·伊·巴伊科夫使团于1656年3月3日到达北京,这时正是清朝初年。战事紧密,北京城壁垒森严的城防气氛给使团留下了深刻印象:"当他们进入汗八里城的第一道城门时,见到在城门右侧架着三尊小铜炮,都只有一俄尺半长;通过城门后,又在城楼里边见到左、右两侧各有两尊同样的炮。他们骑马进入汗八里城后,走了三俄里左右,来到供费奥多尔·伊萨科维奇·巴伊科夫下榻的大院。他们所经过的街道两旁,店铺林立。在费奥多尔·伊萨科维奇·巴伊科夫下榻的院内,只有两座砖砌的厅堂,上面还铺有瓦片。厅堂顶上有天花板,凳子上铺着垫子——草编

---

① 以上参见〔俄〕娜·费·杰米多娃、〔俄〕弗·斯·米亚斯尼科夫著,黄玫译:《在华俄国外交使者(1618—1658)》,第58—59页。

② 同上书,第74—75页。

的席子。"①内部陈设极为简单。使团在北京停留了半年,到 9 月 4 日才离开,因其行动受到严格限制,所以并没有机会对北京城进行足够的游览或观察。使团条陈《版本二》交代了使团由于呈递礼品时出现的"礼仪之争",因而未能觐见顺治皇帝和得到许可游览北京城的具体情形:

> 8 月 31 日,内阁大臣们派人来将之前强行从费奥多尔·伊萨科维奇·巴伊科夫那里取走的沙皇礼品又送回来了。他们还传来大臣们的话:"奉皇上的命令,现将礼品退还给你,因为你完全不服从他的旨意:既未持书信来朝廷见大臣,也未按我方朝仪下跪磕头。"
>
> 不论由哪个国家派来的使节,都未见过皇帝,我们也从未见过他,能接触皇上的仅限于近臣和王爷们,王爷相当于俄国的大贵族。
>
> 至于汗八里城是大是小,不得而知,因为俄国人不准离开他们的大院,他们像坐牢一样被关在里面,禁止他们自由进出的原因就是因为大使拒绝到朝廷拜见那些大臣,不愿向他们交出沙皇的书信,当时那些大臣们正忙于同中国达斡尔地区交战。②

使团由于在京行动受到限制,所以未能如愿对北京城进行足够的游览或观察。加上语言不通,其有关北京城的许多描写,可能是根据二手材料所获得的信息编撰而成,使团报告对此并不隐讳,文中随处可见的"据汉人和蒙古人讲"即可说明这一点。"据汉人和蒙古人讲,汗八里城纵横各为 40 俄里。大使的随行人员中没有人懂汉语,但是奉阿勃莱派遣与俄国大使一同前往中国京城的使者、布哈拉人伊尔克蒙会说蒙古语,托博尔斯克民团的哥萨克骑兵彼得鲁什卡·马利宁是用鞑靼语与他交谈的。"③下面我们逐项清点使团报告有关北京的记述,略可窥斑见豹。

关于北京城的建筑、皇城:

> 中国京城的房屋都是砖砌的,构造简单,用各色琉璃瓦铺顶。除了皇宫外,其他房舍都很低矮。皇帝住的院子很大,宫殿建筑得高大雄伟,刷成各种颜色,共有 5 个砖砌的大门,但总是关着。大门口日

---

① 以上参见〔俄〕娜·费·杰米多娃、〔俄〕弗·斯·米亚斯尼科夫著,黄玫译:《在华俄国外交使者(1618—1658)》,第 151—152 页。
② 同上书,第 155 页。
③ 同上。

夜站着卫兵,大门外有5座汉白玉石桥,桥的栏杆也是汉白玉的,几座桥都建造得非常出色,桥石用铁栓相连。

桥的对面立有一个石柱,高6沙绳,也是用整块同样的汉白玉石凿成,上面刻有金色汉字。面对皇宫有一个大广场,各级官员每月三次来这里向皇帝朝拜:月朔、22日和29日。每月朔日,所有寺庙都挂出旗帜,使各界人士周知。大贵族也即他们所谓的王爷,以及各级官员都来到广场跪拜,他们不用垫子,而是坐在一块他们自己带来的毡子上。他们穿着锦缎袍子前来朝拜,一坐便是一个多小时。然后才有一个品级不明的人从大门后的宫殿中走出来,用他们的话大声喝令,使所有参加朝拜的人都能听到。他们都站起来,然后不脱帽跪下磕头三次,接着再坐上一个多小时。这时那个人又出来和以前一样喝令,所有人又起立,再跪拜三次——这样共重复了三遍。但是他们从未见过汗本人。当第三次跪拜完毕后,从皇上那里送来一些纪念品发给每个人,他们接受纪念品后,便脱下袍子各自回家了。也把大象牵到宫城的门口,叫它们按同样的方式向皇帝跪拜。大象共计26头。

皇宫的附近有个小湖,湖岸都用白色和灰色的天然石砌成。

无论在房屋上、衣袍上或在船只上,到处都画着龙。

关于北京城的街道、宫殿:

主要的街道都铺着花岗石。街上挖有水井,街道两旁都挖有很深的水沟,通到湖或小河里。下雨时,大街小巷的雨水都从水沟里排走了,所以街上没有泥泞。从住宅区到街上也都有排水管道。据汉人和蒙古人说:汗八里及京城附近都没有大河,仅有一条小河,这条河的名字叫哈顿,它起源于布拉人的地方,汇入湖中。据说,这条河离汗八里城并不远,当年涅姆齐人的船只前往中国京城时,就是在这条河的河口处撞毁的。

在中国京城,宫殿和住宅的前前后后都有花园。那里的澡堂是用砖石砌的。

在中国京城的皇宫附近有一座圆圆的小山,山上有一片园林,据中国人讲,园林中有野兽,如马鹿、黄羊(可能指獐子或羚羊),但是没有其他动物。小山围有砖墙。汗八里城内还有几个小湖,湖里有一种小鲤鱼,鱼鳞呈红色、紫色、绿色,但也有一些是红白色的。城里有个小湖的水是血红的,鱼也是红的——不过仅鳞片是红色的,鱼身(肉)还是白的。据汉人和蒙古人讲,这个湖里的水永远是红色的,从来没有变化过。……

关于北京城的民风、民俗,其中有记录汉族妇女缠足的文字:

> 中国京城的男女居民都很健壮干净。但汉族妇女的脚非常小,小得和孩子的一样。据说,是故意把脚缠成那个样子的。她们穿的棉袄都很短,开襟,不过袖子却很宽大,像我们的夏衫。她们的头发梳成日耳曼人的样式。男子身穿带扣的长袍,扣子缝在腋下。不论男女、衣服的颜色都很素净,只有王爷和朝臣才穿华丽的衣服。他们在冬季戴一种小帽,很像便帽,只是在帽项上有一簇红丝缨。夏天男子戴的帽子也不大,用草编成,顶上也戴相同的缨。男子不蓄发,仅在头顶留一簇头发,梳成蒙古式辫子。……
>
> 中国京城里的人们吃饭毫无禁忌,吃各种各样的动物,青蛙、乌龟和狗肉都吃,在商铺里就有煮熟的狗肉卖。
>
> 但蒙古妇女很清洁,不缠足。她们穿卡尔梅克式的拖到地面的长袍,把脚也遮住了。她们把头发梳成辫子盘在头上,不带头巾或帽子,但有些妇女则用黑头巾包着。不论男女,穿的衣服都是黑颜色的。男子戴一种本民族样式的帽子。蒙古人的宗教也是中国式的。每当王爷也即我们所说的大贵族外出时,总有人在他们面前打着两三把伞。在左右又各有7—9人身着彩色衣服,手持两头漆金长约一沙绳半的木棍。王爷经过时,迎面没有一个人骑马过来。从王爷对面骑马过来的那个人,必须立即下马,改为步行,直到看不到王爷为止。跟在王爷后面的随从大约有100人或者更多。①

这些对清初北京的描述向俄罗斯传达了中国朝代更换后的最新信息。

在京城,使团见到了来自不同种族、不同信仰的人,特别是来自欧洲

---

① 以上所引参见〔俄〕娜·费·杰米多娃、〔俄〕弗·斯·米亚斯尼科夫著,黄玫译:《在华俄国外交使者(1618—1658)》,第156—159页。

的传教士和荷兰使节,这可以说是他们的一个意外收获:

> 在中国京城,有来自许多国家的涅姆齐人:法国人、立窝尼亚人、西班牙人和意大利人等等。这些人已在这里居住多年,但仍信奉自己的宗教。
>
> 布斯林(穆斯林)们也有自己的宗教,但他们的语言已经很少有人记得。他们说:"我们的祖先是随帖木儿阿克萨克来到中国京城的,但如今我们没有史书可以稽考,只是根据文字联想的。"
>
> 蒙古人占领中国京城到现在仅仅13年。直到如今,博格达汗还经常同原先大明皇帝的儿子打仗,并为此不断征兵。
>
> 去年即164(1656)年7月7日,有20名荷兰人来到汗八里。据说这些人是乘船来的,至于他们将船开到离汗八里多么近的地方,无人告诉我们。
>
> 中国禁止这些荷兰人外出,也不准他们接触俄国人。有些俄国人虽见过他们,但不懂荷兰语,荷兰人也不懂俄语。荷兰人曾问道:"有人懂拉丁语吗?"可是费奥多尔的随行人员中没有这样的人。荷兰人托别的俄国人将一封带副本的密封信件交给费奥多尔·伊萨科维奇·巴伊科夫,这封信已由费奥多尔带回俄国。当费奥多尔离开中国京城回俄国时,荷兰人还在汗八里,但不知道中国是否准许他们离境。①

《荷使初访中国记》文中亦提到他们遇见俄国使者的情形,可以与《费·伊·巴伊科夫条陈文本对比》相互印证。②

米洛瓦诺夫使团在北京呆了五个礼拜零三天(1670年7—8月)。来京第一周,使团被安置在宾馆,"派了卫兵守卫大门,并在身边监视他们",③然后安排去衙门见清朝大臣,提交他们所携带的训令,交代来意。两个礼拜后,使团才被安排去觐见顺治皇帝。米洛瓦诺夫使团系由涅尔

---

① 〔俄〕娜·费·杰米多娃、〔俄〕弗·斯·米亚斯尼科夫著,黄玫译:《在华俄国外交使者(1618—1658)》,第136页。

② 〔荷〕约翰·尼霍夫著,〔荷〕包乐史、〔中〕庄国土译:《〈荷使初访中国记〉研究》,厦门:厦门大学出版社,1989年,第85页。

③ 苏联科学院远东研究所等编,黑龙江大学俄语系翻译组编:《十七世纪俄中关系》第一卷第二册"第141号文件",第422页。

琴斯克(尼布楚)军政长官达·达·阿尔申斯克派遣,加上米洛瓦诺夫本人为军役人员,故其对北京的城防设施观察有着职业军人的特殊敏感性。在谈到前往觐见康熙途中所经三道门禁和城墙,米洛瓦诺夫所作的详尽记录,表现了他的职业特点:

> 他们在中国京城骑马走了大约半俄里,到达石筑的城墙。
>
> 石墙全部是红色的,城墙上有城楼,城楼下有两个城门洞。在城墙和大门附近,大臣和中国军人下了马,也叫他们下了马。他们跟着大臣步行进城,大约走了一百俄丈,便到了另外一道城墙。过了城墙有一条城壕,壕深约一俄丈半,壕前没有堡垒。这道城墙上有城楼,城楼下有五个城门洞。城壕上面,有五座石桥正对大门。城里有一条大道,他们就顺着这条大道走去。路面铺的都是砖,大约走了五十俄丈到了另一道石墙。
>
> 当他们骑马或步行由宾馆到第三道城墙时,中国京城大街上空无一人。
>
> 第三道城墙的城楼和城门,与第二道城墙的一样,城楼的厚度约三十俄丈。由这道城墙到第四道石墙,约四十俄丈。在这两道城墙里有大道,他们走的街道也象前述一样铺着砖。①

米洛瓦诺夫游览北京城时,悉心观摩清军的军事装备。"在中国京城,庭院和庭院里的各种建筑物以及市场上的店铺,都是石筑的,木筑的房子和店铺没有见到。他们在中国京城的城门处看见了六尊大炮,每尊长约一俄尺半,炮管厚四俄寸多。他们没有见到更大的炮。这里没有小火枪,他们的兵器是弓箭。有些专门的商场经售各种货物。"②使团对中国城防工事和军事装备的浓厚兴趣,在他们对沿途所经城隘的记录中表现的淋漓尽致。

米洛瓦诺夫使团在北京的另一个收获是遇见了在京的传教士和他们建造的教堂,这在以往的俄罗斯使团记录中似未见提到:

---

① 苏联科学院远东研究所等编,黑龙江大学俄语系翻译组译:《十七世纪俄中关系》第一卷第二册"第141号文件",第423页。

② 同上书,第425页。

> 我们在博格德国遇到过三个希腊人,他们正在建造小教堂,我们在小教堂里看到上帝救世主、圣母和其他许多圣者的圣像。我们问希腊人,他们是怎样来到中国的?他们……说,他们是从海路平安地到达的,博格德皇帝对他们的宗教信仰不加干预。①
>
> 有三个希腊人曾经到宾馆来找伊格纳什卡等人,向他们打听东正教的情况,观看了他们身上的十字架,希腊人对此感到非常高兴,对伊格纳什卡等人说,他们大约是十七年前由海路漂流到中国的,博格德皇帝叫他们住下来,并没有剥夺他们对东正教〔宗教〕的信仰。……这些希腊人正在建造一座石头的小教堂,小教堂里有圣像。
>
> 伊格纳什卡等人听说之后,走出宾馆,找到了在中国京城的这座石筑的小教堂。这个教堂顶上做了两个铜铸的圆顶,每个圆顶有两围粗细,小教堂的神龛里有披着衣饰的救世主圣像,有最圣洁的圣母圣像,有约翰先知和尼古拉显圣者的圣像,还有许多其他圣像。当他们来到小教堂的时候,那几个希腊人不在那里,无法向人问明这一切情况。当时让他们进小教堂的是一个中国人。②

这里提到的三个希腊人极有可能是当时在京的安文思、利类思和南怀仁三人,而小教堂则是他们所筑的东堂。这可能是俄国人对北京教堂的最早报道,也可以说是外人较早记录东堂的珍贵文献。

尼·加·斯帕法里在京停留约三个半月时间(1676 年 5 月 15 日—9 月 1 日)。据载,使团来京的旅程"从脑温到长城共走了二十四天,从长城到北京城走了五天。从长城到北京城的里程是四百华里,合一百三十三俄里"。③ 斯帕法里描绘了他们初入北京城所见到的情景:

---

① 苏联科学院远东研究所等编,黑龙江大学俄语系翻译组译:《十七世纪俄中关系》第一卷第二册"第141号文件",第 407 页。另参见苏联科学院远东研究所等编:《十七世纪俄中关系》第一卷第二册"第141号文件",第 422—427 页,该文件对这一过程有更为详细的报告。

② 苏联科学院远东研究所等编,黑龙江大学俄语系翻译组译:《十七世纪俄中关系》第一卷第二册"第141号文件",第 426 页。Baddeley, John F. *Russia, Mongolia, China*, Vol. II. London: Macmillan, 1919. pp. 202–203. 中译文此段文字亦见于〔英〕约·弗·巴德利著,吴持哲、吴有刚译:《俄国·蒙古·中国》下卷第一册,第 1253—1254 页。

③ 参见苏联科学院远东研究所等编,黑龙江大学俄语系翻译组译:《十七世纪俄中关系》第一卷第三册"第183号文件",第 557 页。

我们进入中国都城北京,正好是中午,我们从北门进城。第一道城墙是土筑的,城楼是石筑的,但不高。城周挖有壕沟。过了土筑城墙,阿思哈尼昂邦的僚属扎尔固齐来迎接我们,把我们带到路边席棚里,请使者和阿思哈尼昂邦就坐喝茶。阿思哈尼昂邦的儿子也送茶来请大家喝,停歇片刻又继续前进。我们来到另一道大城墙,距第一道土城墙约四分之一俄里。这道城墙很高,而且很坚固,比克里姆林宫高,墙基是青灰色天然石块砌成,上部里外都用砖砌,中间以土填实。因此在城墙上可以骑马、乘车。城楼同城墙一样宽。来到石筑城墙以后,要通过两道大城门。进入第一道城门,便是高大而坚固的城楼。城楼里有可以容纳一千多人的场地。从第一道城门到第二道城门大约有四十俄丈远,城门包着铁皮。城门边放着两门小铁炮。城门上面建有战斗用的楼宇,城墙周围是盈满活水的护城河。每道城门都有二十名携带弓箭、刀剑的卫兵。从上述城门沿着两边有店铺的大街乘行了大约一俄里,来到城中央紫禁城附近,城墙差不多和莫斯科帝都的宫墙一样高。紫禁城里住着中国博格德汗。看来这座皇城以前粉刷过各种颜色。皇城附近有许多商店和商场。街中心有石桥。从大城墙的城门口到我们的下榻处,要走三俄里多。①

在这段描述中,我们看到作者除了对城墙、城楼建筑的着意描述外,还处处带着比较的眼光,将北京与莫斯科、紫禁城与克里姆林宫对比。这是此前俄罗斯人北京游记未见的内容。作者交代:"关于北京城的规模和外观,关于博格德汗的紫禁城将在描述中国的专著中详述。"这里所谓"专著"是指《中国介绍》,所以尼·加·斯帕法里的出使报告并没有在这方面再多着墨。

斯帕法里游览了北京内、外两城(即满、汉城),他注意到两城居民成分的区别:"北京城外有一郊区,实际上是由许多宅院和大型建筑构成,宛如另一个城市;这里居住着大量的汉人,因博格达汗几乎全部将他们从城内赶了出来。赫伊尔巴什人、布哈拉人、喀尔木克人及其他外来人,同样被指定在城外的宅院居住,唯独我们(俄国人)和葡萄牙、荷兰等国的人准

---

① 参见苏联科学院远东研究所等编,黑龙江大学俄语系翻译组译:《十七世纪俄中关系》第一卷第三册"第183号文件",第557页。

许住在城里。但城外各行各业的生意都很兴隆,凡城内有的,城外都有。满洲人之所以将所有汉人即泥堪人逐出京城,是有鉴于目前正在与他们交战,深[生]怕他们在城里谋反。"① 满汉民族矛盾开始进入俄人的视野。

在北京,斯帕法里遇到了一场龙卷风,他记下了当时所见的可怕一幕:

> 6月1日,龙卷风大作,犹如大火一样发出轰轰巨响;大风所过之处,许多商店被摧毁,较小的物品都卷入空中,形成一个通天的大风柱,它掠过大使寓所附近的城墙,然后向远处移动,直至从视野中消失。中国人说,类似的旋风经常发生,不论在大陆或海上都有,使许多船只被毁。②

在访期间,斯帕法里特别注意到北京没有发生火灾,这与北京的建筑材料有关,"因所有房顶都铺有玻璃瓦"。

伊台斯使团从1693年11月2日到达通州,到1694年2月19日离开北京,在京停留109天,全程所见所闻都有详细的访问笔记。如在通州,使团目睹了"该城人口众多,商业兴盛"的场景,看到了停留在河上的庞大的中国帆船和瓷市上世界上最好的瓷器。从长城到北京,每走一刻钟,使团就会遇到一座烽火台,沿途道路"宽阔笔直,维护良好"。使团进京时受到朝廷官员和士兵的热烈欢迎,被安置在俄罗斯馆。③ 中国方面每天供给使团人员各色食物和饮料。使团受到了康熙的接见和设宴款待,并观赏了中国戏剧表演节目。伊台斯对在觐见康熙时所见宫殿、皇帝宝座作了细致描绘,它可能是外人近距离观察清廷留下的较早文字记录:

> 宫殿是一座长方形的建筑物,长等于宽的两倍,用焙烧的砖建成,屋顶铺着黄琉璃瓦,并有狮、龙及其他禽兽饰物。宫殿高约八俄丈。上台阶经殿檐下进入大殿,殿檐下有窗户,每扇窗上有许多小窗

---

① Baddeley, John F. *Russia, Mongolia, China.* Vol. Ⅱ. London:Macmillan, 1919. p.367. 中译文参见〔英〕约·弗·巴德利著,吴持哲、吴有刚译:《俄国·蒙古·中国》下卷第二册,第1513页,注2。

② Baddeley, John F. *Russia, Mongolia, China.* Vol. Ⅱ. London:Macmillan, 1919. p.349. 中译文参见〔英〕约·弗·巴德利著,吴持哲、吴有刚译:《俄国·蒙古·中国》下卷第二册,第1487页。

③ 有关俄罗斯馆的情形,参见〔荷〕伊兹勃兰特·伊台斯、〔德〕亚当·勃兰德著,北京师范学院俄语组:《俄国使团使华笔记(1692—1695)》,第195—196、197—198页。

孔,不镶玻璃,糊着纸。

大殿两边各有一门,门上方有毘罗帽式的描金木雕饰物。殿里没有拱顶,墙一直砌到屋顶。屋顶有金漆彩绘天花板。殿内有十二根圆柱,柱上也有描金图案。大殿长约三十俄丈,宽约十俄丈。地上按鞑靼习惯铺着织有花卉鸟兽图案的地毯。

宝座朝东,正对大殿入口,靠近后墙,看来长宽均为三俄丈。宝座前面两边各有六级台阶。台阶上饰有植物图案,栏杆上有金属铸成的描金叶形饰物。宝座的左右两方有栏杆,也是用金属铸成,镀了金。有人说,栏杆是纯金铸成,也有人说是银子上镀了金。

博克达汗的宝座在御坛中央,形似祭坛,覆着黑色貂皮椅披,有两扇门,离地一肘尺高。博克达汗盘腿坐在上面。①

与以往来京的俄罗斯使团不同,伊台斯使团在觐见康熙以后,清廷为使团安排了一系列参观游览活动。在清廷大臣的陪同下,伊台斯"游览了出售呢绒绸缎、金银珠宝和贵重工艺品的几个大市场",参观了药房、服装商店、鱼市、野味市,饱览了新春节日各种庆祝活动。清廷官员还领着使团参观了动物园,内中的象房,"有十四头象,其中有一头白象"。大象为使团成员表演了节目。"据官员们说,这些象是从暹罗国运来,暹罗王每年都向中国博克达汗进贡几头象。"②在使华笔记里,伊台斯还提到献给康熙的白色双角怪兽——一种颇似"麋鹿"的动物:"有一次耶稣会教士们对我讲,三年前东海一个岛献上四只动物,其样子和大小与普通马差不多,头上长着一对长角。博克达汗命这几个耶稣会教士到离北京约十德里的宫廷动物园去看这些动物,并禀复陛下,他们在印度和欧洲是否见过这种动物。他们看过后说,从未见过,也从未听说过。""我也很好奇,想去看看这种动物,但由于动物园离城很远,而我启程的日期又已临近,因此未能看到这种动物。"③京城繁华、太平的气象令使团赏心悦目、大开眼界。

伊台斯使团在京的另一个特别之处是与在京的耶稣会士有着较多的

---

① 〔荷〕伊兹勃兰特·伊台斯、〔德〕亚当·勃兰德著,北京师范学院俄语组:《俄国使团使华笔记(1692—1695)》,第212—213页。

② 同上书,第217、226—227页。

③ 同上书,第227—228页。

互动。在觐见康熙时,伊台斯就见到了陪侍在康熙身边的三位耶稣会士:张诚、安多和另一位不知名者,并与他们进行交谈。在离京的前几天,使团应耶稣会士之邀参观了南堂,让使团成员意想不到的是,在北京这座东方帝都居然矗立着这样一座造型优美的意大利风格的教堂建筑:

  教堂围着一道高高的石墙,装有两扇意大利式石门。

  进入大门,在院内左侧一间专用的小屋中摆着很大的天球仪和地球仪,它们的高度至少有一俄丈。有一条路从这间小屋直接通到教堂,教堂是一座非常漂亮的意大利式建筑,有一架徐日昇神甫制作的很大的风琴。

  举行天主教仪式的教堂里有许多圣像和美丽的祭坛。教堂很大,可容纳两三千人。屋顶有一座报时的钟和使钟开动的机器。

  我仔细地参观了教堂之后,耶稣会教士们领我到他们的陈列馆去,馆里搜集了欧洲的各种珍品。①

  使团发现当时的北京,"有八名耶稣会教士,其中两名西班牙人,三名葡萄牙人,两名法国人,一名罗马人"。京城各大宗教派别林立、关系复杂,俄罗斯东正教也在京城建有教堂。"中国人,主要是宫廷中的人,很尊敬这些修道士及其他宗教界人士,但和尚们却对他们侧目而视。必须承认,罗马天主教会为传教尽了很大努力。俄罗斯人也在北京建了教堂,给许多要人施行了东正教洗礼。"②这些北京城"西方"元素的存在,给使团在语言、信息沟通上带来不少的便利。

  在伊台斯的笔记里,保有一段对北京的综述,可视为使团北京之行所获印象的总结:

  该城因同名的省而得名。直隶省东边隔一个海湾同日本和朝鲜相邻,东北与辽东省相接,北面是大鞑靼墙,部分是老鞑靼地区,西面和山西省毗邻,西南靠着黄河,南边和西南靠着贵河。全省分为八个州或者叫府:北京,保定,河间,京师,顺德,广平,大名和永平。

---

  ① 〔荷〕伊兹勃兰特·伊台斯、〔德〕亚当·勃兰德著,北京师范学院俄语组译:《俄国使团使华笔记(1692—1695)》,第 225 页。

  ② 同上书,第 278—279 页。

北京是中国历代皇帝的名都,异常美丽,位于北纬39°59′,在直隶省最北边,离著名的长城不远。城南有两道又厚又高的城墙防护(外城也围在城墙内),城墙只有一般的防卫设施,城门两边有相当坚固的堡垒。到外城去要从桥上过一条小河,小河顺着城墙往北流,起着护城河的作用;然后要过南城门,不到半小时即可到达城边,那里可见到非常高的围墙和碉堡。如果从另一边绕城而行,则会碰上一个安有几门大炮的圆塔楼,然后可通过原来的城门直接入城。在城墙上的碉堡和哨楼中,夜间有哨兵严加守卫,仿佛敌人已兵临城下,城郊已战火弥漫一般。白天守卫城门的是在宫廷中说话有分量的内务府的人,但是他们与其说是保卫城市,不如说是向进出城门的人勒索税款。

市民的房子漂亮而轩敞,达官贵人们的私邸装饰华丽,牌楼富丽堂皇,到处高耸着美丽的寺庙和塔。一般说来这座美丽城市的街道并不好,因为用鹅卵石和砖铺设的街道极少。其原因决非缺乏石头,而是由于某种意义重大的其他情况。这些没有路面的街道很有损市容。无论晴天或雨天,特别是当北风呼啸的日子,给行人带来许多不愉快和不方便。在炎夏酷暑和久旱不雨(由于雨水稀少这在北京是常有的)的时候,含大量硝和其他轻物质的土壤往往变成微尘,即使微风轻拂也能把尘土刮得满城飞扬。浓云似的尘土迷住眼睛,钻进人的嘴、鼻和衣服,落满房屋的各个角落,弄得哪里都很脏。

中国妇女身材矮小,贵妇人都是小脚,她们以此为骄傲。所以她们从小就缠脚,穿上硬帮鞋,使脚不能正常发育,变得娇小,瘦弱。中国妇女不能走较远的路,因为缠足损害了幼小的脚掌,使它不能成长,人变成了残废。

在街上、十字路口、城门口和小桥旁停着备好的马和驴,花不多钱就可以骑着它们在城里逛一整天。牲口的主人在前面跑着引路。在所有街道上可以看到许多看热闹的人。这里有人在绳索上跳舞,那里一群人围着说书人。……

流通的银子是不大的银块。买东西时要付多少,就用铁钳或剪刀剪下多少。因此中国人总是带着小剪刀和戥子,放在膝旁,还带着约半肘尺长的细秤杆,秤杆上挂着放在小木盒里的秤锤。

> 在北京经常会碰见这样一些人,他们使劲捶胸或是用额头碰地上的石头,有时撞得血一滴一滴地往下流。
>
> 所有的街道上都有小饭馆,门前挂着食谱,写明可以吃到什么,饭馆清洁,招待周到。①

这段描述细致入微、精确到位,若如一幅绝妙的北京风情画,将北京城的地理位置、周边环境、街道建筑、军事防御、风土人情尽揽其中。北京城经过清朝近半个世纪的经营,与清初残破的面目相比,的确大有改善,俄罗斯人的观感从一个侧面反映了这一情形。

离京前夕,清廷举行宴会为使团饯行,许多显贵的宫廷大臣和官员前来送行。② 伊台斯谈起自己访华的观感时说:"谈到中国,由于我到过皇都北京,应该说这是一个上天赐福的极美好的国家。我认为都城是全中国气候最好、最宜人的地方。人们健壮英武,食物如谷物、水果、青菜、豆角、块根,生活必须的一切东西,这里都应有尽有,只是不产茶、丝绸和瓷器。冬季很冷,冰上可以走人。夏季不太炎热,而别的省分整日酷热。"③ 北京给使团留下了极为美好的印象。

阅览17世纪俄罗斯使团有关北京的城市记录,可见他们对北京的都城风貌、街道建筑、风土人情、历史地理都有了一个由表及里的观察和了解,在此基础上形成了他们的"北京印象"。不像其他西方外交使团是从南向北纵贯而过大半个中国,对中国许多城市有可能或有机会旅行经过,因而对中国南北城市也可能有所比较,俄罗斯使团只涉足北京这座皇都,北京以南的城市在17世纪对他们来说尚是一片模糊。除了对北京以北沿途的地理、风景留意记录外,北京当然就是俄罗斯使团心营目注投射的焦点了。由于当时俄罗斯与中国在边境上的军事摩擦、冲突不断,故俄罗斯使团对北京的军事设施显然也多了一个心眼,有关北京的城防报道比较详细。俄罗斯使团在北京现场所获得的观察材料,是其"中国经验"的最大收获所在。

---

① 〔荷〕伊兹勃兰特·伊台斯、〔德〕亚当·勃兰德著,北京师范学院俄语组译:《俄国使团使华笔记(1692—1695)》,第235—237页。
② 同上书,第228页。
③ 同上书,第276页。

五 外交往来与礼仪之争

在17世纪俄罗斯使团与中国方面的接触过程中,双方经历了一个摩擦、磨合、冲突以至妥协的过程,自始至终存在所谓外交礼仪之争。在俄中早期外交交往中,俄罗斯使节有时表现了强悍的一面,清朝方面也以强势应对,与俄罗斯使团进行有理、有利、有节的斗争,双方的争执颇能反映当时俄、中两国外交礼制的隔阂和矛盾,过去中外学者对此多有论述。①

首次到京的佩特林使团因为不懂中国礼制,没有呈献礼品,故未能见到明皇神宗,他的出使报告对此有明确交代:

> 我们没有到过大明皇帝的宫殿,也没有见到皇帝。原因是没有可进献的礼物。"我们中国有这样的规矩:没有献礼不得觐见吾皇。汝等为白沙皇的首批使臣,哪怕向吾皇献上薄礼:吾所重者,非为献礼,吾所重者,为白沙皇向吾皇献礼一事本身。这样,吾皇亦会赏赐使臣,打发你们回去并立刻派自己人前往。尽管如此,吾皇仍会修国书一封,令汝等带去给你们的沙皇。"②

明神宗虽然没有召见佩特林,但修国书一封送交俄使。国书说明了俄罗斯与中国交往应注意的礼节和事宜。③ 这封国书当时因未能及时送达俄国沙皇,且因俄方无人能译,故长期不为外界所知。明朝之所以修国书,试图与俄罗斯建立关系,可能与当时国内纷扰的局势和东北满洲的兴起

---

① 参见张维华、孙西:《清前期中俄关系》,济南:山东教育出版社,1997年。王开玺:《清代外交礼仪的交涉与论争》第二章《清朝初期中俄外交使团的交往礼仪》,北京:人民出版社,2009年,第96—169页。曹雯:《清朝对外体制研究》第二章《清前中期的中俄关系》,北京:社会科学文献出版社,2010年,第53—82页。何新华:《威仪天下——清代外交礼仪及其变革》第六章《清代中俄外交礼仪交涉》,上海:上海社会科学院出版社,2011年,第178—205页。Mark Mancall. *Russia and China , Their Diplomatic Relations to 1728*. Cambridge: Harvard University Press, 1971.

② 〔俄〕娜·费·杰米多娃、〔俄〕弗·斯·米亚斯尼科夫著,黄玫译:《在华俄国外交使者(1618—1658)》,第56页。

③ 参见〔俄〕尼古拉·班蒂什—卡缅斯基编著,中国人民大学俄语教研室译:《俄中两国外交文献汇编1619—1792》,第20—21页。

有关,故向俄罗斯伸出了橄榄枝。① 由于当时俄方没有译员,其内容在 1675 年 4 月 15 日前不被俄人所知。直到斯帕法里使臣离开莫斯科前往中国时,带去了这封国书和后来的另一封国书。斯帕法里到达托摩尔斯克后,在当地找到一名懂汉语的军役人员翻译了这两封国书。② 斯帕法里在给俄国外务衙门复函时,寄回了这两封国书的俄译本。③ 今天人们所见即系这份译本。

巴伊科夫使团初到北京时,清朝方面按通常标准给使团"以口粮","巴伊科夫领到的是一只羊、一小坛酒和两条鱼——鱼不太大,很像俄国的鳊鱼——还有三碗面粉、一碗茶叶和两碗小麦。他的人和厨师领到的是牛肉,对此每人每天还有小麦一碗,酒两杯,但是没有茶叶和面粉。一碗相当于 $1/4$ 俄磅。俄国政府人员、鞑靼民团人员、俄国商人以及布哈拉商人总共领到的是:每天羊一只,小麦两碗,每两个人一碗茶叶和两碗面粉,每人酒两杯"。④ 这是不菲的待遇。使团要求向清帝面交礼品和沙皇的书信,清朝官员则按中方规定要求先取走礼品,然后向朝廷官员递交信件,双方为此展开争执。使团要求觐见清帝时按他们觐见沙皇时的礼仪行事,中方没有答应他们这样做,而是要求使团按照清朝的礼仪叩头,在觐见顺治皇帝时下跪,为俄方拒绝,因而使团最终未能如愿见到顺治皇帝。巴伊科夫遵照训令不愿将国书交给接待的官员,结果他的礼物也被如数退回,清朝最后按规定打发巴伊科夫回去。对这一不太愉快的接触

---

① 第二封国书可能为崇祯皇帝所修,其内容似对俄使更为客气、礼遇。参见〔俄〕尼古拉·班蒂什—卡缅斯基编著,中国人民大学俄语教研室译:《俄中两国外交文献汇编 1619—1792》,第 21 页。

② 收入苏联科学院远东研究所等编,黑龙江大学俄语系翻译组译:《十七世纪俄中关系史》第一卷第一册,第 24、51 号文件,第 96—97、164—165 页。另收入〔俄〕尼古拉·班蒂什—卡缅斯基编著,中国人民大学俄语教研室译:《俄中两国外交文献汇编 1619—1792》,第 20—21 页。但对第二封国书的时间,两书的说法不一。前一书置于 1642 年,后一书置于 1649 年。后一说可能有误,因此时明朝已被推翻。

③ 参见〔俄〕尼古拉·班蒂什—卡缅斯基编著,中国人民大学俄语教研室译:《俄中两国外交文献汇编 1619—1792》,第 20 页注 4。不过,对这两书还存有另一种解释,斯帕法里在北京期间,耶稣会士读到这两个文件时对他说,这两份文件是明成祖写给松花江流域某些王公的册封证书,是让那些王公统治那一带地方。参见同书,第 21 页注 2。另参见苏联科学院远东研究所等编,黑龙江大学俄语系翻译组译:《十七世纪俄中关系》第一卷第三册"第 183 号文件",第 617 页。

④ 〔俄〕娜·费·杰米多娃、〔俄〕弗·斯·米亚斯尼科夫著,黄玫译:《在华俄国外交使者(1618—1658)》,第 131 页。

过程,巴伊科夫在陈文中作了交代。① 《清世祖实录》亦保有类似的记载。② 在清档中,存有一份《顺治帝致沙皇敕书》(顺治十二年五月二十二日),③即是清帝对此次使团的回复。

来华的使命没有完成,巴伊科夫使团可谓悻悻离开北京,清朝按常规打发使团回国旅程所需的食品:

> 165(1656年)年9月4日,大使被送出中国京城汗八里,带着大君主书信。中国人并没有发给大使可以驮运沙皇财物的驮畜,只是依皇帝旨意发给他路上的口粮和三只绵羊,随行人员和厨师只得到一些小麦;给政府民团人员、俄国商人及布哈拉商人每人三只羊。发给大使、政府民团人员、俄国商人及布哈拉商人每人三只羊。发给大使、政府民团人员及商人的小麦仅供50天食用;骑兵和商人的粮食按每人每天两碗发给,而厨师的标准则是一碗。④

虽然双方存在礼仪之争,应该说清朝对俄罗斯使团的礼数还是到了,至少是客套地打发巴伊科夫使团出京,没有让俄方过于难堪。

当时在京的荷兰使者尼乌霍夫所留下的《荷使初访中国记》对俄国使者在京的遭遇从旁观者的角度作了解释,它对于我们了解事情原委的真相会有所帮助:

> 九月十四日,莫斯科来的使臣连皇宫都未能进去,就必须离开北京了。有人说他不愿按照这个国家的律令,在皇帝的圣旨前下跪、叩头,所以他不得不离开这个国家。当我们的使臣阁下用中餐时,莫斯科使臣的一个最重要的随员以他们全体人员的名义向我们告辞。使臣阁下感谢他来辞行,并祝愿他们旅途顺利,一路平安。他还向我们要求一封短笺,以便当他们返回莫斯科时,可以证实他们曾在中国见过什么人,使臣阁下就写给他了。我们后来听说,这个使团被扣留在

---

① 〔俄〕娜·费·杰米多娃、〔俄〕弗·斯·米亚斯尼科夫著,黄玫译:《在华俄国外交使者(1618—1658)》,第130—133页。
② 《清世祖实录》卷135,顺治十七年五月丁巳。"后于十三年又有使至,虽具表文,但行其国礼,立而授表,不跪拜。于是部议,来使不谙朝礼,不宜令觐见,却其贡物,遣之还。"
③ 收入中国第一历史档案馆编:《清代中俄关系档案史料选编》第一册(上册),第18页。
④ 〔俄〕娜·费·杰米多娃、〔俄〕弗·斯·米亚斯尼科夫著,黄玫译:《在华俄国外交使者(1618—1658)》,第161页。

这个国家,在接到皇帝准许他们自由通行的命令前不能继续他的行程。①

英国学者巴德利还发现了荷兰使者尼霍夫的另一份手稿,它对我们了解巴伊科夫使团受到清廷冷落的真相亦有帮助:

> 荷兰使节在北京见到一位由莫斯科公国大公派去的大使。他经陆路走了半年才抵达北京,但如果是在夏天而不是冬天,则这段旅程本来用四个月就够了。大使在去年就已到达北京,他从俄国带来紫貂等各种毛皮,换回了贵重的礼物,中国方面并允许莫斯科公国再次派人前来,但条件是必须先将商品提供给陛下,然后再供其他人选购,大使便是在达成这样的协议后回国的。初到北京时,俄国人曾受到优厚待遇,使节及其随行人员可自由外出,任意买卖。一个月后,由于他们行为不端,经常闯入北京的妓院,滋事生非,中国才限制他们的自由,不过仍经常允许他们去街头散步。但是由于大使坚持一定要将国书呈递给皇帝本人,又拒绝按中国朝仪向陛下的御玺磕头,中国才拒其觐见,于9月14日将他打发回国。②

巴德利认为俄国使团受到冷遇的另外一个原因是当时俄国在中国黑龙江流域到处活动,惹事生非。"巴伊科夫之所以受到不太体面的对待,其主要原因恐怕在于:当他出使北京之际,俄国人正在阿穆尔河沿岸到处骚扰抢劫。但巴伊科夫丝毫未提到这一点,可能他自己也一点不了解。"③

1658年沙皇派出佩菲利耶夫出使北京,1660年夏天到达北京,由于顺治皇帝拒绝接见,使团没有达到其预定的目的,1662年回到莫斯科。

---

① 〔荷〕约翰·尼霍夫著,〔荷〕包乐史,〔中〕庄国土译:《〈荷使初访中国记〉研究》,厦门:厦门大学出版社,1989年,第85页。

② Baddeley, John F. *Russia, Mongolia, China*. Vol. II. London: Macmillan, 1919. p.153. 中译文参见〔英〕约·弗·巴德利著,吴持哲、吴有刚译:《俄国·蒙古·中国》下卷第一册,第1171页。

③ Baddeley, John F. *Russia, Mongolia, China*. Vol. II. London: Macmillan, 1919. p.146. 中译文参见〔英〕约·弗·巴德利著,吴持哲、吴有刚译:《俄国·蒙古·中国》下卷第一册,第1160页注2。

俄罗斯学者认为,"除货物之外,还带回了中国答复的国书"。① "因为巴伊科夫使团没有取得任何的成果,所以,我们基本上认为,我们和中国的外交关系是从佩尔菲利耶夫使团开始的。"② 实际上,佩菲利耶夫使团在外交上并没有什么收获,也没有带回所谓"国书"。因为缺乏材料记载,我们对使团在北京的活动细节的了解尚付阙如。

阿勃林使团抵达北京是在1670年6月。清朝官员引领使团前往御花园觐见康熙。在门口,康熙的近臣接受了俄使的礼品——两幅呢子和其他一些物品。随后等了约三小时,康熙才吩咐他们进入御花园觐见,并当面赐宴。"用膳后,命人供应他们饮食并允许他们自由做生意。"阿勃林使团是康熙帝接见的第一个使团。据阿勃林后来陈述,使"在中国都城住了两个半月,供给他们的饮食极为丰盛,还让他们自由做生意。宾馆有一名陪同官员、一名书吏和十名军人";"在中国逗留期间,他们的马匹和骆驼是由中国皇帝供给饲料的"。③ 可见,该使团受到了高规格的接待。

1670年7月,米洛瓦诺夫使团到达北京。它是受到康熙帝接见的第二个俄罗斯代表团。关于觐见康熙的过程,米洛瓦诺夫递交的差旅报告作了详细陈述:

> 到了博格德国,我们被安置在宾馆里。我们到达后,在宾馆里住了一礼拜,他们把我们带去翻译达尼拉·阿尔申斯基由涅尔琴斯克寨发去的……他们把那份使书译成自己的文字。此后,我们在宾馆住了三个礼拜,有卫兵严密看守,博格德皇帝供给我们的饮食相当充足。
>
> 博格德皇帝亲自接见了我们,并举行列队仪式,队列里站着鞍辔齐全的六头大象,大象的背上有用黄金装饰的象轿。我们被带去觐见皇帝时,经过了五道墙才到达皇宫。每道城墙有五个城门洞,城门洞长达三十俄丈,城门上面有祈祷上供的佛堂,外边用金箔装饰,楼

---

① 参见〔苏〕齐赫文斯基主编:《中国近代史》上册,第73页。该书将第二封国书置于此次使团,似不妥,从信的抬头称呼看明显不符。
② 参见〔俄〕特鲁谢维奇著,徐东辉、谭萍译:《十九世纪前的俄中外交及贸易关系》,第19页。
③ 苏联科学院远东研究所等编,黑龙江大学俄语系翻译组译:《十七世纪俄中关系》第一卷第二册"第143号文件",第433、434页。

阁形的佛堂的圆顶饰着金色,墙基是青石板砌的……墙基有一人高,上部砌砖,墙的顶上盖着琉璃瓦,城楼下面有桥,河上也是青石板桥,桥边的栏干也是青石的,柱也是青石的,柱上雕着各种野兽、珍奇装饰和文字。皇帝召我们进皇宫,这座皇宫的中央有青石板建的宝座。宝座的四边有金色的栏杆。博格德皇帝坐在宝座上。因有栅栏挡住,只能看到他的上半身。博格德皇帝身穿黄袍。他面前的那些王爷,也穿着金黄色长袍,他们戴着金黄色的朝冠,朝冠上嵌着贵重的宝石。看在全大俄罗斯、小俄罗斯、白俄罗斯专制大君主、沙皇阿列克谢伊·米哈伊洛维奇大公的份上,博格德皇帝在自己的国家里进行了大赦,命令当面释放那些因种种案件被监禁起来的人。这件事我们亲眼见到,博格德人也告诉过我们。后来,博格德皇帝为了向沙皇表示敬意,命令在御膳房设宴三天招待我们。宴会后,博格德皇帝为了向大君主、沙皇表示敬意,赠送我们每人五块花缎,一件花缎做的大褂、一顶帽子、带刀的丝腰带、五十块大红布、一匹鞍辔齐全的马,并允许在卫兵陪同下到京都各个市场去买东西……

后来,博格德皇帝下令隆重地欢送我们回国,命令王爷及军人陪送我们回到涅尔琴斯克寨。博格德皇帝让我们带了一封国书给大君主。①

康熙所修这封国书告诫俄人:"亟盼今后勿进犯朕之边民,勿再滋生事端。如信守此项诺言,则朕与尔等今后即可和睦愉快相处。"②米洛瓦诺夫使团与此前的阿勃林使团一样,受到清朝高规格的接待,使团对此感同身受。"伊格纳什等人在中国住了五个礼拜零三天,给他们的饮食相当丰裕,有大米、羊肉、牛肉、鱼、鲜鲦鱼、还有蔬菜——蒜、葱、姜、咸罗卜,还有

---

① 苏联科学院远东研究所等编,黑龙江大学俄语系翻译组译:《十七世纪俄中关系》第一卷第二册"第134号文件",第406—407页。另参见苏联科学院远东研究所等编:《十七世纪俄中关系》第一卷第二册"第141号文件",第422—427页,该文件对这一过程有更为详细的报告。

② 苏联科学院远东研究所等编,黑龙江大学俄语系翻译组译:《十七世纪俄中关系》第一卷第二册"第136号文件",第410页。在清档案中保存有一份《康熙帝为索还逃根特木尔事致俄沙皇书》(康熙九年五月十三日),收入中国第一历史档案馆编:《清代中俄关系档案史料选编》第一册(上册),第21—22页。该档原文系满文,俄文本可能译自此档。

各种饮料——上等烈酒、牛奶茶、还有醋。他们需要多少就供给多少。"①如此热情的款待,应与康熙帝相对开明的对外政策有一定关系。

斯帕法里出使报告提到使团初到北京时下榻的宾馆:"使者被带到离城不远的宾馆。这所宾馆住过各国使臣:远在巴伊科夫时期就已住过第一批荷兰人,大约十年前又住过他们的另一批使者,还有葡萄牙人和其他国家的使臣也在这里住过。院子很大,只是房屋是旧的,许多地方已经倒塌。院子四周建有石墙,高约一俄丈半。宾馆内房舍是石筑瓦顶平房。天花板是木头的,房子里没有铁结构。宾馆内没有花园和其他可供观赏的东西,真是个令人烦闷的地方,像个监牢。把我们安置到宾馆以后,立刻就对我们设下森严的戒备。"②斯帕法里对清朝接待他们的方式和所住驿馆明显不满,这与其他来京的欧洲人士有相似之处。

斯帕法里使团多次受到康熙的接见或赐宴,第一次受到接见的现场颇为壮观,斯帕法里记下了令他难忘的现场情景:

> 中国方面确定斯帕法里第三天去叩见博格德汗。到了那一天,他在拂晓前一小时到达博格德汗的宫殿。在这里,他和他的随员奉命在大殿前坐在为他们准备的毯子上等候日出。随后,他被领着走过许多宫门,来到一个广场,官员们都坐在那里,他也被准许同他的几个随员坐在那里。耶稣会教士教斯帕法里应该如何向博格德汗叩头。使臣曾想避免这么作,但没有办到。刚一听到鸣钟击鼓之声(博格德汗进入大殿的信号),所有人员即奉命起立。鸣赞官站在丹陛上首先高呼:"起立",接着高呼"跪下",最后又呼"叩首",大家都遵命行事,斯帕法里也不例外,全都朝着大殿行了三跪九叩礼。这一套礼仪持续了将近一刻钟。然后,中国大臣领斯帕法里一人去见博格德汗。他们让他快跑,可是他很抱歉地说,他不习惯跑步,因此仍然缓步前进。按照商定好的条件,他和所有俄国人都戴着帽子。他们把斯帕法里领到二十三岁的博格德汗前。这位皇帝坐在高一俄丈的宝座

---

① 苏联科学院远东研究所等编,黑龙江大学俄语系翻译组译:《十七世纪俄中关系》第一卷第二册"第 141 号文件",第 427 页。

② 苏联科学院远东研究所等编,黑龙江大学俄语系翻译组译:《十七世纪俄中关系》第一卷第三册"第 188 号文件",第 557—558 页。

上,四周都是皇亲国戚,这些人都坐在放在地上的白毡垫上。斯帕法里奉命叩头,然后坐在离博格德汗八俄丈的地方。当时奏起了柔和的音乐,皇帝在声乐中向大家赐茶,其中也包括斯帕法里。皇帝放下茶后就退入了内宫,使臣也起身返回了宾馆。①

以后康熙又分别于6月24日、7月4日、14日、24日和8月23日五次赐宴给使团。使团7月8日、8月25日两次应邀赴康熙的御宴。可见,清廷对使团的接待规格甚高。

斯帕法里与在京的耶稣会士闵明我、南怀仁等人有过密切交往。耶稣会士既充当使团与清廷之间的翻译,又常常在与使团的交谈中,向使团提供所需的清廷信息,对此双方都有回忆。闵明我曾说:"'斯帕法里出生于希腊',学识渊博,又精通拉丁语;他在京期间,与我们有过极其愉快的交往。"②南怀仁与使团交往密切,"当时他的地位尚未稳固,对康熙的感情也未免含有愤懑的成分,希望看到俄国能在对华关系上采取一条更为坚决的路线"。③他甚至给使团提供了不少富有价值的情报,斯帕法里回国后,南怀仁仍与他保持书信往来,④并经过俄国向本国传递信件。

在斯帕法里的报告里有一段所谓"俄奸"的记录,可见当时在京俄侨的生活状况:

> 目前在中国共有十三名俄国人,其中仅有两名是在阿穆尔河被俘的,其余的都从边境城堡特别是阿尔巴津逃来中国的。三名是去年逃来的,他们未遇到任何困难,因为顺着阿穆尔河逃到了松花江,在那里,满洲人就把他们收容下来,并立即送至北京。汗录用了他

---

① 〔俄〕尼古拉·班蒂什—卡缅斯基编著,中国人民大学俄语教研室译:《俄中两国外交文献汇编 1619—1792》,第48—49页。

② Baddeley, John F. *Russia, Mongolia, China*. Vol. II. London: Macmillan, 1919. p.351. 中译文参见〔英〕约·弗·巴德利著,吴持哲、吴有刚译:《俄国·蒙古·中国》下卷第二册,第1489—1490页。

③ Baddeley, John F. *Russia, Mongolia, China*. Vol. II. London: Macmillan, 1919. p.435. 中译文参见〔英〕约·弗·巴德利著,吴持哲、吴有刚译:《俄国·蒙古·中国》下卷第二册,第1616页。

④ Baddeley, John F. *Russia, Mongolia, China*. Vol. II. London: Macmillan, 1919. p.436. 中译文参见〔英〕约·弗·巴德利著,吴持哲、吴有刚译:《俄国·蒙古·中国》下卷第二册,第1617—1619页。收有一封1686年《南怀仁致斯帕法里的信》。

们，发给他们薪俸，并让他们成了家。其中一人原系托博尔斯克人，他曾写信告诉他的兄弟，说他们目前都在教中国骑兵和步兵如何使用火枪。他本人现在部院担任翻译，因他能阅读和书写俄文，也学会了中文，因而胜任翻译俄文文件。这些俄国逃亡者经常去耶稣会教堂……耶稣会士们还拿一幅西伯利亚全图给我们看，地图上标着所有城堡，并注明每个城堡驻防的人数；据教士们告诉我们，上述情报都是那些俄奸提供给汗的，目的想博得汗的宠信，但现在他们惊恐万状，深怕中国将他们交给大使。耶稣会士是来向大使求情的，万一中国交出这些人，大使应该请汗准许他们带妻子儿女一同回去。他们自己也多次来使馆的大门口，可是不准进来，反而立刻有人对他们进行监视，以防他们与我方人员接触；当他们偶尔与我方人员见面时，总要流许多眼泪。①

北京出现俄国侨民的情形在此之前即已见诸史载。如米洛瓦诺夫使团到京时就见过两位在北京居留的俄罗斯人，米洛瓦诺夫称他们是"俄国叛徒"，一名叫阿纳什卡·乌鲁斯曼诺夫，系克里米亚鞑靼人，原是勒拿地区前总督德米特里耶夫—弗兰斯别科夫的部下，从达呼尔地区越过黑龙江逃到中国来。一名叫塔霍姆卡，原是勒拿地区军役贵族多罗夫—普辛的部下，也是从达呼尔地区逃到中国来，已在中国安家，且"从博格达汗那里领取给养"。② 在京的俄罗斯人由于当时北京尚无东正教教堂，故常常出入南怀仁所在的天主教堂。③ 俄罗斯人可能是迟到 1685 年才在北京建立自己独立的东正教教堂，据载："阿尔巴津人曾于 1685 年运来一个随军教堂，因原有教士已去世，他们要求另派一名。这一期间这座教堂继续存在，直到今天还时常做礼拜，尽管它已无自己的教士——曾由北京俄国

---

① Baddeley, John F. *Russia, Mongolia, China*. Vol. II. London: Macmillan, 1919. p. 377—378. 中译文参见〔英〕约·弗·巴德利著，吴持哲、吴有刚译：《俄国·蒙古·中国》下卷第二册，第 1528—1529 页。

② Baddeley, John F. *Russia, Mongolia, China*. Vol. II. London: Macmillan, 1919. p. 202. 中译文参见〔英〕约·弗·巴德利著，吴持哲、吴有刚译：《俄国·蒙古·中国》下卷第一册，第 1253—1254 页。

③ Baddeley, John F. *Russia, Mongolia, China*. Vol. II. London: Macmillan, 1919. p. 395. 中译文参见〔英〕约·弗·巴德利著，吴持哲、吴有刚译：《俄国·蒙古·中国》下卷第二册，第 1553 页。

使馆派一教士去主持,因使馆本身也有教堂。这座老教堂位于城区东北角上,最初几次派往北京的传教团都在这里居住。而使馆大院(有时商队也在这里停留)则在七俄里外。"1698 年俄国派出第一支官方商队赴京,亦有传教士随行。"当时已在北京建立一座俄国教堂,它的传教士和其他人员都是跟随商人斯皮里顿·兰古索夫所率领的第一支商队前往中国的。他们的薪俸由中国人支付,因为他们主要是为阿尔巴津(的俄国人)服务,其次才为临时来华的俄国商队人员服务。"①这样,在北京城的多元文化格局中又新增了"俄罗斯元素"。②

伊台斯使团于 1693 年 11 月 3 日进京。据伊台斯记述当时进城的情形:

> 我派商队和装载旅途什物车队先我进入北京。一小时后,我率领护卫和前导御者九十人庄严入城。哥萨克跟随着我,他们从麇集在城门口、堵塞街道的人群中开出路来,使我能通行无阻地进入北京城。此外,跟随我们的还有所谓领催(拨什库)或称向导和博克达汗的特派官员。他们奔走忙碌,以保证我们顺利通过,因为中国人十分好奇。③

这段文字足见使团进京时受到热烈欢迎的盛况。使团下榻在"俄罗斯馆"。俄罗斯馆为康熙二十七年雅克萨之战后,为安置俄军战俘所设,位置在北京东北的东直门内胡家圈胡同。伊台斯使团所住的"俄罗斯馆"应不是此处,而是与斯帕法里使团同住一处。④"在俄罗斯馆前迎接和欢迎我的是专门奉派前来的几位官员。俄罗斯馆前大街两旁排列着兵士。我穿过他们的队列后,来到指定给我的宅院。在这里,每天供给我和随行人员各色食物和饮料。"经过一年零八个月的长途跋涉,使团终于"安然无恙

---

① Baddeley, John F. *Russia*, *Mongolia*, *China*. Vol. Ⅱ. London: Macmillan, 1919. pp. 429,430. 中译文参见〔英〕约·弗·巴德利著,吴持哲、吴有刚译:《俄国·蒙古·中国》下卷第二册,第 1605、1604 页。

② 有关俄罗斯东正教在北京的初期情形,参见张维华、孙西:《清前期中俄关系》,济南:山东教育出版社,1997 年,第 338—340 页。

③ 〔荷〕伊兹勃兰特·伊台斯、〔德〕亚当·勃兰德著,北京师范学院俄语翻译组译:《俄国使团使华笔记(1692—1695)》,第 196—197 页。

④ 同上书,第 197—198 页,注 2。

地到达了目的地"。①

随后围绕使团递交的国书书写形式发生了不快,幸亏清朝方面作了通融,据俄方的档案记载:

> 他抵达的当天,中国人就要求他交出大君主的国书及由他带去赠给博格德汗的礼物。起初他不肯照办,因此一连数日被禁锢在宾馆,也得不到口粮;鉴于中国人待他如此严峻,他迫不得已满足了他们的要求,于11月14日用给他送去的没有鞍辔的马将国书和礼品驮到汗的皇宫。他把国书呈放在一张铺着缎子的方桌上,而礼品则放在另一些桌子上。国书立即由一名中国官员高举过头顶,进呈博格德汗,而他——伊兹勃兰特则仍留在方桌近旁,受到酒宴的款待。第二天,伊兹勃兰特又被召进宫去见博格德汗。当他走近曾经放置国书的地方时,就看见博格德汗的近臣走到他跟前,他们把启封的君主的国书和礼品还给他,指责说,为什么国书中把博格德汗的称号写在大君主的称号之后,并说从未有人这样作过。伊兹勃兰特一再推辞不收,说他若把国书带回,担心大君主会对他发怒,但他这样说也无济于事。汗的近臣仍告诉他说,若不照办,就将大君主的国书扔掉,毫不客气地把他驱逐出境,并说今后大君主的所有国书,将一律在脑温城启封,查看所用称号是否适宜。②

伊台斯使团于1693年11月14日觐见康熙。伊台斯记载了现场的情形:

> 晨八时许,三位显要官员来通知我,即刻动身去觐见皇帝。与平日不同,他们穿着华丽的锦缎长袍。有人袍上用金线绣着蟒,有的绣着狮子,有的胸前和背后绣着虎和仙鹤。他们为我的随员牵来了五十匹马。我照欧洲的惯例携带沙皇陛下的国书和礼品荣耀地动身进宫。
>
> 到达第一重禁门时,我见到一根镌有汉字的柱子,我被告知,按

---

① 〔荷〕伊兹勃兰特·伊台斯、〔德〕亚当·勃兰德著,北京师范学院俄语翻译组译:《俄国使团使华笔记(1692—1695)》,第197页。
② 〔俄〕尼古拉·班蒂什—卡缅斯基编著,中国人民大学俄语教研室译:《俄中两国外交文献汇编1619—1792》,第91—92页。

照他们的习惯,应在这里下马,然后徒步走过前面五重禁门和殿廷。在第六重殿廷里我看见大批官员,都穿着华美的专门朝见皇上的锦绣朝服。官员们已在等候我了。

我们互致寒暄之后,博克达汗升座。我向他呈上沙皇陛下的国书,致简短的祝词,行了礼,然后退出宫去。①

11月16日康熙举行盛大的宴会招待使团。在宴席上,伊台斯见到了在京的耶稣会士张诚、安多和另一名葡萄牙人(可能是徐日昇),并进行了短暂的交谈。② 伊台斯对在席间所见康熙本人作了描绘:

博克达汗年约五十岁,中等身材,仪表令人肃然起敬,有一对黑色大眼睛,鼻子隆起,略歪,垂着黑色髭须,几乎没有胡子,脸上有麻点。

皇帝穿着深底花纹绸缎的普通长袍和深蓝缎子的银鼠皮褂子。由颈至胸挂着用大粒珠子串成的朝珠或念珠。头戴貂皮镶边暖帽,帽上垂着红丝帽缨,向后垂着几根孔雀翎。皇帝的头发梳成辫子垂在背上。他身上没有佩带金饰物和宝石。靴子用黑色丝绒做成。

席间大臣们严守秩序,因此听不到一点声响,听不到有人谈话。大家彬彬有礼,垂目端坐。③

这是一次盛大的欢迎宴会,也是令使团成员十分激动且印象深刻的一幕。否则,伊台斯不会用这么多的笔墨来描写眼前所见到的这一切。经过互相协商,双方达成了妥协,清朝对俄方作了有条件的让步,满足了俄方所提释放战俘、通商、设立教堂等诸项要求。

从17世纪俄罗斯赴华使团与中国的外交接触看,俄方因不谙中国礼制,固执本国尊严,与中方的争执不断。从佩特林使团未带礼品入京,到巴伊科夫使团围绕提交国书和礼品的程序与中方争执;从斯帕法里使团对呈递国书翻译的不同意见,到伊台斯使团对国书书写形式的争辩,俄罗斯使团与中国方面始终在交换礼品、递交国书、觐见礼仪这三方面存有争

---

① 〔荷〕伊兹勃兰特·伊台斯、〔德〕亚当·勃兰德著,北京师范学院俄语翻译组译:《俄国使团使华笔记(1692—1695)》,第200页。

② 同上书,第202、210页。

③ 同上书,第213页。

议。这些外交上的礼仪之争表面上看是两国维护各自君主的体面和国家的尊严,实质上是对各自外交制度、外交传统的正当性、普适性的维护。在礼仪之争的尊与破的背后,本质上是对各自外交话语权力的掌控和捍卫。清朝初期,因国力正处于上升时期,足以支撑起在外交上的强势格局,对俄国使者的"非礼"行为自然予以拒退或加以规训。

六 从商贸考察到"京师互市"

在17世纪中期之前,俄国与中国的贸易往来须经中亚商人这一中介完成。中亚商人通过西伯利亚的城市托波尔斯克、塔拉、苏尔古特、托木斯克等,兜售中国货物,主要有丝绸、棉织品和药品。17世纪中期以后,这一局面得以改观,它与巴依阔夫、米洛瓦诺夫使团的访京密切相关。齐赫文斯基对此有所析论:

> 在十七世纪中期之前,俄国和中国之间的贸易往来主要是经过中亚商人实现的。中亚商人的商队经常通过西伯利亚的城市:托波尔斯克、塔拉、苏尔古特、托木斯克等这些商人运来的东方货物,主要有中国的丝织品、棉织品和大黄(这种药材因有特殊疗效颇为贵重)。
>
> 巴依阔夫的出使是俄中贸易发展的重要里程碑。他所开辟的道路(经过亚美什湖)立即引起了俄国商人的注意。1668年阿勃林的北京之行特别成功,他带去的货物值一百八十九万七千卢布,结果沙皇国库获得百分之三百以上的利润。
>
> 依格纳提·米洛瓦诺夫于1676年和后来斯帕发里于1676年所开辟的经过尼布楚的路线,很快就成了俄中两国开展贸易和外交的主要途径。自从开辟了通往中国的新途径与中国商界建立起虽不经常但是直接的联系之后,俄国商人就排挤了中亚的中介商人,在俄中贸易中稳居优势。①

俄罗斯使团不仅开辟了通往中国的道路,而且建立了与中国的商贸联系,他们的贸易活动最初主要是在北京展开,故我们有必要探讨俄罗斯

---

① 〔苏〕齐赫文斯基主编:《中国近代史》上册,第81页。

使团在北京的商贸活动。①

俄罗斯使团来京的目的之一就是与中方进行贸易往来,建立贸易关系,故在其访京期间,他们颇为留意考察北京的物产、商业情形。佩特林记述了在北京市场所见商品交易情形:

> 有各种商品:宝石、黄金、银子、金色的丝绒、绸缎、锦缎等都极为丰富,除了呢子,呢子较少,而香料、海外饮料和各种蔬菜极多,还有很多啤酒和葡萄酒。②

俄罗斯使团初来北京,利用他们随团携带物品与中方进行小量的贸易。不过,中方对与俄罗斯进行贸易的态度颇为冷淡。如在伊万·佩特林使团的出使报告2号版本里有一语为1号版本所无,此语颇能反映当时明朝对与俄贸易往来的抗拒态度:"我们的皇帝不准备派使臣去见你们的沙皇,因为你们的沙皇有各种宝物,我们的皇帝也有。我们皇帝有一块宝石日夜放光,像太阳一样,他们叫'萨拉',俄国称之为'宝石',还有另一块额尔德尼石,将它投入水中,水就会从它周围退走。"③佩特林使团在进京和返回的沿途对所经各地的商贸、物产都留有详细的记录,显示出他们对商贸的强烈兴趣。

巴伊科夫使团目的之一也是为了贸易。"政府交给巴伊科夫一些钱和一些毛皮,用来购买中国的商品,并且命令他查明,锦缎、塔夫绸、天鹅绒是中国人自己生产的,还是从其他国家运进来的?哪些外国人经常出入中国?他们携带什么商品?到中国怎么走?从俄国应该运哪些商品?会有多大的利润?考察一下汗八里(北京)商行里的商品,分别买少许带回来。政府给巴伊科夫训令的这些内容向我们表明,此前俄国对中国一

---

① 俄罗斯学者在这方面的研究成果有,〔俄〕特鲁谢奇著,徐向辉、谭萍译:《十九世纪前的俄中外交及贸易关系》,长沙:岳麓书社,2010年。〔苏〕米·斯拉德科夫斯基著,宿丰林译:《俄国各民族与中国贸易经济关系史(1917年以前)》,北京:社会科学文献出版社,2008年。中国学者这方面的研究成果有,孟宪章主编:《中苏贸易史资料》,北京:中国对外经济贸易出版社,1991年。孟宪章主编:《中苏经济贸易史》,哈尔滨:黑龙江人民出版社,1992年,第1—64页。英文方面的研究成果有:Raymond Henry Fisher. *The Russian Fur Trade (1550—1700)*. Berkeley and Los Angeles: University of California Press,1943.

② 〔俄〕娜·费·杰米多娃、〔俄〕弗·斯·米亚斯尼科夫著,黄玫译:《在华俄国外交使者(1618—1658)》,第74—75页。

③ 同上书,第70—71页。

无所知,而且与中国也没有贸易往来。"①带着这一目的,巴伊科夫使团对北京的商品和物产自然十分留意,在报告中留有这方面的文字记录:

> 在中国京城汗八里,有大量天鹅绒、绸缎、波纹绸、宝石、珍珠和白银。据汉人和蒙古人说:天鹅绒、绸缎、波纹绸是京城的产品,而白银、珍珠、宝石及各类装饰品则是从喀喇克齐人那里运来的——汉人和蒙古人称他们为"老汉人",管辖他们的是前中国大明皇帝的儿子。……
>
> 据说,在中国京城,紫貂、狐狸、海狸和豹子(的毛皮)十分充足。②
>
> 这里瓜果蔬菜非常多:苹果、梨、樱桃、李子、香瓜、西瓜、葡萄、黄瓜以及希腊坚果和俄国坚果,蜂蜜、蜂蜡和糖也很充足,此外还有一些叫不出名称的东西。葱、蒜、萝卜和芜菁在叶夫多基日前成熟,樱桃和黄瓜约在乔治日或更早一些时候成熟,苹果、梨和李子成熟于彼得日或略早一点,葡萄成熟在谢苗日前后,葱、蒜、萝卜、芜菁和辣根常年有新鲜的。
>
> 在中国京城,有很多种香料:胡椒、丁香、肉桂、麝香果、生姜、悬钩子根、茴香等,还有很多茶叶。据汉人和蒙古人说,茶叶是长在树上的;所有的香料都是当地产的。
>
> 他们种的粮食作物有小麦、大麦、稻子、糜黍、燕麦和豌豆,一年收两茬。但是未见有黑麦。经常有雷电交加的大雨。③
>
> 中国京城里的柴草很少,需要用金子或银子购买——那里的居民每天吃饭都得烧火。
>
> 人们购买零星物品都用铜币,他们称为钱,相当于我们所说的普耳。一钱银子折合大铜钱140枚,或小铜钱280枚。④

只是由于使团在北京的活动受到限制,他们外出从事商贸的计划未

---

① 〔俄〕特鲁谢奇著,徐向辉、谭萍译:《十九世纪前的俄中外交及贸易关系》,第17页。
② 〔俄〕娜·费·杰米多娃、〔俄〕弗·斯·米亚斯尼科夫著,黄玫译:《在华俄国外交使者(1618—1658)》,第155—156页。
③ 同上书,第157页。
④ 同上书,第159页。

能如愿以偿,使团只能在下榻的宾馆做一些小买卖,"从各商号送到使馆大院来的货物,价格比在俄国要贵得多。他们将骆驼和马出售后换回白银,但白银中掺有铅和铜,银的含量尚不到一半。中国商人还送来银器供他们选购,可是所有银器中也都掺了铜。珍珠的价格也十分昂贵,相当于俄国珍珠的两倍。至于宝石,没有一块是有价值的。俄国货物除了银鼠和北极狐之外,都没有销路。这里有大量毛皮,如紫貂、狐狸、海狸、豹皮等,但不可能购买"。① 从俄国财务衙门提供的清单看,"据布哈拉人谢伊特库尔·阿勃林说,由费奥多尔·巴伊科夫和他谢伊特库尔带去的大君主送给中国皇帝的礼品价值一百二十卢布,除了还没有估价的器皿外,中国皇帝送给大君主的礼品比大君主送给他的礼品多出三百八十六卢布二十七阿尔腾一兼卡半;而买来的各种贵重饰品——宝石、花缎、白银、北极悬钩子、珍珠、茶叶等共值二百六十二卢布九阿尔腾一兼卡"。② 据统计,"巴伊科夫来前领取了 50000 卢布来支付路费、购买御礼和商品,并且他还卖掉了自己的商品,购买了 30000 卢布的中国商品"。③ 在商贸往来方面,巴伊科夫使团迈出了一大步,国内有的学者甚至认为它是"俄国同中国内地直接贸易的开始"。④

中国学者强调,"巴伊科夫使团开辟了俄商直赴北京贸易的商路后,北京成了俄国与中国的内地贸易的主要市场"。从此以后的三十年间,来京从事贸易的俄国商人大致分为三类:第一类是正式的外交使团,第二类是官派商队,第三类是私人商队。但这三类人很难截然分开,实际上,使团往往是集外交与贸易使命于一身。⑤ 俄国学者似乎更强调佩尔菲利耶夫使团在俄中贸易关系中的开创作用:"虽然前两次行动中俄两国人都在北京有过贸易行为,而且中国皇帝也回赠了礼物,但中国皇帝的谕旨,或者答复的国书,我们只是从佩尔菲利耶夫使团开始才收到。长期的贸易

---

① 〔俄〕娜·费·杰米多娃、〔俄〕弗·斯·米亚斯尼科夫著,黄玫译:《在华俄国外交使者(1618—1658)》,第 133 页。
② 苏联科学院远东研究所等编,黑龙江大学俄语系翻译组译:《十七世纪俄中关系》第一卷第二册"第 114 号文件",第 369 页。
③ 〔俄〕特鲁谢奇著,徐向辉、谭萍译:《十九世纪前的俄中外交及贸易关系》,第 18 页。
④ 参见叶柏川:《俄国来华使团研究(1618—1807)》,第 212 页。
⑤ 参见孟宪章主编:《中苏经济贸易史》,第 21—22 页。有关俄罗斯私人商队的情形,不在本文讨论之列,在 17 世纪下半期,俄罗斯私人商队在俄中贸易中所占的比重和分量较大。

关系应该是从17世纪50年代末以后才开始。在此之前我们只是探明了通往中国的路,详细了解中国及其商品和需求等等。"①据1657年9月5日财务衙门给佩尔菲利耶夫使团下达的训令:"为购买货物,在莫斯科由财务衙门拨给他们四百九十三卢布,并且命令在西伯利亚托博尔斯克由皇库再拨给他们二百五十七卢布。"这些费用用于"在中国应认真地去做生意,用俄国的货物去交换价格不贵的红宝石、天蓝色宝石、绿宝石、珍珠;要使皇库获得高额盈利。在什么地方买了什么东西、卖了什么东西,买价和卖价,价值卡尔梅克钱和中国钱多少,都要确切地记到账册上,并把卡尔梅克钱和中国钱折成俄国钱,也确切地记到账册上,把中国的钱折成俄国钱时,要能使人知道如何折算。伊凡和谢伊特库尔在卡尔梅克和中国都应亲自仔细鉴别并购买可获得巨额盈利的宝石和圆的、光洁的大粒珍珠等货物"。②对该使团交代之细,要求之严,可见一斑。训令还提出愿出酬在中国招募能制作精美器皿的巧匠和识别金、银、铜、锡、铅等矿石的人才到俄罗斯去。这份训令反映了当时俄罗斯的宫廷要求和商业兴趣所在。阿勃林从莫斯科运到西伯利亚托博尔斯克,再运往中国的货物清单提到的物品有红呢子、红珊瑚珠、斜拉呢、镜子、水獭皮、猞猁皮、兔子皮等。③从1666年3月14日财务部门编制的佩尔菲利耶夫和阿勃林使团运回的货物清单细目可知,这次使华在商贸上有一定赚获:

> 中国皇帝赠给大君主并由伊凡带回来的礼物有:各色花缎二十五块、银子一普特十二俄磅四十五佐洛特尼克、虎皮三张、雪豹皮三张、丝绒三块、海豹皮三张、茶叶十普特;在中国汗八里城将这些礼品中的九块次等花缎售出,得银子七俄磅二十二佐洛特尼克,将十普特茶叶售出,得银子三俄磅五十九佐洛特尼克;全部的银子,包括出售花缎和茶叶所得,共有一普特二十三俄磅三十佐洛特尼克;在汗八里城和在途中,用一普特十一磅八十八佐洛特尼克半的银子购买了三百五十二颗红宝石和蓝宝石;因此剩下的银子还有十一磅二十七个

---

① 〔俄〕特鲁谢奇著,徐向辉、谭萍译:《十九世纪前的俄中外交及贸易关系》,第19页。
② 苏联科学院远东研究所等编,黑龙江大学俄语系翻译组译:《十七世纪俄中关系》第一卷第二册"第87号文件",第320、321页。
③ 苏联科学院远东研究所等编,黑龙江大学俄语系翻译组译:《十七世纪俄中关系》第一卷第二册"第112号文件",第365—366页。

半佐洛特尼克。在易货时赚得银子一磅五十八个半佐洛特尼克二十三阿尔腾二兼卡。①

应该说这次出使在商贸上的结果是令人满意的。

1668年阿勃林被再次出使中国。行前,俄方交代:"在通行文牒上写明诸位大君主的货物、谢伊特库尔和俄国人的私人货物。按照大君主的谕旨,已命谢伊特库尔一行在中国出售诸位大君主的货物,并换回对诸位大君主的莫斯科国需要的当地货物,命他们竭力替诸位大君主牟利,切实探明各种情况。"②显然,这是一次商贸考察与贸易往来兼任的出使。为了保证出使的成功,俄方向使团颁发"适当的赏俸,使他们在旅途中不感匮乏",同时还派遣了军役人员随行,以保证使团的安全。阿勃林使团所带货物价值4545卢布,1672年使团回到莫斯科,从中国带回了白银、宝石等货物,价值总额超过18700卢布。赚取的利润达14212卢布,俄方对此次出使非常满意,称"这是俄国在对华贸易中最初的和相当大的成就"。③

1670年赴京的米洛瓦诺夫使团主要是为解决根特木尔叛逃事件,本身并不承担从事商贸的使命,但在京期间,使团也留意考察商贸,其中提到了银子与卢布当时的兑换价:"商场中,金银按两或锭出售,每两每锭重约折合一个卢布,也有小块的,也有做成各种器皿出售的。至于这些金银价钱多少,他们不能准确了解,因为他们没有钱购买。"俄罗斯貂皮在中国的出售价是在其本国的三倍。"在中国人那里,每张貂皮能卖三两银子。一两银子约合一个卢布。这种貂皮在西伯利亚各城市,每张一个卢布便可以买到。"俄罗斯人感兴趣的中国商品为棉布、绸缎、丝绒等纺织品。而中国感兴趣的俄罗斯商品为貂皮、黑幼貂、貂肷、银鼠皮、灰鼠皮和白狐皮等。中国对外贸易有一定的管制,"中国人对他们讲,金、银、铜、锡、铅、火药、花缎、丝绒、素缎、棉布等都是他们中国自己出产的,可以在中国购买

---

① 苏联科学院远东研究所等编,黑龙江大学俄语系翻译组译:《十七世纪俄中关系》第一卷第二册"第114号文件",第370页。

② 苏联科学院远东研究所等编,黑龙江大学俄语系翻译组译:《十七世纪俄中关系》第一卷第二册"第126号文件",第392页。

③ 西林:《18世纪的恰克图》,1947年俄文版,第10页。转引自孟宪章主编:《中苏贸易史资料》,第25页。

金银和各种中国货物,并且可以运出去。因为中国人对他们说,购买和运出货物都是自由的,但不许购买并运出弓、矢、刀戟、铠甲和头盔"。① 一般日用品和奢侈品均可带出境外,但军事武器被排除在贸易交换之外,这说明中国对与俄罗斯的贸易往来仍有一些章法和规则可循。

斯帕法里使团在京除履行外交使命、与清廷交涉和觐见康熙以外,还从事贸易活动,但清廷不准使团交易与武器有关的物品。使团在京的商贸活动受到一定限制,加上常常遇到小偷的困扰,最后几天只好以低价甩货来换取其所需的物品,对此斯帕法里颇有抱怨之气:

> 我们在北京期间,汗颁布了一道严格的禁令,绝对不准将诸如锅、剑、弓箭、囊袋、刀以及马镫等铜或铁的制品卖给俄国人。哥萨克们偷偷地购买这些物品,但一经查获,就退还货款,将货物没收。中国商人须具结保证遵守这项禁令;至于私卖火药,就要处以死刑;因为他们也有火药,只是质量很差。上述这些货物同样也不得卖给喀尔木克人和布哈拉人。在京期间,我们丢失了大量财物,全是中国人偷的,其中很多人被当场逮住,捆打一通。从没有见过象中国人这样的贼了,要是你不留意,他们就会将你衣服上的钮扣割走!他们中间骗子也很多,还偷去了不少上等帽子。甚至大官的奴仆也进行大量偷窃。②

从8月下旬到9月1日的最后几天中,许多显赫人士曾来拜访大使;朝臣的奴仆以及商人们也都赶来想买剩余的货物:国库的貂皮和象牙,以及大使本人的货物。他们按以前价格的三分之一给价,对每件货物都吹毛求疵,满以为可以随心所欲地按照他们自己所定的价把东西买走。但大使见到这种情景后,拒绝出售,说:"如果你们愿意维持原价,那很欢迎;否则,我不仅拒绝出售,也不打算拿货给你们看了;因为我们毫无理由如此便宜地处理它们。"尽管如此,当时能卖

---

① 苏联科学院远东研究所等编,黑龙江大学俄语系翻译组译:《十七世纪俄中关系》第一卷第二册"第141号文件",第425—426页。

② Baddeley, John F. *Russia*, *Mongolia*, *China*. Vol. II. London:Macmillan, 1919. p.394. 中译文参见〔英〕约·弗·巴德利著,吴持哲、吴有刚译:《俄国·蒙古·中国》下卷第二册,第1552页。

出去的价格都很低,而剩下的货就根本卖不出去了,因为他们专门对货物进行挑剔。他们的风气就是这样,每逢有商队要离开,知道有买便宜货的机会,就有大批的人赶来,反正货主都不愿再将货物运回,虽然不得已,也只好以远远低于其值的价钱把它们脱手。①

尽管如此,在贸易上这仍是一次富有收获的出使。斯帕法里的出使报告载明此次使团在京的各种交换所得的具体情形为:

> 尼古拉立字从大君主皇库领取一千一百一十一张银鼠皮,每张三阿尔腾,共价一百卢布,补充到大君主赠送中国汗的价值八百卢布的礼品中,从礼品中取出价值一百卢布的貂皮,加在价值一千五百卢布的货物里,即,前后所购货物,共为一千六百卢布,而赠给中国皇帝的礼品照旧是八百卢布。②

使团行将离京时,中方"带来了六十辆车及一百三十四匹马,供每人一匹",③使团车队规模颇为引人注目。由于在京所购物品太多,以至这些车、马也不够使用,随团的商人又临时租用牲畜。"当车辆和马匹送来后,我们用一部分车装载沙皇的财物,剩下的车便分配给哥萨克;但六十辆车无论如何也不够用,所以哥萨克将不少物品驮在北京购买的骆驼上,而商人等等只好以高价租用牲畜。他们将一切装载完毕后就启程了。"④使团庞大的车队浩浩荡荡地开出了北京城。

伊台斯使团及其随行商队在规模上远远超过此前各个使团。其所携带货物,属于俄罗斯国库的约4400卢布,属于私人的约14000卢布。使团离京时,运回了价值37941卢布的各种中国货,其中属于国库的为

---

① Baddeley, John F. *Russia, Mongolia, China*. Vol. II. London: Macmillan, 1919. p.413. 中译文参见〔英〕约·弗·巴德利著,吴持哲、吴有刚译:《俄国·蒙古·中国》下卷第二册,第1579—1580页。

② 苏联科学院远东研究所等编,黑龙江大学俄语系翻译组译:《十七世纪俄中关系》第一卷第三册"第183号文件",第522页。

③ Baddeley, John F. *Russia, Mongolia, China*. Vol. II. London: Macmillan, 1919. p.413. 中译文参见〔英〕约·弗·巴德利著,吴持哲、吴有刚译:《俄国·蒙古·中国》下卷第二册,第1579页。

④ Baddeley, John F. *Russia, Mongolia, China*. Vol. II. London: Macmillan, 1919. p.413. 中译文参见〔英〕约·弗·巴德利著,吴持哲、吴有刚译:《俄国·蒙古·中国》下卷第二册,第1580页。

12000卢布。此外,随同商队来京的尼布楚军役人员还带回价值3209卢布的中国丝绸和棉布。伊台斯本人因此行也大发横财,从行前的债台高筑,到返回莫斯科后一跃成为腰缠万贯,一掷千金的阔佬。①"除去交纳的关税不计,北京商队一般获利可高达48%之多。这种高额预期利润由伊台斯使团首次进行的北京直接贸易所证实,它促使俄国政府垄断了同中国的贸易。"②沙皇政府正是从此行看到俄中贸易可以捞取巨额利润,决定筹组国家商队,以代替此前活跃在俄中贸易领域的私人商队,将俄中贸易提升到更具规模型的国家层次。

总的来看,17世纪俄罗斯与中国的贸易尚处在初期阶段。俄罗斯使团在俄中贸易中担当了关键角色,他们打探商贸信息,拓展贸易渠道。当时俄罗斯在中国出售的商品主要有毛皮和皮革制品,而中国输往俄罗斯的商品则为丝绸、茶叶、宝石等,俄、中双方各取所需,俄罗斯方面的购货很大程度上是为满足宫廷需求。《尼布楚条约》签订后,中俄正式建立了通商关系,中俄贸易空前活跃,俄罗斯私人商队接踵而至京师,出现了"京师互市"的兴旺局面。③

结　语

17世纪是中俄双方最初接触、相互碰撞、互相认识的一个世纪。在这一过程中,中俄双方遇到了不少的困难与障碍。首先是语言的障碍。由于俄罗斯遣使不通汉语、满语,几不可与中国方面直接交流,而需通过中介——耶稣会士或蒙古人、中亚商人的翻译来实现,交流语言也只能使用西语、拉丁语或蒙古语。语言的障碍几乎贯穿整个17世纪中俄外交交往。其次是外交礼仪的隔阂。由于中俄双方彼此不了解对方的外交礼仪,在接触中不免产生这样那样的误会,如礼品的交换、国书的书写格式、觐见的礼仪等,俄方常常因对这些细节问题的处理不当,不符合中方的要

---

① 参见孟宪章主编:《中苏经济贸易史》,第41—42页。
② Mark Mancall. *Russia and China: Their Diplomatic Relations to 1728*. Cambridge, Mass: Harvard University Press 1971, pp.187—188.
③ 有关俄罗斯私人商队在京从事贸易情形,参见孟宪章主编:《中苏经济贸易史》,第38—49页。

求,或固执于坚持维护自己的尊严,而屡遭挫折。① 尽管如此,俄罗斯方面并未因此而气馁,在人力、物力资源的配备上持续加大投入力度,表现了俄罗斯方面寻求发展与中国关系的利益需求。

17世纪,俄罗斯在向东方扩张和殖民开拓方面取得了突破性的进展,这与当时明末清初中国面临严重的内忧外患的局面有关。这一局面给俄罗斯以可乘之机,"明王朝的削弱导致许多民族(满人、蒙古人、畏兀儿人等)对中国的臣属关系解体。与此同时,当地许多民族又面临着满洲征服者新奴役的威胁。满人在大败中国军队于满洲地区之后,迅速向南方、西南方和东方扩展其领地。焦虑不安的蒙古、布里亚特等小民族的统治者们,耳闻俄国的军事成就和强大实力,希望求得俄国的庇护,以免遭尚武的满人侵害。托木斯克军政长官辖区开始经常有蒙古人、吉尔吉斯人等游牧民族的使者前来,并一再表示愿意效劳"。② 苏联学者将其向东方的扩张和殖民开拓,解释为当时中国北方和西北方少数民族的自愿归附,这当然不是事实。但由于明朝的自顾不暇,清朝的无力北顾,从而被削弱甚至失去了对长城以北广大漠北地区的控制,这客观上给俄罗斯以有利机会,这是明末清初难以讳言的窘境。

17世纪俄罗斯赴华使团对俄方来说具有颇为重要的意义。首先,在17世纪中俄关系史或交往过程中,俄罗斯始终处于主动方面,中国处在被动,这既反映了俄罗斯探求与中国发展外交、贸易关系的要求,也表现了俄罗斯向东方殖民拓展,特别是向中国渗透的强烈欲望。

其次,俄国使团提供的各种材料说明,"俄国在17世纪时已经掌握了中国完整而且基本可信的形象"。③ 例如,伊台斯使团根据自己的观察,对中国军事做出评估:"他们的大炮很好,射击技术也很高明,但手持的武器不好,因为只有弓箭。鞍具很好,但他们骑马时,在鞍下放一个枕头和一条小褥子,因此坐得高而不稳。总之,他们的一切行动、作战和装备都

---

① 有关这方面的情形详见张雪峰:《清朝初期中俄交往文化障碍的克服与俄国宗教传道团来华》,收入关贵海、栾景河主编:《中俄关系到的历史与现实》(第二辑),北京:社会科学文献出版社,2009年,第124—132页。

② 〔苏〕米·斯拉德科夫斯基著,宿丰林译:《俄国各民族与中国贸易经济关系史(1917年以前)》,第63页。

③ 转引自〔俄〕亚·弗·卢金著,刘卓星、赵永穆、孙凌齐、刘燕明译:《俄国熊看中国龙——17—20世纪中国在俄罗斯的形象》,第14页注2。

是杂乱无章的。甚至长期进行的战争也是无领导的:轻率地向敌人猛扑,因而常被击溃。"①对中国在科技方面的成就,他们也形成了自己的意见:"被许多作家捧到上天的中国人的伟大智慧、艺术和科学,都远不能与欧洲的相比。当然,也有一些中国人,由于勤奋,向耶稣会教士学会了数学、天文学及其他科学,老师给予他们很高的荣誉。"②俄国使团来华的目的地或最终目标是北京,因此北京是他们悉心研究的主要城市,对北京的向往和描绘成为唤起俄国人欲望和野心的源泉。

复次,俄国使团探明了走进中国的陆上、海上路线,这是他们的一项实际收获。俄国使团赴华的一项重要使命是获得走进中国陆路、水路的第一手材料。经过多次旅行,使团探明了多条通往北京的陆路,并对濒临中国东北的海洋地理有了了解,从而为俄国进一步发展与中国的商贸、外交、宗教等方面的关系奠定了重要基础。

最后,经过俄国使团的努力,俄罗斯与中国建立了贸易关系。俄国使团赴华抱有极大的商业目的,与中国进行贸易是他们当时来京所追求的一个目标,因此,使团负有商业目的或伴有商队随行。他们一方面颇为注意考察中国的经济和商业状况,一方面寻找在中国进行贸易的机会,这对俄国很快成为中国在北方的主要贸易伙伴有极大助益。③ 据统计,到17世纪最后几年,俄罗斯与中国的贸易额已可以和对中亚的贸易额相比,甚至超过了俄国经由普斯利夫、齐赫文和斯摩棱斯克对西方的贸易。④

俄国使团所带回的材料在他们所处的时代大多处于一种"保密"状态,这既与俄国当时的专制政体有关,也与俄罗斯人企图独占其所发现中国知识的想法相联。据俄国学者对这些文献版本的研究表明,"只有极少数国家领导人和官员才能看到关于中国的资料,大多数外交文书只有一份或几份手抄本,不曾超越衙门的范围而为更广泛的社会人士所知。其

---

① 〔荷〕伊兹勃兰特·伊台斯、〔德〕亚当·勃兰德著,北京师范大学俄语翻译组译:《俄国使团使华笔记(1692—1695)》,第277—278页。
② 同上书,第278页。
③ 有关这方面的研究,参见〔俄〕特鲁谢维奇著,徐东辉、谭萍译:《十九世纪前的俄中外交及贸易关系》。〔俄〕阿·科尔萨克著,米镇波译:《俄中商贸关系史述》,北京:社会科学文献出版社,2010年。〔苏〕米·约·斯拉德科夫斯基著,宿丰林译:《俄国各民族与中国贸易经济关系史(1907年以前)》,北京:社会科学文献出版社,2008年。
④ 〔苏〕齐赫文斯基主编:《中国近代史》上册,第81—82页。

中,传播最广的斯帕法里的《描述》也只留下了 40 多种手抄本,直到 1910 年才得以出版。戈杜诺夫的《关于中国疆土的公报》只留下了 7 份手抄本,直到 1791 年才由 Г.Ф. 米勒首次发表。其他更加实用的描述保留下来的份数更少,发表的时间也更晚。伊兹布兰特的《札记》1704 年才在阿姆斯特丹首次发表,很快就被译成各种主要语言,俄文译本直到 1789 年才出版,被收入 Н.И. 诺维科夫的《古代俄罗斯丛书》第 2 版,直到 20 世纪以前不曾出版过俄文译本,它也和伊杰斯的《札记》一样,只能对俄国社会产生间接的影响"。[1] 俄国对中国知识的这种"保密"、冷冻态度与西欧相对开放、热衷的情形恰然形成鲜明对比。

中方虽对俄国使团始终抱有警惕的戒备,但因困于内战和对北方蒙古族、西北少数民族用兵,明、清两朝实在无法对俄罗斯在西伯利亚的扩张和殖民活动做出有力制衡。中俄《尼布楚条约》的签订,虽暂时遏制了俄罗斯向中国东北的入侵活动,形成了此后延续一个多世纪的中、俄对峙局面,但并没有根除俄罗斯的威胁。俄罗斯作为中国北部崛起的一个异族,实已成为日后威胁中国北部的最大边患。

---

[1] 〔俄〕亚·弗·卢金著,刘卓星、赵永穆、孙凌齐、刘燕明译:《俄国熊看中国龙——17—20 世纪中国在俄罗斯的形象》,第 14—15 页。

第四章

18 世纪法国耶稣会士的"北京经验"
——以《耶稣会士中国书简集》为中心的讨论

18 世纪是法国耶稣会士主导西方"北京经验"的时代。不管是来京耶稣会士的人数,还是在京城所扮演角色的重要性,抑或留下有关"北京经验"文献材料所占的分量,法国耶稣会士在西方来京人士中均占有优势。同其他国家传教士与罗马教廷的密切关系相对有别,法国耶稣会士从其 1700 年成立传教区以来,就自成一体,保持着自己内部比较密切的组织关系和通讯联系。

本章主要以法国《耶稣会士中国书简集》(以下简称《书简集》)为考察对象,探讨这一文本所展示的法国耶稣会士丰富的"北京经验"。从法国耶稣会士的《书简集》看,他们的"北京经验"主要包含三个方面的内容:一是对北京城市的观察和各种场景的实录,其中对圆明园的描绘,对北京地震灾害的记载颇具文献价值。二是有关他们在北京的生活、工作记录或汇报,特别是他们与清廷的关系,他们在京的传教活动,他们从事科技、艺术的交流活动,这些都是当时中西文化交流史的核心内容或核心材料。三是他们通过对北京的"城市阅读",对中国政治、经济、文化、科技、军事等方面所做的评估,以及对中西方诸方面实力所做的对比,对法国知识界及同时期发生的启蒙运动,甚至整个西方社会都有相当重要的影响,这是西方中国形象学的重要内容。诚如法国学者德尔尼所说:"这些书简目前仍未失掉其重要意义。首先,它们具有历史文献的价值,而且也是中国在十八世纪曾对欧洲施加过巨大影响的见证。"①欧洲学者对这些历史材料颇为重视,一些学者投入这项课题研究,詹嘉玲指出:"在欧洲保留下来的数量大得惊人的资料(它们在中国本土却很稀少,也很难得到),使之成为一项整个欧洲大陆范围内的课题。这些档案也形成了有关中国最古老的西文文献特藏。"②由于语言的阻隔和材料的缺乏,现有的中文研究成果相对薄弱,中国学者最早专门研究这些文献的是阎宗临先生,他早年在法国撰写的博士论文《杜赫德的著作及其研究》,③对《中华帝国全志》和《耶稣会士中国书简集》有比较系统的研究和较多的利用。近期张国刚的《从中西初识到礼仪之争——明清传教士与中西文化交流》、张西平的《欧洲早期汉学史——中西文化交流与西方汉学的兴起》两书亦辟有专节探讨、研究《中华帝国志》和《耶稣会士中国书简集》,④篇幅相对比较简略。其他相关成果多集中于法国耶稣会士与中西文化交流(特别是科技交流)。⑤ 本章限于篇幅,主要发掘和解读《书简集》与北京有关的材料。事实上,18世纪欧洲的"中国热"(Chinoiserie)与法国耶稣会士在他们书简、报告中对其"北京经验"的浓重渲染,有着直接的关系。

---

① 〔法〕德尔尼著,耿昇译:《紧急出版〈耶稣会士书简集〉中有关中国的信》,载《中国史研究动态》1980年第6期。

② 〔法〕詹嘉玲:《法国对入华耶稣会士的研究》,收入〔法〕戴仁编,耿昇译:《法国中国学的历史与现状》,上海:上海辞书出版社,2010年,第417页。詹文对法国的相关研究成果作了综述。另参见〔法〕谢和耐、〔法〕戴密微等著,耿昇译:《明清间耶稣会士入华与中西汇通》,北京:东方出版社,2011年。该书收集了法国学者研究入华耶稣会士的论文,共43篇,是这方面的代表性研究成果汇编。

③ 参见阎宗临著,阎守诚编:《传教士与法国早期汉学》,郑州:大象出版社,2003年,第1—101页。

④ 参见张国刚:《从中西初识到礼仪之争——明清传教士与中西文化交流》,北京:人民出版社,2003年,第273—280页。张西平:《欧洲早期汉学史——中西文化交流与西方汉学的兴起》,北京:中华书局,2009年,第474—513页。

⑤ 参见樊洪业:《耶稣会士与中国科学》,北京:中国人民大学出版社,1992年。韩琦:《中国科学技术的西传及其影响》,石家庄:河北人民出版社,1999年。吴伯娅:《康雍乾三帝与西学东渐》,北京:宗教文化出版社,2002年。

一 18世纪来京之法国耶稣会士概述

18世纪来京的西方耶稣会士与此前一个世纪相比,有了较大的发展,通过介绍这一世纪耶稣会士的基本状况,可以显现法国耶稣会士在来京西方耶稣会士中所占的分量和地位。

最早来京的法国耶稣会士是金尼阁,他于1610年抵华后,曾赴北京作短暂停留,向会督报告会务。金尼阁以整理《利玛窦札记》(又名《基督教远征中国记》)闻名于世。① 第二位来京的法国耶稣会士是方德望,约于1641—1647年间在北京居住。1664—1665年因教案而押解至京,拘禁在东堂的21位耶稣会士中就有法籍6人:刘迪我、穆格我、穆迪我、洪度贞、金弥格、聂仲迁。法国耶稣会士在北京真正产生影响是在1688年2月张诚、白晋等五位"国王的数学家"耶稣会士抵京以后。嗣后,张诚、白晋被留京随侍康熙,颇得康熙的好感和器重。康熙"特命晋返法国召致其可能召来之传教师若干人。同时并命其携带物品赠给法兰西国王路易十四世,内有北京精印书籍四十九册"。② 白晋1693年离京,1697年回到法国。1698年白晋带领法国耶稣会士8人重抵广州,内中有翟敬臣、南光国、巴多明、雷孝思、卫嘉禄5人随白晋直奔北京。此外,罗德先于1699年抵达厦门数日后,"即被皇帝所遣官吏召之赴京师"。③ 1700年樊继训抵京。④ 法籍耶稣会在京人数达到9人,成为在京耶稣会士最大的一个群体。跨越17、18世纪之交仍留京的其他国籍耶稣会士有9人:闵明我(意)、徐日昇(葡)、苏霖(葡)、安多(比)、法安多(意)、纪理安(德)、费约理(意)、鲍仲义(意)、何多敏(意)。由此可见,到1700年法国传教区成立时,在京的法国耶稣会士已相当于其他欧洲国家耶稣会士人数之和,在数量上明显占有优势。

18世纪来京的法国耶稣会士有46位,他们是:殷弘绪、傅圣泽、

---

① 参见〔法〕费赖之著,冯承钧译:《在华耶稣会士列传及书目》上册,北京:中华书局,1995年,第116、122页。
② 同上书,第435页。
③ 同上书,第562页。
④ 同上书,第573页。

宋若翰、龚当信、戈维里、杜德美、隆盛、汤尚贤、陆伯嘉、冯秉正、德玛诺、夏德修、安泰、倪天爵、宋君荣、雅嘉禄（杨嘉禄）、沙如玉、孙璋、赵加彼、吴君、赵圣修、王致诚（巴德尼）、杨自新、汤执中、石若翰、纪文、蒋友仁、钱德明、韩国英、方守义、巴良（刘保禄）、汪达洪、晁俊秀（晁进修）、①金济时、严守志、甘若翰（梁栋材）、②巴新、贺清泰、李俊贤、波尔德（布尔德）、刘保禄、薄贤士、孟正气、孙璋、卡布里尔—莱昂·拉米、马若瑟，③这些人大多兼具神学士与科学家、医生、建筑师或艺术家的角色。加上前此来京的9人，共55人，其人数占同时期来华法国耶稣会士的一半以上，④这说明在18世纪，北京已是法国耶稣会士在华的主要活动区域。

17、18世纪来京的法国耶稣会士有9位死后葬在栅栏墓地，他们是：翟敬臣(1701)、南光国(1702年)、樊继训(1703年)、利圣学（又名习圣学，1704年）、⑤张诚(1707年)、罗德先(1715年)、陆伯嘉(1718年)、杜德美(1720年)、汤尚贤(1724年)。⑥ 由于栅栏墓地属于葡萄牙传教区的公墓，法国传教区独立以后，另寻墓地势在必然，可能在1724—1730年之间，法国耶稣会士在正福寺开辟了自己的墓地，以后共有29人葬在正福寺耶稣会公墓，他们是：白晋(1730年)、张诚(1735年后从栅栏墓地移至此)、⑦雷孝思(1738年)、巴多明(1741年)、殷弘绪(1741年)、沙如玉(1747年)、冯秉正(1748年)、汤执中(1757年)、安泰(1758年)、纪文(1758年)、宋君荣(1758年)、赵圣修(1760年)、杨自新(1766年)、汤执

---

① 参见明晓燕、魏扬波：《历史遗踪——正福寺天主教墓地》，北京：文物出版社，2007年，第10页。
② 参见同上书，第11页。又参见〔法〕荣振华著，耿昇译：《在华耶稣会士列传及书目补编》上册，北京：中华书局，1995年，第287页。
③ 刘保禄以下六人据荣振华著补，参见〔法〕荣振华著，耿昇译：《在华耶稣会士列传及书目补编》上册，1995年版，第56、67、189、342、351页；下册，第518页。
④ 据李晟文统计，明清之际来华法国耶稣会士约105人。参见李晟文：《明清之际法国耶稣会士来华过程研究》，收入黄时鉴主编：《东西交流论谭》第二集，上海：上海文艺出版社，2001年，第72—100页。
⑤ 利圣学似并未到过北京，他在前往北京的途中死于山东临清，殁后葬在北京。参见〔法〕费赖之著，冯承钧译：《在华耶稣会士列传及书目》上册，第504页。
⑥ 参见明晓燕、魏扬波：《历史遗踪——正福寺天主教墓地》，第9页。
⑦ 同上。

中、孙璋(1767年)、巴德尼(即王致诚,1768年)、严守志(1770年)、蒋友仁(1774年)、李俊贤(1774年)、巴新(1774年)、韩国英(1780年)、方守义(1780年)、金济时(1781年)、汪达洪(1787年)、晁俊秀(1767年后改名赵进修,1792年)、钱德明(1793年)、甘若翰(即梁栋材,1811年)、潘廷章(1811年)、贺清泰(1813年)。① 这些耶稣会士长眠在北京的墓地,成为17、18中法文化交流的历史象征。

18世纪其他国家来京的耶稣会士有62人,他们是:王石汗(比)、艾逊爵(意)、高嘉乐(高尚德,葡)、庞嘉宾(德)、利国安(意)、方记金(意)、习展(葡)、费隐(奥地利)、张安多(葡)、石可圣(波希米亚)、林济各(瑞士)、公类思(意)、随弥嘉(葡)、麦大成(葡)、阳秉义(波希米亚)、郎世宁(意)、罗怀忠(意)、喜大教(倪天爵,意)、戴进贤(德)、李国成(葡)、徐懋德(葡)、严嘉乐(波希米亚)、金亮(奥地利)、徐茂盛(又名徐大盛,意)、利博明(意)、麦有年(葡)、陈善策(葡)、索智能(葡)、黄安多(葡)、任重道(意)、魏继晋(德)、鲍友管(德)、刘松龄(奥地利)、南怀仁(奥地利)、傅作霖(葡)、鲁仲贤(波希米亚)、林德瑶(葡)、习若望(葡)、马德昭(葡)、艾启蒙(波希米亚)、高慎思(葡)、罗启明(葡)、张舒(葡)、索德超(葡)、安国宁(葡)、齐类思(意)、潘廷章(多误作潘廷璋)、②德阿瓜多(葡)、范大讷(葡)、③吴直方(葡)、龙安国(葡)、贾方济(澳门)、费约理(意)、法方济各(意)、孔禄食(意)、骆保禄(意)、穆敬远(葡)、李国正(葡)、何多敏(意)、沈若望(葡)、查林格(澳)。④ 其中葡萄牙28人、意大利16人、奥地利6人、波希米亚5人、德国4人、瑞士1人、比利时1人、澳门1人。葡萄牙、意大利籍的耶稣会士所占比重与上一世纪相比明显下降,这与法国耶稣会士所占分量上升恰成相反趋势。

---

① 参见明晓燕、魏扬波:《历史遗踪——正福寺天主教墓地》,北京:文物出版社,2007年,第10、11页。甘若翰、潘廷章(璋)、贺清泰三人未立墓碑。
② 潘廷章为意大利人,参见〔法〕费赖之著,冯承钧译:《在华耶稣会士列传及书目》下册,第1036页。参见〔法〕荣振华著,耿昇译:《在华耶稣会士列传及书目补编》下册,1995年,第480页。但他为法国传教区耶稣会士,参见明晓燕、魏扬波:《历史遗踪——正福寺天主教墓地》,第11页。
③ 此前名单系据〔法〕费赖之著,冯承钧译:《在华耶稣会士列传及书目》上、下册。
④ 从吴直方以下,系据荣振华补,参见〔法〕荣振华著,耿昇译:《在华耶稣会士列传及书目补编》上册,第43、58、99、、231、232、279、285、310、453、472页;下册,第482、628、753页。

1727年10月8日宋君荣致信盖雅儿神父时报告了当年1月26日雍正接见在京二十位欧人的情形,①这实际上也是在京耶稣会士的大致人数。② 1734年10月29日巴多明致某神父的信中提到当时在京的法国耶稣会士共有十人,他们是殷弘绪、雷孝思、冯秉正、宋君荣、孙璋、沙如玉、赵加彼、吴君、安泰和他本人。③ 1743年11月1日王致诚在致达索的信中,亦谈到当时在京耶稣会士的状况:

> 我们于此共有三座教堂和22名耶稣会士,在我们的法国住院中共有10名法国人,在其他住院中共有12人,他们分别是葡萄牙人、意大利人和德国人。在这22名耶稣会士中,有7名如同我一样为效力于皇帝而忙碌。其他人是司铎,因而也是传教士。他们不仅仅培养北京城的基督徒,而且还培养该城远达方圆30—40法里广袤地区的基督徒,他们在该地区不断从事布道旅行。
>
> 除了这些欧洲耶稣会士之外,本处还有5名中国耶稣会士和司铎,以方便那些西洋人,因为他们无法在不冒险的情况下活动,而且只能很不方便地前往一些住院与地点。除此之外,在该帝国的不同省份,还有30—40名耶稣会士或其他修会的传教士。④

信中所述耶稣会士22人,大概是18世纪前六十年耶稣会士在北京的常态规模,而法人约占其中一半。⑤ 这些人实际充当了西方常驻北京使团的角色。

18世纪在北京活动的其他西方基督教教派还有方济各会、罗马教廷传信部(遣使会)。1690年和1725年,方济各会北京教区主教先

---

① 参见宋君荣:《有关雍正与天主教的几封信》,收入杜文凯编:《清代西人见闻录》,北京:中国人民大学出版社,1985年,第167页。

② 雍正初年在京传教士"约有二十多位",参见徐宗泽:《中国天主教传教史概论》,上海:上海书店出版社,2010年,第159页。

③ 参见〔法〕杜赫德编,耿昇译:《耶稣会士中国书简集》中卷第4册,郑州:大象出版社,2005年,第122页。译者将沙如玉(Valentin Chalier)误作"朱耶芮",显误。朱耶芮(Philippe Cazier)于1722年在广州去世。参见荣振华著,耿昇译:《在华耶稣会士列传及书目补编》上册,第123—124页。

④ 参见〔法〕杜赫德编,耿昇译:《耶稣会士中国书简集》中卷第4册,第303页。

⑤ 君丑尼神父提到类似的情形,参见〔法〕杜赫德编,耿昇译:《耶稣会士中国书简集》中卷第4册,第265页。

后由伊大仁(亦作伊大任)、佛朗索担任。① 最早进入北京的遣使会传教士是毕天祥(Louis-Antoine Appiani),他于1705年9月作为翻译陪同多罗主教赴京。后又曾两度被押解北京。② 随后罗马传信部派遣意大利籍传教士德理格(Teodorico Pedrini)、马国贤(Matteo Ripa)、山遥瞻(G·Bonjour)于1711年抵京,他们三人一擅长音乐,一擅长美术,一擅长数学,被清廷称为"技巧三人",均被召进清宫服务。1723年德理格建造了一座教堂——西堂。③ 传信部的传教士大部分来自意大利。1773年罗马教廷宣布解散耶稣会,其财产和会务随后均被遣使会接收,耶稣会在京的地位遂被遣使会所替代。葡籍遣使会传教士汤士选(Alexander de Gouvea,1751—1708)在1788—1795(乾隆五十三年至乾隆六十年)任钦天监监副,法籍罗广祥(Nicolas-Joseph Raux,1754—1801)在1795年(乾隆六十年)任钦天监监副,取代了此前长期主控钦天监的耶稣会士。④ 在18世纪,遣使会在京的发展规模非常有限,故他们的人数远不及此前和同时期的耶稣会士。直到19世纪中期,伴随西方殖民者的入侵,遣使会才大举进入中国,成为在京的主要教派。⑤

中国方面亦留下了乾隆年间在京西方传教士的人员记载,可以与西文文献相互印证,它反映了18世纪70、80年代在京传教士的实情:

---

① 伊大仁生平参见方豪:《中国天主教史人物传》,北京:宗教文化出版社,2007年,第484—485页。方济各会在北京的发展情形,参见杨靖筠:《北京天主教史》,北京:宗教文化出版社,2009年,第35页。

② 有关毕天祥生平介绍,参见〔法〕荣振华著,耿昇译:《16—20世纪入华天主教传教士列传》,桂林:广西师范大学出版社,2010年,第549页。方豪:《中国天主教史人物传》,第491—492页。

③ 参见明晓燕、魏扬波:《历史遗踪——正福寺天主教墓地》,第4、12页。一说西堂系1725年购置,参见方豪:《中国天主教史人物传》,第473页。杨靖筠:《北京天主教史》,第37页。

④ 有关钦天监的人事变化,参见薄树人:《清朝钦天监人事年表》,载中国天文学史整理研究小组编:《科技史文集》第1辑,上海:上海科学技术出版社,1978年。屈春梅:《清代钦天监暨时宪科职官年表》,载《中国科技史料》1997年第3期。

⑤ 参见耿昇:《遣使会传教士的在华活动(代序)》,收入〔法〕荣振华著,耿昇译:《16—20世纪入华天主教传教士列传》,桂林:广西师范大学出版社,2010年,第531—545页。关于遣使会在北京的发展,拟另专文讨论,在此不赘。

宣武门内天主堂西洋人（系南堂）：刘松龄（钦天监监正，病故）、傅作霖（钦天监监副）、鲍友管（钦天监监副，病故）、魏继晋（素习律吕，病故）、索德超（熟谙内外科）、高慎思（素习天文舆图）。

西安门蚕池口内天主堂西洋人（系北堂）：蒋友仁（熟谙天文舆图，在圆明园御花园水法上行走，三十九年九月二十日病故）、钱德明（素习律吕，在内阁蒙古堂翻译哦啰嗉腊定诺文）、方守义（熟谙天文，在内阁蒙古堂翻译哦啰嗉、腊定诺文，四十五年十一月二十九日病故）、韩国英（熟谙水法，病故）、汪达洪（在如意馆钟表上行走）、巴新（熟谙外科，病故）、赵进修（素习天文）、金济时（素习天文水法）、严守志（素习天文文法，病故）、梁栋材（素习天文水法，兼习律吕）、李俊贤（熟精钟表，在如意馆行走，病故）、潘廷章（善画喜容人物、山水，在如意馆行走）、赫（贺）清泰（善画山水、人物，在如意馆行走）。

东安门外干鱼胡同天主堂西洋人（系东堂）：艾启蒙（素习丹青，在如意馆行走，病故）、高慎思（素习天文舆图，南）、林德瑶（素习天文）、张继贤（素习外科）、安国宁（素习天文）。

西直门内天主堂西洋人：安德义（素习丹青，在如意馆行走）、叶宗孝（素习内科）、相秉仁（素习天文）。

海甸杨家井西洋人：西堂 那永福（素习律吕）、西堂 李衡良（在如意馆钟表上行走）。[①]

与17世纪相比，18世纪耶稣会士来京人数在数量上不仅有较大幅度的增长，而且在京居住时间较长者亦有相应的攀升，在京居住超过十年甚至二十年以上者已大有人在，这与17世纪只有利玛窦、龙华民、汤若望、安文思、利类思、南怀仁等十余人居住时间较长相比，确有很大的进步。正因为如此，18世纪来京的耶稣会士不再是孤独的几个人，而是形成了一个群体，他们实已成为沟通中西关系或中西文化交流的主力。

法国耶稣会士以北京为活动中心，在来京西方耶稣会士中占有突出地位，这与法国耶稣会士自创传教区有相当密切的关联。从1684年

---

① 中国第一历史档案馆编：《清中前期西洋天主教在华活动档案史料》第四册，北京：中华书局，2003年，第478—481页。

柏应理在巴黎向法国国王路易十四建议遣使赴中国，法国即开始培养、选派赴中国的传教士。1685年派遣李明、张诚、白晋、洪若翰、刘应、居依·塔查尔六人前往中国，1688年2月初法国"国王的数学家"一行五人到达北京。在京期间，法国传教士通过自己的努力赢得了康熙皇帝的信任，并于1693年因用金鸡纳治愈康熙疟病而被赐予住所。1699年洪若翰回到法国后，耶稣会总会长贡萨雷斯任命他为具有行使副省会长权力的法国人传教区会长，1700年11月30日又任命张诚为在华法国耶稣会传教区首任会长。①法国传教区自此正式建立。②法国传教区前后共有十二任会长，其中张诚（第一任）、殷弘绪（第二任）、龚当信（第四任）、沙如玉（第七任）、石若翰（第十一任）。1775年耶稣会解散的消息传到北京后，路易十六世于1776年任命晁俊秀、1779年任命钱德明为北京住院的会长；而萨卢斯蒂主教为争夺主控权，亦于1778年任命汪达洪取代晁俊秀。③ 法国传教区的设立对推动法国在华传教事业的发展发挥了决定性的作用。

二 法国耶稣会士赴华使命及其书简、报告

1684年9月15日比利时耶稣会士柏应理在被引荐给法国国王路易十四后，不久再次出使中国。法国科学院应卢瓦（Louvoi，1641—1691）的要求写成一份问题清单，以便在向中国派遣一批数学家耶稣会士之前，把它交给柏应理神父。卢瓦有着强硬的官方背景，他担任国防和海军大臣，柯尔贝去世后，他接替了其留下的百艺和科学总监一职，负责监管科学院，洪若翰这批"国王的数学家"即由其精心挑选。这份问题清单经法国学者毕诺整理为《向柏应理神父提出的有关中华帝国的问题目录》（或称《中华帝国调查提纲》）。这份问题目录实际上是法国方面向派遣至中国

---

① 〔法〕荣振华著，耿昇译：《在华耶稣会士列传及书目补编》下册，北京：中华书局，1995年，第785页。

② 1703年2月15日洪若翰致拉雪兹神父的长信曾详细回顾了17世纪法国耶稣会士来华的过程及法国传教区创建的缘起，参见〔法〕杜赫德编，郑德弟、吕一民译：《耶稣会士中国书简集》上卷第1册，第250—299页。有关法国传教区的创建过程，参见张国刚：《从中西初识到礼仪之争——明清传教士与中西文化交流》，第228—236页。

③ 参见〔法〕荣振华著，耿昇译：《在华耶稣会士列传及书目补编》下册，第785—787页。

的耶稣会士交待的使命，它反映了当时法国乃至欧洲对中国感兴趣的问题所在，现摘录如下：

——中国人的史学家及其史著的权威性和忠实性如何？那里现在是否仍继续以同样精益求精的精神工作？

——尊敬的耶稣会士神父们是否对中国的经纬度做了某些具有相当规模的考察？

——中国人的科学及数学、天文学、哲学、音乐、医学的优缺点以及他们诊脉方式如何？

——荷叶、大黄及其药品与奇花异木到底是什么？中国是否出产某种香料，他们是否消费烟草？

——中国人的日常食物及其饮料是什么？他们是否有葡萄酒、面包、磨坊、印度子鸡、鸽子和鸽棚、印度或土耳其小麦等……？

——他们的家禽和家畜是否与我们的相似？他们是否拥有禽畜中的所有品种？如毛驴、骡子和骆驼。

——他们最优良的飞禽、野味和鱼类是什么？

——他们的大炮、火枪和其他进攻与防御性武器的形状与用法如何？他们是否有短枪、卡宾枪、手枪、炸弹、手榴弹和烟火？

——他们的阵地设防方式、进攻和保卫阵地的方式如何？他们是否有地雷和战壕等？

——他们的节日、舞蹈、乐器、节日篝火如何？

——他们的丝绸、白色毛织、棉织、瓷器、印刷术、作坊以及他们使用罗盘的方式如何？

——他们大船的形状以及小船、灌渠和闸门的方便性如何？他们的道路和陆行车辆如何？那里是否有风车和小客栈等？

——诸如北京、南京、广州市那样的主要城市的规模和居民如何？

——全国的幅员？

——他们的住宅的形状、家具、庭院、果树、甬道、喷泉、花坛、街道上的石铺路面、寺院的形状与规模如何？他们的崇拜偶像和供像是什么？

——他们有什么矿藏？

——他们的丧葬、婚娶如何？女子是否拥有自由或者是否可以抛头露面？他们的财产所有制如何？他们是否有遗嘱和捐赠？继承和分配遗产的方式如何？

——他们的法官、巡察官以及惩罚和处死罪犯的方式。

——他们的宗教和信教人情况。

——万里长城。

——他们的港口、其秀美外貌和雄伟程度。

——皇帝的收入有多少？这些收入是以什么东西组成的？

——那里的风是温暖还是寒冷？气候是干燥还是多雨？是否惹人讨厌？那里是否有规律性很强的降雨和季风？在什么季节和什么地区？

——马可·波罗所说的"行在"（Quinsay）是浙江省杭州还是同一个省的湖州？其湖泊如何？

——东西鞑靼的情况如何？

——莫斯科人和那些来自印度、卧莫尔国人的旅行情况。

——朝鲜，其国王是中国的附庸还是强大的国王？

——海南岛及其珍珠的情况。

——贵州和云南等省份以西的居民。

——黔江和喀喇木伦河的宽度及其水质。

——中国的陕西、山西、北京、辽东、山东、南京、浙江、福建、江西、广东、广西、贵州、云南、四川、湖广和河南诸省份。

——澳门的地势，它是否与大陆相联接。①

这份清单所列问题远非传教所限，内中政治、经济、文化、军事、科技、历史、地理、自然资源、物质文化无所不包，简直就是中国国情的普查和广泛研究，实为法国耶稣会士的行动指南。② 怪不得法国人喜欢将其进入中

---

① 〔法〕维吉尔·毕诺著，耿昇译：《中国对法国哲学思想形成的影响》，北京：商务印书馆，2000年，第502—504页。

② 有关这份问题清单与法国来华耶稣会士及其著述之关联的论述，参见〔法〕蓝莉著，许明龙译：《请中国作证——杜赫德的〈中华帝国全志〉》，北京：商务印书馆，2015年，第138—160页。

国的过程形容为"发现中国"。① 其中在中国城市中,北京、南京、广州三城被列为他们调查的主要对象,北京又可谓"重中之重"。

1687年11月8日已到达中国宁波的洪若翰在致巴黎科学院的书简中,报告了他与同行在中国的调查计划及其分工情况:洪若翰负责中国天文学史和地理学史、天体观测,以与巴黎天文台所做天文观测相比较;刘应负责中国通史、汉字与汉语的起源;白晋负责动植物的自然史和中国医学的研究;李明负责艺术史和工艺史;张诚负责中国的现状、警察、官府和当地风俗、矿物和物理学(指医学)的其他部分。② 其涉猎范围之广,实已承接了前述所交待的使命。

1703年2月15日洪若翰致信拉雪兹神父,提起派遣他们赴华的缘起时说:"正是在1684年岁末,上帝赐予了派遣法国传教士到中国去的机会。当时在法国,人们正在根据国王的诏令,为改造地理学而工作。皇家科学院的先生们奉命负责此事,他们派遣了其团体中最精明能干的人赴大西洋和地中海各港口,英国、丹麦、非洲和美洲诸岛屿,在那里从事必要的考察。大家对遴选将被派往印度和中国的人员感到最为棘手,因为这些地区在法国较少被人所知,且科学院的先生们还认为,在那里可能会有不受欢迎以及使执行计划的外国人感到不安的危险。由此,人们把目光转向了耶稣会士们,后者在整个这个地区拥有传道团,他们的天职就是前往他们认为在拯救灵魂方面能取得最多成果的任何地方。"③法国学者伊萨贝尔·微席叶对这一段话作了解释:"由此可见,耶稣会士们从一开始就肩负科学与宗教双重使命。当然,也不可忽视其政治背景,那就是法国政府想利用葡萄牙帝国的衰落而结束葡萄牙在东方教会中的垄断地位。"④"肩负科学与宗教双重使命",这是对法国派往中国耶稣会士任务

---

① 参见〔法〕雅克·布罗斯著,耿昇译:《发现中国》,济南:山东画报出版社,2002年。〔法〕叶理世夫:《法国是如何发现中国的》,收入〔法〕谢和耐、〔法〕戴密微等著,耿昇译:《明清间耶稣会士入华与中西汇通》,北京:东方出版社,2011年,第48—57页。

② 转引自韩琦:《中国科学技术的西传及其影响》,石家庄:河北人民出版社,1999年,第20页。另据法国学者伯德莱研究,此信系经裴化行发现,原收藏在法国国民议会图书馆。参见〔法〕伯德莱著,耿昇译:《清宫洋画家》,济南:山东画报出版社,2002年,第189页。

③ 〔法〕杜赫德编,郑德弟、吕一民、沈坚译:《耶稣会士中国书简集》上卷第1册,第251页。

④ 参见〔法〕伊萨贝尔·微席叶著,耿昇译:《〈耶稣会士书简集〉的由来和现状》,载《中国史研究动态》1980年第6期。

的准确概括。

由以上三份文献可见,法国耶稣会士从其有组织地前往中国开始,就负有宗教以外的特殊使命,这就是"发现中国"。虽然欧洲其他国籍的传教士也带有这样的目的,但法国耶稣会士的组织性、计划性和目的性明显更强,这是法国耶稣会与其他欧洲国家的传教士不同之处。从后来出版的法国耶稣会士书简、报告所涵盖的内容看,这些问题实际贯穿在法国耶稣会士的来华活动中,也是他们书简、报告讨论的主要内容。

实际上,法国耶稣会士中不乏高级科研工作者。被称为"国王的数学家"的五位耶稣会士中,就有洪若翰、白晋、张诚、刘应四位于行前被法国皇家科学院任命为通讯院士。五位"国王的数学家"踏上中国的土地后,他们就形成了一个"中国的科学院",即巴黎科学院的分院。[①] 后来的巴多明与法国科学院、圣彼得堡科学院保持密切的通信联系,他的书信发表在这两家科学院的刊物上。宋君荣、刘松龄、汤执中被英国皇家学会聘请为外国会员,他们的著作或论文因此常常刊登在英国皇家学会的会刊《哲学汇刊》。[②] 钱德明、韩国英、高若望与法国科学院院士布列吉尼保持长久的通信联系。这些披着耶稣会士外衣的科学家出于职业的本能兴趣,在中国的活动充满了研究、探索、发现的性质。他们把自己比做哥伦布一样的人物,力图通过自己的工作,揭开对欧洲人来说遥远的中华帝国神秘的面纱。

法国耶稣会士以北京为其活动中心,北京自然也成了他们通讯联系和情报传递的中心,已经发表的三大汉学名著和未公开的大量档案文献可以证明这一点。杜赫德(Jean-Baptiste Du Halde)编辑的《中华帝国全志》(*Description géographique, historique, chronologique, politique, et physique de l'empire de la Chine et de la Tartarie chinoise: enrichie des cartes generales et particulieres de ces pays, de la carte générale & des cartes particulieres du Thibet, & de la Corée & ornée d'un grand nombre de figures & de vignettes gravées en taille-douce*)、《耶稣会士中国书简集》(*Lettres Édifiantes et Curieuses, écrites des Missions*

[①] 参见〔法〕伯德莱著,耿昇译:《清宫洋画家》,第189页。
[②] 参见韩琦:《中国科学技术的西传及其影响》,第17、56页。

étrangères)和勃罗提业、德经和萨西先后主编的《中国丛刊》(全称为《北京传教士关于中国历史、科学、艺术风俗习惯之论考》,*Mémoires concernant L'histoire, Les Sciences, Les Arts, Les Moeurs, les Usages, &c. Des Chinois: Par les Missionnaires de Pékin*)这三大汉学名著包含了丰富的"北京经验"材料。① 据法国学者伯德莱统计,《中华帝国全志》收录了卫匡国、南怀仁、柏应理、安文思、洪若翰、张诚、白晋、卫(魏)方济、李明、刘应、雷孝思、马若瑟、殷弘绪、赫苍壁、龚当信、戈维里、夏德修、巴多明、杜德美、汤尚贤、冯秉正、郭中传、彭加德、卜文气、沙守信、宋君荣和杨嘉禄等 27 位耶稣会士的著作,② 内中除了卫方济、赫苍壁、夏德修、郭中传、卜文气、沙守信等 6 人未在北京居住过,其他人都有过在京居住的经历。《耶稣会士中国书简集》收录书信或报告 153 件(其中序号 32 内含两件),其中从北京直接发出的就有 75 件,这些信件或报告的作者为:白晋 3 封、杜美德 2 封、张诚 1 封、巴多明 17 封、冯秉正 4 封、殷弘绪 8 封、③沙如玉 1 封、宋君荣 2 封(内有论著 1 件)、王致诚 1 封、蒋友仁 7 封、钱德明 3 封、晁俊秀 6 封、汪达洪 3 封、④方守义 2 封、韩国英 3 封、⑤安多 1 件、⑥无名氏 10 封、报告 1 件,其他虽非从北京发出,但涉及与北京相关内容的还有数件。《中国丛刊》可以说主要是在巴黎的编辑勃罗提业、德经、萨西和在北京的钱德明、韩国英等人合作的成果,后者给前者提供了材料和论文,它通常被视为《书简集》的后续。上述三大汉学名著包含有

---

① 有关这"三大名著"的介绍,参见许光华:《法国汉学史》,北京:学苑出版社,2009 年,第 68—70 页。

② 参见〔法〕伯德莱著,耿昇译:《清宫洋画家》,济南:山东画报出版社,2002 年,第 198—199 页。

③ 殷弘绪有些信件编入《耶稣会士中国书简集》,发出信件的地点可能标错。据荣振华考证,殷弘绪有关瓷器的书简,《书简集》将其发信地点置于景德镇,"这是一个错误,因为他当时在北京"。此信即是指《书简集》中序号 50《耶稣会传教士殷弘绪神父致本会某神父的信》(1722 年 1 月 25 日于景德镇),参见〔法〕荣振华著,耿昇译:《在华耶稣会士列传及书目补编》,上册,第 179 页。

④ 序号 120《汪达洪神父致布拉索神父的信》(1769 年于中国),写作地点应在北京。因此时汪达洪已抵京。

⑤ 序号 113《韩国英神父致德尔维耶神父的信件摘要》(1764 年 11 月 7 日)未署地点,应为北京。因此时韩国英已在北京。

⑥ 序号 144《耶稣会中国副省会长安多神父寄往欧洲的备忘录》,未署时间、地点,安多于 1692 年至 1703 年任北京道长与副区长,此备忘录应是在任上所写。参见〔法〕费赖之:《在华耶稣会士列传及书目》上册,第 406 页。

相当分量的耶稣会士"北京经验"成分雄辩地说明:北京实为18世纪中欧(中法)文化交流的中心。

就史料价值而言,《中华帝国全志》存在对原作的摘选、删改、编纂的处理,故其史料价值稍微逊色。《书简集》由于其直接、原始的性质,自然更为重要。① 法国费赖之在撰写《在华耶稣会士列传及书目》时曾大量采用《书简集》中的材料,并对之按人物列传作了精细的归纳。荣振华在《在华耶稣会士列传及书目补编》一书中译本序中提到,他曾于1973年在巴黎举行的第29届东方学代表大会提交一篇《呼吁为〈耶稣会士书简集〉中的中国书简出一种考证版本》(载《第29届东方学代表大会论文集》第97—102页,1977年),1983年又在《法兰西远东学院通报》第72卷第267—298页发表《论〈中华帝国全志〉》,②足见他对这两大文献的高度重视。

除了上述三大巨著外,法国耶稣会士所存留的文献材料还有不少。张诚、白晋、巴多明、傅圣泽有大量通信留存至今,与巴多明通信甚多的数学家、物理学家、巴黎科学院院长梅兰(一译德·梅朗)曾于1759年发表了《梅兰致巴多明的书简》,此书在1770、1782年两次重版。德国学者柯兰霓的《耶稣会士白晋的生平与著作》、法国学者伊夫斯·德·托玛斯·德·博西耶尔夫人的《耶稣会士张诚——路易十四派往中国的五位数学家之一》、美国学者魏若望的《耶稣会士傅圣泽神甫传:索隐派思想在中国及欧洲》③等著均发掘并利用了收藏在欧洲各地的未刊法国耶稣会士的档案材料。法国学者维吉尔·毕诺(Virgile Pinot)在所著《中国对法国哲学思想形成的影响》(*La Chine et La formation de L'esprit philosophique en France 1640—1740*)一书第二卷《有关法国认识中国的

---

① 有关《耶稣会士中国书简集》的编辑、版本和内容介绍,参见〔日〕矢泽利彦著,艾廉莹译:《日文本〈耶稣会士中国书简集〉解说》;〔法〕伊莎贝尔·微席叶著,耿昇译:《〈耶稣会士书简集〉的由来和现状》,两文均载《中国史研究动态》1980年第6期。〔法〕杜赫德编,郑德弟、吕一民译:《耶稣会士中国书简集》上卷中文版序,郑州:大象出版社,2005年,第1—18页。

② 参见〔法〕荣振华著,耿昇译:《在华耶稣会士列传及书目补编》上册,第4页。

③ 参见〔德〕柯兰霓著,李岩译:《耶稣会士白晋的生平与著作》,郑州:大象出版社,2009年。〔法〕伊夫斯·德·托玛斯·德·博西耶尔夫人著,辛岩译:《耶稣会士张诚——路易十四派往中国的五位数学家之一》,郑州:大象出版社,2009年。〔美〕魏若望著,吴莉苇译:《耶稣会士傅圣泽神甫传:索隐派思想在中国及欧洲》,郑州:大象出版社,2006年。

未刊文献》中刊发了一批傅圣泽、弗雷烈的未刊书信、文件,共 41 件。① 宋君荣的书信经西蒙夫人(R. Simon)编辑、汇集为《北京书简集(1722—1759年)》一书,1970 年在日内瓦由德列兹(Droz)书店出版,凡 342 封。在梵蒂冈罗马教廷、巴黎和其他欧洲城市的档案机构现收藏有大量未公开发表的档案。法国学者伯德莱对"法国入华耶稣会士对中国工艺和科技的调查"文献作了精彩的综述,并指出:"法国在中国搜集文献的人共分为两大类。第一类是在北京的传教士,他们由于在皇宫中的地位而可以获得许多资料,或者是在当地,或者是在陪皇帝出巡时,或者是集中了他们那些定居在各省的教友们的研究成果。第二类则是生活在广州的法国人。"②

　　法国耶稣会士的许多文献之所以长期未能公开出版,有着相当复杂的原因。毕诺在探讨"耶稣会士们有关中国的著作"时指出:"无论《耶稣会士书简集》这套书的卷帙多么浩繁,有关中国的问题都在其中始终占据着最重要位置。无论杜赫德神父编纂的对开 4 卷本书的部头多么庞大,18 世纪上半叶也仅出版了耶稣会士撰写的有关中国的著作中很少一部分。""东印度公司的船舶每年都为法国学者带回在北京、广州或澳门的耶稣会士们的书简或论著。因而,如果断言入华耶稣会士神父的活动,仅限于由巴黎耶稣会士正式刊印的那些著作(诸如《耶稣会士书简集》或《中华帝国全志》一类的著作),那是不确切的。"③造成大量耶稣会士书简或著作未刊的原因,除了技术层面难以整理之外,毕诺提到还有几个值得注意的因素,一是"公众的低庸鉴赏力不喜欢这些严肃的著作"。二是"大众的兴趣几乎已完全被《耶稣会士书简集》吸引过去了,它们在提供许多新鲜事物的同时,又表现得多少有点像游记一般,而且还精心从中排除一切对当时的鉴赏力来说可能会显得过分晦涩和生硬的内容"。三是入华耶稣会传教士"也应对大众在长时间内对于其著作表现出的轻蔑承担一部分责任,因为耶稣会士表现得过分谦虚谨慎。他们仅自认为是欧洲学者的资料供应者,同意向这些人提供资料、回忆录和论著;他们同时又以传教士那与世无争的态度或当时的地位为掩护,以避免亲自发表这些著作。

---

① 〔法〕维吉尔·毕诺著,耿昇译:《中国对法国哲学思想形成的影响》,北京:商务印书馆,2000 年,第 500—691 页。

② 参见〔法〕伯德莱著,耿昇译:《清宫洋画家》,第 192 页。

③ 〔法〕维吉尔·毕诺著,耿昇译:《中国对法国哲学思想形成的影响》,第 158—159 页。

事实上,他们很难说清楚自己所企求的东西。这不仅是由于其长上或罗马教廷(中国礼仪之争在那里的敏感性,而且也是由于始终留作悬案),他们在中国宫廷中的特权地位。事实上,有些事情是一名传教士既不能在北京讲又不能在欧洲写的,否则就会面临毁灭整个传教区的危险"。① 可见,处理法国耶稣会士的文献材料自始就不是一件简单的事。而罗马教廷1773年宣布解散耶稣会,对耶稣会士材料的整理和出版,明显也构成一个严重的障碍,1776年《耶稣会士中国书简集》在出版了第34卷后,没有继续出版,就说明了这一点。"因为旧耶稣会士只能当神甫,被禁止搞修道会员活动,所以,他们被取消了书写'有教诲性而又有趣'书信的资格。"②

郑德弟在《耶稣会士中国书简集》中文版序言中说:"据费赖之《在华耶稣会士列传及书目》一书统计,1552年至1687年间,在华耶稣会士与汉学有关的著作共69种,作者有28人,其中葡萄牙和意大利两国无论在作者人数或作品数量上均占有优势,法籍耶稣会士当时在该领域明显落后于上述两国。但在1687年至1773年间,情况起了根本性的变化:此期在华耶稣会士与汉学有关的著作共353种,作者有55人,其中法国耶稣会士占作者人数64%,其作品占总数的83%。可见,法国耶稣会士此期在该领域中已占据压倒优势的地位,法国逐渐成了欧洲汉学研究的中心和中国知识之供应者。"③计翔翔也认为:"1688年在早期汉学史上具有象征意义。1月28日,南怀仁去世,宣告了天主教早期在华传教史上'英雄时代'(利玛窦—汤若望—南怀仁)的终结。2月8日,洪若翰、张诚、李明、刘应和白晋5位法国传教士到达北京。他们的到来和南怀仁的去世,形成了对葡萄牙行使在华保教权的强烈冲击。法国来华传教士迅即成为汉学研究的主力。""从1688年到1793年的又一个105年,为早期汉学的第二段。其显著特点是形成了汉学研究

---

① 〔法〕维吉尔·毕诺著,耿昇译:《中国对法国哲学思想形成的影响》,第162—164页。
② 参见〔日〕矢泽利彦著,艾廉莹译:《日文本〈耶稣会士中国书简集〉解说》,载《中国史研究动态》1980年第6期。
③ 郑德弟:《中文版序》,收入〔法〕杜赫德编,郑德弟、吕一民、沈坚译:《耶稣会士中国书简集》,上卷第1册,郑州:大象出版社,2005年,第11—12页。

的法国中心。"① 郑、计两位所言大体不错，无论是从出版物的数量看，还是从著作的质量看，法国耶稣会士在18世纪欧洲汉学或"中国经验"中均可谓首屈一指。

三 《书简集》所载进入北京的路线、时间和住所

16、17世纪耶稣会士来华的航行比较艰难，费时亦长。18世纪法国耶稣会士相对他们的前辈来说要幸运得多。由于航海技术的改进，来华的航行时间大为缩短，成功到达的概率也大为提高。在这方面，法国耶稣会士的《书简集》留下了较为完整的记录，为我们了解他们当时到中国的航行留下了丰富的材料。

18世纪法国耶稣会士前往中国的路线大致是从法国出发，绕过好望角，穿过印度洋，经马六甲海峡、南海到达中国澳门或广州，时间约需半年左右。这在《书简集》中有数处记载。1685年3月3日法国国王派出的六位"国王的数学家"从布雷斯特港口出发前往中国，经半年航行，于9月22日到达暹罗沙洲入口。他们在暹罗停留了一段时间，中间曾试图航行前往中国澳门，没有成功。1687年6月19日乘坐一艘前往中国宁波的帆船，7月23日才在宁波靠岸。第二年2月8日才到达北京。整个路程花了接近三年的时间。关于此次行程，张诚、李明、洪若翰在他们的书信、著作或游记中均有记述。② 从他们的记载中，可见当时法国耶稣会士进入中国之难，确如上青天。

1698年白晋带领数名耶稣会士乘坐法国商船"昂菲特利特"号前往中国，此行在中西交通史上具有转折性的意义。1699年2月17日乘坐

---

① 计翔翔：《十七世纪中期汉学著作研究——以曾昭《大中国志》和安文思《中国新志》为中心》，上海：上海古籍出版社，2002年，第37、38页。

② 参见〔法〕李明著，郭强、龙云、李伟译：《中国近事报道(1687—1692)》，郑州：大象出版社，2004年，第21—45页。张诚的旅行报告现收藏在泰国曼谷金则智国家图书馆，张诚于1689年8月22日至9月8日致韦朱的信中亦谈及他们在旅途中的艰难困苦，参见〔法〕伊夫斯·德·托马斯·德·博西耶尔夫人著，辛岩译：《耶稣会士张诚——路易十四派往中国的五位数学家之一》，第3、21—22页。《耶稣会传教士洪若翰神父致拉雪兹神父的信(1703年2月15日于舟山)》，收入〔法〕杜赫德编，郑德弟、吕一民、沈坚译：《耶稣会士中国书简集》上卷第1册，第254—269页。

该船的马若瑟神父致本会拉雪兹神父的信中谈到这次航行的经过:

> 经七个月的旅行,我们终于到了中国,因为我们1698年3月7日从拉罗舍尔(La Rochelle)出发,10月6日在上川岛抛锚。这七个月中应扣除在好望角、哑齐、马六甲及两三个荒岛耽误的二十多天时间,这些时间原本可被更好地利用。此外还应扣除前往哑齐和穿越马六甲海峡的时间,这至少将近两个月。从爪哇直达中国用不了那么多时间。因此,当我在广州看到一艘英国小船只用了五个月甚至更少些时间完成了航程,我并不惊讶。至少通过我们这条船可以看到,只要不迷路,用六个月时间从法国到中国是绰绰有余的。①

这是法国商船第一次前往中国,也是在法国耶稣会士的《书简集》中最早出现他们来华航程只需七个月的记录。

1701年12月17日汤尚贤在致其父亲塔尔特尔的信中提到他们赴华航行途中所花的时间:

> 经历了七八个月的海上航行,险象环生,精疲力竭,我终于到达了中国。……我们这次航行有两件事是十分奇特的:一是从来也没有一艘船在如此短的时间里到达中国,因为我们不到五个月就到了距离中国国土一百五十法里的地方;二是从来也没有一艘船为进入中国遭遇到这么多的困难,因为四个月以来,我们竭尽人力所能,但无法到达我们船准备过冬的港口——广州。在这期间,遭遇了多次风暴,从一个小岛晃荡到另一个小岛,前面等待着的是连续不断的翻船危险。十分幸运的是,在经历了这一系列险境之后,我们终于在离

---

① 〔法〕杜赫德编,郑德弟、吕一民、沈坚译:《耶稣会士中国书简集》上卷第1册,第136—137页。1700年11月1日马若瑟致本会郭弼恩神父的信中再次谈到了从法国到中国的行程和所需时间:"只要12月底或1月初从法国出发,到达这里的航程至多不过六个月。我们在广州见到一艘英国小船用五个月时间便从欧洲到了这里。3月初出发的船只也能于当年到达,只是航程要长些,也不那么稳当。我们3月7日才从拉罗舍尔启航,途中停泊过好几个地方因此耗费了许多时间——因为我们错过了巽他海峡。尽管如此,尽管我们在可以说只能摸索前进的陌生海域绕了近五百哩远路,我们还是在出发后第七个月之末见到了中国陆地。由陆路前来没这么快,即使不绕任何弯路每天走十四五哩也没这么快。"收入〔法〕杜赫德编,郑德弟、吕一民、沈坚译:《耶稣会士中国书简集》上卷第1册,第155页。

广州一百多法里的地方找到了一处能让船在冬天躲避风雨的去处。①

汤尚贤所乘坐的也是"昂菲特利特"号,这是该船第二次前往中国。② 大概由于有了第一次航行的经验,第二次航行的时间有所缩短。同船来到中国的沙守信在1701年12月30日致郭弼恩神父的信中也报告了此次航行情形,不过他对航行时间作了不同的说明:"7月29日,我们只用了四个半月就十分幸运地到达了距离澳门两天路程的地方。"③张诚在1701年10月写给他哥哥的一封信中也提到这次汤尚贤一行的航行时间:"他们的航海速度非比寻常,从法国到中国沿海仅花了5个月的时间。"④如果所说无误的话,这是所有法国耶稣会士至中国的航程记录中耗时最短的一次。⑤ 18世纪初法国耶稣会士前往中国的情形相较上一世纪可谓大有进步。

1741年君丑尼神父致波兰王后——洛林女公爵,交待其从法国前往中国的航程时,仍是"乘船离法国到好望角经过巽他海峡抵达澳门",航程所需时间大约六个月。⑥

1767年9月1日刚到广州的晁俊秀在给昂塞莫的信中谈到他赴华的行程,当年3月15日他从法国洛利昂港出发,"8月13日到达距离广州3法里远的黄埔(Vampou),如此我们在路上度过五个月零两天。这是一次非常幸运的远航。我们出发的时候并不好,但上帝似乎有意要补偿我们。"⑦ 也就是说,到18世纪中期赴华航行时间也没有太大改变,所需时间大约需5—6个月。迄至18世纪末,欧洲来华的航程一般还是需半年

---

① 〔法〕杜赫德编,郑德弟、吕一民、沈坚译:《耶稣会士中国书简集》上卷第1册,第168页。

② 马若瑟、汤尚贤有关"昂菲特利特"号航行的两封信札,作为附录—《安(昂)菲特利特号船远航中国记》,收入〔法〕雅克·布罗斯著,耿昇译:《发现中国》,第168—183页。

③ 〔法〕杜赫德编,郑德弟、吕一民、沈坚译:《耶稣会士中国书简集》上卷第1册,第196页。

④ 〔法〕伊夫斯·德·托玛斯·德·博西耶尔夫人著,辛岩译:《耶稣会士张诚——路易十四派往中国的五位数学家之一》,第101页。

⑤ 有关"昂菲特利特"号两次航行中国的情况,参见耿昇:《从法国安菲特利特号船远航中国看17—18世纪的海上丝绸之路》,载阎纯德主编:《汉学研究》第4辑,北京:中华书局,2000年,第321—344页。

⑥ 〔法〕杜赫德编,耿昇译:《耶稣会士中国书简集》中卷第4册,第257页。

⑦ 〔法〕杜赫德编,吕一民、沈坚、郑德弟译:《耶稣会士中国书简集》下卷第5册,第116页。

左右。

耶稣会士在广州登岸,或由澳门进入广东,然后他们由陆路北上进京,通常须经皇帝特许。皇帝有时会免除他们上岸时须交纳的各种税费,甚至给他们提供从广东到北京的路费。洪若翰、钱德明谈到了这方面的情形:

> 白晋神父从法国给我们带来了好几位杰出的传教士。他们是乘"昂菲特利特"号商船来的。此船是我们国家第一艘前往中国的船只。当时正在鞑靼狩猎的皇帝高兴地获悉白晋神父的抵达。他从宫中派了三个人去广州迎接,并将其带到北京。白晋神父带来的礼物使皇帝非常喜欢。皇帝经过考虑,免去了"昂菲特利特"号应当交纳的费用,不管是商品税还是测量费皆被免除。中国方面的官员把船长德拉罗克骑士视作法国国王的官员,对其甚为尊重。他们给他准备了一个公馆,允许他在广州城逛逛,并派了六个卫兵陪伴着他。皇帝的使臣客气地拜访了他。中国官员们对中国公司的经理先生们也给予很多的礼遇。①

> 他们向皇帝禀报了其三名同教教友(二名葡萄牙耶稣会士与我)的到达,他们并且还补充说,我们掌握有很多欧洲科学知识,特别是数术学、音乐学和医药学知识,如果陛下乐于宣召我们晋京的话,那么这些知识就可能会对中国有某种用途。皇帝非常乐意地同意了传教士们所希望得到的一切。他甚至命令别人向他讲到的三个欧洲人,由国库承担从广东赴北京旅行的费用。皇帝的心愿向各部院作了表达。这些部院也将此通报了广东巡抚,同时也命令他向我们提供旅行所必需的一切。②

皇帝有时根据情况只提供耶稣会士北上的部分路费,晁俊秀在广州被召进京时就遇到了这样的情形:"这是怎样一位皇帝啊!您想是否皇帝会负担我们的旅费?不。要到他那里去,而且他要我们到他那里去,他只负担1/3的费用,其他则交由上帝处理了。"③王致诚可能更糟,所以他不

---

① 〔法〕杜赫德编,郑德弟、吕一民、沈坚译:《耶稣会士中国书简集》上卷第1册,第298页。
② 〔法〕杜赫德编,耿昇译:《耶稣会士中国书简集》中卷第4册,第371页。
③ 〔法〕杜赫德编,吕一民、沈坚、郑德弟译:《耶稣会士中国书简集》下卷第5册,第130页。

无抱怨:"我们是应大皇帝之召,或者更应该说是在他的恩准下,才前来这里的。他给我们指派了一名官吏,专门为我们带路。这一切都使我们相信,我们将会由朝廷支付一应开销,但他们仅在口头上才这样讲,除了极少数情况之外,我们都必须自我开销。"①

从澳门到北京的陆路行程一般需三个月左右。1752年10月20日钱德明致信阿拉尔神父时提到他是上年6月1日从广州出发,8月22日抵达北京。②1780年10月15日方守义谈及他来北京的行程亦说:"1760年3月中旬动身前往中国首都,经过三个月的水、陆路旅行,于6月6日抵京。"③那些应召进京的耶稣会士对北上所需的时间似乎都有心理准备,以至于晁俊秀想利用这段旅途时间做一些自己想做的研究北京的工作:"为什么在纬度40度左右的北京整个冬天会如此寒冷,以至于人们要睡在整夜烧火的火炕上?为什么这里的夏天又是如此酷热,以至于去年两个月被太阳的热度烤死了八千多人?这个问题提出得已经很久了,我希望金济时神父能够给出详尽的解答,至少我们在近三个月的路途上会有时间去考虑它。"④沿途耶稣会士通常有一名官员陪伴,陆路坐轿子,水路乘船。初次坐轿,耶稣会士们都不太适应,有一种被与外界隔离之感。王致诚、钱德明都谈到了这一点:

> 半数旅程是乘船完成的。大家在船上食宿。最奇特的则是,那些老实的人既不敢下船登陆,也不敢靠近船窗以在该国观光。
>
> 剩下的旅程是在一种笼子中完成的,美其名曰"轿子"。我们整个白天都被关闭于其中,轿子于晚上进入客栈。这该又是什么旅馆啊!这样一来,以至于使我们一直到达北京,却又未曾欣赏到任何风景。我们的好奇心再也无法得到满足了,完全如同始终都被关闭在一个房间中一样。此外,位于这条路上的整个地区都相当糟。尽管旅途有600—700法里,我们却在那里丝毫未遇到值得注意的东西,既看不到古迹,又看不到大型建筑物,仅有偶像崇拜者们的圣殿——

---

① 〔法〕杜赫德编,耿昇译:《耶稣会士中国书简集》中卷第4册,第288页。
② 同上书,第373—374页。
③ 〔法〕杜赫德编,郑德弟译:《耶稣会士中国书简集》下卷第6册,第196页。
④ 〔法〕杜赫德编,吕一民、沈坚、郑德弟译:《耶稣会士中国书简集》下卷第5册,第130页。

它们都是只有一层的土木建筑。其全部价值及美观只在于几幅很拙劣的装饰画和某些很粗糙的涂漆。①

我们被关闭在一个如同盒子般的轿子里,只是为了呼吸,才勉强容许半打开轿子两侧的小窗口。当在到达客栈以用餐或休息时,若从那里走出来,观赏城乡间所具有的最令人新奇的景色,那却是一种令人极其可怕的失礼。这样一来,在一条500法里的大道上和在世界上最美的地区旅行中,我未曾见到过可以使人交谈一刻钟的东西。②

耶稣会士们进京的路程大概一半是走陆路,一半是走水路。其旅途之劳累,可以想象。

17世纪有两位经陆路返回欧洲的传奇人物——白乃心、闵明我。白乃心是奥地利籍耶稣会士,1661年他从北京赶到西安,与比利时耶稣会士吴尔铎会合,两人探询赴欧陆路,据载他俩经西藏拉萨,翻过大山到尼泊尔,又经孟加拉"至亚格拉,尔铎殁;复偕罗斯(Henry Roth)神甫历印度、波斯、土耳其,而抵士麦拿,附舟至墨西拿。乃心至罗马报告旅行成绩后,首途还中国,仍循陆道,惟此次则经行北欧。至君士坦丁堡得疾而还佛罗伦萨"。③ 1686年意大利耶稣会士闵明我曾奉使从北京出发,前往俄国,"其抵欧后先赴罗马、法国,居留德国甚久","莱布尼茨自是与明我订交,彼此时常通信。明我事竣后,莱布居茨曾为作书致俄皇大彼得,请许明我经历俄罗斯西伯利亚而返中国。俄皇严拒不允"。④ 闵明我欲经俄罗斯返回中国的消息可能知会了在北京的耶稣会士,张诚、白晋在1691年12月15日给德·卡尔邦先生的信中提及此事:

我们本来期待闵明我能够和俄国商队一起来华,而这一商队现在实际上已经到达这里,却没有带来他的任何消息。的确,近两年来很少有从莫斯科来的商人,从那里回来的人就更少,闵明我神父不可能在这段时间内到达。这些俄国人也不可能告诉我们任何消息,这

---

① 〔法〕杜赫德编,耿昇译:《耶稣会士中国书简集》中卷第4册,第288页。
② 同上书,第374页。
③ 参见〔法〕费赖之著,冯承钧译:《在华耶稣会士列传及书目》上册,第320、325页。
④ 同上书,第371页。

是一些只关心他们买卖的人,他们从中获利甚丰。他们带到这里的黑貂皮和白鼬皮销量很大,卖完皮货后他们满载丝绸而归,随着时间的推移,他们将开辟一条通往中国的陆路交通线。①

闵明我可能是17世纪唯一从北京出发,经俄罗斯返回西欧的耶稣会士,相反的情形即由陆路经俄罗斯前往北京似未出现。1676年南怀仁曾利用其与俄罗斯使节会谈担任翻译之机,"遂拟从莫斯科辟一新道而通中国,然此愿未达"。② 到了18世纪,耶稣会士未再尝试通过陆路经俄罗斯前往北京。1721年意大利籍耶稣会士喜大教受康熙之命,携带康熙致教皇急件,随俄罗斯使团返回欧洲,途中颇受俄罗斯人的虐待,1722年10月才抵达罗马。这可能是耶稣会士最后一次通过陆路返回欧洲。③ 它说明由于俄罗斯的把持和控制,或因俄罗斯与西欧诸国关系的不和,陆路当时仍不通畅。④ 耶稣会士不愿走陆路的另一个原因是长途跋涉,路途不熟,险阻太多,加上所经诸国如不提供协助,实难以通行。所以从距离上看走海路虽然远,但比起陆路来,它反而相对通畅和省力,这是来自西欧的耶稣会士愿意选择海路的缘故。

李晟文认为乾隆年间法国耶稣会士汤执中系从北美传教区转来,⑤汤执中的确在加拿大传教九年(1730—1739),但他随即回国,然后于1740年1月19日在洛里昂踏上前往中国的旅途,同年10月10日抵华。⑥ 故他仍应归入从法国来华的行列。1654年来华的聂仲迁可能是从北美而来,但其来华详情不得而知。⑦

17世纪法国耶稣会士尚未自立门户,在京他们也没有独立的教堂,

---

① 参见〔法〕伊夫斯·德·托玛斯·德·博西耶尔夫人著,辛岩译:《耶稣会士张诚——路易十四派往中国的五位数学家之一》,第91页。
② 参见〔法〕费赖之著,冯承钧译:《在华耶稣会士列传及书目》上册,第347页。有关18世纪欧人对来华陆路的探寻研究,参见吴孟雪:《明清时期——欧洲人眼中的中国》,北京:中华书局,2000年,第96—135页。
③ 参见〔法〕费赖之著,冯承钧译:《在华耶稣会士列传及书目》下册,第653页。
④ 有关耶稣会士与俄罗斯之间的关系,参见〔法〕加斯东·加恩著,江载华、郑永泰译:《彼得大帝时期的俄中关系史(1689—1730年)》,北京:商务印书馆,1980年,第174—178页。
⑤ 参见李晟文:《明清之际法国耶稣会士来华过程研究》,收入黄时鉴:《东西交流论谭》第二集,上海:上海文艺出版社,2001年,第73—74页。
⑥ 参见〔法〕费赖之著,冯承钧译:《在华耶稣会士列传及书目》下册,第829页。
⑦ 参见〔法〕费赖之著,冯承钧译:《在华耶稣会士列传及书目》上册,第300页。

故他们来京后只能寄住在属于葡萄牙传教区的南堂(一度叫西堂)或东堂。洪若翰神父提到他们1688年2月到达北京的住地是"在北京的神父的住院"。① "我们的住所被人称为西堂,意思是西洋教堂。"②这里的"西堂"即为南堂,南堂在东堂创建后曾一度改名为"西堂",以示对称。由于葡萄牙耶稣会士徐日昇行使保教权,常常排挤和欺压法国耶稣会士,故令张诚、白晋颇感不适。张诚在1689年8、9月间写给巴黎的韦朱一信和1689年9月2日写给拉雪兹的信中,都对葡萄牙人设置的"种种障碍"和徐日昇这位严厉的上司表示他们强烈的不满。③ 张诚遂设法另觅住所,到1699年,法国耶稣会士终于获得康熙赐予的一处独立的住所,一般认为这就是北堂的初始。④ 这样,他们在中国的住所发展到两处,一处在广州,一处在北京。这两处实际上也就是两座教堂。1702年11月26日傅圣泽在给法国贵族议员德·拉福尔斯公爵的信中谈到了这方面的情形:

> 我于1699年7月25日到达中国。当时,我们法国神父在中国只有两个住所:一个是在北京的皇城内,现在我们在那里已经可以看到一座漂亮的教堂,它是得到皇帝的恩准由于皇帝的慷慨大度才得以建造的;另一住所在广州,它是中华帝国最著名的港口之一,欧洲人和一些东方国家在那里都有大量的商务活动。这两处住所对于我们日益增多的传教士来说是远远不够的。我们正考虑在别处再建新基地。我们将目光投向江西省,利圣学神父和孟正气神父买了三间房子想建三座教堂:一座在抚州(Fou-tcheou),另一座在饶州(Jao-tcheou),第三座在九江(Kieou-kiang),都是一流的城市。⑤

18世纪初耶稣会士在北京已建有三座教堂。关于北京教堂的情形,1703年魏方济呈报罗马耶稣会总会长的信中谈及:

---

① 〔法〕杜赫德编,郑德弟、吕一民、沈坚译:《耶稣会士中国书简集》上卷第1册,第266页。
② 同上书,第270页。
③ 参见〔法〕伊夫斯·德·托玛斯·德·博西耶尔夫人著,辛岩译:《耶稣会士张诚——路易十四派往中国的五位数学家之一》,第24、25页。
④ 关于北堂的创建过程,参见魏若望:《明末清初时期北京基督教会的发展》,收入卓新平主编:《相遇与对话——明末清初中西文化交流国际学术研讨会文集》,北京:宗教文化出版社,2003年,第137—139页。
⑤ 〔法〕杜赫德编,郑德弟、吕一民、沈坚译:《耶稣会士中国书简集》上卷第1册,第203页。

> 在法国神父方面,除了他们计划在湖广、浙江和江苏等省建造新教堂外,他们已在江西省的饶州、九江和抚州建立了教堂。但没有一座比得上他们在北京皇宫里建造的漂亮教堂。这位长期保护基督教的中国皇帝并不满足批准他们建立这样辉煌的敬奉上帝的建筑,他还为教堂建造提供了一些钱物。对我们的传教有特殊贡献的法国国王还为此恩赐了一副银餐具和丰富的装饰祭坛的绣花布。
>
> 尽管我们在北京有了三座教堂,但还是不够多。一旦我们有了必需的资金,就准备在城市的东部再建造第四座。工程开支并不像欧洲那么浩大,这里的劳力和材料十分便宜。由于我们想把第四座教堂献给我们传教团的保护神圣约瑟(Saint Joseph),我们希望上帝能够召唤这位伟大圣徒热忱的仆人们能够出资建造。①

出入清宫的耶稣会士的饮食起居另有专门安排。入宫作画的王致诚在书简中对此有所说明:

> 对于宗教人士来说,我们的住宿应是相当舒适了。我们的住宅干净而适用,没有任何违背我们身份之礼仪的地方。在这一点上,我们没有理由再为离开欧洲而感到遗憾了。我们的食物相当好,除了葡萄酒之外,这里几乎拥有欧洲所能找到的一切。中国人饮用大米酿造的米酒,但味道极差并有害于健康。我们用无糖的茶水取而代之,茶水成了我们的全部饮料。②

1723年遣使会士德理格在北京建造了一座教堂——西堂,是为北京第四座教堂。蒋友仁在1767年11月16日致巴比甬·道代罗什的书简中提到:"我们在北京有四处住所,或可以称为教堂。因为人们在此就是这样称呼它们的。这四座教堂中,一处属教廷圣部传教士,另两处为葡萄牙人所有,我们的教堂只有法国人,坐落在宫殿外墙内。在教堂里,宗教

---

① 〔法〕杜赫德编,郑德弟、吕一民、沈坚译:《耶稣会士中国书简集》上卷第1册,第231页。
② 〔法〕杜赫德编,耿昇译:《耶稣会士中国书简集》中卷第4册,第300页。

活动能继续安祥和庄严地开展,就如我们在基督教中心所希望看到的那样。"①这样,北京的西方传教士形成了葡萄牙传教区、法国传教区、罗马传信部(遣使会)三足鼎立的局面。

《书简集》保留了相当数量从中国寄往欧洲的书简,还有许多未公开的书简存留在欧洲各大档案机构中。这些耶稣会士书简是如何从中国寄往欧洲？当时在中国的耶稣会士主要是通过来往于中国广州、澳门与欧洲之间的英国、法国、荷兰、西班牙的船只传递信件,这些船只经不同的航海路线返回欧洲。② 1701 年 10 月 7 日张诚在给他哥哥的信中谈到当时中欧之间的商贸往来和航行情况,并称:"有人向我们保证,从今以后,法国商船每年都将直接来中国,这将为我们之间的信件往来提供极大的便利,其传递速度将比前几年快得多,同时,这也利于我们向中国派遣更多的传教士,这一帝国幅员如此辽阔,而这里的传教士却是如此之少。"③在《书简集》中我们也可找到蛛丝马迹或一些线索。上述蒋友仁的信中还谈到邮寄的问题和住所:

> 今日已是 11 月 15 日,从此地到广东有 600 多法里,我必须赶紧将信交付邮局,也许能及时赶上 12 月底或 1 月初扬帆启程的法国海船。……
> 我们的仆人已在一个多月前动身去广州了,我们交给他们许多报告。现在我除了通过邮局别无其他方便的途径,但一些篇幅太大的东西难于交给邮局寄送。④

这封信向我们透露了三条信息:一是当时从北京寄往广州的信件如通过邮局,只需一个半月时间即可到达。二是当时法国耶稣会士除了利用教

---

① 《耶稣会士中国书简集》下卷第 5 册,第 136 页。信中所言北京的四座教堂,即南堂(1605 年)、东堂(1655 年)、北堂(1699 年)和西堂(1723 年)。其中南堂、东堂分别为利玛窦和安文思、利类思所建,属于葡萄牙传教区。北堂为张诚创建,属于法国传教区。西堂为德里格创建,是罗马传信部(遣使会)的教堂。

② 参见〔法〕伊夫斯·德·托玛斯·德·博西耶尔夫人著,辛岩译:《耶稣会士张诚——路易十四派往中国的五位数学家之一》,第 99 页。

③ 同上书,第 100 页。

④ 〔法〕杜赫德编,吕一民、沈坚、郑德弟译:《耶稣会士中国书简集》下卷第 5 册,第 132、137 页。

会专人送信这一传统的途径外,还利用官方的邮局传递信件。三是由于中法之间的商贸往来较多,法国开往广州的商船数量增多,法国耶稣会士可以利用这些商船将信件带往欧洲。广州实际成为法国耶稣会士在华邮件的中转站,1733年10月18日冯秉正致某神父信中所透露的信息可以证明这一点:

> 我们不得不求助于皇帝,以恳求他至少允许三四位传教士留在广州城,其目的是为了在那里接受从欧洲寄给我们的书简和其他东西,并使我们能安全可靠地在北京收藏它们。①

尽管如此,在中法之间通信并不是一件容易的事。为了防止信件丢失,耶稣会士常常将同样的信抄送副本,甚至三份,以保证信件能够到达收信人的手中,有时不惜送礼物给送信人或邮差,以确保送信的安全、快捷。张诚在信中透露了这方面的情形:"我相信,我们今年会像去年一样共同给教宗和传信部写信,我也不会忘记将我们寄往罗马的信和所有其他文件的副本寄往巴黎。我将不用火漆印戳封住这些信件,以便您能看到其中的内容,并把您认为合适的部分寄出去。""为了给法国寄东西,我不惜金钱,不辞辛苦,不顾影响,甚至不惜赠送小礼物,主要是想避免邮件退回和延误时间。"②在18世纪,一封从法国发出的信,一般约需10—12月的时间才能到达北京耶稣会士的手中,张诚、王致诚、蒋友仁的信可证明这一点。1701年10月7日张诚致其兄的信中提到:"昨天,我非常快慰地收到您去年12月27日写给我的信以及父母的信","当我写完这封信时,又收到你们1700年10月18日的来信;你们的信一到广东,汤尚贤神父立即就寄给我了"。③ 1743年11月1日王致诚在致达索的信中也提到:"我怀着无限兴奋的心情,接到了您的两封信。第一封信写于1742年10月13日,第二封信是此后于11月2日。"④ 1767年11

---

① 《耶稣会传教士冯秉正神父致同一耶稣会某神父的信》(1733年10月18日于北京),收入〔法〕杜赫德编、耿昇译:《耶稣会士中国书简集》中卷第4册,第92页。书中将此信的写作日期误作"1755年",现改。

② 参见〔法〕伊夫斯·德·托玛斯·德·博西耶尔夫人著,辛岩译:《耶稣会士张诚——路易十四派往中国的五位数学家之一》,第117、129页。

③ 同上书,第99、101页。

④ 〔法〕杜赫德编、耿昇译:《耶稣会士中国书简集》中卷第4册,第287页。

月 16 日蒋友仁致巴比甬·道代罗什的信首亦提到："您 1766 年 11 月 16 日发自洛里昂的信给我带来的喜悦是难以言表的。"①不过，这并不是一种确定的状态，有时也会出现异常的情形，在乾隆厉行"禁教"的时期还曾发生拦截信件的事情。钱德明提到了这类事："在将近两年之前，我们法国传教会的总会长，尊敬的嘉类思(Louis du Gad)神父给其属下的传教士们写了几封信，以便向他们履行他刚刚被授予的职责和义务。这些信件不幸被人拦截。他的信使被扣留，并被带到临近城市中的衙门。"②1780 年 10 月 15 日方守义在致某位神父的信中也抱怨："去年，即 1779 年 11 月 4 日，我欣喜地收到了你 1776 年 12 月 29 日的信，这是你写给我的所有信中到达我手中的第一封，也是惟一的一封。"③通信速度相对利玛窦的时代可以说大有进步，但对那些身在异域、倍感孤独的耶稣会士们来说仍是不易的事，以致他们只要接到任何来自本国或教廷的信，都会欣喜若狂。对他们身心最大的慰藉，也许是收到来自故国的信件。

清廷对在京耶稣会士的通信亦加关注，1766 年 10 月 10 日（乾隆三十一年九月初七日）大学士傅恒等奏议："查该夷人等，从前往来书信，俱经提塘转递，已历有年，并未见有违碍之处，似应循照旧例，交与提塘寄递。并令其在广省者，呈报海防同知及南海县查收，将原封交与该省提塘至京城，送钦天监转付本人。其在京夷人，亦令其将所寄书信交与提塘递至广省，仍由同知、知县查收，将原封转给行商、夷目，该同知、知县亦随时详报总督衙门，以备查核。似此官为经理，有所稽查，既不至日久滋弊，而于提塘寄递，则京广两地书信物件往来便捷，不致繁扰阻碍，似于万伊等更为有益。若如该督所奏，申送总督衙门查核加封，并咨达提督、四裔馆转发，恐转辗报递，反致沉搁延迟。且所带土物，亦未免日久损坏，似非国家嘉惠远人之意。所有该督奏请申送总督衙门查核加封，咨达四译馆转发，及在京各夷人乡信呈送四译馆，咨交总督衙门之处，均毋庸议。"④

---

① 〔法〕杜赫德编，吕一民、沈坚、郑德弟译：《耶稣会士中国书简集》下卷第 5 册，第 132 页。
② 同上书，第 27 页。
③ 〔法〕杜赫德编，郑德弟译：《耶稣会士中国书简集》下卷第 6 册，第 188 页。
④ 《大学士傅恒等奏请京广两地西洋人互通信函仍由提塘递送勿庸更改折》，收入中国第一历史档案馆、澳门基金会、暨南大学古籍研究所合编：《明清时期澳门问题档案文献汇编》（一），北京：人民出版社，1999 年，第 381—382 页。

伯德莱注意到通过俄国这条陆路将信寄往法国是当时比较便捷、也常常使用的一条渠道:"耶稣会士们最早寄往巴黎的资料大部分都要经过莫斯科和俄罗斯。这一方面是由于茶叶之路可以维持经常性的联系,另一方面是由于负责中俄外交交涉的耶稣会士们与莫斯科宫廷具有个人关系。如果我们对于他们将其自然史标本和自己著作的副本赠送圣彼得格勒和巴黎并保留至今的东西进行一番比较,那将是非常有益的。"①这条陆上邮路或通道,最早是由参加1689年中俄《尼布楚条约》谈判的张诚所开辟和利用。1689年8月22日正在尼布楚的张诚曾写信给巴黎的韦朱,建议向在莫斯科或克拉科夫的神父们派遣可供他们调配的信使,这样他们就可以让这一使者跟随俄国人到达北京,因为《尼布楚条约》已允许俄国人进行自由贸易。张诚将这封信交给俄国使团团长,以便它能更快地到达巴黎。②以后,陪侍康熙左右的巴多明也利用参加会见俄罗斯使团的机会,与俄国使者建立了友好关系,他常常托俄国使者将他的信件、报告带往欧洲,寄达巴黎。

在《书简集》中,我们已很少看到法国耶稣会士留下担心丢失信件或谈及信件寄达时间太慢的文字。这说明当时中法之间的邮路或商贸往来已比较通畅,否则我们今天就不可能看到数量如此庞大的书简得以保存于世。18世纪中欧之间的邮路是如何运行?这是有关当时中西交流和中西关系的大问题,值得进一步考证和展开更为细致的研究。

四 法人眼中的北京建筑和园林艺术

对来自西方世界的旅行者来说,北京作为东方帝都和享誉世界的大都市,其帝都气势和建筑风格,闪现着无穷的魅力。初来乍到的访客常常为之震憾、倾倒和叹服。耶稣会士初进北京,首先映入他们眼帘的是北京

---

① 参见〔法〕伯德莱著,耿昇译:《清宫洋画家》,第193页。
② 参见〔法〕伊夫斯·德·托玛斯·德·博西耶尔夫人著,辛岩译:《耶稣会士张诚——路易十四派往中国的五位数学家之一》,第22—23页。另据《张诚神父写自尼布楚的信(节选)》载:"就在条约达成两三天前,张诚神父就给一些法国朋友写了一些信件。他把这些信件交给俄方代表团带去。然后,经由布兰登堡的政务官,再由普鲁士国王的秘书转交。"收入〔德〕G.G.莱布尼茨编,梅谦立、杨保筠译:《中国近事——为了照亮我们这个时代的历史》,郑州:大象出版社,2005年,第49页。

第四章 18世纪法国耶稣会士的"北京经验"

的城门、城墙、街道和城市建筑。这一切令他们印象深刻。1688年2月7日到达北京的洪若翰如是描绘当时的北京城：

> 北京由两个城组成：第一个是满人城，皇帝的宫殿就在该城的中央；第二个是汉人城。两座城彼此相连，每个城的周长均有四法里。城中人口稠密，拥挤不安，以致尽管街道非常宽广，仍行走不便。街上看不到妇女。
>
> 我们去看了著名的北京的大钟楼，有人向我们肯定地说，此钟重达几十万公斤。钟的形状为圆筒形，直径有十法尺。根据中国通常的比例，大钟的高度是宽度的一倍半。它被吊挂在由砖与方形石块砌成的台基之上。自其木结构的楼顶被烧毁后，它仅由一个草席顶覆盖。
>
> 我们也去看了天文台和里面所有的青铜仪器，这些青铜仪器颇为美观，具有皇家气派。但我不知道这些仪器是否能用来精确地观察天象。因为它们都钉在舰板上，肉眼一看，其分隔显得不甚均匀，而其贯线有好几处都不能吻合。
>
> 该城的城门要比我们的城门高大气派：它们都非常高，里面有一个方形大院，院子四周围有城墙。城墙上无论是朝向城内，还是朝向城外，均建有漂亮的客厅。北京的城墙是砖砌的，其高度约为四十法尺，每隔二十托瓦斯都有护城工事，每隔一定距离有一座小方楼。这些小方楼保养得非常好。为让骑马者登上城墙，在一些地方还筑有宽阔的斜坡。我们经常在我们的住地测试北京的方位，发现它的方位是39度52分55秒。①

洪若翰信中所提的大钟楼，安文思在《中国新史》早已报道过，想必令欧洲人印象深刻。洪若翰所记录的北京纬度则是迄至他为止最精确的测量。他在北京呆了很短的一段时间，即被派往山西绛州传教。他对沿途的交通情况作了简要描绘：

> 从北京直至山西省的道路是我所见到的最讨人喜欢的道路之

---

① 〔法〕杜赫德编，郑德弟、吕一民、沈坚译：《耶稣会士中国书简集》上卷第1册，第269—270页。此前有关北京纬度最精确的测量是南怀仁在1668年12月所得，为39度57分1/4秒，参见〔法〕费赖之著，冯承钧译：《在华耶稣会士列传及书目》上册，第343页。

一。我们经过了九或十座城市,其中有一座为保定府,它是巡抚衙门的所在地。整个地区极为平坦,且种满庄稼,道路平整,路旁许多地方种有树木,还有用来遮掩与保护乡村的墙。人、大车与拉东西的牲口在路上络绎不绝。……在许多河流上,修有漂亮的多拱桥,其中最值得注意的是距离北京三法里的卢沟桥。此桥的栏杆是大理石的,两侧各有一百四十八个支柱,上面置有不同姿态的石狮子。在桥的两头,有四只蹲着的石雕大象。①

与洪若翰同时到达北京的李明在《中国近事报道(1687—1692)》一书对北京城也作了详细描述。②

张诚在日记里记载了1690年1月16日他进入养心殿所观察到的情形:

> 我派人去请苏霖神甫和我们一同回到养心殿。它包括当中的正殿和两翼的配殿。正殿朝南,有一大厅和两大间耳房,一边一间。正厅前留有约十五呎宽的走廊,仅有粗大木柱承顶,木工精细,雕梁画栋,而无望板。地铺大方砖,精心打磨,光洁平滑,有如大理石。大厅不算豪华,正中安置高约一呎的坛,覆以脚毯,像我们所用的土耳其地毯,但很普通,地毯上饰有几条大龙。皇上的御座并无特殊之处,只是一把很大的木质涂金扶手椅,放置在坛上靠里面的地方。大厅顶彩绘涂金,也很平常,中间雕龙,口衔下垂的球珠。大厅的两个耳房都是大间,约三十呎见方。我们进入左手一间,看见里面满是画匠、雕刻匠、油漆匠。此处也有许多大柜,放着许多书籍。另一间耳房是皇上临幸此殿时晏息之处。虽然如此,这里却很朴素,既无彩绘金描,也无帷幔。墙上仅用白纸糊壁而已。这间房内的南边,从一端到另一端,有一呎到一呎半高的炕。上铺白色普通毛毡。中央有黑缎垫褥,那就是御座。还有一个供皇上倚靠的引枕。其旁有一呎左右高的炕几,光滑洁净,放着上用的砚台、几本书和一座香炉。旁边

---

① 〔法〕杜赫德编,郑德弟、吕一民、沈坚译:《耶稣会士中国书简集》上卷第1册,第271—272页。

② 参见〔法〕李明著,郭强、李伟译:《中国近事报道(1687—1692)》,第64—84页。有关李明《中国近事报道》与北京的关系,拙作《十七世纪西方耶稣会士眼中的北京——以利玛窦、安文思、李明为中心的讨论》已有探讨,载《历史研究》2011年第3期;已收入本书第二章。

小木架上置碾细的香末。香炉是用合金铸造的,在中国很名贵,虽然它所含的大部分只是一种很古而稀有的铜。接近炕,皇上走过的地方放着蜡制的水果,这是我们抵达北京时进献的,室内许多书橱,满贮汉文书籍。旁边多宝格上,陈设各种珠宝和珍玩。有各色各样的玛瑙小杯,白玉或红宝以及各种名贵宝石,琥珀小摆设,甚至手工精雕的桃核。我还见到皇上的大部分印玺,都放在极为精致的黄缎袱印匣中。里面的印章大小不一,种类各异,有玛瑙、白玉、碧玉、水晶等,上刻文字大半是汉文。我只见一颗上面镌有两种文字……意思是广大无外,大政之宝。有些印章上面还有一个形如子弹的印纽,两条龙蟠着中间的篆文印名。这座宫殿的一部分屋宇是供工匠们使用的,专做纸扎玩器,其制作之精巧令人惊奇不已。①

这应是西文文献中对养心殿最早的描绘。养心殿属于内廷,康熙年间这里曾是造办处的作坊,专门制作宫廷御用品,外人极少涉足其间,其摆设更属于宫廷秘密,即使在汉文文献中亦少见记载,张诚这一记载显然具有文献价值。

白晋1699年在巴黎出版的《中国现任皇帝传》一书中谈到他们在初入北京的前几年所见到的政局不稳情形:"在我们到北京后的四年间,官吏的变动异常频繁。我们亲眼看到各省总督、巡抚几乎全都调动过,北京的各部尚书也有半数以上更换过。之所以如此,是因为康熙皇帝对他们严加监管,就连那些最隐秘的过失,也很难长期瞒过他的耳目。"②这种官员的频繁调换是康熙应对政局、加强对官员控制的有力举措。白晋对清初的皇城也据实作了描绘:

> 皇宫城墙范围很大,甚至堪称一座颇具规模的城市。建筑物上覆盖着金黄色的琉璃瓦,看上去相当壮观。从其建筑物的宏伟以及其他方面,一眼就可以看出这是闻名天下的大皇帝居住的地方。但倘若从建筑物的内部和房间,特别是皇帝的内室来看,除了装饰着两

---

① 〔法〕张诚著,陈霞飞译:《张诚日记(1689年6月13日—1690年5月7日)》,北京:商务印书馆,1973年,第63—64页。
② 白晋:《中国现任皇帝传》,收入〔德〕G. G. 莱布尼茨编,梅谦立、杨保筠译:《中国近事——为了照亮我们这个时代的历史》,第65页。

三张壁画、用金属镶嵌的饰物,以及一些在中国如此普遍,以至于不必考虑节约的相当粗糙的彩色织锦之外,其他装饰几乎就是室内的整洁了。

康熙皇帝在距北京二里远的地方建筑了一座离宫。他很喜欢这座离宫,一年有多半时间在这里度过。他让人在这座离宫内挖了两个大池塘和几条引水渠。除此之外,这里再也看不到像康熙皇帝这样拥有强大国家的君主所应有的豪华迹象了。这座离宫布置得确实整洁而朴素。然而,无论是从建筑、花园,还是从占地面积来看,它远比不上巴黎近郊的几个王公休闲别墅。①

的确,康熙前期的北京皇城建筑相对来说还较粗陋,白晋所说的离宫应是京西北郊的畅春园,1687 年以后康熙开始移住此处,以后每年的大部分时间都在此处度过。《康熙起居注》对其在此的起居记载颇详,《日下旧闻考》所引《畅春园册》对当时的园林景观亦有记叙。不过,白晋对离宫"远比不上巴黎近郊的几个王公休闲别墅"的点评,为我们比较清初中法园林提供了一个值得参考的视点。

随着清朝的统治逐渐稳固,康熙、乾隆为粉饰太平,曾举行过两次重要大典。第一次是在 1721 年,也就是康熙六十年,为扫除前一年北京地震积存在人们心中的阴霾,清廷举行了隆重庆典,一位在北京的耶稣会士记下了这一幕:

这一年是皇帝登基六十周年,因此从第一天起人们就开始了特别的庆祝活动。从最高到最低的所有官员都向他的生辰牌位磕头,向他表示人们在其北京宫殿内对其表示的同样的敬意。……

4 月 14 日皇帝诞辰这一天更是个喜庆日子,人们进行了盛大庆祝,花费高达八万两银子。皇帝却不屑于观看这些壮丽的场面,他心里想着大臣奏请立嗣的建议。②

---

① 白晋:《中国现任皇帝传》,收入〔德〕G. G. 莱布尼茨编,梅谦立、杨保筠译:《中国近事——为了照亮我们这个时代的历史》,第 67—68 页。
② 〔法〕杜赫德编,郑德弟译:《耶稣会士中国书简集》上卷第 2 册,第 244—245 页。

第二次是在1751年(乾隆十七年)为庆祝皇太后六十大寿,乾隆命令朝臣为庆典做了大量准备,这一年抵达北京的钱德明刚好赶上了这一庆典。"京师的所有部院、所有总督和帝国的所有要员,都奉命为所规定的庆典作准备,这是中国举行的最辉煌的庆典之一。北京和附近各省的所有画家、雕塑家、建筑工和木工,在连续的三个月中,一直地在不停地为此忙碌,以各自完成其行业中的代表作。其他许多匠人也在忙着他们各自的活计。这里是指建造能满足一个爱挑剔和骄奢淫逸的朝廷之眼福的东西,因为朝廷习惯于观看于天下四方建成的最漂亮的物品。装饰工程必须从皇帝的一处园林——圆明园开始,竣工于北京鞑靼城中心的宫殿。"经过装修,北京的城市建筑面貌大为改观,充满了节日气氛。"从朝廷群臣应进入的西直门起,直到宫门,完全是极其漂亮的建筑物:柱廊、亭阁、走廊、圆形剧场,均是带有装饰图案和中国建筑特点的作品。所有这一切都被垂花饰、花叶边饰和多种其他类似的饰物所装饰。饰物采用五颜六色的最上乘丝绸制作,从而造成了令人赏心悦目的景致。用非常光滑的金属制成的一大批镜子在那里非常美地衬托了这一场面。"①在这个庆典上乾隆还别出心裁地在全国各地挑选"百叟"到宫中来,以显示天下太平。"这些百叟都统一着装,胸前带着一个很长的银牌,上面刻有表示他们所代表省份的名称。人们用汉语称呼这些老叟为'百老敬寿',也就是百位老人向皇帝祝寿,祝皇帝能拥有他们所有人都祝愿的同样寿数。"在京的欧洲人也向乾隆敬献了一架机器作为礼品——一个约高3法尺的半圆形舞台,于其内院中展示了许多风格灵巧的绘画。这是一次耗资巨大的庆典,钱德明声称,"为了这次庆典,由皇帝奖赏为此作出贡献的不同团体和个人,共耗白银三亿余两"。② 乾隆好大喜功、讲究排场的个性跃然纸上。

大概是由于17世纪耶稣会士们在他们的书简、报告、回忆录中对北京城已有了较多的介绍,加上杜赫德编辑、出版的《中华帝国全志》对北京

---

① 〔法〕杜赫德编,耿昇译:《耶稣会士中国书简集》中卷第4册,第375、377页。
② 同上书,第379、381页。

亦有较大篇幅的介绍,①在内容上不必重复。此后我们在《书简集》中很少再看到对北京街区面貌大篇幅的评介,《书简集》在这方面的内容比人们可能想象的要少。

不过,张诚在 1705 年的一封书简中提到了他们对北京的一次测绘,它极有可能是康熙皇帝命令耶稣会士对全国进行测绘的一部分或是前奏曲。在中文文献中似未见对此事的记载,相关的研究论著亦少见提及,现摘录张诚的书简如下:

> 在北京东西两侧数法里之处,人们可看到两条河流;它们既不深也不宽,一旦泛滥却会造成严重损失。它们皆发源于鞑靼山麓,在京城以南约 15 法里处的天津卫合流,再经多处蜿蜒曲折后一起流入东海(勃海)。……
>
> 皇帝派耶稣会士实地测绘两河间整个地区的精确地图,以便他能时时看着地图考虑恢复被毁之物的办法,同时考虑在何处修筑新堤,何处则开挖引水沟渠。皇帝把测绘地图的差使交给安多、白晋、雷孝思(Règis)和巴多明神父。陛下诏命为这项工作提供一切应用之物,并令两名官员(一名是宫中官员,另一名是钦天监监正)督办,令其寻访精明强干的土地测量员、绘图员及熟知当地地理之人。所有这一切都得到了有条不紊专注勤奋的执行,因此,这幅人们可能在欧洲见过的最大的地图在七十天之内即绘制完毕。随后,我们又从容不迫地予以完善,并以铜版雕刻法丰富其细部,使地图上不疏漏任何东西。
>
> 我们第一次不是依百姓寻常之见,而是依最严格的几何规则绘

---

① 《中华帝国全志》第二卷中有大量涉及北京的材料,如"皇帝的权威、帝国的玉玺、宫殿的一般费用、皇帝的扈从以及出宫的礼仪""中国的政体、不同的法庭、中国人、他们受到的膜拜、他们的权力和职能""帝国的军事政府和军事力量、要塞、士兵、武器与火炮""中国人在出行、公共建筑如桥梁、牌坊、宝塔、城墙等方面的壮观,他们的技艺等"诸节中,都有相当篇幅的记载与北京有关。J. B. Du Halde. *The General History of China: Containing a Geographical, Historical, Chronological, Political and Physical Description of the Empire of China, Chinese-Tartary, Corea and Thibet: Including an Exact and Particular Account of Their Customs, Manners, Ceremonies, Religion, Arts and Sciences.* Vol 2. London:J. Watts,1736. pp. 12-83,151-168. 中译本参见〔法〕杜赫德编著,石云龙译:《中华帝国通史》第二卷,收入周宁编注:《世纪中国潮》,北京:学苑出版社,2004 年,第 210—533 页。

制了帝国首都(包括城墙)地图。人们在图中还可看到先帝们的行宫。行宫面积极大,周长达 10 法里,而且与欧洲王宫迥然不同。这里既无大理石雕像,也无喷泉及石头围墙;四条清澈见底、岸边栽有树木的小河浇灌着行宫。人们可看到三座极其整洁精巧的建筑物。还有许多池塘及为鹿、狍、野骡和其它褐毛兽准备的牧场,饲养家畜的牲畜棚、菜园、草地、果园,甚至还有几块播了种的耕地;总之,田园生活中的一切雅趣这里应有尽有。……总之,这幅地图标明的各类城市、乡镇、堡寨有 1700 处,这还不算大批村庄及遍布各处的无数农舍。通过这个虽然遭了洪灾但人口依然稠密的地区,人们可以推断中国其他省份的人口数量该是多么庞大。①

吴孟雪先生认定耶稣会士对北京和北直隶地图的测绘开始于 1707 年 12 月,完成于 1708 年 6 月 29 日,②此说明显有误,张诚写作此信是在 1705 年,说明 1705 年这一工作应已完成。张诚于 1707 年 3 月 22 日在北京病逝,因而不可能有 1707 年 12 月才开始之说。

《书简集》中对北京介绍最有价值的部分也许是被人们广泛引用或摘录的王致诚、蒋友仁对圆明园的描绘。王致诚 1738 年 8 月至华,旋即赴京。据费赖之载:"致诚抵京,以所绘慕阁崇拜圣子图进呈乾隆皇帝,帝颇嘉悦,置图于大内最尊贵之宫殿中,重致诚艺,命日入廷供奉。"③王致诚遂成为一名宫廷画师。王致诚对从广东至北京沿途的风景建筑虽不屑一顾,但对北京的园林建筑却倾尽赞美之词。1743 年 11 月 1 日王致诚在给达索(d'Assant)先生的信中,以其画师般的眼光和细腻对所见圆明园作了精美的描绘:

> 但我们应将北京皇宫及其别墅园林作为例外。因为那里的一切都规模宏大且货真价实,这或是由于其图案,或是由于其做工。尤其令人感到惊讶的是,在其他任何地方,都未曾有过类似的建筑呈现在我们眼前。我很乐于着手为您对此作一番描述。它可能会为您提供一种准确的观念。但这件事很棘手,因为在这一切之中,没有任何与

---

① 〔法〕杜赫德编,郑德弟译:《耶稣会士中国书简集》上卷第 2 册,第 26—27 页。
② 参见吴孟雪:《明清时期——欧洲人眼中的中国》,第 88 页。
③ 〔法〕费赖之著,冯承钧译:《在华耶稣会士列传及书目》下册,第 822 页。

我们的建筑模式和我们的建筑术有关系的成分。仅仅瞥去一眼，便可以抓住其真正的思想。这样一来，如果万一我有时间的话，那么我将不会放过机会向欧洲寄去我精心绘制的几个断面图。这个皇宫至少有第戎宫（Dijon）那样恢宏。我向您提起第戎这座城市，是因为您很熟悉它。它基本是由一大批主体建筑群（正屋）组成，彼此之间互相脱离，但却设计成了一种相当漂亮的对称布局，由宽敞的院落、花园和花坛分隔开来。所有这些主体建筑的门面都由于镀金、涂漆和绘画而金碧辉煌。其内部装满了中国、印度、欧洲所有的最精美和最珍贵的艺术品与家具。

对于园林别墅来说，它们也都算非常诱人了。它们系由一片辽阔的地盘形成，人们于其中以手工筑起了人造假山，高达 8—15 或 16 法尺，从而形成了大量的小山谷。几条清澈见底的运河流经这些山谷的深处，并于多处汇合而形成池塘和"海"。人们乘坐漂亮而又庄严的游艇畅游这些运河、海和塘。我发现一只游船长 13 法丈和宽 4 法丈，船上建成了一幢华丽的房子。在每条山谷中和流水之畔，都有巧妙布局的多处主体建筑、院落、敞篷或封闭式的走廊、花园、花坛、瀑布等的建筑群，它们形成了一个组合体，看起来令人赏心悦目，赞不绝口。人们不是通过如同在欧洲那样美观而笔直的甬道，而是通过弯弯曲曲的盘旋路，才能走出山谷。路上甚至装饰有小小的亭台楼榭和小山洞。在出口处，又会发现第二个山谷，它或以其地面形状，或以建筑结构而与第一个小山谷大相径庭。

所有的山岭都覆盖着树木，尤其是花卉，它们很普遍。这是一个真正的人间天堂。人工运河如同我们那里一样，两岸由方石砌成笔直的堤岸，但它们都是非常简朴的粗石，并夹杂着岩石块，有的向前凸起，有的向后凹缩。它们是以非常艺术的方式排列起来的，人们可以说这是大自然那鬼斧神工的杰作。①

---

① 〔法〕杜赫德编，耿昇译：《耶稣会士中国书简集》中卷第 4 册，第 288—290 页。有关王致诚此信有不同版本和中译本，措词稍有出入。〔法〕伯特·布立赛（Bernard Brizay）著，高发明、顾泉、李鸿飞译：《1860：圆明园大劫难》，杭州：浙江古籍出版社，2005 年，第 384—387 页有一附录《法国传教士王致诚眼中的圆明园》，文末有"总之，这处游冶之所叫做圆明园，即万园之园，无与伦比之园"之语，此段常被人们所引用。

这段描述如同一幅精美绝伦的画作,圆明园的美名由此得以远播欧洲。怪不得当年法国启蒙思想家伏尔泰在编撰《哲学辞典》时,在"美"这一词条里大段引用了王致诚的这段描写,并在文后感慨地发挥道:"阿提莱神甫从中国回到凡尔赛,就觉得凡尔赛太小太暗淡无光了。德国人在凡尔赛树林里跑了一圈看得出神,便觉得阿提莱神甫也未免太刁难了。这又是一种理由叫我根本不再想写一部美学概论。"①费赖之在引用它时也提示读者"此信札颇饶兴趣,应全读之"。② 法国当代学者缪里尔·德特里(Muriel Détrie)在评及中法园林艺术交流时,也特别称赞王致诚这封信所发挥的突出作用:"在建筑艺术方面,中国对法国的影响仅局限于某些建筑形式的借用,但中国园林艺术的影响却要深远得多。从17世纪起,在法国的园林中就可以发现中式风格的建筑,比如1670年路易十四命人在凡尔赛宫建造的瓷景特里阿农宫(le Trianon de Porcelaine)。但在18世纪下半叶引起对中国园林真正迷恋的是1743年王致诚的一封长信,信中极为详尽地描述了北京的皇家园林。与当时开始了解英国园林的风潮相结合,一种被称为'英华'式的新园林风格产生了,其中于1783到1786年间建于凡尔赛的玛丽-安托瓦内特(Marie-Antoinette)村就是这一风格的一个完美展现。"③的确,欧洲接受中国园林艺术的影响是一个过程,王致诚对圆明园的报道可以说是吸引和影响欧洲的一个关键环节。④

另一位参与圆明园西洋宫殿设计和建筑的耶稣会士蒋友仁对圆明园也有精彩的描写。蒋友仁于1774年抵达澳门,初请赴各省传教,"不意朝廷知其善治历算,召之入京"。⑤蒋友仁在他的一封书简中写道:

王致诚修士以前给法国寄去过关于这座别宫的准确而详细的描

---

① 〔法〕伏尔泰著,王燕生译:《哲学辞典》上册,北京:商务印书馆,1995年,第214页。文中所提阿提莱神甫即王致诚(Jean-Denis Attiret),但说阿提莱从中国返回法国,显系伏尔泰所"演义"之语。王致诚来华后,未再返回法国。
② 参见〔法〕费赖之著,冯承钧译:《在华耶稣会士列传及书目》下册,第825页。
③ 〔法〕缪里尔·德特里著,余磊、朱志平译:《法国—中国:两个世界的碰撞》,上海:上海译文出版社,2004年,第25—26页。
④ 有关这方面的研究,参见陈志华:《中国造园艺术在欧洲的影响》,济南:山东画报出版社,2006年。
⑤ 参见〔法〕费赖之著,冯承钧译:《在华耶稣会士列传及书目》下册,第849页。

述,大家读得兴趣盎然;如今,除王致诚修士描述过的以外,这里不仅美化了原有的宫殿,还兴建了许多新的宫殿,它们一座比一座宏伟,都是陛下降旨建造的。

人们简直可以说这座别宫是个市镇,或者更确切地说,它位于一个拥有一百余万人口的市镇群之中,它有多个名称。其中一个市镇叫海淀,我们法国教会在此有一幢不大的住所,供在陛下宫中效力的法国传教士居住。皇帝的别宫叫圆明园(完美明净的花园)。皇太后的别宫离陛下别宫很近,叫畅春园(Tchang-tchun-yven,洋溢着令人舒畅的春光的花园)。另一座距此不远的别宫叫万寿山(Quam-cheou-chan,长寿山)。还有一座离这里有点远的别宫叫静明园(Tsing-Ming-yven,绝妙的静谧的花园)。这些皇家别宫之间有一座山叫玉泉山(有珍贵泉水的山)。此处的泉水的确为我刚说过的各座别宫提供了水源,而且还汇成了直达北京的一条水渠;但自当皇帝下令在这座山上盖起了一些宏伟建筑后,这里的泉水虽说依然丰富,流量却不及从前的一半了。①

接着,蒋友仁介绍了在圆明园的耶稣会士艺匠的日常工作和皇帝在圆明园的起居饮食,这是有关圆明园的又一则珍贵史料。

法国耶稣会士对圆明园和中国园林艺术的欣赏和研究兴趣持续不减。后来出版的《北京传教士关于中国历史、科学、艺术、风俗习惯之论考》第 2 册收入了韩国英一篇短文,此文是应法国方面要求其搜集圆明园的材料而写。第 8 册收入了韩国英的《论中国园林》(*Essai sur les jardins de plaisance des Chinois*)一文,有的论者认为"韩国英对中国园林的研究,水平同钱伯斯不相上下,时间也差不多"。② 从王致诚到蒋友仁,再到韩国英,法国耶稣会士对 18 世纪中国园林艺术在欧洲的传播的确发挥了不可替代的重要作用。

---

① 〔法〕杜赫德编,郑德弟译:《耶稣会士中国书简集》下卷第 6 册,第 55 页。费赖之将此信系于 1767 年 11 月 16 日,参见〔法〕费赖之著,冯承钧译:《在华耶稣会士列传及书目》下册,第 859 页。
② 参见陈志华:《中国造园艺术在欧洲的影响》,济南:山东画报出版社,2006 年,第 99 页。

五 出入清宫的法国耶稣会士

清朝初年,汤若望因其天文学方面的深厚造诣,受到顺治皇帝的器重,任钦天监监正,加太常寺少卿衔,赐号"通玄教师",成为进入清廷的西方第一人。① 康熙初年,南怀仁、徐日昇、安多、闵明我、纪理安、戴进贤先后掌管钦天监,与清廷关系密切。除了治理天文事务外,他们还参与涉外事务,充当翻译,南怀仁参加了1676年与俄罗斯使节的会谈;徐日昇参加了1689年清朝与俄罗斯签订《尼布楚条约》的谈判。由于康熙崇尚西学,故常向南怀仁、安多等请教天文学、几何学和仪器用法,徐日昇以音乐见长,博得康熙欢喜,常命其为之演奏。康熙与耶稣会士的关系融洽,天主教因而在京亦获机得以发展。可以说,清朝初期使用西人主要是基于钦天监的天文观测和对外交涉翻译的需要。

法国耶稣会士进入清宫是在1688年2月7日张诚一行抵达北京后,张诚、白晋两人被留京使用。据载他俩在京的生活:"此两神甫不久熟悉满文,获得皇帝信任,对帝讲解全部几何学,二人曾用满文编纂种种数学书籍,帝命人译为汉文,并亲作序文冠于卷首。二人并在宫中建筑化学实验室一所,一切必需仪器皆备,并着手全部解剖学之编辑,后经巴多明神甫促成之,旋译为满文。"②张诚曾作为徐日昇的助手参加了中俄《尼布楚条约》谈判,充当翻译,对此张在日记中有详细记载。③ 进入宫中的传教士往往能享受许多好处或便利,学习语言即是其中之一。傅圣泽透露了这一点:

> 在宫廷中的神父在学习方面有许多便利,这些便利在外省是得不到的。因为,就学习汉字来说,他们可以找到最优秀的教师;就语言来说,他们周围不断有人温文尔雅地与他们交谈。必须承认这方

---

① 有关汤若望的生平事迹,详见〔德〕魏特著,杨丙辰译:《汤若望传》,上海:商务印书馆,1949年;李兰琴著:《汤若望》,北京:东方出版社,1995年;〔德〕斯托莫·达素彬著:《通玄教师汤若望》,北京:中国人民大学出版社,1989年。
② 参见〔法〕费赖之著,冯承钧译:《在华耶稣会士列传及书目》上册,第435页。
③ 〔法〕张诚著,陈霞飞译:《张诚日记(1689年6月13日—1690年5月7日)》,北京:商务印书馆,1973年。

面的知识对他们来说是绝对必要的,不管他们如何聪明能干,不懂中国的语言文字,就无法进入帝国显要人物的圈子。这些大人物邀请我们,和我们交谈,有时容忍我们谈灵魂得救的学说。虽然他们始终不归依宗教,但他们至少有时也保护他们给予尊重的宗教。①

最早进入清宫的法国耶稣会士是张诚和白晋,法国耶稣会士观察康熙前期的历史记录主要出自他俩之手。张诚日记记载了他从1688年,至晚1698年开始的八次鞑靼之行的情形,其中第三次至第七次(1691、1692、1696、1696—1697、1697年)系随侍康熙出巡。② 第二次出巡回京后,康熙于1690年1月16日在养心殿接见了张诚、白晋等耶稣会士,并命他们讲授几何学方面的数学知识。在接下来的几个月里,康熙不断请教,有时接连数日听课,③反映了康熙对西学孜孜以求的渴望心情。白晋的《中国现任皇帝传》亦记述了这一授课过程:

> 我们给皇上讲课时,有的用汉语,有的用满语。可是满语远比汉语清楚、明白,而且容易理解,加之康熙皇帝了解到张诚神父和我在学习了七八个月满语后,就取得了相当大的进步,已经可以和别人相当准确地交流思想。于是,皇上要起用我们两个人,用满语为他讲解西洋科学。……皇上旨谕我们首先用满语进讲《欧几里得原理》。
>
> 为了便于讲授,康熙皇帝在皇宫内赐给我们一个房间。这个房间原是其父皇顺治帝的寝宫,现在是皇上进膳的地方。我们就在这个房间晋见皇上,度过白天的一部分时间。……康熙皇帝旨谕,每天早上由上驷院备马接我们进宫,傍晚送我们返回寓所。他还指派两位擅长满语和汉语的内廷官员协助我们准备进讲的文稿,并令书吏把草稿誊写清楚。皇上旨谕我们每天进宫口授文稿内容。他认真听讲,反复练习,亲手绘图,有不懂之处立刻提问,就这样整整几个小时

---

① 《傅圣泽神父致法国贵族院议员德·拉福尔斯公爵的信》(1702年11月26日于中国江西省首府南昌),〔法〕杜赫德编,郑德弟、吕一民、沈坚译:《耶稣会士中国书简集》上卷第1册,第227页。

② 参见〔法〕伊夫斯·德·托马斯·德·博西耶尔夫人著,辛岩译:《耶稣会士张诚——路易十四派往中国的五位数学家之一》,郑州:大象出版社,2009年,第28—67页。

③ 参见〔法〕张诚,陈霞飞译:《张诚日记(1689年6月13日—1690年5月7日)》,第63—97页。

我们在一起学习。①

洪若翰在他 1703 年 2 月 15 日致拉雪兹神父的长信中也汇报了康熙皇帝随张诚、白晋学习的过程:

> 这位君王看到他的整个帝国处在太平之中,决定学习欧洲的科学,他的这一举动或是为了消遣,或是因为关心。他自己选择了算术、欧几里得几何基础、实用几何学与哲学。安多神父、张诚神父和白晋神父奉旨编写了若干这几方面的著作。第一本是算术,其他两本是欧几里得几何基础和几何学。他们用满文来做示范讲解,与曾教他的学习满文的老师一起核对,如果有某些词含义不清或不够妥当,他们立即就更换别的词。神父们给皇帝做讲解,皇帝很容易就听懂他们给他上的课,他越来越赞赏我们科学的可靠,并以一种新的热忱用功地学习。
>
> 神父们每天都进宫,上午两个小时,晚上两个小时和皇帝在一起。皇帝通常让他们登上他们的坐台,要求他们坐在他身边让他看到他们的脸,并使他们在对他讲解时更便当一些。
>
> 当人们最初给他讲授这些课程时,皇帝的兴致很高。他在去离北京两法里的畅春园时也不中断课程。神父们只得不管天气如何,每天都去那里。他们早晨四时离开北京,到夜幕初降时才回来。他们一回来马上就又要工作,经常为准备次日的讲课忙到深夜。……当他们回去后,皇帝并没有闲着;他自个儿复习神父们刚刚给他讲解的内容:他重看那些图解,他叫来几个皇子亲自给他们解说。他对自己想学的东西若还没完全搞清楚的话,就不肯罢休。
>
> 皇帝这样学习有四或五年,他始终非常勤勉,对于政务也丝毫不懈怠,没有一天误了上朝。他并没有把所学的东西仅停留在思辨上,而是将其付诸实践;这使他学得很开心,并完全理解人们所教给他的内容。②

---

① 白晋:《中国现任皇帝传》,收入〔德〕G. G. 莱布尼茨编、梅谦立、杨保筠译:《中国近事——为了照亮我们这个时代的历史》,第 76—77 页。
② 〔法〕杜赫德编,郑德弟、吕一民、沈坚译:《耶稣会士中国书简集》上卷第 1 册,第 280 页。

康熙的这一学习持续了相当长的一段时间。通过与耶稣会士的密切接触,他的对外态度大有改观,白晋对此印象深刻:"长期以来,耶稣会士就把自己对欧洲及世界其他各国国民的看法流露给皇上。尤其是康熙皇帝在研究了我们的艺术和科学之后,认识到无论在科学还是艺术领域,中国并非惟一的文明国家;除中国外,其他国家也拥有文明开化的科学家以及善于制作精美艺术品的能工巧匠。基于上述认识,康熙皇帝与其国民的排外陋习大相径庭,谕令赐予荷兰、葡萄牙及俄国的使节以破格的优待和礼遇。"①

如果说张诚、白晋是观察康熙前期的历史见证人,那么巴多明则是康熙后期随侍左右的主要翻译。康熙病逝后,巴多明在1723年5月1日致法兰西科学院诸位先生的信中对康熙作了高度评价:

> 在欧洲也非常有名的中国皇帝热爱科学,渴望获得外国的知识,因他不认为必须学习我们的语言以利用这些知识;他觉得对他来说最便捷的办法是让我把(法国的)种种发现详尽地译成他的母语,因为以前我在交谈中只对他做了粗略的介绍。
>
> 这位于1722年12月20日去世的君主是人们在许多世纪中才能见到一个的那种非凡人物之一,他对自己的知识面不加任何限制,亚洲所有君主中从未有任何人像他这样爱好科学和艺术。向他介绍新的尤其是来自欧洲的发现,简直是对他的奉承和讨好;而这种新发现,只有在你们卓越的科学院里才能获得这么多,因此,耶稣会传教士与这位伟大君主谈论得最多的也是你们科学院。
>
> 二十五年前我到达中国时,人们已经使他对经你们精心完善的天文学和几何学产生了重视,甚至向他呈上了在你们指导下制成的许多或大或小的精美仪器并教他使用。你们在物理学上的研究成果也未被遗忘。至于人体解剖和疾病方面的问题则刚刚起步。
>
> 这位熟悉中医典籍的伟大君主清楚地知道,若不在中医知识中添加解剖学知识以指导医生处方并指导外科医生进行手术,那么中医知识是不完善的。因此,他命我把一部解剖学著作和一部医学大

----

① 白晋:《中国现任皇帝传》,收入〔德〕G. G. 莱布尼茨编,梅谦立、杨保筠译:《中国近事——为了照亮我们这个时代的历史》,第60页。

全译成鞑靼语。①

巴多明在1723年致法兰西科学院诸位先生的第二封信中,谈到他及其他耶稣会士随侍康熙出巡塞外一事,在康熙的随行西人中有好几位西方外科医生,反映了康熙对西医的信任:

> 此后十八年时间里,皇帝每次出巡鞑靼地区我都跟随左右。先后与我做伴者有已故的红衣主教多罗(de Tournon)的医生高廷玉(Bourghèse)大夫,法国人樊继训(Frapperie)和罗德先(Rhodes)助理修士,热那亚人何多敏(Paramino)助理修士、卡拉布里亚人毕登庸(Costa)助理修士等,他们都是耶稣会士,有的是外科医生,另一些是药剂师,最后还有法国耶稣会士安泰(Rousset)助理修士和罗马圣灵医院外科医生加里亚迪(Gagliardi)先生。②

在18世纪上半期出入清宫的传教士中,巴多明历时最长,其地位也最为突出。他在1698年11月4日入华,随即进京,1741年9月29日在京逝世。康熙皇帝对其颇为重视,亲自选择老师为他教授满、汉语言,巴多明很快精通满、汉语,在欧人中无人与之比肩。"帝前从张诚、白晋二神甫所习之几何、植物、解剖、医科等学,至是遂日渐精通。多明并以世界各国之政治风俗、欧洲各朝之利害关系告帝;帝之得以重视路易十四世之为人,皆多明进讲之力也。""凡欧洲人之入朝者,若传教师,若教廷专使,若葡萄牙、俄罗斯二国专使常用巴多明为译人。多明担任此种危险事务垂四十年,皇帝与其对言人皆表示满意。多明所操语言有满语、汉语、拉丁语、法兰西语、意大利语、葡萄牙语,人皆惊其能。"③在中俄交往、谈判中,巴多明斡旋其间,发挥了非常重要的作用。沙如玉神父在10月10日致信韦塞尔神父时对巴多明的品德、才干、热情给予了极度的颂扬,并报道了葬礼的现场,其礼节之高堪与此前最为隆重的、1688年逝世的南怀仁葬礼相比:

---

① 〔法〕杜赫德编,郑德弟译:《耶稣会士中国书简集》上卷第2册,第286—287页。
② 同上书,第312页。原将高廷玉(Bourghèse)音译作"布尔盖泽",毕登庸(Costa)音译作"科斯塔",现改。毕登庸(Antoine de Costa,1666—1747年以后),其生平参见〔法〕费赖之著,冯承钧译:《在华耶稣会士列传及书目》上册,第494页。
③ 参见〔法〕费赖之著,冯承钧译:《在华耶稣会士列传及书目》上册,第510、511页。

巴多明神父的逝世使传教士、基督教信徒、偶像崇拜者和大大小小的人物们，都一致地感到痛惜。其葬礼上的各种致辞便是人们对他尊重和崇拜的一种明证。皇帝愿意承担这一切经费，他以一种不愧为一位大君主的气魄这样做了。御弟率领其他十名王公，都为此作出了奉献，他们各自选派其官吏陪灵直到我们的墓地，它位于距北京以西2法里处。帝国的大批达官显贵，官员和其他名人，都根据皇帝的表率行为，前来向我们表示，他们对于这一损失感到非常痛心，他们分担我们的痛苦。他们不满足于只向我们作出这些同情的表示，而且还以他们一直到墓地都出席，以为送葬队伍增光。尽管他们是非常不信基督教，但也出席我们于下葬期间所举行的所有祈祷。①

张诚、白晋、巴多明对康熙的评价充满了赞美之词，除了他们三人外，康熙当朝时期进宫服务的法国耶稣会士还有洪若翰、刘应、冯秉正、殷弘绪等人。雍正在位时间较短，加上他从即位开始就实行严厉的"禁教"政策，与耶稣会士之间明显拉开了距离。② 在康熙时期素受重视的翻译巴多明就没有参与中俄《恰克图条约》的谈判，反映了雍正对他的不信任甚至冷淡。巴多明连续数封信追踪报道苏努亲王家族被流放的实情，即是雍正厉行"禁教"的证明。③ 雍正平时与耶稣会士甚少往来，只是在欧洲使团到来时才想起在京的传教士，与他们交换意见或传达旨意。雍正之所以奉行"禁教"政策，除了与他本身信仰佛教，对西方传教士东来抱有警惕等因素攸关外，耶稣会士卷入皇储之争可能引起他的恼怒也是直接原因。④

冯秉正可能是向欧洲方面最早报告雍正"禁教"政策的法国耶稣会

---

① 《沙如玉神父致韦塞尔神父的信》(1741年10月10日于北京)，〔法〕杜赫德编，耿昇译：《耶稣会士中国书简集》中卷第4册，第244页。

② 参见王治心：《中国基督教史纲》，上海：上海古籍出版社，2004年，第125页。徐宗泽：《中国天主教传教史概论》，上海：上海书店出版社，2010年，第157—158页。吴伯娅：《康雍乾三帝与西学东渐》，北京：宗教文化出版社，第158—188页。

③ 参见〔法〕杜赫德编，朱静译：《耶稣会士中国书简集》中卷第3册，第1—153页。

④ 参见吴伯娅：《康雍乾三帝与西学东渐》，第159—166、313—331页。张泽著《清代禁教期的天主教》第二章《雍正严禁下的天主教》(台北：光启出版社，1999年)对"雍正对天主教的态度""雍正之迫害天主教"有更为详尽的评述。

士。1724年10月16日他在从北京发出的一封致某神父的信中悲叹地说:"我们神圣的宗教在中国被完全禁止了,除了在北京的传教士以外,我们的所有传教士都被驱逐出中国。我们的教堂或者被拆毁,或者被移作它用。诏书已经颁布。诏书命令基督教徒们放弃信仰,禁止中国人入基督教,违令者将受到严厉惩罚。我们花了二百年的心血建立的教会竟落得如此可悲的下场。"①

宋君荣亲眼见证了雍正大骂天主教的现场。1725年10月22日罗马教皇派遣的两名使节葛达多、易得丰抵达北京,在接见来使之前,11月27日雍正事先接见了在京的宋君荣等在京传教士,明确宣布了自己的"禁教"政策,宋君荣记下了所见的这一幕:

> 皇帝降旨要在距离此地二十华里兴建一所新的宫殿。前天,他召见了我们。赐茶之后,便当着我们的面把天主教大骂了一通,并把它与那些邪恶教派相提并论。不过,他也承认天主教会带来裨益。他谈到教皇和欧洲各国国王时,则支支吾吾,说不出所以然。看来他所受的教育远不及其父皇。他接着又说,罗马教皇派遣来的两人(他们二人当时不在场)可以向他畅所欲言。此外,他对待我们特别彬彬有礼,还命人送我们每人一个哈蜜瓜。……
>
> 这是我初次见到这位君主,他身材魁梧,今年四十九岁,口齿不错,但讲话速度较快。看来他挺有头脑,而且精神焕发。他的即位年号为"雍正"。②

1727年5月18日葡萄牙麦德乐使团一行进入北京,雍正在使团进京时举行了盛大的欢迎仪式,给予使团极高规格的接待。目睹这一隆重仪式的宋君荣记述道:"前几天,葡萄牙国王的使者麦德乐先生曾经率领其豪华的车马随从公开地开进了北京。这里的中国人和鞑靼人都从未见过这样的阵容,当他们得知这位贵人及其府上人所过的豪华生活时,都很

---

① 朱静编译:《洋教士看中国朝廷》,上海:上海人民出版社,1995年,第101页。
② 〔法〕宋君荣著,沈德来译:《有关雍正与天主教的几封信》,收入杜文凯编:《清代西人见闻录》,北京:中国人民大学出版社,1985年,第142—143页。

震惊。"①但在事后,雍正于1727年7月21日召见在京的传教士苏霖、马盖朗、费隐、戴进贤、雷孝思、巴多明、宋君荣等人,重申自己的"禁教"政策,把欧洲人不准传播佛教与自己的"禁教"政策相提并论,弄得在场的传教士们胆战心惊、有口难辩。②

雍正偶尔也有破例,宋君荣向盖雅尔神父报告了一次颇为特殊的恩典:

> 1727年1月26日,皇帝降旨,宣欧洲人进宫。这对受宣者来说,是一次前所未有、异乎寻常的荣誉。传旨太监向我们宣布:皇帝要在其大殿里同我们一起进餐。被宣召的有二十人,我是其中之一。下午四点一刻,皇帝的一位贴身太监将我们引至御前。皇上坐在一个十分华丽的高台之上,欧洲人分左右各站十人。按中国的礼节,我们双膝跪下,向皇帝叩拜。……
>
> 我尊敬的神父,就在这样豪华的宴会上,欧洲人却简直给饿坏了。因为他们迫不得已要盘着双腿,席地坐在一块毡垫上,这种坐法很不舒服;斟上的酒也不合口味;绝大多数菜肴也都如此。我们还得尽力克制自己,既不能吐痰,又不能咳嗽,还不能抹鼻涕。皇帝每说出一句他想使人高兴的话时,我们都须双膝跪下,往地上磕头。每次向他敬酒也都要这样做。此外,欧洲人看到人们服侍皇帝遵守的各种礼节,当然是很有意思的。那一切都是程序井然,处处体现着皇威和崇敬。通过这种种礼节,一看便知,人们伺候的是一国之主。那些杯盘碗盏洁净、华丽,无与伦比。这与其说是在向一位君主敬奉饮食,不如说是祭祀一尊偶像。

这篇文字作为西方有关清朝宫廷宴会的经典记录常常被各种文献所征用。③ 在这次恩典上,雍正除了赐给传教士们各种钱物外,还特别表彰了当时在京的几位耶稣会士的工作:"皇帝对巴多明神父在翻译各种公文时

---

① 〔法〕宋君荣著,沈德来译:《有关雍正与天主教的几封信》,收入杜文凯编:《清代西人见闻录》,北京:中国人民大学出版社,1985年,第161页。
② 同上书,第144—148页。
③ 参见〔法〕Gilles Béguin、Dominique Morel著,李圣云译:《紫禁城》,上海:上海人民出版社,2007年,第102—103页。

的严谨态度很满意。巴神父翻译了俄罗斯人提交的各项拉丁文公文。皇帝还对巴多明向十三御弟怡贤亲王允祥所做的关于与女沙皇的使者交涉情况的准确汇报表示满意。十三御弟亲王曾多次明确表示,皇上对徐懋德、冯秉正神父和我本人绘制的那份地图甚为赞赏。十三御弟允祥还告诉我:皇帝非常高兴地阅读了我托允祥亲王转呈的那道关于沙俄状况的奏折。最后,陛下十分喜爱郎世宁修士的许多油画。我尊敬的神父,这一切都促进了皇帝公开表示对欧洲人感到满意。"①显然,雍正是借此安抚在京的传教士,他想向外传达一个"禁教"但不排除使用传教士中的能工巧匠和发挥他们的技艺特长的政策。尽管如此,在耶稣会士的笔下或信中,我们几乎看不到对雍正给予类似康熙那样评价的描绘,这反映了二者之间关系的隔阂。

有趣的是,已离北京的龚当信通过阅读邸报了解当时清廷的动态,他认定这是一条掌握清廷情报的有效途径。1725年12月2日他致信梯埃尼·苏西埃神父时谈及自己的这一发现:"中国的邸报对于治理国家非常有用,在欧洲,有些地方此类报告充塞了无稽之谈,恶言中伤,造谣污蔑,而中国的邸报只登与皇上有关的事情。由于中国政府是很完善的君主制,全国各地事无巨细都要向它汇报,这种邸报在指导各地官员履行他们的职责,告诫文人和老百姓方面能起很大的作用。"②他的报告引起了法方的重视,要求他对此详加介绍,1727年12月15日他回信说:"两年前,我有幸给您写了好几封谈中国的治国之道的信,我谈到一种在全国流通的'邸报',我从中取得好多资料。""我向您承认我从未想到读这种邸报竟会对一个传教士有如此大的用处。""在邸报上可以获得许多有关中国的宗教、各派学说、法规、风俗习惯等各方面的知识,我们从中可以了解中国人待人接物的方式,还可以从中学到确切的遣词造句,提高各方面的口头、笔头表达能力。""中国邸报几乎包括了这个辽阔帝国的所有公共事务,它刊登给皇上的奏折及皇上的批复、旨令及其施予臣民们的恩惠。邸报是一本集子,有六十页至七十页,每天都有。""这种邸报每年出三百本

---

① 〔法〕宋君荣著,沈德来译:《有关雍正与天主教的几封信》,收入杜文凯编:《清代西人见闻录》,第169页。
② 《龚当信神父致本会爱梯埃尼·苏西埃神父的信》(1725年12月2日于广州),〔法〕杜赫德编,朱静译:《耶稣会士中国书简集》中卷第3册,第190页。

小集子,仔细读一下邸报,可以学到举不胜举的各方面的很有意思的知识。"①话语之中,明显表露出一种"发现"的兴奋。

乾隆登基后,"禁教"政策有所调整,对传教士的态度时宽时严,其基本宗旨是"收其人必尽其用,安其俗不存其教"。② 在京耶稣会士颇为留意观察乾隆的态度和动向。历经康熙、雍正、乾隆三朝,在京资格最老的巴多明精明地意识到"乾隆皇帝的确仇恨基督教",他说:"由于皇帝的行为始终都不能持之以恒,他在作出任何决定时始终都神秘莫测。他确确实实是仇恨基督教,但出于礼貌,他又谨慎地与我们打交道,在人前能善待我们,这是由于他害怕与其父皇之间的差异过分惹人注目。中国新年那一天,当我们所有人都去朝拜皇帝时,他令人打开了一间他有意居于其中的大殿,让我们进入了宫殿。我们从那里可以看到他,不过由于太远而无法与他讲话,我们在那里举行参拜大礼。"③这可能是乾隆初年的情况。到18世纪七八十年代,乾隆与在京传教士们的关系比人们想象的要融洽。韩国英即对乾隆颇有好感,他甚至对乾隆亲近传教士的态度作了解释:一是童年跟随康熙会见西人养成的习惯。二是他的太傅对基督教满怀敬意对他有一定影响。三是对绘画的特别爱好和因此与郎世宁的交谊。四是在他当政时期"欧洲人为他做的事情要远多于为他祖父康熙帝所做的事"。五是乾隆"认识到他先前受了控告我们那些人的骗"。经过一段时期的观察和考验,乾隆确实善待在京的传教士,以致韩国英也承认,"如今他对我们如此抱有好感,以至无论是北京、澳门还是广州的反对我们的人,他们在宫廷里再也没有任何影响力了"。④ 与雍正"仇教"的心理不一样,乾隆比较谨慎地处理与传教士们的关系,对西学、西艺如同康熙一样表现出浓厚的学习兴趣。

---

① 《龚当信神父致本会爱梯埃尼·苏西埃神父的信》(1727年12月15日于广州),〔法〕杜赫德编,朱静译:《耶稣会士中国书简集》中卷第3册,第241、242页。
② 参见吴伯娅:《康雍乾三帝与西学东渐》,第188—219页。张泽著《清代禁教期的天主教》第三章《乾隆严禁下的天主教》(台北:光启出版社,1999年)对"乾隆对天主教的态度""乾隆朝的教难"有详尽的评述。
③ 《耶稣会传教士巴多明神父致同一耶稣会中尊敬的某神父的信》(1734年10月29日于北京),〔法〕杜赫德编,耿昇译:《耶稣会士中国书简集》中卷第4册,第120页。书中将此信误作"1754年",现改。
④ 《耶稣会士中国书简集》下卷第5册,第262页。

早在康熙晚年,因喜爱西方珐琅工艺,马国贤、倪天爵等人就被召进宫传授。1716 年马国贤在信中写道:"皇上被我们欧洲的珐琅所折服,希望其皇家作坊引入这一工艺……如今令郎世宁和我在釉面上画图,我们两人如囚徒般被日夜关在皇家作坊,周围是一群贪污腐败之徒,我们声称不懂这门艺术而拒绝他们的要求。"法国耶稣会士与意大利传教士对中方要求的态度不一样,他们采取了与清朝合作的态度,以便进一步扩大法国耶稣会士的影响,倪天爵将这项技术带入清宫,其工艺直接来自法国的利摩日,1720 年冯秉正的一封信提及此事:"事实上,御旨之下,中国的工匠制作珐琅的时间也不过五六年,然而其进步速度惊人,倪天爵神父仍然是他们的师傅。"①

乾隆对欧洲工艺的喜爱不让康熙,他在位期间出入清宫的西人往往是一些具有工匠技艺的耶稣会士。1780 年 10 月 15 日方守义在一封书简中谈到进宫的三种主要才能:画家、钟表匠、机械师。此外就是翻译和天文学。② 乾隆对西方美术和天文学极为倾慕,在外人面前也毫不掩饰,韩国英对此印象深刻:"这位君主对欧洲人过奖了,他公开对所有人说只有欧洲人才精通天文学和绘画,中国人在他们面前只是'后生小辈'。您很容易感觉到,这种偏爱对于一个骄傲的民族该是多大的伤害,因为在这个民族眼里,一切非出本土之物均是粗俗的。"③

以画师身份进入清宫的传教士有郎世宁、马国贤、王致诚、艾启蒙、贺清泰、安德义、潘廷章诸人,④王致诚在其书简中谈到他作为画师在宫中的具体工作情形:

> 在皇帝的宫殿及其园林中,除了上朝之外,他很少将王公和部院大臣等权贵们领入其中。在此的所有西洋人中,只有画师和钟表匠们才准许进入所有地方,这是由于其职业而必须的。我们平时绘画的地方,便是我向您讲到的这些小宫殿之一。皇帝几乎每天都前往

---

① 转引自〔法〕萨莫佑、戴浩石、贝甘著,王眉译:《枫丹白露城堡:欧仁妮皇后的中国博物馆》,上海:中西书局,2011 年,第 60 页。
② 〔法〕杜赫德编,郑德弟译:《耶稣会士中国书简集》下卷第 6 册,第 199—200 页。
③ 〔法〕杜赫德编,吕一民、沈坚、郑德弟译:《耶稣会士中国书简集》下卷第 5 册,第 262 页。
④ 参见聂崇正:《从存世文物看清代宫廷中的中西美术交流》,收入氏著:《清宫绘画与"西画东渐"》,北京:紫禁城出版社,2008 年,第 182—184 页。

那里巡视我们的工作,以至于我们无法离席而出,更不能走得太远,除非是那里需要绘画的东西是能搬动的原物。他们虽然将我们带到了那里,却又由太监们严密看押。我们必须步履匆匆地行走,无声无息,以脚尖着地,就如同偷着前去办坏事一般。我正是以这种办法在那里亲眼目睹和浏览了整个漂亮的御园,并且进入过所有套房。……白天,我们置身于园林之中,并在那里由皇帝供应晚餐。为了过夜,我们到达一座相当大的城市或者是一个镇子,我们在距皇室很近的地方购置了一幢房子。当皇帝还驾京师时,我们也随驾返回。此时我们白天便留在皇宫深苑之中,晚上则返回我们的教堂。①

1754年10月17日钱德明在致德·拉·图尔神父的长信中,报告了王致诚在宫中服侍乾隆的情况,包括被皇帝召到热河,在乾隆平定准噶尔叛乱后为乾隆制作《得胜图》;皇帝要封王致诚为官,遭到王致诚的婉言谢绝;王在宫中向大臣们介绍法国情况,在清宫王与其他传教士作画和制作报更自鸣钟、喷射水柱、玻璃器皿和自动行走的狮子等具体情形。② 王致诚存世的画作数量虽少于郎世宁,但其画艺却不逊于郎氏,在当时与郎氏齐名。

在入宫服务的西人工匠中,蒋友仁、韩国英较为突出,他们主持了圆明园中的欧式宫殿设计。蒋友仁1767年11月16日致信巴比甫·道代罗什交待,他是1745年奉乾隆之命,作为数学家来到北京。两年后"应皇帝陛下之诏负责水法建设",以为美丽的圆明园增添新的亮点:

就是在这些花园中,皇帝要建一座欧式的宫殿,从内部到外观都装饰成欧洲风格的。他将水法建设交我领导,尽管我在这方面的低能已暴露无遗。

除了水法建设,我还负责在地理、天文和物理方面的其他工作。看到皇帝陛下对这一切饶有兴致,我利用余暇为他绘制了一幅12法尺半长6法尺半高的世界地图。我还附加了一份关于地球和天体的说明,内容涉及地球和其他星球新发现的运行轨迹,彗星的轨迹(人

---

① 〔法〕杜赫德编,耿昇译:《耶稣会士中国书简集》中卷第4册,第299页。
② 〔法〕杜赫德编,吕一民、沈坚、郑德弟译:《耶稣会士中国书简集》下卷第5册,第27—53页。

们希望最终能够准确预测它们的回归)。①

蒋友仁曾就其在宫中与乾隆接触的情形于1773年11、12月间连续三次致信嘉类思神父。第一封信谈及新来的李俊贤、潘廷章两人向乾隆进贡的望远镜等礼品,潘廷章为乾隆作画像,宫中的建筑风格和各种饰物。第二封信记录了蒋友仁与乾隆的谈话,内容涉及欧洲如何选择传教士来华、铜版画《得胜图》的制版、欧洲各国及东南亚、日本各地情况、当前在华传教士情况和天体运行、皇子们的学习等。第三封信汇报与乾隆谈及天体运行、望远镜、宗教和传教士的工作,对晁俊秀的评价,葡萄酒和传教士的宗教生活等。其中在谈话开始蒋友仁向乾隆介绍了"太阳中心说",这可能是中国人首次接触这一原理。② 1774年10月23日蒋友仁不堪工作劳累和耶稣会被解散消息的打击倒下了,一位未透露姓名的耶稣会士在报告他去世的噩耗时,对他在华的工作成绩,特别是在圆明园建造水法、喷泉和西洋楼的过程作了详细回顾,最后总结道:

> 如人们有朝一日撰写中国教会年鉴,甚至只需引证非基督教徒对蒋友仁神父的说法和想法便可让后人明白,他的美德更高于其才华。皇帝为他的葬礼出了一百两银子,还详细询问了他最后的病情,最终道:"这是个善人,非常勤勉。"出自君主之口的这些话是很高的赞扬,若这些话指的是一个鞑靼人或中国(汉)人,它们将使其子孙后代享有盛誉。③

韩国英在京二十年(1760—1780),据一位与他关系密切的在京耶稣会士回忆,他"关注、爱好各门学科,拥有丰富的学识;其专心尤其是其热忱使他在从事的所有工作(如天文学、机械学、语言历史研究等)中均获得了成功"。"他为北京的传教士们寄往欧洲并在国务大臣贝尔坦(Bertin)先生关心支持下出版的学术论文做了大量工作,但他从不希望这些著作

---

① 〔法〕杜赫德编,吕一民、沈坚、郑德弟译:《耶稣会士中国书简集》下卷第5册,第134页。
② 〔法〕杜赫德编,郑德弟译:《耶稣会士中国书简集》下卷第6册,第15—61页。此三信收入《书简集》时未署收信人姓名。收信人应为嘉类思,参见〔法〕费赖之著,冯承钧译:《在华耶稣会士列传及书目》下册,第859—860页。
③ 〔法〕杜赫德编,郑德弟译:《耶稣会士中国书简集》下卷第6册,第77页。

署他的姓名。"①1764 年 11 月 7 日韩国英致信德尔维耶神父透露："我在皇宫里工作了四年之久。在皇宫里做了一座配有喷射的水柱,鸟的鸣叫声和变幻不停的动物形象的大水钟。我经常见到皇帝。请您相信我,他只让那些违抗其旨意的人成为殉难者。如果没他公开地保护我们,我们很快就会不在人世。请您为很喜欢我们的皇帝本人及其全家的归信祈祷吧。"②又据其 1767 年 11 月 22 日书简称："余在中国离宫御园之中,前为喷水匠与机匠凡五年,自皇帝建立武功以后,又成园艺师与花匠。"③韩国英逝世后留下的遗著多收入《中国丛刊》。

进入清宫还有一位园艺师——汤执中。据 1757 年 12 月 13 日嘉类思致卡拉索的书简所载,汤执中曾参与扩建御花园,并协同蒋友仁建造欧式宫殿:

> 这位神父是在三年前借助其花草、蔬菜的种子进入宫中的。当时,皇帝让人扩建了御花园。汤执中神父还用一些喷泉与瀑布把御花园装点得更加好看。这一工程尚未竣工,蒋友仁(Michel Benoist)神父现在那里负责此事。这位君主还让人建了一座欧洲式的宫殿,其规模比他在七年前所建的那座欧洲式宫殿还要大。皇帝似乎对欧洲人在机械方面提供的服务感到满意,并以显赫的职位去奖赏他们。但皇帝的奖赏也就仅限于此,我们神圣的宗教几乎没有借此得到传播。在北京,人们尚未对基督教怎么样,但在各省,却始终同样不允许基督教存在,并对传教士进行追捕。④

蒋友仁根据自己近距离的观察,描绘了乾隆的日常饮食,这为我们了解乾隆的生活习惯增添了新的材料:

> 陛下总是单独用膳,从未有任何人与他同席进餐,只有太监们在伺候他。他的早餐安排在上午 8 点,午餐安排在下午 2 点。这两餐饭以外,皇帝白天除了喝点饮料不吃任何东西,傍晚时分喝一点清淡的清凉解渴的饮料。他从不喝可使人极度兴奋的葡萄酒或其他甜烧

---

① 〔法〕杜赫德编,郑德弟译:《耶稣会士中国书简集》下卷第 6 册,第 205 页。
② 〔法〕杜赫德编,吕一民、沈坚、郑德弟译:《耶稣会士中国书简集》下卷第 5 册,第 91 页。
③ 〔法〕费赖之著,冯承钧译:《在华耶稣会士列传及书目》下册,第 939 页。
④ 〔法〕杜赫德编,吕一民、沈坚、郑德弟译:《耶稣会士中国书简集》下卷第 5 册,第 66 页。

酒。不过近几年来,他在大夫建议下饮用一种已酿制多年的老陈酒,或更准确地说是一种啤酒;正如中国所有的酒一样,这种酒他是烫热后喝的:中午一杯,傍晚一杯。他用餐时惯常的饮料是茶,或是普通的水泡的茶,或是奶茶,或是多种茶放在一起研碎后经发酵并以种种方式配制出来的茶。……

菜肴虽极丰盛,陛下每餐饭用时却从不超过一刻钟。若不是我在皇帝用餐的套间的候见室里无数次见证了这一切或是在别的我能见到菜肴端进端出的地方目睹过这一切,我对此真是难以相信。①

方守义总结清宫使用西人的情况时说:"这里的人之所以珍视欧洲人,唯一原因就是因为他们需要天文学以及准确可靠、学识丰富的翻译。当今皇上喜欢绘画,但他继承者中的某一位对此或许会不屑一顾。欧洲寄来的钟表和机器比人们需要的更多。"②后来的情形不幸被其言中,继承乾隆的嘉庆皇帝不仅对西学西艺没有多大兴趣,而且将原所实施的"禁教"政策由地方扩大到北京,在宫中的这种交流活动自然也就随着乾隆的离世而基本上叫停。

六 北京的地震、灾害纪实

有清一代北京地区地震活跃,康熙、雍正在位期间更是北京地震的高发期。据学者统计,"有清一代北京地区地震发生频率平均每7年一次",大多数地震因震级较低,在四级以下,故没有震感。③ 只有1664、1665、1679、1720、1730年这五次地震因在四级以上(特别是后四次在六级以上),破坏性较大,故留下了较多记载。④ 在京耶稣会士据其见闻,记录了这些地震实情。

1665年(康熙四年)3月北京地震,震级6.5级,震中在北京城与通州之间。此时正恰逢1664年教案,一批传教士被集中拘禁在东堂,因地震,

---

① 〔法〕杜赫德编,郑德弟译:《耶稣会士中国书简集》下卷第6册,第60页。
② 同上书,第199—200页。
③ 参见于德源:《北京灾害史》上册,北京:同心出版社,2008年,第512页。
④ 同上书,第510—527页。

朝廷不得不释放在押传教士或改为遣送到南方的广州。对此次地震情形，耶稣会士多有记载。①

1679年（康熙十八年）9月2日北京发生了数百年一遇的8级大地震，史称"三河—平谷大地震"。关于这次地震，杜赫德在《中华帝国志》留下了记载：

> 1679年9月2日，在北京发生可怕的地震。当时许多宫殿、寺院、塔和城墙倾倒，埋葬在废墟内的有四百多人，邻县通州有三万多人压死。这次地震延续了三月之久，皇帝、太子和贵族们离开皇宫，住在帐幕内。这时皇帝开恩赈恤人民。②

这些材料明显是来自于当时在京的耶稣会士所传递的信息。

1720年6月11日北京发生了一次强烈地震，震中在北京西北约100公里的怀来县沙城（今河北怀来县城），震级为6.75级，烈度为9度，中文文献《清圣祖仁皇帝实录》卷二八八、乾隆《延庆县志》卷一、康熙《怀柔县志》卷二、光绪《密云县志》卷二对此次地震都有记载。③ 殷弘绪在同年10月19日写于北京的一封信中详细报告了这次地震的情形，它比我们所见相关中文文献记载要详实得多，具有相当高的史料价值。

> 6月11日上午9点45分，我们感到了地震，它延续了约两分钟。这仅是次日发生的一切的前兆。晚上7点半，强烈的震动又开始了，而且持续了约六分钟。在任何别的情况下，一分钟很快就过去了，但在我们所处的悲惨情景中它却显得十分漫长。到处不时闪亮的，预示着四面八方都会响起霹雳的黑沉沉的天空或是最波涛汹涌的大海，都远不如猝然而至的不规则的大地的震荡来得可怕。……我惊恐地看到这幢庞大建筑物向一侧倾斜，又向另一侧倾斜——尽管其墙壁底部厚达10法尺，上部也有5法尺厚。如果我们当时能够留意，就会发现（教堂）不规则的钟声正在告诉我们地震在加剧。人们只听见全城响起一片混乱的喊声和呻吟声，

---

① 参见〔德〕魏特著，杨丙辰译：《汤若望传》第2册，上海：商务印书馆，1949年，第504页。
② 转引自贺树德编：《北京地区地震史料》，北京：紫禁城出版社，1987年，第201页。
③ 参见于德源：《北京灾害史》上册第521—523页、下册第778—779页。

人人都认为邻居被压在了废墟里,同时担心自己遭遇同样命运。当夜余下时间里人们还感到十次余震,不过不像这样强烈。平静终于恢复了。黎明时分,当发现灾难不像想象的那么严重时,人们才开始安下心来。北京仅压死了一千人。由于这里街道大多很宽,因而较容易躲开坍塌的房屋。在随后二十天时间里,我们还断断续续经历过几次轻微的地震,北京附近 100 法里处的地方也发生了类似情况。人们认为这些地震是北京西面山区中那些煤矿造成的,当地烧的所有煤都采自这些矿井。在离北京最近的山脉以西不远处,有一个人口稠密、商业繁荣的地方 Cha-tchin,它的三道城墙使它显得像三个不同的城市。在我描述过的大地震的第三次震动中,它被毁坏了。有一个村子出现了一道很宽的裂缝,似乎还有硫蒸气从中喷出。同年,在距此 150 法里的鞑靼地区,群山环抱的一个小山谷中发生了火山喷发。①

《北京地区地震史料》亦摘录了这则史料,②可见其弥足珍贵。

1730 年(雍正八年)北京发生了一次震级约 6.5 级的强地震,震中在北京西山。这次地震因离北京甚近,故对北京的破坏十分严重,堪与 1679 年那次大地震相比。③ 当时在京的法国耶稣会士冯秉正在其著《中国通史》(Histoire générale de la Chine, ou, Annales de cet empire)中记载了地震发生后的惨状:

> 在 1730 年 9 月 30 日,这地方发生一次历史记载上比较猛烈的地震,不到一分钟,北京十万以上的居民埋葬在房屋的废墟下。四郊死亡的人更多。许多房屋完全毁坏。震动的方向从东南至西北。葡萄牙人和法国人的住宅,像他们的教堂一样,差不多完全被震圮。在太阳底下,摆正了的自鸣钟,比平日走慢了差不多半个钟头。地震以前,人们按照惯例离开餐室,否则也一定将在瞬息之间压倒在废墟里。
>
> 10 月 3 日皇上派遣一位太监向欧洲人问起这次事变。最后给

---

① 〔法〕杜赫德编,郑德弟译:《耶稣会士中国书简集》上卷第 2 册,第 215—216 页。
② 贺树德编:《北京地区地震史料》,北京:紫禁城出版社,1987 年,第 255—256 页。
③ 参见于德源:《北京灾害史》上册,北京:同心出版社,2008 年,第 523 页。

予一千两银子，作为修理三个教堂和 Congedia 的费用。①

由于这次地震对北京的教堂破坏较大，19 世纪传教士肖若瑟的《圣教史略》、樊国梁的《燕京开教略》亦有相关记述。②《书简集》留有一则直接记载这次地震的材料，一位耶稣会士在讲述名叫让—巴蒂斯特·陆（音译）的北京秀才信仰基督教的故事时，谈到陆姓一家人在 1730 年地震遇难幸存的情形：

> 可能正是他身上具有的这样一种如此坚实的美德，引来了上帝在 1730 年北京发生的那场著名的地震期间对他施予特殊的保护。这场地震在一分钟的时间里压坏了大约十万人。在这场可怕的灾难最惨烈的时候，他与配偶居住的房子倒塌了，把他们完全埋在了废墟当中。他们既无法逃生，又无法呼救。第二天，人们在废墟中挖开了一条渠道，以便把他们拉出来。人们原以为他们已被压死，并已经考虑为其举行葬礼，然而却惊喜地发现他们两人都活得好好的。他们非常平安，没有受到任何伤害。此事在他所到之处以及所有在北京的基督徒中广为人知，而他则把此事归功于上帝的恩典。③

虽然耶稣会士没有放过利用这一故事宣传基督教的机会，但毕竟保留了对这次地震的历史记录。

耶稣会士君丑尼神父讲述的一起颇为荒诞的事故，则可见当时人们对周期性多发地震的恐慌心理，它可能发生在 1739 年的北京：

> 您可能还会记起，大约十年前在该京师发生了一场可怕的大地震。去年末前后，一个中国人竟信誓旦旦地到处散布说，不久将会发生另一次类似的大地震，他甚至还算定了这场大灾难发生的月份和日子。为了在北京扩散这一警报，再不需要做更多的事了。在所指出的日子，一批其数目出奇得多的人都躲出了城墙之外。许多人都

---

① Joseph Anne Marie de Moyriac de Mailla, *Histoire générale de la Chine, ou, Annales de cet empire*. Vol. 11. Paris: P.-D. Pierres, 1777—1785. p. 491. 中译文参见贺树德编：《北京地区地震史料》，第 278 页。

② 参见贺树德编：《北京地区地震史料》，第 278—279 页。

③〔法〕杜赫德编，吕一民、沈坚、郑德弟译：《耶稣会士中国书简集》下卷第 5 册，第 9—10 页。

在互相永别。几乎只有皇帝才表现得处之泰然,他丝毫不想出宫。决定命运的日子到来了,恐慌倍增。但这一天却在未感到任何地震的征兆下过去了。狂怒和恐惧相加,民众想把那个伪预言家碎尸万段。皇帝却仅满足于流放他,并且向他提出了严重的警告,如果他万一再次如此狂热,那就会立即处死他。①

北京是地震多发地带,因而人们在建筑房屋时颇注意房屋的抗震能力,在京的耶稣会士蒋友仁观察北京的建筑时留意到这一点:

> 由于这里地震比较多发,中国建筑物的横梁和屋顶不是架在墙上,而是架在木柱上的,木柱则立于石头地基之上;因此,往往屋顶已盖好,墙壁却还未砌起来。有时,墙壁在地震中倒塌了,但屋顶甚至房屋内部结构却未受损害。墙壁通常是砖砌的,外侧砌得非常齐整,有时还饰以各种雕塑图案;内侧或是砂浆涂层,或是镶以木板——上面可以贴纸,有些房屋的内壁上还以细木工制品装饰。②

除了自然灾害地震外,北京的火灾也进入了耶稣会士们的视野。特别是1775年所发生的南堂火灾,更是记载甚详:

> 巨大的南堂无可争议地是整个东方最漂亮的教堂,也是这个都城中兴建的第一座教堂。去年冬天,它却在大白天里被完全烧毁了,而且无从知道这件令人伤心的事故原因何在。当时,人们刚在那里做了最后一场弥撒,有人闻到了某种淡淡的气味,大家便到处查寻;因没有出现任何火和烟的痕迹,人们就以为这是来自教堂外的气味,因此放了心并关闭了教堂。刚过了半小时,教堂就四处着起火来,而且根本无法扑救:祭服、圣器、圣器室,所有一切均付诸一炬;所能做的只是确保相邻建筑物的安全。皇帝第二天得到了消息(发生重大火灾时人们照例要报告皇帝)。没等我们进行任何尝试,他立刻准许我们重建教堂,还借给传教士们一万两银子(等我们有能力时再归还)帮助教堂重建;教堂一旦完工,他还将亲笔题词悬挂于教堂

---

① 〔法〕杜赫德编,耿昇译:《耶稣会士中国书简集》中卷第4册,第266页。
② 〔法〕杜赫德编,郑德弟译:《耶稣会士中国书简集》下卷第6册,第20页。

之中。①

文中所提火灾后乾隆"借给传教士们一万两银子"一说,与中文文献通常所记"赐给一万两银子"的说法有所出入。至于起火原因,更是无从查找的谜。祸不单行,以后教堂火灾接踵而至,1807年(嘉庆十二年)东堂毁于一场大火,1811年(嘉庆十六年)西堂又毁于火灾。

耶稣会士在他们的书简中还提到1780年北京发生的一场火灾:

> 1780年6月,北京一场大火烧毁了鞑靼人居住区上万所房屋。大火一直蔓延到皇宫前面的头几条大街。不过火只烧了一夜。这一事件使不少官员失了宠,他们被控缺乏警惕,有失防范,是皇帝的御林军灭了火。②

北京作为一国之都,其生活条件相对优越,故在灾害年间,常常成为周围地区灾民躲避灾祸的避难所,《书简集》对此也有记述:

> 在1727年12月15日的信上,我提到1725年北直隶和山东两省严重遭灾的情况,大批灾民从两省的好几个地方拥入北京,皇帝命令从他的国库中拨粮熬粥,每天在京城不同的地方施舍给饥民们。这样施粥四个多月,养活了四万饥民。但是,到了二月末,相当于我们的三月,春耕时节到了,当局就采取措施,遣返每个饥民回乡。③

上述耶稣会士对北京地震、火灾的报道,基本上比较准确、可靠,他们对康熙、雍正、乾隆处理灾情和抚慰传教会士记录,更是具有史料价值,可与中文文献相互印证和参照。

结　语

1773年罗马新任教宗宣布解散耶稣会。1775年消息传到北京时,在京的耶稣会士尚有17人,以后人数逐渐减少,重量级的耶稣会士一个接

---

① 〔法〕杜赫德编,郑德弟译:《耶稣会士中国书简集》下卷第6册,第78—79页。
② 同上书,第170页。
③ 《耶稣会传教士龚当信神父致本会社赫德神父的信》(1730年10月19日于广州),〔法〕杜赫德编,朱静译:《耶稣会士中国书简集》中卷第3册,第329页。

一个从人们的视野中消失。蒋友仁(1715—1774)、韩国英(1727—1780)、方守义(1722—1780)、金济时(1735—1781)、汪达洪(1733—1787)、晁俊秀(1727—1792)、钱德明(1718—1793)相继在京抱憾离世。到18世纪末,剩下的几位耶稣会士也到了风烛残年。作为明末清初中西文化交流的主力——耶稣会士终于迎来了它历史的终结。① 当中国耶稣会解散后,狄桂尼表示:"解散北京的耶稣会,是一件很不幸的事情,也许现在不感到它的重要,将来会明白这是何等重大的损失。"②从中西文化交流史的历史意义来看,狄氏所言并不为过。

从张诚等第一批"国王的数学家"有组织的赴华开始,法国耶稣会士走的是一条科技传教路线。这些披着耶稣会士外衣的科学工作者,实际上扮演着研究中国、发现中国和传递西方科技的双重角色。这与康熙喜好西学、崇尚科技的倾向正好吻合,因此法国耶稣会士在康熙的支持下迅速崛起,成为西方耶稣会士中一支引人注目的力量。以后,虽然雍正、乾隆厉行"禁教"政策,但他们喜好科技的取向未变,故包括法国耶稣会士在内的西方传教士仍源源不断地前往北京。过去人们在检讨这一历史过程的中断时,将主要原因归咎于清朝的"禁教"或"限关自守"政策,实际上这只是问题的一方面。罗马教廷不愿来华的传教士在"适应策略"上走得太远,偏离其传教的初衷,希望来华传教士的交流维持在传教的层面;在"礼仪之争"中不愿妥协,一意坚持其原教旨主义的立场,力图在与清朝的博弈中体现教皇的权力意志;夹在教皇与清廷中间的耶稣会士左右为难,无法满足罗马教廷的愿望,最后面临被解散的悲剧命运,因此罗马教皇对这段中西文化交流的中断亦难辞其咎。

法国耶稣会士作为中西文化交流的中介和西方文化的使者,其"北京经验"具有双向交流的作用,一方面他们将中国政治、经济、科技、文化方面的信息带给西方,一方面将西方的科技、美术、音乐带到中国,这对促进中西文化交流发挥了重要作用。这些跨文化的中介人,其心态常常是在

---

① 有关耶稣会解散以后,遣使会取而代之后的运作情形,详见 P. Octave Fereux C. M. 著,吴宗文译:《遣使会在华传教史》,台北:华明书局,1977年,第119—160页。〔法〕古伯察著,耿昇译:《鞑靼西藏旅行记》,北京:中国藏学出版社,2012年,第26—30页。
② 转引自阎宗临:《传教士与法国早期汉学》,郑州:大象出版社,2003年,第218页。

两极摇摆,"总的说来,初来乍到之人倾向于欧洲,而在华日久者则倾向中国"。① 这种"倾向中国"的心态可能成为耶稣会士们积极译介中国典籍和研究中国文化历史的内驱动力。法国人甚至自认为他们对中国的了解超过了对欧洲的另一个大国——俄国的了解。可见在这一双向交流中,耶稣会士从中国带回欧洲的,反而要比他们带给中国的内容更多。换句话说,18世纪中国对欧洲产生的影响远在欧洲对中国的影响之上。对此,法国学者谢和耐给予了中肯评价:"18世纪历史演变中的差异尤为引人注目,因为欧洲向中国学习的东西,无疑要比它向中国传授的内容多得多。中国对于这个时代欧洲的伦理、政治和科学思想的变化绝非置之度外。中国的政治制度、国家组织机构、独立于任何宗教的道德观念和经济、占统治地位的哲学观念及其技术的例证,都强有力地影响了欧洲,向它提供了一种宝贵的贡献。"② 耶稣会士在18世纪中西文化交流中所发挥的中介作用不可低估。随着耶稣会的解散,延续近两个世纪的中西文化交流暂告一段落,中西关系进入巨变前的暂时冷却状态。

法国耶稣会士的"北京经验"是西方传教士汉学的重要组成部分,它构成18世纪西方北京学知识谱系的主要来源。来自北京的法国耶稣会士的汉学作品既扩大了西方中国知识的视野,又拓展了汉学研究领域的范围,是18世纪西方传教士汉学的经典之作。关于这些著作在中西文化交流中的地位和价值,法国学者给予了高度评价,将它们与同时代的启蒙思想家的经典著作相提并论:

> 耶稣会士们在他们遥远的美洲或中国的旅居中,于启蒙时代在思想和精神面貌的发展中曾起过非常重要的作用。他们那些今天仍沉睡于图书馆中的书简,曾在书店中取得过巨大成功。它们不但吸引了伏尔泰(Voltaire)和孟德斯鸠(Montesquieu),而且普遍吸引了欧洲的"知识分子"们,如学者或哲学家。这些书简以其所述的内容之多样性、丰富性和严肃性,而值得与18世纪的那些不朽著作相提并论,如伏尔泰的《风俗志》、达兰贝尔和狄德罗的《百科全书》,以及

---

① 《耶稣会士中国书简集》下卷第6册,第182页。
② 〔法〕谢和耐:《论16—18世纪的中欧文化交流》,收入〔法〕谢和耐著,耿昇译:《中国与基督教》(增订本),上海:上海古籍出版社,2003年,第242页。

雷纳尔的《两个印度的哲学史》等。

《耶稣会士中国书简选》完全是有关中国的书简,它向大众提供了有关一个既奇特,而又引人入胜的世界之丰富资料。那些使中国福音化的尝试,确实为东西方之间卓有成效的文化合作提供了一个机会。①

法国耶稣会士传输的中国信息,对欧洲18世纪的"中国热"具有催发的作用。它作为法国甚至欧洲本土想象中国的主要材料来源,对18世纪法国的启蒙运动,乃自整个近代欧洲的文化想象和思想变革,都有不可忽视的重要影响。法国启蒙运动所建构的"中国形象",有关对中国历史、中国政治、中国科技的评价等,均与耶稣会士传播的知识及其影响密切相关。② 新的中国知识成为触发法国启蒙思想家想象灵感和推动法国社会转型的动力资源,法国在欧洲大陆国家中率先向新的社会形态转换。但是,处在康乾盛世的中国,由于高层次的中西文化交流始终严格限制在京师,甚至清宫,带有皇家御用的性质,其影响范围自然非常有限。康熙、雍正、乾隆三帝虽然表现出对西方科技的兴趣,但不过视其为把玩的技艺,无意将其推广开来,所以18世纪的中西文化交流很难对中国产生革命性的效应,更谈不上对社会转型的推动。所谓的"康乾盛世"其实只是在帝制体制内相对平衡、持续的国家稳定和社会繁荣,与同时期欧洲正在进行的新的、具有升级意义的社会转型绝不可同日而语。

---

① 〔法〕伊莎贝尔·微席叶、〔法〕约翰—路易·微席叶:《入华耶稣会士与中西文化交流》,收入〔法〕谢和耐、〔法〕戴密微等著,耿昇译:《明清间耶稣会士入华与中西汇通》,第79页。
② 有关这方面的研究成果,已有三部法国重要著作译成中文:1.〔法〕艾田蒲著,许明、钱林森译:《中国之欧洲》,桂林:广西师范大学出版社,2008年。此书有另一中译本,〔法〕安田朴著、耿昇译:《中国文化西传欧洲史》,北京:商务印书馆,2000年。2.〔法〕维吉尔·毕诺著,耿昇译:《中国对法国哲学思想形成的影响》,北京:商务印书馆,2000年。3.〔法〕亨利·柯蒂埃著,唐玉清译:《18世纪法国视野里的中国》,上海:上海书店出版社,2006年。中文方面的著作有:许明龙:《欧洲十八世纪中国热》,北京:外语教学与研究出版社,2007年。

第五章

文明的较量与权力的博弈
——以教廷多罗、嘉乐使华的"中国礼仪之争"为中心

"中国礼仪之争"(Chinese Rites Controversy)是清朝康熙年间中西之间的一次重大冲突。事件的对立双方分别是北京紫禁城的康熙皇帝和罗马教廷的教皇克莱孟十一世(Clement XI)。罗马教廷在向中国派遣传教士的同时,力图在传教策略、教士管理上发挥其主导者的作用,因此与清廷皇权发生冲突,导致"中国礼仪之争"。表面看来这是一场皇权与教权的较量,实际上是利玛窦入华以来传教的"适应策略"与教廷坚持原教旨路线之间的论争从教内向外部的延伸,这场论争本质上是正在向东方拓展的西方天主教文明与中国的儒教文明之间的冲突。

一 多罗使华与康熙的冲突

罗马教廷与中国的关系始自元朝。1294年教廷派遣的使节孟高维诺抵达元大都,随后他被任命为在华的第一位主教。1339年教廷派遣使节方济各会士马黎诺里赴大都。随着元朝的灭亡,教廷与中国的关系告一段落。

16世纪中期,天主教重开中国传教事业。根据1452年教皇尼古拉五世(Nicholas V)颁发的"Dum Diversas"和"Divino Amore"通谕,葡萄牙获得保教权。1576年教皇格里高里十三世(Gregory XIII)颁发大敕书,成立澳门葡萄牙主教区,管辖中国、

日本、朝鲜和所有毗连岛屿。①澳门教区隶属果阿总主教的管辖。传教士赴华时须从葡萄牙里斯本出发，乘坐葡萄牙船，先到澳门报到，然后进入中国，葡萄牙因此获得了在华传教的主导地位。由于葡萄牙在东方传教事业中的霸道和强势，招致其他国家传教士和教廷的不满。1622年罗马教廷创设传信部，直接管理全世界的传教事业，其意在分割葡萄牙人手中掌握的在亚洲保教权。1689年11月葡王彼得二世致信教皇，建议在中国增设南京、北京两教区。次年得到教皇亚历山大八世的认可。其中北京主教区兼辖山东、山西、蒙古、河南、四川，意大利籍的伊大仁（一作伊大任，Bemardirus della Chinesa）被任命为北京教区主教。南京教区兼辖江南、浙江、江西、湖广、贵州、云南，中国籍教士罗文藻被任命为主教。原有的澳门主教区兼辖广东、广西。教宗任命北京教区主教的诏书迟到1699年才寄达，故在诏书到达之前，伊大仁迄未上任。因伊大仁为方济各会士，而北京无会院，遂改为常驻山东临清。② 从1690年至1856年的166年中，教廷任命的北京教区主教共有8位（其中2位未到任）、代理主教4位。他们是：伊大仁（伊大任，Bishop Bernardinus della Chiese，O. S. F. 1696—1721）、康和之（康和子，Carolus Orazi di Castorano，O. F. M. 1721—1725，代理）、陶来斯（Francois de la Purification，O. S. F. 1725—1734）、索智能（Bishop Polycarpe de Souza，S. J. 1740—1757）、安德义（安泰，Bishop Damascenus Salutti，O. S. A. 1778—1781）、汤士选（Bishop Alexander de Gouvea，O. S. F. 1782—1808）、李拱臣（李拱辰，Jóse Nunes Ribeiro，1808—1826，代理）、沙赖华（Bishop Joaquim da Souza Saraiva，C. M. 1808—1818，未到任）、高守谦（Fr. Verissimo Monteiro da Serra，C. M. 1818—1826，未到任）、毕学源（Bishop Cayetano Pires Pireira，C. M. 1826—1838，南京教区主教、代理）、赵若望（Bishop Jean de Franca Castro e Moura，C. M. 1838—1846，署理）、孟振生（BishopJoseph-Martial Mouly，C. M. 1846—1856，代理）。

康熙年间，罗马教廷两次遣使来京：第一次是1705年多罗（一作铎

---

① 参见吴志良、汤开建、金国平主编：《澳门编年史》第一卷，广州：广东人民出版社，2009年，第168页。

② 参见方豪：《中国天主教史人物传》，北京：宗教文化出版社，2007年，第484页。

罗，Carlo Tommaso Maillard de Tournon)来华，第二次是1720年嘉乐（Carlo Ambrogio Mezzabarba)来华。"他们出使的使命，本来为解决教会内部的一个重要问题，但是因为康熙皇帝自己要管教内的事，教廷特使便不得不直接和他周旋，造成教廷与中国朝廷的外交关系。"①故康熙与教廷使节之争历来是学者们关注的焦点，而1980年代以来发掘、公布的相关档案，为我们了解这一历史过程的细节提供了更多的材料。②

当时教会内部主要有两大问题：一是礼仪之争，二是来华传教士的从属关系。所谓"礼仪之争"包括三个方面：一是祭祀孔圣；二是祭拜祖先；三是God/Deus(神、上帝)采用中文如何翻译，是译成"天""上帝"，还是用"天主"。③ 其中第三个问题更能反映"礼仪之争"中的中西文化交接问题。围绕这三个问题，在华传教士曾展开过激烈讨论，问题之缘起是部分传教士反对采取利玛窦式入乡随俗的适应策略，罗马教廷对此论争颇为关注，并不得不做出最终裁决。④

1700年11月30日，康熙皇帝应在京的耶稣会士闵明我、徐日昇、张诚等所请，作出关于祭祖祭孔只是爱敬先人和先师，而非宗教迷信的批示：

  康熙三十九年十月二十日。治理历法。远臣闵明我、徐日昇、安

---

① 罗光：《教廷与中国使节史》，台北：传记文学出版社，1983年，第75页。

② 有关多罗、嘉乐访华之代表性研究成果有，罗光：《教廷与中国使节史》，台北：传记文学出版社，1983年再版，第75—186页。顾卫民：《中国与罗马教廷关系史》，北京：东方出版社，2000年，第60—84页。冯明珠：《坚持与容忍——档案中所见康熙皇帝对中梵关系生变的因应》，收入《中梵外交关系史国际学术研讨会论文集》，台北：辅仁大学历史学系印行，2002年，第145—182页。罗光著主要在使用西文文献方面一展其长。顾卫民发掘了部分新公布的中文档案。冯明珠采用了1980年代以来中国公布的康熙朝汉、满文朱批奏折档案材料。这些档案为，中国第一历史档案馆编：《康熙朝汉文朱批奏折汇编》(3册)，北京：档案出版社，1985年。中国第一历史档案馆编：《康熙朝满文朱批奏折全译》，北京：中国社会科学出版社，1996年。新近有关这一课题出版的档案材料有，中国第一历史档案馆、中国海外汉学研究中心合编，安双成编译：《清初西洋传教士满文档案译本》，郑州：大象出版社，2015年。Macau Ricci Institute (澳门利氏学社). Acta Pekinensia: *Western Historical Sources for the Kangxi Reign*. Macao: Macau Ricci Institute, 2013.

③ F. A. Rouleau. The Chinese Rites Controversy. The Catholic University of America. *New Catholic Encyclopedia*. Vol. III . New York: MaGraw-Hill Book Company, 1967. p. 611.

④ 有关"中国礼仪之争"的讨论，参见D. E. Mungello. *The Chinese Rites Controversy: Its History and Meaning* (Momumenta Serica Monograph Series 33). Nettetal: Steyler Verlag. 1994. 李天纲：《中国礼仪之争：历史、文献和意义》，上海：上海古籍出版社，1998年。

多、张诚等谨奏为恭请睿鉴,以求训诲事。窃远臣看得西洋学者,闻中国有拜孔子,及祭天地祖先之礼,必有其故,愿闻其详等语。臣等管见,以为拜孔子,敬其为人师范,并非祈福祐、聪明、爵禄而拜也。祭祀祖先,出于爱亲之义,依儒礼亦无求祐之说,惟尽孝思之念而已。虽设立祖先之牌,非谓祖先之魂,在木牌位之上,不过抒子孙报本追远,如在之意耳。至于效天之礼典,非祭苍苍有形之天,乃祭天地万物根源主宰,即孔子所云:"效社之礼,所以事上帝也。"有时不称上帝而称天者,犹主上不曰主上,而曰陛下、曰朝廷之类,虽名称不同,其实一也。前蒙皇上所赐匾额,御书敬天二字,正是此意。远臣等鄙见,以此答之。但缘关系中国风俗,不敢私寄,恭请睿鉴训诲。远臣不胜惶悚待命之至。本日奉御批:"这所写甚好,有合大道。敬天及事君亲、敬师长者,系天下通义,这就是无可改处,钦此。"①

这是康熙对"中国礼仪之争"做出的明确批示。罗马教廷获悉此决定,大为不满。1704年11月20日教皇克莱孟十一世(Clement XI)批准"异教徒裁判所"关于礼仪的文件,规定:"禁止以'天或上帝'称天主。禁止礼拜堂里悬挂有'青天'字样的匾额。禁止基督徒祀孔与祭祖。禁止牌位上有灵魂等字样。"②前往中国视察教务的多罗负责执行教皇的这一指令。

1702年7月4日多罗使团从罗马出发,1704年9月20日抵达西班牙属地马尼拉。1705年4月2日到达澳门外一小岛。4月5日到达广州。北上前,多罗告知广东地方官员其来华之目的为"巡视"教务。对此,清廷因"不曾闻有如铎罗这般重臣赴如中国这般大国巡视。该铎罗原系从小出家修道之人",③为此专门召集在京耶稣会士,征询意见,传教士们表示"皆听皇上决定"。④ 六月康熙才做出批示:"铎罗为修道之人,是前来修彼之教,并非西洋王等所差进贡之人,因而着穿我此地衣服。尔等行

---

① 黄伯禄:《正教奉褒》第二册,收入陈方中编:《中国天主教史籍丛编》,台北:辅仁大学出版社,2003年,第555—556页。
② 参见王治心:《中国基督教史纲》,上海:上海古籍出版社,2004年,第119—120页。
③ 中国第一历史档案馆、中国海外汉学研究中心合编,安双成编译:《清初西洋传教士满文档案译本》,第284页。
④ 同上书,第286页。

文总督、巡抚等加以款待，并拨给船夫，派人照顾，从速进京。"①又据广东地方当局报告，"铎罗专门带来选中内科医师一名，外科医师一名，并带有土产药物等项，准备进献皇上叩恩"。②"于8月30日（七月十二日），铎罗在广东大臣处获知大皇帝所颁谕旨后，欢悦甚深，恨不能长出翅膀急飞至京师，以瞻仰圣颜为快。"③

1705年9月9日（七月二十二）多罗由广州北上，12月4日进入北京，住在北堂。多罗使团成员有：S. Giorgio（施体仁）、Candela（使团秘书）、Mariani（沙国安）、de Mai、Maleotti、Mercado、Borghese、Sidotti、Nicolas de S. Josē、Sigotti（外科医生）、Borghèse（高廷玉、高廷庸（永）、内科医生）、Marchini、Luigi Angelita、Hilarios Sala等。④ 多罗使节来华时，毕天祥（Appiani）从四川赶往广州迎候，与多罗会面后，颇得多罗信任，被留下来作为使团翻译。毕天祥为最早来华的遣使会士，他于1699年入华，先在广东学习汉语两年，后入四川成都传教。⑤

使团抵京后，多罗及随团外科医生Sigotti患病。康熙"为其送去食物"，并"施恩赏赐适合于病情之名药，派出专治病疾之医师治疗"。据多罗言："外科医师于途中患病数月，来此地后病情加重，我带来之内科医师亦不能治愈。"⑥12月11日，Sigotti因病去世。在京耶稣会士请求将其葬在耶稣会公墓，多罗未允。康熙皇帝闻此消息，特"钦赐葬地"，此地甚宽，可葬七人。此地位于滕公栅栏墓地之前大道对面南侧，以后这里便成为罗马教廷传信部在北京的墓地。传教士们按照他们例行的葬礼举行出殡仪式，孰不知康熙派人在旁观察。据报，"殡礼不合中国葬礼，与耶稣会士

---

① 中国第一历史档案馆、中国海外汉学研究中心合编，安双成编译：《清初西洋传教士满文档案译本》，第287页。
② 同上书，第289页。
③ 同上书，第290页。
④ 参见罗光：《教廷与中国使节史》，第97页。
⑤ 有关毕天祥的生平，参见方豪：《中国天主教人物传》，北京：宗教文化出版社，2007年，第491—492页。
⑥ 中国第一历史档案馆、中国海外汉学研究中心合编，安双成编译：《清初西洋传教士满文档案译本》，第291页。冯明珠文误作内科医生高庭永为康熙"御医"，参见冯明珠：《坚持与容忍——档案中所见康熙皇帝对中梵关系生变的因应》，收入《中梵外交关系史国际学术研讨会论文集》，台北：辅仁大学历史学系印行，2002年，第152页。

所习行者不同"。康熙对多罗之行的动机遂生疑心。①

1705年12月31日(康熙四十四年十一月十六日)多罗第一次觐见康熙帝。多罗当时抱病卧床,不便行走,康熙特差官员到北堂用肩舆勾肩迎接入宫,随员均乘马扈从。多罗乘肩舆入畅春园,在觐见的殿前下肩舆,由两名随员扶着走近御座行礼。康熙见多罗病容,命免跪拜,并赐座。在接见中,康熙向多罗询问罗马教廷对他有关敬天法祖的批示,是否已收到。多罗不敢明白答复。多罗征询康熙在中国设立教务总管之意见,康熙明确表示总管应是在中国传教多年、为朝廷效劳之人。多罗则不希望由耶稣会士担任。故此事只好搁置。多罗请准在京建堂,康熙没有作答。为表达对罗马教化王(康熙不愿称教皇为皇,故以王称之)的谢意,康熙请特使指定一员,携带礼物往罗马答聘。整个会见的气氛比较和融,耶稣会士纪理安对康熙作了极高的评价,称康熙接见教皇特使的盛仪和欢洽,是中国历史上君主接见外国使节时所未曾有的。②随后,清廷命白晋、沙国安(沙国祥)作为使节前往罗马答谢教化王。所送礼物"不计小件,仅缎、锦即有三十匹"。③

黄伯禄所撰《正教奉褒》记载了多罗进京之初的大致过程:"康熙四十四年五月二十七日(1705年2月20日),闵明我、安多、徐日昇、张诚以教宗钦差大臣铎罗已抵广东,缮折奏闻。上饬部行知广东督抚,优礼款待,派员伴送来京。又遣两广总督之子,同张诚、苏霖、雷孝思(法兰西国人)等,先期前往天津迎候。十月二十九日(12月14日),钦使抵京,驻西安门内天主堂。上遣内大臣到堂问好,颁赐珍馔。④ 十一月十六日(12月31日)钦使觐见,上赐见,亲执金樽赐酒,并赐筵宴,计金盆珍馐三十六色。钦使驻京年余,觐见多次,频荷颁赐御馔果品。"⑤文中所言"驻西安

---

① 参见罗光:《教廷与中国使节史》,第107页。

② Stumpf Killianus. *Compendium actorum pekinensium*, 1705—1706. APF. SR. Cong. papragr. 2. 参见罗光:《教廷与中国使节史》,第110—111页。

③ 中国第一历史档案馆、中国海外汉学研究中心合编,安双成编译:《清初西洋传教士满文档案译本》,第293页。

④ 据康熙四十五年六月初一《武英殿总监造赫世亨进书并赐西洋人克食折》:"本月初二日,将三阿哥转交克食送与多罗。多罗跪迎,看视克食毕言:皇上矜念我多罗病,屡命三阿哥转赐天厨珍味,使我多罗每日换食珍馐。"可知康熙多次赐予多罗美食,参见中国第一历史档案馆编:《康熙朝满文朱批奏折全译》,北京:中国社会科学出版社,1996年,第421页。

⑤ 黄伯禄:《正教奉褒》第二册,收入陈方中主编:《中国天主教史籍丛编》,台北:辅仁大学出版社,2003年,第556—557页。

门内天主堂"系指多罗住进法国耶稣会士创设的北堂,显示出他与葡萄牙传教士的疏离。

据康熙四十五年五月二十七日(1706年7月7日)《赫世亨等奏为传旨铎罗、阎当、陈修等人事朱批奏折》所载,康熙一方面对多罗的病情和其去留之意给予了相当的体恤和包容,一方面再次解释中国祭祖敬祖之习俗。"朕念尔为病人,即依尔意,回去也好。朕并未言尔速回,亦未阻止尔巡察中国各省教徒、小西洋教徒,此次巡察教徒之事,皆为尔之职守,与朕何干?留一年或二年,皆由尔自便,朕无从阻止。""自铎罗抵达之后,患病欠安,以至于今。铎罗服用医师高廷庸(永)之药,以及饮食起居等项,皆问于高廷庸,而高廷庸不分昼夜,一步不离铎罗身边守候治疗。朕知此情,因而所有考虑均依于其病,倘或没有高廷庸,朕岂不派此地医师去医治乎?若经此地医师治疗罔效,病情仍不痊愈,朕亦必派该医师随从治疗直至广东地界,待起赴西洋后,该医师方可返回,岂可中途撤回该了解病情之医师?伊若奏请带去以治其病,或派?或留?朕将如何降旨?如今铎罗奏请留用医师,甚好。高廷庸即留之。一二年治疗其病,若有好转,必长期留用,若病加重,必将遣回矣。再,中国供牌位者,并非求牌位施以福祉,而尽恭敬之意者矣。此乃中国之一大习俗,至关甚要。"①

清廷在接待多罗使团中,有两个人物最为关键:赫世亨和赵昌。他俩为武英殿总监造,是康熙最为信任的内侍。其中赵昌因与西洋传教士相处较多,对天主教渐有了解,曾动念入教,因有妾未能领洗。② 刘准《天主教传行中国考》载其事迹曰:"又有赵昌其人,为康熙最亲信之内大臣,随侍康熙五十余年,未尝有失;凡关西洋之事,多托赵昌为之。又常使赵昌侦探西士之起居,屡次来天主堂与西士晤谈,久留不去。如此年久,于圣教道理及西士秘密心事,知之甚悉,深服西士之为人,不愧慎独之君子。赵昌在朝廷,盖屡屡称道及之,由是敛怨于教仇。迨雍正即位,遂藉端去之,下狱论死。赵昌久愿进教,因有阻碍,未得领洗。至是,在患难中,抚今追昔,颇多感伤,由是进教之愿益切;欲见神父不得,幸守监之武员徐某

---

① 中国第一历史档案馆、中国海外汉学研究中心合编,安双成编译:《清初西洋传教士满文档案译本》,第299页。
② 参见方豪:《清代旗人之信奉天主教与遭禁》,载《故宫文献》第4卷第4期,1973年9月。

奉教，为之代洗，圣名若瑟，时赵昌年已七十五矣。领洗后不久，瘐毙狱中，此亦赵昌不幸中之至幸也。"①

在多罗携赠的物品中，巧克力值得一记。据康熙四十五年五月二十四日（1706年7月4日）《赫世亨为从铎罗处取回巧克力并打听其八种配料饮用方法事朱批奏折》载："铎罗送与我两只锡制小盒子deriyaga，计有四两五钱。又送与cokola（巧克力）有一百五十块。""又向鲍仲义询问制作配方，据言性温和而味甘苦，出产于ameriga（美洲）、吕宋等地。共用八种原料配制而成，其中肉桂、秦艽、沙糖三种原料，中国亦有，而gagao（可可）、waniliya、anis、ajuete、megajuoce，此五种原料，此地不产。我仅备此八种原料，而不知八种原料之配量，调制配方。饮用cokola时，将cokola放入铜制罐子或银制罐子煮开之糖水中，以黄杨木捻子搅匀之后，可以饮用。此种搅匀后饮用方法，徐日昇等人亦知晓。"康熙阅此奏折后批示："知道了。鲍仲义言味甘而性温，但未言益于何种身体治何种病，甚为欠妥。着再问。至于cokola，毋庸寄来。"②可见，康熙对此物之浓厚兴趣。这可能是巧克力在中国的最早记载。

1706年6月29日，康熙第二次接见多罗。此前，双方已发生了一些嫌隙，毕天祥在四川曾被官府驱逐，因令康熙生疑。多罗指定使团内的沙国安为赴罗马报聘的正使，因其不通中文，无法解释所送礼物含义，康熙遂改命在朝廷服务多年、为其信任的白晋为正使，沙国安为副使，此事颇令多罗不快。最重要的是，多罗获悉教廷于1704年11月20日对中国礼仪之争已作出决议，遂决意禁止中国各地修会传教士再加讨论。6月22日康熙对多罗不满命白晋作为正使之事，作出御批："览多罗奏，朕知道了，无用再谕。但白晋已与沙国安不和，叫回白晋何如？还有不尽之谕，等多罗好了，陛见之际再谕。传与多罗宽心养病，不必为愁。"③6月24日康熙再次作出御批：

---

① 收入陈方中主编：《中国天主教史籍丛编》，台北：辅仁大学出版社，2003年，第200页。
② 中国第一历史档案馆、中国海外汉学研究中心合编，安双成编译：《清初西洋传教士满文档案译本》，第297页。
③ 陈垣：《康熙与罗马使节关系文书》影印版（一），台北：文海出版社有限公司，1974年，第7页。《康熙为白晋事致罗马教王特使多罗朱谕》，收入中国第一历史档案馆编：《清中前期西洋天主教在华活动档案史料》第一册，北京：中华书局，2003年，第11页。

前日曾有上谕,"多罗好了陛见之际再谕"。今闻多罗言,"我未必等得皇上回来"之话,朕甚怜悯,所以将欲下之旨晓谕。朕所欲发旨意者,近日自西洋所来者甚杂,亦有行道者,亦有白人借名为行道,难以分辨是非。如今尔来之际,若不定一规矩,惟恐后来惹出是非,也觉得教化王处有关系,只得将定例,先明白晓谕,命后来之人谨守法度,不能少违方好。以后凡自西洋来者,再不回去的人,许他内地居住。若近〔今〕年来明年去的人,不可叫他许〔居〕住。此等人譬如立于大门之前,论人屋内之事,众人何以服之,况且多事。更有做生意、贴买卖等人,益〔亦〕不可留住。凡各国各会皆以敬天主者,何得论彼此。一概同居同住,则永无争竞矣。为此晓谕。①

康熙第二次召见多罗,态度明显变化。除了继续追问多罗来华的使命,正告多罗转达教化王,中国人不能改变祖传的礼仪,中国礼仪并不反对天主教的教理。多罗不敢当庭申辩,只答说是向皇帝问安。次日,康熙邀多罗游畅春园,再次追问多罗对他1700年就中国礼仪之争做出批示的态度,并请多罗回奏教化王,中国两千年来奉行孔孟之道。西洋人来中国者,自利玛窦以来,常受皇帝的保护,是因其遵守中国法律和礼俗;如若反对敬孔祭祖,西洋人就很难再留在中国居住。多罗不敢正面回答康熙的问题,推说自己没有中国的语言知识,不能回答康熙的问题,可以让即将到来的通晓中国问题的颜当(又译作严珰、阎珰、严当)②代他解答。

颜当在福建力主禁止中国礼仪,可谓天主教内强硬派的代表。多罗想借颜当进京之机,与在京耶稣会士就礼仪问题进行辩论,以达成其使命。而在京的耶稣会士以纪理安为代表则欲凭借康熙1700年的批示,逼迫多罗妥协就范。

康熙命颜当就天主教与儒教之异撰文阐述。颜当请随从教徒陈修代笔陈述。康熙阅览颜文后大怒,降旨曰:"尔被此地所学浅薄之人蒙骗矣,

---

① 陈垣:《康熙与罗马使节关系文书》影印版(二),台北:文海出版社有限公司,1974年,第9—10页。《康熙为凡今年来明年去之人不得在内地居住事致罗马教王特使多罗谕》,收入中国第一历史档案馆编:《清中前期西洋天主教在华活动档案史料》第一册,北京:中华书局,2003年,第11页。

② 有关颜当的生平事迹,参见方豪:《中国天主教史人物传》,北京:宗教文化出版社,2007年,第493—496页。

错将儒教之人视为尔教之人,而在中国异于尔教,或不识尔教之人甚多,怎可斥责为异于尔教?"赫世亨将圣旨传达给颜当,颜当惊恐叩称:"阎当聆听圣旨之后,方悟得圣人之言无不包揽,万物之理尽在其中。皇上洞悉阎当学问浅薄,不通中国礼仪。阎当委实无言可答。惟谨遵圣旨,叩请圣训。"①赫世亨再问陈修:"西洋人乃为外国人,故而不知中国礼仪。尔身为中国人,又读过孔子书,却写不出孔子之道有违于教义者何耶?"陈修叩称:"我从十岁起依靠天主堂西洋人长大,于去年随同铎罗来至京城。我不懂写文之理,仅识几字。因阎当不会写字,即令陈修写。陈修不知文内详情,只抄写阎当之文。至孔子之道与天主教义不相符等情事,陈修确实不知晓。并无他情。"颜当倒是主动承担责任:"陈修乃无知糊涂人。我不知文理,又不会写字,故令陈修代笔,此均阎当之过,与陈修无涉。"②陈修系浙江衢州西安县民,时年49岁。

7月16日(六月初七)康熙作出御批,对颜当低劣的中文程度和为人之狭隘表达强烈不满:"半半落落,无头无尾。止以略知之非是,与天主教比较而已。何无一言赞扬五伦仁义为何耶?此人心浅窄……此辈之小气之处,书之未尽。"③并命武英殿总监造赫世亨、赵昌探听其他在京西洋人及毕天祥之反应,赫、赵等因具奏:"时张诚等不胜叹赏,言皇上览严当之书数行字,即洞悉严当肺腑,臣等称颂皇上圣德,而严当自作自受,臣等亦为之惋惜,对于严当,犹如迷途知返。严当前曾以为其学问强于举人、进士,今谕令其将孔子之道与天主教不符之处,解说具奏,彼果不能写,故既愧且惊,希图无罪了结。"④7月22日(六月十三)康熙再次作出御批,一方面对多罗离京事宜妥加安排,"传谕多罗,尔若七月去,则雨水大,且值米船驶来之际,故尔坐船前行亦难,难且可畏。尔抑皇上回銮后九月去,或八月去,方为妥当。再留高庭永于此处,或带之去治尔病?"一方面指出颜当文书暴露其不通中国文史之弱点,"再览严当所书之文,严当绝不能讲

---

① 中国第一历史档案馆、中国海外汉学研究中心合编,安双成编译:《清初西洋传教士满文档案译本》,第300页。

② 同上。

③ 中国第一历史档案馆编:《康熙朝满文朱批奏折全译》,北京:中国社会科学出版社,1996年,第422页。

④ 同上。

解明白中国文史,即在此居住之众旧西洋人,亦不能全解释明白。告诉多罗,凡西洋人,朕皆一视同仁,并无辱严当之处。"①从康熙的这两道御批中可以看出,他对多罗之体恤与对颜当之轻蔑,都表现了其柔远与原则的两面。

8月初康熙在热河召见颜当,亲自考核颜当对儒家经典四书的熟悉程度。没想到颜当根本不具备解读四书的能力,连认读汉字的基本能力也不具备。康熙考问的儒家与天主教的不同之点究竟何在?颜当也不能应对。康熙见此勃然大怒,8月2日作御批:"愚不识字,擅敢妄论中国之道。"8月3日再作御批:"颜当既不识字,又不善中国语言,对话须用翻译。这等人敢谈中国经书之道,像站在门外,从未进屋的人,讨论屋中之事,说话没有一点根据。"②本来康熙对多罗以其体弱患病,颇为优待,多次派人探询多罗病情。③ 自颜当觐见以后,对多罗渐生厌恶之感。

8月17日(七月初十),康熙对多罗使华之事作出御批,明显表达对多罗的不满,声明对来华西洋教士拥有管理之权,严令地方官查问西洋教士:

> 朕以尔为教化王所遣之人,来自远方,体恤优待。尔于朕前屡次奏称并无他事,而今频频首告他人,以是为非,以非为是,随意偏袒,以此观之,甚为卑贱无理。尔自称教化王所遣之臣,又无教化王表文。或系教化王所遣,抑或冒充。相隔数万里,虚实亦难断。今博津〔白晋〕、沙国安将赏物全行带回。嗣后不但教化王所遣之人,即使来中国修道之人,俱止于边境,地方官员查问明白,方准入境耳。先来中国之旧西洋人等,除其修道、计算天文、律吕等事项外,多年并未生事,安静度日,朕亦优恤,所有自西洋地方来中国之教徒,未曾查一次。由于尔来如此生事作乱,嗣后不可不查,此皆由尔所致者。再者,尔若自谓不偏不倚,先后奏言毫无违悖,则敢起誓于天主之前乎?朕所颁谕旨,及尔所奏所行诸事,尔虽隐匿不告知教化王,然朕务使此处西洋人,赍书尔西洋各国,详加晓谕……我等本以为教化王谅能

---

① 中国第一历史档案馆编:《康熙朝满文朱批奏折全译》,第424页。
② 参见罗光:《教廷与中国使节史》,第117页。
③ 参见中国第一历史档案馆编:《康熙朝满文朱批奏折全译》,北京:中国社会科学出版社,1996年,第426、434—437页。

调和统辖尔等教徒,原来不能管理。尔等西洋之人,如来我中国,即为我人也。若尔等不能管束,则我等管束何难之有。①

康熙这道谕旨,无异暗示逐客。多罗自感不便留京,请准离京。康熙立即照准。8月20日多罗离京南下。

12月17日多罗到达南京。康熙下令驱逐颜当、何纳笃(浙江代牧),并将毕天祥遣发四川拘禁。12月18日,康熙召见在京耶稣会士,谕旨领取发票,不领票者不得留在中国:"朕念你们,欲给你等敕文,尔等得有凭据,地方官晓得你们来历,百姓自然喜欢进教。遂谕内务府,凡不回去的西洋人等,写票用内务府印给发。票上写西洋某国人,年若干,在某会,来中国若干年,永不复回西洋,已经来京朝觐陛见。为此给票兼满汉字,将千字文编成号数,挨次存记。将票书成款式进呈。钦此。"②面对康熙颁发的领票谕旨,多罗欲加抗拒,1707年1月25日在南京向所有在华传教士发出公函,传达罗马教廷有关禁止中国祭祖祭孔礼仪的决定。③

1707年4月18日(三月十六日)《康熙著闵明我等带信给罗马教王特使多罗谕》:"奉旨教西洋人带信与多罗,说你起初来时曾面奏过,谢恩之外,并没有甚么事。如今只管生事不已。我们在中国也不多,不在中国也不少,我们甚是无关。你当仰体皇上优待远臣恩典,自今以后再不可听颜珰等的言语生事。万一皇上有怒,将我们尽行逐去,那时如何?你以后悔也迟了。不如听我们的话,悄悄回去罢。"④明确警告多罗不要再惹事,以免触犯帝怒。

4月19日(三月十七日),康熙在苏州向西洋传教士再下谕旨,解释他的"领票"政策:

---

① 中国第一历史档案馆编:《康熙朝满文朱批奏折全译》,北京:中国社会科学出版社,1996年,第435页。

② 黄伯禄:《正教奉褒》第二册,收入陈方中主编:《中国天主教史籍丛编》,台北:辅仁大学出版社,2003年,第557页。

③ Ray R. Noll edited. *100 Roman Documents Concerning the Chinese Rites Controversy (1645—1941)*. San Francisco: The Ricci Institute for Chinese-Western Cultural History, 1992. pp.8—10. 中译文参见〔美〕苏尔、〔美〕诺尔编,沈保义、顾卫民、朱静译:《中国礼仪之争西文文献一百篇(1645—1941)》,上海:上海古籍出版社,2001年,第49—52页。

④ 收入中国第一历史档案馆编:《清中前期西洋天主教在华活动档案史料》第一册,北京:中华书局,2003年,第10页。

谕众西洋人：自今以后，若不遵利玛窦的规矩，断不准在中国住，必逐回去。若教化王因此不准尔等传教，尔等既是出家人，就在中国住着修道。教化王若要怪你们遵利玛窦，不依教化王的话，教你们回西洋去，朕不教你们回去。倘教化王听了多罗的话，说你们不遵教化王的话，得罪天主，必定教你们回去，那时朕自然有话说。说你们在中国年久，服朕水土，就如中国人一样，必不肯打发回去。教化王若说你们有罪，必定教你们回去，朕带信与他，说徐日昇等在中国，服朕水土，出力年久。你必定教他们回去，朕断不肯将他们活打发回去。将西洋人等头割回去。朕如此带信去，尔教化王万一再说，尔等得罪天主，"杀了罢"，朕就将中国所有西洋人等都查出来，尽行将头带与西洋去。设是如此，你们的教化王也就成个教化王了。你们领过票的，就如中国人一样，尔等放心，不要害怕领票。俟朕回銮时在宝塔湾同江宁府方西满等十一人一同赐票，钦此。①

5月24日，多罗被押抵广州。康熙遣人传令叫多罗交出教廷遣他使华的委任书，多罗未予理会。康熙只得命白晋、沙国安折回，将原定赠送教廷的礼物带回。6月25日（康熙四十六年五月二十六日），康熙一方面"传旨与广东督抚，且将多罗不必回西洋去，在澳门住着等旨"。一方面要求"有新到西洋人，无学问只能传教者，暂留广东，不必往别省去，许他去的时节，另有旨意。若西洋人内有技艺巧思或系内外科大夫者，急速着督抚差家人送来"。② 显示了康熙对多罗网开一面和对传教士限制传教、重其技艺的政策。广东地方官遂将多罗押往澳门。在澳门期间，多罗再因不愿出示其教廷委任状，又被澳门葡萄牙当局怀疑，致遭软禁。③

从1708年5月29日（康熙四十七年四月初十日）《总管内务府为转行西洋传教士何人领取信票何人未领取信票事行文礼部》可知，"嗣后凡所有西洋人领取钤印信票者，可以留住任何一堂，不得驱逐至澳门。若有

---

① 陈垣：《康熙与罗马使节关系文书》影印版（四），台北：文海出版社有限公司，1974年，第13—14页。《康熙驻跸苏州时致西洋人谕》，收入中国第一历史档案馆编：《清中前期西洋天主教在华活动档案史料》第一册，北京：中华书局，2003年，第12页。
② 中国第一历史档案馆编：《康熙朝汉文朱批奏折汇编》第一册，北京：档案出版社，1984年，第702页。
③ 有关多罗在澳门情形，参见罗光：《教廷与中国使节史》，第123—128页。

意来领取信票者,不得久留于该地,可速派往京城"。① 康熙四十五年十一月至四十七年闰三月已给发钤印信票者,名单如下表:

表5.1 1706—1708年在华西洋传教士领取钤印信票者名单

领票者	国籍	年龄	隶属教会	当时住所	领票时间
高尚德	波尔托噶尔（葡萄牙）	42	耶稣会	直隶省正定府	四十五年十一月十七日
王以仁	日耳玛尼亚（今属德国）	50	耶稣会	湖广省武昌府	十一月十七日
康和子	意大利亚（意大利）	38	方济各会②	山东省临清州	十二月二十七日
鲁保禄	意大利亚	47	耶稣会	河南省开封府	十二月二十七日
伊大仁	意大利亚	62	方济各会	山东省临清州	四十六年正月十九日
汤尚贤	罗大领日亚（今属法国）	38	耶稣会	山西省太原府	正月二十日
方全纪	意大利亚	39	耶稣会	山东省济南府	正月二十日
艾若瑟	意大利亚	48	耶稣会	山西省绛州	正月二十日
艾斯玎	意大利亚	52	耶稣会	浙江省杭州府	四月初四日
郭仲传	法郎西亚（法国）	43	耶稣会	浙江省宁波府	四月初四日
龚当信	法郎西亚	37	耶稣会	浙江省绍兴府	四月初四日
方西满	法郎西亚	46	耶稣会	湖广省武昌府	四月二十六日
殷弘绪	法郎西亚	40	耶稣会	江西省饶州府	四月二十六日

① 参见中国第一历史档案馆、中国海外汉学研究中心合编,安双成编译:《清初西洋传教士满文档案译本》,第318页。
② 《总管内务府为转行西洋传教士何人领取信票何人未领取信票事行文礼部》(康熙四十七年三月二十二日)、《总管内务府为转行西洋传教士何人领取信票何人未领取信票事行文礼部》(康熙四十七年四月初十日),所载"西洋意大利国人康和子,三十八岁,耶稣会人,现住山东省临清州"有误。参见中国第一历史档案馆、中国海外汉学研究中心合编,安双成编译:《清初西洋传教士满文档案译本》,第314、318页。康和子(Orazio,又作康合之)并非耶稣会人,而是方济各会士。

续表

领票者	国籍	年龄	隶属教会	当时住所	领票时间
马若瑟	法郎西亚	44	耶稣会	湖广省汉阳府	四月二十六日
庞克修	法郎西亚	44	耶稣会	江西省建昌府	四月二十六日
戈维理	法郎西亚	39	耶稣会	江西省抚州府	四月二十六日
聂若翰	法郎西亚	38	耶稣会	湖广省黄州府	四月二十六日
沙守信	法郎西亚	37	耶稣会	江西省抚州府	四月二十六日
赫仓壁	法郎西亚	36	耶稣会	湖广省黄州府	四月二十六日
冯秉正	法郎西亚	36	耶稣会	江西省九江府	四月二十六日
聂若望	波尔托噶尔	35	耶稣会	湖广省长沙府	四月二十六日
林安年（音）①	波尔托噶尔	53	耶稣会	江苏省江宁府	四月二十六日
孟由义	波尔托噶尔	52	耶稣会	江苏省上海县	四月二十六日
毕安	波尔托噶尔	46	耶稣会	江苏省上海县	四月二十六日
利国安	意大利亚	41	耶稣会	江苏省松江府	四月二十六日
马安能	波尔托噶尔	37	耶稣会	江苏省嘉定县	四月二十六日
阳若望②	波尔托噶尔	36	耶稣会	江苏省苏州府	四月二十六日
隆盛	法郎西亚	40	耶稣会	江苏省无锡县	四月二十六日

① 译者标以音译"林安年",《总管内务府为转行西洋传教士何人领取信票何人未领取信票事行文礼部》(康熙四十七年三月二十二日)、《总管内务府为转行西洋传教士何人领取信票何人未领取信票事行文礼部》(康熙四十七年四月初十日),收入中国第一历史档案馆、中国海外汉学研究中心合编,安双成编译:《清初西洋传教士满文档案译本》,第315、318页。查〔法〕费赖之著,冯承钧译:《在华耶稣会士列传及书目》(北京:中华书局,1995年)及〔法〕荣振华著、耿昇译:《在华耶稣会士列传及书目补编》(北京:中华书局,1995年)未见此人名。此人可能是林安言(廉)(Antonio de Silva),为南京宗座代牧。参见罗光:《教廷与中国使节史》,第120页,林安年可能不是耶稣会士,他是罗马传信部差派。

② 《总管内务府为转行西洋传教士何人领取信票何人未领取信票事行文礼部》(康熙四十七年三月二十二日)、《总管内务府为转行西洋传教士何人领取信票何人未领取信票事行文礼部》(康熙四十七年四月初十日)所载"西洋波尔托噶尔国人阳若望,三十六岁,耶稣会人,现在苏州府"中的"阳若望"疑为杨若翰(Jean de Saa,1672—1731)之误,所载国籍、年龄均与杨若翰相符,或其另名"阳若望"。收入中国第一历史档案馆、中国海外汉学研究中心合编,安双成编译:《清初西洋传教士满文档案译本》,第316、319页。杨若翰生平参见〔法〕费赖之著,冯承钧译:《在华耶稣会士列传及书目》上册,第491页。

第五章 文明的较量与权力的博弈 301

续表

领票者	国籍	年龄	隶属教会	当时住所	领票时间
顾铎泽	法郎西亚	40	耶稣会	贵州省贵阳府	四月二十六日
彭觉世	法郎西亚	38	耶稣会	江苏省崇明县	四月二十六日
张安多	波尔托噶尔	29	耶稣会	江苏省上海县	四月二十六日
金澄	波尔托噶尔	43	耶稣会	广东省廉州府	四月二十六日
德其善	波尔托噶尔	33	耶稣会	广东省雷州府	四月二十六日
郭纳璧	波尔托噶尔	77	方济各会	山东省泰安州	五月十三日
卞述济	伊斯巴尼亚（西班牙）	45	方济各会	山东省济宁州	五月十三日
景明亮	伊斯巴尼亚	41	方济各会	山东省青州府	五月十三日
南怀德	伊斯巴尼亚	39	方济各会	山东省济南府	五月十三日
巴琏仁	伊斯巴尼亚	39	方济各会	山东省临朐府	五月十三日
梅述圣	意大利亚	39	方济各会	陕西省西安府	五月十三日
叶崇贤	意大利亚	37	方济各会	陕西省西安府	五月十三日
卜嘉年	法郎西亚	43	耶稣会	陕西省汉中府	五月二十八日
孟正气	法郎西亚	41	耶稣会	陕西省西安府	五月二十八日
杨若翰	意大利亚	40	方济各会	江西省吉安府	五月三十日
穆代来	波尔托噶尔	32	耶稣会	江西省南昌府	五月三十日
傅圣泽	法郎西亚	42	耶稣会	江西省临江府	十月二十六日
毕登庸	波尔托噶尔	33	耶稣会		四十七年闰三月十六日
白维翰	波罗尼亚（波兰）	35	耶稣会		四十七年闰三月十六日
德玛诺	阿尔萨西亚（今属法国）	39	耶稣会		四十七年闰三月十六日

领票传教士共48人。① 从领票时间看,传教士们多为结伴而行。对于那些不曾领票的传教士,康熙酌情采取不同处理办法,轻则遣往广东,不准传教。"康熙四十七年三月初一日(1708年3月22日)谕:西洋波尔托噶尔国人穆德我、南怀仁、李若瑟、瞿良士、苏诺五人,着住于广东一天主堂修道,俟龙安国、薄贤士返回之后,可以一同前来,时再拟定是否给发信票。在此期间,不得传教。"②重则驱逐至澳门。"本月初八日谕:西洋法郎西亚国人孟尼、董莫爵,伊斯巴尼亚国人巴鲁茂、万多默、方济国、李国渊、罗森多、单若兰、艾正翰、单若谷此十人,着驱逐至澳门。伊斯巴尼亚国人郭多禄,着往于广东天主堂。"③"四月初八日谕:西洋法郎西亚国人何宣、意大利亚国人石提仁,着交与江宁总督、巡抚,限五天之内送往澳门,与铎罗一同回西洋。倘若伊等逾限不走,着总督、巡抚即行索解至广东之澳门。"④"五月十三日谕:西洋意大利亚国人老洪纳,限五天内驱逐

---

① 参见《总管内务府为转行西洋传教士何人领取信票何人未领取信票事行文礼部》(康熙四十七年三月二十二日)、《总管内务府为转行西洋传教士何人领取信票何人未领取信票事行文礼部》(康熙四十七年四月初十日),收入中国第一历史档案馆、中国海外汉学研究中心合编,安双成编译:《清初西洋传教士满文档案译本》,第313—320页。过去有关领票的统计,均认为47人领票,参见Kenneth Scott Latourette, *A History of Christian Missions in China*. New York: The Macmillan Company, 1929. p. 157。张泽:《清代禁教期的天主教》,台北:光启出版社,1992年,第21页。赖德烈(Kenneth Scott Latourette)一书征引此统计的原始依据是Mailla, From Peking(June 5, 1717),经查《耶稣会士冯秉正神父的信》(1717年6月5日于北京)(收入《耶稣会士中国书简集》上卷第2册,郑州:大象出版社,2005年,第184—205页)并未出现此数据。

② 中国第一历史档案馆、中国海外汉学研究中心合编,安双成编译:《清初西洋传教士满文档案译本》,第319—320页。罗光著中的译名与此小有差异。参见罗光:《教廷与中国使节史》,第120页。

③ 中国第一历史档案馆、中国海外汉学研究中心合编,安双成编译:《清初西洋传教士满文档案译本》,第320页。罗光著称有十一人,多出"郭多禄(Pedro Muñoz)",译名与此亦有差异。参见罗光:《教廷与中国使节史》,第122页。

④ 中国第一历史档案馆、中国海外汉学研究中心合编,安双成编译:《清初西洋传教士满文档案译本》,第320页。罗光译作赫宣(Pierre Herve)、施体仁(Francesco San Giorgio di Biandrate),参见罗光:《教廷与中国使节史》,第120—121页。顾卫民:《中国与罗马教廷关系史》(北京:东方出版社,2000年,第71—72页)称:"另一些传教士如巴黎外方传教士赫宣(Pierre Herve)和多罗使团成员施体仁(Francesco San Giorgio di Biandrate)等拒绝领票。康熙命地方官将他们押往广州居住。"显从罗说。

至澳门。""以上西洋人,未给发信票。"①这是我们目前可见当时领票情形最权威的中文材料依据。西文材料与中文材料的记载可能有所差异,据耶稣会士副省会长穆若瑟的记录,1708年领票的情形是75位传教士领票,43位传教士被驱逐,5名耶稣会士和1名多明我会士被限定在广州活动,领票者大多数为耶稣会士,还有方济各会士和奥古斯丁会士。被驱逐者以外方传教会成员居多。②

1710年6月8日多罗病逝于澳门。死讯传到北京,康熙谕武英殿总监造处赵昌等传旨众西洋人,还念念不忘多罗提供的奏本之错误:"多罗所写奏本,抬头错处,字眼越分,奏折用五爪龙。着地方官查问。再新来之人,若叫他们来,他俱不会中国的话,仍着尔等做通事,他心里也不服。朕意且教他在澳门学中国话语,以待龙安国信来时再作定夺。尔等意思如何?"③表达了他对西洋人遵守天朝礼仪、学习"中国话语"的重视。通览多罗使华,他先不敢在康熙面前正面宣示他的使命,后又不愿出示其身份证明,整个过程可谓"不可告人",他与康熙之间虽未明争,但不断暗斗,这就注定了他的出使以不光彩的结局而落幕。

二 嘉乐使华与康熙的博弈

康熙谕旨在华传教士"领票",明确表达了清廷对中国礼仪之争的态度。面对康熙的"领票"政策,1715年3月19日教皇克莱孟十一世发表通谕,重申1704年的禁约:"申明严示在中国之众西洋人悉知,即便遵行。如或不然,我依天主教之罚处之。自今以后,凡西洋人在中国传教或再有

---

① 中国第一历史档案馆、中国海外汉学研究中心合编,安双成编译:《清初西洋传教士满文档案译本》,第317—320页。又参见罗光:《教廷与中国使节史》,第118—122页。罗光著对领票细节西文材料有更详细的叙述。

② 转引自张国刚:《从中西初识到礼仪之争——明清传教士与中西文化交流》,北京:人民出版社,2003年,第481页。

③ 《康熙为罗马教王特使来华事致在华众西洋人谕》,收入中国第一历史档案馆编:《清中前期西洋天主教在华活动档案史料》第一册,第12页。又参见《两广总督赵弘灿等奏报查问西洋人多罗并进画像等情折》(康熙四十九年闰七月十四日),收入中国第一历史档案馆编:《康熙朝汉文朱批奏折汇编》第三册,北京:档案出版社,1985年,第7—8页。

往中国去传教者,必然于未传教之先在天主台前发誓,谨守此禁止条约之礼。"①传信部为处理多罗使华后中国礼仪之争的善后事宜,于1719年向教皇建议再次派遣特使前往中国。同年9月18日教皇克莱孟十一世在秘密御前会议任命嘉乐为出使中国的特使,加封亚历山大宗主教衔。9月30日教皇克莱孟十一世致函通知康熙,任命嘉乐接任多罗主教为宗座代表和总巡阅使。信中还讨论了中国礼仪之争的问题。②

据嘉乐1719年10月14日致北京教区伊大仁主教的信,特使团成员的名单如下:(一)特使:Carolo Ambrogio Mezzabarba。(二)不入修会的神父:1. Rutilius, 2. Domenicus Sgroi, 3. Bermardinus Campi, 4. Ferd Floravantes, 5. Joseph M. Vittomus, 6. Casim. Bentivolus, 7. Benedictus Roveda。(三)修会会士:1. Archangelus Miralta, 2. Simeon Soffietti, 3. Nicolaus Tomacelli, 4. Sigismundus Calchi, 5. Salvator Rasinus, 6. Alexander Alexandri, 7. Cassius a S. Aloisio, 8. Rainaldus M. a S. Joseph, 9. Wolfangus a Nativitate B. M. V, 10. Sosteneus Viani, 11. Dominicus Fabri, 12. Angelus M. de Burgo Sisiri, 13. Teobaldus Bobemus。(四)教友:1. Dionisius Gallardi, 2. Antonius Maldura, 3. Antonius Phil. Telli, 4. Franciscus Rasati, 5. Joseph Vicedomini, 6. Nuntius Aurelli, 7. Georgius Scipel,厨师、听差。后来实际赴华的成员有所减少,动身的人也不是都和嘉乐同船航行。③

1720年3月25日嘉乐使团从里斯本出发,经过半年的航行,9月23日到达澳门港外,26日入住澳门。10月12日进入广州。据两广总督杨琳、广东巡抚杨仁宗奏报使团人员情形:

> 西洋教化王差来使臣一人名嘉乐,业于八月二十七日船到澳门。奴才等随即差员询得嘉乐系奉差复命并贡进方物,其随从西洋人二十四名,内会画者二名,做自鸣钟时辰表者一名,知天文度数者一名,弹琴的二名,内科一名,外科一名,制药料的一名,连从前到的会雕刻

---

① 陈垣:《康熙与罗马使节关系文书》影印版(十四),台北:文海出版社有限公司,1974年,第95页。

② 中译文参见〔美〕苏尔、〔美〕诺尔编,沈保义、顾卫民、朱静译:《中国礼仪之争西文文献一百篇(1645—1941)》,上海:上海古籍出版社,2001年,第78—84页。

③ 转引自罗光:《教廷与中国使节史》,第144—147页。

者一名,共十名,系教化王着进京伺候皇上。又嘉乐自带随从人十名俱欲进京;尚有五名,系寻常修道的人留住澳门。①

与多罗使团隐瞒其出使目的不同,嘉乐使团向两广总督杨琳、广东巡抚杨仁宗通报了他们的出使使命:

> 闻西洋使臣到省并起程日期事,西洋教化王差使臣嘉乐前来复命,船到澳门,奴才等业具折奏报。今嘉乐于九月十一日抵省,奴才等公同员外李秉忠询问来由。据嘉乐说,"教化王差来专请皇上圣安并叩谢皇上恩德,有教化王表文及进贡物件,嘉乐亲自进呈"等语。其问答详细备载李秉忠折内。又据嘉乐说,初到中国,"须得几日制备行装"。奴才等见时届寒冬,现为制备皮绵衣服,定于九月二十七日起程,委员伴送跟随李秉忠来京,随从技艺人十名,内会做钟表一人,现在患病,俟调理痊愈再遣人起送。所有西洋使臣到省并起程日期,理合具折,专差兵丁李文清、萧廷佐驰驿奏闻,又员外李秉忠奏折一封一并赍送。②

显然,嘉乐使团与多罗使团相比,做了相当充分的准备,并顺从清皇的要求,随团带了十名技艺人员,以备差遣。此前,嘉乐使团的两位先遣成员费理薄(Filippus Maria Cesati)、何济格(Onorato Maria Ferrari)于七月二十二日到达广州,二十九日派人赴送来京。③ 九月十六日到达北京后,康熙谕广东巡抚调查费理薄、何济格是否系教化王差使。④

1720年10月29日嘉乐使团从广州动身北上。11月20日抵达南昌,12月25日到达北京城外窦店。《正教奉褒》记载:"康熙五十九年九月十一日,教宗钦差大臣嘉禄抵广东省垣,各宪款待甚优。二十八日,嘉钦使启节赴京,督抚将军、满汉文武各官俱送至码头。上先派李大臣至广

---

① 中国第一历史档案馆编:《清中前期西洋天主教在华活动档案史料》第一册,北京:中华书局,2003年,第31页。

② 中国第一历史档案馆编:《清中前期西洋天主教在华活动档案史料》第一册,第32—33页。

③ 收入中国第一历史档案馆编:《康熙朝汉文朱批奏折汇编》第八册,北京:档案出版社,1985年,第720页。

④ 参见陈垣:《康熙与罗马使节关系文书》影印版(八),台北:文海出版社有限公司,1974年,第25—27页。

东,令伴送钦使来京。至是,李大臣同粤督委员由水陆护送北上。十一月二十七日,嘉钦使抵京。上遣赵大臣迎至畅春园驻帐,即蒙颁御馔果品。"①由此可知,嘉乐到北京之初,是安排住在畅春园。

有关嘉乐来京前段行程详见《嘉乐来朝日记》(康熙五十九年十一月二十五日至十二月二十四,阳历 1720 年 12 月 23 日至 1721 年 1 月 19 日)。

十一月二十五日(12 月 23 日) 康熙差伊都立、赵昌、李国屏、李秉忠等前去传旨与嘉乐:"尔九万里远来称系教王使臣,真假莫辨,因问在京众西洋人,俱云是教王所使。朕轸念远来且系外国使臣,朕必曲赐优容以示柔远至意,尔在广东并在途中但云教王差臣。"嘉乐请皇上安,谢皇上爱养西人重恩。

十一月二十六日(12 月 24 日) 伊都立、赵昌、李国屏、李秉忠至琉璃河传旨嘉乐,询来使目的,嘉乐答称:"远臣嘉乐实是教王所使。教王使臣请皇上安,求皇上隆恩有两件事:一件求中国大皇帝俯赐允准,着臣管在中国传教之众西洋人;一件求中国大皇帝俯赐允准,着中国人教之人俱依前岁教王发来条约(禁约)内禁止之事。"

十一月二十七日(12 月 25 日) 伊都立、赵昌、李国屏、李昌忠到拱极城传旨嘉乐:"尔教王所求二事,朕俱俯赐允准。但尔教王条约与中国大道理大相悖戾。尔天主教在中国行不得,务必禁止。教既不行,在中国传教之西洋人,亦属无用。除会技艺之人留用,再年老有病不能回去之人,仍准存留;其余在中国传教之人,尔俱带回西洋去。且尔教王条约,自行修道,不许传教。此即准尔教王所求二事,此旨既传,尔亦不可再行乞恩续奏。尔若无此事,明日即着尔陛见。因有此更端,故着尔在拱极城且住。再严跻原系起事端之人,尔怎不带他同来? 钦此。"

嘉乐请将教王表章求皇上赐览。

十一月二十八日(12 月 26 日) 到拱极城传旨嘉乐:"朕之旨意前后无二,尔教王条约与中国道理大相悖谬。教王表章,朕亦不览。尔即回去,西洋人在中国行不得教,朕必严行禁止。本应命尔入京陛见,因道理

---

① 黄伯禄:《正教奉褒》第二册,收入陈方中主编:《中国天主教史籍丛编》,台北:辅仁大学出版社,2003 年,第 564 页。

不合，又生争端，尔于此即回去，明日着在京众西洋人于拱极城送尔。西洋人中有不会技艺之人，尔俱带去。再尔等问嘉乐带来会技艺九人，伊等情愿效力者，朕留用。不愿在中国者，即同回去，朕不强留，钦此。"

嘉乐回奏："哀恳皇上天恩。臣一路海中来，身体疲惫，容臣候至明年开河时于水路回广东去，未知可否？求代为转奏。随遵旨问：会技艺之九人，独会天文之陆嘉爵一人愿同嘉乐回去，其余八人俱愿在中国与皇上效力。"

十一月二十九日（12月27日） 伊都立等传旨嘉乐，将罪加在严珰、德里格身上："朕今以国法从事，务必敕尔教王，将严珰送来中国正法，以正妄言之罪。德里格之罪，朕亦必声明，以彰国典。"

嘉乐恳请来官代奏："只求皇上隆恩，将教王表章并发来禁止条约赐览。其中有合中国道理者，亦求皇上准令入教之人依行。有不合中国道理者，亦求皇上明示。臣嘉乐系使来之人，不能违教王命。能遵旨改正者，臣即遵旨奉行。臣不能自己改正者，即寄字与教王，明白传皇上旨意。"

康熙同意览表章及禁约。太监陈福传旨，着嘉乐及随行人员"俱移来在五哥房内暂住"。

十二月初一（12月29日） 李秉忠向嘉乐处要求教王表章底稿一张、条约底稿一张，俱西洋字。着在京众西洋人公同译出呈奏。①

十二月初二（12月30日） 康熙"遣乾清门头等侍卫宗室勒什亨、御前侍卫佛伦莱保存问嘉乐。伊都立、赵昌、李国屏、李秉忠等领在京众西洋人以西洋礼相见。嘉乐于侍卫前跪请圣安，叩头谢恩"。嘉乐表示："臣

---

① 八项准许事项：一、准许教友家中供奉祖宗牌位。牌位上只许写先考先妣姓名，两旁加注天主教孝敬父母的道理。二、准许中国对于亡人的礼节，但是这些礼节应是非宗教性质的社会礼节。三、准许非宗教性质的敬孔典礼。孔子牌位若不书灵位等字，也可供奉，且准上香致敬。四、准许在改正的牌位前或亡人的棺材前叩头。五、准许在丧礼中焚香点烛，但应声明不从流俗迷信。六、准许在改正的牌位前或亡人棺材前供陈果蔬。但应声明只行社会礼节，不从流俗迷信。七、准许新年和其他节日，在改正的牌位前叩头。八、准许在改正的牌位前，焚香点烛，在墓前供陈果蔬。但俱应声明不从流俗迷信。Ray R. Noll edited. *100 Roman Documents Concerning the Chinese Rites Controversy (1645—1941)*. San Francisco：The Ricci Institute for Chinese-Western Cultural History，1992. p. 57. 中译文参见顾卫民：《中国与罗马教廷关系史略》，北京：东方出版社，2000年，第77页。

在西洋不知严珰、德里格之事。臣今闻此旨意方得知道,且臣得觐天颜,喜不自胜。臣惟有凡事遵旨,求皇上教导。"奏毕,向在京众西洋人云:"我奉教王命,远来中国,谕尔众人,当同心和睦,勿生争竞,仰报皇上历年豢养隆恩。"

十二月初三(12 月 31 日)　康熙"御九经三事殿,筵宴嘉乐。嘉乐着本国服色,于丹陛下进教王表章。上特命引至御前,亲接表文。嘉乐行三跪九叩礼毕,命坐于西班头等大人之次,赐上用克食,上亲赐酒一爵,问嘉乐云:'朕览西洋图画内有生羽翼之人,是何道理?'嘉乐奏云:'此系寓意天神灵速,如有羽翼,非真有生羽翼之人。'上随谕:'中国人不解西洋字义,故不便辩尔西洋事理。尔西洋人不解中国字义,如何妄论中国道理之是非?朕此问即此意也。'"

"上念天寒,外国衣服甚薄,赐嘉乐亲御貂褂一件。"

这是嘉乐第一次觐见康熙。

十二月初五(1721 年 1 月 3 日)　"西洋使臣嘉乐进献教王所贡方物。上赐嘉乐鼻烟壶一个、火镰包一个、荷包四个、法琅碗二个、葫芦瓶一个。复传旨问嘉乐,'尔教王遣尔远来。朕念远人,特赐尔殊恩,尔亦当先遣人回西洋通知尔教王方是。'"

这是嘉乐第二次觐见康熙。

十二月初六日(1 月 4 日)　康熙"赐嘉乐貂冠一顶、青狐袍一件、里衣二件、靴袜全分"。

十二月初七日(1 月 5 日)　"嘉乐进献方物。上赐克食。"

十二月十二日(1 月 9 日)　康熙遣伊都立、赵昌尔等传旨嘉乐,"伊欲先差人回西洋去,当即料理遣人驰驿往广东,趁明岁二月回小西洋船起程之便回去,迟则不及矣。钦此"。嘉乐回奏,"求皇上赐臣陛见教导,以便寄书与教王"。

十二月十三日(1 月 10 日)　康熙召嘉乐及其随行人员至清溪书屋,面谕嘉乐:"当于随尔来人中出二人回西洋去传谕朕恩。朕旨意无多语:一、教王遣尔来谢恩,朕深嘉念;二、教王遣尔来请安,朕躬康健,尔等所目睹;三、教王所贡方物,朕念远人胥服之情,俯赐存留。只此三事,当写出与尔,以便译西洋字寄去。钦此。"写出上谕一件。

这是嘉乐第三次觐见康熙。

十二月十七日(1月14日) 康熙召嘉乐及其随行人员与在京众西洋人至渊鉴斋,上面问嘉乐:"有何辨论道理之处,尔当面奏,中国说话直言无隐,不似尔西洋人曲折隐藏。朕今日旨意,语言必重。且尔欲议论中国道理,必须深通中国文理,读尽中国诗书,方可辨(辩)论。朕不识西洋之字,所以西洋之事朕皆不论。即如利玛窦以来,在中国传教有何不合尔教之处?在中国传教之众西洋人,如有悖尔教之处,尔当带回西洋,照尔教例处分。尔逐一回奏。"嘉乐随奏:"利玛窦在中国有不合教之事,即如供牌位与称天为上帝,此即不合教处。"上谕嘉乐:"供牌位原不起自孔子,此皆后人尊敬之意,并无异端之说。呼天为上帝,即如称朕为万岁,称朕为皇上。称呼虽异,敬君之心则一。如必以为自开辟以至如今,止七千六百余年,尚未至万年,不呼朕为万岁,可乎?且此等事甚小,只合向该管衙门地方官处议论,不合在朕前渎奏。"嘉乐随俯伏叩首,奏称:"臣嘉乐哀恳皇上,教王使臣来中国,止为请皇上安、谢恩,并不许臣辨论中国道理,臣亦不敢辨论。惟有嘱咐众西洋人同心和睦、竭力报效,仰答皇上隆恩,于天主前保祐皇上万寿无疆。"

这是嘉乐第四次觐见康熙。

十二月十八日(1月15日) 伊都立、张常住、赵昌、李国屏、李秉忠等谨奏:"为遵旨议奏事。据嘉乐奏称'教王使臣来中国,得觐天颜,臣受皇上殊恩,有加无已。臣甚愿寄字与教王去差随臣来,利若瑟、罗本多二人回去'等语。今将嘉乐通知教王之书,着嘉乐写出交与旧西洋人等译出呈览过,再行寄去。其利若瑟、罗本多往广东,云现有广东总督、巡抚之人在此,即将利若瑟、罗本多交与总督、巡抚之人照管,由驿站送去,仍寄字与总督、巡抚。利若瑟、罗本多到时于明年二月内趁回小西洋船之便,将利若瑟、罗本多急速照看起程可也。"康熙周围的西人对此意见不一。

十二月二十一日(1月18日) 将众西洋人俱带往嘉乐处,将教王条约译出汉字折一件,于十二月二十一日呈览。康熙朱批:"览此条约,只可说得西洋人等小人,如何言得中国之大理。况西洋人等无一人通汉书者,说言议论令人可笑者多。今见来臣条约竟是和尚道士,异端小教相同,彼此乱言者莫过如此。以后不必西洋人在中国行教,禁止可也,免得多事。"

嘉乐闻此旨意惶惧之至,随写西洋字回奏之言,又跪奏云:"臣嘉乐来时,教王还付与臣《条约解说》一张,已经奏过,仍求请皇上再赐全览。臣能遵旨行者即遵旨行。"

本日将西洋字着众西洋人译出。

十二月二十二日(1月19日) 同先译出教王《条约解说》汉字折一件奉奏,康熙朱批:"朕理事最久,事之是非真假,可以明白。此数条都是严珰当日御前,数次讲过使不得的话。他本人不识中国五十个字,轻重不晓,辞穷理屈,敢怒而不敢言,恐其中国致于死罪,不别而逃回西洋,搬阄是非,惑乱众心,乃天主教之大罪,中国之反叛。览此几句,全是严珰之当日奏的事,并无一字有差。严珰若是正人,何苦不来辨别?"

传旨嘉乐:"尔教王条约内,指中国敬天拜孔子诸事有异端之意。尔不通中国文理,不知佛经道藏之言,即如尔名'嘉乐',乃阿杂里喇嘛之言。先来之多罗,系佛经多罗摩诃萨内之字。曾在中国行不合尔教之事,于五十四年内曾告过赵昌、王道化。其告人之字,现在尔等可带去同众西洋人,着德里格翻与嘉乐看。朕必将前后事体明白写出,刷印红票,付鄂罗斯带去传与西洋各国。"

十二月二十三日(1月20日) 康熙召嘉乐并众西洋人等至清溪书屋,面传谕旨:"朕先已有旨,辩论道理,语言必重。尔西洋人自己流入异端之处,自己不知,反指中国道理为异端。及至辩论之际,一字又不能回答。且中国称上帝,人人皆知,无不敬畏。"

这是嘉乐第五次觐见康熙。

十二月二十四日(1月21日) 康熙召嘉乐并众西洋人等至清溪书屋,面传谕旨:"尔既如此再三哀恳,朕将严珰、德里格等之事仍从宽不究。"嘉乐一闻此旨,感激涕零,叩首不已。随嘉乐来众西洋人无不心悦诚服,翕然称善。

嘉乐表示,"臣自己回去传皇上旨意,方能明白。求皇上隆恩,命臣自己回去。"

奉旨:"目今茚近,尔于明岁再定回去日期。今事体俱已明白,朕之旨意尔亦全晓。尔系使臣,辩论道理之时,朕必直言无隐。尔既不复争辩,朕仍前优待。朕原视中外为一家,不分彼此,尔可少息一二日,京城内天主堂随尔便居住,以副朕怀柔至意,钦此。"①

这是嘉乐第六次觐见康熙。

《嘉乐来朝日记》记载到此。嘉乐六次觐见康熙,双方会谈经过了两个回合。第一个回合是嘉乐向康熙提出两项要求:一是允准其管理在华传教士之权。二是允准中国入教之人遵守教皇所发来条约内禁止之事。这两项要求均为康熙所坚拒。第二个回合是嘉乐要求康熙赐览教王表章及禁约,合乎中国道理者,请允入教者遵行,不合者请明示,以便修改或转达教王。康熙答复"西洋人不解中国字义,如何妄论中国之是非",实际回绝了嘉乐这一请求。双方就利玛窦的传教策略展开辩论。由于康熙坚持"禁教",嘉乐被迫交出教皇《条约(禁约)解说》一张,即"八项特准"。因"解说"是依照康熙旨意,对教皇《禁约》作了修正与解释,故康熙对嘉乐的态度逐渐和缓,甚至表示对严珰、德里格之事从宽不究。

此外,方豪先生另发现三件文献:(甲)藏于罗马传信部档案处"东方文件",编号为 1721 年 120—第 18 页,其内容大部分与《康熙与罗马使节关系文书影印本》第十三件《嘉乐来朝日记》相同。②(乙)(丙)藏于梵蒂冈图书馆,编号为 Borg. Cin. 439,511。其中文件乙记载康熙五十九年十二月二十九日(1 月 26 日)、三十日(1 月 27 日)、六十年正月初一(1 月 29 日),嘉乐三次进宫觐见康熙,与康熙一起吃年饭,以及给康熙拜年的经过:

> (康熙五十九年十二月)二十九日旨意叫嘉乐进朝内见皇上,问嘉乐许多话,赏克食。皇上望西洋内科乌尔达说玩话:"你治死了多少人?想是尔治死的人,比我杀的人还多了。"皇上大笑,甚喜欢。又赐嘉乐葫芦一个,做的各样花草玩的东西,晚出来。赏馎馎桌子一张。

---

① 中国第一历史档案馆编:《清中前期西洋天主教在华活动档案史料》第一册,北京:中华书局,2003 年,第 36—47 页。陈垣:《康熙与罗马使节关系文书》影印版(十三)为《嘉乐来朝日记》,台北:文海出版社有限公司,1974 年,第 40—85 页。内容与上相同。

② 据方豪先生考证,"文件甲无年月,但似在嘉乐到琉璃河后,尚未进入北京之前,回答李秉忠代皇上提出的问题"。部分文字为《嘉乐来朝日记》所无。参见方豪:《中国天主教史人物传》,第 458—459 页。此条亦为阎宗临先生发现,参见《嘉乐来朝补志(一)》,收入氏著《中西交通史》,桂林:广西师范大学出版社,2007 年,第 124—125 页。

> 三十日皇上在中和殿筵宴嘉乐、鄂罗斯使臣、跟嘉乐的西洋人三个：巴木、李若瑟、娃，进去吃宴，各样库门、音乐都给嘉乐看。嘉乐进东西四样：万年护身神位一尊、作的各样西洋纸、第一盒玻璃器皿、宝石烟盒。皇上收二样：护身神位、作的各样做纸菓子。
>
> 初一日，嘉乐上朝，皇上赐吃食，特此具禀。①

文件丙记载康熙六十年正月十二、十三、十四、十五、十六、十七、十八日(2月8日至14日)情形，其中十四、十五、十六、十七、十八日嘉乐五次应邀入宫与康熙共宴：

> 正月十二日，嘉乐进宫，皇上没见叫赐吃食。十三日也没见赐吃食。十四日，筵宴达子阿罗素西洋人摔跤各样玩意。皇上问加乐："西洋有没有？"加乐起奏："也有有的，也有无的。"十五日，嘉乐又进去吃宴，至晚，叫看烟火。十六日也是这样。又十六、十七俱赏吃食。十八日叫加乐进去赏宴，叫老公格子歌舞。皇上问加乐："朕要赐卜尔拖噶尔国王的东西，你带得去吗？"加乐启奏："带得去。"皇上差赵大人、李大人赐教化王灯三对，卜尔拖噶尔国王灯三对。还有磁器二箱、珐琅二箱、日本漆器二箱、玻璃器二箱。皇上说："我还想些东西赐他们，叫奎大人看看，作箱子，装这些东西。千总等同奎大人送东西到天主堂。"李大人吩咐千总等："皇上二十六日往陵上去。"意思还要我们送加乐回去。你们等着才是，起身日子还未有定。特此具禀。②

此后，"2月26日，嘉乐特使进宫至太和殿，观看皇上赐给特使和特使团员的礼物。27日，再进宫接收新的赐品。但是两次康熙都未出见。3月1日，康熙才盛仪接见特使，准他动身往罗马"。"3月3日，嘉乐宗主教由北京动身南下。"③到此才结束了北京之行。

嘉乐在京时还做了两件事值得一记：一是在海淀购买了一处房子。

---

① 转引自方豪：《中国天主教史人物传》，第460页。此条亦为阎宗临先生发现，参见《嘉乐来朝补志(二)》，收入氏著《中西交通史》，第125—126页。

② 转引自方豪：《中国天主教史人物传》，第460—461页。此条亦为阎宗临先生发现，参见《嘉乐来朝补志(三)》，收入氏著《中西交通史》，第126页。

③ 罗光：《教廷与中国使节史》，第168页。

据载,"1721年2月17日他(指嘉乐——引者按)在海淀畅春园对面买下一处房子,在与康熙交涉期间就住在那里。回国时他把房子留给了马国贤神父,供传信会的神父使用"。①马国贤在《清廷十三年》也提到这处房子:"回到北京后,我在一个住在宫殿附近的忏悔者的房子里建了一所小教堂,这样,附近的天主教妇女可以履行她们的宗教职责了。这个计划的成功,出乎我的意料。我还在北京建了另一所小教堂,地址是在畅春园,两所小教堂都是专为妇女设立的。"②马国贤所讲的这所海淀小教堂,应为嘉乐所购。二是嘉乐将其携带的书籍留在了西堂。据统计,"这些书籍共有51种69册。除了一本尼古拉·德·费尔(Nicolas de Fer)的《地理学及地球史导论》是法文书外,其余均为拉丁和意大利文书。最多的是关于教规和民法的,共20册"。③ 这些书籍后来由西堂转到南堂,再到俄罗斯东正教驻京传教团,最后又返归北堂,是北堂西文善本藏书的珍籍。

《天主教传行中国考》对嘉乐在京全程略有记载:"使臣于康熙五十九年十一月抵京,皇上遣大臣迎迓,礼待甚优。时皇上驻跸畅春园,连召见十一次,赐宴筵两次。上亲执金樽劝饮,又释御服貂套赐钦使,嘱钦使如有所求,尽可昌言无隐,当无不允者。钦使见机会可乘,求准中国教民,于敬孔子及敬祖先之礼,悉尊教皇训谕。因将译出之教皇谕旨进呈御览。皇上览毕,殊形拂意,用硃笔将谕旨任意涂改,所求未允。钦使见事难谐,于明年三月间,陛辞出京南下。"④

1721年11月4日,嘉乐在澳门向在华及周围国家的主教和传教士们发出牧函,解释了"八项准许",要求传教士们服从教宗。1742年7月5日教皇本笃十四世发布长篇《自上主圣意》宪章,它"被认为是有关中国礼仪的

---

① 〔法〕惠泽霖原著,李国庆译注:《北堂书史略》,收入北京遣使会编:《北堂图书馆藏西文善本目录》,《附录部分》北京:国家图书馆出版社,2009年,第26页。
② 〔意〕马国贤著,李天纲译:《清廷十三年——马国贤在华回忆录》,上海:上海古籍出版社,2004年,第84页。
③ 〔法〕惠泽霖原著,李国庆译注:《北堂书史略》,收入北京遣使会编:《北堂图书馆藏西文善本目录》,《附录部分》,北京:国家图书馆出版社,2009年,第27页。
④ 刘准:《天主教传行中国考》,收入陈方中主编:《中国天主教史籍丛编》,台北:辅仁大学出版社,2003年,第190页。

最后的、也是最明确有力的决议,它包括了多份以前发布的教令和文件"。①通过这一文件可以看出,反对祭祖祭孔一派的意见在传教士内部占了上风。到此,长达一个多世纪的"中国礼仪之争"在教会内部暂告一段落。方豪在评估"中国礼仪之争"的严重后果时认为,"乃使雍正以后一百二十年间,天主教上为朝廷与地方官所禁止,下为民间所排斥"。②徐宗泽也认为:"雍乾嘉道之时代,为中国天主教史上最悲惨之时代;圣教遭难,约历一百五十年之久,教士隐迹,教友避难,不敢公然行敬礼天主之事。"③

结　语

通观康熙对多罗、嘉乐访华的处理,可以看出他表现出相当的大度和体恤。多罗到北京之初,即病倒卧床,康熙速派官员前往看望,多罗服药后病情好转,食欲渐佳。赫世亨与赵昌等随时探望奏报。考虑到多罗患病,康熙召见时,免其跪拜之礼。对于多罗无礼抗拒,拒不交出教皇任命书一事,康熙也表现出了极度的容忍。嘉乐在京三个多月,康熙十余次接见嘉乐,嘉乐提交的"八项准许",康熙并未予以驳回,嘉乐离京时,又赠其礼物,款待不可谓不周到。在面对"中国礼仪之争"时,康熙充分了解罗马教廷方面的立场,正因为如此,他多次表明其对利玛窦"适应策略"的赞赏,并向嘉乐耐心解释中国祭祖敬孔的传统礼俗。康熙考虑到教廷难以更改的立场,在款待来使和处理传教士时,做到了有理(如对颜当的处理)、有利(团结并保护在京耶稣会士)、有节(传令来华传教士"领票"而未禁教)。但罗马教廷方面并没有理解康熙当时所做的这些忍让和努力,坚持禁止中国天主教徒参与尊孔、祭祖的礼仪,这就预示着这场文明冲突有持续发展甚至升级的可能。④此后,罗马教皇禁止中国礼仪,清朝则在雍正、乾隆、嘉庆三帝期间继续推行严厉的"禁教"政策。

---

① 中译文参见〔美〕苏尔、〔美〕诺尔编,沈保义、顾卫民、朱静译:《中国礼仪之争西文文献一百篇(1645—1941)》,上海:上海古籍出版社,2001年,第88—115页。
② 方豪:《中西交通史》下册,长沙:岳麓书社,1987年,第1009页。
③ 徐宗泽:《中国天主教传教史概论》,上海:上海书店出版社,1990年,第269页。
④ 相关的讨论参见冯明珠:《坚持与容忍——档案中所见康熙皇帝对中梵关系生变的因应》,收入《中梵外交关系史国际学术研讨会论文集》,台北:辅仁大学历史学系印行,2002年,第145—182页。

第六章

16—18世纪葡萄牙、荷兰遣使的"北京经验"

16世纪,西方殖民者乘桴东来。捷足先登者有葡萄牙、荷兰、西班牙。他们凭借航海技术的优势,到达中国东南沿海一带。1553年(嘉靖三十二年)葡萄牙人定居澳门,开始与中国的正式交往。中葡两国的关系经历了一个漫长、复杂的过程。葡萄牙以其拥有对亚洲"保教权"为背景,以占据澳门为跳板,与中国展开联系,千方百计寻机赴京,与明、清两朝商谈,争取通商、传教的机会。18世纪以前,葡萄牙几乎主导西欧与中国的关系;即使在18世纪,葡萄牙在欧洲与中国交往中,也扮演重要的角色。

1624年荷兰殖民者入侵台湾,建立据点——赤嵌城炮台(Fort Zeelandia),开始其对台湾长达三十七年的殖民统治。荷兰在亚洲的殖民地为巴达维亚,其经营组织机构为东印度公司。有清一代,荷兰四次遣使入京,努力寻求与清朝建立贸易关系。

葡萄牙、荷兰是鸦片战争前向北京派遣使团最多的两个西欧国家。他们按照清朝的礼制行三跪九叩首的礼仪,被置于与藩属同等的朝贡国行列。葡、荷两国在其所企求的自由贸易上无所进展,这一方面固然是清朝坚守传统的朝贡制度所致,一方面也与葡、荷两国本身鞭长莫及、实力不足有关。葡、荷两国与清朝的交往,开始显露出与传统朝贡体系不相容的某些新特质。葡萄牙、荷兰两国遣使的"北京经验",为我们研究中西早期交往史提供了一个值得解剖的标本。

一　平托《远游记》中的北京

美国学者马士曾称:"西方海洋国家最初同中国发生直接关系的是葡萄牙。"①如果从明朝算起,这句话也许可以修正为,在欧洲国家中,葡萄牙堪称最早与中国发生关系的国家。葡萄牙之所以获得此先机,主要是基于两个条件:一是它拥有在亚洲的"保教权"(Royal Patronage)。"葡萄牙历代国王声称,按格列高利十三世(Gregory XIII)和格勒门特八世(Clement VIII)敕书的规定:其一,任何从欧洲前往亚洲的传教士,必须取道里斯本,并获得里斯本宫廷的批准(该宫廷有权批准或加以拒绝)。肯定国王有保教的特权。其二,葡萄牙国王不但有权建筑教堂,派传教士和主教掌管领地内的教会;而且有权分派神甫和劳动者,到建在独立于葡萄牙之外的亚洲异教国家的教会去工作。"②二是它发达的航海事业。"葡萄牙人在15和16世纪的航海知识领域处于领先地位的有力证据之一就是,葡萄牙人大量参加自15世纪以来欧洲其他各国所进行的海上扩张的尝试。有着丰富海上航行经验的水手、技术人员和船长的数目之大以至尚待开发的广阔土地已不能满足他们的行动需要,不足以实现他们的雄心大志。……他们在西班牙海外扩张中起到了重要而直接的作用。与此同时,他们对其他国家,如荷兰、英国和法国海外扩张的影响是间接的,主要通过传播其航海学来进行。"③这两项条件,为葡萄牙向东方的殖民开拓提供了极大的便利。

早在16世纪,北京就已进入葡萄牙人的视野。葡萄牙籍耶稣会士费尔南·门德斯·平托(Fernão Mendes Pinto,1514—1583)曾于1537—1558年赴东方旅行,1558年回到里斯本。在其晚年,他回忆自己在东方的见闻、漫游经历,于1576年撰成手稿——《远游记》。1603年5月25日

---

① 〔美〕马士著,张汇文译:《中华帝国对外关系史》第一卷,上海:上海书店出版社,2000年,第45页。
② 〔瑞典〕龙思泰著,吴义雄、郭德焱、沈正邦译:《早期澳门史》,北京:东方出版社,1997年,第174页。
③ 〔葡〕雅依梅·科尔特桑著,王庆祝、朱琳等译:《葡萄牙的发现》第六卷,北京:中国对外翻译出版公司,1997年,第1421页。

提交宗教裁判所审查,1613年6月16日获准印刷,1614年以葡萄牙文初版问世。此书后在欧洲广为流传,各种译本接踵问世。① 它是自《马可波罗行纪》之后,又一部对西方产生重要影响的中国游记作品。它以相当的篇幅介绍了平托因被俘、从南京被押往北京并遭囚禁的经历,这构成全书的一条重要线索。② 作者在京期间因囚犯身份的限制,不可能自由游览北京,但书中对北京充满夸张、羡慕、虚构的描写,反映了葡萄牙人极其仰慕北京这座中华帝都的心态。

《远游记》涉及北京的情节从第九十四章《中国早期四座城市的创始人及北京城的雄伟壮观》开始,该章有一段记叙辽金至元初时期北京城的历史:

> 好象是主年一一一三年,北京城为敌人所攻陷,被洗劫,夷为平地共二十六次。但当时人口众多,国王富有。据说其时当政的国王叫西西宝,于二十三年进城修起了一堵墙。八十二年之后,其孙容皮雷台国王(Jumbileytay,按:疑指忽必烈)又筑起了第二道墙。这两堵围墙共长六十里格,每堵长三十里格。还是讲得详细些为宜:长为十里格,宽为五里格。据书记载,共有一千零六十座圆堡,二百四十座结实、宽敞、高耸的塔楼,其顶颜色多变,光彩夺目。上面都有屹立在绣球之上的雄狮,此乃中国皇帝的徽记,意思是说他是盘踞世界王位的雄狮。③

这可能是西文文献首次提及辽金至元初北京城的历史记载,内容虽不够准确,但显现了这段历史的线索。作者放眼世界城市,对北京的城市地位给予了高度评价:"北京城从其巨大的规模、文明制度、富有及其他任何方面来讲,堪称世界都会之首。"④

---

① 有关《远游记》作者、译本的介绍,参见金国平:《中译者序言》,收入〔葡〕费尔南·门德斯·平托著,金国平译:《远游记》上册,澳门:澳门基金会,1999年,第Ⅰ—Ⅱ页。
② 参见姚京明:《平托〈远游记〉里的中国想象》,载《文化杂志》2004年冬季,第52期。作者认为另一条线索是讲述平托作为海盗在中国沿海历险的过程。这样平托从沿海到江南,又从江南到塞外,穿越大半个中国,他的历险经历编织了一则具有传奇色彩的"中国故事"。
③ 〔葡〕费尔南·门德斯·平托著,金国平译:《远游记》上册,澳门:澳门基金会,1999年,第272页。
④ 同上书,第272页。

第九十五章《那位中国皇帝建筑了将中华帝国和鞑靼帝国分隔开的城墙及城中的监狱》对明长城的建构和规模做了详细报道。作者对明朝修建长城的缘起及过程应当说有相当的了解,明朝皇帝因害怕不能抵御鞑靼人的侵略,"决定沿四周国界筑一长墙",得到了黎民百姓的拥护。"为了资助这一重要的工程,民众捐资一万担白银,按一千五百鲁扎多为一担白银计算的话,共折合我们的钱一千五百万克鲁扎多。据说,此后在整个工程期间有二十五万人义务劳动,其中各种能工巧匠三万人,余为一般劳工。"①从史书中作者获知,"用了二十七年时间便在这两个帝国中间筑起了一道横贯东西的高墙"。"总长为七十绕乌。按照我们的计算法,每绕乌为四里格半,一共是三百一十五里格。据说长年参加此工程的人达六十五万,其中三分之一为义工,另外三分之一由僧侣和海南岛摊派,其余三分之一由国王及王子,各领主,政府的巡按御史和按察史摊派。"②平托自称实地考察过长城,在西文文献中这极有可能是首次留下了对明长城的记载,"这墙我亲眼看过数次,还丈量过它。一般是高六呵左右,最宽处为四十掌,从地面到四呵处为一平台,外侧为一斜坡,上面涂有沥青作为灰浆。这一斜坡的宽度为城墙的两倍,因此整个城墙坚固无比,足以抵御一千门攻城炮的轰击。没有垛楼或城堡,但有许多两层的岗楼,都建在一些黑木桩上"。整个长城"蜿蜒起伏","有时沿峭壁而筑,显得更加坚不可摧。这样没有山的地方筑城,有山的地方利用天险作为屏障"。"三百一十五里格的全长仅有五个出入口。"平托甚至知晓长城的驻军,"整个长城有三百二十个守卫营,每营为五百人,共有守军十六万人,此外还有许多法官,按察使和巡按御史的听差,武捕及其他行政人员。据华人言称,长城上常驻二十万人,国王只负担给养"。③

由于身为囚犯的经历,平托记载了北京监狱的情形,这是难得一见的宝贵材料。"这也是一座宏伟壮观的建筑物。狱犯常常被派到长城去做工。犯人在三十万以上,几乎所有人或大部分人的年龄在十八至四十五岁之间。其中有许多贵族、富人和德高望重的人,因犯了重罪而被关押在

---

① 〔葡〕费尔南·门德斯·平托著,金国平译:《远游记》上册,第274页。
② 同上书,第274—275页。
③ 同上书,第275页。

此。在此服无期徒刑等于被派到长城去做工。"①

第一百章《我们如何抵达北京,被押的监狱及狱中经历》记载了平托在北京监狱中的经历。平托是1541年10月9日被押送到北京,随后他们"三人一组被投入一个名叫各房热乌塞尔卡的监狱中"。② 在狱中,平托并未受到想象的凌辱和折磨,反而通过经历大理寺的审判,见证了中国司法的公正。"我们被判了一年刑,但只要服八个月,其中的四个月,也就是四分之一时间,国王看在上帝的情分上,鉴于我们是些穷人,对我们恩免了,这样我们要服八个月的刑。如果我们是有财有势的人的话,国王是不会恩免我们的。"③从第一零一章到第一零四章介绍了他们被审讯、判决的经历,与其说是在诉说自己的不幸遭遇,不如说是在介绍中国合理的司法制度。

第一零五章《关于中国皇帝常驻的北京城的一些消息》,此章主要是介绍北京"城中的富庶、宏伟、文明、政体及法律制度,全国供应系统、退伍军人的待遇及其它诸如此类的事情"。平托承认:"要想谈更多的事情实为我能力不及,我无足够的知识去叙述北京城的气候、所在的经纬度。"④他根据自己发现的一本《燕京神都》的小册子,结合自己的所见所闻,对北京城的概貌做了描绘。他确定北京的地理位置"位于北纬四十一度",⑤这是我们所见关于北京纬度最早的较为精确记载。对北京城墙、城门的描述则是根据《燕京神都》的材料,"据华人声称,全城四周有墙。后来我在一本描写北京城的书《燕京神都》⑥中看到他也是这样写的。我还把这本书带到了葡萄牙。城墙方圆三十里格,长十里格,宽五里格。也有一说方圆五十里格,长十七里格,八里格宽。一些人说是三十里格,另外一些

---

① 〔葡〕费尔南·门德斯·平托著,金国平译:《远游记》上册,第275页。
② 同上书,第292页。
③ 同上书,第305页。
④ 同上书,第307页。
⑤ 同上书,第307页。一译为"北京城地处北纬四十五度",参见〔葡〕费尔南·门德斯·平托著,王锁英译:《葡萄牙人在华见闻录》,澳门:澳门文化司署、东方葡萄牙学会,海口:海南出版社、三环出版社,1998年,第199页。
⑥ 《燕京神都》(Aquesendó),一译为《亚洲圣都》,参见〔葡〕费尔南·门德斯·平托著,王锁英译:《葡萄牙人在华见闻录》,第199页。两译著文字可能因所据原作版本有异而明显不同。

人说是五十里格。我会根据我自己的亲眼所见来解释这一疑团"。① 接着,对北京城内城外的建筑、街区、村落、陵墓逐个加以介绍:

> 城中,华屋广厦遍布,方圆为三十里格,符合第一种说法。城墙共两道,十分坚固,上面有许多我们式样的塔楼、碉堡。城外的地方比城内还大。据华人讲,以前人口非常稠密,现在荒弃了,但其间的村落仍星罗棋布,周围有许多雄伟的庄园,其中的一千六百座尤其雄伟。它们是中国三十二王国、一千六百个主要城镇的高级官员的宅第。每三年这些官员进京一次,共商国家大事。……
>
> 城外,在方圆三百里格长,七里格宽的地带上有二十四座官员的陵墓。如同小教堂一般,一色镏金。前有空场,四周是铁和黄铜的栏杆,入口处有造价昂贵、华丽的牌楼。陵寝的边上有许多高宅,四周鲜花盛开,绿树成荫,池水清澈,泉眼叮咚。墙的内侧贴着细瓷砖,城垛上有许多持着金旗的狮子。在玻璃顶上有许多彩画。还有五百多处深宅大院,名曰"太阳之子之家"。所有在为国王作战时受伤致残的人都被收容在里面。此外,还有许多因年迈和患病而退休的人。每人每月有固定的薪饷,用作日常开销。据华人讲,这样的人有十几万。每座大院里就有二百多人。②

该章的一个亮点是介绍了生活在北京的下层民众,如拉船的划工、酒店的妓女、打杂的仆人,反映了北京社会面貌的另一面:

> 在不止一条街上,我们看见许多排平房,里面住着两万四千名桨手。他们都是国王帕诺拉船的划工。
>
> 在另外一条一里格长的街上有一万四千家供应朝廷的小酒店。另外一条街上住着许多单身妇女。她们有用城中人交纳贡赋的特权,因为她们也在官中任职。其中许多人因为干上这种营生才弃家出走了。如果他们的丈夫因此而报复的话,会受到严惩,因为她们是直接受到都堂的保护的。都堂是朝中掌管一切的最高长官。
>
> 城中还住着往城中各处送礼服的洗衣匠。据华人讲,超过十万

---

① 〔葡〕费尔南·门德斯·平托著,金国平译:《远游记》上册,第307页。
② 同上书,第307—308页。

人。因为这里河网纵横交错,池塘、湖泊星罗棋布。其周围为一色砌工精细的石岸。

据《燕京神都》一书讲,城墙的空白地带上还有一千三百座造工昂贵、雄伟壮观的屋宇。里面居住的男男女女是中国三十二个教派中主要的四个的信徒。据说有的府中,除了负责杂务的仆人外,人数逾千。①

该章还描写了北京的生活场景,特别是达官贵人的奢华生活:

我们还看见许多高楼大厦,四周鲜花盛开,丛林茂密。各种马匹、野禽应有尽有。那些屋子好像是客栈。总是人来人往,又吃又喝,又是看短剧、喜剧、赌博、斗牛、角斗及都堂,巡按御使,按察使,公差,海道,平章政事,门卒,老爷及其它领主,城防司令,商人及达官贵人在那里召开宴请亲朋好友的宴会,那排场很大,还有持银质狼牙棒的护卫守卫。银托盘中放的全是金餐具。那里卧室中有银床,上面铺着缎子床罩。服务的都是处女。个个眉清目秀,衣着华丽。还不算甚么,从我们所见的几所房子的豪华、排场来看,还有许多无法比拟的东西。②

第一零六章《有关在大客栈中宴请的规定及三十二州巡按御史的排场》,介绍了宴会的排场和标准、北京城外客栈的情形。"在外城墙有三十二座大房子。每座之间有一箭之遥的距离。这是三十二个小王国的法律学校。我们看见许多人,由此可以推断足有一万多学生。据专门介绍这些情况的《燕京神都》一书记载,总数约四万人左右。除了这些房屋外,还有一座更加宏伟的建筑物。其中间都是分开的,方圆约有一里格。凡是学做僧侣及攻读法律准备毕业的人都集中在那里。"③

第一零七章《我已许诺过,要再多讲一些关于北京的情况》再一次将人们带回北京。平托感叹:"它完全可以同罗马、康士坦丁堡、威尼斯、巴黎、伦敦、塞维利亚、里斯本相媲美。同欧洲那些优美,人口稠密的大都会相比,只有过之而无不及。在欧洲以外,也可以与埃及的开罗、波斯的大

---

① 〔葡〕费尔南·门德斯·平托著,金国平译:《远游记》上册,第308页。
② 同上书,第308—309页。
③ 同上书,第311页。

乌里土,坎贝的艾哈迈达巴德,纳尔辛加的维查耶纳伽尔,孟加拉的高乌罗,查雷乌的阿瓦,琅勃拉邦,马班达,勃固的巴沟,夏蒙的金佩尔和廷劳,新城的大城,爪哇岛上的巴苏鲁安和淡目,琉璃的潘格尔,大交趾的乌藏格,鞑靼的兰萨梅,日本的京都郡同日而语。这些都是大国的都市。这些城市在小东西上都无法与北京匹敌,更不用说在大的方面了。"①在他心目中,北京堪称世界大都之最。作者极度赞美北京的城市管理:"北京城宏伟壮观,大厦林立,生活丰裕,物品充盈,人如过江之鲫,帆樯如林。法律严明,政府廉洁,朝廷安稳,官衙众多,如都堂,巡按御史,按察使,海道,布政使及大臣。这些官员管统着庞大的王国和省份,俸禄丰厚。他们常驻北京城。遇有重大事情时则到下面去办理。"②

该章描述了北京的城墙、城门:

> 据我已讲过的《燕京神都》和中国历朝的官方记载,除了我所讲过的那道城墙外,还有另一道墙方圆三十里格。虽然讲了一些,但远远未说完。如前所述,整个北京城有两道高大坚固、砌工精良的城墙,有三百六十多座城门。每门上有一石堡,两座碉堡,一些其它建筑和吊桥。
>
> 每个城门有一书记官,四个持戟的门卫盘查进出的一切。在都堂的安排下,每年三百六十天每门都举行隆重的接像仪式。每门有自己的名称。(后面我将加以详述)
>
> 据华人称,城内还有两道墙。里面有三千八百座庙宇。随时不断地喂养着许多飞禽走兽。……③

该章还记叙了北京的街道及其两旁的建筑、牌楼和治安:

> 北京城中的普通马路都很宽长,而两侧屋宇雄伟。一般是平房或二层楼。路两侧都筑有铸铁或黄铜的栏杆。每遇胡同都有入口。每条路的尽头都有金碧辉煌的牌楼,每晚关闭。牌楼的最高处悬有警钟。每条路上都有守卫长带领士兵巡逻。每天必须向市政府汇报

---

① 〔葡〕费尔南·门德斯·平托著,金国平译:《远游记》上册,第313页。
② 同上书,第313页。
③ 同上书,第313—314页。

情况,以便布政使或巡按御史可以根据法律加以处理。①

泊口很少见于外人记载,平托转述了《燕京神都》的相关材料:

> 据记述北京城雄伟壮观的《燕京神都》一书记载(此书前有说明),城中共有一百二十处泊口。都是以前的国王和百姓营造的。这些泊口深三咩,宽十二余咩。这些泊口分布在城市的四面八方。城中有许多坚固的石拱桥。桥头有柱子,上面吊着铁索,还有供人休息的固定石凳。据说在这一百二十个泊口上有一千八百座桥。每座外型美观,造工精巧。

平托自称实地考察了北京的市场,根据自己观察所获,他描绘了北京的日常集市和繁荣的商业:

> 据同书记载,北京城内共有一百二十个宏伟的广场。每个广场每月都可以轮上一个集市。从这个数字来算,每年每天有四个集市。
> 我们在此逗留的七个月中,一共赶了十多个集。集上人山人海,有步行的,有骑马的。流动的商贩提着小箱子在叫卖各种各样的东西。此外,那些较有钱的商人在他们所在的路上搭起了许多售货棚,物品琳琅满目……多得我们九人目不暇接。要是细说的话,真是不可枚举。
> 中国人还告诉我们说,北京有一百六十个普通屠宰场。每个屠宰场中有一百个卖各种各样肉类的肉铺。……肉铺中,所有的肉都标着明价。每个店里都有秤。另外,每个城门口也有秤,百姓随时可以重新过秤,证实是否缺斤少两。除了上述肉铺外,每条街上至少有五、六家肉店出售各种上等肉。还有许多小酒馆,里面出售各种洁净、制作精美的炖肉。
> 也有火腿、乳猪出售。各种分部位切好的肉,飞禽及熏猪肉,熏牛肉的商店。其货物之充盈,不以细说为宜。②

第一一二章《为伤残者及无家可归者提供的救济》,介绍京城"有些叫拉吉南布尔的地方。意即:'穷人义学'"。专门收容游手好闲的年轻人、

---

① 〔葡〕费尔南·门德斯·平托著,金国平译:《远游记》上册,第314页。
② 同上书,第314—315页。

遗弃街头的婴儿、失去生活能力的残疾人,教授他们道德伦理、读书写字和各种谋生手艺。还有一些类似修道院的地方,专门收养生活不能自理的伤残者、"有伤大雅"的女人和患病的妓女,为他们提供医疗服务。① 这实际上是作者对中国社会保障制度的想象,带有浓厚的乌托邦色彩。

第一一四章《中国皇帝成员的数目,全国高级官员的称谓及三个主要的教派》,平托信誓旦旦称所述北京的一切为其"亲眼所见"。"每当我的脑海中出现宏伟壮观的北京时,我本人亦时感疑惑。这一异教国王安邦治国的办法,政府官员的豪华与排场,令人敬畏的法官,其建筑物及寺庙的巍峨,还有许多诸如此类的事情。"②王室所居"米那宝"城中有十万阉人、三万妇女、一万两千名士兵。"这些人的工资和俸禄很优厚。"作者对官僚制度的介绍则充满了想象:国王之下是十二名称为"都堂"的最高级官员、四十名巡按御史,下面是按察史、海道、布政使、老爷和总兵,多达五百多人。每位官员的侍从不少于二百人。"令人惊奇的是这些手下大部分竟然为外国人。各国人都有,主要是莫卧尔人,波斯人,忽罗珊人,孟人,琅勃拉邦人,鞑靼人,交趾人及查雷乌和东吁的一些缅甸人。当地人虽然是能工巧匠,种田能手,出色的建筑师,善于创造发明多种精巧东西,但体弱瘦小。妇女们的皮肤白皙,行为贞洁,比男人还善于做工"。③ 这章对京城庞大官僚体系、多民族的成分和多元宗教的描绘,多少令人想起《马可波罗行纪》对元大都宏大气象的描写,这似乎成为13到16世纪以中国游记为题材的西方作品写法的一种套式或传统。

《远游记》数次提到鞑靼人围攻北京城的情形,平托此时已离开北京,应是据其所闻编撰而成,但其内容具有一定的真实性。"鞑靼王于1544年围攻北京城时,曾在那卡皮姥中下榻。……他下令斩首了三万来人祭祀,其中一万五千人为妇女。大部分为年轻美貌女子。她们是中国各主要达官贵人的女儿。"④鞑靼人围城期间,"攻城者和守城者之间发生过战斗和冲突。外面的人还用明梯攻了两次城,里面的人进行了顽强的抵抗"。鞑靼王看到攻城的代价超过了原来的预想,遂决定在冬季到来以前

---

① 〔葡〕费尔南·门德斯·平托著,金国平译:《远游记》上册,第329—330页。
② 同上书,第334页。
③ 同上书,第334—335页。
④ 同上书,第323页。

撤退。"在围城的六个半月中,损失了六十五万人,其中四十五万人死于瘟疫、饥饿、战斗。"10月17日,"鞑靼王带着六十万骑兵中仅剩下的三十万人",在天将黑时离开了北京城。① 《远游记》所述此事可能实际上发生于1550年(庚戌),是年俺答率领蒙古军大举进犯京师,围城数日,在京畿大肆抢掠,后因明朝勤王部队赶到解救才撤围,史称"庚戌之变"。

平托"在北京城中一共呆了两个半月",1544年1月13日离开北京,"被押送到关西城去服刑"。② 从《远游记》对北京的描述文字看,它的知识来源主要有二:一是书面材料,即一本叫《燕京神都》的小册子,此书可能早已失传;二是当地人士,文中的"据华人讲"即属这类。因此,这本书对北京的记载虽可能不全是作者实地考察北京的真实记录,但它对北京的宏大气象及各方面的描述,可谓集当时西人北京知识之大全,使西人在16世纪有关北京的知识建构毕竟留下了一份有价值的文献记录,加上其译本、版本甚多,对17世纪欧人建构北京形象自然会产生相当重要的影响。③

后来的研究者对《远游记》的文本价值做过不同的评价,中葡早期关系史研究的开拓者张天泽比较低调:"在仔细阅读了他的这部二百二十六章的著作后,任何理解能力强的读者都会说,这不过是一部长篇冒险故事罢了。门德斯·平托在亚洲度过几年之后,把葡萄牙人在亚洲的冒险行为作为自己的题材,这是因为他们最能使其国内的同胞想入非非。由于他们感到兴趣的主要是讲些令人着迷的故事,因此他并不关心实际上发生的是些什么。他所说的许多事情同已经肯定了的事实恰好相反,而更多的是些无法查对之事。有许多稀奇古怪的人名和地名无从考证,这些名称或许是在作者的脑子里存在着。因此,我们显然不能信以为真地从这样一部书籍中收集我们的资料。"④《远游记》中译者金国平则评价较高:"《远游记》虽不是一部史书,但它从文学作品的角度为历史研究提供

---

① 〔葡〕费尔南·门德斯·平托著,金国平译:《远游记》上册,第363—364页。
② 同上书,第337页。作者在第一百章开首交代,他是1541年10月9日到达北京,可能第一次离京后,又重来北京,第二次在京为两个半月。
③ 《远游记》自1614年葡语初版后,"计有世界各种主要的全、摘译本一百七十种之多"。参见金国平:《中译者序言》,收入〔葡〕费尔南·门德斯·平托著,金国平译:《远游记》上册,澳门:澳门基金会等,1999年,第Ⅰ—Ⅱ页。
④ 张天泽著,姚楠、钱江译:《中葡早期通商史》,香港:中华书局,1988年,第89页。

了不见于当时著名海外发现编年史作者笔下的许多宝贵史料,例如双屿港被毁的原因、葡人被逐出福建的导因及澳门的起源。因此,被列为游记文学作品的《远游记》,对于研究明代中外交通史、葡萄牙人入华史,乃至明史本身的研究具有不可忽视的史料价值。"①《远游记》有关北京的描写,真实与虚构并存,介于文史之间。不管是想象,还是写实,它都是继《马可波罗行纪》之后,西方视野里北京形象的又一个重要文本,是西方北京学知识谱系不可或缺的一个重要环节。

二 皮雷斯使团的北京之行(1521年)

葡萄牙与北京发生关系的正式渠道是外交使节。葡萄牙第一次遣使入京是在明朝中期,1521年(正德十六年)1月11日葡使皮雷斯(Tomé Pires,一译皮列士)一行来到北京,下榻会同馆。在京居留四个多月后,5月22日皮列士被明廷逐出京城,押往广州。9月21日抵达广州后,随即被投入监牢。1524年皮雷斯因病死于广州狱中。在广州狱中,使团成员克列斯多弗·维埃拉、瓦斯科·卡尔渥(一译加尔伏)发出的书信,详细记叙了皮雷斯使团的使华经历及其见闻。② 关于这两封信的史料价值,美国历史学者唐纳德·F.拉赫写道:"这些信是非常重要的资料,因为它们是第一批抵达欧洲(可能大约1527年)的身临其境的葡萄牙人对中国生活的详细记录,16世纪后半期出版的葡萄牙人在东方活动的大部头的历史著述中都直接或间接地利用了这两封信件。特别是维埃拉的信件,信中所述多为独到的第一手观察,因为他是好望角航海线发现后,访问了北京并写回去这一切的第一个欧洲人。特别值得注意的是他写下了些许中国人在京城接见外国使节习惯做法的信息。"③拉赫征引以下引文作为例证:

---

① 金国平:《中译者序言》,收入〔葡〕费尔南·门德斯·平托著,金国平译:《远游记》上册,第Ⅲ页。
② 参见《广州葡囚书简》,收入〔葡〕巴洛斯、〔西〕艾斯加兰蒂等著,何高济译:《十六世纪葡萄牙文学中的中国 中华帝国概述》,北京:中华书局,2013年,第64—166页。
③ Donald F. Lach. *Asia in the Making of Europe*. Vol. Ⅰ. Book Two. Chicago: University of Chicago Press,1965. p. 734.

在北京,使臣们的习惯作法是,他们被关进几座有大号围栏的房屋内,这里在月亮的头一天关闭,月亮的十五日他们到国王的宫室去,有的步行,有的乘草缰绳牵引的劣马,并且来到距离皇帝宫室一道墙五步前,都依顺序,两膝跪地上,头脸着地,趴下。这样一直命令他们对墙作五次;从这里返回封闭的围栏内。命令我们不再作这种礼敬。①

借助《广州葡囚书简》,我们可以重建皮雷斯使团的历史。从维埃拉的信中可知:"随同多默·皮列士的人:杜阿特·费尔南德斯(Duarte Fernandez),唐·菲利普(Dom Felipe)的奴仆,佛朗西斯科·德·布多亚(Francisco de Budoy),女领主的奴仆,及克利斯多弗·德·阿尔梅达(Cristovao d'Almeida),克利斯多弗·德·塔渥拉(Christovao de Ta'vora)的奴仆,伯格·德·弗列塔斯(Pero de Freitas)和佐治·阿尔瓦列斯(Jorge Alvarez),我克利斯多弗·维埃拉,及十二名男仆,五名朱鲁巴萨(iurubaças);所有这些随从中仅余下我,克利斯多弗,忽鲁模斯的(d'Ormuz)波斯人(Perseo),【及】我的一个果阿(Goa)童子。我们现今尚活着的人有:瓦斯科·卡尔渥,他的一个叫贡萨罗(Gonçalo)的童子【和】上述我们三个多默·皮列士的随从;这几人因系使团的人,得以不死,而他们和我们被囚于此。在这座监狱里,我们有十三人;如上所说,死者是:杜阿特·费尔南德斯,当赴北京时病死在山上;佛朗西斯科·德·布多拉(Bedois),当从北京来时死于途中;还有三个或四个童子;在这所监狱,死于沉重刑具的,如上所述,是克利斯多弗·德·阿尔梅达;同样佐治·阿尔瓦列斯,葡人们,监狱的书记喝了酒,【用】鞭打他,六天中他死去。在北京的舌人们被捕并且死去,他们的奴仆被交给曼达林当奴隶,因为系叛徒(Tredores);大朱鲁巴萨病死;四个在北京被斩首,因为他们出境,把葡人引入中国。伯洛·德·弗列塔斯,在这座监狱,及多默·皮列士在这里病死,多默·皮列士死于 MDXXⅡ(1524),在五月。因此【在】现存的随从

---

① Donald F. Lach. *Asia in the Making of Europe*. Vol. Ⅰ. Book Two. Chicago:University of Chicago Press,1965. pp.734—735. 中译文参见《广州葡囚书简·克利斯多弗·维埃拉的信》,收入〔葡〕巴洛斯、〔西〕艾斯加兰蒂等著,何高济译:《十六世纪葡萄牙文学中的中国 中华帝国概述》,北京:中华书局,2013年,第84页。

中,这里仅有两人,如上所述。"①这简直是一次死亡之旅。

维埃拉的信没有透露使团在北京的具体细节,只是告知使团在京遭遇不测的首要原因是舌人所写(翻译)的信与葡萄牙国王信的实际内容不一致,导致中方的误解。"在北京城国王的宫室内公布了吾人之主国王的信函,发现其中内容与舌人所写的不同。所有人对它的看法是,我们欺骗地进入中国的国土,由此去窥视其土地,这是欺诈的事例,【其中】和写给国王的信函不一样。国王命令我们不要再去他的宫室表示礼敬,并且有人和警卫看管我们。""舌人被询问为甚么写假信,不符合吾人之主国王的信函。他们说是按中国习惯写的;吾人之主国王的信是密封和盖印的,不能读不能开,它要交到国王手里。我们是在远方,不了解大中国的习惯,往后我们会知道;他们没有错,所以按习惯写。曼达林们(mandarys)不满意这个回答。每个人都被询问来自何处;被逮捕(这发生在国王去世的同时),给他们当仆人的青年【也一样】。"②

使团被驱逐出北京的另一个原因是明帝收到"有三封反对葡人的信送交给他:一封是北京曼达林的,另一封广东曼达林的,另一封马来人的"。北京曼达林的信报告葡萄牙人携带武器来广东,构筑堡垒,不交关税;广东曼达林的信"称佛郎机人不付关税,而向暹罗人收取关税";"马来人说葡王遣往中国的使臣不是真的,伪装来中国进行欺骗"。③ 这三封信显然促使明廷做出命令来京的葡萄牙使团"返回"的决定。

葡使托梅·皮雷斯在来华之前,于1512—1515年间在马六甲撰写了《东方志》一著。其中提到北京,略有简述:"中国有很多城池和堡垒,都是古建筑。国王居住的城叫做汗八里(Cambara)。'在中国的这座城市,其国王有时在那里,如……汗八里,它叫做北京(Peqim)。这些城市在内地,远离广州(Qāto)。'它有很多居民和拥有无数马匹的贵人。除少数人外,国王不让百姓和大人物看见,这是习惯。据说这儿有无数的母骡,跟

---

① 《广州葡囚书简·克利斯多弗·维埃拉的信》,收入〔葡〕巴洛斯、〔西〕艾斯加兰蒂等著,何高济译:《十六世纪葡萄牙文学中的中国 中华帝国概述》,北京:中华书局,2013年,第107—108页。
② 同上书,第84—85页。
③ 同上书,第85—87页。

我们土地上的一样。"①从《东方志》所写的中国部分内容来看,当时葡萄牙人对中国所知甚少。②

克利斯多弗·维埃拉的信中有三处涉及北京:一处述及中国的行政区被划分为十五省,"这十五省中,南京(Nāoquim)【和】北京(Pequim)是全国的首府。对于所有的说北京尤其重要,国王在那里施政。南京在28度或29度;北京在38度或39度"。③一处提到在迪奥戈·卡尔渥船上有一位名叫伯多禄的中国基督徒回到老家时被官府知晓,"知道他懂得火药和大炮",被送往京城,"据称他在北京制造大炮,因为国王在那里接连有战事"。④一处提到北京缺乏物资,全靠从南方运送。"因为国王驻驿的省没有木材,没有石头,没有砖,都要用大船从南京运来;如果南京及别的省不输运物质,北京不可能维持自己,因为人口无数多,土地因寒冷不产大米,物资缺乏。国王驻驿在他国内最末端的省,是因他在跟所谓的鞑子(Tazas)人打仗,如果国王不在那里,他们将进入该国,因为连北京本身都受到这些鞑子的威胁,别的省【也一样】。"⑤从这三处材料来看,作者对北京的地理位置、战争状态和物资输送,已有一定的了解,这对欧洲来说显然是具有情报的价值。

国内学者万明依据中国方面的文献,如《明武宗实录》、顾应祥撰《静虚斋惜阴录》卷一二《杂论》、严从简撰《殊域周咨录》卷九《佛郎机》等有关明正德年间葡萄牙使团来华的记载,辅以西文史料,建构了皮列士(皮雷斯)使团的访问过程。⑥金国平甚至猜测皮雷斯使团的中国之行,还有一个与皮雷斯(皮莱资)并行的华人充任大使——火者亚三,为此做了精细的考证。⑦这些重建皮雷斯使华历史的努力,均可备一说。

---

① 〔葡〕多默·皮列士著,何高济译:《东方志——从红海到中国》,南京:江苏教育出版社,2005年,第97页。
② 同上书,第96—100页。
③ 《广州葡囚书简·克利斯多弗·维埃拉的信》,收入〔葡〕巴洛斯、〔西〕艾斯加兰蒂等著,何高济译:《十六世纪葡萄牙文学中的中国 中华帝国概述》,第110页。
④ 同上书,第105—106页。
⑤ 同上书,第111页。
⑥ 参见万明:《中葡早期关系史》,北京:社会科学文献出版社,2001年,第24—34页。
⑦ 参见《一个以华人充任大使的葡萄牙使团——皮莱资和火者亚三新考》,收入金国平、吴志良:《早期澳门史论》,广州:广东人民出版社,2007年,第280—299页。

三 清朝前期葡萄牙使团的"北京经验"

清朝建立以后,葡萄牙继续寻求与中国增进关系。葡萄牙国王若奥三世在逝世之前,"从方济各·沙勿略的信件获悉,阿尔丰索·达·诺罗尼亚以他的名义向中国皇帝派出使节,因受阻于马六甲的地方长官而失败,并知道迪奥戈·佩雷拉为准备送给北京朝廷的礼物而牺牲了个人的钱财"。继任的巴斯蒂昂一世又命令时任澳门总督迪奥戈·佩雷拉的姻兄吉尔·德·戈依斯(Gil de Goys)作为特使赴北京与清廷沟通,"但他们一直没有处理好与中国官员的关系,以获准前往目的地"。① 结果,随行的两位耶稣会士培莱思和特谢立(Manōel Teixeira)后来只好留在澳门定居。

玛讷撒尔达聂使团 1667年(康熙六年),葡萄牙首次派出玛讷撒尔达聂(Manuel de Saldanha)使团前往中国。5月14日该使团从果阿出发,8月6日到达澳门。使团成员包括使节玛讷撒尔达聂、一名随团神甫、②一名参赞、一名秘书、一名绅士、12名侍从、一名指挥着20名卡宾枪手的海军上尉、两名通事和几名仆役。其承担的使命为:请求皇帝恩准葡萄牙人自由通商、航行,使澳门葡萄牙人摆脱因海禁而造成的贫困处境,帮助耶稣会士改善天主教在华传教的困难局面。③ 据载,"这位使节从果阿出发时,没有给朝廷或广州的官员带来任何礼物,所以议事会只得为他们操办"。澳门议事会为使团准备的礼品有:送给皇帝的礼物估计价值为1983两,送给皇后的礼物价值1269两,合计3552(实为3252)两。送给官

---

① 〔瑞典〕龙思泰著,吴义雄、郭德焱、沈正邦译:《早期澳门史》,第113—114页。
② 随团神甫为耶稣会士皮方济(P. Francois Pimentel),其生平事迹参见〔法〕费赖之著,冯承钧译:《在华耶稣会士列传及书目》,第374—376页。他撰写的《玛讷撒尔达聂爵士前往北京之旅简要报告》(Brief Account of the Journey Made to the Court of Peking by Lord Manuel de Saldanha)经美国学者卫思韩(John E. Wills)英译,作为附录A收入其著《出使与幻想:荷兰、葡萄牙与康熙之交往,1666—1687》(Embassies and Illusions: Dutch and Portuguese Envoys to K'ang-hsi 1666—1687,Cambridge, Mass.: Council on East Asian Studies, Harvard University, 1984),它为人们了解玛讷撒尔达聂北京之行提供了第一手材料。此文有中译本《葡萄牙国王遣中华及鞑靼皇帝特使玛讷撒尔达聂使京廷简记(1667—1670)广州启程录》,收入金国平:《中葡关系史地考证》,澳门:澳门基金会,2000年,第167—198页。
③ 参见黄庆华:《中葡关系史》上册,第377页。

员们的礼物价值14382两,合计17634两。此外,澳门还承担使团回果阿与澳门之间的费用,1668年在广州的小额开支,共计达12731两,合计30365两。① 这对澳门方面来说,是一笔很大的开支。

带着这些礼品,玛讷撒尔达聂在两名中国官员的陪同下前往广州,葡使坚持进京将国书面呈康熙皇帝,广东地方官员不允,双方争执,因此耽搁了14到15个月。1670年1月4日(康熙八年十二月十三日),葡萄牙玛讷撒尔达聂使团一行从广州乘船北上。有关北上的使团人员组成,中、葡文献所载有所出入。中方史籍载:"八年,题准:'令正、副使及从人二十二名来京。其留边人役,该地方官给与食物,仍加防守。'"② 葡方文献则载,使团北上时,其原来自澳门带到广州的70余名葡萄牙随从中,只允许12名葡萄牙人伴随使节入京,其余为仆役。③ 途中其"所乘之船上,揭有葡萄牙国旗,及含有葡萄牙大使朝贺中国皇帝意义之黄旗"。④ 皮方济对离开广州后沿途受到地方官员热情接待的情形做了详细报道。值得一提的是,在赴京沿途所乘船上悬挂的黄旗上,广州的耶稣会士提议将"朝贡"(chin-kung)改成"朝贺"(chin-ho),一字之改,调整并彰显了特使的尊贵身份,在耶稣会士们看来这似乎是打破了两千年来中国的外交习惯。⑤

6月30日(五月十四日)葡萄牙使团抵达北京。据载,玛讷撒尔达聂"抵京后,所有中国各种仪式,无不遵行,其所乘之船,亦为朝贡船,然其所负之使命,终归于失败"。⑥ 因长途跋涉,加上3月初一条腿感染丹毒(erysipelas)患病,玛讷撒尔达聂特使进京后即病倒卧床。在多日熬人的等待中,特使向礼部呈上葡萄牙国书、国王阿丰索六世的肖像和象牙、金

---

① 〔瑞典〕龙思泰著,吴义雄、郭德焱、沈正邦译:《早期澳门史》,第116页。
② 梁廷枏:《海国四说》,第218—219页。
③ John E. Wills. *Embassies and Illusions: Dutch and Portuguese Envoys to K'ang-hsi 1666—1687*. Cambridge, Mass.: Council on East Asian Studies, Harvard University, 1984. p.197.
④ 周景濂编著:《中葡外交史》,北京:商务印书馆,1991年,第155页。John E. Wills. *Embassies and Illusions: Dutch and Portuguese Envoys to K'ang-hsi 1666—1687*. Cambridge, Mass.: Council on East Asian Studies, Harvard University. 1984, pp.114—115.
⑤ John E. Wills. *Embassies and Illusions: Dutch and Portuguese Envoys to K'ang-hsi 1666—1687*. Cambridge, Mass.: Council on East Asian Studies, Harvard University. 1984, pp.196—201.
⑥ 周景濂编著:《中葡外交史》,第156页。

刚石、犀角等礼物,并回答了一系列的质询。如,为什么葡萄牙国王致清帝的信中不见用"臣"的称谓表示臣服。特使依据上朝前耶稣会士给他的示意,回答道:在欧洲,当一国王给另一国王写信时,没有自称"臣下"的风格或习惯。当康熙获悉使节又犯了腹泻,立即命令两位最好的医生和朝官、神父每天上午、晚上去探视他,并命令他们及时报告使节的状况。7月30日特使和随员到礼部学习进宫觐见皇帝时所惯用的礼仪。31日玛讷撒尔达聂入宫拜谒康熙皇帝。皮方济以极其细腻的文字对整个觐见过程做了细致描述:

> 31日,使节初次进宫,身穿黑色波斯驼毛绒服,因不是丝织的,中国人感到新奇,故显得格外华贵。镶银边,帽饰、佩剑、腰带、颈链全是银的;所乘坐的比轿子小一点的肩舆未带轿蓬,因为轿蓬是金色的布料做的,轿簾也是金丝纱。满清官员对他说,带这样的轿蓬不能进宫,因为这种颜色只适用于皇帝,只有他能够穿戴这样的颜色。如果使节有别的轿蓬,即使比前一个更华丽,满是珍珠钻石的,只要不是这种颜色的,都可以使用。很快我们了解到他们对我们所讲属实:因为凡是皇帝的用物都是这类颜色。连瓦都是金黄琉璃的,皇帝父系近亲用黄腰带,远亲或母系宗室用红腰带。
>
> 一进宫,使节和我们在露天廷院里向皇帝行惯常的礼节,同样在这个廷院里有五千多位满清大员向皇帝行礼,只有他们才能入此行礼。在位于金銮殿的对面的一个殿,有各种乐器在演奏,大家伴随着乐声向皇帝行礼。
>
> 作为仪式开始的信号是八声啪啪的响声,像大车使用的那些马鞭发出的响声一般,但这些鞭子出奇的大,沉得都难以从地上提起,发出的响声如同八声枪响。为使大家不行错礼,不乱了礼节,这里站着一位满清大员在高声宣叫,何时下跪,何时磕头,何时平身等等,使得大家行动合拍一致。大殿非常之大,整个都由金、蓝和红色的雕刻来装饰。殿内七十根柱子分成两行,将大殿分成三道通廊,如同我们古老的教堂。从廷院登升至大殿有五层雕刻精美、白如汉白玉的石阶,中间的两层带有同样汉白玉的护栏,做工精美。阶梯每层空处有一个大桶,里面燃放着不同的(20束)香火。在最后一层的最顶端,是宽敞的金銮殿,看上去与里斯本的霍

斯比塔尔教堂在洛西尔广场的景象相似,除了这儿的大殿相当宽敞,只是正面的建筑面对广场。大殿有三扇门通向平台,对着中间正门的是皇帝宝座,差不多3英尺高,木制结构,精工雕饰。皇帝坐处既无帷褥、华盖,又无靠背,倒象是一张桌子,两边是两条龙——该帝国带迷信色彩的徽记,两条龙盘成两枝娇美的花絮,皇帝威襟正坐其中。如我们没有太弄错的话,皇帝的双脚交叉地放在这桌上,说他没有靠背或靠垫,是因为从我们行礼的廷院里我们只看到皇帝腰部以上的身体。在他背后,阳光和空气从与正门相对的另一厢的大门中进来。我写得如此琐碎是因为要以文字勾画一栋建筑是一件极为困难的事情。①

在冗长的朝拜仪式结束后,康熙传唤葡萄牙使节和随员到大殿,周围只有皇后和最高级别的官员陪伴,与使节进行了非常友好的会谈。同一天上午当使节在返回的路上,康熙又传唤使节回去,与他进行了私人会谈,以示亲善,南怀仁担任口译,利类思神父也在场。会谈结束后,康熙赏赐礼品给使及其随员作为回赠,"尚兹特从优加赐尔大蟒缎肆定、妆缎肆定、倭缎肆定、片金贰定、闪缎陆定、蓝花缎陆定、青花缎陆定、蓝素缎陆定、帽缎陆定、衣素陆定、绫子拾捌定、纺丝拾捌定,绢肆定,罗拾定,银三百两。用昭恩眷,尔其祇承宠命,益懋忠贞,以副朕怀远至意"。② 回赠礼品之规格超过了其他国家(如暹罗、荷兰),使团在京的费用由清廷提供,其所供应的标准为其他使团的"五倍"。因为天气炎热,每天提供3阿罗

---

① John E. Wills. *Embassies and Illusions: Dutch and Portuguese Envoys to K'ang-hsi 1666—1687*. Cambridge, Mass.: Council on East Asian Studies, Harvard University, 1984. pp. 204—205. 中译文亦可参见《葡萄牙国王遗中华及鞑靼皇帝特使玛讷撒尔达聂使京廷简记》,收入金国平著:《中葡关系史地考证》,第172—173页。

② 中国第一历史档案馆编:《中葡关系档案史料汇编》上册,北京:中国档案出版社,2000年,第3页。梁廷枏的《海国四说》记载与此有所出入,康熙帝谕令:"西洋地居极边,初次进贡,具见慕义之诚,可从优赏赉。"清廷回赠的礼品计有:"赐国王大蟒缎、妆缎、倭缎各三,闪缎五,片金缎一、花缎十、帽缎、蓝缎、青缎各五,绫、纺丝各十有四,罗十,绢二,银三百两;使臣大蟒缎一,妆缎一、倭缎二,帽缎一,花缎六,蓝缎二,绫、纺丝各四,绢二,银百两;护贡官、从人缎、绸、绫、绢、银各有差。"(梁廷枏:《海国四说》,北京:中华书局,1997年,第219页)葡方对康熙所赠礼品亦有记载,参见 John E. Wills. *Embassies and Illusions: Dutch and Portuguese Envoys to K'ang-hsi 1666—1687*. p. 206。

波多(arrobas)雪块。①

康熙利用葡萄牙使节在宫廷之机,晋升南怀仁为钦天监监正,②这是此前汤若望所担任过的职务。然后是鞑靼式的宴会,面对各种只是热烤而没有经过很好烹饪技艺处理的羊、牛、猪、马、猴、鸡、鹅、鸭肉,因为饮食习惯不同,使团成员实在是吃不下去。

不久,康熙又第二次召见葡萄牙使节,这次是在乾清宫。本来在召见前,葡萄牙使节备有一份从澳门带来的报告书,准备呈交给康熙,这份报告书提到澳门的葡萄牙人在帮助清军抵御荷兰和沿海海盗方面所做的贡献。不过,随团的神父提醒使节在这个场合提交这份报告是敏感而充满风险的,因为从前荷兰人就有过类似的先例。所以,使节并没有呈交这份报告,只是在觐见康熙时委婉地陈述澳门的生存困境,康熙表示:"这些都已经知道了。"③

在北京的五十天里,皮方济留意观察了北京,特别是对几次出入的皇城做了记录:

> 宫廷之大实非语言所能形容,我甚至连宫内的一半都未走到。宫殿其地大若一城池,内中有数条小河,河面可行象我们的轻快的帆船一样的船只。两条护城河沿石墙将我们经过的院子分开。拱门如弓似桥,巧夺天工,其飞檐如箭冲天。约有16000多人受雇在宫廷。围墙有四道门,面对东南西北四个方向。在蓄发的汉人统治时,每个门有5000侍卫和5头大象护卫,他们都住在宫内或墙内。现在是鞑靼人统治,他们没有这么多卫士守护在宫内,只有他们的旗兵,大约有20多万人,住在称作内城的地方。因为宫廷〔都城〕被划成三个区域,每一个都有它的墙、门,等等。首先是皇城;其次是鞑靼城,称作

---

① John E. Wills. *Embassies and Illusions: Dutch and Portuguese Envoys to K'ang-hsi 1666—1687*. Cambridge Mass.: Council on East Asian Studies, Harvard University, 1984. p. 206.

② 皮方济的回忆误作数学监正,参见 John E. Wills. *Embassies and Illusions: Dutch and Portuguese Envoys to K'ang-hsi 1666—1687*. Cambridge, Mass.: Council on East Asian Studies, Harvard University, 1984. p. 207.

③ E.布拉章:《葡萄牙和中国外交关系史的几点补充:马努埃尔·迪·萨尔达尼亚出使中国(1667—1670)》,载《文化杂志》第18期,1994年。

内城；汉城是第三个。我们住在内城，神父们也住在这里，我们去拜访他们时，需走一里格多路。

这座城市的气候、位置和居住环境很坏，虽然它有很多水果，可还有诸多其他无法忍受的不便。冬天之寒冷不堪忍受，所有的床都架在地炉上。冬天开始如此之早，那年11月9日下雪深达一指长，或是一码。河流很快结冰。夏天过度炎热，最大的痛苦是灰尘，这里的尘土极其细小，当我们外出走在街上，我们的头发和胡须看似就象磨坊主满身被面粉覆盖。水质最坏，晚上一个人的衣服有无数的小虫子，我们在那时打死了不少，他们咬了我们中多数人。苍蝇无数且缠扰不断，蚊子更坏。每件东西都很贵。街道没有铺石，据说过去有，由于鞑靼人命令除去这些铺石，因为马的缘故，在中国他们不知道马蹄为何物，所以才尘土飞扬，下雨时就泥泞满街。有人可能听到这个城市的富丽堂皇可与里斯本、罗马、巴黎媲美，但他不可想象，我提示他，如果他真进入这座城市的话，他将以为是进入葡萄牙最穷的一个村庄，这里的房子是如此之低，因为他们不能超过宫墙的高度，建筑质量如此低劣，大部分围墙都是泥墙，或者是编条织成，很少见或外观看似用砖砌成。中国所见都是如此。①

一幅经过战争破坏后之凋敝残破的画面呈现在人们眼前，皮方济言之可能过甚，但它的确透露出清初北京城给外人的另一番印象。

8月20日，使节被允许去拜访教堂和神父，在那里度过了一整天，为教堂留下了一笔巨额捐赠。8月21日（七月初七日），葡萄牙使团到礼部接受康熙皇帝致葡萄牙国王阿丰索六世的敕谕。② 8月27日，使团离开京城南下，开始返回澳门的航程。10月21日，玛讷撒尔达聂途经江南山阳县，不幸病故。在生命垂危之际，使团秘书白多垒拉带着三四个仆人无

---

① John E. Wills. *Embassies and Illusions*: *Dutch and Portuguese Envoys to K'ang-hsi 1666—1687*. Cambridge Mass：Council on East Asian Studies，Harvard University，1984. pp. 212—213. 中译文亦可参见《葡萄牙国王遣中华及鞑靼皇帝特使玛讷撒尔达聂使京廷简记》，收入金国平著：《中葡关系史地考证》，第177—178页。

② 参见E. 布拉章：《葡萄牙和中国外交关系史的几点补充：马努埃尔·迪·萨尔达尼亚出使中国（1667—1670）》，载《文化杂志》第18期，1994年，第30页。

理取闹,令使团人员感到吃惊。① 康熙帝闻讯后,"命江南布政使致祭"。②

玛讷撒尔达聂使团并没有达到预期目的。"这次出使的成果甚少,没有满足澳门的多少期望,所以议事会请求国王陛下,以后若非事关重大,或非常紧迫,就不要再派人为他在澳门的子民向中国政府说项了。"③显然,澳门方面不堪重负。

白垒拉使团 1678年(康熙十七年)8月,葡萄牙国王第二次派遣使臣本多·白垒拉(Bento Pereira de Faria)来华至京。白垒拉为原玛讷撒尔达聂使团秘书,他为了实现与中国自由贸易的愿望,特别将其在非洲捕获的一头狮子辗转运到北京,献给康熙。上次玛讷撒尔达聂使团觐见康熙时,康熙曾问及葡萄牙是否有狮子,显露出他对狮子的兴趣,此举可能与此有关。使团在其所呈表称:"谨奏请大清皇帝万安,前次遣使臣玛讷撒尔达聂,叨蒙皇帝德意鸿恩。同去之员,俱沾柔远之恩。闻之不胜欢忭,时时感激隆眷。仰瞻巍巍大清国宠光,因谕凡在东洋所属,永怀尊敬大清国之心,祝万寿无疆,俾诸国永远沾恩,等日月之无穷。今特遣本多白垒拉赉献狮子。"④康熙接见使团时,比利时耶稣会士南怀仁被指定担任翻译。表中对康熙皇帝的恭顺礼敬、对大清帝国的极度赞美,大得康熙的欢心。康熙对使团的礼物大为赏识,他对葡萄牙国王及使团除"赏例照九年(即康熙九年的玛讷撒尔达聂使团),外加赐国王大蟒缎、妆缎、倭缎、片金缎、闪缎、帽缎、蓝缎、青缎各一,花缎二,绫、纺丝各四,绸二,共百;加赏贡使绫、纺丝、罗各二,绢一,共三十;护送官、从人各加赏有差"。⑤ 使团在京期间,康熙又命在京的耶稣会士南怀仁等陪同使团游览了皇家园林。⑥

---

① John E. Wills. *Embassies and Illusions: Dutch and Portuguese Envoys to K'ang-hsi 1666—1687*. Cambridge Mass: Council on East Asian Studies, Harvard University, 1984. p. 215.
② 《清实录》第四册,《圣祖仁皇帝实录(一)》,卷三四,北京:中华书局,1985年,第461页。
③ 〔瑞典〕龙思泰著,吴义雄、郭德焱、沈正邦译:《早期澳门史》,第117页。
④ 《清实录》第四册,《圣祖仁皇帝实录(一)》,卷七六,第971页。
⑤ 中国第一历史档案馆编:《中葡关系档案史料汇编》上册,北京:中国档案出版社,2000年,第4页。《康熙帝为回赏来使缎疋等物事颁给西洋国王阿丰肃敕书》(康熙十七年九月),收入中国第一历史档案馆、澳门基金会、暨南大学古籍研究所合编:《明清时期澳门问题档案文献汇编》(一),北京:人民出版社,1999年,第66—67页。梁廷枏:《海国四说》,第220页。
⑥ John E. Wills. *Embassies and Illusions: Dutch and Portuguese Envoys to K'ang-hsi 1666—1687*. Cambridge Mass.: Council on East Asian Studies, Harvard University, 1984. pp. 237—241.

有趣的是,当时朝中无人能识此狮,故向耶稣会士利类思请教,利类思编纂了《狮子说》一文,详解狮子形体、狮子性情、狮不忘恩、狮体治病、借狮箴儆诸项内容。① 朝中官员睹此奇物,诗兴大发,纷纷赋诗,颂扬此举。②

葡萄牙遣使此次入京,除了答谢清廷对其前派使臣玛讷撒尔达聂的礼遇,还带有向清廷提出商贸往来,如免除在澳葡萄牙商民关税、其商民可自由赴广州通商等请求的任务。在广东官府、朝廷大臣和耶稣会士南怀仁、利类思等人的积极游说和帮助下,1680年1月葡萄牙方面获得了开放香山到澳门的陆路贸易的准许。

麦大成特使 1709年,葡萄牙国王唐·若昂五世致信印度葡萄牙总督高世达,命令其物色合适人选,以国王特使身份携带礼品前往北京晋谒康熙皇帝,以消除多罗访华时双方所产生的龃龉。1710年,印葡总督高世达选派了耶稣会士麦大成(Joān Francisco Cardoso)作为国王特使,携带他选择的厚重礼品,前往中国。1711年初(一说7月)麦大成应召抵京,献上的礼物内有康熙所特别喜欢的葡萄酒。③ 大成随即被留京,1712年偕汤尚贤测绘山西、陕西地图,随后又测绘江西、两广地图。麦大成还京后,供奉内廷,1723年病逝于北京。④

斐拉理使团 1719年(康熙五十八年)3月1日,澳门议事会为感谢康熙允许澳门人民航海南洋,缮具谢恩表并附以各种礼物,派遣使节斐拉理

---

① 〔意〕利类思:《狮子说》,收入黄兴涛、王国荣编:《明清之际西学文本》第四册,北京:中华书局,2013年,第1875—1821页。据方豪先生考证,《狮子说》与利类思纂译《进呈鹰说》两文的动物学内容,系采自亚特洛望地(Aldrovandi,1522—1607)编纂的生物学之百科全书,这套书动、植、矿物无不收入,全书十三巨册,每册约六百至九百页,皆附有图。参见方豪著:《中西交通史》下册,长沙:岳麓书社,1987年,第793—794页。

② John E. Wills. *Embassies and Illusions: Dutch and Portuguese Envoys to K'ang-hsi 1666—1687.* appendix c: Three Poems. Cambridge Mass.: Council on East Asian Studies, Harvard University, 1984. pp. 243—245.

③ 康熙四十八年(1709)正月二十五日上谕:"自南怀仁、安文思、徐日升、利类思等在廷效力,俱勉力公事,未尝有错,中国人多有不信,朕向深知,真诚可信。即历年以来,朕细访伊等之行实,凡非礼之事,断不去做,岂有过犯可指。前者朕体违和,伊等跪奏,西洋上品葡萄酒,乃大补之物,高年饮此,如婴童服人乳之力,谆谆泣陈,求朕进此,必然有益。朕鉴其诚,即准所奏,每日进葡萄酒几次,甚觉有益,饮膳亦加,今年冬日竟进数次,朕体已经大安,念伊等爱君之心,不可不晓谕朕意。"(《正教奉褒》,收入辅仁大学天主教史料研究中心编:《中国天主教史籍汇编》,台北:辅仁大学出版社,2003年,第559页)

④ 参见〔法〕费赖之著,冯承钧译:《在华耶稣会士列传及书目》下册,第632—633页。

(Onorato Maria Ferraris)赴京感谢。① 1720 年斐拉理抵达北京,康熙皇帝接见了葡使,斐拉理向康熙呈递了表文,并行三跪九叩礼。龙思泰的《早期澳门史》收入了斐拉理的表文,后附朝贡的礼单:

> 崇高而伟大之主:治理濠镜澳大西洋人夷官罗萨(Manoel Vicente Rosa)等,和阖澳人等,承沐陛下之浩荡皇恩已久。陛下之威名播于宇内,近日又加新恩,允准我等不在南洋航行禁令之列,我等将因此而千载受惠。不禁我等在南洋航行,此番恩惠无与伦比,原非我等所敢企望,亦非我等所应企望。为表达我等之谢忱,特备薄礼一份,呈交两广总督大人,乞其替我等惠予转献陛下,不胜欣愉之至,等等。1719 年 3 月 1 日于澳门。②

中文文献载斐拉理觐见清帝仪式:"是日,设表案于畅春园九经三事殿阶下正中,圣祖仁皇帝御殿升座。礼部、鸿胪寺官引贡使奉表陈案上,退行三跪九叩礼。仍诣案前奉表进殿左门,升左陛,膝行至宝座旁恭进。圣祖仁皇帝受表,转授接表大臣。贡使兴,仍由左陛降,出左门,于阶下复行三跪九叩礼。入殿、赐坐、赐茶毕,谢恩退。"③按照通常的礼仪,外国使节到京后,须先到礼部呈上国书或表文,这次安排葡使在畅春园觐见康熙时直接呈上,体现了当时葡萄牙及租居的澳门与清廷之间的关系之亲密。

麦德乐使团 1725 年(雍正三年),葡萄牙国王唐·若昂五世遣使麦德乐(Alexandre Metelo de Sousa Menezes)携带国书及重礼来华,其意一方面是回赠康熙帝赠送葡萄牙国王的礼物,一方面祝贺雍正皇帝登位。麦德乐携带国书及 30 箱礼物,④随张安多(Antóin de Magaihaens)所带陈善策、麦有年、计万全、白玉如、索智、林起凤、马犹龙 7 位神父,1725 年 4 月 12 日从葡萄牙乘坐"奥利维拉圣母号"(Nossa Scnhora d'Oliveira)

---

① 参见周景濂:《中葡外交史》,第 158 页。
② 〔瑞典〕龙思泰著,吴义雄、郭德焱、沈正邦译:《早期澳门史》,第 93—94 页。
③ 《康熙五十九年葡使奉表入觐仪式》,收入中国第一历史档案馆编:《中葡关系档案史料汇编》上册,北京:中国档案出版社,2000 年,第 14 页。梁廷枏:《海国四说》,第 221 页。
④ 有关麦德乐所带"方物"三十箱清单,参见《关于麦德乐使团的文献》(三),收入阎宗临:《中西交通史》,桂林:广西师范大学出版社,2007 年,第 160—161 页。

船,经巴西里约热内卢前来中国。1726年(雍正四年)6月10日到达澳门。①

麦德乐此次进京是以"朝贺"之名,而非通常的"进贡"。雍正四年八月初五,广东巡抚杨文乾奏报:"窃西洋人张安多于康熙六十年奉差回国,并赍颁赐物件。今该国王闻圣天子新登大宝,向慕心殷,专遣亲信内员麦德乐恭捧表文方物,航海远来,虔诚朝贡。查西洋原非常贡之国,理应具题请旨,方可令其进京。但麦德乐等急求瞻天仰圣,不敢在粤稽留。今张安多拟于八月十三日先行进京,麦德乐拟于九月初旬进京。臣因该国王系朝贺圣天子嗣位,非同泛常,是以加意优待,以仰体皇上怀柔远人之至意,并不敢延缓,阻其向化之诚。"②因葡萄牙使节是以"朝贺"雍正新登大位之名前来中国,故广东巡抚做了变通优待处理。之所以安排张安多先行进京,麦德乐九月初旬进京,是因麦德乐足病未愈,从阎宗临先生在梵蒂冈图书馆发现的档案中可以得到印证,"又张安多今病痊愈,随带通晓天文陈善策、麦有年在澳,指日到省,拟于八月十三日起程,先行进京。麦德乐足病稍愈,拟于本月九月初旬起程进京,拟合详报等由到司"。③

为接待麦德乐使团进京,清廷做了妥善安排。"……麦德乐从人六十名,其麦德乐行李并从人零星行李共八十驮,若由陆路来,所需马匹甚多,且又繁剧,将伊等由水路带来等语。查康熙八年,西洋国遣官入贡题准令正副使及从人二十二名来京,其留边人役该地方官给与食物仍加防守等语,今博尔都噶尔国王为感谢皇上抚恤远人圣化遣使庆贺请安,不比西洋来使,其从人如要带俱令带来,或有留粤者,令该地方官将所居房舍并一应食物从丰支给,令郎中兼佐领常保柱、西洋人张安多于本月起身,迎接来使麦德乐,回来时,令其由水路带来等因。于雍正四年十一月具奏。奉旨:依议。钦此。钦遵贵部移咨直隶、山东、江西、广东五省督抚,博尔都噶尔国来使到时,令其将一应支给食物等物,务必丰裕,从优款待,为此合

---

① 麦德乐本人在此行结束后有简要报告,参见〔葡〕麦德乐:《葡萄牙国王唐·若昂五世遣中华及鞑靼雍正皇帝特使简记》,收入金国平:《中葡关系史地考证》,澳门:澳门基金会,2000年,第199—211页。

② 中国第一历史档案馆编:《雍正朝汉文朱批奏折汇编》第7册,南京:江苏古籍出版社,1989年,第150页。

③ 《关于麦德乐使团的文献》(一),收入阎宗临:《中西交通史》,第158页。

咨前云查照施行。须至咨者。雍正四年十一月十三日。"①麦德乐使团阵仗超过了以往其他西洋使团，加上其名义是"朝贺"雍正登位，故清廷对其接待规格从优处理。

雍正帝闻报庆贺其继位的葡萄牙使团欲来京朝觐，当然大悦，随即允准麦德乐使团"以朝贺之名入京觐见"。1726年11月，麦德乐使团离澳北上。途中"其所乘之船上，一面揭葡萄牙国旗，一面张有绿色大旗，上书'大西洋国王亲差朝贺大臣'字样。彼至京后，虽竭力设法维持其独立国之尊严，然清廷仍以朝贡国使臣之礼待之"。②1727年5月14日，使团在距北京9里格处收到雍正皇帝派人送来的礼物，"在此购置了40匹马及其他入京廷所需的物品"。5月18日，麦德乐使团在隆重的欢迎中进入北京。"百姓竞相争看。京城总管特意派人开路，在路两侧安排了卫兵，预防出事。围观者人山人海，甚至有人爬上屋顶观看。最令他们吃惊的是，一路上大使让人抛撒新的银质十字钱。大使初次觐见皇帝时也有此举动。"③

经过一番对觐见礼仪的争执，麦德乐使团答应按照中国的礼仪行事。《清会典事例》载葡使入京进献礼品曰：

> 是年（五年），西洋博尔都噶尔国王若望遣使麦德乐等，具表庆贺，恭请圣安。因进方物：大珊瑚珠、宝石素珠、金珐琅盒、金镶伽什伦瓶、蜜腊盒、玛瑙盒、银镶伽什伦盒、蓝石盒、银镀金镶玳瑁盒、银镀金镶云母盒，各品药露五十瓶，金丝缎、金银丝缎、金花缎、洋缎、大红羽缎、大红哆罗呢，洋制银柄武器、洋刀、长剑、短剑、镀银花火器、自来火长枪、手枪，鼻烟，葛巴依瓦油、圣多默巴尔撒木油、璧露巴尔撒木油、伯肋西里巴尔撒木油，各色衣香，巴斯第里葡萄红露酒、葡萄黄露酒、白葡萄酒、红葡萄酒，伽什伦各色珐琅，乌木镶各色石花条桌织成远视画，④凡四十一种。其来使呈称：国王蒙圣祖仁皇帝抚恤多

---

① 《关于麦德乐使团的文献》（二），收入阎宗临：《中西交通史》，第160页。
② 周景濂编著：《中葡外交史》，第159页。
③ 〔葡〕麦德乐：《葡萄牙国王唐·若昂五世遣中华及鞑靼雍正皇帝特使简记》，收入金国平：《中葡关系史地考证》，第206页。
④ 关于这幅"织成远视画"，有专文介绍，参见〔葡〕若昂·德乌斯·拉莫斯：《一幅送给雍正皇帝的里贝拉宫壁画》，载《文化杂志》第17期，1993年。

年,恭逢皇上御极,仍一视同仁,感戴洪恩,敬备方物,愿恭奉至御前,亲身进献,庶得达国王敬奉皇朝之盛心。其表文由内阁翻译,贡物由部具奏。奉旨:准其进献。①

雍正允准葡使亲自奉献礼品给他,在清廷的外交礼仪中,这算是葡使享受的一大特别礼遇。

5月28日麦德乐第一次觐见雍正皇帝。这天清晨7点,使团离开寓所,"此行人马抵达皇宫,从午门进入,来到金銮殿。在那里为大使及其随行人员举行了晚宴。一位伯爵及大臣陪同大使。然后去另一大殿。皇帝传令要大使只携带两名随员。为此,大使选择了使团秘书和福鲁图奥佐·沙维尔·佩雷拉·平托。一切就绪后,按照此安排,他们被引至觐见大厅"。② 据载,使团觐见雍正当时,麦德乐"以葡王约翰五世之信置帝手中,并贺其登极,乃退回殿之前列,且率其随员大行三跪九叩之礼。后赐坐,甚近帝位。彼跪而陈辞,文质彬彬,帝大悦,每二日即有赐宴之举"。③ 极具翻译天才的法国耶稣会士巴多明受命担任使团的翻译。麦德乐呈上的葡萄牙国书称:

波尔都噶尔国(即Portugal,葡萄牙——引者按)、阿尔噶尔物国(Algarves,葡萄牙南部——引者按)等处国王若望,谨专使恭请中国大能皇帝安福,以表诚敬。钦惟圣祖仁皇帝恺泽溥施,声名洋溢,私心感慕,久切于怀。凡我国臣民寓居中国者,莫不多方顾复,事无巨细,备极周详,盖数十年来于兹矣。复差我国之臣张安多,附赍珍品,俾远国深知德意无穷。心领之下,正图竭蹶报称,忽闻各路惊传圣祖仁皇帝大行之恸,心中伤感,不胜思慕之极。恭遇我皇嗣位,丕显前谟,遂稍解此中迫切之情。钦惟我皇纯孝至仁,缵承鸿业,当日往来之盛典,自然济美于今时。窃自不揣,特差大臣历山麦德乐航海而前,趋朝恭贺,以申数万里外向慕之忱,与前无异。庶几自今以后,更

---

① 《清会典事例》第6册,卷五〇三《礼部·朝贡·贡物一》,北京:中华书局,1991年,第824—825页。
② 〔葡〕麦德乐:《葡萄牙国王唐·若昂五世遣中华及鞑靼雍正皇帝特使简记》,收入金国平:《中葡关系史地考证》,第208页。
③ 〔美〕W. W. 柔克义:《欧洲使节来华考》,收入朱杰勤译:《中外关系史译丛》,北京:海洋出版社,1984年,第179页。

相得而益彰也。不尽之言,使臣自能口达。惟望俯垂鉴纳,曲赐优容。想使臣小心敬谨,必能仰合我皇之心也。忝居列土庶邦之末,敢藉民胞一体之仁,仰求天主保佑大能皇帝玉体永安,国家多福。天主降生一千七百二十五年二月十六日,里西波城谨封。①

6月7日,麦德乐到雍正皇帝的乡下别宫呈送葡萄牙国王的礼物。据陪伴葡使的巴多明报道现场,"这些礼物都非常精美,很难想象还有比它们更精美的东西。装礼物的箱子里面和外表都非常漂亮,原封不动送到皇帝面前。这些箱子的确制作得非常精美,盖着天鹅绒,有饰带和金流苏,银锁银钥匙。大使是用了晚餐后呈送礼物的。皇帝看了礼物后派陪大使吃饭的两位大臣去对大使说,中国的习惯是不接受别人送的礼物的,他不知道欧洲是否也是这种习惯,大使会不会因为他只收下一部分礼物而见怪。皇帝说:'我为难的是,一方面我看到葡萄牙国王世上少有的好心,另一方面,礼物太多了,没有办法都收下。'"②看得出葡萄牙使团的礼物是经过精心准备和挑选的。麦德乐以极其诚恳的态度恳求中方收下礼物。"数天后,皇帝派人送来一价值千两的礼物并带来一极其客气的口信,大使欣然接受并请求面谢皇帝,获准。"③

6月13日,麦德乐第三次觐见雍正皇帝。这次"受到了跟第一次一样的招待,请他吃了饭,然后请他登上游船,让他看看宫中所有的花园"。④ 呈送了礼物后,麦德乐就"无事可干,只是频繁地应酬作乐,等待宫内给他准备皇帝送给他国王的精美礼物。他利用这段空余时间去参观教堂,他和随从们在教堂里领受圣体,他的捐献并作出怜悯的举动感动了许多新信徒。他的风度、他的机灵、他的整洁的屋子使得他和所有的欧洲人在朝廷里大有面子。他手下人可以自由出入,他们并没有滥用这种非同寻常的自由,他们中

---

① 国书中译文收入中国第一历史档案馆编:《中葡关系档案史料汇编》上册,北京:中国档案出版社,2000年,第27—28页。葡文原件,第53页。
② 《耶稣会传教士巴多明神父致尊敬的本会尼埃尔神父的信》(1727年10月8日于北京),收入〔法〕杜赫德编,朱静译:《耶稣会士中国书简集》中卷第3册,郑州:大象出版社,2005年,第236页。
③ 〔葡〕麦德乐:《葡萄牙国王唐·若昂五世遣中华及鞑靼雍正皇帝特使简记》,收入金国平:《中葡关系史地考证》,第208—209页。
④ 《耶稣会传教士巴多明神父致尊敬的本会尼埃尔神父的信》(1727年10月8日于北京),收入〔法〕杜赫德编,朱静译:《耶稣会士中国书简集》中卷第3册,第237页。

没有一人随时离开住处在城里乱逛。再说他为人仁慈,对给他送来皇帝赐给的礼物的人出手大方"。① 麦德乐在北京的表现可以说取得了极大的成功,至少给使团随行人员和在京西人的感觉是如此。

7月7日晚上,雍正皇帝在圆明园举行庆典,麦德乐应邀出席,并向皇帝辞行。"那天,皇帝亲手赏给特使一杯酒,并从自己的桌子上赐他几碟食物。"②庆典结束后,麦德乐返回城内时,雍正皇帝"让他带了三十五个箱子的礼物送给国王,七个箱子的礼物送给他"。③ 回礼之重,显示出清廷对使团的满意程度。不过,使团在谋求通商问题上并未达到目的。"这次使节曾经同中国皇帝交换过礼物,但是在打通商务问题上,并不比1753年的第六次使节更为成功。在中国人看来,使臣前来是为了朝贺和进贡的,他的责任就是接受命令而不是要求谈判订约,这位专使依照欧洲习惯,屈膝接受了皇帝的赏赐。"④在西人看来,这仍是一次失败的遣使。

7月16日,麦德乐使团离京南下。雍正帝给葡萄牙国王写了回信,亦即清廷所说的"敕谕"。事先,麦德乐多次向清廷表示,"如果信不是以对等的规格写的,他将不接受"。我们没有看到相关的史料,无从判断麦德乐是否接受了雍正帝的敕谕,也无从知晓雍正帝敕谕的内容,但清廷自有其传统的规定和对中葡关系的认识,决不会轻易变更敕谕的口吻、内容

---

① 《耶稣会传教士巴多明神父致尊敬的本会尼埃尔神父的信》(1727年10月8日于北京),收入〔法〕杜赫德编,朱静译:《耶稣会士中国书简集》中卷第3册,第237页。

② 〔瑞典〕龙思泰著,吴义雄、郭德焱、沈正邦译:《早期澳门史》,第121页。

③ 《耶稣会传教士巴多明神父致尊敬的本会尼埃尔神父的信》(1727年10月8日于北京),收入〔法〕杜赫德编,朱静译:《耶稣会士中国书简集》中卷第3册,第239页。麦德乐:《葡萄牙国王唐·若昂五世遣中华及鞑靼雍正皇帝特使简记》,收入金国平:《中葡关系史地考证》,第209页。《清会典事例》载雍正回赠的礼品:"(雍正)五年,西洋博尔都噶尔国人入贡,赐国王大蟒缎、妆缎、倭缎各六疋,片金缎四疋,闪缎、蓝花缎、蓝缎、帽缎、素缎各八疋,绫、纺丝各二十有二疋,罗十有三疋,绢七疋。贡使大蟒缎一疋,妆缎、倭缎各二疋,帽缎一疋,蓝花缎、青花缎、蓝缎各三疋,绫、纺丝各六疋,帽三,银百两。护贡官十人,每人倭缎一疋,蓝花缎、青花缎、蓝素缎、绫各二疋,纺丝二疋,绸二疋,绢二疋,银五十两。从人三十名。每名绸、纺丝三疋,绢二疋,银二十两。广东伴送把总彭缎袍一领。又特赐国王人内府缎、瓷缎、洋锡器、荔枝酒、芽茶、纸墨、娟镫、扇、香囊等物,来使亦加赐有差。"《清会典事例》第6册,卷五○六《礼部·朝贡·赐予一》,第862页。阎宗临在梵蒂冈图书馆发现清廷所赠礼物的清单,参见《关于麦德乐使团的文献》(三)(四),收入阎宗临:《中西交通史》,第161—163页。

④ 〔美〕马士著,张仁文等译:《中华帝国对外关系史》第一卷,上海:上海书店出版社,2000年,第46页。

与规制。正如巴多明所说,"我知道中国人是丝毫不会更改既定的规格的"。① 麦德乐使团在御史常保住的伴送下,12月8日回到澳门。澳门方面为这次麦德乐使团的北京之行,筹措了3万两白银,②澳门居民又一次付出了极大的代价。这次葡萄牙出使,虽未能使雍正改变其禁教政策,但在缓和因"禁教"问题导致两国关系的恶化方面,有其积极的作用。

麦德乐回国后报告此行时,自我感觉甚好:"我要说的是,这位令人尊敬的大使在我们的历史上应有一席之位。并不仅仅因为派遣他的我们的君主的崇高与宽宏为使团带来的巨大成功,而且因为在同一个如此微妙,如此墨守陈规的国家交往中,力排万难,取得了和谐的解决办法及达成了协议。他战胜了一切困难,甚至那些认为无法解决的困难,保持了他的君主及整个欧洲的威望。"③麦德乐的这番自我评价,也算是对历史的另一种交代。

巴哲格使团 为解决乾隆初年澳门发生的两起华人命案及其造成的中葡关系危机,与清朝修好,葡萄牙国王唐·若泽一世特别派遣使臣弗朗西斯科·沙维尔·阿西斯·帕彻科·德·巴哲格(Francisco de Assis Pacheco de Sampaio)访华。④ 1752年8月11日(乾隆十七年七月初三日),巴哲格使团抵达澳门,使团携带了葡萄牙国书和礼品。⑤ 广东地方官员随即上奏清廷称:"本月初七日有大西洋波尔都噶尔船一只来澳,系本国王遣使臣巴这哥(即巴哲格)航海来粤,赴京恭请圣安,现在候示等情转报到。臣据此当经饬查去后。兹据覆称因该国王新经嗣位,虔遣使臣赍进方物二十九箱到粤,恭候圣旨起程赴京,恭请皇上圣安,以展向化感慕之诚。并带有西洋人三名,汤德徽、林德瑶知天文、算法,张继贤善于外

---

① 〔法〕巴多明著,朱静译:《洋教士看中国朝廷》,第153—162页。
② 〔瑞典〕龙思泰著,吴义雄、郭德焱、沈正邦译:《早期澳门史》,第122页。
③ 〔葡〕麦德乐:《葡萄牙国王唐·若昂五世遣中华及鞑靼雍正皇帝特使简记》,收入金国平:《中葡关系史地考证》,第209—210页。
④ 有关巴哲格使团访问中国的背景及起因,参见黄庆华:《中葡关系史》上册,第408—441页。1756年8月31日巴哲格对他的中国之行向葡王提交了一份报告,中译本参见《巴哲格大使呈唐·若泽一世国王报告1752年出使京廷记》,收入金国平著:《中葡关系史地考证》,第212—240页。阎宗临先生在罗马传信部档案处发现一封信件,内容涉及巴哲格使团访华,作者不详,参见《乾隆十八年葡使来华纪实》,收入阎宗临:《中西交通史》,第172—177页。
⑤ 国书原件收入中国第一历史档案馆编:《中葡关系档案史料汇编》上册,北京:中国档案出版社,2000年,第27—28页。葡文原件,第93页。

科,亦一同赴京。如蒙皇上俞允留用,汤德徽等亦愿住京效力等语。"①从所存礼部档案看,使团"随带通晓天文林德瑶、善于外科张继贤,来京效力"。② 汤德徽并未随团来京。

又据乾隆十八年三月广东地方官所报,巴哲格使团带来的"进贡方物"为:自来火鸟枪,珐琅洋刀,银装蜡台,赤金文具,咖什伦文具,螺钿文具,玛瑙文具,绿石文具,赤金鼻烟盒,咖什伦鼻烟盒,螺钿鼻烟盒,玛瑙鼻烟盒,绿石鼻烟盒,银装春、夏、秋、冬四季花,金丝花缎,银丝花缎,金丝表缎,银丝表缎,各色哆啰呢,织人物花毡,露酒,白葡萄酒,红葡萄酒,巴尔撒木酒,鼻烟,洋糖果,香饼,凡二十八种。贡使进御前方物:银盘玻璃瓶,银架玻璃瓶,意大石文具,银圆香盒、银长香盒、密蜡香盒、剪子各一对,意大石牙签、玻璃牙签各一,异石鼻烟盒一。③ 乾隆帝闻报后非常高兴,"命钦天监监正刘松龄前途导引至京,召见巴哲格等,赐宴并赐敕"。④

1753年5月1日(乾隆十八年三月二十八日),巴哲格使团由内务府郎中官柱及钦天监监正刘松龄等接引,抵达北京。⑤ 巴哲格谈到使团进京时的情景说:"与我在省的经验不同,当时人头涌动,如过江之鲫,我成了众人注意的中心。我觉得每条街上人山人海。人们不无惊奇地望着使团入京的庄严、排场的队列。在我们所到之处,维持治安的官兵让围观者对使团也必恭必敬,不允许他们在马上或车中观看。"⑥使团下榻之处采取了严格的保安措施,到京后的一切安排得井井有条,令巴哲格颇为满意。

《明清史料》所载保存的礼部档案,记载了5月5日葡萄牙使臣进献表文的仪礼全程:

> 礼部谨奏乾隆十八年四月初二日午时,西洋波尔都噶尔亚国使臣巴哲格进献表文仪注:是日,来使公服候于后左门,恭候皇上升乾

---

① 《乾隆朝外洋通商案》,收入故宫博物院文献馆编《史料旬刊》第十四期,北京:故宫博物院出版物发行所,1930年刊本。

② 《明清史料》庚编第八本,《礼部奏副》,台北:历史语言研究所,1960年9月,第718页。林德瑶、张继贤(张舒)生平事迹,参见〔法〕费赖之著,冯承钧译:《在华耶稣会士列传及书目》下册,北京:中华书局,1995年,第841—842、916页。

③ 梁廷枏:《海国四说》,第229—230页。

④ 同上书,第230页。

⑤ 《乾隆十八年葡使来华纪实》,收入阎宗临:《中西交通史》,第174页。

⑥ 《巴哲格大使呈唐·若泽一世国王报告1752年出使京廷记》,收入金国平:《中葡关系史地考证》,第219页。

清宫宝座,臣部堂官一员,带领在京居住西洋人一名,令来使恭捧表文,引至乾清宫西阶上,入西边槅扇,由宝座西边台阶上,至宝座旁跪,恭献表文。皇上接,授侍立大臣,侍立大臣跪领,恭捧侍立,仍引来使由西边台阶降,出西边槅扇,至丹陛上,在西边行三跪九叩头礼毕,由西边槅扇引入,赐坐于右翼大臣之末,赐茶,叩头,吃茶。皇上慰问时,令来使跪听。毕,臣部堂官引出至乾清门外,谢恩。①

巴哲格觐见乾隆帝之时,完全是按照清廷的惯常礼仪规定行事。事后的《清会典事例》卷五〇五明确记载称:"西洋国使臣巴哲格等奉表来京,令来使候于后左门,恭候高宗纯皇帝御乾清宫,升宝座。礼部堂官一人,率领在京居住西洋人一人,引来使进见进表,仪与雍正五年(1727年葡使麦德乐来华)同。"②

西方文献记载巴哲格首次觐见乾隆的过程,大体与中文文献一致,只是日期有所出入:

> 5月1日(应为4日——引者按),特使来到乾隆为他第一次接受觐见而定下的地方,程序如前。皇帝坐在御座上,特使与秘书、管事、刘松龄及司仪一起进殿。特使阁下走上通往御座的台阶,跪在地上,将国王的书信呈给皇帝。皇帝亲手拿起,把它交给一位显贵,这位显贵在特使阁下——头带着帽子——致辞的过程中,一直将国书齐额高举。致辞完毕后,特使、秘书和管事,像以往一样行礼如仪。③

葡萄牙使臣巴哲格所呈葡萄牙国王的书信,清廷称其为"贡表",其内容如下:

> 臣父昔年,仰奉圣主圣祖皇帝、世祖皇帝,备极诚敬。臣父即世,臣嗣服以来,缵承父志,敬效虔恭。臣闻寓居中国西洋人等,仰蒙圣主施恩优眷,积有年所,臣不胜感激欢忭,谨遣一介使臣,以申诚敬,因遣使巴哲格等,代臣恭请圣主万安,并行庆贺。伏乞圣主自天施降

---

① 《明清史料》庚编第八本《礼部奏折(移会抄件)》,台北:历史语言研究所,1960年,第719页。
② 《清会典事例》第6册,卷五〇五《礼部·朝贡·朝仪》,第854—855页。
③ 〔瑞典〕龙思泰著,吴义雄、郭德焱、沈正邦译:《早期澳门史》,第124页。有关首次觐见乾隆过程,巴哲格的报告叙述甚详,参见《巴哲格大使呈唐·若泽一世国王报告1752年出使京廷记》,收入金国平:《中葡关系史地考证》,第220—221页。

诸福,以惠小邦。至寓居中国西洋人等,更乞鸿慈优待。再所遣使臣,明白自爱,臣国诸务,俱令料理,臣遣其至京,必能慰悦圣怀。凡所奏陈,伏祈采纳。①

信中文字措词恭顺,敬情并茂,没有提及"传教"、澳门这类令清廷感到敏感的问题,显示出葡方的谨慎。

5月8日(四月初五日),乾隆到南城天坛祭天,"从南城外回圆明园花园去,教他接驾,为看他带的兵丁家人,又下旨叫钦差(使节)初九日到圆明园赴御宴"。② 乾隆还特意安排巴哲格打道回府时顺道去参观天文台,"那里的天文仪器既古老又庞大"。

5月9日,使团被安排去游览毗连皇宫的一座庄园和游乐园。这里有建筑精美的中式厅堂,"富丽堂皇,美不胜收"。使团游览了湖景和皇帝乘坐的游船,观看了马术表演。③

5月12日(四月初九日),乾隆在圆明园设宴,葡萄牙使团应邀出席并呈献所带礼品。"这一日钦差(使节)的家人兵丁共六十人,排作队伍到圆明园,进了万岁他带来的本国王的礼物,共有四十八抬。礼品是这些:金丝缎、银丝缎、银器、自来火、大鸟枪、小鸟枪、各样香料、各样葡萄酒、各样葡萄烧的蒸的香露、各样药料油、宝剑、宝石、各样鼻烟盒、玻璃器皿等物,大概共值二十万上下价值。"在宴会上,"万岁在上,众王公六部的大人,七八位西洋人在下,陪他吃着筵宴,看戏之后,看各样的玩耍技艺,后来坐小船游河,看花园,两岸上都是玩耍戏法儿的"。④ 随后陪伴的富公爷又带使节参观西洋楼和他自家的花园,有趣的是,在参观西洋楼时,迎面传来的是巴哲格熟悉的西洋音乐,"大门口有音乐欢迎我。他们称其为欧洲音乐,其中包括大提琴、笛子及小提琴。演奏了一些神甫们教的小夜曲。第一个大厅中装饰着许多欧洲的器具,大部分不伦不类,但这不伦不类却与天花板上出自杰出的郎士宁及其他在宫廷中服务的神甫之手的精

---

① 赵尔巽等撰:《清史稿》第十六册,卷一六〇《邦交八》,北京:中华书局,1976年,第4684—4685页。
② 《乾隆十八年葡使来华纪实》,收入阎宗临:《中西交通史》,第174页。
③ 《巴哲格大使呈唐·若泽一世国王报告1752年出使京廷记》,收入金国平:《中葡关系史地考证》,第223页。
④ 《乾隆十八年葡使来华纪实》,收入阎宗临:《中西交通史》,第174页。

美绘画形成和谐的统一"。① 直到下晚才送使节回馆休息。②

乾隆帝对葡萄牙国王的"贡表"及使团的表现颇为满意,6月2日(五月初一日),他在圆明园对葡萄牙国王及使团给予了丰厚的回赠赏赐:"赏国王各色纱四十疋、宫扇八匣、扇子五十匣、香袋二十匣、挂香袋十二匣、锭子药二十二匣、葛布一百疋、香串十匣。赏正使各色纱三十疋、葛布四十疋、宫扇二匣、扇子十二匣、扇器六匣、香串四匣、锭子药二十五匣。赏副使各色纱十二疋、葛布十疋、宫扇一匣、扇子四匣、扇器二匣、香袋四匣、香串二匣、锭子药二匣。赏总理官各色纱十二疋、葛布十疋、宫扇一匣、扇子四匣、扇器二匣、香袋四匣、香串二匣、锭子药二匣。赏从人各色纱五十疋、葛布一百疋。"③为了让巴哲格高兴,乾隆还降旨将巴哲格的同乡、在宫廷以数学家身份服务的傅作霖(Félix da Bocha)升至六品。④

6月6日(五月初五日)是端午节,晚上乾隆款待葡使过节,"看斗龙舟,看抬歌会",并且给使节和葡萄牙国王赠送礼品,其中有他亲手制作的画册。⑤葡萄牙使团在北京共计39天,回国之际,乾隆帝向其颁发敕谕一道:

> 览王奏并进方物,具见悃忱。洪惟我圣祖仁皇帝、世宗宪皇帝,恩覃九有,光被万方。因该国王慕义抒诚,风昭恭顺,是以叠沛温纶,并加宠锡。今王载遴使命,远涉重瀛。感列圣之垂慈,踵阙庭而致祝。敬恭式著,礼数弥虔。披阅奏章,朕心嘉悦。既召见使臣,遂其瞻仰之愿;复亲御帐殿,优以宴赏之荣。西洋国人官京师者,晋加显秩,慰王远念。兹以使臣归国,特颁斯敕。其锡赍珍琦,具如常仪。加赐彩缎、罗〔绮〕、珍玩、器〔具〕等物,王其祗受,悉朕睠怀。⑥

乾隆敕谕所示"西洋国人官京师者,晋加显秩,慰王远念",系指加封葡萄牙耶稣会士傅作霖为钦天监监副。6月8日,使团起身返程,乾隆仍命刘松龄

---

① 《巴哲格大使呈唐·若泽一世国王报告 1752年出使京廷记》,收入金国平:《中葡关系史地考证》,第225页。
② 《乾隆十八年葡使来华纪实》,收入阎宗临:《中西交通史》,第174页。
③ 《明清史料》庚编第八本,台北:历史语言研究所,1960年9月,第722页。
④ 《巴哲格大使呈唐·若泽一世国王报告 1752年出使京廷记》,收入金国平:《中葡关系史地考证》,第229页。
⑤ 《乾隆十八年葡使来华纪实》,收入阎宗临:《中西交通史》,第174页。《巴哲格大使呈唐·若泽一世国王报告 1752年出使京廷记》,收入金国平:《中葡关系史地考证》,第230页。
⑥ 梁廷枏:《海国四说》,第230页。

送到澳门,"始1752年10月25日,迄1753年终,松龄往来北京广州凡四次,疲劳殊甚。使臣居京师三十九日,颇受优礼"。① 即使西人也承认,乾隆对巴哲格使团的款待颇为到位。10月6日使团回到澳门。巴哲格这次出使,"花了澳门22000两,而特使曾说,他也花了16000元"。② 不过,历史学者对这次出使的评价极为低调,"然并未能完成其使命,对于澳夷善后事宜之议条,撤回固谈不到,即欲予以变更或修改,亦未能也"。③

四 清朝初期荷兰遣使三进北京

荷兰与中国接触始于明朝,主要是在东南沿海一带活动。《明史》卷三二五列传二一三《和兰传》称:"和兰又名红毛番。""其人深目长鼻,发眉须皆赤,足长尺二寸,颀伟倍常。""其本国在西洋者,去中华绝远,华人未尝至。其所恃惟巨舟大炮。"说明国人对荷兰略有了解。清朝初年,荷兰与中国关系逐渐密切,先后三次遣使(1656、1667、1686年)赴京,其中1656年荷兰首次遣使是清初最早来京的西方使团,荷兰方面对此行留下了一份完整记录——《荷使初访中国记》,④荷兰东印度公司也保存了此

---

① 〔法〕费赖之著,冯承钧译:《在华耶稣会士列传及书目》下册,第784页。
② 〔瑞典〕龙思泰著,吴义雄、郭德焱、沈正邦译:《早期澳门史》,第125页。
③ 周景濂编著:《中葡外交史》,第161页。
④ 《荷使初访中国记》,原题 Joan Nieuhof: *Het Gezandtschap Der Neêrlandtsche Oost-Indische Compagnie, aan den grooten Tartarischen Cham, Den tegenwoordigen Keizer van China: Waarin de gedenkwaerdigste Geschiedenissen, die onder het reizen door de Sineesche landtschappen, Quantung, Kiangsi, Nanking, Xantung en Peking, en aan het Keizerlijke Hof te Peking, sedert den jaren 1655 tot 1657 zijn voorgevallen, op het bondigste verhandelt worden. Beneffens Een Naukeurige Beschrijvinge der Sineesche Steden, Dorpen, Regeering, Weetenschappen, Hantwerken, Zeden, Godsdiensten, Gebouwen, Drachten, Schepen, Bergen, Gewassen, Dieren, etcetera en oorlogen tegen de Tartars. Verçiert met over de 150 afbeeltsels, na't leven in Sina getekent.* Amsterdam: Jacob van Meurs, 1665. 中文全译为《荷兰东印度公司的使团晋谒当时的中国皇帝鞑靼大汗》,介绍1655—1657年使团访华期间发生的重要事情及风景地貌……并生动描述中国的城镇、乡村、官府、科学、工艺、风俗、宗教、建筑、服饰、船舶、山川、植物、动物以及与鞑靼人的战争。配有实地描绘的150幅插图》。中译本收入〔荷〕约翰·尼霍夫原著,〔荷〕包乐史、〔中〕庄国土著:《〈荷使初访中国记〉研究》,厦门:厦门大学出版社,1989年,第47—99页。作者约翰·尼霍夫(Johan Nieuhof,1618—1672),1640—1649年作为候补军官在巴西服务于荷兰西印度公司。1654年春赴爪哇岛,任职于荷兰东印度公司,1655—1657年作为管事随从荷兰使团出访中国,返国后将其在中国沿途的见闻记载下来,并配以图画。

行的报告。①此外,1653、1678 年荷兰曾两次遣使来到广州,但未达其进京目的。②

荷兰东印度公司为拓展对华自由贸易,1655 年派遣彼得·德·侯叶尔(Pieter de Goyer)和雅可布·凯塞尔(Jacob Keyzer)率团前往广州,使团于 7 月 19 日从巴达维亚出发。尼霍夫是使团的随从人员。8 月 14 日,使团船队到达澳门。8 月 18 日,船队进入虎门,受到清朝官兵的热情接待。9 月 4 日,使团抵达广州。10 月 15 日,平南王尚可喜、靖南王耿继茂和两广总督李率泰在城外设宴款待了使团。在上报清廷并获允准后,1656 年(顺治十三年)3 月 17 日,使团由清兵护送北上。这天"二位使臣和一支由约五十艘船组成的船队从广州扬帆启程,继续我们前往北京的旅程。那位老海道是水军的最高指挥官,配有二名副手,二位队长,一群鞑靼兵,一起陪送我们。我们将荷兰国旗配上彩旌升起,迎风飘扬"。③

使团沿途经过三水城(3 月 19 日)、清远(21 日)、英德(24 日)、韶州(29 日)、南雄(4 月 4 日)、江西南安(9 日)、赣州(15 日)、万安(18 日)、吉安(19 日)、南昌(23 日)、吴城(25 日)、湖口(27 日)。然后沿长江东去,经安徽铜陵(29 日)、芜湖(5 月 3 日)、江苏南京(5 月 9 日)、仪征(5 月 20 日)、扬州(21 日)。再沿大运河北上,经高邮(26 日)、宿迁(6 月 4 日)、山东迦口(6 日)、济宁(13 日)、临清(21 日)、武城(25 日)、德州(28 日)、沧州(7 月 2 日)、天津(4 日)、河西务(11 日)等地,此时大清初定中原,使团所到之处,满目疮痍,一片战后的残破景象。

7 月 12 日,使团到达张家湾前面的皇家港。"该地人口众多,有一个防御用的坚固城楼。城中央有一座漂亮的牌坊,是用灰色石头建造的。城南有一座有五个拱洞的石桥,桥两旁都建有房屋。该城长约四十二步,所有运往北京的货物都在此地和通州卸下,转用驴子和大车运载,由陆路

---

① 参见 78. J. Mastsuyker, C. Hartsinck , J. Cunaeus, A. de Vlaming van Oudtshoon, N. Verbunch, D. Steur, 巴达维亚, 1657 年 12 月 17 日—voc 1220, fol. 1－119。收入程绍刚译注:《荷兰人在福尔摩莎 1624—1662》, 台北:联经出版事业股份有限公司, 2010 年, 第 477—490 页。

② 参见李庆新:《17 世纪广东与荷兰关系述论》, 载《九州学林》2005 年春季三卷一期, 第 182—237 页。

③ 〔荷〕约翰·尼霍夫原著,〔荷〕包乐史、〔中〕庄国土著:《〈荷使初访中国记〉研究》, 厦门:厦门大学出版社, 1989 年, 第 54 页。

载到北京。这些驴子和大车常在此地等待运送货物。"①礼部奉清皇之令,派出二十四匹马和几部大车和小车来搬运献给皇帝的礼物和使团的行李。

7月17日,使团从御港启程由陆路前往北京。尼霍夫报道了路过京郊所看到的景象:"我们经过大城通州,该城距张家湾三十五里。位于一处低洼而又崎岖不平的地方,在通向北京的大路右侧,却又在运河的左岸。该城防卫严密,城中心有一道城墙横贯而过,但没有铺石的街道。我们离开通州城,沿途经过几处房舍美观、商业繁荣的乡镇。大路左边有个宝塔,使臣阁下于中午在宝塔处下马,用了自己带来的午餐,然后立即动身前行。沿途的田野令人赏心悦目,一路上拥挤着来往于北京的人群。"②经过长途跋涉,使团对即将到达北京的那一刻有一种期盼的心情。

下午一时,使团到达北京郊外,在一座宝塔前下马。二位使臣被引进庙里,受到前来迎接的清廷大臣接待。在稍事休息之后,使团被护送到皇宫旁的一所大房子里安排就宿。经过四个月的长途旅行,使团终于到达北京。对这次北上旅行,荷兰著名汉学家包乐史评价道:"荷兰使团一开始乘坐拖船溯江穿过广东省,然后骑马翻越广东省与江西省交界的梅岭山脉,再乘船顺流而下,经过长江边的南京城,然后再经扬州进入大运河,沿运河到达北京。除翻越梅岭山外,整个旅程都是乘坐手拖船,这是荷兰人非常熟悉的交通工具。"③

荷兰使团从7月17日到达通州,到10月17日彼得·德·侯叶尔接受清帝给荷属巴达维亚总督的一封信之后,中午时分就离开京城。使团在北京呆了整整三个月。尼霍夫根据自己有限的观察,对北京做了力所能及的描绘。北京的地理位置"位于北纬四十度,距通州三十五里,不靠海"。④ 北京城的城市布局,"除了在正中央的皇宫之外,这个城市还有两道城墙环卫着。里面的一道墙非常高,而且城陴密布,人们可以轻易地把

---

① 〔荷〕约翰·尼霍夫原著,〔荷〕包乐史,〔中〕庄国土著:《〈荷使初访中国记〉研究》,厦门:厦门大学出版社,1989年1月,第80页。

② 同上书,第81—82页。

③ 〔荷〕包乐史著,庄国土、程绍刚译:《中荷交往史1601—1989》,阿姆斯特丹:路口店出版社,1989年修订版,第78页。

④ 〔荷〕约翰·尼霍夫原著,〔荷〕包乐史,〔中〕庄国土著:《〈荷使初访中国记〉研究》,第82页。

石头从一个城陲投进另一个城陲,城墙的长度不超过四十里。外城也有普通的围墙。外城的城门两旁有角楼,还可以看见三个城陲。有一道河流沿着外城城墙流向北边,这道河流也作为外城的护城河。河流上面有一座石桥,人们经过这座石桥,然后穿过南门,步行约半小时,就来到内城了。内城有一座非常高的门楼,环有圆堡,人要从旁边绕过去,圆堡里面有两门小炮,然后经过最后一道城门进入北京城"。① 北京满是灰尘的街道给尼霍夫的感觉并不好,"我们在这里看不到石头路,因此冬天就非常泥泞肮脏,使人很难步行走过这些街道。夏天吹起东北风的时候,尘土满城飞扬,人们难以出门,除非用面纱遮脸。这种天气对经常要沿街往来,为每日生计而奔波的不少穷人来说,真是非常痛苦的事情"。②

荷兰使团"哔唎哦哦、嘞哈哇喽等到京,宿会同馆,进表一道"。③ 按照清朝朝贡制度规定,贡使赴礼部呈递表文的程序是:"凡贡使至京,先于礼部进表,预设表案于堂正中。馆卿朝服率贡使暨随从官,各服本国朝服,由馆赴部,入左角门,伫立阶下之左,礼部堂官一员出立于案左,仪制司官二员分立于左右楹,均朝服。馆卿先升,立于左楹之西,通事二员、序班二员引贡使以次升阶立,皆跪。正使奉表举授馆卿,转授礼部堂官,礼部堂官受表。陈于案正中,退立,正使以下行三跪九叩礼。与序班引退,馆卿率贡使从官皆出,仪制司官奉表退。次日送交内阁。"④ 7月19日,礼部官员查点荷兰使团准备呈献给清帝的礼品和呈交的表文,"二位使臣乃于当日在二位鞑靼贵人和一个耶稣会士的面前把那些礼物送交给那位礼部中堂"。⑤ 8月14日,使团正、副使奉命前往礼部接受质询,主要是询问使团来访的目的。⑥

---

① 〔荷〕约翰·尼霍夫原著,〔荷〕包乐史、〔中〕庄国土著:《〈荷使初访中国记〉研究》,第91页。
② 同上。
③ 《大清会典》(康熙朝),卷七十二《礼部·主客司·朝贡通例·朝贡一》,台北:文海出版社有限公司,1992年,第3724页。
④ 《清会典事例》卷五〇五《礼部·朝贡·朝仪》,北京:中华书局,1991年,第851页。
⑤ 〔荷〕约翰·尼霍夫原著,〔荷〕包乐史、〔中〕庄国土著:《〈荷使初访中国记〉研究》,第84页。荷兰使团呈交的表文中译本收入《明清史料》丙编,第4册,第377页。
⑥ 有关清廷官员询问荷兰使节的过程,详见程绍刚译注:《荷兰人在福尔摩莎1624—1662》,第479—480页。

在外交礼仪上,荷兰使团采取了与清廷合作的态度,完全按照清朝规定的礼仪行事,故双方来往基本上没有出现矛盾或冲突。荷兰使团首次体验清朝规定的礼仪是在8月22日前往礼部衙门:

> 八月二十二日,使臣阁下再前往礼部中堂的衙门。我们在那里必须下跪三次,并低头在地上叩头三次。当使臣阁下来到院子当中时,司仪就用很大的声音喊:"叩见",表示上帝派遣皇帝来了。然后再喊:"跪",即"弯下膝盖","叩头",即"低头朝地","起",即"站起来"。就这样重复了三次。最后他喊:"归",即"回到两旁"。我们询问这种仪式是为谁举行的,但是还打听不出来。通事们说,那是为了保存在这里的皇帝的圣旨举行的,外国使节每次都要如此致敬。①

初来乍到的欧洲使节对这样的礼仪很容易产生一种不适应感,甚至屈辱感,但荷兰使节显然早有心理准备,几乎没有提出任何异议。同时来京的俄罗斯使团因为拒绝按照清朝礼仪行三跪九叩礼,被清廷勒令出京。荷兰使团遇上了这一幕。"9月14日,莫斯科来的使臣连皇宫都未能进去,就必须离开北京了。有人说他不愿按照这个国家的律令,在皇帝的圣旨前下跪、叩头,所以他不得不离开这个国家。"尼霍夫似乎并不同情俄罗斯使团的遭遇,而以为其咎由自取。"有些人就是那么高傲,使他们为了保持那种自以为是的尊严而不得不付出重大代价。"②

10月2日清晨,分巡道员和两位广东的官员以及几位廷臣来到使团驻所,陪同彼得·德·侯叶尔及其6名随从人员进宫觐见清帝。荷兰使团被与吐鲁番使臣、丹律喇嘛、厄鲁特部落使臣安排在一起。逢此机会,尼霍夫将"看到的和观测过的数据尽量写下来",也算是获得皇宫的第一手材料:

> 这个皇宫为正方形,方园【圆】十二里,但需步行三刻钟,位于北京城的第二道城墙之内。所有的建筑都造得金碧辉煌,壮观无比。房屋外面巧妙地延伸着镀金的柱廊和栏杆。屋顶沉重,建造精美,是

---

① 〔荷〕约翰·尼霍夫原著,〔荷〕包乐史、〔中〕庄国土著:《〈荷使初访中国记〉研究》,第85页。
② 同上。1657年12月17日东印度公司的报告有类似的记载:"因为莫斯科的使节执意不在藏有皇帝和这个国家宝物的宫殿前屈身行礼,而且坚持要把他们的书信当面交给皇帝,结果一无所获,被赶出京城。"程绍刚译注:《荷兰人在福尔摩莎1624—1662》,第487—488页。

用黄色釉瓦覆盖的;在有阳光的时候,这些釉瓦远远看去,就像黄金那般闪烁。这个皇宫的东、西、南、北方向各有一个大门,所有建筑物沿十字形中轴道路分布,很整齐地被分成几个部分。城墙是用红色的瓷砖建造的,上覆黄瓦,高不过十五呎。城濠外面有一个极为开阔的广场,经常有骑士和士兵在那里守卫,非有命令皆不得通行。

使臣阁下通过南门,来到一个前院。这座前院位于方圆四百步的铺砖十字路口上。我们往右行,经过一道四十步长的石桥以及一个有五个拱门、五十步长的大门楼时,在正前方可以看见三座精美的房屋。这个广场长宽各四百步,上述三个防御用的坚固的城楼控制着整个广场。第三个广场和皇帝住处所在的广场一样,呈正方形,四座主要的宫殿造型典雅古朴,并依中国建筑的风格盖着贵重的瓦。这些宫殿有四个台阶可供上下,这些台阶占去了广场面积的三分之一,广场上铺着灰色的石板。在这最深之处的十字道路的尽头,有几处花园。花园里满是各种果树和漂亮的房屋,这些都是这个皇帝派人精心栽培建造的,我们从未见过如此漂亮的地方。①

整个觐见仪式盛大而庄严,让在场的所有来宾大开眼界、令人赏心悦目,尼霍夫记下了仪式的全过程,并不回避他们行跪拜礼这一举动:

> 那个副中堂在左边指示二位使臣阁下要到标着第十等的界石旁边站立。这时司仪就像以前那样开始唱礼,我们就跟着号令统统跪下,把头弯向地面三次,然后很快地退到一旁,回到原来的地方。②

荷兰使团几乎在每一个细节上都按照清朝的指示行事。10月2日下午,二位使臣应邀前往礼部赴宴。宴会结束时,赴宴外宾通常要行跪礼致谢。"在我们接到加牛奶的鞑靼茶之前,二位使臣阁下必须跟其他所有的使臣们一样朝北边下跪三次,因为皇帝就在那个方向。我们告辞时要同样下跪三次,然后离开。"③《清实录》对此次筵宴亦有记载:"庚寅(1656

---

① 〔荷〕约翰·尼霍夫原著,〔荷〕包乐史、〔中〕庄国土著:《〈荷使初访中国记〉研究》,第88—89页。
② 同上书,第88页。
③ 同上书,第90页。又参见程绍刚译注:《荷兰人在福尔摩莎1624—1662》,第486页。

年10月2日),宴喀尔喀部落土谢图汗贡使暨吐鲁番、荷兰国贡使于礼部。"①相对这一过于简略的公文记载,《荷兰初访中国记》倒是记录得更为生动、形象,具有戏剧化的效果。经过几番往来,荷兰使臣似乎了解了朝贡的一般程序:

> 朝贡的惯例是这样的,在进宫之后,皇帝就赐宴三次,连续三天用佳肴美酒款待使节,各依官阶赏赐珍贵礼物,表示他们的朝贡事务已经办妥。然后必须马上离开,不得拖延,否则将会触怒朝廷。②

荷兰使团的真正目的是寻求打开"自由贸易"的大门。故东印度公司的报告对使团要求自由贸易,却遭清廷拒绝一事的经过记载甚详。荷兰使团本以为清廷对礼品满意,对所提"各种尖刻的问题均得到满意的答复","特别是我们的人发现宰相对我们怀有好感,认为广州的藩王按事先约定预支35000两银"。但是,他们很快发现自己的希望落空。"我们的人心满意足地一直停留到8月11、12、17日,开始意识到贸易一事仍未得到确定的答复。后来又发现藩王根本没有带来银两,只依靠我们的礼品,我们的人完全上当受骗。"③9月14日,使团在接受礼部召见时,正式提出"自由贸易"的要求:"该使团由其高级政府安排派出,前来拜见皇帝陛下,并要求建立友好盟约,使我们能像他的臣民一样驾船来往贸易,以运去的货物换取他们国家富有而我国家缺少的银两和货物,并要求他们提供贸易所需要的诸如住处等方便;同时我们将按该国家的规定和习惯缴纳税饷,每五年一次派使节携带礼品前来拜见皇帝。"礼部官员表示,"若我们每五年一次派使节前去,或间隔时间更长一些,将很受欢迎,同时允许派三到四艘船载货到中国贸易。至于每年频繁来往,以及准许他们居住等,他们认为,这与他们国家的法律相冲突,事情过于重大,不能轻易答应我们"。④ 得此结果,荷使心有不甘,使团的中国翻译Paul Durette想出一个办法,"委托他的一位颇受皇帝和宫廷官员信赖的亲戚四处活动。经此人的努力,我们果然获许每年派两艘船到广州,不登陆而在船上贸易,

---

① 《清实录》第三册,卷一〇三,第800页。
② 〔荷〕约翰·尼霍夫原著,〔荷〕包乐史、〔中〕庄国土著:《〈荷使初访中国记〉研究》,第90页。
③ 程绍刚译注:《荷兰人在福尔摩莎1624—1662》,第482—483页。
④ 同上书,第483页。

但须为此缴纳 10,000 至 14,000 两银"。此后,使团又请宫廷一位书记员起草一份"书面请求",大意谓:"多年来,中国皇帝准许琉球(Lieuw, Giouw)①和暹罗三个民族自由与中国贸易来往,我们请求也能享受同等自由,并接受同样的条件,每三年一次前来拜见皇帝陛下。""结果一无所获,因为这种事情没有银两作后盾难以取得进展,我们的请求被置于一边。"②荷兰方面将其"自由贸易"要求遭拒归究为打点不够,这显然是不理解清朝当时所推行的闭关自守政策所致。

荷兰东印度公司报告,"我们的人共受过三次如此隆重的招待,第三次是 10 月 13 日,前去接收皇帝特为总督和使节准备的礼物。"③梁廷枏《海国四说》载顺治帝所赐礼品为:"赐国王大蟒缎二、妆缎二、倭缎二、闪缎四、花缎八、蓝缎四、帽缎四、素缎四、绫十、纺丝十、罗十、银三百两。赏使臣二员,每员大蟒缎一、妆缎一、倭缎六、蓝缎三、绫四、纺丝四、绢四、银一百两;赏标官妆缎一、倭缎一、花缎三、蓝缎一、绫二、纺丝二、绢二、银五十两;通事、从人,缎、绸、绢、银各有差。"④荷兰方面的记载与此在各类数量上有所出入。⑤

10 月 16 日,使臣即将辞行,到礼部接受顺治皇帝致巴达维亚总督敕谕,《清实录》载有敕谕内容:"甲辰。荷兰国贡使归国。特降敕谕赐其国王,敕谕曰:'惟尔荷兰国墨投为也。甲必丹物马绥掘,僻在西陲,海洋险远。历代以来,声教不及,乃能缅怀德化,效慕尊亲。择尔贡使杯突高㖞、惹诺皆色等赴阙来朝,虔修职贡,地逾万里,怀忠抱义,朕甚嘉之。用是优加锡赉,大蟒缎二疋、妆缎二疋、倭缎二疋、闪缎四疋、蓝花缎四疋、青花缎四疋、芦素缎四疋、帽缎四疋、衣素缎四疋、绫十疋、纺丝十疋、罗十疋、银三百两,以报乎忱。至所请朝贡出入,贸易有无,虽灌输货贝,利益商民,但念道里悠长,风波险阻,舟车跋涉,阅历星霜,劳勚可悯。若贡期频数,猥烦多人,朕皆不忍。著八年一次来朝,员役不过百人,止令二十人到京,所携货物,在馆交易,不得于广东海上私自货卖。尔其体朕怀保之仁,恪

---

① 程绍刚按:荷兰人误为是两个地方。
② 程绍刚译注:《荷兰人在福尔摩莎 1624—1662》,第 485 页。
③ 同上书,第 486 页。
④ 梁廷枏:《海国四说》,第 206—207 页。
⑤ 参见程绍刚译注:《荷兰人在福尔摩莎 1624—1662》,第 486 页。

恭藩服,慎乃常职,祗承宠命。"①清廷回赠礼品顾全了使团的体面,但"著八年一次来朝"的答复,则不能令荷兰使团感到满意。

接受敕谕的过程,让荷使再次体验到庄严的礼仪:

> 10月16日,二位使臣阁下骑马前往副中堂的府衙,去接受皇帝给总督阁下的一封信,那封信被非常恭敬地、礼仪周到地由一位显要的廷臣交下来。当时二位使臣必须跪下来,并且遵行各种仪式。那位副中堂把那封信打开宣读之后,就叫人送来一张黄纱,将那封信包起来,装进一个竹筒封严。当二位使臣阁下在这里的时候,那位礼部中堂正在皇宫忙碌,所以无法跟他交谈。②

荷兰使团没有达其初衷,临别前不无抱怨地向礼部尚书表示:"我们的事直到现在还基本没办。"尚书回答道:"现在没什么办法了,不过如果下一次我们再来北京朝见皇帝,而且被承认为朋友和臣民时,那么他将保证我们被允许在全中国自由贸易,那时候,我们就不必再花这么大的费用,带些有限的礼物就足够了。"③清廷官员的推诿之词自然令荷兰使团感到失望。

《荷使初访中国记》保留了一些在中文文献中不易见到的史料,如清廷招待使团的食物。7月18日,清廷钦差向使团宣布了他们每天分发给使团的食物。分给二位使臣的食物是:六斤鲜肉、一只鹅、二只鸡、二两盐、二两鞑靼茶、一两二钱油、六两味曾、一钱胡椒、六斤青菜、四斤面粉、二条鲜鱼、二两suttatte。派给使臣秘书的食物是:二斤鲜肉、五钱茶、一斤面粉、一斤鱼脯、五分胡椒、四两suttatte、四钱油、四两味曾、一斤青菜、一杯白酒。派给所有随员和侍者的食物是:一斤鲜肉、一杯白酒、二两青菜、一斤米。此外,还有一担柴火和各种瓜果、各种餐具。"因为使臣阁下要给中国人表现

---

① 《清实录》第三册,卷一〇三,第803—804页。此信有荷兰文译本,收入 Leonard Blussé & R. Falkenburg. *Johan Nieuhofs Beelden van een Chinareis 1655—1657*. Middelburg,1987. p.28. 中、荷两个文本在语气上差异甚大。相关讨论参见〔荷〕约翰·尼霍夫原著,〔荷〕包乐史、〔中〕庄国土著:《〈荷使初访中国记〉研究》,第39—40页。
② 〔荷〕约翰·尼霍夫原著,〔荷〕包乐史、〔中〕庄国土著:《〈荷使初访中国记〉研究》,第90页。
③ 同上书,第91页。

我们在荷兰是怎么生活的,所以他们每天都派人准备盛宴,购买各种必须品。"①顺治皇帝看了使团使臣献上的衣着,即一件衣服、一双靴子、一对马刺及马上的所有附件之后,他觉得这些衣着"非常高贵"。"从那时候开始,皇帝就把分配给使臣的日常食物增加了一倍,这是极少或者说从未发生过的事。"②显然,使团对清廷这样的盛情款待是非常满意的。

《荷使初访中国记》有意留下了有关荷兰使团与汤若望不快关系的记录。汤若望为清廷指定与使团沟通的通事(翻译),使团初见汤若望是在7月19日,当天使团向礼部尚书呈交了向皇帝赠送的礼品,汤若望恰在现场。"这个耶稣会会士在四十六年前还是汉族的皇帝统治时,就已经在北京的宫廷里受到尊重和器重,他自称叫汤若望,生于莱茵河畔的科隆。"赠送礼品交接仪式结束后,"那位耶稣会会士领我们到皇宫外,他坐在一顶四人抬的轿子上,还有几个神气活现的人骑马随行。使臣阁下一路上和这位会士不断交谈"。"后来他写信给我们的秘书说,鞑靼人对他颇为尊重,准许他在城里最好的地段建造一座教堂,皇帝(为了对他表示尊重)还亲自到过那座教堂。他很想邀请二位使臣阁下,但是鞑靼人不准他去,他还向使臣阁下谈及他的家世和他在故国的朋友们。"③但是,宗教派别的差异和隔阂造成荷兰使团与在京耶稣会士之间的敌意和矛盾。荷兰为加尔文教派占主导地位,属于新教国家,而在京的耶稣会士属于天主教,归属葡萄牙"保教权"的管辖。尼霍夫毫不掩饰他们对在京耶稣会士之间的不满情绪,"在北京的这些传教士是上帝的信徒中的渣滓和全世界的败类,他们在这里造谣丑化我们,使得二位使臣阁下必须时时刻刻去应付所有好奇地东问西问随后就走开的官员"。④ 东印度公司的报告中也留下了类似的记录,"我们的人被告知,皇帝和宫廷官员对我们带至的所有礼物极为满意,甚至礼品尚未全拿出来,鞑靼人似乎已经出奇地满意,并愿向我们提供各种方便,但汤若望见到我们的人把大量物品,特别是武器、马鞍、大毛毯、红珊瑚、镜子众奇珍异品一件件摆出来时,从内心里发出一

---

① 〔荷〕约翰·尼霍夫原著,〔荷〕包乐史、〔中〕庄国土著:《〈荷使初访中国记〉研究》,第82—84页。
② 同上书,第86页。
③ 同上书,第84页。
④ 同上书,第86页。

声长叹"。① 直到清皇亲自检验了使节的衣着并产生好感后,使臣才大受鼓舞,"他们希望荷兰的敌人,即那些葡萄牙神甫,不久的将来就因为他们的造谣和贫穷而完全失去信用。虽然那些神甫们有证据让朝廷的人相信,我们以前曾在台湾和泉州攻击过中国人,并造成重大损失,但那是情有可原的"。② 荷兰使团并没有达到这一目的,在使团与在京耶稣会士之间,清廷更为信任耶稣会士,所以最终没有答应荷兰使臣提出的自由贸易要求。关于汤若望在这一过程中所起的特殊作用,德国学者魏特曾特别指出:"1653 年至 1654 年之第一次尝试竟遭失败。两年之后,他们又派盛大之使节赴北京,这次为他们的使臣是皮特尔·望·高耶尔(Pieter de Goyer)和雅各·望·恺采尔(Jacob van Keyzer)。要说是他们这一批使臣,仍未能得以达到他们的目的,那这大半是应归纳汤若望负责的,因为他曾暗中加以阻碍作梗的。"③

《荷使初访中国记》叙述荷兰使节在京期间活动中还有一项重要内容是赠送礼品。首次提及礼品问题是在 7 月 12 日使团到达张家湾时,护送使团进京的广东藩王属吏告诉使臣,有一个吐鲁番使臣亦在来京的路上,他携带的礼品有:300 匹马、2 匹波斯马、10 担和田玉石、2 只驼鸟、200 把回教徒用的刀、4 匹单峰骆驼、2 只鹰、2 块阿拉伯地毯、4 把弓、一幅马鞍以及配件、8 个犀牛角。尼霍夫对此不屑一顾地说,"这些礼品比我们使团所带的礼品差得太多"。④ 7 月 19 日,两位使节当着两位礼部官员和汤若望的面将礼品奉上。《荷使初访中国记》没有记载礼品清单,倒是中国方面的文献记载了荷兰使臣的礼品:

(顺治十二年)使臣进贡方物:哆啰绒、倭缎各两匹,哔叽缎六疋,西洋布二十四疋,琥珀十块,琥珀珠、珊瑚珠各二串,镜一面,人物镜四面,白石画二面,镀金刀、镶银刀各一把,鸟枪、长枪各二杆,玻璃

---

① 程绍刚译注:《荷兰人在福尔摩莎 1624—1662》,第 482 页。
② 〔荷〕约翰·尼霍夫原著,〔荷〕包乐史、〔中〕庄国土著:《〈荷使初访中国记〉研究》,第 86—87 页。
③ 〔德〕魏特著,杨丙辰译:《汤若望传》第二册,北京:知识产权出版社,2015 年,第 63 页。该书《1656 年荷兰使臣团》一节对汤若望如何阻止荷兰使臣的过程叙述甚详。
④ 〔荷〕约翰·尼霍夫原著,〔荷〕包乐史、〔中〕庄国土著:《〈荷使初访中国记〉研究》,第 81 页。

杯、雕花木盒、石山匣各二个,缨帽一顶,皮小狗二个,花鹦哥一个,四样酒十二瓶,蔷薇露二十壶。①

十三年,荷兰贡使哗吶哦悦、㗌哈哇嘻等到京,贡镶金铁甲一副,镶金马鞍一副,镶金刀、镶银剑各六把,鸟铳十三口,镶金鸟铳四口,短铳七口,细铳二口,铳药带三个。玻璃镜四面,镶银干一镜、八角大镜各一面,琥珀五十觔,珊瑚珠、琥珀珠各二觔,珊瑚树二十枚,哆啰绒五疋,哔叽缎四疋,西洋布一百疋,被十二床,花被面六床,大毡一床,中毡二床,毛缨六条。丁香五箱共二百觔,番木蔻一箱重三百六十觔,五色番花三包共三百五十觔,桂皮二包共二百一十觔,檀香十石共一千觔;恭进皇后镜一面,玳瑁匣、玻璃匣、乌木饰人物匣各一个。珊瑚珠、琥珀珠各三串,琥珀四块,哆啰绒二疋,哔叽缎三疋,西洋布十八疋,白倭缎一疋,花毡一床,花被面二床,玻璃杯四个,花石盒三个,白石画二面,蔷薇露十壶。②

除了正式进贡的礼品外,使臣在参加宴会或与礼部官员接触时还须为打通关系私下赠送礼品,以便得到相应的关照。10月3日使节参加皇帝赐宴时就发现因未给礼部官员送礼而受到冷落:

第二天,他们又去参加皇帝的赐宴。他们很快就注意到那位礼部中堂对其他宾客更多关照,更加热心地款待。因此他们就问通事是何缘故。通事回答说,这个大官还没收到足够的礼物。二位使臣很快就对这件事做了妥善处理,但仍觉得非常奇怪。在南京时,由于某些重要原因,二位使臣阁下就把那些私赠高官们的礼物交给分巡道和广东的官吏们了。③

离京前夕,尼霍夫承认由于"没有时间和机会好好地观看周围的景物了。又由于学识浅薄,我也不能全面地描绘这个城市"。④ 尼霍夫所言过

---

① 梁廷枏:《海国四说》,第205页。此处系年"十二年"有误,应为十三年。又《清会典事例》第6册,卷五○三《朝贡·贡物一》,第820—821页亦载此条。
② 梁廷枏:《海国四说》,第206页。又《清会典事例》第6册,卷五○三《朝贡·贡物一》(北京:中华书局,1991年,第819—820页),亦载荷兰使节所贡"方物",文字小有出入。
③ 〔荷〕约翰·尼霍夫原著,〔荷〕包乐史、〔中〕庄国土著:《〈荷使初访中国记〉研究》,第90页。
④ 同上书,第91页。

谦,如以他的《荷使初访中国记》与中文文献对比,中方对此次访问所保留的文献记载相对简略,只留下荷兰使团呈交的表文、礼品清单和顺治皇帝的敕谕等文件。如果没有尼霍夫的使华日记,我们就无从还原这次荷兰使团的访问过程。而将《荷使初访中国记》与此后的皮方济《玛讷撒尔达聂爵士前往北京之旅简要报告》比较,则可发现两者有诸多相似之处:对北上沿途风景的详细报道,对觐见礼仪浓墨重彩的描绘,几乎异曲同工。不同之处则在荷兰使团因遇在京耶稣会士暗中作梗,虽表现顺从,但最终未遂其愿;而葡萄牙使团频得广州、北京耶稣会士的配合协助,略施小计,自以为在外交礼仪上取得成功突破。美国汉学家卫三畏曾如是评论这次荷使访华:"这一使团的纪事是由管理员尼霍夫写的,他使欧洲人比以往更清楚地了解中国的情况——这几乎是此行的唯一收获,因为就商业投机而言则是净亏损。他们的礼品已被收下,也有所回赠;他们不但亲自在皇帝本人面前下跪,而且向圣讳、御笔、御座磕头,做尽羞辱和表示尊敬的事来取得新统治者的欢心。他们的奉承行为不过换到每八年一次派使团前来的承诺,同样的时间可以有四艘船前来贸易。"①这样说似有点过分,清朝虽以朝贡国待遇对待荷兰使团,荷兰使团未达其初衷,但荷使初访北京毕竟正式拉开了与清朝交往关系的序幕。

康熙年间,1664 年荷属巴达维亚总督再次派出使节范和伦(Pieter van Hoorn)赴京。这次荷兰使团企图依恃其协助清军夺取郑成功所占据的厦门获得回报,与清朝建立商贸关系。与其他西方使团通常是从广州进入内地不同,这次荷兰使团是在福州登陆。"虽然已经接到皇朝的批准,但他为了想先卖掉带来的货物,不明智地耽误了往首都的旅程。"在福州停留了近一年后北上。"上溯闽江,跨越山岭,经过艰苦的旅途到达杭州,然后沿运河到北京,费时 6 个月,一路上'见到 37 个城市,335 个乡村'。"②卫思韩(John E. Wills Jr.)根据所阅荷兰东印度公司档案,还原了使团进京后的大致情形:

> 荷兰使团于 1667 年 6 月 20 日抵达北京。翌日,使团成员们应召来

---

① S. Wells Williams. *The Middle Kingdom*. Vol. II. New York: Charles Soribners Sons, 1895. p. 435.

② Ibid. , p. 423.

到皇宫,让皇帝观看他们带来的最不同寻常的礼物:来自波斯的 4 匹矮马和来自孟加拉的 4 头矮牛。皇帝问了几个问题,这是使团成员唯一一次与皇帝讲话,他们从未与任何一位摄政大臣说过话。6 月 25 日,他们受到正式召见,他们的报告中没有提到行叩首大礼的事,但是,如果荷兰人不愿意遵守宫廷的习惯的话,觐见的准备过程和觐见仪式不可能那样迅速和顺利。他们想把礼物送给摄政大臣和内阁大臣,但这些官员都拒绝接受,所以他们只得把这些东西卖掉。他们未打算在北京做生意,所以没有带来商品。他们的报告显示,这样的生意受到严格控制,但大部分商品都以极低的价格出售给了王公和宫廷官员的代理人。

使团从巴达维亚带给皇帝的信函纯粹是多余的,所以范和伦在觐见之后很快提出了更有实质意义的要求,其中一项是请求皇帝允许荷兰人每年贸易一次,想带多少船就带多少船,贸易地点是广州、福州、宁波或杭州,并允许他们与所有商人做生意。荷兰人反复请求在他们离开之前早早地对这个额外的要求做出答复,好让他们有时间进一步磋商,或提出其他请求。但是,直到离开的那一天,他们才收到朝廷致巴达维亚总督的封口信函,并被告知不能在中国境内打开或翻译这些信函。事实上,这些信函中没有包含实质性的让步内容,两年一次的贸易许可早已作废。①

中文文献对范和伦这次访问的记载偏重"入贡方物"和回赠礼品,明显体现了大清的朝贡制度:

（康熙）六年五月,国王噶喽吧王油烦马绥极遣陪臣奉表文,入贡方物:大尚马、鞍辔具镶金镶银、荷兰五色大花缎、大紫色金缎、红银缎、大珊瑚珠、五色绒毯、五色毛毯、西洋五色花布、西洋白细布、西洋小白布、西洋大白布、西洋五色花布褥、大玻璃镜、玻璃镶灯、荷兰地图、小车、大西洋白小牛,并进大琥珀、丁香、白胡椒、大檀香、大象牙,并琉璃器皿一箱。又,使臣进贡方物:珊瑚珠四串,琥珀一块,沉香六块,密腊金匣、银盘、盛珠银盒各一个,火鸡蛋四个,二眼长枪、二眼马铳、小鸟铳各二把,铁甲一领,白尔善国缎褥一条,哆啰绒十疋,海马

---

① 卫思韩:《清朝与荷兰的关系,1662—1690》,收入〔美〕费正清编,杜继东译:《中国的世界秩序:传统中国的对外关系》,北京:中国社会科学出版社,2010 年,第 253—254 页。

角二块,小马、铜狮各一个,小狗二个,铜山一架,铜炮二对,刀二把,照水镜四面,蔷薇露二十罐。①

奉旨:"照顺治十三年例。"加赐国王大蟒缎、妆缎、倭缎、片金缎、闪缎、帽缎、蓝缎、素缎各一,花缎、绫、纺丝各四,绢二;正使蟒缎、大缎各一。

又,题准:"荷兰国违例从福建来入贡,除今次不议外,嗣后遇进贡之年,务由广东道入,别道不许放进。"②

1683年清军收复郑氏政权盘踞的台湾,荷兰自恃曾派舰队与清军协同作战攻下厦门,希望争取更大的贸易权利。1685年,巴达维亚当局派遣文森特·巴兹(Vincent Paets)率使团前往中国。不过,"北京觐见之旅的成果是不令人满意的。荷兰人于1686年8月3日受到皇帝召见,于9月14日离开北京。双方曾讨论过在福州给予荷兰人永久居留处的可能性。文森特·巴兹给一些官员送上礼品,他们说这项建议须先征得皇帝的同意,但最终这项建议被拒绝了。文森特·巴兹还要求免除前来福州接他返回的两只船的税收,得到了清方的同意"。③ 由于这次使团的基本材料没有保存下来,以至于美国学者卫三畏错误地认为范和伦使团以后130年间,"荷兰没有再向北京派使节,只是按其它国家一样的规矩在广州进行贸易"。④ 王士禛撰《池北偶谈》载其所奉表词有云:"外邦之丸泥尺土,乃是中国飞埃;异域之勺水蹄涔,原属天家滴露。"⑤梁廷枏《海国四说》详载所贡方物:"二十五年,国王耀汉连氏、甘勃氏,遣陪臣宾先巴芝表贡方物:哆啰绒十疋,乌羽缎四疋,倭缎一疋,哗叽缎二十疋,织金花缎五疋,织金大绒毯四领,白幼软布二百十九疋,文彩幼织布十五疋,大

---

① 《清会典事例》所载文字与此小有出入。参见《清会典事例》第六册,卷五〇五《礼部·朝贡·贡物一》,第820—821页。

② 梁廷枏:《海国四说》,北京:中华书局,1997年,第208—209页。

③ 卫思韩:《清朝与荷兰的关系,1662—1690》,收入〔美〕费正清编,杜继东译:《中国的世界秩序:传统中国的对外关系》,北京:中国社会科学出版社,2010年,第260页。卫思韩提到西方学者有关这次使团的研究成果有J.菲克瑟姆克瑟:《17世纪荷兰使团的一个使华使团,(1685—1687)》,《莱顿中国丛书》第5辑,莱顿:1946年。并提到有关这个使团的基本史料没有保存下来,档案中只有零星的记录。

④ S. Wells Williams. *The Middle Kingdom*. Vol. II. New York: Charles Soribners Sons, 1895. p.440.

⑤ 王士禛:《池北偶谈》上册,卷四《荷兰贡物》,北京:中华书局,1997年,第80—81页。

幼布三十疋,白幼毛裹布一百疋,大珊瑚珠六十八颗,琥珀十四块,照身镜、江河照水镜各二面,照星月水镜一面,自鸣钟一座,琉璃灯一架,聚耀烛台一悬,琉璃杯五百八十个,象牙五枝,镶金鸟铳、镶金马铳、小马铳、起花佩刀各二十把,马铳、鸟铳、镶金刀、剑、利阔剑各十把,彩色皮带二十佩,绣皮带十佩,起花剑六把,火石一袋,雕制夹板船大、小三只,丁香三十石,檀香二十石,冰片三十二斤,肉豆蔻四瓮,丁香油、蔷薇花油、檀香油、桂皮油各一罐,葡萄酒二桶。""又,荷兰使臣进贡方物:银盘、银瓶各一个,西洋刀头六柄,荷兰花缎、哆啰呢、羽缎各一疋;哆啰绒四疋,倭绒、织金线缎、哔叽缎各二疋,西洋咁马氏布、西洋毛裹布、西洋沙喃鲍布、西洋佛咬唠布各二十疋。"①从荷兰使团所贡礼品看,这次遣使的规格与上次一样。清廷回赠的礼品为:"赐国王及正使,均照六年加赏例;副使照顺治十三年赏标官例;夷目官、掌书记、伴送官、通事、从人,各赏绸、缎、绢、袍、银有差。"赐敕谕曰:"朕惟柔远能迩,盛化之嘉谟;修职献琛,藩臣之大节。输诚匪懈,宠赉宜颁。尔荷兰国王,属在遐方,克抒丹悃,遣使带表纳贡,忠尽之忱,良可嘉尚。用是降敕奖谕,并赐王文绮、白金等物。王其祗承,益励忠贡,以副朕眷。"为表达清帝怀柔远人之恩,应荷兰使节所请,将进贡之期原定八年一次,更改为五年一次。又定"荷兰国贡道改由福建"。② 但这次荷使与上次一样,"都没有达到目的,中国的港口仍然对荷兰东印度公司的商船关闭着"。③ 此后一百多年间,荷兰没

---

① 梁廷枏:《海国四说》,第 209—210 页。此段文字与《清会典事例》所载完全一致。参见《清会典事例》卷五〇五《礼部·朝贡·贡物一》,第 821—822 页。《池北偶谈》所载有所出入。"贡物大珊瑚珠一串,照身大镜二面,奇秀琥珀二十四块,大哆啰绒十五疋,中哆啰绒十疋,织金大绒毯四领,乌羽缎四疋,绿倭缎一疋,新机哔叽缎八疋,中哔叽缎十二疋,织金花缎五疋,白色杂样细软布二百一十九疋,文采细织布一十五疋,大细布三十疋,白毛里布三十疋,大自鸣钟一座,大琉璃灯一圆,聚耀烛台一悬,琉璃盏异式五百八十一块,丁香三十担,冰片三十二斤,甜肉荳蔻四瓮,厢金小箱一只(内丁香油、蔷薇花油、檀香油、桂花油各一罐),葡萄酒二桶,大象牙五支,厢金鸟铳二十把,厢金马铳二十把,精细马铳十把,彩色皮带二十佩,厢金马铳中用绣彩皮带十佩,精细马铳中用精细小马铳二十把,短小马铳二十把,精细鸟铳十把,厢金佩刀十把,起花佩刀二十把,厢金双利剑十把,双利阔剑十把,起金花单利剑六把,照星月水镜一执,江河照水镜二执,雕制夹板三只。"王士禛:《池北偶谈》上册,卷四《荷兰贡物》,第 80—81 页。

② 梁廷枏:《海国四说》,第 210 页。这段文字与《清会典事例》所载一致。参见《清会典事例》第 6 册,卷五〇六《礼部·朝贡·赐予一》,第 856 页;卷五〇五《礼部·朝贡·敕封、贡期、贡道》,第 815 页。

③ 〔荷〕包乐史著,庄国土、程绍刚译:《中荷交往史》,第 72 页。

有再派使团赴京,用卫思韩的话来说,"到1690年,由于战略和商业利益的下降,中国人和荷兰人都对维持双方间的关系失去兴趣"。①

五、荷兰德胜使团在北京(1795年)

鉴于英国马戛尔尼使团的"北京经验",荷兰驻广州领事范罢览(André Everard Van Braam Houckgeest,1739—1801)向巴达维亚当局建议派遣一个使团进京祝贺乾隆六十大寿,以谋取更多的贸易权利。东印度公司指派德胜(Isaac Titsingh,1745—1812)为正使,范罢览为副使(时在广州荷兰馆②)。这次荷兰遣使赴京,整个过程充满戏剧性,但与几乎同时来华的英国马戛尔尼使团一样铩羽而归。

荷兰使团此次来华之行,荷、中双方均有记载。德胜留有一本日记《未出版的向巴达维亚总督的官方报告》(*Unpublished Official Report to the Commissioners-General at Batavia*,Canton, January 1796)。范罢览在法国巴黎出版了法文版日记体著作《荷兰东印度公司使节访华纪实1794—1795》(*Voyage de l'ambassade de la Compagnie des Indes Orientales hollandaises, vers l'empereur de la Chine: en 1794 et 1795; où se trouve la description de plusieurs parties de cet empire inconnues aux Européens*,2 v. Paris: Chez Garnery, 1798)。③使团法籍翻译小德

---

① 卫思韩:《清朝与荷兰的关系,1662—1690》,收入〔美〕费正清编,杜继东译:《中国的世界秩序:传统中国的对外关系》,第261页。

② 关于广州荷兰馆情形,参见蔡鸿生:《清代广州的荷兰馆》,收入氏著《中外交流史事考述》,郑州:大象出版社,2007年,第342—356页。

③ 此书有英文译本:*An Authentic Account of the Embassy of the Dutch East-India Company to the Court of the Emperor of China, in the Years 1794 and 1795 (Subsequent to that of the Earl of Macartney.), Containing a Description of Several Parts of the Chinese Empire, Unknown to Europeans/Taken from the Journal of André Everard van Braam; Translated from the Original of M. L. E. Moreau de Saint-Mery*. 2. Vol. London: Printed for R. Phillips, 1798. 此外还有德文(1798—1799)、荷兰文(1804—1806)等多种版本。北京大学图书馆收藏有此书巴黎的法文版和伦敦的英译版。从北大收藏的法、英两个版本对照来看,内容基本一致,巴黎所出法文版应是完整版。林发钦称,该书法文版1797、1798年先在美国费城出版,伦敦英译本只译了费城法文版的第一卷,此说可否成立,待考。参见林发钦:《帝国斜阳:荷兰使臣德胜使华考述》,载《澳门理工学报》(人文社会科学版)2013年第1期。

经 Chrétien-Louis-Joseph de Guignes, 1759—1845) 出版了《北京、马尼拉、毛里西亚岛游记》(*Voyages a Péking, Manille et l'ile de France: faits dans l'intervalle des annees 1784 a 1801. Atlas/par M. de Guignes*. 3 v. Paris: Imprimerie imperiale, 1808)。对此次荷兰使团访华有较为深入研究的西方学者有：荷兰汉学家戴宏达（Jan Julius Lodewijk Duyvendak）发表的《最后的荷兰访华使团》(The Last Dutch Embassy to the Chinese Court)①和《关于荷兰最后驻中国宫廷的使团的补充文件》(Supplementary Documents on the Last Dutch Embassy to the Chinese Court)②两文。英国学者博克塞（Charles. R. Boxer）撰《十八世纪荷兰使节来华记 1794—1795》(Isaac Titsingh's Embassy to the Court of Ch'ien-lung, 1794—1795)③, D. B. Wright, D. W. Davis 撰《德胜旅行记作者的新证据》(New Evidence on the Authorship of "Titsingh's" Journal)两文。④

中文原始文献主要集中在《清实录》《清会典事例》，其中《清实录》收录相关材料五则。⑤ 梁廷枏《海国四说》和《粤海关志》依据《清实录》加以编纂，⑥故宫博物院《文献丛编》第五辑收入《荷兰国交聘案》，收文十九件，材料较《清实录》有相当增加。

据乾隆五十九年九月二十二日（1794 年 10 月 15 日）两广总督长龄会奏："本年九月十六日，据洋商禀称：'有荷兰国使臣嘚啌恭赍表贡到粤，叩祝明年大皇帝六十年大庆。船只已抵虎门，恳求代奏'等语。臣等当即派员将该贡使照料到省。据该贡使呈出表文，译出汉字，词意极为诚敬。臣等当即会令贡使嘚啌进见。……臣等察其词色亦甚恭顺，除查照向例，

---

① *T'oung Pao*. Volume 34. Number 1—2. pp. 1—137. Leiden: Brill, 1938.

② *T'oung Pao*. Volume 35. Number 5. pp. 329—353. Leiden: Brill, 1940. 此文有中译本：《荷兰使节来华文献补录》，收入朱杰勤译：《中外关系史译丛》，北京：海洋出版社，1984 年，第 269—287 页。这篇文献共辑录《清实录》有关德胜使团的史料 19 则。

③ *Tien Hsia*. Vol. VIII. Shanghai: 1939. pp. 9—33. 此文有中译本：《十八世纪荷兰使节来华记》，收入朱杰勤译：《中外关系史译丛》，北京：海洋出版社，1984 年，第 248—268 页。

④ *Ch'ing-shih wen-t'i*（清史问题），1984, 5.

⑤ 参见 J. J. L. Duyvendak. The Last Dutch Embassy in the "Veritable Records"（《实录》中最后的荷兰使团），*T'oung Pao*. Vol. 34. No. 3. Leiden: Brill, 1938.

⑥ 参见梁廷枏：《海国四说》，第 211—216 页。梁廷枏总纂，袁树仁校注：《粤海关志》，广州：广东人民出版社，2002 年，第 445—446 页。

先行敬宣谕旨,赏给筵宴,并将该贡使妥为安顿外,恭折请旨。倘蒙圣恩准其赴阙瞻觐,或应于本年十月内,令其由粤起身,赶于本年十二月到京,随同各国外番输诚叩祝。"①十月初九日(10 月 31 日),乾隆皇帝圣谕,对荷兰使团进京时间、北上时沿途的接待、翻译诸项事宜做出了全面安排,要求使团在农历十二月二十日(1795 年 1 月 10 日)封印前一两天抵达北京,参加庆典。②

荷兰使团随即奉旨于 1794 年 11 月 22 日(十月三十日)离开广州北上。使团成员除正使德胜、副使范罢览、翻译歧恩外,还有瑞士钟表匠培提比尔霸(E. H. Pelitpierre)、医生布烈曼(L. H. Bletterman)、德胜的两名马来仆人库彼德(Cupid)和阿波罗(Apolo)、卫士 11 人,"使团中非华籍者有 27 人,其中只有 9 人或 10 人为荷籍,可见荷兰东印度公司职员之不拘国籍也"。③ 英国学者博克塞认为,使团来华之初,"竟犯两种严重判断错误","第一错误,即 9 月 24 日在暹罗号船与户部苏楞额会见时,使节之来,只欲做恭贺皇帝之大典,并无提出任何要求,或申诉之意图。第二错误,就是对广州总督确说,要由广州赶到北京过中国新年,大使自当如命,遂使使团在一年最酷冷之季度,受尽长途跋涉之苦。德胜在其手稿中,承认此议乃其乐意提出者,因其相信,由广州到北京之路遥远,而邮使往返之时间极促,实不容北京朝廷及时批准此项提议也"。④ 这两项错误可以说给荷兰使团后来的行程带来不小的麻烦。

在欧洲使团赴京旅途中,荷兰使团冬天北上这一安排颇为特殊,也仅此一次。使团在寒冬从广州长途跋涉到北京,为此可谓备尝苦果。约翰·巴罗评论说:"荷兰使团是由陆路进京的。时值隆冬,大江小河皆冰冻了,气温常常在冰点以下 8 到 16 度,全国大部分地表都覆盖着冰雪,可是他们常常需要连夜赶路。被强迫拉来为他们运礼品和行李的农夫们,尽管身负重担,还是被迫竭尽全力跟上他们。范罢览先生纪录道,两夜之间,居然就有不少于 8 名农夫死于重负、冻饿劳累和官员

---

① 梁廷枏:《海国四说》,第 213 页。
② 同上书,第 214 页。
③ Charles. R. Boxer. Lsaac Titsingh's Embassy to the Court of Chi'en Lung 1794—1795. *Tien Hsia*. Vol. VIII. Shanghai: 1939. pp. 9—33.
④ Ibid.

的残酷对待。"①研究此行的戴宏达描述道:"两位大使坐轿,其他先生则骑马,一同进发,但不久,行李押运队不能追及,故彼不得不在恶劣得难以言喻之旅店过夜。既无床榻,只好卧硬板上,又无适当之食品,甚至无酒。输运行李之苦力凡百人,而此百人,因劳资为贪官所克扣,有时拒绝行动。此种工作非常沉重,中途因疲乏而死者,已有八人,补充苦力实不容易。输运'贡使'之队,已在前头,所雇苦力亦颇多。圣诞前夕,大使已追及一运输队,抬贡皇帝之镜凡四,每镜用二十四人抬,后随二十四人以备轮替。此行越来越像强行军。引导之官吏唯恐彼等到北京太迟,绝少顾及此团体之安适。最后十八日,每日行一百二十至一百八十华里之遥,天气严寒,早发晚息。使团常有抗议,但也效果不大。引导之人,对于当地延接大使之预备不足,一律推卸责任,但有时彼等反独擅享其较好之供应。十二月十三日,德胜乃大悔其受人所劝,担任此使节之无谓,形诸于笔墨云。"②可以说,这是历年来西方使节北上最为艰难的一次。

按照清朝官方记载,荷兰使团的贡品、贡使先后于十月二十五(11月17日)、二十八日(11月20日)从广州起程赴京。③荷兰副使范罢览记其从广州出发为11月22日。④第二年1月9日抵达京师,当天下午五时三十分由宣武门进城。路上时间不到五十天,这是所有欧洲使团或传教士

---

① John Barrow, *Travels in China*. London: T. Cadell and W. Davies, 1804. p. 11. 中译文参见〔英〕约翰·巴罗著,李国庆、欧阳少春译:《我看乾隆盛世》,北京:北京图书馆出版社,2007年,第120页。

② Jan Julius Lodewijk Duyvendak. The Last Dutch Embassy to the Chinese Court, *T'oung Pao*. Vol. 34. No. 1—5. Leiden: Brill, 1938. pp. 43—44.

③ 《荷兰国交聘案》,收入故宫博物院编:《文献丛编》第五辑,1930年7月,第2、3页。哲生按:十月二十八日为饯别日期,实际出发为十月三十日。

④ André Everard Van Braam Houckgeest. *An Authentic Account of the Embassy of the Dutch East-India Company to the Court of the Emperor of China in the Years 1794 and 1795 (Subsequent to that of the Earl of Macartney.), Containing a Description of Several Parts of the Chinese Empire, Unknown to Europeans/Taken from the Journal of André Everard van Braam; Translated from the Original of M. L. E. Moreau de Saint-Mery.* Vol. I. London: Printed for R. Phillips, 1798. pp. 37—40.

第六章　16—18世纪葡萄牙、荷兰遣使的"北京经验"　369

北上用时最短的一次。沿途兼程赶路之速之急,可想而知。① 2月15日使团离开北京,在京时间不到一个月。约翰·巴罗称:"因为对中国人所要求的侮辱性礼仪俯首顺从,加上始终居留在京城,荷兰使团比英国使团有更多的机会观察朝廷的礼仪和娱乐。"②如以荷兰使团与清廷互动的频次来比较,情形的确如此。

荷兰使团在京参加清廷的招待活动主要有五次:第一次是1795年1月12日(乾隆五十九年十二月乙末)在西苑门外,荷兰使臣觐见乾隆皇帝。

《清实录》载:"乙亥,上幸瀛台。回部吐鲁番多罗郡王伊斯堪达尔等十三人,土尔扈特多罗郡王巴特玛乌巴锡、固山贝子沙喇扣肯、和硕特多罗贝勒腾特克、杜尔伯特来使根敦扎布,及朝鲜国正使朴宗岳、副使郑大容、荷兰国正使德胜、副使范罢览等。于西苑门外瞻觐。"③

德胜对这次觐见有详细记叙,现据戴宏达英译转述其意:

> 凌晨三时,大家忙碌起来,负责引导我们到宫殿的其中一位官员,发出尖锐的嘶叫,将全寓之人震醒。五点前我们动身出发。马车已停在门外,车行一刻钟后,我们到达宫殿。我们在一栋并不庄严的建筑物前停下,傍边有一大建筑,其门甚高,车马及仆役充塞于院内。我们被引入一低矮而污秽的房间,内有数名官员。这使我们避免站在户外,长久忍受刺骨寒气,实为一项特殊款待。……六时,我们被带到外面,进入傍边的建筑物。两房之间有一小院,搭一普通帐蓬,朝鲜使节藉此取暖。然后我们又被带到一方形大庭……庭内挤满了

---

① 参见范罢览一书前附使团从广东出发到北京(1794年11月9日—1795年1月9日)和北京返回广东(1795年2月15日—5月10日)的行程表(Itinerary)。André Everard Van Braam Houckgeest. *An Authentic Account of the Embassy of the Dutch East-India Company to the Court of the Emperor of China in the Years 1794 and 1795 (Subsequent to that of the Earl of Macartney.), Containing a Description of Several Parts of the Chinese Empire, Unknown to Europeans/Taken from the Journal of André Everard van Braam; Translated from the Original of M. L. E. Moreau de Saint-Mery*. Vol. Ⅰ. London:Printed for R. Phillips,1798. pp. xlv—lii.

② John Barrow. *Travels in China*. London:T. Cadell and W. Davies, 1804, p. 195. 中译文参见〔英〕约翰·巴罗著,李国庆、欧阳少春译:《我看乾隆盛世》,第144页。

③ 《清实录》第二七册,卷一四六七,乾隆五十九年十二月下,第594—595页。

人群，大人小人，富人穷人，混在一起，前推后拥，全无区别。……朝鲜使节距我们不远，于是靠近他们，通过翻译与他们略作交谈。他们有四位大使，皆年迈而仪表堂堂。其中两位是来参加祝贺乾隆帝即位六十年庆典，另两位是来给皇帝拜年。……我们跟在朝鲜使节之后。半小时后宫门乍启，门内两边人群向前闪开，各人均自归其位，大家安静下来后不久，宣布皇帝驾到。皇帝乘坐黄舆从大门进来，一大群扈从、官员骑着普通的、并不雅洁的马走在前面，场面极为混乱。……然后一群官员簇拥一黄舆出来。所到之处，人人皆跪。我们也遵命跪下，我本人及范罢览先生伏于路傍，其他人员亦在我们后面。有数名官员手执刀剑，为黄舆前驱。走近我们跟前时，稍停片刻，其中一人手执黄帜。皇帝行近朝鲜使节前时稍作停顿，然后向我们走来，我双手捧匣高与额齐，一大臣由舆前走过来，将匣接去。于是我们免冠行礼，九叩首于地。皇帝乃垂询于我，问候我的身体状况，我们是否感觉寒冷，我们国王的年纪。这一问一答通过我身后的通事翻译。既而皇帝又前行。御舆非常简朴，由八个身着黄衣、头戴小羽毛帽的侍者抬着。皇帝虽已高寿，外表却显亲切、和蔼，身穿黑皮袍。随驾者有众多官员和宫廷侍从，还有一些士兵跟随其后。御马白色、强壮且高大，腿部粗钝，但姿势并不美，因马不梳刷，其毛参差不齐，颇显污秽。……官员令我们跟随拥挤的扈从，他们带我们到一花园，傍边的湖水已结冰。皇帝在这里换乘另一雪橇上之黄舆，由人推至他端之一亭，军机大臣随之。在那里他离开御舆，进入附近的一个门。我们跟随其后，一个头戴蓝顶的官员走上前来扶我，走到另一边，我们被引入一个相当简陋的屋子，在那里我们被请坐在盖以粗红毯的木凳上。看到我们不习惯坐，宁愿站立，又带我们到一较好之房，里面有木凳、木桌。在这里给我们送来御赐早饭，顺序如第一天赐宴，皇帝取他桌上黄瓷茶托之小饼赐给我们，我们叩首答谢。顷刻又赐给我们一碟野味，看上去象嚼过的骨头，此物倒在案上，但又需叩头。这虽是皇帝恩情之具体表示，然足显其粗野及欠缺文明。此事在欧洲也许不可想象，然悄然无声在眼前经过，却太不寻常。传教士以其报告使世界人士为之向往多年，我曾想象其为一极有文明、开化之民族。这种观念根深蒂固，必须花大力根除。而此行所蒙招待，加上所有我们先前的经验,正可对旧观念加以根本纠正。①

整个觐见朝拜过程之冗长、繁缛,对参加仪式的使节们简直是一场耐心的考验,德胜话语中明显流露出不满的口气。

第二次是1月20日在紫光阁、山高水长与清朝周边的朝贡国朝鲜、蒙古等贡使一起觐见乾隆皇帝,参加清廷的招待宴会。《清实录》有简要记载:

> 癸未。上御保和殿。筵宴朝正外藩。……朝鲜国正使朴宗岳、副使郑大容,荷兰国正使德胜、副使范罢览,及领侍卫内大臣等。……至御座前。赐酒成礼。②

> 壬辰。上诣大高殿行礼。御紫光阁。赐蒙古王贝勒贝子公额驸台吉,及回部郡王、朝鲜、荷兰国使臣等宴。赏赉有差。③

> 御山高水长。赐王公大臣,蒙古王贝勒贝子公额驸台吉,及回部郡王、朝鲜、荷兰国使臣等宴。④

范罢览的《荷兰东印度公司使节访华纪实1794—1795》对这天的活动全程及觐见乾隆的过程亦做了详细记叙。⑤

第三次是1月27日参加每年一度在天坛祈年殿举行的御祭,接受乾隆赏赐物品。这天凌晨3点使团就起身准备,5点30分赶到午门与朝鲜贡使排队等候。7点半,乾隆皇帝和第八皇子来到天坛时,荷兰使臣跪倒在地,拜见了皇帝和皇子。德胜对现场所见天坛风景做了描绘:

> 此处名为天坛,景物移〔宜〕人,位于结冰之湖傍,另一面有一山

---

① Jan Julius Lodewijk Duyvendak. The Last Dutch Embassy to the Chinese Court. *T'oung Pao*. Volume 34. Number 1—5. Leiden: Brill, 1938. pp. 53—57.
② 《清实录》第二七册,卷一四六七,乾隆五十九年十二月下,第600页。
③ 同上书,第607页。
④ 同上。
⑤ André Everard Van Braam Houckgeest. *An Authentic Account of the Embassy of the Dutch East-India Company to the Court of the Emperor of China in the Years 1794 and 1795 (Subsequent to that of the Earl of Macartney.), Containing a Description of Several Parts of the Chinese Empire, Unknown to Europeans/Taken from the Journal of André Everard van Braam; Translated from the Original of M. L. E. Moreau de Saint-Mery*. Vol. I. London: Printed for R. Phillips, 1798. pp. 231—250.

岭,上树二塔。一岛立于水中央,大树丛中,有一建筑物在焉,并有一宏壮之弧形石桥以达彼岸,吾在图书中或实际上均未见较此更引人入胜之处所。吾人在此处坐雪橇上,用黄缆拉过彼岸,彼处亦有五庙,其美足与北京者相埒,但以位置而论,尤远过之,盖因其建于山侧台地上,具有天然及人工之岩石美,且可远眺水景也。对岸之美丽建筑物及整个地带,皆可入画,其美难以言状。由最高之庙,吾人可纵观北京城,而此动人之地……有一条石子路,作羊肠形,经石山及松柏之间,通过全区。在中国画中常受赞赏之栩栩如生风景美,今高度表现于此,人尽移情。①

2月2日下午,使团出席演戏和焰火表演活动。乾隆皇帝也亲临现场,使团被安排在陛下附近的左手边。整个焰火表演到下午6点钟结束,使团随后返回旅馆。

2月3日是中国农历元宵节,使团再一次应邀到正大光明殿出席乾隆皇帝的招待宴会。这天清晨四点钟,使团就起身,他们赶到宫殿去与皇帝共进早餐。军机大臣通知使节南下返程时间和旅程,前十八天将走陆路,因为这时河流结冰不能航行,后面的路程走水路。按规定,外国使团在京一般不超过40天。②

第四次是2月8日(正月十九)到圆明园觐见乾隆。荷兰使节应邀参加"筵九"之宴,并被引到一个灯火辉煌的大殿,乾隆坐在一个高台上,四周围着高级大臣。盛大的仪式开始,随着乐队的演奏,大家高歌赞美乾隆。演出结束后,乾隆宣布退位。使节返回会同馆时时为上午9点钟。

第五次是2月10日(正二月十一)最后一次到圆明园觐见乾隆皇帝,接受赐予物品和回赠荷兰国王礼品。上午十一点荷使出发,约中午一点

---

① Jan Julius Lodewijk Duyvendak. The Last Dutch Embassy to the Chinese Court. *T'oung Pao*. Vol. 34. No. 1—5. Leiden: Brill, 1938. pp. 66—67. 中译文参见《十八世纪荷兰使节来华记》,收入朱杰勤译:《中外关系史译丛》,北京:海洋出版社,1984年,第259—260页。

② André Everard Van Braam Houckgeest, *An Authentic Account of the Embassy of the Dutch East-India Company to the Court of the Emperor of China in the Years 1794 and 1795 (Subsequent to that of the Earl of Macartney.), Containing a Description of Several Parts of the Chinese Empire, Unknown to Europeans/Taken from the Journal of André Everard van Braam; Translated from the Original of M. L. E. Moreau de Saint-Mery*. Vol. Ⅱ. London: Printed for R. Phillips, 1798. pp. 27—37.

到达圆明园,等候了约三个小时。下午四时才见到乾隆出来,荷使获得近距离观察乾隆的机会,惊奇地发现,"他腰板挺直,站立时无需帮助。当他站立时,比坐着时显得年青、强壮,他的身材比普通人高大"。①

乾隆给荷兰国王的敕谕是在2月14日,也就是使团离开北京的前一天,由一位官员将其送到荷使住地,敕书用黄色丝绸包裹,荷使在它面前磕头接受。敕书用汉文、满文和拉丁文写成。

中文文献记载与荷兰使团方面的材料关注点有所差异。中方《荷兰国交聘案》共收文十九件,②其主要内容涉及四项:

第一,布置接待荷兰使团进京的安排、翻译事宜。第一至三件为乾隆五十九年十月初九上奏请示荷兰使臣进京事宜:"长麟等奏,荷兰国遣使赍表纳贡,恳求进京叩祝一折,此系好事。披阅长麟等译出原表,该国王因明年系朕六十年,普天同庆,专差贡使赍表到京叩贺,情词极为恭顺。长麟等因其表文系公班大臣呢嘚啵代伊国王出名,与体制稍有不符,复加盘诘,何必如此深论!自应准其来京瞻觐,遂其向慕之忱。着长麟即传谕该使臣等知悉,并派委妥员护送起程,只须于十二月二十日封印前一二日到京,俾得与蒙古王公及外藩诸国使臣一体同邀宴赉。""再,荷兰国所进表文,在京西洋人不能认识,并着长麟等于住居内地之西洋人有认识荷兰字体兼通汉语者,酌派一二人随同来京,以备通译"。③

第二,荷兰使团北上沿途情形报告。第四至五件十一、十二月《湖北巡抚陈用敷折》、第九件《十二月十九日军机处给王仕基等扎》、第十件《十二月二十日军机处奏片》,均为报告使团北上沿途情形。第六件为《十二

---

① André Everard Van Braam Houckgeest, *An Authentic Account of the Embassy of the Dutch East-India Company to the Court of the Emperor of China in the Years 1794 and 1795* (Subsequent to that of the Earl of Macartney.), Containing a Description of Several Parts of the Chinese Empire, Unknown to Europeans/Taken from the Journal of André Everard van Braam; Translated from the Original of M. L. E. Moreau de Saint-Mery. Vol. Ⅱ. London: Printed for R. Phillips, 1798. p. 53.

② Jan Julius Lodewijk Duyvendak. Supplementary Documents on the Last Dutch Embassy to the Chinese Court. *T'oung Pao*. Vol. 35. No. 1—5. Leiden: Brill, 1939. pp. 329—353. 此文将《荷兰国交聘案》收文十九件译成英文。此文中译本《荷兰使节来华文献补录》,收入朱杰勤译:《中外关系史译丛》,北京:海洋出版社,1984年,第269—287页。

③ 《荷兰国交聘案》,收入故宫博物院编:《文献丛编》第五辑,1930年7月,第1页。又参见(清)梁廷枏总纂,袁钟仁校注:《粤海关志》,第445页。

月初一日廷寄》,安排使团沿途接待。与荷兰使节着力描写北上长途跋涉的艰难情形不同,清朝官员对荷兰使团的旅途困苦似轻描淡写,《十二月二十日军机处奏片》根据伴送使团道员王仁基的报告奏称:"我于十月二十八日就伴他们起程。他们急于要瞻仰大皇帝,在途还催趱行走,一路也甚是安静。至从前噗咭唎国的使臣,由京回到广东时,我也曾看见的,他们甚为欢感,亦颇恭顺。此次荷兰贡使到广东时,礼貌尤为恭谨,瞻觐诚心亦甚真切。他们要紧走路,我怕该贡使等过于劳苦,他们还求着快走。所有经过各处,沿途供应无误,虽行程较速,仍可按程歇息。他们甚是喜欢,亦不致过形劳顿。至此次从广东启程后,惟经过安徽地方,每日遇有雨雪,仅可行走七八十里,到了舒城县地方,因雨雪泥泞难行,还住了两日,是以稍为迟缓。自入山东、直隶一带,俱是兼程行走,并未耽搁。惟该贡使所带兵役因大车行走迟缓,尚有十余名在后,明日俱可到齐,其贡品内有大玻璃镜一对,体质笨重,须按程缓行,约于年内方可运到。再该贡使所带兵役十二名,到广东时本各带有枪刀,自启程后该贡使等怕他们在途生事都收入箱内。"①

第三,有关荷兰使团的"贡品"清单、接待规格与回赠安排。第七件《十二月初一日军机处奏片》报告荷兰使团"贡品"及"康熙年间赏荷兰国王物件,此次拟照赏该国王"。内称:"查该国现在所进贡品,平常为数亦少,迥非噗咭唎国初次瞻觐及贡物珍重者可比。臣等敬体圣主怀柔远人、厚往薄来至意,谨酌量拟加赏国王、贡使、从人等物件一并进呈,伏候钦定。"②第十一件《十二月二十三日军机处奏片一》对荷兰使团所进贡单与英国马戛尔尼使团贡品做了进一步比较:"查噗咭唎国所进大仪器共有六件,此次荷兰国止有乐钟一对、金表四对。其余羽缎、大呢等项,为数均不及噗咭唎国所进十之一二。至荷兰国贡单内所开檀香、油丁、香油等物,并非贵重之物,亦并以凑数呈进,较之噗咭唎国所进物件实属悬殊。"③据《清会典事例》所载礼品清单,"荷兰国王遣使入贡,恭进万年如意八音乐钟、时刻报喜各式金表、镶嵌金盒、镶嵌带版、珊瑚珠、琥珀珠、千里镜、风

---

① 《荷兰国交聘案》,收入故宫博物院编:《文献丛编》第五辑,1930 年 7 月,第 6—7 页。
② 同上书,第 4 页。
③ 同上书,第 7 页。《粤海关志》列有荷兰使团礼品详细清单。参见(清)梁廷枏总纂,袁钟仁校注:《粤海关志》,第 446 页。

枪、金银线、琥珀、各色花毡、各色羽缎、各色大呢、西洋布、地毯、大玻璃镜、花玻璃壁镜、玻璃挂灯、燕窝、檀香、豆蔻、丁香、檀香油、丁香油,凡二十六种"。① 礼品的数量和质量均明显不如英国使团。一般来说,贡品的质量对清廷的接待规格自然直接造成影响。第十二件《十二月二十三日军机处奏片二》要求对荷兰使团的接待等同朝鲜:"查每年十二月二十九日重华宫,惟有回子番子进内观剧,其朝鲜等国使臣向俱不预。此次荷兰国使臣应亦无庸令其入内观剧。"②第十三件《十二月二十三日军机处奏片三》:"查荷兰国使臣应入新正紫光阁筵宴,所有臣等拟定加赏该国王及使臣物件,请俟紫光阁筵宴时颁给,似毋庸另行拟赏,可否? 如此伏候训示。"③第十四件《十二月二十七日军机处奏片》:"至荷兰国贡使不能和诗,但该贡使既与朝鲜贡使一同在列,未便两歧。臣等谨一并拟赏该国王及使臣物件清单进呈,亦同在山高水长颁给。"后附军机处拟赏荷兰国王、荷兰正、副使物件单。④ 第十五件《军机处进拟赏荷兰国贡使物品单》(乾隆六十年正月)奏称:"本月十一日带领荷兰国贡使在万寿山等处瞻仰,请照嘆咭唎贡使之例酌减,拟赏开单呈览谨奏。"⑤显示清朝赏赠荷兰使团的物品在英国使团之下。

第四,荷兰使团回程安排和乾隆致荷兰国王敕书。第十八件《军机处咨文》(乾隆六十年正月):"荷兰国贡使现于正月二十六日自京起程回国,奉旨令由陆程至江南王家营登舟,由江苏、浙江、江西水程抵粤。为此先期先咨贵督抚,即饬沿途各州县将应用夫马车辆船只一体妥协预备,以便遄行无误。其余一切支应均应照例备办,俾无缺乏。"⑥第十九件《敕谕》(乾隆六十年正月):

---

① 《清会典事例》第六册,卷五〇四《礼部·朝贡·贡物二》,第836页。《海国四说》记载了礼品数量,"贡使至京,恭进万年如意八音乐钟一对,时刻报喜各式金表四对,镶嵌金小盒一对,镶嵌带版四对,珊瑚珠一百八颗,琥珀珠一百八颗,千里镜二枝,风枪一对,金银线三十斤,琥珀四十斤,各色花毡十版,各色羽缎十版,各色大呢十版,西洋布十匹,地毯二张,大玻璃镜一对,花玻璃壁镜一对,玻璃挂灯四对,燕窝一百斤,檀香五百斤,豆蔻一百斤,丁香二百五十斤,檀香油三十瓶,丁香油三十瓶。"梁廷枏:《海国四说》,第214—215页。
② 《荷兰国交聘案》,收入故宫博物院编:《文献丛编》第五辑,第7页。
③ 同上。
④ 同上书,第7—9页。
⑤ 同上,第8页。
⑥ 同上书,第9—10页。

奉天承运皇帝敕谕荷兰国王知悉。朕仰承昊绦,寅绍丕基,临御六十年来,四海永清,万方向化,德威远播,禔福毕臻,统中外为一家,视臣民若一体,推恩布惠,罔间寰瀛,亿国梯航,鳞萃徕贺。朕惟励精图治,嘉纳欵诚,与尔众邦共溥无疆之庥,甚盛事也。咨尔国重洋遥隔,丹悃克抒,敬赍表章,备进方物,叩祝国庆,披阅之下,周详恳切,词意虔恭,具见慕义输忱,良可嘉尚。尔邦自贸易奥门,历有年所,天朝怀柔远人,无不曲加抚恤,如博尔都噶尔亚、意达哩亚、嘆咭唎等国,效顺献深,天朝一视同仁,薄来厚往,尔邦谅备闻之。今来使虽非尔国王所遣,而公班衙等能体尔国王平时慕化情殷,嘱令探听天朝庆典,具表抒忱。兹值天朝六十年国庆,公班衙等因道远不及禀知,尔国王,即代为修职来庭,则感被声教之诚,即与尔国王无异,是以一律优待,示朕眷怀。所有赍到表贡之来使,小心知礼,已令大臣带领瞻觐,锡予筵宴,并于禁苑诸名胜处悉令游览,使其叨兹荣宠,共乐太平。除使臣恩赉叠加,及各官、通事、兵役人等正赏加赏各物件,另单饬知外,兹因尔使臣归国,特颁敕谕,锡赉尔王文绮珍物如前仪,加赐彩缎、罗绮、文玩、器具诸珍,另有清单。王其祗受,益笃忠贞,保乂尔邦,永副朕眷。钦哉特勅。①

2月15日,荷兰使团离开北京。5月9日晚,抵达广州。清廷对使团的回程妥加安排:"着传谕各该督、抚,将来该使臣等回程经过时,俱仍仿照嘆咭唎使臣之例,酌给筵宴。时并宣谕该使臣等,此次尔等慕化远来,大皇帝鉴尔恭顺,从前尔等进京时,原应筵宴,但因尔等赶于年内到京,沿途行走期限紧迫,恐耽延时日,是以未经筵宴。今尔等回程舒徐,仍遵旨赏尔等筵宴等语,向其明白宣示,该使臣等闻知,自必益臻欢感也。"②返程相对来时要顺利,这多少减轻使团旅途劳累的苦痛感。不过,荷兰使团来华的真正目的,即寻求自由贸易,却未被清朝一字提及。"荷兰国贡使远来纳贶,恭顺可嘉,所有该贡使搭坐商船,除进口货物照例纳税外,其应纳船料及出口买带货物,着加恩免其交税。今此项出口船料等税,业据全

---

① 《荷兰国交聘案》,收入故宫博物院编:《文献丛编》第五辑,第10页。
② 梁廷枏:《海国四说》,第216页。

交。着俟该贡使回国时,仍令给还。以示柔远怀来至意。"①清朝还是故技重施,怀抱期望而来的荷兰使团当然又是扫兴而归。

结　语

美国学者费正清将与传统中国交往的国家分为三个大圈:第一个圈是汉字圈,由邻近而文化相同的属国组成,如朝鲜、越南、琉球、日本;第二个圈是内亚圈,由亚洲内陆游牧或半游牧民族等属国和从属部落组成,它们不仅在种族和文化上异于中国,而且处于中国文化区以外或边缘;第三个圈是外圈,由关山阻绝、远隔重洋的"外夷"组成,如东南亚、南亚和欧洲各国。②按照这种划分,葡萄牙、荷兰属于"外圈"的国家。但这两个国家却因葡萄牙据有澳门,荷兰占领巴达维亚,而成为中国的近邻。另一个西方国家西班牙也因占领吕宋,与中国一海之隔,成为中国的邻邦。《明史》立《佛郎机传》《吕宋传》《和兰传》《意大利亚传》,它们实为当时与中国交往最为密切的四个西欧国家。

清朝管理对外事务主要由礼部和理藩院负责。礼部负责藩属和外国朝贡事务,其所辖区域为东北亚的朝鲜、日本和东南亚的琉球、暹罗、吕宋、缅甸等国,从东南沿海来华的葡萄牙、荷兰、西班牙等西欧国家使团也归其接待。理藩院负责蒙、藏、回等北方、西北地区少数民族事务,中亚少数民族部落、汗国、俄罗斯交涉事务亦由其负责。在分管区域上,礼部与理藩院各有所辖。清朝与历代汉族王朝不同之处在于它并不以严格意义上的"华夷之辨"模式对待蒙古、西藏、新疆和广大西北、中亚地区的少数民族,由于满族本身在生活方式上与北方、西北地区的少数民族有相通或相近之处,清廷对他们采取包容和较为优惠的政策,因而对这些地区事务的处理相对要得心应手。而对与东南亚地区、国家的交涉,相对陌生疏远;对与从海路远道而来的西欧各国使团打交道,更是缺乏经验。这就使得其在处理涉外事务时,容易出现重北轻南的倾向。这种情形发展到近代,演变成为"海防"与"塞防"之争,西北与东南的防卫孰轻孰重成为一个

---

① 梁廷枏:《海国四说》,第216页。
② 〔美〕费正清编,杜继东译:《中国的世界秩序:传统中国的对外关系》,第2页。

严重问题,摆在清廷决策者面前。

葡萄牙、荷兰作为新兴的近代国家,具有与中国周边帝国或藩属不同的特质。它们是海洋国家,在航海技术和制炮技术上已技高中国一筹,明末人称"红夷炮",其所恃"巨舟大炮"①即指此。荷兰组建东印度公司经营,开拓资本主义市场,主张自由贸易,这与传统的朝贡体系所绝对不容;葡萄牙以澳门为据点,始终将拓展商贸放在首位,"尽可能地发展他们与中国的独占贸易"。②清廷显然缺乏对葡萄牙、荷兰所具这些新质的认识,将它们置于藩属的行列。在清朝走向兴盛的前期,葡、荷两国被迫就范,这自然是清帝国的强势、体量大,葡、荷两国鞭长莫及,国力有限所致。

中文文献不管是官方的《清实录》《清朝会典事例》,还是私家的《海国四说》,记载葡萄牙、荷兰使节进京"朝贡",注重记载觐见礼仪、表文、贡品、赏赐礼品、敕谕这些程式化的内容,它典型地反映了清朝对外所推行的是朝贡制度。这与葡萄牙、荷兰使节的使华日记、游记和回忆录长于记叙访问过程和喜欢渲染觐见礼仪明显不同,后者显然要更加细致、生动、具体,虽然其描述文字可能夹杂有偏见和猜误。一般来说,葡萄牙、荷兰使团来京只是呈递国书或表文、贡品,然后接受清廷的回赠礼品、敕谕,这些程序完成后就打道回府。在京城进行的这些朝贡活动,实质上是一种特殊的贸易活动。"朝贡本身是一种贸易形式,所以会按管制贸易的一般规则进行。""朝贡不一定与国际市场上的广泛贸易有关,不过,二者在几个不同的层面存在关联。虽然在皇帝与藩属之间建立关系是第二重要之事,但作为朝贡仪式核心的贡品——礼品交换也是一种真正有价值的经济交换。贡品和赏赐的礼品是接受者所在社会中极难见的珍稀之物,如果把这些东西作为奢侈品通过正常的商业渠道出售,肯定能卖个好价钱……然而,贡品——礼品交换既非纯粹礼仪性或象征性的活动,也非纯粹商业性的活动。换言之,礼仪和商业如此紧密地纠结在一起,只能通过分析才能区别开来。"③从康熙二十五年规定荷兰"定减贡额。嗣后荷兰贡物,止令进大尚马、珊瑚等十三种,其织金缎、羽缎、倭缎及各样油、小

---

① 《明史》卷三二五,列传二一三《荷兰传》。
② 〔瑞典〕龙思泰著,吴义雄、郭德焱、沈丘邦译:《早期澳门史》,第57页。
③ 马克·曼考尔:《清代朝贡制度新解》,收入〔美〕费正清编,杜继东译:《中国的世界秩序:传统中国的对外关系》,第74、68—69页。

箱、腰刀、剑、布、琉璃镫、聚耀烛台、琉璃杯、肉豆蔻、葡萄酒、象牙、皮袋、夹板样船,俱免其进献。由是职贡弥谨",①可以看出,随着中西往来的增多,清廷对那些普通西洋物品已不感兴趣。从《荷兰国交聘案》第十一件《十二月二十三日军机处奏片一》对荷兰使团与英国马戛尔尼使团所进贡品的比较,可以窥察清廷对荷兰使团实力的判断。这些都表现出"朝贡"所具有的贸易性质。清廷通常根据朝贡"方物"的价值,决定接待的规格与回赠的礼品。"宴会和正餐都有礼仪价值,与此同时,作为支付使团在北京停留期间的费用的一种方法,它们又具有经济价值。皇帝赏赐的礼品的价值大于贡品的价值,此事除了有社会、心理和道德方面的价值外,还有纯粹的经济价值:贡品和赐品的价差也是对朝贡使团所花费用的一种补助。"②但习惯市场交易和自由贸易的葡萄牙、荷兰显然并不适应、也不理解这种贸易形式,因而他们常常为觐见皇帝所付出的"贡品"代价而抱怨。他们以"朝贡方物"作为获取更大贸易权利的交易的开始,而对清廷来说,这种交易已在回赠礼品后结束,下一次交易须等八年或五年以后再来"朝贡"。

18世纪末,葡萄牙、荷兰的国势已经大大衰落,作为海洋文明的强势国家的时代也已成为过去。他们对华外交所积累的经验和因受挫埋下的积怨,在西方世界被广泛传扬。西方寻求自由贸易的要求与意志没有改变,他们与清朝朝贡体系的矛盾自然没有化解。随着西方军事实力的增强,以炮舰打开中国大门的诉求浮上台面,这就隐伏着近代以后爆发的中西冲突的祸根。

---

① 梁廷枏:《海国四说》,第210页。
② 马克·曼考尔:《清代朝贡制度新解》,收入〔美〕费正清编,杜继东译:《中国的世界秩序:传统中国的对外关系》,第69页。

第七章

俄国东正教传教团的"北京经验"

在18世纪欧洲驻京人士中,俄罗斯东正教传教团是一个特殊的群体。它集传教、商贸、汉学研究、外交于一身,在中俄交往中扮演关键角色。俄罗斯方面对这一群体的材料保存和研究颇为重视,俄国对东正教传教团历史的研究可以分为两段:第一段以神职人员为主体,其意在保存传教团的历史材料。最早记录俄国传教团历史的是第四届传教团(1745—1755)修士司祭斯莫尔热夫斯基,他撰写的《驻北京传道团之我见》,记录了传教团早期的历史。比较系统地介绍了18世纪俄国传教团历史的是第八届传教团(1795—1808)团长、修士大司祭索夫罗尼·格里鲍夫斯基,他留下的有关传教团历史的手稿后经彼得堡大学东方语言系教授尼·伊·维谢夫斯基整理,1905年以《俄国驻北京传道团史料》为题在圣彼得堡出版。① 对18世纪俄国传教团的真正研究性成果要推第十六届传教团修士司祭尼古拉·阿多拉茨基在1887年出版的《东正教在华两百年史》,该书分上、下两编,分别评述了驻北京传教团第一时期(1685—1745)、第二时期(1745—1808)的历史,它不仅梳理了与俄罗斯传教团相关的档案材料,而且将之与同时期在北京的耶稣会士加以比较,成为一部具有比较视野的史学著作。② 第十八届传教团(1897—1931)

---

① 中译本参见〔俄〕尼·伊·维谢洛夫斯基编,北京第二外语学院俄语编译组译:《俄国驻北京传道团史料》第一册,北京:商务印书馆,1978年。

② 中译本参见〔俄〕尼古拉·阿多拉茨基著,阎国栋、肖玉秋译:《东正教在华两百年史》,广州:广东人民出版社,2007年。

的修士大司祭英诺肯提乙于1916年在北京出版了他主编的《俄国东正教驻华传教团简史》,该书对传教团的历史叙述延伸到了第十八届传教团。① 第二段以世俗的汉学家为主,其中 П. Е. 斯卡奇科夫撰写的《俄罗斯汉学史》对俄国传教团的汉学研究成就做了系统的评述。② 始于1993年,由俄罗斯科学院院士 М. Н. 博戈柳博夫主编的《远东地区的东正教》系列会议文集、③1997年由俄罗斯科学院院士齐赫文斯基等主编的《中国俄罗斯布道团史》、1998年佳尼斯神父主编的《中国的东正教(1900—1997年)》等都是这一领域引人注目的新成果。④

中国方面的相关研究成果以蔡鸿生著《俄罗斯馆纪事(增订本)》(北京:中华书局,2006年)、肖玉秋著《俄国传教团与清代中俄文化交流》(天津:天津人民出版社,2009年)、张雪峰著《清朝前期俄国驻华宗教传道团研究》(新北市:花木兰文化出版社,2012年)三书为代表。蔡鸿生先生一著将俄文材料与中文文献相互印证,在发掘中文材料方面显示其长。肖玉秋一著较多地使用了俄方新公布的材料,对"俄国传教团与清代中俄交流"这一主题作了系统的评述。张雪峰结合俄、中文献,从纵向视角对前十二届俄国传教团在华历史作了考察。

中国学者探讨此题的最大困难仍在于材料的限制,俄国方面现在整理、编辑的《18世纪俄中关系:资料与文献》已出版第一、二、三、六卷,《19世纪俄中关系:资料与文献》则只出版第一卷(1803—1807)。中国第一历史档案馆编选的《清代中俄关系档案史料选编》只出了第一编(顺治、康熙、雍正三朝)、第三编(咸丰朝)。在俄、中两方面对这一主题的基本档案材料尚没有公布以前,研究的广度和深度无疑会遇到难以克服的障碍。

---

① 此书有英文介绍,参见 Archimandrite Innocent. The Russian Orthodox Mission in China. *The Chinese Recorder*. Vol. XL, VII. No. 10. October 1916. pp. 678—685. 该书有中译本〔俄〕阿夫拉阿米神父辑,柳若梅译:《历史上北京的俄国东正教使团》,郑州:大象出版社,2016年。

② 中译本参见〔俄〕П. Е. 斯卡奇科夫著,〔俄〕В. С. 米亚斯尼科夫编,柳若梅译:《俄罗斯汉学史》,北京:社会科学文献出版社,2011年。

③ 博戈柳博夫主编的《远东地区的东正教》是一系列远东东正教历史研究学术会议的论文集,始自1993年,迄今已经出版4集:1993年第1集、1997年第2集、2001年第3集、2004年第4集。

④ 有关俄国最近二三十年的相关研究成果介绍,参见肖玉秋:《俄国传教团与清代中俄文化交流》,天津:天津人民出版社,2009年,第13—18页。

本章主要从俄国东正教传教团的"北京经验"这一视角切入，实际上俄国传教团除了在前往北京和返回俄国的途中之外，其活动的地点就只有北京，其在北京的经历所构成的"北京经验"与他们的"中国经验"某种意义上可以说是叠合为一。

一 俄罗斯东正教传教团驻京概述

俄罗斯人进入中国可追溯到元朝。受教皇之命出使蒙古的意大利传教士约翰·柏朗嘉宾在他的《蒙古行纪》中多处提到他在蒙古上都和林的大汗宫廷中见到"斡罗思人"的记载。① 《元史·文宗本纪三》载：五月，"辛未，置宣忠扈卫亲军都万户府，秩正三品，总斡罗思军士，隶枢密院"。"宣忠扈卫斡罗思屯田，给牛、种、农具"。至顺二年《本纪》载："改宣忠扈卫亲军都万户府为宣忠斡罗思扈卫亲军都指挥使司，赐银印。"这些记载说明当时蒙古扈卫亲军中存在"斡罗思"军人。"一部分信仰东正教的俄罗斯籍士兵随军来到了元大都，有的还参加了元朝推翻金朝和南宋的战争。"② "公元1240年，拔都率军南进，攻陷基辅罗斯。此时，在蒙古的西征军中已有信仰希腊正教的俄罗斯籍士兵。"③ "仅文宗一朝，就有很多俄罗斯人流寓中国。这些来到中国的俄罗斯人。或戍边辽东，或屯驻内地。他们长期居留中国。"④ 俄罗斯学者对这些"斡罗思人"的去向做了研究，"第九届传教团团长比丘林推测这些俄国人的后裔在蒙古王朝覆灭后迁徙到了中国西部，最有可能是四川省。曾任第十三届和第十五届俄国东正教驻北京传教团团长的巴拉第在1872年发表《基督教在中国的古老痕迹》和《14世纪在中国的俄国俘虏》两篇文章，利用《元史》等材料专门研究了元代大都的俄罗斯扈卫亲军，因为俄罗斯的史籍中没有留下任何相关记载"。⑤

---

① 参见何高济译：《柏朗嘉宾蒙古行纪 鲁布鲁克东行纪》，北京：中华书局，2002年，第41、100页。
② 佟洵：《试论东正教在北京的传播》，载《北京联合大学学报》1999年第2期。
③ 参见张绥：《东正教和东正教在中国》，上海：学林出版社，1985年，第178页。
④ 参见张维华、孙西：《清前期中俄关系》，济南：山东教育出版社，1997年，第10页。
⑤ 参见肖玉秋：《俄国传教团与清代中俄文化交流》，天津：天津人民出版社，2009年，第20页。陈开科：《巴拉第与晚清中俄关系》，上海：上海书店出版社，2008年，第199—222页。

第七章 俄国东正教传教团的"北京经验"

有关俄国东正教在华传教历史的分期问题,基于史学家本人活动时期的局限,不同时期的史学家对此有不同的认识。阿多拉茨基(1849—1896)将其分为两个时期:第一时期(1685—1745年)从东正教进入中国到第三届传教团,"这一时期传教团做了两项工作,一是管理阿尔巴津人牧众,二是培养学生"。传教团受到了清朝的保护和优待。第二时期(1745—1808年)从第四届到第八届传教团,"由于俄中关系出现障碍、某些传教团成员在知识与道德方面存在缺憾以及物质供给不足,驻北京传教团陷入被遗忘和悲凉的境地"。① 英诺肯提乙(1863—1931)则将传教团历史分为三个时期:第一阶段(1712—1860)从马克西姆·列昂节夫去世到《天津条约》的签订。传教团在很大程度上扮演了俄国公使馆角色,其大司祭则事实上履行了俄国政府驻华公使的职能。第二阶段(1861—1902),这一阶段的主要特点是传教团职能回归传教,开始组织汉译《圣经》。第三阶段(1902—1916)东正教的纯传教活动获得较大发展。② 本章主要讨论前十三届俄国传教团的历史。

1685年,"罗刹复肆扰",③清军大败入侵的俄罗斯军,收复雅克萨城。在与俄罗斯军交战中,清军俘虏了数批俄军。1681年俘31人,1684年俘22人,1685年俘46人。④ 前两批押解北京,均交清廷户部处理。第三批

---

① 〔俄〕尼古拉·阿多拉茨基著,阎国栋、肖玉秋译:《东正教在华两百年史·提要》,广州:广东人民出版社,2007年,第2页。

② Archmandrth Innocent. The Russian Orthodox Mission in China. *The Chinese Recorder* Vol. XL, VII. No. 10. October 1916. pp. 678–685.

③ 《清史稿》第一六册,卷一五三、志一百二十八《邦交一·俄罗斯》,北京:中华书局,1976年,第4482页。

④ 按,中俄双方有关战俘的记载有较大差异:《康熙帝谕将投诚俄人归入上三旗》(康熙二十四年十月二十二日)载:"户部题:投诚罗刹四十人,不足编为半个佐领,酌量归入上三旗内。上曰:此议亦当,但率领投诚之人,不与议叙,实属可悯;应量给伊等原带品级"。收入中国第一历史档案馆编:《清代中俄关系档案史料选编》第一编上册,北京:中华书局,1979年,第56页。俄罗斯方面则称:阿尔巴津城"该城有一百五十一人"。"俘虏中愿意返回俄国的有一百零一人,而愿意归顺满洲人的有五十人。郎谈了解了每个阿尔巴津人的愿望以后,对这两部分人分别作了如下的处置:愿意返回俄国的,由于他们忠君爱国,郎谈把他们带到北京去了;而那些愿意归顺中国皇帝的人,郎谈则把他们遣送到满洲的奉天,并下令把他们分配到各个地方去种地。"〔俄〕尼·伊·维谢洛夫斯基编,北京第二外语学院俄语编译组译:《俄国驻北京传道团史料》第一册,第21页。

中 40 人遣送盛京,6 人押送北京。① 遵康熙皇帝的旨意,清廷将俄罗斯战俘编入镶黄旗第四参领第十七佐领,给予正四品到正七品的官衔,并配发土地、房屋和津贴,驻扎在北京城东北角东直门的胡家圈胡同。

阿尔巴津人被带到北京后,立即就被编入了满洲黄旗。他们完全和满洲人一样受到尊重。给他们安排了住房,派了佣人,还规定每隔三年发给他们四时所需的衣服,将步军统领衙门收押的女犯配予他们为妻,还给他们当中的某些人匹配了大户人家的妇女。总之,康熙皇帝赐给了阿尔巴津人一切宽厚待遇。②

清廷考虑到俄罗斯人的宗教信仰,将胡家圈胡同中的一座关帝庙拨给他们,辟为东正教教堂,北京人称之为"罗刹庙",俄罗斯人称之为俄罗斯馆(北馆)。聚居在此的俄罗斯人中有一位名叫马克西姆·列昂节夫的东正教教士,他便成为教堂的修士。因教堂中挂有一幅俄罗斯人带来的"显圣者尼古拉"圣像,故此教堂又称"圣尼古拉"教堂,是为东正教在北京传教的开始。

他们来北京时,携带了教堂的圣像和圣经,同时还带来了他们在阿尔巴津时的司祭马克西姆及其妻小。阿尔巴津人来到北京后,一位中国大官将自己建造的一座庙宇赠给了他们,他们就把这座庙宇改为俄罗斯人住区的索菲亚教堂。这座教堂又称尼古拉教堂,这是因为教堂里有一帧由俘虏们从阿尔巴津带来的显圣者尼古拉的圣像,而俄国人对尼古拉圣像通常比对别的圣像更为崇敬的缘故。③

这些在京的阿尔巴津人行为放荡,无法无天。导致他们如此放纵的原因有二:一是"康熙皇帝赐予被带来至北京的阿尔巴津人以三年的绝对自由,从而使这群猎人变得比野兽还要凶恶,他们成了一群强盗、酒鬼和不可思议的暴徒。"二是"清廷将步军统领衙门收押的女犯赏给他们(虽然

---

① 参见陈月清、刘明翰:《北京基督教发展述略》,北京:首都师范大学出版社,1998 年,第 184 页。其依据为《清史稿》第一六册,卷一五三,志一百二十八《邦交一·俄罗斯》。另一说近百人,参见李淑兰:《北京史稿》,北京:学苑出版社,1994 年,第 221 页。

② 〔俄〕尼·伊·维谢洛夫斯基编,北京第二外语学院俄语编译组译:《俄国驻北京传道团史料》第一册,第 26 页。

③ 同上书,第 26—27 页。

不是所有的人)为妻"。① 在中国妻子的教导下,他们接受了中国的生活方式和风俗习惯,而背弃俄罗斯的东正教。

俄罗斯向北京派驻东正教传教团的设想,最早可追溯到1676年时任俄国使节的斯帕法里向彼得大帝提出。1692年,俄国为了在京建立教堂,曾致函清近侍大臣:"请至圣皇帝降旨,准于中国地方建造教堂。我俄罗斯国商人愿于中国建造教堂,如蒙至圣皇帝指给地址,我俄罗斯国君主等,将按价出资建造。"②清廷对于俄方的这一要求,在回复的咨文中明确表示拒绝:"查得,西洋各国之人来中国,只是永久居留者曾建教堂,并无于我国续建教堂之例。故此事亦毋庸议。"③1698年俄罗斯商队格里高里·彼得罗夫和斯皮利东·良古索夫回国后报告了在京的阿尔巴津人的状况,引起了彼得大帝的关注。1700年6月18日彼得大帝下达了一道谕旨:

> 为在(中国)崇拜偶像的民族中间确立和强化东方正教信仰及传播上帝的福音,同时也为了使居住于托博尔斯克和西伯利亚其他城市交纳实物税的民族皈依基督信仰并接受洗礼,大君主在与神圣的牧首讨论后指示致信基辅都主教,命其为了神圣的上帝事业,从他管辖的小俄罗斯城市和修道院的修士大司祭、神父或其他有名的修士中选择一拉善良、饱学和品行端正的人赴托博尔斯克担任都主教,以便他能在上帝的帮助之下使中国和西伯利亚那些崇拜偶像、愚昧无知、执迷不悟的生灵皈依真正的上帝。同时带上两个或者三个善良肯学且年轻的修士学习汉语和蒙古语,待这些修士认清那些民族的迷信之后,用福音书中确凿的论断引领那些受撒旦迷惑的黑暗灵魂感知我们基督上帝的光明,使居住于那里(北京)和来到那里的基督徒免受异教的种种诱惑。这样,希望他们能住下来,在那座已建成的阿尔巴津人圣堂中主持圣事,以便用自己高尚的行为引导中国的皇帝、近臣以及全部人民参与那件神圣的事业,让那些成年累月随商队

---

① 〔俄〕尼·伊·维谢洛夫斯基编,北京第二外语学院俄语编译组译:《俄国驻北京传道团史料》第一册,第27—28页。
② 中国第一历史档案馆编:《清代中俄关系档案史料选编》第一编上册,第155—156页。
③ 同上书,第154页。

贸易和被派往境外的俄国人受到约束。①

从这道谕旨可知，彼得大帝向北京派驻传教团，其意首先是向在京定居的阿尔巴津人传教，保持他们的宗教信仰；其次是向来京的俄罗斯人提供宗教服务；再次是通过传教士和在京的俄罗斯人的影响，引导中国皇帝、臣民改信基督。这道谕旨应该说实际道出了俄罗斯派驻传教团的全部意图。

年迈的马克西姆在北京生活了二十七年，在他年老体弱之时，俄历1702年3月14日俄国议政大臣、杜马贵族维尼乌斯给索额图写信，提出马克西姆因年老，主持宗教事务力不从心，请求派遣两名宗教人员接替他；希望清朝能够让他们留在北京，并给予他们相应的待遇。② 清朝理藩院因其受文人是索额图，不符行文要求，没有受理，将此信退回给来京贸易的俄罗斯商队伊万·萨瓦捷耶夫，让他带回俄国。③

1710年，在京的阿尔巴津人向俄皇彼得大帝恳求，同时给托博尔斯克都主教菲洛费伊·列辛斯基写信，请求派司祭来北京主持宗教活动。1712年马克西姆去世，阿尔巴津人有很长一段时间没有司祭。俄国沙皇关心在京阿尔巴津人的宗教生活，决定派遣雅库次克的修士大司祭伊拉里昂·列扎伊斯基前往北京。④ 此时恰逢康熙拟派遣太子侍读殷扎纳、郎中那彦和内阁侍读图理琛等人经过西伯利亚前往伏尔加河流域看望流落在那里的土尔扈特蒙古部落。1711年俄罗斯人胡佳科夫率商队访问北京，提出请清廷允准俄国派遣修士大司祭前来北京接替列昂节夫的神职工作，以作为同意中国使者入境俄罗斯的交换条件。康熙帝接受了这一条件。1714年（康熙十三年）中国使者殷扎纳一行访俄归国时，俄罗斯遂派修士大司祭依腊离宛率领修士司祭拉夫连季、修士辅祭菲利蒙、教堂辅助人员阿法纳耶夫一行10人启程前往北京，1715年4月30日抵达北

---

① 〔俄〕尼古拉·阿多拉茨基著，阎国栋、肖玉秋译：《东正教在华两百年史》，第42—43页。
② 中国第一历史档案馆编：《清代中俄关系档案史料选编》第一编上册，第226页。
③ 同上书，第225页。
④ 一说大司祭之请系出自康熙，此说似乎存疑。参见〔俄〕尼·伊·维谢洛夫斯基编，北京第二外语学院俄语编译组译：《俄国驻北京传道团史料》第一册，第34页注2。

京。① 这是第一届俄罗斯东正教驻北京传教团。传教团抵京后,受到清廷热情、隆重的欢迎。并获得清廷优厚的待遇。根据俄罗斯方面的材料供述:

> 由官家发给他(修士大司祭)八百两银子,修士司祭和辅祭每人六百两,教堂辅助人员每人二百两,让他们用这笔钱为自己购置房产;还给修士大司祭七百两银子,给修士司祭和辅祭每人五百两,给教堂辅助人员每人一百五十两,让他们购买奴仆。理藩院每月还发给修士大司祭和其他宗教人员数量和现在一样的银两:按中国历法,大月发四两五钱,小月(二十九天)发四两三钱五分;对每个教堂辅助人员则每月发给一两五钱。此外,那时每隔三年还发给他们四季所需的衣服,每过五天就用数辆大车给他们送来鸡、鸭、鹅、羊等各种食物。总之一句话,所有的物品,甚至小到火柴,都是由官家供给的。所以,他们毫无必要上街去买东西,因为一切都给他们备办齐全了。这种优渥的物质待遇,俄国宗教人员只是在俄中条约签订以前才享有,而自条约签订后,这种待遇就完全取消了。②

这里所说签订条约是指 1727 年中俄《恰克图界约》。不过,有的学者认为,俄国传教团的这种待遇一直维持到 1860 年中俄《北京条约》为止。③

俄罗斯修士大司祭依腊离宛初到北京时,讲究排场、出手大方,花销很大,很快在财务上陷于窘境。

> 当修士大司祭伊拉里昂在北京的时候,他每次外出都有两个人骑着马在前面开道,马车两侧还各有一人骑马护卫。此外,每次出行他还带上好几名教堂辅助人员。修士大司祭按照当地的风俗习惯常

---

① 俄方作 1716 年 1 月 11 日。参见〔俄〕尼·伊·维谢洛夫斯基编,北京第二外语学院俄语编译组译:《俄国驻北京传道团史料》第一册,第 34 页。

② 〔俄〕尼·伊·维谢洛夫斯基编,北京第二外语学院俄语编译组译:《俄国驻北京传道团史料》第一册,第 35—36 页。按:"而自条约签订后,这种待遇完全取消了"一语可能翻译有误。按《恰克图界约》所附《喀尔喀会议通商定约》第五条规定:"俟遣来喇嘛三人到时,亦照前来喇嘛之例,给予盘费,令住此庙内。至俄罗斯等依本国风俗拜佛念经之处,毋庸禁止。"王铁崖编:《中外旧约章汇编》第一册,北京:三联书店,1982 年,第 11 页。也就是说,《恰克图条约》并未取消此待遇。

③ 参见张绥:《东正教和东正教在中国》,上海:学林出版社,1985 年,第 198 页。

以这种排场来显示自己的体面,因为这种气派的马车在中国人那里是颇受尊敬的。由于修士大司祭列扎伊斯基来北京时极为富裕,特别是他自己带来了大量皮货,所以无论哪个中国人到他那里,他都愿意结识,并非常慷慨地以礼物相赠。①

大司祭渐觉财力不支,而来往的中国人逐渐减少,在京的耶稣会教士甚至杜门谢绝。"因此他就借酒浇愁,狂喝滥饮,以致身染重病。病中,他曾到温泉去治疗,后来在从温泉返回住所的途中去世,时为1717年(即康熙五十七年)10月14日。他在北京一共住了九个半月,于中国阴历九月十七日逝世。"终年六十岁。他被安葬在安定门和东直门之间的墓地里。② 以后去世的俄罗斯人亦葬在此地,这里遂成为俄罗斯人的公墓。

1727年10月21日(雍正五年九月初七),中俄签订《恰克图界约》,其中第5条规定:"在京之俄馆,嗣后仅止来京之俄人居住。俄使请造庙宇,中国办理俄事大臣等帮助于俄馆盖庙。现在住京喇嘛一人,复议补遣三人,于此庙居住,俄人照伊规矩,礼佛念经,不得阻止。"③

第二届传教团团长、修士大司祭安冬尼·普拉特科夫斯基于1729年6月17日从俄国伊尔库次克前往北京,沿途所需的车马和伙食都由中国承担。刚到北京时,他们还是利用原有的圣母安息教堂做祈祷仪式。但在1730年北京大地震中,这座教堂倒塌了。后人对这届传教团的评价甚劣,"普拉特科夫斯基被选中后于1729年6月17日带领传道团来到北京。盘费全由中国负担,沿途供给大车和饮食。但是由于普拉特科夫斯基在北京的所作所为荒诞之极,不论俄国人或北京人,不论是在蒙古衙门当差

---

① 参见〔俄〕尼·伊·维谢洛夫斯基编,北京第二外语学院俄语编译组译:《俄国驻北京传道团史料》第一册,第37页。
② 同上书,第38—39页。
③ 王铁崖编:《中外旧约章汇编》第一册,北京:三联书店,1982年,第9页。此条因翻译和版本原因,文字、内容有所差异。李刚己《异域录》、何秋涛《朔方备乘》卷四三所载为:"在俄馆,嗣后仅准前来京之俄罗斯人居住。至俄使萨瓦请求修庙一节,由中国办理俄罗斯事务大臣协助于该馆内盖庙。现在京喇嘛一人住该庙,又复请求再准补派三名喇嘛,俟其到达后,照先来喇拜之例,供以膳食,安置于馆内。凡俄罗斯人等,可按其规矩前往礼拜念经。再将萨瓦留于京城念书之四名学生以及通晓俄罗斯文、拉丁文之两名成年人,亦准住此庙,并以官费养之。"俄文版本与汉文版本表述似也有差异,参见〔俄〕尼古拉·班蒂什—卡缅斯基编著,中国人民大学俄语教研室译:《俄中两国外交文献汇编1619—1792》,北京:商务印书馆,1982年,第391页。

的或耶稣会教士,没有一个人对他本人和他的所作所为说过一句好话"。①

根据《恰克图界约》,俄罗斯馆的另一座教堂——奉献节教堂则是由清廷出资修建,1727年开始动工,在普拉特科夫斯基任职期间落成。这座教堂坐落在东江米巷(东交民巷),又称圣玛利亚教堂,或称俄罗斯南馆。1735年开始举行图尔吉亚(相当于天主教弥撒)。此前由于缺乏《圣经》,只是举行追荐亡灵和一些简短的祈祷仪式。

1732年2月14日抵达北京的俄国信使索洛维约夫中士在京逗留了两个月,他对当时清廷的宗教政策和东正教的状况作了简要描述:

(3)博格德汗现在不禁止耶稣会教士建筑教堂,不禁止下层中国人信奉东正教,而这些在他即位初期是不允许的。(4)在北京有两个东正教教堂,这两个教堂相距约五俄里:一个是圣尼古拉教堂,位于俄罗斯佐领驻地,该教堂在1730年由于地震倒塌了,但又在旧址由俄罗斯佐领的人用中国发给他们的薪俸重建起来;另一教堂由中国出资新建在俄罗斯馆附近,但里面还没有圣像壁。两个教堂均未举行开堂仪式。两个教堂的总管修士大司祭安东尼·普拉特科夫斯基和教堂辅助人员相处不睦,因而中国朝廷对他的行为很不满意,希望另换传道团团长。在北京的俄国学生中,只有四人适于学习,沃耶伊科夫和舒利金总是酗酒无度。②

第三届传教团团长、修士大司祭伊拉里昂·特鲁索夫1736年被派往北京,"当时曾发给他二千卢布,用以修缮存放祭器及圣器的库房和教堂的全部用具,并用来购买钟和其他为教堂所必备的物品。同时还头一次发给他五十卢布作为教堂的经费"。③

第四届传教团团长、修士大司祭格尔瓦西·林妥夫斯基于1743年8月26日被任命,随即从莫斯科出发前往北京,1745年11月27日与随行

---

① 〔俄〕尼·伊·维谢洛夫斯基编,北京第二外语学院俄语编译组译:《俄国驻北京传道团史料》第一册,第108页。
② 〔俄〕尼古拉·班蒂什-卡缅斯基编著,中国人民大学俄语教研室译:《俄中两国外交文献汇编1619—1792》,北京:商务印书馆,1982年,第223—224页。
③ 〔俄〕尼·伊·维谢洛夫斯基编,北京第二外语学院俄语编译组译:《俄国驻北京传道团史料》第一册,第45—46页。

的八等文官拉西姆·科勃拉托夫斯基率领的商队一起抵达北京。

格尔瓦西学问渊博,富有教养,善于交际,没有酗酒恶习,加上他手头阔绰,故常与京城的耶稣会士互相酬答。可惜他没有留下多少富有价值的资料给后任,故对他在任的情况不得其详。格尔瓦西在京任职九年以后,由阿姆夫罗西接任。1755年他返回俄国,被派往小俄罗斯的佩烈雅斯拉夫耳,提升为主教。

第五届传教团团长、修士大司祭阿姆夫罗西·尤马托夫于1754年9月5日离开俄国,随阿列克谢·弗拉迪金所监护的商队前往北京,12月25日抵京。随阿姆夫罗西来京的还有两名教堂辅助人员,从此以后,这成为一个定例沿袭下去。阿姆夫罗西善于结交,在京期间竭力结识耶稣会士,并博得他们的好感。"他还是一位优秀的住宅建筑家",一些造得比较好的建筑物都是在他任期内建成。① 十年任期满后,阿姆夫罗西因感回国希望渺茫,遂以酒解闷,结果患上结石症,1771年6月1日在京去世。

第五届传教团在京期间,发生了一件不快的事件。"由于俄国方面拒绝向中国方面交付逃人,中国皇帝下令自1759年秋起封禁东正教传教士居住的俄国修道院,不准其外出。"②事情的经过大致是"自1759年秋季开始,博格德汗就谕令将修士大司祭阿姆夫罗西及其随员和学生们通常居住的教堂封锁,不准他们外出到任何地方去。此外,中国当局还指定了忠实可靠的哨兵守卫,并在大门上钉了一张告示,上面写着:中国臣民如有胆敢进入此教堂者,定当处决。造成对俄国人愤怒的原因是俄方不将阿睦尔撒纳的尸骨和逃人舍楞、洛藏扎布交还中国"。③

第六届传教团团长、修士大司祭尼古拉·茨维特于1771年12月初旬在康斯坦丁的儿子、十四等文官瓦西里的护送下来到北京。在京居住了九年,第十年回到俄国,因打报告控告瓦西里的不当行为,受到降职司祭的处分。

---

① 〔俄〕尼·伊·维谢洛夫斯基编,北京第二外语学院俄语编译组译:《俄国驻北京传道团史料》第一册,第53页。
② 〔俄〕尼古拉·阿多拉茨基著,阎国栋、肖玉秋译:《东正教在华两百年史》,第194页。
③ 〔俄〕尼古拉·班蒂什—卡缅斯基编著,中国人民大学俄语教研室译:《俄中两国外交文献汇编 1619—1792》,第334页。

第七届传教团团长、修士大司祭约阿基姆·希什科夫斯基1780年接到任命,1781年4月23日离开俄国,11月2日到达北京。据说,"在奉派前来北京的历届修士大司祭中,还没有一个像约阿基姆·希什科夫斯基那样得到如此优渥的待遇:一次就把驻北京七年的全部薪俸发给了他"。①

第八届传教团团长、修士大司祭索夫罗尼·格里鲍夫斯基1793年1月30日被提升为修士大司祭。1794年9月2日离开俄国,11月27日到达北京,②任期到1808年。③ 格里鲍夫斯基在任期间,建起了传教团图书馆,写了很多有关中国的材料。不过,他的后任比丘林1808年致信一等文官,批评他对待学生"不负责任,压制使团内神职人员",工作上无多大作为,克扣下属薪金,聚敛钱财,放高利贷,以致引发债务纠纷。④

第九届传教团团长、修士大司祭雅金夫·比丘林1806年接到任命,1807年8月29日由恰克图进入中国,1808年1月10日到达北京。比丘林在任期间广交京城各界人士,勤奋学习中国语言、文化、历史,成为一名著名的汉学家。与过去历任修士大司祭到期后盼望归国不同,他在任期快满时,主动写信给俄国东正教主教公会,要求延长任期。直到1821年5月10日才动身随监护官季姆科夫斯基一起回国。比丘林回国时,随身携带有重达400普特左右的行李,其中包括12箱中文、满文书籍,1箱手稿,1箱染料,六件地图和一幅北京城郭平面图,可谓满载而归。⑤

第十届传教团团长、修士大司祭彼得·卡缅斯基,原为第八届传教团的学生,回国以后曾在俄国外交部担任蒙、满语翻译,后弃俗从教,改名彼得,在亚历山大·涅夫斯基修道院被提升为修士大司祭,接受第十届传教团团长之职。1821年被派往北京。行前,传教团全体人员得到沙皇增加

---

① 〔俄〕尼·伊·维谢洛夫斯基编,北京第二外语学院俄语编译组译:《俄国驻北京传道团史料》第一册,第56页。

② 同上书,第57—58页。

③ 有关第一至八届俄国布道团的材料来源和相关叙述,参见〔俄〕尼·伊·维谢洛夫斯基编,北京第二外语学院俄语编译组译:《俄国驻北京传道团史料》第一册和〔俄〕尼古拉·阿多拉茨基著,阎国栋、肖玉秋译:《东正教在华两百年史》。

④ Parry, A. Russian (Greek Orthodox) Missionaries in China, 1689—1917, their Cultural, Political, and Economic Role. *Pacific Historical Review*. Vol. 9. No. 4. 1904. p. 413. 另参见〔俄〕П. Е. 斯卡奇科夫著,〔俄〕B. C. 米亚斯尼科夫编,柳若梅译:《俄罗斯汉学史》,北京:社会科学文献出版社,2011年,第112页。

⑤ 参见李伟丽:《尼·雅·比丘林及其汉学研究》,第3—6页。

薪俸和加授官衔的奖励。这届传教团增派了一名医生约瑟夫·帕夫洛维奇·沃伊采霍夫斯基,从此成为定例。1831年期满回国,卡缅斯基受到俄国政府的优厚待遇,获得了两千银卢布的奖金。①

第十一届传教团团长、修士大司祭维尼阿明·莫拉契维奇原为第十届传教团修士司祭,1831年被俄国正教最高宗务会议任命为修士大司祭并主持第十一届传教团的工作。同年,这届传教团的其他成员在监护官拉迪任斯基上校率领下来到北京。这届传教团增派四名医生、一位画家安东·米哈伊洛维奇·列加绍夫。此外,与监护官拉迪任斯基上校一起来北京的有俄国杰尔普特大学植物学家邦格教授、天文学家富克斯、喀山大学的科瓦列夫斯基。传教团的"技艺"成份明显加强。莫拉契维奇为人专横,与下属关系处理不好,酿成人事纠纷,以致俄国外交部亚洲司不得不出面干涉,在其任期未满时,将这届传教团的工作交由阿瓦库姆·切斯诺伊司祭继任。不过,莫拉契维奇利用随团的医生、画家给清朝官员治病、画像的机会,结交朝廷权贵,获取各种重要的资料和富有价值的情报。莫拉契维奇1840年回国后,受到沙皇政府的嘉奖。②"同以往使团相比,本届使团成员在北京的生活及其活动更是经常见诸报端。"③

第十二届传教团团长、修士大司祭波利卡尔普·图加里诺夫原为第十一届修士辅祭,1840年随监护官亚洲司科长尼古拉·伊万诺维奇·柳比莫夫一起来到北京。该团除了随行的一名医生、一名画家外,还有喀山大学硕士瓦西里·帕夫洛维奇·瓦西里耶夫。俄国政府赋予了这届传教团搜集中国情报的任务,指示"取得中国政府中那些能以某种方式影响中华帝国政治事件进程的人物的好感",以便"观察和注意中国政府和社会的动向"。④ 这届传教团成员中有好几位后来知名且重要的人物,如修士司祭固里,后提升为第十四届传教团团长、修士大司祭;修士辅祭巴拉第,

---

① 参见张绥:《东正教和东正教在中国》,上海:学林出版社,1985年,第223—225页。
② 参见同上书,第225—226页。
③ 〔俄〕П.Е.斯卡奇科夫著,〔俄〕B.C.米亚斯尼科夫编,柳若梅译:《俄罗斯汉学史》,第198页。
④ Parry, A. Russian (Greek Orthodox) Missionaries in China, 1689—1917, their Cultural, Political, and Economic Role. *Pacific Historical Review*. Vol. 9. No. 4. 1904. pp. 404—405.

后提升为第十三届、十五届修士大司祭,是著名的汉学家。①

第十三届传教团团长、修士大司祭帕拉季·卡法罗夫(巴拉第),原为第十二届修士辅祭,1847年4月,俄国外交部亚洲司召他回国,委任他组建新一届传教团,1849年2月初,巴拉第率领第十三届传教团9名成员从喀山出发,9月27日到达北京。任期十年,直到1859年5月离任。这届传教团最出色的工作是在自然科学方面,其中修士辅祭康斯坦丁·安德烈亚诺维奇·斯科奇科夫发挥了重要作用,他集多方面才艺于一身,所建的北京天文台"并不比欧洲的天文台差多少";他在北京郊区所观察到的农作物情况及在自己实验地种植的农作物,对俄国亦颇有价值。1858年9月27日固里率领的第十四届传教团来到北京,巴拉第卸任。第二年5月25日巴拉第回国。② 巴拉第在任期间,正是中国社会发生剧烈变化的时期,巴拉第在处理中俄关系和了解中国政治、社会变动方面发挥了关键作用。

俄罗斯东正教的教阶按修士未婚和已婚分为黑白两种:黑神品从上至下为牧首、都主教(派往国外的称督主教)、大主教、主教、修士大司祭、修士司祭、修士大辅祭、修士辅祭、修士;白神品有司祭长、大司祭、司祭、大辅祭、辅祭、副辅祭、诵经士等。黑神品教士不能结婚,修士司祭者以上统称为神父,以下为神职人员。白神父可以结婚,但不能晋升为主教。派遣赴京的前十七届传教团传教士最高职位为修士大司祭,其教阶层级明显较低。"在北京的传教士起初依据托博尔斯克都主教的文书行事,而后接受外交部的领导,特别是执行了圣务院的指令。"③而"在头一百年当中,俄国东正教驻北京传教团一直受到离中国距离最近的托博尔斯克和伊尔库茨克高级僧正的管辖"。④ 在考虑第二届传教团团长人选时,俄罗斯东正教曾试图派遣主教英诺森·库利奇茨基随萨瓦·弗拉季斯拉维奇

---

① 参见张绥:《东正教和东正教在中国》,第227—228页。
② 参见陈开科:《巴拉第的汉学研究》,北京:学苑出版社,2007年,第10—16页。
③ 〔俄〕尼古拉·阿多拉茨基著,阎国栋、肖玉秋译:《东正教在华两百年史》,第7页。
④ 同上书,第44页。

伯爵一起赴京,但未得清廷允准。① 以后派遣修士大司祭任传教团团长成为定例。

从第三届传教团起,俄国圣务院制定了《修士大司祭及其属下职责和行为管理条例》,共十一条,以规范修士大司祭及传教团成员的行为。②

第三届传教团的另一个重要变化是不再担任清朝官职。第一届传教团初到北京时,康熙给予每位传教团成员加封官衔:修士大司祭伊拉里昂被封为五品官,修士司祭拉夫连季和修士辅祭菲利蒙被封为七品官,七位教堂辅助人员被封为披甲,"并赏给房子、奴才、俸禄钱粮银以及一切食用等物,随同前来之乌西夫等七人,在娶妻时均赏给银两,于我处俄罗斯庙内念经居住"。③还按月给其发放薪水。第二届传教团修士大司祭安东尼·普拉特科夫斯基1728年10月31日在给沙皇彼得二世的报告中,述及第一届传教团成员在京被博格德汗封官和被编入俄罗斯佐领任职的情形,他显然对此表示不满,以为"这在耶稣会士面前很丢我们大俄罗斯人的脸"。④ 第二届传教团因为俄罗斯方面的薪俸常常不能按期送达,同样从清政府那里领取了定期发放的薪水,据1733年5月17日抵达北京的俄罗斯信使彼得罗夫大尉记述:"驻北京的俄国学生阿列克谢·弗拉迪金、伊万·贝科夫、卢卡·沃耶伊科夫、伊拉里昂·罗索欣、格拉西姆·舒利金及米哈伊尔·波诺马廖夫,曾请求蒙古衙门借给他们每人五十两银子,但是遭到了拒绝,而且这种无耻行为受到了申斥,因为他们除领取俄

---

① 参见〔俄〕尼古拉·阿多拉茨基著,阎国栋、肖玉秋译:《东正教在华两百年史》,第78页。有关英诺森·库利奇茨基未能成行,俄罗斯方面还有另外两种解释:一说是因安东尼·普拉特科夫斯基的诡计,致使英诺森主教身退。参见〔俄〕尼·伊·维谢洛夫斯基编,北京第二外语学院俄语编译组译:《俄国驻北京传道团史料》第一册,第40—41页。比丘林的《英诺肯季主教赴华记》认为安东尼·普拉特科夫斯基"对他的态度不好",参见〔俄〕П. Е. 斯卡奇科夫著,〔俄〕B. C. 米亚斯尼科夫编,柳若梅译:《俄罗斯汉学史》,2011年,第130—131页。一说是"由于天主教耶稣会士在宫廷施以的倾轧,他最终没有得到前往中国的许可"。参见 B. 谢利瓦诺夫斯基:《东正教会在中国》,香港:中华正教出版社,2014年,第15页。

② 〔俄〕尼古拉·阿多拉茨基著,阎国栋、肖玉秋译:《东正教在华两百年史》,第118—120页。

③ 中国第一历史档案馆编:《清代中俄关系档案史料选编》第一编下册,北京:中华书局,1981年,第399页。

④ 参见〔俄〕尼古拉·阿多拉茨基著,阎国栋、肖玉秋译:《东正教在华两百年史》,第105页。

国发给的薪俸外,还由中国国库发给他们——学生和教堂辅助人员,每人每月三两银子,而修士大司祭和修士司祭则加倍发给。"①俄国商务专员劳伦茨·朗格(Лоренц Ланг,或译郎喀、兰格)1737年4月离京时曾就各种问题致函理藩院,特别请求"将上述大神父特鲁索夫及其属下两处教堂的神父和教堂差役均置于贵院的庇护之下,最好不与其他衙门打交道。希望不要在这里(北京)赏给他们任何官职,包括俄罗斯佐领内的职位,因为根据基督教的惯例,无论是神父,还是其他教堂差役,都不准担任其他官职"。清朝理藩院接受了俄方的这一请求。②

为了鼓励传教士赴北京,俄方常采取提升教阶的办法,有时甚至连续提拔两级。尽管如此,传教人员对踏上赴华旅程所可能遇到的困难仍然忐忑不安。"使团成员(司祭、教堂下级服务人员甚至修士大司祭——使团团长)都想尽办法抵制把他们派往中国这个陌生的国家,怕自己在中国丢了性命。使团成员死亡率极高的传闻,毫无疑问地传到了选拔使团人员的修道院。来到中国以后,使团成员生活混乱无度。他们不想学语言,尽管他们要在这个国家待上10年或更长的时间。他们'像躲避埃及的桎梏一样'就等着轮换回国。"③来京的修士大司祭的结局无非有三:一是在任期间去世。第一、三、五届修士大司祭即是在京逝世。第七届修士大司祭在返回俄国途中猝然去世。二是回国后得到提升。第四、十、十一、十二、十三届修士大司祭即获得晋升或嘉奖。三是回国后受到降职甚至监禁处理。第二、六、八、九届领班回国后即受到不同程度的处分甚至监禁。从第一、三种情形可见,传教团领班的结局常常是不得善终。

为了管理传教团,俄罗斯方面特设监督官。第三届开始随团派遣监督官格拉西姆·列布拉托夫斯基,第五届派遣监督官瓦西里·伊古姆诺夫。第八届以后派遣监督官成为定规,第八届监督官瓦西里·伊古姆诺夫、第九届监督官谢苗·佩尔武申、第十届监督官叶戈尔·费奥多罗维

---

① 〔俄〕尼古拉·班蒂什—卡缅斯基编著,中国人民大学俄语教研室译:《俄中两国外交文献汇编1619—1792》,第240页。
② 〔俄〕尼古拉·阿多拉茨基著,阎国栋、肖玉秋译:《东正教在华两百年史》,第123—124页。
③ 〔俄〕П. Е. 斯卡奇科夫著,〔俄〕B. C. 米亚斯尼科夫编,柳若梅译:《俄罗斯汉学史》,第78页。

奇・季姆科夫斯基、第十一届监督官拉德任斯基、第十二届监督官柳比莫夫、第十三届监督官科瓦列夫斯基、第十四届监督官佩罗夫斯基。① 这些监督官回到任回国后,常常升任外交部亚洲司司长。因此,"北京东正教士的工作和生活,事无大小。都成了俄国外交部关注的对象"。② 监督官的制度化使传教团的管理得到有效加强,对改变传教团前期混乱局面确有作用。③

与在京的西方耶稣会传教士相比,俄罗斯前七届传教团大部分成员的素质明显低下。格里鲍夫斯基抱怨道:"我在到达北京后,发现原来的俄国传道团人员完全处于混乱的状态。属下人员都不听自己上司的话,不守秩序,酗酒,挥霍浪费,还与中国人打架。"④类似的言词充斥在他的字里行间。与在京的西方传教士另一个不同之处是,传教团直接隶属于沙俄政府,成为沙俄对华外交的重要组成部分。马克思曾对此评论说:"正教不同于基督教其它教派的主要特征,就是国家和教会、世俗生活和宗教生活混为一体。在拜占庭帝国,国家和教会是非常紧密地交织在一起的,以致不叙述教会的历史,就不能叙述国家的历史。在俄国也是这样混为一体的,不过同拜占庭的情况相反,教会变成了国家的普通工具,变成了对内进行压迫和对外进行掠夺的工具。"⑤传教团的成员回国后,常任职于俄国外交部亚洲司,或任文官,或任译员,成为俄国对华外交的实际掌控者。

关于俄罗斯馆的人员与俄罗斯方面的通讯,《恰克图界约》第 6 条规定:"送文之人俱令由恰克图一路行走。如果实有紧要事件,准其酌量抄道行走者。倘有意因恰克图道路弯远,特意抄道行走,边界之汗王等,俄

---

① 参见中国社会科学院文献情报中心编:《俄苏中国学手册》上册,北京:中国社会科学出版社,1986 年,第 112、113、115、115、116、117、118、119 页。

② Parry, A. Russian (Greek Orthodox) Missionaries in China, 1689—1917, their Cultural, Political, and Economic Role. *Pacific Historical Review*. Vol. 9. No. 4. 1904. p. 404.

③ 有关前七届传教团管理的混乱情形的描述,参见陈开科:《巴拉第与晚清中俄关系》,上海:上海书店出版社,2008 年,第 286—287 页。

④ 〔俄〕尼・伊・维谢洛夫斯基编,北京第二外语学院俄语编译组译:《俄国驻北京传道团史料》第一册,第 58—59 页。

⑤ 马克思:《希腊人暴动》,收入《马克思恩格斯全集》,第 10 卷,北京:人民出版社,1962 年,第 141—142 页。

国之头人等,彼此咨明,各自治罪。"第 9 条规定:"两国所遣送文之人既因事务紧要,则不得稍有耽延推诿。嗣后如彼此咨行文件,有勒揞之人,并无回咨,耽延迟久,回信不到者,既与两国和好之道不符,则使臣难以行商,暂为止住,俟事明之后,照旧通行。"① 俄方多次派遣信使来京,这些信使由军人充任,通常随商队来京。② 由于各种不利因素的困扰,传教团的通讯并不通畅。"教会与俄国的通讯联系是很少的,每年只有 2—4 次。正教会一直为自身能否维持下去的问题而担心,因为从俄国方面取得给中国教会的拨款是困难的,而且是靠不住的,一方面是由于缺少固定的邮政业务,另一方面是由于只能依靠商队作为通讯的主要方法。"③ 但从现今保存的大量传教团档案材料看,传教团当时还是极尽全力保持与本国的通讯,提供他们所获得的情报资料。

俄罗斯传教团与在京的耶稣会士关系密切而微妙。在 17 世纪,曾参与中俄谈判的南怀仁,参加尼布楚谈判的徐日昇、张诚都曾通过俄罗斯使者传递书信。18 世纪后,担任中俄谈判的翻译巴多明与俄方关系不错,亦多次通过俄罗斯使节传递信件。1756 年末俄罗斯信使准少校扎莫希科夫在北京时,耶稣会士委托他经俄国转寄 9 封信给在巴黎、都灵、里斯本和波希米亚的同道及其他人士。④ 在 18 世纪 70 年代因为边境逃人等纠纷,中俄关系一度紧张,俄国方面通往北京的通信中断,"1778 年 8 月 22 日,圣彼得堡收到第六届传教团领班于当年 1 月 7 日写的两封诉苦呈文。因为没有遇到经西伯利亚寄信的机会,他通过天主教传教士将自己的呈文寄到了澳门,'绕过亚洲、非洲和欧洲寄到英国,又从那里寄到俄国'"。⑤ 这是俄国传教团与耶稣会士合作的一个例子。这条通讯渠道后来还曾使用过,第八届修士大司祭索夫罗尼 1798 年 8 月 20 日致圣务院

---

① 王铁崖编:《中外旧约章汇编》第一册,第 9 页。
② 关于俄国派遣来京的信使名单,参见〔俄〕尼·伊·维谢洛夫斯基编,北京第二外语学院俄语编译组译:《俄国驻北京传道团史料》第一册第八章《由俄国前来北京的信使》,第 69 页。
③ 中华续行委办会调查特委会编,蔡泳春、文庸、段琦、杨周怀译:《1901—1920 年中国基督教调查资料》下卷,北京:中国社会科学出版社,2007 年,第 1275 页。
④ 参见〔俄〕尼古拉·阿多拉茨基著,阎国栋、肖玉秋译:《东正教在华两百年史》,第 182—183 页。
⑤ 同上书,第 219 页。

的呈文也是通过澳门,经亚洲和非洲寄往葡萄牙,然后再寄到俄国。①

二　俄国传教团的教堂、房舍、墓地和土地

俄国传教团在北京的资产包括:俄罗斯北馆(圣尼古拉教堂,在北京城东北角东直门的胡家圈胡同)、俄罗斯南馆(奉献节教堂,在东交民巷)、墓地(或称罗刹坑,在北京东城区安定门外青年湖内东北角,原为东正教圣母堂)、土地(1728—1741年俄罗斯人在北京郊区获取了四块土地,1765年又购买了第五块地)。

教堂　阿尔巴津人最初集资修建的尼古拉教堂在1730年的大地震中倒塌,但在1732年劳伦茨·朗格率领的商队来到北京期间又得以重建。同年8月5日在修士大司祭安东尼的主持下举行了教堂圣化仪式。② 根据当时的描述,"'尼古拉教堂用石头建造,有一个拱顶,小顶子上镀了金,教堂钟楼由4根木柱子支撑,内有一口大钟,两个中国大缸和4个生铁铸的铃铛。'圣障的中门雕有花纹,破旧不堪(或许来自老教堂),还有莫扎伊斯克古城显圣者尼古拉圣像"。③ 在第五届传教团之前,该教堂一直归阿尔巴津人自己管理。从阿姆夫罗西修士大司祭任内开始,尼古拉教堂移交给了东正教布道团。④

关于俄罗斯馆的位置,俄罗斯方面的文献记载"俄国和中国缔结条约以后,中国拨出了一所官家的房屋供俄国商队来北京以及在北京的俄国司祭居住。这所房子,或者称之为馆,座落在一条叫做江米巷的大街上,在皇宫南面半俄里,离前门外的主要商业闹区约一俄里,在大城墙北面不到四分之一俄里,即距理藩院,或俄国人称之为外交事务委员会半俄里稍多一点。中国曾经把齐化门附近的一所屋子拨给萨瓦·弗拉季斯拉维奇伯爵,供来北京的俄国商队居住,但伯爵却选中了会同馆,即修士大司祭及其属下现在居住的这个地方,因为这个地方靠近理藩院和主要市场。

---

① 参见〔俄〕尼古拉·阿多拉茨基著,阎国栋、肖玉秋译:《东正教在华两百年史》,第262页。
② 〔俄〕尼·伊·维谢洛夫斯基编,北京第二外语学院俄语编译组译:《俄国驻北京传道团史料》第一册,第42页。
③ 〔俄〕尼古拉·阿多拉茨基著,阎国栋、肖玉秋译:《东正教在华两百年史》,第99页。
④ 同上书,第170页。

这所房子是中国式的,有四个门,院子中央是一个大客厅,四周是一排类似营房的厢房,间数足够那些携带皮货前来北京换成银子作为修士大司祭及其属下人员的薪俸的小规模商队使用。"① 在俄罗斯馆内建造了一座奉献节教堂,它是"由中国皇帝出资修建,在1727年即在修士大司祭安东尼·普拉特科夫斯基到达以前开始动工,而在普拉特科夫斯基任职期间落成的"。② 前来北京的俄国商务专员朗格对教堂的建筑情形做了描绘:"教堂依照法国教堂(北堂)的样子修建,只是规模相当于彼教堂的一半。"教堂经受了1730年8月19日北京大地震的考验,这次地震摧毁了许多房屋,包括在京的基督教教堂,"唯独俄国教堂得以保全,只是东南方向出现一道裂缝,没有危害到整个建筑"。③

教堂圣化仪式是在1736年12月20日举行,由修士大司祭伊拉里昂·特鲁索夫主持。④ "同时还在这个教堂屋顶上安了一个刻有花纹的铁质镀金十字架。教堂的窗口原先是用纸糊的,1737年则安上了云母片。教堂的圆顶以前是镀金的,1742年包上了白铁皮。同一年教堂的大门也包上了白铁皮。"伊拉里昂在教堂旁边修建了一些供修士住的单人房间,"为此共支出了七百两银子"。⑤

朝鲜使节金景善在其所著《燕辕直指》卷三《留馆录》中的《鄂罗斯馆记》对南馆的形制记载颇详:

> 鄂罗斯馆,在玉河馆后街干鱼胡同不过半里许。……馆门无扁,门外周设黑木栅以禁入。……自彩鸟铺归路历入大门,左右有屋五六间,即其下人所住云。而寂无一人,惟往往设椅桌而已。又入一门,左右亦有屋六七间。庭北有一座广厦而皆空。从西边一小门入,有广庭,多植花木。有大犬二,小犬五六,盖产于其国,而大犬则见人欲噬,故铁索维其脚云。庭左右各有屋十余,亦空。庭南有一无梁高

---

① 〔俄〕尼·伊·维谢洛夫斯基编,北京第二外语学院俄语编译组译:《俄国驻北京传道团史料》第一册,第77页。
② 同上书,第42页。
③ 〔俄〕尼古拉·阿多拉茨基著,阎国栋、肖玉秋译:《东正教在华两百年史》,第95—96页。
④ 〔俄〕尼·伊·维谢洛夫斯基编,北京第二外语学院俄语编译组译:《俄国驻北京传道团史料》第一册,第42页。
⑤ 同上书,第46页。

阁,阁制异常。正看侧看,四面皆同。下丰上锐。砖筑至檐。阁上立数丈金标,高入半空。南北两壁,各有四窗,以大玻璃傅之。西壁穿三门,制如虹门,是为出入之门。而闻此阁亦称天主堂,盖其国与西洋近,亦尚其教,故仿洋制而奉安天主之像云。庭北有一带长屋,屋颇轩敞。以文木、沉香、紫檀雕镂为饰,床桌器物皆奇妙。往往安纯金佛,小如儿拳,或如栗子,自其本国造来,而年前东隶偷其一佛,故见我人甚苦下辈之随入云。四壁环挂大镜,又挂人物、山水、楼台杂画,画法甚逼真。其画人物,则皆巨鼻碧眼,或长须,邪毒之气逼人,盖钟其幽阴者为多而然欤? 每屋辄挂其国帝后之像,帝像则首不加冠,短发蓬松,身上只着纹绣周衣而披豁露体,足着青袜。后像则头插五彩花,身披绣服而跣足。两间又有一像,即所谓天主也。……阁西有二层楼,上悬大钟。其傍又有一屋,所排器物,一如他屋。①

1729 年第二届传教团来京时,教堂里面没有专门供神职人员使用的地方,传教团成员只能住在俄罗斯馆中,安东尼修士大司祭感觉不便,遂于 1733 年 2 月 11 日致信朗格,要求为传教团买下教堂旁边要价为 600 两的 3 个宅院。按照安东尼的设想,这几座宅院后来购置的房子应被用作修士大司祭和其他教堂差役的净室。1735 年安东尼用 120 两银子(相当于 200 卢布)从一个名为侯明弼(音译)的满人手中还买下了一处房舍。②

第五届传教团修士大司祭阿姆夫列西对俄罗斯馆和圣尼古拉教堂的维护与翻新,做出了特有的贡献。阿姆夫罗西所做的工作包括:"1764 年,他在教堂西面用石头修建了一个有两个圆顶的钟楼。在上面一层有(安装了)一座德国自鸣钟,可能是从天主教士那里买来的,下面挂了 6 个小钟(于北京铸造)和两个大铜缸,以便能像俄国那样在节日和平日响起钟声。""1756 年(在教堂南面)修建了修士大司祭净室,是俄罗斯风格的平房。同年,他又为每一位修士司祭和修士辅祭改建了住房,每排 3 间

---

① 金景善:《燕辕直指》卷三《留馆录·鄂罗斯馆记》,收入林基中编:《燕行录全集》,第 71 册,韩国东国大学出版社,2001 年,第 291—297 页。
② 〔俄〕尼古拉·阿多拉茨基著,阎国栋、肖玉秋译:《东正教在华两百年史》,第 93—94 页。张雪峰在使用这条材料时略有差异,参见张雪峰:《清朝前期俄国驻华宗教传道团研究》,新北市:花木兰文化出版社,2012 年,第 101 页。

(于教堂以北),重新盖了瓦,里面做了顶棚,制作了木板隔墙,并绘有图案,而且还挖了地炉(照中国式样)。然后,又为教堂差役新建了5个石造净室。1769年再为俄国来人(在俄罗斯馆院子里)建了两座石头寝室。教堂和净室的窗户都镶嵌上了修士司祭约阿萨夫死后留下的云母。除此之外,1757年(在钟楼后面)掘了一口深井,并砌上了砖。井的四周也都铺上了未经加工的岩石,周围种上了雪松(作为围栏)。1760年建了一个石头面包房,用来烤制圣饼和为公共斋饭烤制面包。另外用石头修了两个厨房、一个澡堂(前面有脱衣间的浴池)和马棚,还用石头建了一处放置杂物的大棚子(位于修道院院长净室后面)。最后于1764年在教堂两侧以及神父净室对面修建起了石头围墙。修道院中的道路都铺以未加打磨的石头和砖头。开了一个葡萄园子,一共栽植了37株葡萄藤,为此垒了17根石柱,在合适的地方栽种了各种各样的树木。"①

阿姆夫罗西对接收自阿尔巴津人的尼古拉教堂进行了翻修。"1755年交付给新选定的教堂长费奥多尔·雅科夫列夫40两银子(约合80卢布),用于教堂墙面等处的修缮。"1764年,"这个教堂由于破败而被重新盖了顶子并加以维修,为教堂和侧祭坛(公共斋堂)里面做了木板钟楼,为了鸣钟传声,1764年在这里修建了一个木头钟楼,四角形,里面悬挂4口钟,还有两个大铜缸。这一年还(或许是首次)在西、北、东三个方向修建了石头围墙(长约15俄丈,宽约10俄丈),南面是3间净室(旧房),里面住着参与圣事的修士司祭和教堂差役。这些净室于1765年又经过了重建。这一年修建圣门(或许在西面)的时候,顺便用石头盖了两间净室。在教堂旁边和前院栽了4棵葡萄藤和若干株树"。②

1794年,第七届传教团修士大司祭约阿基姆为奉献节教堂和尼古拉教堂编制了详细的清册。该清册对两教堂的建筑情形和内部收藏做了详尽的介绍,足资了解当时两大教堂的情形。③ 第八届传教团领班格里鲍夫斯基"变卖了使团的部分耕地和房舍",以"避免不必要的麻烦"。第九

---

① 〔俄〕尼古拉·阿多拉茨基著,阎国栋、肖玉秋译:《东正教在华两百年史》,第169—170页。
② 同上书,第170—171页。
③ 参见〔俄〕尼古拉·阿多拉茨基著,阎国栋、肖玉秋译:《东正教在华两百年史》,第234—242页。

届传教团领班比丘林为了摆脱"经济窘迫",做了类似的事情。① 但具体情形不详。

墓地 俄罗斯传教团在北京逝世者,均就地埋葬。据统计,"北京传教士团的死亡率高得惊人。在十四届一百五十六人次或一百四十九人中死于北京的共四十七人,高达30%以上,大体上每三人中约有一人为沙俄官僚政治卖命而埋骨于他乡。计领班五人,司祭十六人,辅祭三人,下级人员七人,学员十六人"。② 蔡鸿生先生的统计与此稍有出入:"截至1860年(咸丰十年)改组为止,俄国布道团相继来华的十四班人员156名中,已知死于北京的有'喇嘛'(神职人员)26人,'学生'(世俗人员)17人,合计43名,约占总数四分之一。查其死因,除个别自杀和少数病殁外,酗酒暴卒者居多。"③ 传教团的学生来京时年纪不过30岁,"但他们的死亡率却高得惊人,1730—1806年在北京去世的竟达12人"。"极高的死亡率首先说明了学生们处于艰难的物质条件和精神状态之下,使团团长修士大司(祭)颐指气使、说一不二,学生们受尽了欺压,甚至招致打骂。修士大司祭不按时给学生发月饷,经常克扣据为己有,生活条件也极其恶劣。"④

这些死亡人员中的知名者有:第一届传教团修士大司祭伊拉里昂·列扎伊斯基(1716年10月14日)、学生彼得·雅库托夫(1737年)、尼卡诺尔·克柳索夫(1737年)、卢卡·沃耶伊科夫(1734年1月7日)。第二、三、四届司祭约瑟夫·伊万诺夫斯基(1747年)、学生伊万·什哈罗夫(1739年7月16日)、伊万·贝科夫(1732年)、格拉西姆·舒利金(1735年2月28日)、米哈伊洛·波诺马廖夫(1738年10月10日)。第三届传

---

① 参见〔俄〕Π.E.斯卡奇科夫著,〔俄〕B.C.米亚斯尼科夫编,柳若梅译:《俄罗斯汉学史》,第112页。

② 中国社会科学院文献情报中心编:《俄苏中国学手册》上册,北京:中国社会科学出版社,1986年,第110页。

③ 蔡鸿生:《俄罗斯馆纪事(增订本)》,北京:中华书局,2006年,第45页。蔡先生没有说明统计数据的来源和依据,从其对前十四班布道团的人数统计来看,数字似有误。根据〔俄〕尼·伊·维谢洛夫斯基编:《俄国驻北京传道团史料》第一册附录二《俄国东正教驻北京传道团第1—15届人员名单》所载,前十四届布道团人员共计133名。

④ 参见〔俄〕Π.E.斯卡奇科夫著,〔俄〕B.C.米亚斯尼科夫编,柳若梅译:《俄罗斯汉学史》,北京:社会科学文献出版社,2011年,第103—104页。

教团修士大司祭伊拉里昂·特鲁索夫(1741年4月20日)、继任者拉夫连季·鲍勃罗夫尼科夫(1744年4月4日)、学生雅科夫·伊万诺夫(1738年)。第四届传教团修士大司祭格尔瓦西·连撮夫斯基(1769年)、学生伊万诺夫斯基(1747年)。第五届的结局最为悲惨,死亡者包括传教团修士大司祭阿姆夫罗西·尤马托夫(1771年7月1日)、修士司祭索夫罗尼·奥吉耶夫斯基(1770年7月30日)、修士辅祭谢尔盖(1768年9月30日)、教堂辅助人员阿列克谢·达尼罗夫(1772年4月7日)。第六届传教团司祭尤斯特(1778年)、伊万·格列别什科夫(1771年)、雅科夫·科尔金(1779年9月8日)。第七届传教团修士大司祭约阿基姆·希什科夫斯基(1795年)、修士司祭安东尼·谢杰利尼科夫(1782年12月29日)、修士辅祭伊兹拉伊尔(1794年2月6日)、学生叶戈尔·萨列尔托夫斯基(1795年5月18日)、伊万·菲洛诺夫(1790年)、阿列克谢·波波夫(1795年)。第八届传教团司祭叶谢伊(1804年)、瓦尔拉姆(1802年)、瓦维拉(1797年)、辅祭瓦维拉(1797年)、学生伊万·马雷舍夫(1806年)。第九届传教团学生叶夫格拉夫·格罗莫夫(死期不详)。第十一届传教团修士司祭费奥菲拉克特·基谢列夫斯基(1840年)。第十三届传教团司祭彼得·茨韦特科夫(1855年)、辅祭米哈伊尔·奥沃多夫(1857年)、学生乌斯片斯基(1851年)、涅恰耶夫(1854年)。第十四届传教团学生波波夫(1870年)。①

从死亡人数分布的年份看,前八届在京均有较多人死亡。可以说,死亡的阴影与18世纪的俄罗斯传教团紧密相随。生活在异域的不适,以致酗酒过度是致死的主因,"由于在北京独居生活的时间过长,再加上属下人员胆大妄为,不受管束,历届的修士大司祭都感到很苦恼,因此总是郁郁寡欢。这样,他们就不得不借酒浇愁,狂喝滥饮。饮酒过多,即使在俄国也会引起严重疾病,断送许多嗜酒者的性命,而在北京这种极其有害的后果,在纵酒者身上更会大大提前发生,这是因为中国酒比俄国酒更为有害的缘故"。②

---

① 参见中国社会科学院文献情报中心编:《俄苏中国学手册》上册,北京:中国社会科学出版社,1986年,第111—118页。
② 参见〔俄〕尼·伊·维谢洛夫斯基编,北京第二外语学院俄语编译组译:《俄国驻北京传道团史料》第一册,第46页。

在京俄罗斯人死后葬在"罗刹坑",这一名称出现在朱一新《京师坊巷志稿》卷上,①惜记载不详。从俄罗斯方面的材料可知,第一届传教团学生卢卡·沃耶伊科夫在城北安定门外(离阿尔巴津人教堂2俄里)向中国人购买了一小块土地,并建了一座别墅,这块地后来遗赠给传教团,并让人将其安葬于此。自那时起,这块地就成为俄国传教团的墓地。"这块地非常狭小,周围也没有围墙,因而有些坟墓,如伊拉里昂·特鲁索夫修士大司祭的坟墓,已经出了墓地的地界。需要补购相邻的土地,但传教团没有经费,而且相邻土地的主人也不大情愿出让。"②"在此之前,传教团未曾有过自己的墓地,而将其成员葬在阿尔巴津人坟地之中。"③阿尔巴津人的坟地位于东北角城楼的对面,据载:"墓地位于一片空地上,在一古老土堤的上方边缘处,因雨水侵蚀而多次坍塌,断面处有腐朽的棺椁和尸骨裸露出来。由于当地条件不好,对墓地多次进行的修缮未见任何成效。为了俄国的名声并且纪念亡灵,第十五届传教团领班巴拉第神父1876年曾操持将这些尸骨迁移至东正教公共墓地,但因先病后逝(1878年12月6日卒于马赛)未能完成计划。"④

现今在北京东城区安定门外青年湖内东北角,原为俄国东正教圣母堂及俄罗斯墓地旧址,堂西即为俄人墓地。1956年北馆拆除时,将致命堂下的棺木改葬于此。1987年圣母堂拆除时,发现一些墓碑。其中有最早死于北京的伊拉里昂·列扎伊斯基墓碑。现在保留的俄罗斯公墓墓碑仍有20余块。⑤ 这里应是俄罗斯人的公墓。

土地　阿尔巴津人来北京时曾获得一批赏赐的土地,俄罗斯佐领从清政府那里获取赏赐的土地或宅院。为了保证他们的财产世代相传或不被外人染指,他们通常会有一些保护性的举措。"从前,在俄罗斯佐领里曾有过这样的习俗:当一个女人因丈夫去世而成寡妇时,如果她想改嫁,而新夫又不属俄罗斯佐领,那么俄罗斯佐领的居民就把死者遗留下来的

---

① 参见朱一新:《京师坊巷志稿》,北京:北京古籍出版社,2001年,第122页。
② 〔俄〕尼古拉·阿多拉茨基著,阎国栋、肖玉秋译:《东正教在华两百年史》,第148页。
③ 同上书,第104页。
④ 同上书,第35页注2。
⑤ 参见吴梦麟、熊鹰:《北京地区基督教史迹研究》,北京:文物出版社,2010年,第189—190页。

宅院和土地从寡妇手里买过来,以便除俄罗斯佐领里的人外,旁人不得占有这些东西。可是这种习俗已有五十多年没人遵守了。"①尼古拉教堂建成后,传教团从这些旗籍阿尔巴津人手中套取清廷赐给他们的土地,先后获得四块土地。第一块购置于1728年,位于通州的各居村,价格140两。第二块购置于1733年,位于顺义县的半丘村,花银50两。第三块购置于1736年,位于昌平州的魏家窑村,用银55两。第四块地在奶子房,可能是1741年由他人捐赠所得。②"自阿姆夫罗西修士大司祭时期起,传教团文件中提到两份写于1766年3月29日并经过尤马托夫修士大司祭本人确认的地契(可能是指名为张苏的那块地)。这是第五块地,可能就是第九届传教团期间被卖掉的那一块。"③这些土地原归阿尔巴津人管理,"随着尼古拉教堂转由东正教传教团管理,这些属于教堂的地也就被置于传教团领班的监管之下了"。④

尼古拉教堂将这些土地租给当地的农民,"年景好时每年夏天可从中获利25两银子,如果换算成俄国钱币,为42卢布50戈比。但农民们不是每年都交租,遇有洪水和大雨,两三年都没有收成"。⑤ 随着尼古拉教堂在第五届传教团期间转到传教团手里,这些土地也归传教团所有。但租佃这些土地的农民在收成不好,或遇到灾荒年月时,交不起租,只好弃地而逃。1773年第五届传教团修士辅祭斯捷凡·齐明根据掌握的情况承认:"这是经常发生的事情,一个佃农不付三个月或五个月的租金,就在半夜中丢下破烂的房舍,带领他们的家属和财产逃亡。……他们拆下了棚架,推倒了地板的炉子,拆除了窗户并且有时在逃亡中把家具杂物粉碎。"⑥

----

① 〔俄〕尼·伊·维谢洛夫斯基编,北京第二外语学院俄语编译组译:《俄国驻北京传道团史料》第一册,第73页。
② 参见〔俄〕尼古拉·阿多拉茨基著,阎国栋、肖玉秋译:《东正教在华两百年史》,第94页。〔俄〕阿夫拉阿米神父辑,柳若梅译:《历史上北京的俄国东正教使团》,郑州:大象出版社,2016年,第18—19页。
③ 〔俄〕尼古拉·阿多拉茨基著,阎国栋、肖玉秋译:《东正教在华两百年史》,第172页。
④ 同上。
⑤ 同上。
⑥ Eric Widmer. *The Russian Ecclesiastical Mission in Peking during the Eighteenth Century*. Cambridge: Harvard University Press, 1976. p.99.

传教团还出租房屋,这成为他们筹措资金的来源。"奉献节修道院有4处不大的宅院,是由历任修士大司祭购置的。从这些宅院上每月可获租银8两5钱,换算成俄国货币为13卢布60戈比,一年下来有163卢布50戈比。这笔钱被用于修道院宅院的建造和维修以及施舍新受洗教众。"①

此外,传教团从清朝政府那里获取产业。如第二届传教团的拉夫连季"在阿尔巴津人教堂那里有自己的房子和全套产业,甚至还雇有佣人。拉夫连季还是个地主。所有这些都是他作为七品官时由皇上赐予的"。②当然,随着第三届传教团不再担任清朝官职,这种赐予也就不再提供。

1849年第十三届传教团科瓦列夫斯基来到北京时,对当时传教团的资产状况作了描绘:"我们在北京有两处教堂,南馆在东江米巷,中国人称为会同馆,建有奉献节教堂。北馆又作北堂,设有圣母升天教堂、阿尔巴津人学校和天文台。两馆之间的距离大约八九俄里。我随着传教团成员和哥萨克人一起住进南馆,这里有使节官邸,是中国政府修建的。与此同时,中国政府还划拨一定数量的资金用以维护这座房子。我们当然没有见到这些钱,事实上是俄国政府承担了维护费用。""除了两处院子,我们在北京城外还有几块地皮,在城里有几处房子和店铺。某些房子和铺子是很久以前在北京经商的俄国人捐赠给教堂的,现在是教堂重要的开支来源。""最神圣的地方是传教士团的墓地,也是我们到达北京后最急于要去的地方。……高高的栏杆将墓地与外界隔离开来,在葱郁的杨树雪松间,一片肃静,隔绝了城市的喧嚣。围墙里有一处小屋,传教士在夏天来时就在那里住。传教士团努力为逝去的同伴创造一个宁静安详的家园,干净的树木,新植的草皮,纪念碑和十字架都一尘不染。……在北京还有一处我们俄国商人的古老墓地,是在彼得一世在位期间我们的商队来北京时建立的。他的墓地在草地上,是穷人的葬身之地。这块墓地已经荒废,很多地方早已坍塌。我们给它修起了围墙,加固了坟堆,并种上了草。……我们的南馆和北馆像北京富人家的住宅一样,有很多的房子,分

---

① 〔俄〕尼古拉·阿多拉茨基著,阎国栋、肖玉秋译:《东正教在华两百年史》,第173页。
② 同上书,第101—102页。

布在各个院子里和通道旁,掩映在绿色的园子和花圃中间。"①显然,经过一百多年的苦心经营,传教团在北京的生存条件已经大为改善。

三 俄罗斯传教团在京的多重活动

俄国传教团是一个身负多重使命的组织。最初它的任务主要是维系在京阿尔巴津人的关系,满足他们的宗教信仰要求;1727年中俄《恰克图条约》签订后,传教团被指派培养学生的任务,为俄国培养满、汉语人才;随着中俄交往的增多和各种摩擦的产生,传教团被赋予从事中国研究和探听情报的任务。以后又接受外交部的领导,兼负与清朝交涉的任务。在1860年俄罗斯使馆设立以前,传教团实际上就是俄国驻北京的公使馆,它承担着外交使节所负担的任务。

传教 雅克萨战役后,在被解送到北京的阿尔巴津人中,有一名司祭马克西姆·列昂捷夫,他自觉地向阿尔巴津人布道,维持他们的宗教生活。当时的教众包括阿尔巴津人、他们的满、汉妻室及其亲属、差役。但这些人的宗教信仰因受到环境的影响,逐渐变得淡化。"在被带到北京的阿尔巴津人中,比较富裕,对基督教也比较热心的人有:阿列克谢·斯塔里增、担任过教堂堂长的涅斯托尔的儿子德米特里和一个名叫萨瓦的人。"②阿尔巴津人的宗教生活自然成了一个问题。

伴随俄罗斯商队出入北京的还常有一些神父,他们往往利用阿尔巴津人的教堂做祈祷,但这些随行的神父不能久留。俄罗斯商队的宗教生活也引起了俄罗斯方面的关切。1700年6月18日彼得大帝下达谕旨,命令基辅都主教瓦尔拉姆·亚辛斯基从他管辖的小俄罗斯城市和修道院的修士大司祭、神父或其他有名的修士中选择一位善良、饱学和品行端正的人赴托博尔斯克担任都主教,以领导西伯利亚和中国的传教事业。③

---

① 〔俄〕叶·科瓦列夫斯基著,阎国栋等译:《窥视紫禁城》,北京:北京图书馆出版社,2004年,第117—119页。

② 〔俄〕尼·伊·维谢洛夫斯基编,北京第二外语学院俄语编译组译:《俄国驻北京传道团史料》第一册,第30页。

③ 参见〔俄〕尼古拉·阿多拉茨基著,阎国栋、肖玉秋译:《东正教在华两百年史》,第42—43页。

这实际交代了一项成立中国传教团的任务。这样驻北京的俄国传教团归属于离中国最近的托博尔斯克和伊尔库茨克主教的管辖。而传教团的最初任务主要是负责管理在北京的阿尔巴津人和前往北京的俄罗斯商队的宗教生活。

1702年,俄国议政大臣西伯利亚事务衙门秘书长兼罗斯托总督安德烈·安得里耶夫·维纽斯为更换北京教士事致索额图咨文:"经奏报贵圣主而在京城敕建之我东正教教堂,因其主持念经等教条之马克希木·列温提耶夫(按:即马克西姆·列昂捷夫),如今已年迈眼花,不宜管此教堂事务,现经报闻我察罕汗后,特派本国二名教士,与商人同往中国京城。若蒙大臣怜悯,望转奏圣主,准此二人留住京城,并将我教堂移交伊等居住。望勿阻拦前往中国贸易之商人去该教堂礼拜。再者,贵国既已按例赏赐马克希木·列温提耶夫食用之物,亦望照例赐给二名教士。我商人返回时,此二名教士仍留于京城。"①1704年清理藩院在复文中说:"据查,该教堂乃系由本国与贵国出力建房三间而成,以供其所祀之神。该教堂,由尔国中能念经之七品官马克希木主持念经,并未专设人员,亦非报本院具题后修建之教堂。……今阅为教堂事宜所寄之三件文件,既仍寄送索额图,并不送本院,故毋庸议,应将原文交伊万·索瓦捷耶夫退回。"②明确拒绝了俄方的要求,并退回原信。

1719年俄国外务委员会在给伊兹马伊洛夫的训令中指出:"可援引在北京的耶稣会教士已建天主教堂为例,请求博格德汗准许为驻北京的俄国人修建一座东正教教堂,并拨给一块地皮供建此教堂之用。"商务委员会签发的训令中也指出:"请求允准前往北京的俄国人不受限制地保持自己的宗教信仰,拥有自己的教堂、神甫及教堂辅助人员。"③可见,俄罗斯方面一直企求在北京能像耶稣会士那样,建立一座属于自己的教堂。

在第二届传教团期间,在京的阿尔巴津人大约有50户人家。1732年12月3日传教团修士大司祭安东尼向圣务院报告:"1731年3月25日有9名中国人接受了俄国的正教信仰,受洗中国人中有男性25人,另有8

---

① 中国第一历史档案馆编:《清代中俄关系档案史料选编》第一编上册,第226页。
② 同上书,第225页。
③ 〔俄〕尼古拉·班蒂什—卡缅斯基编著,中国人民大学俄语教研室译:《俄中两国外交文献汇编1619—1792》,第108页。

人准备领洗。自那日起,每个月都有1—2人来此接受洗礼,其中既有富庶诚实之人,也有一些穷困之人。"安东尼请求给他约500个十字架,以及一些钱,用于购买衬衫、袜子和靴子作为施舍。还请求送来"500个左右3俄寸大救世主和圣母圣像,以便分发到新教徒家中用以祈祷"。当时,在阿尔巴津人教堂有一名司祭、三名教堂差役和一名不领工钱的新受洗的中国人担任诵经士。① 安东尼的报告可能对其业绩有夸大之词,但这也可能是传教团比较兴盛时期的实际情形。

前四届传教团的传教始终局限在阿尔巴津人的范围内,受洗者颇为有限,第五届以后逐渐扩展到满人、汉人。"在第五届传教团到来之前,阿尔巴津人对东正教信仰都很冷淡,俄罗斯佐领的大部分人都没有受洗。俄国商队离京后,1755年6月阿姆夫罗西修士大司祭想方设法通过阿尔巴津人受洗翻译对未受洗阿尔巴津人进行训诫和教诲,希望他们效仿其祖辈虔诚信教。这样,传教团新领班很快让一共35名男女皈依了基督信仰。到18世纪70年代前,俄罗斯佐领的显圣者尼古拉教堂只有50名阿尔巴津人后代了,他们全都受了洗。其中15个人由传教团成员教授了斯拉夫文,于教堂礼拜时唱诗诵经。阿姆夫罗西修士大司祭在居京17年期间共为220名满人和汉人施了洗,但不是在一年之中完成的,有的年份20人,有的年份30人,有的年份则一个也没有。"②

但到18世纪后期,阿尔巴津人信教者寥寥无几。据第八届传教团修士大司祭索夫罗尼·格里鲍夫斯基呈文报告:"他们很早以前就已完全不信基督教了。因此,他们还和早先一样,既不重视教堂,也瞧不起司祭。而且他们现今还活在人间的已为数不多了。目前这些人当中有三、四人只是在复活节那天才到教堂来,因为过这个大节设筵颇为丰盛,他们常是席上客,即使如此,也并非每年都来;若不是为了这餐饭,恐怕连一个到教堂来的都不会有。"③索夫罗尼·格里鲍夫斯基提供了当时"领过洗的阿尔巴津人及中国人是如何对待神圣的信仰"的具体情形,认为内中几乎没

---

① 参见〔俄〕尼古拉·阿多拉茨基著,阎国栋、肖玉秋译:《东正教在华两百年史》,第99—100页。
② 同上书,第173—174页。
③ 〔俄〕尼·伊·维谢洛夫斯基编,北京第二外语学院俄语编译组译:《俄国驻北京传道团史料》第一册,第100—101页。

有一个真正的信仰者。①

中国人入教"领洗"常常带有"投机"的性质,为的是与俄罗斯人打交道、做生意的方便。"中国人从来没有像俄国商队来北京时那样起劲地要求领洗,因为这样做可以使他们得到不少好处。他们往往在商队来到之前,先向别人借妥一笔钱或货,为的是等商队来了以后,领了洗,可以比较方便地同俄国人做生意;而且由于他们已入了教,商队总管也会允许他们同俄国人做生意。当商队在北京时,这些新领洗的人也经常进教堂;可是在这批商队走后到下一批商队到来之前,在教堂里任何时候也看不到他们的踪影。"②

即使入教者甚少,俄罗斯传教团对发展信徒仍持相对谨慎的态度。根据相关规定:"接受新教徒入教要谨慎,不要对那些不是出于真心来听道的人发生兴趣,更不能接受他们入教。尔修士大祭每年需向全俄东正教最高宗务会议和你所属教区的主教详细报告:当地人民中领洗的有多少人,什么时间领的洗,领洗的都是什么样的人。报告中应附上新领洗人的名单,列出新领洗人的中文名字、教名和身份,注明年龄。"③由于俄罗斯传教团执行如此严格的规定,传教工作的推广自然受到极大的限制。"如果单纯从传教效果来鉴定俄罗斯正教会第一阶段的成就的话,结论是不能令人满意的。1860年北京是仅有的主要传教中心,奉教人数不足200人,其中还包括那些雅克萨俘虏的后代。"④

格里鲍夫斯基在他的呈文里曾对俄罗斯传教团遇到的障碍进行了分析:第一,传教团教士"没有能力从事这项工作"。"由于他们没有学识,还要受自作聪明的中国人鄙视和嘲弄。中国人认为以这些野蛮无识之辈为师,是莫大的耻辱,因为这些人既不懂他们的风俗习惯,又不通其语言,蓄着不象他们那样的大胡子,衣着(高筒帽子和窄腰肥袖的袍子)也与他们完全不同,既古里古怪,又使他们极端反感。"第二,"连使异教徒真正了解

---

① 〔俄〕尼·伊·维谢洛夫斯基编,北京第二外语学院俄语编译组译:《俄国驻北京传道团史料》第一册,第73—74页。
② 同上书,第73页。
③ 同上书,第92页。
④ 中华续行委办会调查特委会编,蔡咏春、文庸、段琦、杨周怀译:《1901—1920年中国基督教调查资料》下卷,第1276页。

上帝的最平常的慈善机关都没有"。第三,"是俄国人本身的品行,因为不仅修士司祭可以随随便便当着那里的居民的面极其下流无耻地指着鼻子辱骂自己的上司修士大司祭,连教堂辅助人员和学生也都可以轻易地干出这种事来"。第四,"皈依神圣的基督教的人反复无常"。① 也就是说,俄国传教团本身素质和品行的低下,是其难以向中国人传教的主因。侨居美国的苏联学者彼得罗夫(Eric Widmer)在其著《俄国传教团在十八世纪中国》(The Russian Ecclesiastical Mission in Peking During the Eighteenth Century)一书中对俄罗斯传教团的传教团困难作了更全面的论述,他认为,俄国传教团来华的最初目的是为雅克萨战俘主持圣事,并非传教;不愿与在北京的耶稣会士发生冲突;理解清廷对传教的态度,不希望西方传教士被驱逐的命运落到自己头上;在对华政策上,俄国始终将政治、领土和贸易利益置于首位,传教不过是用来达到其侵华目的的工具或手段之一。② 这一分析似乎更符合俄国传教团在 1860 年以前的实际情形。

与对西欧天主教传教士的戒备态度甚至时常采取的"禁教"政策不同,清廷对俄国传教团的态度相对包容。除了在 1759 年秋因俄方拒绝向清朝交付逃人,乾隆皇帝下令封禁东正教传教士居住的教堂,不准他们出门外,③平时清朝对俄国传教团都给予了应有的关照和足够的礼遇。除了提供俸禄和廪饩,"自 18 世纪起不再要求俄国使节行令人屈辱的叩头礼以及完成所有异国外交代表觐见天子时必须履行的其他仪式"。④ 一般来说,清廷总是满足俄国传教团的要求,传教团的传教士通过理藩院可以获知他们欲探听的中俄交涉事宜。

1810 年第九届传教团领班比丘林出版了汉译本的东正教教义问答——《天使集会谈话录》,基本上采用的是 1739 年耶稣会的教义问答。

---

① 参见〔俄〕尼·伊·维谢洛夫斯基编,北京第二外语学院俄语编译组译:《俄国驻北京传道团史料》第一册,第 96—97 页。

② Eric Widmer. The Russian Ecclesiastical Mission in Peking During the Eighteenth Century. Cambridge, Massachusetts:Harvard University Press,1976. pp.9,84—87. 参见肖玉秋:《俄国传教团与清代中俄文化交流》,第 12 页。

③ 参见〔俄〕尼古拉·班蒂什—卡缅斯基编著,中国人民大学俄语教研室译:《俄中两国外交文献汇编 1619—1792》,第 333—334 页。

④ 〔俄〕尼古拉·阿多拉茨基著,阎国栋、肖玉秋译:《东正教在华两百年史》,第 6 页注 2。

1822年,第八届传教团C.B.利波夫佐夫将《新约全书》译成满语,并于1826年在圣彼得堡出版,之后又由伦敦传教团再版。俄国传教团出版的第一部《新约全书》汉译本,是由第十四届传教团领班卡尔波夫翻译的,这个汉译本是在过去传教团工作的基础上完成,但其"语言过于学究气"。①

留学与研究 俄罗斯传教团从第一届起,即有随班的留学生一同前往,据统计,到第十三届为止,共派遣学生44人。其中第一届4人,第二届5人,第三届3人,第4届1人,第六届4人,第七届4人,第八届5人,第九届4人,第十届3人,第十一届4人,第十二届3人,第十三届4人。②这些学生一方面在北京学习汉语、满语,一方面研究中国文化历史,成为俄国汉学的开拓者和奠基者。

1727年中、俄签订的《恰克图界约》第五条最后规定:"再萨瓦所留在京学艺之学生四名,通晓俄罗斯、拉替努字话之二人,令在此处居住,给与盘费养赡。"③根据这一条款,当年,第一届传教团四名学生卢卡·沃耶伊科夫、伊万·舍斯托帕洛夫、伊万·普霍尔特、费奥多尔·特列季雅科夫随劳伦茨·朗格率领的商队来到北京,可惜他们在北京的学习材料不存。不过,第二届传教团领班普拉特科夫斯基对他们的学业评价甚低。④

第二届传教团先到的三名学生:伊拉·罗索欣、格拉西姆·舒利金、米哈伊洛·波诺马廖夫,其中以罗索欣最为优秀。在苏联科学院图书馆手稿部保存着罗索欣在北京记录其日常生活的笔记本,这是传教团学生保存下来的第一份教材。⑤ 阎国栋经考证,认为"罗索欣这个学习簿乃是舞格寿平于雍正八年(1730年)出版的《满汉字清文启蒙》译本"。⑥ 在北京期间,1739年罗索欣开始翻译满文本的《八旗通志》。但他最大的成就

---

① 参见〔俄〕B.谢利瓦诺夫斯基:《东正教会在中国》,香港:中华正教出版社,2014年,第21、31页。
② 参见中国社会科学院文献情报中心编:《俄苏中国学手册》上册,第111—118页。一说为40人。参见吴克明:《俄国东正教侵华史略》,兰州:甘肃人民出版社,1985年,第50页。
③ 王铁崖编:《中外旧约章汇编》第一册,第11页。
④ 参见〔俄〕Π.E.斯卡奇科夫著,〔俄〕B.C.米亚斯尼科夫编,柳若梅译:《俄罗斯汉学史》,北京:社会科学文献出版社,2011年,第48—49页。
⑤ 参见〔俄〕Π.E.斯卡奇科夫著,B.C.米亚斯尼科夫编,柳若梅译:《俄罗斯汉学史》,北京:社会科学文献出版社,2011年,第52页。
⑥ 阎国栋:《俄国汉学史》,北京:人民出版社,2006年,第95页。

是得到了一份《皇舆图》,并将图中地名译成俄语标出,1737年交由朗格带回俄国呈送沙皇,罗索欣因此受到奖励,提升为准尉,薪酬升至每年150卢布。

第三届传教团学生以列昂季耶夫成绩卓著。与罗索欣大部分手稿未能出版的不幸命运相比,他幸运得多。"列昂季耶夫完全可以称得上是18世纪主要的汉学家,当时俄国出版的关于中国的书籍和文章有120种,其中列昂季耶夫一人就出版了关于中国的书籍20部,文章2篇。列昂季耶夫的著作证明了18世纪俄国汉学的水平,其著作也引起了国外对俄国汉学的极大兴趣。"①

列昂季耶夫从北京回国时,运回的满、汉语翻译材料,后来大部分都得以出版。在京时,他编辑了一本《俄满汉会话手册》,根据《京报》翻译了《理藩院记录:与戈洛夫金在尼布楚谈判》和一份附有每朝年代大事记的中国历朝年表。②

第五届传教团没有学生,留下的成果非常贫乏。仅有:斯莫尔热夫斯基的《修士司祭费奥多西·斯莫尔热夫斯基谈北京东正教使团摘录……》和《论中国的耶稣会士》、阿姆夫罗西的《简述中国北京修道院》、卡尔波夫的《1752年10月24日卡尔波夫翻译的俄满对照会话本》。③

第六届传教团学生集体编辑了一本《1772—1782年间大清帝国的秘密行动、计划、事件和变化记录》。"巴克舍耶夫和帕雷舍夫虽都没出版过作品,但从现存手稿来看,他们也应载入俄罗斯汉学的史册。"巴克舍耶夫编写了一部大满俄词典,手稿标写完成的时间是1776年。帕雷舍夫也留下了12份手稿,其中包括俄满词典和一些满俄对照会话。④

第七届传教团学生弗拉德金在京期间担任翻译,为乾隆帝翻译俄国来文。回到俄国时,向外交部"呈交了报告、长信以及北京地图和中国地图"。⑤"学生安东·弗拉德金向外务院提交了一份详细的呈文(1795年

---

① 〔俄〕П. Е. 斯卡奇科夫著,〔俄〕В. С. 米亚斯尼科夫编、柳若梅译:《俄罗斯汉学史》,第98页。
② 同上书,第79—80页。
③ 参见同上书,第99—100页。
④ 参见同上书,第101—103页。
⑤ 同上书,第104页。

11月12日)以及内容丰富的札记(1796年4月3日),同时还有一张绘有北京并包括蒙古地区的大清皇舆图。此图乃天主教传教士于乾隆(1736—1796年在位)时期用汉、满两种语言绘制。弗拉德金是通过一名军官从皇帝之侄永王家藏书中搞到的。"①此人回国后,曾服务于外交部,1805年作为满文翻译随戈洛夫金使团访问中国,参与库仑中俄礼仪之争。②

第八届传教团领班格里鲍夫斯基在汉学研究方面成就突出,"是第一个根据长期观察和利用他人资料对清朝政治生活进行文字描述的传教士团领班"。③ 他的《无题笔记》被收入维谢洛夫斯基编著的《俄国驻北京传道团史料》,④另一部作品《关于中国——现在的清朝中国的消息》,阿多拉茨基对它评论道:"修士大司祭格里鲍夫斯基的作品并不是他自己创作的结果,遣词造句拖沓冗长。但其中有从各处收集而来的、相当多的有价值的事实,可以把他的作品看做百年来使团所有成员特别是使团学生的总结。大司祭格里鲍夫斯基毫不隐晦地引用了费奥多西·斯莫尔热夫斯基、列昂季耶夫、阿加福诺夫和天主教传教士的作品,使团图书馆的手稿中、一些出版物上都有他们的这些作品。"尽管如此,"《关于中国——现在的清朝中国的消息》相比于过去有很大进步,因为这部作品是以很多人长期对清朝政治生活的观察和中国的一些史料为基础的"。⑤

第九届传教团领班比丘林是最有成就,也是最重要的汉学家,以至人们将他所处的时代称做"比丘林时期"。他在北京的十三年(1808—1821)毫无疑问为他的汉学研究奠定了最雄厚的基础。比丘林来京以前,已精通法语、拉丁语、希腊语,这一条件便于他与在京的天主教士联系,"他成了他们的座上客,接触到了保存在葡萄牙教会图书馆中的西方汉学家

---

① 〔俄〕尼古拉·阿多拉茨基著,阎国栋、肖玉秋译:《东正教在华两百年史》,第261页。
② 参见〔俄〕B.C.米亚斯尼科夫主编,徐昌翰等译:《19世纪俄中关系:资料与文件》第1卷,1803—1807(上)《古文献学引言》,广州:广东人民出版社,2012年,第8、20页。
③ 参见中国社会科学院文献情报中心编:《俄苏中国学手册》上册,北京:中国社会科学出版社,1986年,第27页。
④ 参见〔俄〕尼·伊·维谢洛夫斯基编,北京第二外语学院俄语编译组译:《俄国驻北京传道团史料》第一册,第96—101页。
⑤ 参见〔俄〕П.E.斯卡奇科夫著,〔俄〕B.C.米亚斯尼科夫主编,柳若梅译:《俄罗斯汉学史》,第111—112页。

的著作,有曾德昭、冯秉正、格鲁贤、杜赫德等人的著作。学习这些汉学家的著作,毫无疑问使比丘林更容易了解中国,也对他以后的工作有很大帮助"。① 来京以后,他开始学习满语、蒙古语,在确认中国典籍多为汉语书写后,他又转而学习汉语。比丘林的足迹踏遍京城内外,他"到过北京郊区,到过俄国人墓地所在的东安门外,到过离城35俄里远的'热河',到过西北山区,1816年为了见路过北京英国特使阿美士德勋爵,和修士司祭谢拉菲姆、大学生西帕科夫一起到过距北京20俄里的通州"。在西藏喇嘛的帮助下,比丘林还翻译了几本关于西藏和简明蒙古律例的书籍,这些译稿后来得以出版。② 比丘林在北京时的学术研究成果有:8部词典(包括《按俄文字母排列的汉语词典》《汉语小词典》《汉俄重音词典》9卷),翻译、注释"四书"、《大清一统志》、史籍《通鉴纲目》和《宸恒识略》。其中《宸恒识略》成为他编译的《北京志》的主要材料来源。③ 1816年11月18日,比丘林致信圣公会,对自己过去十年在北京的工作做出总结,同时对北京东正教传教团自创建以来存在的问题提出了诸多批评性的意见。④ 比丘林回到圣彼得堡后,专心汉学研究,迎来了他成果最丰硕的时期,他被视为俄罗斯汉学的奠基人。⑤

第十届传教团领班卡缅斯基是第八届学生,在汉学方面取得了重要成就。早在第一次留学北京期间(1795—1808),他就注重研读中国典籍,翻译了简略本《通鉴纲目》《关于成吉斯汗家族的历史》等,开始编纂《汉满蒙俄拉词典》。第二次在北京任领班期间(1821—1831),编纂了《汉满例句详解成语辞典》(手稿,1831)、《论汉语、拉丁语、法语、俄语的差异》(1826,手稿)、《斯帕法里北京纪事》(1823)等。

第十届传教团学生列昂季耶夫斯基"在北京期间始终都坚持记日

---

① 参见〔俄〕П.Е.斯卡奇科夫著,〔俄〕B.C.米亚斯尼科夫编,柳若梅译:《俄罗斯汉学史》,第124页。
② 同上书,第124—125、127—128页。译文中将阿美士德音译为"阿姆格尔斯特",现改。
③ 有关比丘林在北京时期的文化学术活动,参见张雪峰:《清朝前期俄国驻华宗教传道团研究》,第179—182页。
④ 〔俄〕П.Е.斯卡奇科夫著,〔俄〕B.C.米亚斯尼科夫编,柳若梅译:《俄罗斯汉学史》,第128页。
⑤ 有关比丘林汉学成就的中文研究文献,参见李伟丽:《尼·雅·比丘林及其汉学研究》。

记","他的日记中有关于中国教师的极有价值的记录"。① 1831 年他翻译了中国 1789 年刊刻的《示我周行》,并与克雷姆斯基合译了《京报》上的几篇文章。②

1818 年 7 月 27 日亚历山大一世批准了卡缅斯基拟定的使团工作指南,这份指南详细规定了使团工作的所有方面:组建使团和选拔官员、行程秩序、与前届使团交接程序、活动内容、翻译、和中国人交往、警惕措施、内部秩序、职责区分、使团规则、鼓励、惩处、经济秩序、奖励等。"对于培养汉学家来说,这个守则又向前迈进了一大步。大学生们有了具体的方向,这种把工作内容分派到具体个人的做法,使得以后使团里几乎所有的大学生都具有了在汉学专门领域获得专业知识的实际方向。"③19 世纪以后,传教团学生克服各种困难,在学业方面取得更大进步,造就了像瓦西里耶夫、扎哈罗夫、佩林罗夫、戈尔斯基、斯卡奇科夫、巴拉第这样一些著名的汉学家,俄国汉学可以说已与西欧法国、意大利汉学鼎足而立,在某些领域(如蒙古学、满学)甚至成就更加突出。

第十一届传教团学生的满语、汉语、蒙语学习明显较前几届有进步。1839 年切斯诺伊写给伊尔库存茨克总督叶夫谢耶夫的报告说:"亚金夫神甫(即比丘林)的《古今准噶尔和东突厥志》被认为是最好的翻译。但我可以使亚洲司确信,使亚金夫神甫获得荣誉的这部书,我们每个人在来北京的第三年或至多在第四年就能翻译,翻译得即使不比亚金夫神甫好,也绝对不会比他差。"④罗佐夫翻译的《金史》远比法译本早,而他所编《满俄词典》被认为是最好的;领班莫拉切维奇则留下了《在中国的欧洲传教士团的笔记》和《祭天》二文。⑤

第十二届传教团的汉学成就以辅祭巴拉第和学生瓦西里耶夫最为突出。在京期间,他们以极大的兴趣投入了对佛教典籍的研读、翻译工作,19 世纪 50 年代巴拉第发表了《佛陀传》《古代佛教史》两文。瓦西里耶夫

---

① 〔俄〕Π.Е. 斯卡奇科夫著,〔俄〕B.C. 米亚斯尼科夫编,柳若梅译:《俄罗斯汉学史》,第 189 页。
② 同上书,第 191—192 页。
③ 同上书,第 179、181 页。
④ 转引自〔俄〕Π.Е. 斯卡奇科夫著,〔俄〕B.C. 米亚斯尼科夫编,柳若梅译:《俄罗斯汉学史》,第 200 页。
⑤ 同上书,第 203—204 页。

留有这时期的日记和自传,这是了解当时传教团的重要材料;他利用戈尔斯基留下的佛教材料,1847—1848编辑了《佛教术语词典》(两卷)。① 瓦西里耶夫回国后,先后在喀山大学(1850—1855)、圣彼得堡大学(1855—1900)任教,他为俄罗斯汉学的学科建设及近代化做出了巨大贡献。使团的另一名学生戈尔斯基不幸于1847年在北京病故,不过,他也留下了《论当今统治中国的清朝的始祖及满族的起源》《满族王室崛起》两文,后被收入《俄国东正教驻北京使团成员著作集》第一卷,他被认为是"一位研究满族历史的真正的学者"。②

第十三届传教团领班巴拉第和学生斯卡奇科夫无疑是最杰出的汉学家。巴拉第前后三次来华(1840—1847、1849—1859、1864—1878),在京居住31年。他编辑了《俄国东正教驻北京使团成员著作集》第一卷(1852年)、第二卷(1855年)、第三卷(1857年),对传教团的中国研究成果做了集大成式的汇集。③ 这一工作使他成为俄罗斯传教士汉学的领头人。巴拉第第二次回国后,曾赴罗马任大使,所编《华俄大辞典》为其带来世界声誉,他是将俄罗斯汉学推向国际化的第一人。斯卡奇科夫在京期间,除了担负天文台的观测工作以外,以极大的兴趣投入了对中国农业、手工业的研究,他的日记记录了这方面的收获。

后来的中国基督教史研究者在总结俄国传教团的汉学研究成就时指出:"第一阶段的这些辛勤工作的传教士们在使中国和欧洲更加互相接近和进一步彼此了解方面做了很多工作。他们向欧洲介绍了有关中国语言和文化的知识、中国人的风俗习惯、生活礼仪、中国的植物与动物区系、人种学和药物学。在第一阶段这150多年中,据说总共有155名俄国传教士来华工作,每个人都曾努力为丰富中国的知识宝库贡献了一份力量。他们的著述一部分是原始观察及发现的资料报告,大部分是翻译资料。这些资料都被送交各有关的政府部门去考查研究。"④东正教传教团为俄

---

① 有关瓦西里耶夫在华期间的情况,参见赵春梅:《瓦西里耶夫与中国》,北京:学苑出版社,2007年,第5—10页。

② 同上书,第215页。

③ 有关《俄国传教团驻北京使团成员著作集》的研究,参见陈开科:《巴拉第与晚清中俄关系》,上海:上海书店出版社,2008年,第223—250页。

④ 中华续行委办会调查特委会编,蔡咏春、文庸、段琦、杨周怀译:《1901—1920年中国基督教调查资料》下卷,第1276页。

罗斯早期汉学所做的开拓性贡献与他们的"北京经验"直接相关。

翻译 来京的耶稣会士一般都身怀绝技,或在科技方面有特殊的才能,如天文、数学、化学、机械、钟表等业,他们可为清廷的钦天监等部门工作;或在艺术方面有特殊才艺,如美术、音乐,他们可在宫廷担任画师、乐师;或擅长语言,可担任翻译。俄罗斯传教团的成员缺乏这方面的才能,相对逊色;即使后来有这方面的人才,他们也不愿出任官职,服务朝廷。他们只是出任理藩院的翻译和担任俄罗斯文馆的俄文教习。俄罗斯人对此似有自知之明,"中国人曾多次想摆脱耶稣会士,建议俄国传教团成员担任通常由耶稣会士占据的那些学术职位,如天文学家、物理学家、数学家、机械学家、乐师和医生等。然而,尽管俄国传教士中有一些人具备这样的能力,但总是对类似的提议予以拒绝,仅同意担任在1758年创建的俄罗斯文馆中充当俄文教习,在理藩院充任外交文书翻译"。① 俄罗斯传教团的这一做法,一方面可能与他们避免与西欧耶稣会士发生矛盾,害怕与清廷发生冲突的担忧有关;另一方面则是其承担搜集情报的秘密使命使然。②

最初在俄罗斯与清朝的接触中担任翻译(通译)的是阿尔巴津人。当一队队俄罗斯商队来到北京时,"在交换货物过程中为他们与中国商人牵线搭桥,带他们游览市容,参观京城名胜,讲述北京的新鲜事儿,与他们一道品尝中华美食"。③ 同时,他们还为清朝理藩院处理译事,雅科夫·萨文(中文称"雅稿")可能是最早行走理藩院的一位通译。④

随着首届俄国传教团的到来,清廷"将学会汉满语的人安排到理藩院翻译俄国枢密院与理藩院来往函件。他们接替阿尔巴津人担任通事,教堂差役奥西普·季亚科诺夫即是其中有名的一位"。⑤ 第二届传教团的学生罗索欣来京后很快学会了汉语,1735年被安排到理藩院担任通译,翻译俄中政府间的来往函牍;1738年起为内阁俄罗斯文馆教习,教授中国青年学生学习翻译和俄罗斯文。罗索欣回国后,由第三届传教团学生

---

① 〔俄〕尼古拉·阿多拉茨基著,阎国栋、肖玉秋译:《东正教在华两百年史》,第152页。
② 参见陈开科:《巴拉第与晚清中俄关系》,第351—354页。
③ 〔俄〕尼古拉·阿多拉茨基著,阎国栋、肖玉秋译:《东正教在华两百年史》,第34页。
④ 中国第一历史档案馆编:《清代中俄关系档案史料选编》第一编上册、下册,第295、318、340页。
⑤ 〔俄〕尼古拉·阿多拉茨基著,阎国栋、肖玉秋译:《东正教在华两百年史》,第53页。

第七章　俄国东正教传教团的"北京经验"　419

弗拉德金补其位,每年发给俸银40两。① 另一说是列昂季耶夫"在北京时期,他取代回国的罗索欣担任清朝理藩院通译,并在俄罗斯文馆教授俄语"。② 此说有误。不过,罗索欣和列昂季耶夫在回到俄国后,共同翻译了《八旗通志》。罗索欣在1861年去世前,翻译了第1、2、3、6、7卷,其余各卷由列昂季耶夫续译完成。第17卷是注释,为罗索欣和列昂季耶夫共同完成。第七届传教团学生安冬·弗拉德金于1781年来京,在京居留十四年,通晓汉语、满语,曾协助理藩院翻译俄国公文。第八届传教团学生卡缅斯基在京十四年(1795—1808),掌握满、汉语,翻译了大量满文版的中国典籍,协助理藩院翻译来自欧洲的拉丁文信件。第十届传教团学生列昂季耶夫斯基在京期间(1821—1831)学习了满、汉语,一方面担任传教团的翻译,一方面兼任理藩院通事,翻译中俄政府之间来往公文信件。苏联学者对俄国传教团担任理藩院翻译在搜集情报方面所发挥的作用给予了高度评价:"我们的翻译在理藩院任职,帮助中国官员处理事务。通过这些翻译,我国的传教士团总是对有关中国内外政策的问题,了如指掌,借以广泛地向俄罗斯政府提供情报。"③

除了学习满、汉语,在俄罗斯文馆教授俄语,为理藩院翻译公文信件,传教团在京的翻译活动还包括从事学术性的翻译,将中国历史文化典籍

---

① 〔俄〕尼古拉·阿多拉茨基著,阎国栋、肖玉秋译:《东正教在华两百年史》,第103页。
② 参见阎国栋:《俄国汉学史》,第105页。此说可能有误。列昂季耶夫是1743年来北京的学生,罗索欣是1741年返回俄国。弗拉德金是1732年来京的学生,他接替翻译的可能性比较大。1746年6月6日商队队长列勃拉托夫斯基离开北京返回俄国时带走弗拉德金,然后由列昂季耶夫接任(有乾隆朝档案记载,当时通译主要还是耶稣会士宋君荣)。列昂季耶夫于1755年回国。第一历史档案馆收藏的一份"俄罗斯来文档"记载:
俄驻北京教士团为首教士为请派通译等事呈请理藩院文
俄罗斯馆正神甫阿姆弗罗锡·尤玛托夫致大清国理藩院呈文,为呈请事:
职僧蒙钧院允准留居此间,随同本人另有神甫三名及教堂神职人员二名,共计六人。惟学生中无人懂汉语及满语,而通译列昂季现已年迈。为此敬向钧院呈报,恳祈照准如下之请求:其一,给予吾等每人之一切津贴仍按钧院先前所定之数额发给;其二,指派上述列昂季之义子懂得俄罗斯语之拉埃斯尔接替通译之职。该拉埃斯尔愿随时帮助吾等,亦愿派在俄馆供职。
(俄历)一七五五年六月七日
臣神甫阿姆弗罗锡·尤玛托夫谨呈
(译自"俄罗斯来文档"俄文本,本档为陈开科提供,特此致谢)
③ 格列勃夫:《北京东正教俄罗斯馆的外交职能》,载《东正教之光》,1935年哈尔滨出版,第23—24页。

介绍给俄国,或将俄国历史文化介绍给中国。第十届传教团学生列昂季耶夫斯基在京时因将卡拉姆津著三卷本《露西亚国志》译成汉文而获清廷"国师"称号,这是首次正式向中国介绍俄国史。阿列克谢耶夫认为:"列昂季耶夫斯基的汉语标准语是如此地道,甚至在北京翻译了卡拉姆津(И. М. Карамзин)《俄国史》(История государстви Российското)的三卷,为此他还被中国政府称为'国史(师)',中国人对俄国历史如此细致的认识得益于列昂季耶夫斯基的译作。"①赫拉波维茨基精通满语,曾将《彼得一世朝》《尼古拉一世朝》两书译成满文,并将1860年中俄《北京条约》译成汉、满文,又将汉文本译成俄文。

在满译俄、汉译俄方面,传教团成员在派驻北京期间做了大量工作,他们或着手编译,或公开出版,其留下手稿的作品有:第二届罗索欣的《八旗通志》《三字经》《千字文》。第三届列昂季耶夫的《中国思想》。第九届比丘林的《大清一统志》《通鉴纲目》。第十届卡缅斯基的《关于成吉斯汗家族的蒙古历史》(《元史·本纪》的全译本)。第十一届切斯诺依的《文献通考》《尔雅》,罗佐夫的《金史》,莫拉切维奇的《祭天》(译自《五礼通考》)、《授时通考》,瑟切夫斯基的《中国理藩院关于小布哈拉诸城的法令》《中国吏部摘律摘要》。第十三届巴拉第的《佛陀传》《古代佛教史略》《金七十论》,赫拉波维茨基的《秦史》《过秦论》,斯卡奇科夫的《授时通考》《尚书·尧典》。第十四届姆拉莫尔诺夫的《元史》等。翻译中国历史文化典籍是俄国传教团汉学的主要成就,它为俄国人民了解中国历史文化提供了第一手的文献材料。

因为在中国历史典籍翻译和汉学研究方面的成就,利波夫措夫当选为俄国科学院通讯院士。卡缅斯基1819年当选为俄国科学院的通讯院士,后为院士。比丘林、瓦西里耶夫先后于1828、1883年当选为俄国科学院院士。传教团的汉学研究成就终于获得了最高学术殿堂的承认。

情报 搜集中国政治、经济、军事诸方面的情报自始就是俄国派赴中国使团和传教团的重要目标。早在1719年外务委员会给伊兹马伊洛夫的训令中,就明确提出搜集情报的任务:"在中国停留期间,他——伊兹马

---

① 〔俄〕П. Е. 斯卡奇科夫著,〔俄〕В. С. 米亚斯尼科夫编,柳若梅译:《俄罗斯汉学史》,第191页。

伊洛夫应探明中国的统治方式和情况、他们军队的数量和武器装备、毗邻的国家、他们的要塞以及他们同别国所发生的战争和争端。所有这些情报均应作好秘密纪录。特别注意的是:从中国最好购进什么货物运回俄国于国库有利?能否从中国运出大量金、银、宝石和生丝?通过什么最好的办法才能与中国人建立贸易关系?哪些俄国货物在中国比较畅销?因此,他——伊兹马伊洛夫不应急于离开中国。"①

传教团驻京后,利用各种可能的途径千方百计地搜集情报,这成为他们的一项重要工作,也是他们回国后得以升迁、嘉奖所赖以依据的成就。第二届传教团学生罗索欣根据自己在北京时期搜集的情报资料,提交了《中国每年国库钱粮收入和所有城市的数目》《满洲皇帝康熙征服蒙古后的庆祝词》《1735年乾隆皇帝登基词》《满洲皇帝、满洲军队的秘密部署、中国京师状况和满族军队具体消息》等富有情报价值的报告。②

第六届传教团学生集体编辑了一册《1772—1782年间大清帝国的秘密行动、计划、事件和变化纪要》。该文前言透露:"我们在各种场合和满人、汉人两者之间建立了亲切的关系。……通过亲善和馈赠,我们熟识了很多朋友,其中有些人对我们常常是公开的,而很多人则向我们透露了与帝国特别有关联的秘密。"③

第十届传教团监督官季姆科夫斯基负责搜集中国地图,了解中国地理情况,还搜集蒙古法典用以管理新入版图的吉尔吉斯及厄鲁特人之参考。他著有:《1820年和1821经过蒙古的中国游记》,此书1824年在圣彼得堡出版后,很快风行欧洲,先后出版了德文(1825—1826)、荷文(1826)、法文(1827)、英文(1827)、波兰文(1827—1828)等译本。留有手稿《特别报告》《俄中关系史略》《回忆录》。④ 1818年,伊尔库茨克总督制订了一份对第十届传教团的指令,呈请沙皇,获得沙皇亚历山大一世批准,史称"1818年指令"。根据这项指令:"今后传教团的主要任务不是宗

---

① 〔俄〕尼古拉·班蒂什—卡缅斯基编著,中国人民大学俄语教研室译:《俄中两国外交文献汇编1619—1792》,第108页。

② 〔俄〕Π.E.斯卡奇科夫著,〔俄〕B.C.米亚斯尼科夫编,柳若梅译:《俄罗斯汉学史》,第59—60页。

③ Eric Widmer. *The Russian Ecclesiastical Mission in Peking during the Eighteenth Century*. Cambridge: Harvard University Press 1976. p.165.

④ 参见中国社会科学院文献情报中心编:《俄苏中国学手册》上册,第95—96页。

教活动,而是全面研究中国的经济和文化。传教团应向外交部提供有关中国政治生活中最重要事件的情报。"①也就是从这时起,传教团正式接受外交部的领导。

第十二届传教团在京期间,正值鸦片战争时期,修士大司祭图加里诺夫(佟正笏)通汉、满文,在京期间根据中外刊物报道,掌握中国现实动态,上报给俄国外交部,以便其制定外交方针。根据他所提供的情报,俄国方面掌握了中英《南京条约》签订的内情。② 俄国方面承认,"使团的紧要任务是摸清当时的政治经济等一系列情况,并最大程度地将权威人士收集的情况完整地向政府汇报。由此,这届使团实际上发挥了使馆的功能"。③

第十三届传教团领班巴拉第驻京期间,经历了太平天国和第二次鸦片战争等重大事件,巴拉第根据掌握的情报及时地向俄国外交部亚洲司报告太平天国运动的进展及中国局势,并提出自己的意见,以便俄国方面采取相应的对策。④ 第二次鸦片战争期间,巴拉第与东西伯利亚总督穆拉维约夫密切互动、秘密协商,使俄国成功地从清国与英、法两国的交战中巧取豪夺大量权益和大片中国领土,为俄国实现其侵略意图立下了汗马功劳。⑤ 巴拉第获取情报的有效途径:一是通过在理藩院的翻译活动,得以接触清朝与英、法接触的外交秘辛。二是通过在清廷的人脉关系,如与耆英等人的关系,把握清朝的决策意图。三是通过打探北京的街谈巷议,观察动静,从中刺探富有价值的情报。巴拉第不愧是情报高手。

对于俄国在北京的间谍活动,清廷亦有警觉和防备。1737年俄罗斯馆御史赫庆在奏折中称:"在京读书子弟亦不可任其出入,使知内地情形。

---

① Бунаков Е. В. Из истории русско-китайских отношений в первой половине XIX в.. Советскос востоковедение. 1956. № 2.

② 参见中国社会科学院文献情报中心编:《俄苏中国学手册》上册,第96页。

③ 〔俄〕П. Е. 斯卡奇科夫著,〔俄〕B. C. 米亚斯尼科夫编,柳若梅译:《俄罗斯汉学史》,第211页。

④ 有关巴拉第对太平天国运动的报告分析,参见陈开科:《巴拉第与晚清中俄关系》,第371—385页。

⑤ 有关巴拉第对第二次鸦片战争的形势分析及其相关活动,参见陈开科:《巴拉第与晚清中俄关系》,第388—492页。

舆图违禁等物,禁勿售与。"①清廷对俄罗斯馆派兵严加监视,但这些举措都没能有效遏制传教团通过其他途径获取情报。

日本研究中国基督教史的专家佐伯好郎曾指出:"俄国东正教会的目的不在于向中国人传播基督教,而是作为沙皇俄国政府的情报机关或外交机关成立的。""从雍正五年(西纪1727年)到清文宗咸丰十年(西纪1860年)约一百三十年间,包括前记雅克萨战役俘虏的四十五人及其子孙,信徒总数尚不超过二百人;可是,从俄国派往中国的东正教传教士总数,在一百三十年之间竟达一百五十人之多。这一事实,可以如实说明,这些传教士团从事谍报活动而忘掉了传播'福音'的本身业务;也可以从中想象,俄国传教士在沙皇俄国的对华政策中曾何等活跃。"②传教团搜集情报的工作使命,最能反映传教团充当俄国向东方殖民开拓的先行者这一特殊角色。

四 俄罗斯传教团的北京文献

俄国驻京传教团悉心研究北京,派出医生、画家、植物学家与中国进行文化交流,与中国互换图书,这些构成他们"北京经验"的重要组成部分,是当时中俄文化交流富有价值的内容。

北京研究 俄罗斯传教团汉学研究成果的一项重要内容是北京研究。这方面的代表性作品有:第九届传教团修士大司祭比丘林的《北京志》、第十一届传教团学生科瓦尼科的《北京周围地质概要》(载《矿山杂志》,1838年,第二辑,第2册,第34—59页)、第十三届传教团监督官科瓦列夫斯基的《北京郊区的采煤和中国的黄金开采》、学生赫拉波维茨基的《明朝灭亡时期北京大事记》、学生斯卡奇科夫的《北京运河上的郊区茶馆》(附插图)(载《俄国艺术报》,1958年第35期)、第十四届传教团学生波波夫的《北京的民间传统和迷信故事》(手稿)等。

比丘林的《北京志》用142个单元详细介绍了北京紫禁城、皇城、内城

---

① 何秋涛:《朔方备乘》卷十二《俄罗斯馆考》。
② 〔日〕佐伯好郎:《支那基督教の研究》第3册,东京:春秋社,昭和十九年(1944),第469—470页。

这三个关键区域的建筑、名胜、文化概貌；还特意介绍了朝阳门、安定门、德胜门、平则门、西直门地区的建筑、人文古迹；另外，他把外城分为东（东便门、广渠门、永定门）、西（右安门、西便门）两部分，用17个单元进行了详细介绍。书后附有他于1817年绘制的北京地图，该图显示：北京城墙高33英尺半，下宽62英尺，上宽50英尺，市内大街16条，小巷384条，桥梁370座，寺院700所。在前言中他交代说："我想让读者相信的是，这幅平面图不同于在北京铺子中可以随便买到的图，而是1817年的新图，经过仔细的绘制。"此书1829年在彼得堡出版，是第一部外文版的《北京志》。它的出版很快引起各国的关注，第二年出版了法文译本。关于《北京志》的材料来源，一般认为编译自《宸垣识略》。王西里在《中国文学史资料》介绍吴长元著《宸垣识略》时说："亚金甫根据这部著作编写了《北京志》（1829年由一个叫 Ferry de Pignyr 的人翻译成了法文）。"阎国栋则进一步考订为："比丘林依据的是乾隆五十三年（1788年）池北草堂刻本。比丘林到北京后第七年开始翻译此书，他没有将原书全部译出，而是根据欧洲人的兴趣删繁就简，并结合自己的亲历观察，增补注释而成书。"①（另有人将俄文音译《宸垣识略》还原为《镇元史略》。② 此译名有误。）比丘林《北京志》的主要材料来源是吴长元著《宸垣识略》，它是第一部系统介绍北京人文、历史、地理的俄文著作。《北京志》出版后，受到俄国和法国同行的好评。法国汉学家艾依里和克拉普罗特受亚洲协会的委托，撰文评论该书，肯定它的优点，同时指出该书唯一的不足是比丘林没有列出译本及介绍北京概况依据的中文文献，并最早提到《北京志》系据吴长元著《宸垣识略》节译。③

赫拉波维茨基（1816—1860）的《明朝灭亡时期北京大事记》收入巴拉第主编的《俄国驻北京布道团人员论著集刊》第三卷，1857年在圣彼得堡出版。该著记叙了自1644年4月7日（阴历三月初一）到6月6日（四月三十）这两个月期间发生在北京的历史事件，包括李自成攻打北京，明朝

---

① 阎国栋：《俄罗斯汉学三百年》，北京：学苑出版社，2007年，第46—47页。
② 参见中国社会科学院文献情报中心编：《俄苏中国学手册》上册，北京：中国社会科学出版社，1986年，第9页。
③ Eyriés et Klaptoth. *Rapport sur le plan de Péking. publié, à St.-Pétersbourg en 1829. Nouveau Journal Asiatiques*. 1829, t. IV. pp. 356—374.

覆灭,吴三桂率军反扑,李自成匆匆登基称帝,然后撤离北京的全过程。① 史实叙述翔实、准确、生动,可读性强,表现了作者深厚的汉学素养。赫拉波维茨基精通满语,曾将《彼得一世朝》《尼古拉一世朝》译成满文,并将1860年中俄《北京条约》译成汉、满文,又将汉文本译成俄文。②

此外,与北京研究相关的还有五类体裁的作品:第一类是传教团成员在京的日记,这是他们在京生活、工作、观察的记录。这类作品有:第十届传教团学生列昂季耶夫斯基的《1820—1832年日记(部分)》(手稿),第十一届传教团监督官拉德任斯基的《1830年12月1日起在北京的日记》(手稿),③第十二届传教团学生瓦西里耶夫的《北京日记节选》(载《俄罗斯通报》,1857年,第九卷,第10期,第145—200页;第12期,第477—497页),第十三届传教团斯卡奇科夫的《太平军起义日子里的北京》(1858年)、《我的务农日记》《我的政治日记1854年1月—1856年5月》,④第十四届传教团波波夫的《法国和英国公使进入北京》(一个北京传教士团成员日记摘抄),⑤第十三、十五届传教团领班巴拉第的《京郊寺庙的一周》(载《现代人》,1863年第6期,第403—438页)、《1858年北京日记摘录》(1月17日至8月6日;载《海事文汇》,1860年第9期,第483—509页;第10期,第88—105页)⑥等。

例如,列昂季耶夫斯基的《1820—1832年日记(部分)》(手稿)"有关于中国教师的极有价值的记录","日记一共480页,虽然不是每天都记,比如,1822年只记了12篇。日记的内容包罗万象:有俄国传教士和天主教传教士关系的内容,有中国南方和台湾起义的内容,有关于银行家破产和饥饿的,有关于汉人向吉林省移民的,有关于黄河决口引起水灾的,有

---

① 该文有中译文,收入曹天生主编,张琨等译:《19世纪中叶俄罗斯驻北京布道团人员关于中国问题的论著》,北京:中华书局,2004年,第480—523页。
② 参见中国社会科学院文献情报中心编:《俄苏中国学手册》上册,第96页。
③ 该书第202—222页系侍卫安·科热夫尼科夫受命编制的北京三条主要大街的店铺、作坊、住房的详细登记表,对北京城市史有参考价值。参见中国社会科学院文献情报中心编:《俄苏中国学手册》上册,第55页。该书部分内容刊载于《中国福音》,1908年,第21—22期。
④ 参见中国社会科学院文献情报中心编:《俄苏中国学手册》上册,第48、86、88页。
⑤ 参见同上书,第73—74页。
⑥ 参见《俄罗斯东正教驻北京使团成员已出版论著目录》,收入〔俄〕阿夫拉阿米神父辑,柳若梅译:《历史上北京的俄国东正教使团》,郑州:大象出版社地,2016年,198—245页。

关于理藩院的俄罗斯文馆和使团事务的,等等"。① 瓦西里耶夫的日记较为详细描述了北京城、周围的名胜古迹、居民的生活和从业状况,以及摘自《京报》中的新闻,在颐和园、通州、门头沟等地的游历情形等。② 巴拉第的《京郊寺庙一周》"在俄国文学中首次反映了中国戏剧的内容"。③

第二类是传教团成员的游记,这是他们游历北京真实体验的记录。这类作品有:第八届传教团大司祭格里鲍夫斯基的《修士大司祭 C. 格里鲍夫斯基 1806 年从北京到恰克图之行》,第十届传教团监督官叶戈尔·费多罗维奇·季姆科夫斯基的《1820 年和 1821 年经过蒙古到中国的旅行》(附地图及图片),第十三届传教团监督官科瓦列夫斯基的《中国旅行记》,④第十三届传教团司祭茨韦特科夫的《从北京到伊犁》,第十四届传教团随团画家伊戈列夫的《一位俄国画家在北京附近山区的旅行》(载《恰克图快报》,1862 年,第 18 期,第 4—12 页),巴拉第《1870 年从北京经满洲到布拉戈维申斯克的旅途札记》(圣彼得堡,1872 年)、《修士大司祭巴拉第神父论哥萨克佩特林中国之行观感》(《俄国考古学会东方分会论丛》1891 年第 6 期,第 305—308 页)、《1847 年和 1859 年蒙古旅行记》(附贝勒施奈德所绘东部蒙古路线图,载《俄国皇家地理学会普通地理学论丛》1892 年第 22 期)、《修士大司祭帕拉季评马可波罗的华北之行》(圣彼得堡,1902 年,47 页)等。

其中季姆科夫斯基的《1820 年和 1821 年经过蒙古到中国的旅行》(附地图及图片)分三部分:第一部分,辗转到达北京,附教堂、使团驻地图片及自恰克图至北京道路地图。第二部分,在北京,附北京地图。第三部分,返回俄国及蒙古印象,另附《无休止的喇嘛念经及 A. O. 就此给 E. Ф. 季姆科夫斯基的信》。⑤

---

① 〔俄〕П. E. 斯卡奇科夫著,B. C. 米亚斯尼科夫编,柳若梅译:《俄罗斯汉学史》,第 189—190 页。
② 赵春梅:《瓦西里耶夫与中国》,第 6 页。
③ 〔俄〕П. E. 斯卡奇科夫著,〔俄〕B. C. 米亚斯尼科夫编,柳若梅译:《俄罗斯汉学史》,第 250 页。
④ 此书有中译本〔俄〕叶·科瓦列夫斯基著,阎国栋等译:《窥视紫禁城》,北京:北京图书馆出版社,2004 年。
⑤ 参见《俄罗斯东正教驻北京使团成员已出版论著目录》,收入〔俄〕阿夫拉阿米神父辑,柳若梅译:《历史上北京的俄国东正教使团》,郑州:大象出版社,2016 年,第 243 页。

第三类是传教团成员的工作、研究报告,这是他们从北京向俄罗斯方面发出的信息或情报。这类作品有:第四届传教团卡尔波夫的《北京传教士团领班修士大司祭固里给亚洲司的报告》《十七至十九世纪在中国的俄国教堂和希腊正教教堂》,第六届传教团学生帕雷舍夫等合编的《1772—1782年间大清帝国的秘密行动、计划、事件和变化纪要》(手稿,合著),第八届传教团修士大司祭格里鲍夫斯基的《关于中国——现在的清朝中国的消息》,第十届传教团卡缅斯基的《明亡清兴,或叛民李自成生平》《中国内阁关于处死王子和珅的报告》,第十届传教团列昂季耶夫斯基的《中国阁员简介》(手稿)、《示我周行》(手稿)、《大清(中国)军队概览(一个俄国目击者的记述)》(载《北方蜜蜂》1832年第266—267期)、《大清人(中国人)对俄国的看法》(载《北方蜜蜂》1832年第282期),第十三届传教团奥沃多夫的《平定罗刹方略》《论俄中关系和中国军队中的俄国连》、医生巴济列夫斯基・斯捷潘・伊万诺维奇《来自北京的经济研究消息》(载《内务部杂志》,1852年2月)等。

例如,《1772—1782年间大清帝国的秘密行动、计划、事件和变化纪要》"'记录'的内容非常丰富,学生们记录了他们从北京熟人和理藩院那里了解到的一切,他们每月去理藩院一次领月饷,在审问俄国逃犯、城堡的俘虏、从工厂逃跑的人、从西部边界抓到的俘虏时也请学生们去做翻译。记录中大多是一些令北京居民不安的事:同苗人的斗争、甘肃和山东的起义、北京的水灾等,其中也包括学生们与那些他们在北京遇到的、由俄国逃回的索伦人和卡尔梅克人的谈话,等等"。①

第四类是书信,传教团成员从北京发给俄国的信件通常是汇报他们在京的生活、工作和体验。这类作品有:第十届传教团学生列昂季耶夫斯基的《中国通信。京城〈大清国首都〉来信》(载《北方蜜蜂》1832年第292期)、第十一届传教团医生基里洛夫致巴斯宁的十一封信(1830—1838年)、②第十二届传教团学生戈尔斯基的《来自北京的两封信》(载《祖国纪事》,第二十八辑,1843年5月号,第15—20页)以及《俄国东正教驻北京

---

① 〔俄〕П. Е. 斯卡奇科夫著,〔俄〕B. C. 米亚斯尼科夫编,柳若梅译:《俄罗斯汉学史》,第101页。

② 参见肖玉秋:《俄国传教团与清代中俄文化交流》,第220页注2。

布道团史片断》(传教士的信)(《神学通报》,1897 年 5 月号,第 225—239 页;8 月号,第 158—175 页;10 月号,第 103—113 页;11 月号,第 254—266 页;1898 年 1 月号,第 89—100 页;2 月号,第 230—241 页;4 月号,第 61—80 页;6 月号,第 342—359 页;8 月号,第 202—224 页;10 月号,第 92—102 页;11 月号,第 212—226 页;12 月号,第 361—372 页)、第十三届传教团监护官科瓦列夫斯基自北京给亚洲司的信件(手稿,1848—1851 年)、①第十四届传教团学员帕夫利诺夫自北京来信(1862 年 5 月 26 日)、②巴拉第《北京布道团领班大司祭巴拉第与东西伯利亚总督 H. H. 穆拉维约夫—阿穆尔斯基伯爵的通信》(载《俄罗斯档案》1914 年第 2 卷第 8 期;第 3 卷第 9、10 期)等。

第五类是《京报》翻译。《京报》源自"邸报",是在京城发行供官员阅读的报纸,初由各省提塘分别向地方抄发"京报",到乾隆年间逐渐完善,改为统一抄发,主要内容为宫门抄、明发谕旨和大臣奏章。在京的外国人通过各种途径获取《京报》,以探听朝廷的虚实。俄罗斯传教团显然将搜寻《京报》作为他们获取朝廷情报的重要途径,并摘译他们认为有价值的信息,第二届传教团学员罗索欣的《1730 年〈京报〉摘抄》、第十届传教团学生列昂季耶夫斯基的《京报》(翻译手稿)、第十四届传教团学生姆拉莫尔诺夫的《〈京报〉摘译(1861 年 8 月—1862 年 12 月)》,③即属于这方面的工作成果。

罗索欣的《1730 年〈京报〉摘抄》"记录了当年发生在中国的两次日食,北京 9 月 19 日大地震死难者达 7 万之众,以及黄河决堤泛滥等消息"。④ 列昂季耶夫斯基"从《京报》上翻译了 1692 年康熙皇帝发布的准予传教上谕。这道'议奏'在西方被誉为《1692 年宽容敕令》,传教士则称它标志着天主教在中国的'黄金时代'的到来"。⑤

俄国传教团上述研究北京的成果,其数量之多、涉及之广、分量之重,几可与同时期在京耶稣会士留下的文献媲美。由于传教团在 19 世纪中

---

① 参见中国社会科学院文献情报中心编:《俄苏中国学手册》上册,第 46 页。
② 同上书,第 66 页。
③ 同上书,第 58—60、65、80 页。
④ 阎国栋:《俄国汉学史》,第 97 页。
⑤ 同上书,第 121 页。

期以前基本上没有涉足北京以南的城市,故他们对中国城市的研究毫无疑问是以北京为主要考察点。北京研究文献实际上是他们"北京经验"最重要的文本体现。

美术 美术是耶稣会士进入清宫服务的主要途径之一,也是耶稣会士结交权贵的重要手段。西欧传教士中的郎世宁、马国贤、王致诚、潘廷章等以其独特的西洋画艺在清宫获得清朝康熙、乾隆的青睐。这对俄罗斯布道团显然有很大的刺激,受此影响,俄罗斯传教团亦着手选派画家参加传教团,第九届传教团有一位"在艺术绘画方面有点天才的休金(Шукин),他的任务是购买颜料,了解中国画家怎样调色、作画、画出意趣生动的速描画。此外他还要了解中国人民用来制作鼻烟壶的软玻璃、白铜、各种石料等资料。这是第一位赴华的俄国画家。遗憾的是,休金此行的结果已无从得知"。① 第十一届派出画家安冬·米哈伊洛维奇·列加绍夫、第十二届派出画家科尔萨林、第十三届派出画家伊万·伊万诺维奇·奇穆托夫、第十四届派出伊戈列夫,他们成为西洋油画进入中国的又一渠道。

安东·米哈伊洛维奇·列加绍夫(1798—1865)出生于奔萨省农奴家庭,1818 年获农奴解放证,1821 年进入彼得堡美术学院,1826 年毕业,1831 年参加第十一届传教团来到北京,是第一位来华的俄罗斯职业画家。美院指示他了解中国丹青配方及用法,并须用彩色如实描绘中国服饰、日用器皿、乐器、兵器、建筑、动植物、石碑和钱币上的铭文等。② 在北京十年(1831—1840),其创作活动和作品内容主要可分为三项:一是带领中国画师一道为重修的尼古拉教堂圣像壁绘画圣像,共画圣像 16 幅。二是绘画人物肖像。仅从 1831 年到 1836 年,他创作的人物肖像有 34 幅,涉及北京各阶层的人物,如《中国青年人肖像》《中国老人肖像》。三是其他画作。他创作了 34 幅画赠送给清廷王公显贵。在北京期间,他还认真研究过中国的图画颜料,包括颜料的成分和制作。奕绘的《明善堂文集》流水编卷四《自题写真寄容斋且约他日同画》一诗曰:"北极寒洋俄罗斯,教风颇近泰西规。十年番代新游学,百载重来好画师。图我衣冠正颜色,

---

① 〔俄〕П. Е. 斯卡奇科夫著,〔俄〕В. С. 米亚斯尼科夫编,柳若梅译:《俄罗斯汉学史》,第 122 页。

② 参见中国社会科学院文献情报中心编:《俄苏中国学手册》上册,第 55 页。

假君毫素见威仪。神巫何术窥壶子,地壤天文各一时。"自注云:"俄罗斯画师阿那托那画,其画颇近西洋郎公。"① 据蔡鸿生先生考证,此处"阿那托那"即为列加绍夫。② 回国以后,他继续创作以中国为题材的作品,其中《中国男人与女人们》(1862)、《中国城市》(1864)等仍存留于世。迄今他所发表的画作有收藏于普希金造型艺术博物馆的一组描绘中国人日常生活的蚀刻画,藏于特列季亚科夫画廊的一幅中国人高福寿肖像和圣彼得堡国家图书馆手稿部收藏的五幅画作。另外,俄罗斯中央历史档案馆藏有《列加舍夫画笔下的中国人肖像清单》。③

科尔萨林(1809—1872)出生于斯卢茨克城,1839年以旁听生资格毕业于彼得堡美术学院,1840年参加第十二届传教团,在京只呆了三年,因健康原因而被提前遣送回国。在京期间,登门求画者门庭若市,据说他为此创作了上百幅人物肖像画赠送给京城的达官显贵。他回国以后创作的《京城外宫殿景色》(又名《万寿山风景》,1860),现被圣彼得堡俄罗斯博物馆收藏,此画展现了北京西山的美丽景色,是北京风情画的佳作。④

伊万·伊万诺维奇·奇穆托夫(1817—1865)出生于彼得堡平民家庭,1827年进入彼得堡美院,1839年毕业。因生活贫困参加俄国第十三届传教团,在北京生活了8年(1850—1858)。奇穆托夫善于发掘反映北京风土人情和社会面貌的题材,其画作具有强烈的生活气息和社会现实感。他的画作藏俄罗斯博物馆和特列季亚科夫画廊,其中4幅被作为插图收入叶·科瓦列夫斯基的《中国旅行记》(1853)一书,这4幅画分别为:《中国商人》《长城风光》《北京街景》《北京街头理发师》。⑤ 其他4幅刊登于1858年的《俄国艺术报》,分别题名为:《北京城外景》《北京运河岸上的

---

① 张璋编校:《顾太清奕绘诗词合集》,上海:上海古籍出版社,1998年,第496页。
② 参见蔡鸿生:《俄罗斯馆纪事》(增订本),第107—109页。
③ Elena Nesterova. The Russian Painter Anton Legason in China From the History of the Russian Ecclesiastic Mission in Peking. *Monumenta Serica Journal of Oriental Studies*, Vol. XLVIII(2000). pp.359—427. 此文对安冬·米哈伊洛维奇·列加绍夫的生平与创作有颇为翔实的考察,文后附图37幅,其中列加绍夫本人画像3幅,其他34幅画为其作品。中文文献参见中国社会科学院文献情报中心编:《俄苏中国学手册》上册,第56页。又参见肖玉秋:《俄国传教团与清代中俄文化交流》,第229—233页。
④ 参见中国社会科学院文献情报中心编:《俄苏中国学手册》上册,第51页。
⑤ 这四幅图画参见[俄]叶·科瓦列夫斯基著,阎国栋等译:《窥视紫禁城》,《译者序》,第2、80、121、172页。

茶馆》《郊游》《北京阿尔巴津人后裔》。俄罗斯国家图书馆手稿部所藏斯卡奇科夫的手稿载有他的画册内容与 27 幅画作的标题。①

伊戈列夫（1823—1880）出生于俄国萨拉托夫省科夫卡村的一个圣堂工友家庭。1838 年进入萨拉托夫传教士学校，1845 年转入帝国美术学院，1853 年获美术学院院士称号。1858 年参加第十四届传教团来到北京，1864 年回国。在京期间，他创作了反映贫民生活的画作《饥寒交迫的中国乞丐》（现藏特列季亚科夫画廊）和回忆录《一位俄国画家在北京附近山区的旅行》。②

此外，第十一届传教团监督官拉德任斯基 1830 年到京后，请中国画家绘制了大量关于北京街道、建筑、生活用品的图画，后收藏于圣彼得堡国家图书馆手稿部。③

医学 早在俄罗斯组建商队前往北京时，为了满足商队人员的医疗需求，即在商队中安排医生随行。1715 年俄历 12 月 2 日，彼得一世下令派遣彼得堡医院外科医生英国人托马斯·加文随劳伦茨·朗格一起前往中国。这是俄国政府派到中国来的第一位医生。④ 1719 年，俄派出近卫军大尉列夫·伊斯梅洛夫为特使的使团前往北京，随行的有英国医生约翰·贝尔，他对此次访问留下了一部旅行记——《从俄国圣彼得堡到亚洲各地的旅行》(Travels from St Petersburg in Russia to Various Parts of Asia)。

为了改善俄国传教团的传教状况和受到耶稣会士因医术受邀进宫的启发，第八届传教团修士大司祭索夫罗尼·格里鲍夫斯基呈文，提出四条建议以扫除传教的障碍。其中在第一条中就提到"倘若其中有人懂得医学，那怕只懂得某一门医学，这对达到传教目的也不无好处，因为医生在那里是很受尊敬的"。⑤ 第十届俄国传教团派出医生约瑟夫·帕夫洛维奇·沃伊采霍夫斯基，第十一届派出四名医生波尔菲里·叶夫多基莫维

---

① 参见中国社会科学院文献情报中心编：《俄苏中国学手册》上册，第 100 页。
② 同上书，第 34 页。
③ 同上书，第 54 页。
④ 参见《十八世纪俄中关系(1700—1725)》第 122 号文件，第 168 页。转引自宋嗣喜：《沟通中俄文化的使者——记十九世纪来华的俄国医生》，载《求是学刊》1986 年第 1 期。
⑤ 参见〔俄〕尼·伊·维谢洛夫斯基编，北京第二外语学院俄语编译组译：《俄国驻北京传道团史料》第一册，第 98 页。

奇·基里洛夫、阿列克谢·伊万诺维奇·科万尼科、库尔梁德佐夫、叶皮凡·伊万诺维奇·瑟切夫斯基,第十二届派出医生亚历山大·阿列克谢耶维奇·塔塔林诺夫,第十三届派出两名医生斯捷潘·伊万诺维奇·巴济列夫斯基、米哈伊尔·达尼洛维奇·赫拉波维茨基,第十四届派出医生科尔尼耶夫斯基。前后共9名医生。他们对促进俄中医学交流做出了重要贡献。Π.E.斯卡奇科夫撰写的《俄国驻北京布道团的俄国医生》一文对他们的活动作了详细介绍。①

沃伊采霍夫斯基(1790—1850)曾就读基辅神学院,1819年毕业于彼得堡外科医学院,1821年作为第十届传教团的随团医生来到北京,懂满、汉语。1820—1821年北京发生霍乱,沃伊采霍夫斯基利用西医为京城的百姓治病。后又因治愈礼亲王兄弟全昌的瘰疬病而名声大噪,为表达对沃伊采霍夫斯基的谢意,1829年11月14日,全昌率领众多官员和随从前往俄罗斯馆敬赠匾额——"长桑妙术"。列昂季耶夫斯基收藏的绘画作品——《俄罗斯馆》和现藏于俄罗斯国家图书馆手稿部的拉德仁斯基藏品中的一幅画再现了当时的隆重场面。1830年回国后,他曾任外交部亚洲司医生,1844年任喀山大学汉语教研室主任,从事满、汉语教学和研究工作。

基里洛夫(1801—1864)毕业于彼得堡外科医学院,1830年作为第十一届传教团随团医生来到北京,在京期间,他一方面为达官贵人与平民百姓治病,受到患者的好评,1836年曾获镇国将军禧忠赠匾——"惠济遐方"和固山贝子绵秀赠匾——"道行中外";另一方面对中医与中药进行广泛研究,并搜集植物标本,研读老子哲学。何秋涛《朔方备乘》卷四十《俄罗斯丛记》载:"高邮王寿同云,曩曾因子章贝勒奕绘识俄罗斯官学生,在彼国不知何名,子章贝勒因其精医,遂名之曰'秦缓'。其人能为华言,每岁朝来贺,持名刺即用'秦缓'字。"②据蔡鸿生先生考证,文中"秦缓"即为基里洛夫。③

塔塔里诺夫(1817—1876)毕业于彼得堡外科医学院,1840年作为第

---

① 斯卡奇科夫:《俄国驻北京布道团的医生》,载《苏联的中国学》1958年第4期。
② 何秋涛:《朔方备乘》,台北:文海出版社,1964年影印版,第820页。
③ 参见蔡鸿生:《俄罗斯馆纪事(增订本)》,第103—107页。

十二届传教团随团医生来到北京,他对中医有深入的研究,所著《中国医学的起源》《试评中国手术中应用的止痛药和水疗法》两文分别收入《俄国驻北京布道团人员论著集刊》第二、三卷。①《中国医学的起源》一文分前言、中国医生的等级和教育、慈善机构、中国医生的行医条件、农村医生、中国医生的社会地位、太医院及其与医生的关系、太医、中国医生的解剖学知识诸节,对中国的医疗状况作了系统评介。《试评中国手术中应用的止痛药和水疗法》一文首次向俄国介绍了中国外科手术中使用的麻醉术,以及它的创始人——华佗。П. Е. 斯卡奇科夫高度评价塔塔里诺夫在介绍中国医学方面所取得的成就,认为他的著作以中国史料为基础,"无论在苏联,还是在其他国家,至今都令人望尘莫及"。②

巴济列夫斯基(1822—1878)毕业于沃洛格达传教士学校和圣彼得堡外科医学院,1847 年获医学博士。1850 年作为第十三届传教团随团医生来到北京,1858 年期满回国后供职于亚洲司。1867 年任俄国驻德黑兰大使馆医生。生前似无著作发表,留有大量遗稿,内容涉及《本草纲目》译文,中医、针灸、法医、中药等医学译文,关于北京保健事业和疫病状况的描述及博物学论文等。③

科尔尼耶夫斯基(1833—1878)1852 年毕业于契尔尼戈夫传教士学校,1856 年毕业于彼得堡外科医学院,1857 年获医学博士学位。1858 年作为第十四届传教团随团医生来到北京,1862 年以《中医歌诀》成为俄国医师协会正式会员。同年因肺病提前回国。身后留有大量遗稿,主要为中医史料,如《东医宝鉴》《寿世保元》等书译文、中医谚语、中医处方、民间中医等。④

综上所述,俄国传教团随团医生具有两个特点:一是其均来源于彼得堡外科医学院,该校创办于 1798 年,前身是彼得堡外科医务学校。1881 年起改称军事医学院。之所以选择外科医生,可能为应中国方面的要求。

---

① 中译文收入曹天生主编,张琨等译:《19 世纪中叶俄罗斯驻北京布道团人员关于中国问题的论著》,北京:中华书局,2004 年,第 416—453、528—533 页。
② 斯卡奇科夫:《俄国驻北京布道团的医生》,载《苏联的中国学》1958 年第 4 期。转引自肖玉秋:《俄国传教团与清代中俄文化交流》,第 222 页。
③ 参见中国社会科学院文献情报中心编:《俄苏中国学手册》上册,第 4—5 页。
④ 同上书,第 50 页。

早在1711年,康熙帝就要求沙俄派遣传教士的同时,"若有外科良医,一并送来"。① 表现了清廷对俄罗斯外科医生的兴趣。二是在华期间或回国以后,他们都保持对中医的研究兴趣,撰写相关研究论著,成为中医在俄国的传播者。② 虽然西医传入中国和中医传入欧洲,都始自西欧的耶稣会士,因此中医传入西欧要比传入俄罗斯早,但从俄国传教团随团医生后来在翻译、整理中医典籍方面所做的工作看,他们又有后来居上的趋势。

自然科学 俄国传教团研究自然科学的兴趣主要是在植物、动物、天文、地理方面。曾于1866—1883年任俄国驻华使馆医生的贝勒撰著的《早期欧洲对中华植物的研究》(*Early European Research into the Flora of China*)、《欧人在华植物发现史》(*History of European Botanical Discoveries in China*)第四部分第十一章总结了这方面的工作。③

第十届传教团借调了植物学家本格(А. А. Бунге)、天文学家富斯(Е. Н. фус),表现了传教团对拓展这些领域工作的重视。

第十一届传教团随团医生基里洛夫在北京期间,对包括中草药在内的各种植物进行研究,他将自己搜集到的各种植物标本带回俄国,其中所搜集的中国植物标本有六种为欧洲科学界所未知,为表彰他的发现,特以其姓氏命名。他将所带回的茶叶和茶叶种子在家里栽培,获得了成功,将茶树引进俄国栽培,是俄国引种中国茶叶第一人。著有《茶树栽培试验》《再谈茶籽》。④

第十二届传教团随团医生塔塔里诺夫在北京期间搜集中国植物标本,请中国学生在全国各地帮助采集,一位不知名的中国画家根据塔塔里诺夫的观察,精细绘制北京植物图452幅,是为北京植物志图册。塔塔里

---

① Адоратский П. С. Православная миссия в Китае за 200 лет её существования. Странник. 1887г.

② 有关俄国医生介绍中医的成果,参见宋嗣喜:《沟通中俄文化的使者——记十九世纪来华的俄国医生》,载《求是学刊》1986年第1期。

③ E. Bretschneider, M. D. *History of European Botanical Discoveries in China*. London: Sampson Low, Marston and Company, 1898. pp. 559—571.

④ 参见中国社会科学院文献情报中心编:《俄苏中国学手册》上册,第43页。

诺夫的植物收藏之富可谓前所未有。①

第十三届传教团学生斯卡奇科夫1850年9月27日随团到达北京,担任天文台台长。"使团一到达北京,马上兴建天文站。上届使团的戈什克维奇一直在进行引力观测,斯卡奇科夫将他的工作全部接手过来。在第十二届使团离任前,天文站已经进入工作状态。""斯卡奇科夫的工作从筹建地磁天文站和筹办设备开始,一切就绪后开始按时观测、记录和分析,并把观测结果寄给库普费尔。"②1853年斯卡奇科夫向俄国天文台提交长达607页的中国气象情报资料。在京八年期间(1850—1858),他曾深入考察当地民情风俗,与农民结交朋友,亲自种植茶、瓜、豆、谷、花卉、草药、果树等共达343种,并学会喂养家蚕和野蚕。对中国农业、天文、地理均有深入的研究。著有:《论中国蚕的品种》《地磁观测报告》《中国人放养野蚕的树木》《论中国人的地理知识》《谈谈中国农业》《中国天文学的命运》《论中国天文观测的状况》《汉代天文史》(译著)、《授时通考》《中国的农业》《中国的工艺》《中国的蚕丝业》《中国天文学和气象学研究资料》《关于中国地理的描述和笔记》等。③

第十四届传教团学生佩休罗夫1853年毕业于彼得堡大学物理学系。1857年参加第十四届传教团,任天文台台长,著有《中国明朝的地震》《汉俄词典》《俄中条约汇编(1689—1881)》等。④

图书交流 俄罗斯东正教驻京传教团的重要任务之一是搜集中国图书典籍,以应俄国相关机构之需。这些机构包括亚洲博物馆(前身为皇家圣彼得堡科学院图书馆)、俄国外交部亚洲司、喀山大学、圣彼得堡大学等。

1727年,瑞典人劳伦茨·朗格带领俄国商队前往北京,在京期间,他

---

① 参见中国社会科学院文献情报中心编:《俄苏中国学手册》上册,第94页。〔俄〕Π. E. 斯卡奇科夫著,〔俄〕B. C. 米亚斯尼科夫编,柳若梅译:《俄罗斯汉学史》,第216—217页。E. Bretschneider, M. D. *History of European Botanical Discoveries in China*. London: Sampson Low, Marston and Company, 1898. pp. 559—569.

② 〔俄〕Π. E. 斯卡奇科夫著,〔俄〕B. C. 米亚斯尼科夫编,柳若梅译:《俄罗斯汉学史》,第220、223页。

③ 参见中国社会科学院文献情报中心编:《俄苏中国学手册》上册,第86—90页。E. Bretschneider, M. D. *History of European Botanical Discoveries in China*. London: Sampson Low, Marston and Company, 1898. pp. 570—571.

④ 参见中国社会科学院文献情报中心编:《俄苏中国学手册》上册,第69页。

从北京耶稣会士那里获得8套计82本汉语和满语书籍,这是圣彼得堡科学院图书馆收藏汉语、满语图书馆的开端。1730年朗格再次率领商队来到北京,"这次旅行朗格为科学院带回了3箱汉语和满语的书籍"。1736年朗格带领俄国商队最后一次前往北京,随行的有一位银业技师叫奥西普·米亚斯尼科夫(Осип Мясников),其目的是"试图在北京研究'中国艺术品'",但此行"没取得什么特别的成果"。①

传教团成员最早是出于自己对中国文化历史的研究兴趣开始搜集中国典籍。如第二届传教团学生罗索欣在京时就搜得上百种图书,他回国后分两次出售给科学院图书馆。第九届传教团领班比丘林在京时为了满足自己的汉学研究需要,大肆搜集汉、满典籍,回国时随身携带重达400普特左右的行李,其中包括12箱中文、满文书籍,一箱手稿、一箱染料、六件地图和一幅北京城郭平面图。②

1818年7月27日沙皇亚历山大一世亲自审批的给传教团的指令中称:"传教团必须尽可能利用拨给它的资金为传教团图书馆搜集图书、地图和城市平面图……当发现好书和珍贵物品时,应该购买两份,一份留给传教团,另一份运回俄国。"③国民教育部会同科学院拟订随团学员详细守则,要求广泛搜集中国文字情报与实物材料,并配发了相应的资金支助。④ 遵照这一指令,第十届传教团在北京自觉地寻购所需书籍。1831年,领班卡缅斯基回国时携带了大批图书,并将其中部分图书赠给圣彼得堡神学院、外交部亚洲司、皇家公共图书馆等处。随团医生沃伊采霍夫斯基也带回大量中医典籍。

第十一届传教团监护官拉德任斯基在他的日记中披露了传教团成员在北京城游街逛市搜寻图书的情形。⑤ 1833年他回国时"即将携回的汉文图籍百余部捐藏亚洲博物馆"。

第十二届传教团成员瓦西里耶夫经常光顾书市——琉璃厂,声称:

---

① 参见〔俄〕П.Е.斯卡奇科夫著,〔俄〕В.С.米亚斯尼科夫编,柳若梅译:《俄罗斯汉学史》,第36、38—39页。
② 参见李伟丽:《尼·雅·比丘林及其汉学研究》,第6页。
③ 转纠自肖玉秋:《俄国传教团与清代中俄文化交流》,第174—175页。
④ 参见中国社会科学院文献情报中心编:《俄苏中国学手册》上册,第34页。
⑤ 参见肖玉秋:《俄国传教团与清代中俄文化交流》,第175页。

"我们的前辈只在一家委托店买书,而我们熟识这里所有的人。"①在京期间,他为喀山大学搜集了共计849种、2737卷、14447册珍贵的抄本和刻本图书。内中不少属于罕见的佛教典籍。

第十三届传教团监护官科瓦列夫斯基详细回忆了他们游逛琉璃厂时的情景。② 随团的斯卡奇科夫既是汉学家,又以收藏图书见长。有人认为,"其收藏汉籍善本之富,为当时俄国之冠"。③ 其说虽可能言过其实,但说明斯氏藏书之富。

驻京传教团不仅将大批中文典籍带回国内,而且在北京建立自己的图书馆。第一届传教团从一开始就有意识地配备传教所需的神学书籍。第七届传教团约阿基姆修士大司祭于1794年为奉献节教堂和尼古拉教堂以及其中物品编制了详细的清册,教堂图书馆积存的图书大部分为神学类书籍,小部分为语言、哲学类书籍,清册中未提及汉、满、蒙文方面的书籍。④ 第八届传教团领班格里鲍夫斯基学识渊博,注意从各方面搜集图书,此举得到俄国外务院的欣赏和支持。一般认为,传教团图书馆的正式建馆日期是在1795年,卡缅斯基谈及当时建馆的情形:"1795年我在北京找不到一本所需要的书,于是将自己不多的几本书送给公办图书馆,为馆藏打下了基础,同时对它爱护备至……在我捐献给图书馆的那批书中有很多都是传播基督教教义的中文和满文的稀有珍本。可以说,那批书价值连城……斯佩兰斯基总督曾将自己翻译的《以耶稣为榜样》一书和拉丁文原本送我,我也转达了由自己创办并视同掌上明珠的北京图书馆,使这一珍贵礼物成为它的馆藏。"⑤第十一届传教团代为葡萄牙天主教图书馆收存大批图书,外交部俄国对外政策档案馆藏有这批图书的目录,计

---

① 参见肖玉秋:《俄国传教团与清代中俄文化交流》,第177页。
② 〔俄〕叶·科瓦列夫斯基著,阎国栋等译:《窥视紫禁城》,第125—126页。
③ 参见中国社会科学院文献情报中心编:《俄苏中国学手册》上册,第85页。有关斯卡奇科夫对中国图籍的收集更为详细的介绍,参见〔俄〕A.米尔那尔克斯尼斯:《К.А.斯卡契科夫收藏的中国手抄本书籍和地图目录》前言,收入冯蒸编著:《近三十年国外"中国学"工具书简介》,北京:中华书局,1981年,第329—336页。
④ 图书目录参见〔俄〕尼古拉·阿多拉茨基著,阎国栋、肖玉秋译:《东正教在华两百年史》,第234、238—242页。
⑤ 转引自粟周熊:《俄国驻北京传教士团图书馆述略》,载《北京图书馆馆刊》1993年第3、4期。

有图书3345种,大大补充了馆藏。这批图书只有天文学等专业的图书运回彼得堡观象台收藏,大部分图书后来在1860年,由俄国特使伊格纳季耶夫转交给法国的耶稣会士。① 外交部俄国对外政策档案馆收藏传教团俄文和外文图书目录共编入1445种图书,分16类,包括神学、世界地理、哲学、学术论文集和笔记、医学、自然科学、军事艺术、天文学、文艺学、数学、法学和政治学、统计学、贸易、经济和农业、地图册和地图等。图书馆的书很长一段时间收藏在南馆的一幢旧公用楼里,1842年传教团收到13500卢布,此款系盖图书馆新楼的拨款,过了若干年这一计划才得以实现。②

1844年、1845年,中、俄两国首次进行了国家间的图书互赠。1844年,清朝将雍和宫收藏的佛教经籍800余册赠予俄国。次年,中国收到了俄国回赠的10箱357种800余册俄文书籍。有关此事的原委,何秋涛的《朔方备乘》载曰:"道光二十五年,俄罗斯国王表言《丹珠尔》经乃佛教所重,而本国无之,奏求颁赐。上命发雍和宫藏本八百余册赐之。越数月,其国王因肄业换班学生进京,乃尽缮俄罗斯所有书籍来献,凡三百五十七号,每号为一帙,装饰甚华,有书有图,惟通体皆俄罗斯字,人不尽识,当事者议发之。或曰斯乃所以为报也,却之转拂远人之情,则奏请收存于理藩院,以俟暇日将翻译焉。于是军机处注档册,例须先译书名,乃得其三百五十七号之书目,好事者争相传录。"③《筹办夷务始末》小有订正,1868年,清理藩院曾咨复总理衙门:"道光二十四据住京俄罗斯达喇吗[嘛]佟正笏,呈恳请领唐古忒甘珠尔经、丹珠尔经各一部,曾经奏明颁给祇领等因。"④俄国方面对此的解释与中方有所出入,第十二届传教团学生瓦西里耶夫于1857年发表的《圣彼得堡大学东方书籍札记》一文写道:"为了学习藏语,我到北京后就极力寻找《甘珠尔》和《丹珠尔》。西藏商人经常将这些书运到北京出售给蒙古人,但印刷和纸张质量都很糟糕,字迹不清。与此同时,我获悉可以得到宫廷印字房刊本,质量要好得多。我甚

---

① 参见〔俄〕П.Е.斯卡奇科夫著,〔俄〕В.С.米亚斯尼科夫编,柳若梅译:《俄罗斯汉学史》,第210页。另一说是转交给葡萄牙政府,参见粟周熊:《俄国驻北京传教士团图书馆述略》,载《北京图书馆馆刊》1993年第3、4期。
② 参见粟周熊:《俄国驻北京传教士团图书馆述略》,载《北京图书馆馆刊》1993年第3、4期。
③ 何秋涛:《朔方备乘》卷三十九,第789页。
④ 《筹办夷务始末》(同治朝),卷六十六。收入中华书局编辑部、李书源整理:《筹办夷务始末》(同治朝)第七册,北京:中华书局,2008年,第2654页。

至在皇宫北花园的大殿中见到过刻版。需要向理藩院提出申请,传教团领班给予了协助。此时我们得知《甘珠尔》和《丹珠尔》已经印过了,刻版已经损坏且有丢失。但中国政府对我们很友好,从北京的一位呼图克图藏书中送给我们一套。"① 俄国赠书收存在理藩院,可惜长期未得利用。尽管如此,这次中、俄两国之间的图书交换在中俄文化交流史上毕竟留下了浓墨重彩的一笔。

五 中俄贸易在北京

从1689年中俄签订《尼布楚条约》到1762年俄罗斯女皇叶卡捷琳娜二世宣布中止向北京派出商队,这段期间的中俄贸易中心是在北京。其中从1698年到18世纪20年代发生在北京的中俄贸易,在清代史籍中称为"京师互市"。有的论者将这一阶段的"京师互市"分为两个阶段:第一阶段是从《尼布楚条约》签订后到1697年为止,这一阶段来京的俄国商队均为私商,"他们通常合伙或者单独组织大小不一的商队,以驼马、大车为基本运输工具,有时与官方使团同路,有时则独往独来。9年之中,仅有案可查的就有7支商队从尼布楚来京"。② 第二阶段是从1698年到18世纪20年代初,来京的俄国商队主要是官方筹组的"国家商队",这一阶段俄罗斯方面共派出11支商队赴京,其中最后两支商队因诸种原因未能如愿抵京。③ 这一看法似有待商榷,实际上,来京的俄罗斯私商真正遭禁是在1706年,而俄罗斯官方第一次组建商队前往北京是在1693年伊台斯使团之后派出的商队。因此,国家商队与私商有一个共存期。

俄罗斯对私商的限制乃至禁止经历了一个过程。1693年,俄罗斯政府"认为有必要通过制定法规的形式限制私人贸易的权利。法规规定,私人商队需与官家商队同行,私人商队只能在官家商品销售完毕之后才能卖自己的商品。继该限制性法规颁布之后,1706年,政府又颁

---

① 转引自肖玉秋:《俄国传教团与清代中俄文化交流》,第189页。
② 参见孟宪章主编:《中苏经济贸易史》,哈尔滨:黑龙江人民出版社,1992年,第39页。该书将伊台斯使团的随行商队列入私商,似不妥当。
③ 参见同上书,第46页。

布了另外一个等于完全消灭私人竞争的条例:禁止私商在中国买卖主要的、也可以说是唯一的贸易商品——皮货。于是,俄国和中国的私商不再在北京做生意,而是改去卡尔梅克的库伦"。① 政府限制私商的举措,激励了官商贸易的迅速增长。据统计,"1693 年前往中国的第一支国家商队,共输出官货 41900 卢布、私商货物 113620 卢布;而到 1710 年时,商队所携带的货物(只有官方一家)已达 20 万卢布"。② 1728 年中俄签订《恰克图条约》后,国家商队才真正垄断了前往北京的贸易。另一方面,俄罗斯方面做出派遣国家商队前往北京的决定是在伊台斯使团赴京的 1693 年。③ 1693 年 8 月 30 日俄国政府颁布谕旨:"对运往中国的、在西伯利亚诸城市已缴纳关税的西伯利亚商品,按 1 卢布收取 6 兼加税并逐一登记。""只准许将价格为 40 卢布和 40 卢布以下(20—30—40 卢布)的紫貂皮运往中国,40 卢布以上的紫貂皮和黑色、黑褐色、褐色的狐皮一律不准出境。""没有大君主的谕旨,没有国书,不得放任何人进入中国国境。"④ 1697 年政府再颁谕旨:"今后紫貂的征收和销售的权利仅由大君主一人掌管","商人可以买卖除紫貂皮和黑狐皮之外的所有商品"。这一法规实际保证了官商在对华贸易中掌握了所有商品中销路最好、获利最丰的商品——紫貂皮和狐皮的经营特权,私商从此失去了自由贸易权。⑤

现将 1690—1698 年进京商队情形制表概述如下:

---

① 〔俄〕特鲁谢维奇著,徐东辉、谭萍译:《十九世纪前的俄中外交及贸易关系》,第 74 页。
② 〔苏〕米·斯拉德科夫斯基著,宿丰林译:《俄国各民族与中国贸易经济关系史(1917 年以前)》,北京:社会科学文献出版社,2008 年,第 129 页。
③ 关于俄罗斯国家商队前往北京的时间有三说:第一说是 1693 年,参见〔苏〕米·斯拉德科夫斯基著、宿丰林译:《俄国各民族与中国贸易经济关系史(1917 年以前)》,第 136 页;〔俄〕特鲁谢维奇著,徐东辉、谭萍译:《十九世纪前的俄中外交及贸易关系》,第 86 页。第二说是 1699 年,参见〔俄〕阿·科尔萨克著,米镇波译:《俄中商贸关系史述》,北京:社会科学文献出版社,2010 年,第 12 页。第三说是 1698 年,参见孟宪章主编:《中苏经济贸易史》,第 46、48 页。
④ 转引自〔俄〕特鲁谢维奇著,徐东辉、谭萍译:《十九世纪前的俄中外交及贸易关系》,第 81—82 页。
⑤ 参见同上书,第 82 页。

表 7.1　1690—1698 年俄罗斯商队在京贸易一览

在京时间	商队总管	商队人数	交易商品价值
1690年5月—1691年	菲拉季耶夫、卢津、乌沙科夫、尼基京四大巨商的代理人	约八九十人（随戈罗文的信使隆沙科夫来京）。另有军役人员40名。	带来60大车兽皮，带回总值14473卢布的中国丝绸等货物。
1691年10月—1692年	卡札里诺夫	商队人员77人，护送军役人员19人。	带来价值7563卢布的货物，带回价值价格23952卢布的货物。
1693—1694年	莫洛多伊、乌瓦罗夫	商队人数（含军役人员）53人。	带来价值5592.95卢布俄国货物，带回价值12745卢布的中国货物。
1693—1694年	随伊台斯使团来京的商队	约200人半官方商队。	带来属于俄国国库价值约4400卢布、属于私人约14000卢布的货物。运回价值37941卢布的货物，其中12000卢布属于国库。
1695年	舍斯塔科夫	150余人	带来16900卢布的俄国货物，带回57000卢布的中国货物（不包括宝石、珍珠的货值在内）。
1696年	索弗隆诺夫	247人	运来49300卢布的货物，带回价值240000卢布的货物。
1697—1698年	舍尔辛	141人	带来价值25574卢布的皮货。

资料来源：孟宪章主编《中苏经济贸易史》，第39—43页。

来京的俄罗斯官方商队可以1728年《恰克图条约》签订为界分前后两个阶段,前一阶段派出13支,后一阶段派出16支。

中俄《恰克图条约》第四条规定:"今两国定界,不得容留逃人。既已新定和好之道,即照萨瓦所议,允准两国通商。既已通商,其人数仍按原定,不得过二百人。每隔三年,通商一次。既然伊等均系商人,则其食物盘费等项,照旧停止供给。商贾人员,均不征税,商人抵达边界,预先呈明来意,而后委派官员接入贸易。沿途应用之驼马人夫,自行雇备。责成管理商队官员,严管属下人等。倘有争端,秉公处理。其随同商队前来之官员,如为较大官员,则照大员礼节优加款待。凡准贸易物品,均不禁止。两国违禁之物,不准贸易。如欲私自留居者,若未经其头人准许,即不收留。其病故者,将所有财物各交本国人员。上述各节均照萨瓦所议办理。

"除两国通商外,两国边境地区之零星贸易,应于尼布楚、色楞格两处,选择妥地,建盖房屋,以准自愿前往贸易者贸易。其周围房屋、墙垣、木栅亦准酌量修建,亦不征税。商人均照指定大道行走,如有绕道或往别处贸易者,将其货物入官。所有两国一体酌派官兵,令其同心照看办事之处,均照萨瓦所请施行。"①《恰克图条约》对俄中贸易的规模、间隔和有关规章都做了明确规定,这为以后的俄中贸易提供了制度性保障。

表7.2 来京俄罗斯国家商队一览

次	出发时间	返回时间	商队总管	商队从俄国输出的商品价值(卢布)	备注
1	1693年	1696年	不详	41900卢布	
2	1698年	1700年	良古索夫、萨瓦捷耶夫	26000卢布	
3	1700年	1701年	博科夫、奥斯科尔科夫	47000卢布	
4	1702年	1704年	萨瓦捷耶夫	29879卢布	取道蒙古返国

---

① 《策凌等奏与俄使议定恰克图条约折》,中国第一历史档案馆编:《清代中俄关系档案史料选编》第一编下册,北京:中华书局,1981年,第518页。此文本系译自满文俄罗斯档。汉文本文字稍有出入,参见《恰克图界约》,收入王铁崖编:《中外旧约章汇编》第一册,北京:三联书店,1982年,第11页。

续表

次	出发时间	返回时间	商队总管	商队从俄国输出的商品价值(卢布)	备注
5	1706年	1707年	沙林	184000卢布	取道蒙古返国
6	1707年	1708年	胡佳科夫	142000卢布	
7	1710年	1711年	萨瓦捷耶夫	200000卢布(?)	
8	1711年	1713年	胡佳科夫(商务专员)	200000卢布(?)	
9	1713年	1715年	奥斯科尔科夫	200000卢布(?)	
10	1716年	1717年	古夏特尼科夫	200000卢布(?)	
11	1720年	1722年	尤林斯基	没被放行	
12	1722年	——	伊斯托普尼科夫 特列季亚科夫	285403卢布	
13	1724年	1728年			
14	1728年	1729年	莫洛科夫	100000卢布	
15	1731年	1733年	莫洛科夫	104390卢布	
16	1735年	1736年	菲尔索夫	175919卢布	
17	1740年	1742年	菲尔索夫	100000卢布(?)	
18	1745年	1746年	卡尔塔舍夫	100000卢布(?)	
19	1754年	1753年	弗拉德金	100000卢布(?)	

资料来源：〔俄〕特鲁谢维奇著,徐东辉、谭萍译：《十九世纪前的俄中外交及贸易关系》,北京：社会科学文献出版社,2010年,第86页。有关俄罗斯商队的具体数目说法不一,据张维华、孙西著：《清前期中俄关系》,济南：山东教育出版社,1997年,第145—167、267—292页,俄罗斯官方派出的商队在1698—1718年间共10支；在1728—1755年间共6支。又据〔俄〕阿·科尔萨克著,米镇波译：《俄中商贸关系史述》,北京：社会科学文献出版社,2010年,第12页,俄罗斯在1699、1705、1711、1713、1728、1732、1736、1741、1746、1755年共派出10支商队。

1755年俄国政府派出最后一支商队。由于长年的贸易亏损,加上在北京的俄国商人与中方之间的摩擦不断,叶卡捷琳娜二世即位后不久,

1762年7月31日俄国政府就宣布停止向北京派遣官方商队。1763年4月28日俄国政府派遣的克罗波托夫使团抵达北京,该使团意在向清政府传达俄国有意向中国派遣一个以宫廷高级侍从伊万·格里戈里耶维奇·切尔内绍夫伯爵为首的使团赴京访问,以便商讨包括恢复恰克图贸易等问题的信息,同时向在北京的俄罗斯东正教传道团提供资金,这笔资金是通过在北京销售俄国货物取得。为此,克罗波托夫奉命在色楞格斯克组织一支私商商队,但因商人拒绝参加,此事未能办成。① 克罗波托夫不得不违反刚刚颁布的沙皇谕旨,组织一支国家商队,这支商队由50头骆驼和30匹马组成,携带价值8923卢布的官方毛皮,在北京售得14720卢布。这支商队史称"最后的俄国商队"。使团在8月12日离京。清朝方面对俄国使节态度倨傲,乾隆皇帝在回复俄国女皇的函件中实际拒绝了俄方派遣使团的要求。②

俄国国家商队运往北京的主要货物是毛皮,"其中,长期占据首要位置的是紫貂皮"。其次是狐皮,"特别是火红色的狐皮,和紫貂皮一样在中国享有广泛的销路"。此外,还有海狸皮、水獭皮、兔皮和灰鼠皮。"商队输出的其他俄国货(软革、金刚石、镜子、钟表、珊瑚等)不是很多"。③ 对西伯利亚的皮货,"中国人出的价钱比所有其他民族出的价钱都要高些。这种商品很容易坏,必须尽快脱手。在欧洲,除土耳其外,皮货没有什么销路"。④ 从中国运回的货物,开始主要是各种丝织品,彼得大帝末期棉织品大量增加,其他货物则主要是大黄和烟草,"俄国政府对这两种商品的买卖宣布实行国家专营"。此外,还有各种宝石、瓷器、银器、漆器、茶叶。⑤

俄国商队在北京进行贸易的情形,由1728年1月6日朗格率领商队

---

① 参见〔俄〕尼古拉·班蒂什—卡缅斯基编著,中国人民大学俄语教研室译:《俄中两国外交文献汇编1619—1792》,第348—349页。

② 参见〔苏〕米·斯拉德科夫斯基著,宿丰林译:《俄国各民族与中国贸易经济关系史(1917年以前)》,第174页。

③ 同上书,第156—157页。

④ 〔俄〕尼古拉·班蒂什—卡缅斯基编著,中国人民大学俄语教研室译:《俄中两国外交文献汇编1619—1792》,第420页。

⑤ 参见〔苏〕米·斯拉德科夫斯基著,宿丰林译:《俄国各民族与中国贸易经济关系史(1917年以前)》,第158—160页。

到京后的经历可见一斑:

> 中国皇帝于商队到达的次日发布了一道谕旨,允许商队开始贸易,但是派了七百五十人的卫队日夜守着俄国人所居住的"四夷馆"。一个办公室设在"四夷馆"的大门口,对每一个买主严加盘问,然后发给入馆证。因此中国人只是来馆出售他们的丝绸,而且数量少得可怜。商队的款项将尽了,不得不求助于一个中间人,他要求任何交易都给他百分之五的佣金,最后总算接受了百分之三。这个中间人名叫哲费姆·顾索夫,生于北京,父母是俄国人。……另一个中间人是一个居住在北京的俄国人雅各伯·撒文,也替商队接洽了几笔生意,佣金也是百分之三。但是总的说来,商队的业务情况是很惨淡的。中国的大臣和中国皇帝本人把商队失败的原因归之于当时市场的一般情况,以及俄国货物充斥于北京市场。①

国内有的学者认为,"清代东南沿海对外贸易以广州为中心,由行商包揽一切事宜,与在北方的陆路北京贸易相比,北京贸易的自由特色就显得十分明显"。② 这一说法值得商榷。至少俄罗斯方面并不认同北京出现"自由"贸易这一说。③ 事实上,双方围绕贸易的摩擦和纠纷不断,在商品价格、商品出售、商人活动诸环节,中、俄双方常常发生争执,有时甚至产生冲突。

从17世纪90年代初俄罗斯商队来京,到1763年终止,双方贸易前后持续七十年。18世纪60年代,中俄贸易主要转移至恰克图。有关中俄北京贸易停止的原因,中国学者比较强调政治的、军事的、安全的因素,张维华先生分析认为,"一方面与中俄两国在边界上的争执有关;另一方面也由于恰克图贸易的兴起,北京贸易被冷落"。同时还与当时两国的形势紧密相关,即"一、中国担心俄商窥探中国情报,有强制其放弃北京贸易的意思:北京是清王朝的政治、经济、文化中心,自然不能容许外国人杂处

---

① 〔法〕加斯东·加恩著,江载华、郑永泰译:《彼得大帝时期的俄中关系史》,北京:商务印书馆,1980年,第243—244页。

② 参见苏全有:《中俄北京贸易初探》,载《清史研究》1996年第2期。

③ 参见〔俄〕特鲁谢维奇著,徐东辉、谭萍译:《十九世纪前的俄中外交及贸易关系》,第46—49页。

其地,窥伺隐秘"。"二、俄国私商自18世纪以来日增,边地贸易转盛,皮货通过各种途径大量倾销北京,致使毛皮价格降低,北京贸易无利可图,故渐归停止。"①

俄罗斯学者则将之主要归究于来自库伦的私商贸易竞争。阿·科尔萨克认为,"由于情况的复杂,派往北京的官方商队实际上已经无利可图。其中最主要的原因就是来自前往库伦贸易的私商的竞争,他们年复一年地把大量的皮毛运到中国。相对于官方商队来讲,私商在当时具有很大的优势:那些为了采办卖给中国人商品的私商们可以亲自到那些价格更便宜的地方去买,而商队的商务专员则是根据西伯利亚衙门的指令从经常负责定价的那些人的手中得到这些商品的"。"当时商务专员起码要用三个月花去大量的费用才能抵达北京,抵达之后,他还要住上约7周无事可干,一直等着贸易的开始。然而常常会在官家商队抵达北京之前,在库伦等地贸易的中国商人已经从库伦等地把大量的俄罗斯商品运抵北京。因此商务专员不得不在北京再多住上几个月以使货物出手。由于中国政府拒绝负担商队的北京费用,而使官方商队贸易更加无利可图。"②"在北京的贸易也不顺利,中俄两国商人之间的纠纷不断,商人们蒙受着各种的压迫,中国人视俄驼队的首领为间谍,驼队丧失了尊严。监视的卫队紧跟着我们,借口保护我们的安全,而实际上是为了监督他们,提防他们和中国商人的所有往来。事情最终发展到了这样,即如果不先给看守的长官送厚礼,则任何一个中国商人都不可能接近俄罗斯人。中国商人希望用廉价的俄罗斯商品来补偿这种额外支出"。③

俄罗斯商队在北京销售的商品主要是皮货,这对北京的消费和时尚有一定影响。京城是王公贵族、朝臣高官云集之地,皮裘是高贵身份的体现,自然在京城有大量的需求。《听雨丛谈》记载:"亲王、郡王而外,不准服用黑狐皮。文职一二三品,许服毳外貂镶朝衣,武职三品弗及也。文四品、武三品,准服貂鼠、猞猁狲。五品至七品笔帖式、护军校,准用貂皮领袖帽沿。……其往口外寒冷地区出差之满洲、蒙古、汉军官员,均准照常

---

① 参见张维华、孙西:《清前期中俄关系》,第281—283页。
② 〔俄〕阿·科尔萨克著,米镇波译:《俄中商贸关系史述》,第19—20页。
③ 同上书,第24页。

穿用貂鼠、猞猁狲,不拘品级也。"① 可见清廷对毛皮的需求甚大,内务府特设皮库以贮存毛皮供皇室所用,并雇佣大批工匠加工、制作皮衣。"俄罗斯将上好的毛皮输往欧洲,卖给中国的狐腿、狐肷等,造就一批工匠具备'针脚细若蚊睫'的手艺。"② 一般贵族人家对俄罗斯皮货也颇为喜好,曹雪芹创作的《红楼梦》第五十二回《俏平儿情掩虾须镯 勇晴雯病补雀金裘》就有一段提及一件俄罗斯"雀金裘",这说明俄罗斯时装作为时尚已进入了当时贵族的生活世界。③

结　语

俄罗斯东正教传教团在 18 世纪到 19 世纪中期俄中交往中扮演主要角色,传教团在北京从事的传教、留学、翻译、研究、外交诸方面的活动亦构成清代中期俄中文化交流的主要内容。

俄罗斯东正教传教团的"北京经验"为其汉学研究打下了坚实的基础。在俄国与中国的早期相互认识中,俄国方面因传教团的汉学研究成就取得了先机。在语言、文化、历史、地理、天文、植物、医学等方面,传教团均从中国获取了大量富有价值的知识,构筑了系统的俄罗斯汉学知识谱系。与西方传教士拥有广阔、丰富的中国游历经验不同,俄罗斯传教团的"中国经验"主要内容是"北京经验",故 19 世纪中期以前的俄罗斯汉学充满了对中国的溢美之词,这与他们只是接触到北京这一中国文化的精粹有关。

与俄国汉学在 18、19 世纪上半期的进步相比,中国对俄国的了解和研究相对贫乏,尚谈不上系统、深度的俄国研究。在 18 世纪,除了

---

① 〔清〕福格:《听雨丛谈》,北京:中华书局,1997 年,第 46 页。
② 赖惠敏、王士铭:《清中叶迄民初的毛皮贸易与京城消费》,《故宫学术季刊》第 31 卷第 2 期(2013 年冬季号),第 157 页。
③ 参见康无为:《帝王品味:乾隆朝的宏伟气象与异国奇珍》,收入氏著《读史三得:学术演讲三篇》,台北:近代史研究所,1993 年,第 57—72 页。赖惠敏:《清乾隆朝内务府皮货买卖与京城时尚》,收入胡晓真、王鸿泰主编:《日常生活的论述与实践》,台北:允晨文化出版社,2011 年,第 103—144 页。赖惠敏、王士铭:《清中叶迄民初的毛皮贸易与京城消费》,第 139—178 页。赖惠敏:《乾嘉时代北京的洋货与旗人日常生活》,收入巫仁恕、康豹、林美莉主编:《从城市看中国的现代性》,台北:近代史研究所,2000 年,第 1—36 页。

1729—1731、1731—1733 年清朝两度派遣使团访问俄国外,图理琛将途中见闻写成《异域录》。此后至第二次鸦片战争以前清朝再未主动派遣使节或留学生赴俄国。以后涉及俄罗斯介绍的书籍有：(1)俞正燮撰写的《癸巳类稿》《癸巳存稿》两著。前书内有《俄罗斯佐领考》《俄罗斯事辑》两节涉及；后书亦有《俄罗斯长编稿跋》《罗刹》两节涉及。① (2)《清朝文献通考》卷三百《四裔考八·俄罗斯》，内容颇为简略。② (3)徐继畬《瀛寰志略》卷四《欧罗巴·俄罗斯》。③ (4)魏源著《海国图志》，卷五四至五六《北洋》介绍俄罗斯国,涉及历史沿革、地理区划、风土人情、物产矿藏,内容较此前各著有所增加,然取材多为以前史籍。④ (5)何秋涛的《朔方备乘》是一部探讨北部边疆和中俄关系史的专著,然迟至 1858 年才成书,其中与中俄关系和俄国有关者有：《平定罗刹方略》(卷五至卷八)、《俄罗斯馆考》(卷十二)、《俄罗斯学考》(卷十三)、《雅克萨城考》(卷十四)、《尼布楚城考》(卷十五)、《波罗的等路疆域考》(卷十六)、《俄罗斯亚美利加属地考》(卷十八)、《俄罗斯互市始末》(卷三十七)、《俄罗斯进呈书籍记》(卷三十九)、《俄罗斯丛记》(卷四十)、《考订使俄罗斯行程录》(卷四十二)、《考订俄罗斯佐领考》(卷四十七)、《考订俄罗斯事辑》(卷四十八)、《考订俄罗斯事补辑》(卷四十九)、《考订俄罗斯国总记》(卷五十一)、《考订俄罗斯盟聘记》(卷五十二)、《俄罗斯境内分部表》(卷六十五)诸卷,⑤ 对俄罗斯本身政治、经济、文化、历史、地理诸方面的系统介绍还无从谈起。可以说,到第二次鸦片战争前,中国士人对俄罗斯的认识和知识建构还相对肤浅。中、俄之间的相互认识存在相当的差距和强烈的反差。⑥

俄罗斯东正教传教团从一开始就听命沙皇,具有为沙俄政府服务的

---

① 参见俞正燮：《癸巳类稿》,沈阳：辽宁教育出版社,2001 年,第 295—302 页。俞正燮：《癸巳存稿》,沈阳：辽宁教育出版社,2003 年,第 160—166 页。
② (清)乾隆官修：《清朝文献通考》第 2 册,杭州：浙江古籍出版社,2000 年,第 7481—7489 页。
③ 徐继畬：《瀛寰志略》,上海：上海书店出版社,2001 年,第 116—129 页。
④ 参见《魏源全集》第六册,长沙：岳麓书社,2004 年,第 1455—1544 页。
⑤ 何秋涛：《朔方备乘》(《中国边疆丛书》2),台北：文海出版社,1964 年版。
⑥ 有关 18、19 世纪中俄文化交流不平衡问题的论述,参见李随安：《洪流与溪涧：中俄文化交流的不平衡问题》,收入栾景河主编：《中俄关系的历史与现实》,开封：河南大学出版社,2004 年,第 117—122 页。

性质,成为沙俄外交政策的工具。从这个意义可以说,传教团实是沙俄向东方扩张时在北京插入的一个楔子。

第一至七届俄国东正教驻京传教团与在京天主教传教士相比,在人数和素质上尚处于劣势,但从第八届传教团以后,由于嘉庆帝实行严格的"禁教"政策,京城的西欧天主教传教士锐减,俄国东正教传教团逐渐取代了此前天主教在北京的地位。俄国传教团虽然在传教方面没有取得特别进展,这与其本身的谨慎"无为"政策有关,但在执行沙俄政府指令的外交、情报、研究这些世俗事务方面,却取得了极大的进展。以至天主教传教士被迫从北京撤出时,不得不倚赖俄国传教团帮助他们保存财产,看管教堂,1838 年管理南堂的葡萄牙耶稣会士毕学源主教临死前将南堂堂产契据交给东正教传教团,即是一个具有象征性意义的转折。① 对于这一变化,我们过去几无认识。鸦片战争前夕,俄国传教团在汉学研究和情报搜集方面实已成为欧洲的主要信息来源,俄国传教团成为欧洲传教团在北京唯一的存在。这一地位的获取,对俄国在第二次鸦片战争中扮演的特殊角色至为重要。沙俄未费一枪一弹,通过在清朝与英、法之间的外交斡旋,即轻而易举地强迫清朝签订《北京条约》等一系列不平等条约,巧取豪夺,攫取大量权益,实与传教团处心积虑、长期积聚的"北京经验"发酵有关。

---

① "毕学源生前曾请求韦克尼阿明·莫拉切维奇为其死后变卖财产并将所得钱款转交给澳门的葡萄牙教会。在毕学源的遗嘱中保存有相关的条款。"参见〔俄〕П. Е. 斯卡奇科夫著,〔俄〕B. C. 米亚斯尼科夫编,柳若梅译:《俄罗斯汉学史》,第 210 页。

第八章

英国马戛尔尼、阿美士德使团的"北京经验"

1793年英国马戛尔尼使团访华,是中英关系史上的一个重要事件。围绕这一事件,中外史学家展开了热烈讨论,产生了一批富有影响力的研究成果,其中英美学者以普理查德(Earl H. Pritchard)、让—路易·克莱默—平(J. C. Cranmer-Byng)、何伟亚(James L. Hevia)、奥布里·辛格(Aubrey Singer),①法国学者以阿兰·佩雷菲特(Alain Peyrefitte),②中国学者以朱雍、秦国经、黄一农、王宏志的论著引人注目。③ 这些研究成果主要

---

① Earl H. Pritchard. *Anglo-Chinese Relations during Seventeenth and Eighteenth Centuries*. Urbana: University of Illinois Press, 1930. Earl H. Pritchard,. *The Crucial Years of Early Anglo-Chinese Relations*, 1750—1800. Washington: Washington State College, 1936. Earl H. Pritchard. The Kotow in the Macartney Embassy to China in 1793. *The Far Eastern Quarterly*. 22 (1943). pp. 163—203. J. L. Cranmer-Byng. A Case Study in Cultural Collision Scientific Apparatus in the Macartney Embassy to China, 1793. *Annals of Science*, 38(1981). pp. 503—525. 让—路易·克莱默—平的相关论著目录参见〔美〕何伟亚著,邓常春译:《怀柔远人:马嘎尔尼使华的中英礼仪冲突》,北京:社会科学文献出版社,2002年,第266—267页。James L. Hevia. *Cherishing Men From Afar: Qing Guest Ritual and the Macartney Embassy of 1793*, Durham, London: Duke University, 1995. Aubrey Singer. *The Lion and the Dragon: The Story of the First British Embassy*, London: Barrie & Jenkins Ltd. 1992.

② Alain Peyrefitte. *L'empire immobile ou le choc des mondes: récit historique*. Paris: Fayard, 1989. 中译本有〔法〕佩雷菲特著,王国卿、毛凤支等译:《停滞的帝国——两个世界的撞击》,北京:三联书店,1993年。

③ 朱雍:《不愿打开的中国大门——18世纪的外交与中国命运》,南昌:江西人民出版社,1989年;秦国经、高换婷:《乾隆皇帝与马戛尔尼》,北京:紫禁城出版社,1998年。张芝联主编:《中英通使二百周年学术讨论会论文集》,北京:中国社会科学出版社,1996年。黄一农:《印象与真相——清朝中英两国的觐礼之争》,载台北《历史语言研究所集刊》第七十八本第一分,2007年,第35—106页。该文是作者申请台湾"国科会"计划"龙与狮对望的世界:英使马戛尔尼来华事件个案研究"的成果之一。王宏志:《马戛尔尼使华的翻译问题》,载《近代史研究所集刊》(转下页)

围绕马戛尔尼使团与清朝接触的过程,特别是马戛尔尼使团觐见乾隆皇帝的礼仪问题及其相关文献记载展开争辩。中外学者意识到,马戛尔尼使团访华在外交、商贸往来这两方面,对于中英双方来说都是一场失败。英国方面因未获得清朝愿意与之进行商贸往来的官方承诺,的确没有达到此行的初衷。中国方面因清朝乾隆帝维护天朝朝贡体制、"限关自守",亦未能把握、利用这一机会,打开与英国进行正常商贸往来的大门。对于这样一个尴尬的结果,中方在此后直到1980年代末以前的近两百年间都没有自觉和认真的反省。[①]西方世界虽然认可了马戛尔尼使团访华一行在商贸利益上的失败,似乎又有意地淡化此行的另一个重要收获——为英国搜集了大量第一手中国现场材料,这也是马戛尔尼使团出使中国的重要目的之一。

1792年9月8日英国内政大臣邓达斯致信马戛尔尼,下达了出使的正式指示,信中提到出使中国承负的商贸、外交使命:1.为英国贸易在中国开辟新港口。2.尽可能在靠近生产茶叶与丝绸的地区获得一块租界地或一个小岛,让英国商人可以长年居住,并由英国行使司法权。3.废除广州现有体制中的滥用权力。4.在中国特别是在北京开辟新的市场。5.通过双边条约为英国贸易打开远东的其他地区。6.要求向北京派常驻使节。[②]

(接上页)第63期,2009年3月,第97—145页。此外,中方在档案方面整理的文献材料有:中国第一历史档案馆编:《英使马戛尔尼访华档案史料汇编》,北京:国际文化出版公司,1996年。

[①] 1981年以前,中国方面有关这一事件的论著,值得一提的仅有朱杰勤的三篇论文:《英国第一次使臣来华记》(1936)、《英国东印度公司之起源及对华贸易之回顾》(1940)、《英国第一次使团来华的目的和要求》(1980),三文均收入氏著《中外关系史论文集》,郑州:河南人民出版社,1984年。

[②] 关于马戛尔尼使团的使命,参见〔法〕佩雷菲特著,王国卿等译:《停滞的帝国——两个世界的撞击》,第11—12页。David E. Mungello. *The Great Encounter of China and the West, 1500—1800*. Lanham, Md.: Rowman & Littlefield Publishers, 2013. p. 152. 中译文参见〔美〕孟德卫著,江文君等译:《1500—1800中西方的伟大相遇》,北京:新星出版社,2007年,第184—185页。作者按:孟德卫一著的中译本系据2005年第二版译出,2013年有第四版,内容有所增订。Hosea Ballou Morse. *The Chronicles of the East India Company Trading to China 1635—1834*. Vol. 2. Oxford: Clarendon Press, 1926. pp. 232—242. 邓达斯此信之中译文参见〔美〕马士著,区宗华译:《东印度公司对华贸易编年史》第二卷,广州:广东人民出版社,2016年,第262—271页。朱杰勤:《中外关系史论文集》,郑州:河南人民出版社,1984年,第527—535页。

此外,信中还特别提到搜集情报、评估中国实力的使命,关于这项使命,该信有三处涉及:

> 由于陛下的命令及使用公费来进行几次航行,以寻求知识并发现和观察远方的国家及其风俗,这是应该高兴的和感谢的。
>
> 假如你在向北方行进之前,有绝对必要停靠中国南部的某些口岸,你要到澳门或广州,在该处公司的管理会要求和收集,或者通过私人的询问,获得对你的使团的目的有帮助的事实和情报,并进一步取得使你前往北方的必要帮助。
>
> 你在中国居留期间,在工作中自然会尽可能留意观察帝国当前的实力、政策及政治等问题,这些问题,欧洲所知的,不会比上一个世纪更多。但要尽量小心,以免引起猜疑,同时,要查明近几年来中国皇帝与欧洲各国之间是否有过往来。①

第一处只是一般性提到"寻求知识"和发现、观察中国的风俗,第二处提到具体了解从澳门或广州到北京航行所需的情报,第三处提到评估中国实力和观察中国政治等问题。同日,东印度公司董事会主席巴林(F. Baring)、副主席伯吉斯(J. Smith Burges)致信马戛尔尼,除说明"使团之费用由公司承担"外,也特别要求使团搜集中国茶、丝、棉织品等物品的详细商业情报(包括种植生产和商业贸易)。② 一年以后,1793年11月9日当马戛尔尼即将结束在中国的旅行时,他怀着惴惴不安的心情,从杭州写信给亨利·邓达斯报告此行可能无功而返的结果:"委派常驻北京大使的要求被拒绝。所有其他问题不加具体说明就被简单地排除,皇帝陛下认为泛泛地尽应对我们的商人优加体恤就够了。""这是英国派往中国的第一个使团,许多人,首先是我,对它的访华满怀着希望,作为该团的使臣,

---

① Hosea Ballou Morse. *The Chronicles of the East India Company Trading to China 1635—1834*. Vol. 2. Oxford: Clarendon Press, 1926. pp. 232,235,240. 中译文参见〔美〕马士著,区宗华译:《东印度公司对华贸易编年史》第二卷,第 262、265、269—270 页。

② Earl H. Pritchard. The Instruction of the East India Company to Lord Macartney on His Embassy to China and His Reports to the Company, 1792—1794. *The Journal of the Royal Asiatic Society of Great Britain and Ireland*. 1938. pp. 206—229. 中译文参见朱杰勤译,E. H. 普利查德编注:《英东印度公司与来华大使马卡特尼通讯录》,收入《中外关系史译丛》,北京:海洋出版社,1984 年,第 196—209 页。

我不能不感到最痛苦的失望。我不能不为失却了最初的前景而感到万分遗憾。"①12月23日马戛尔尼从广州致信东印度公司主席巴林、副主席伯吉斯,又有另一番表示,除向他们汇报了此行情况和未获成功的原因外,还简要报告了所获茶、棉、丝、陶瓷等行业的商业情报。并补充道:"吾此行匆匆所得之中国情报,如有不足之处,尚可补救,吾相信有时可藉在北京及中国之欧洲传教士及各省与吾使团中主要人物相熟之传教士之助而行之,吾人可由旅行者来华之便,与彼等时时通讯,盖现无正常公开为个人而设之邮政也。惟有此法,传教士能效力于公司,且不致牵连公司或管货人。"②尽管使团所承负的商贸、外交使命没有获得满意的答复,但最后一项搜集情报、评估中国实力的使命,却由于使团成员的努力,获得了前所未有的成功。对此,马戛尔尼本人似乎也有某种程度的自信和预感:"我常常想,要是能读读使团成员写的日记,一定是大有裨益的。即使是随身仆从的回忆录也有某种价值。"③的确,当我们通览使团成员旅行中的日记和后来出版的回忆录,大致可以认同马戛尔尼这一说法并非虚词。基于这一认识,马戛尔尼使团获得的材料成为英国甚至西方世界在19世纪上半期想象中国形象的主要素材,成为英国重新定位未来中英关系的主要依据。本章不想对马戛尔尼使团访华的整个过程及全部文献材料作通盘考察,只是拟就马戛尔尼使团的北京、热河之行所取得的"北京经验"作一探讨。英文中的"经验"(Experience)包含两重意义:一是亲身经历,二是实录其经历,有时还包含对其经历的态度和研究。毫无疑问,马戛尔尼使团在北京、热河的经历是其访华过程中的重头戏,其所见所闻亦是其"中国经验"的核心内容。通过考察马戛尔尼使团的北京、热河之行及使团留下的相关文献,我们对马戛尔尼使团视域中的北京及其对西方产生的后续影响,可以获致更为深入的认识。

---

① 转引自〔法〕佩雷菲特著,王国卿等译:《停滞的帝国——两个世界的撞击》,第348页。

② Earl H. Pritchard. The Instruction of the East India Company to Lord Macartney on His Embassy to China and His Reports to the Company, 1792—1794. *The Journal of the Royal Asian Society of Great Britain and Ireland*. 1938. pp. 392—393. 中译本参见朱杰勤译、E. H. 普利查德编注:《英东印度公司与来华大使马卡特尼通讯录》,收入《中外关系史译丛》,第219页。

③ 转引自〔法〕佩雷菲特著,王国卿等译:《停滞的帝国——两个世界的撞击》,第497页。

一 鸦片战争前英国使团的
两次北京之行及其相关文献

在西方国家中,英国人来华可谓姗姗来迟。这是因为大英帝国对东方的兴趣或精力主要放在经营殖民地印度的缘故,故英国在 18 世纪末以前实录性的"中国经验"文献材料寥寥无几,① 而真正涉及北京的仅有苏格兰安特蒙尼人约翰·贝尔(John Bell,1691—1780)的一部旅行记,他曾于 1719 年随俄国沙皇派遣的伊兹玛依洛夫使团访问中国,第二年 11 月到达北京,在北京至少逗留了三个多月。回国后,约翰·贝尔撰写了一部

---

① 据葛桂录统计,在 1793 年马戛尔尼使团来华以前,英国仅有三部游记涉及中国:彼得·蒙迪(Peter Mundy,约 1596—1667)的《欧洲、亚洲旅行记》(*The Travels of Peter Mundy, in Europe and Asia, 1608—1667*)、威廉·丹皮尔(William Dampier)的《新环球航海记》(*A New Voyage Round the World*)、瓦尔特(Richard Walter,1717—1785)根据安逊(Lord George Anson,1697—1792)航海日记整理的《环球航海记》(*A Voyage Round the World*)。参见葛桂录:《中英文学关系编年史》,上海:上海三联书店,2004 年,第 24、39—40、51—52 页。不过,这三部游记叙述内容都只是提到中国东南沿海地区。叶向阳的研究大有拓展,除上述三部游记外,他还提到亚历山大·汉密尔顿(Alexander Hamilton)的《新东印度纪事》(*A New Account of the East India*)、洛克耶(Charles Lockyer)的《在印度贸易纪事》(*An Account of the Trade in India*)、约翰·贝尔(John Bell,1691—1780)的《从俄国圣·彼得堡到亚洲各地区的旅行》(*Travels from St Petersburg in Russia to Various Parts of Asia*)、诺伯尔(Charles Frederick Noble)的《1747—1748 年间的东印度地区航海记》(*A Voyage to the East India in 1747 and 1748*)、威廉·基希(William Hickey)的《威廉·基希回忆录》(*Memoirs of William Hickey*)、詹姆斯·金(James King)的《太平洋航海记》(*A Voyage to the Pacific Oceans*)、托马斯·吉尔吉特(Thomas Gilbert)的《1788 年从新南威尔士到广州航海记》(*Voyage from New South Wales to Canton, in the Year 1788. With Views of the Islands Discovered*)、约翰·米勒斯(John Meares)的《1788—1789 年间在中国与美国西北岸航海记》(*Voyage Made in the Years 1788 and 1789 from China to the North-West Coast of America*)、乔治·莫蒂默(Lieut George Mortimer)的《乘坐约翰·亨利·考克指挥的双桅横帆船墨秋号,历经特内里弗岛、阿姆斯特丹岛、范迪门地附近的玛丽亚岛、塔希提岛、三明治群岛、奥维西岛、美国西北岸的福克斯群岛、蒂尼安岛,最后到达广州记》(*Observations and Remarks Made During a Voyage: To the Islands of Teneriffe, Amsterdam, Maria's Islands near Van Diemen's land; Otaheite, Sandwich Islands; Owhyhee, the Fox Islands on the North West Coast of America, Tinian, and from thence to Canton, in the Brig Mercury, Commanded by John Henry Cox, Esq. By Lieut. George Mortimer, of the marines*)。叶著对这些游记的作者及内容做了介绍,参见叶向阳:《英国 17、18 世纪旅华游记研究》,北京:外语教学与研究出版社,2013 年,第 122—197、239—300 页。

有关此行的旅行记——《从俄国圣·彼得堡到亚洲各地区的旅行》(Travels from St Petersburg in Russia to Various Parts of Asia),此书1763年在英国格拉斯哥分两卷出版,这可能是最早的英国人"北京经验"的实录。由于约翰·贝尔是作为俄罗斯使团的医生随同前往中国,并最早进入北京的英国人,因此,他作为英国代表来京的身份仍值得保留。①在英国极为有限的有关中国材料中,我们看到的大多为一些想象的、虚构的文学游记。② 18世纪末以前英国人有关中国的知识来源主要依赖于此前来华的法国、意大利等欧洲大陆国家耶稣会传教士的书信、游记等文献所传递的"中国经验"。

当印度完全沦落为英国的殖民地后,英国在东方站稳了脚跟,经营印度的英国东印度公司遂向英王建议,向中国派出使团,以洽谈两国商贸往来。因此,英国人来华的动机从一开始就带有殖民开拓的性质,③这与此前来华游历或传教的意大利人、法国人不同。由于英国到18世纪末已在工业革命上获得相当成功,在经济上明显具有先进的优势,故英国人来华时所怀抱的自信心和雄心明显超越了此前来华的其他西方国家人士。

真正作为英国使团首次来到北京的是1793年的马戛尔尼使团,他们掀开了中英关系史新的一页。1816年英国第二次派出阿美士德勋爵(Lord William Pitt Amherst)使团访华,并抵达北京。这是我们迄今知道的鸦片战争以前英国人进入北京的两次经历。与以往西方外交使团来华相比,马戛尔尼使团无论代表团人数规模、携带礼品数量,还是被接待的

---

① 关于俄罗斯代表团访问北京和约翰·尔贝本人的介绍,参见〔法〕加斯东·加恩著,江载华、郑永春译:《彼得大帝时期的俄中关系史》第七章《伊兹玛依洛夫的出使(1719—1722)》,北京:商务印书馆,1980年,第161页。

② 参见 Qian Zhongshu. *China in the English Literature of the Seventeenth and Eighteenth Centuries*. 收入《钱钟书英文文存》,北京:外语教学与研究出版社,2005年,第82—280页。范存忠:《中国文化在启蒙时期的英国》,上海:上海外语教育出版社,1991年。葛桂录:《雾外的远音——英国作家与中国文化》,银川:宁夏人民出版社,2002年,第1—228页。

③ 有关英国派出使团的目的,参见 Earl H. Pritchard. Letters From Missionaries at Peking Relating to the Macartney Embassy(1793—1803). *T'oung Pao*. Vol. XXXL. 1935. p.1. 普理查德明确承认:"在某种程度上,使华不过是小威廉·皮特政府在他1784年获得政权后采取的鼓励商业、工业扩张的总体政策的一部分。"

规格,都超过此前荷兰、俄罗斯、葡萄牙等国的使团,马戛尔尼使团可以说是18世纪中西交流的高潮。更为重要的是,马戛尔尼使团回国以后,其成员出版了日记、回忆录、旅行报告,留下了丰富的历史文献材料,在西方世界产生了轰动性的反响,为我们保留了鸦片战争以前英国人的北京记忆,对后来的历史进程具有十分重要的影响。

最早整理和利用马戛尔尼使团材料从事研究的学者是普理查德。1935年他在《通报》(T'oung Pao)第31卷发表《来自北京传教士与马戛尔尼使团相关的信》(1793—1803)(Letters From Missionaries at Peking Relating to the Macartney Embassy(1793—1803)),凡11件。1938年在《大英帝国及爱尔兰皇家亚洲学会杂志》(The Journal of the Royal Asian Society of Great Britain and Ireland)发表《东印度公司与使华勋爵马戛尔尼来往通信》(The Instruction of the East India Company to Lord Macartney on His Embassy to China and His Reports to the Company,1792—4),共8件。① 普理查德编辑、整理的马戛尔尼关于中国之文件(Pritchard Collection of Macartney Documents on China),已被美国华盛顿州立大学收藏。

第二位整理相关档案文献并从事这一课题研究的学者为香港大学教授让—路易·克莱默—平。他在1962年出版了《一个访华使团:1793—1794年马戛尔尼勋爵率团出使乾隆皇帝期间写下的日记》(An Embassy to China:being the Journal Kept by Lord Macartney during his Embassy to the Emperor Ch'ien-lung,1793—1794)一书,该书附录D《有关马戛尔尼使团第一手材料著作目录评注》(Annotated List of Writing which Contain First-Hand Material Relating to the Macartney Embassy)②一文列举了使团成员威廉·亚历山大、爱尼斯·安德逊、约翰·巴罗、詹姆斯·丁威迪、塞缪尔·霍姆斯、赫脱南、马戛尔尼、斯当

---

① 中译本参见朱杰勤译,〔美〕H. 普利查德编注:《英东印度公司与来华大使马卡特尼通讯录》,收入《中外关系史译丛》,北京:海洋出版社,1984年,第191—247页。

② J. C. Cranmer-Byng. An Embassy to China:being the Journal Kept by Lord Macartney during his Embassy to the Emperor Ch'ien-lung,1793—1794. London:Longmans, Green and Co. 1962. pp. 342—352.

东、小斯当东等人已出版的文献,共 13 种,并对这些文献内容作了简要评介。

第三位对使团文献材料有过系统研究的学者是法国的阿兰·佩雷菲特院士。他在 1989 年出版的《停滞的帝国——两个世界的撞击》一书前言中,分别以"英国人的看法""传教士的观点""中国人的见解"为题介绍了三方的原始文献,书后附录二《原始资料》详列了该书所利用的原始文献和未刊档案。① 佩雷菲特在让—路易·克莱默—平的基础上又增加了对收藏在世界各地的相关未刊英、中、法文档案文献材料的说明,他可谓真正全面利用各方面材料,特别是档案文献从事马戛尔尼使团研究的西方学者。根据自己掌握的材料,佩雷菲特扼要说明了这些材料的性质,并曝光将整理欧洲传教士相关材料的计划:

> 英国人对于事实真相的说法早已众所周知。使团中的侍从安德逊、全权公使斯当东、士兵霍姆斯、总管巴罗、大使马戛尔尼和随团科学家丁维提等人,都就中国之行写了纪实或回忆,除了丁维提的著作迟至一八六八年方才出版外,上述其余人的著述均在使团回到伦敦后不久,即一七九五年至一八〇七年之间问世。这些著述全都偏袒己方。研究这个事件的西方历史学家很多,尤其是盎格鲁—撒克逊历史学家,其中主要是厄尔·H. 普利查德、让—路易·克莱默—平。
>
> 就英国资料而言,除了上述已经出版的有关著述外,还有使团成员斯蒂芬·艾尔斯、随团画家威廉·亚历山大、皇家海军舰队"狮子号"舰长高厄爵士的记述以及印度公司监督委员会主席亨利·敦达斯的信件。马戛尔尼勋爵的见习侍童乔治——托马斯·斯当东的手稿尤为重要,使团从扑茨茅斯启航时,他只有十一岁,觐见乾隆皇帝时,他十二岁,回到英国时,他十三岁。在七百名使团成员中,只有他一人好不容易学了一点中文。此后他作为印度公司的代表被派往中国,一八一六年他以阿美士德使团第二号人物的身份再次赴华,后来

---

① 参见〔法〕佩雷菲特著,王国卿、毛凤支等译:《停滞的帝国——两个世界的撞击》,北京:三联书店,1998 年,第 7—12、650—657 页。

他当上了议员,成了主张对华发动鸦片战争的强硬派分子。这个孩子当年用他那支稚嫩的笔,天真地记下了他的父亲——使团的副使——和马戛尔尼大使这两位外交官所掩饰的事实;他的小学生作业纠正了大人们的记述中的不确切之处。我在《停滞的帝国》中大量利用了斯当东这部未刊的日记手稿。……

一七九三年在北京的欧洲传教士提供了一些情况,他们认为英国人没有尊重中国官廷的礼仪。不过,他们的见证几乎无一见诸出版物,因而已被人们遗忘,我打算把它们整理出版。①

佩雷菲特的提示,为人们进一步查寻和使用马戛尔尼使团的文献材料提供了基本概貌和新的线索。

2003年,黄一农先生在《故宫学术季刊》第21卷第2期发表《龙与狮对望的世界——以马戛尔尼使团访华后的出版物为例》一文,称:"该使节团中至少有十四人记录或出版了相关的日志、传记或报告,本文尝试对这些罕见原始文献的出版情况提供迄今最完整的介绍。"黄文详细交待了这些文献版本(包括翻译版本)的出版详情,从黄文介绍内容看,他注意搜集了一些其他历史文献收入的使团成员日记或旅行记的材料。黄先生是中文世界第一位对马戛尔尼使团成员的英文文献做出系统描述的学者。此外,张国刚的《从中西初识到礼仪之争——明清传教士与中西文化交流》一书在述及"马戛尔尼使团笔记"时,亦介绍了安德逊、斯当东、塞缪尔·霍姆斯、巴罗四人游记的版本和翻译情况,在译本上有新的增补。②

下面我根据普理查德、让—路易·克莱默—平、佩雷菲特、黄一农、张国刚诸位先生引据的文献,并结合自己所搜寻到的材料,将马戛尔尼使团留下的原始文献,大致按出版和公布的先后时序作一简表。

---

① 〔法〕佩雷菲特:《序言》,收入中国第一历史档案馆编:《英使马戛尔尼访华档案史料汇编》,北京:国际文化出版公司,1996年,第10—11页。

② 参见张国刚:《从中西初识到礼仪之争——明清传教士与中西文化交流》,北京:人民出版社,2003年,第180—181页。

表 8.1 马戛尔尼使团成员出版品一览

作者或编者	身份	书名	出版单位、时间	备注
Aeneas Anderson（爱尼斯·安德逊）	马戛尔尼的男仆、使团第一大副	A Narrative of the British Embassy to China in the Years 1792, 1793, and 1794（《英使访华录》，中译本后题《英国人眼中的大清王朝》）	London: J. Debrett, 1795, Basil: J. J. Tourneisen, 1795①	欧美有法、德译本等数种版本，中国有费振东的中译本②
		An Accurate Account of Lord Macartney's Embassy to China	London: Vernor & Hood, 1795	
William Winterbotham 编		An Historical, Geographical and Philosophical View of the Chinese Empire（《一个有关中华帝国历史的、地理的以及哲学的观察》）	London: Ridgway & Button, 1795	欧美有德译本
Sir George Leonard Staunton（斯当东）	使团副使	An Authentic Account of an Embassy from the King of Great Britain to the Emperor of China（《英使谒见乾隆纪实》）	London: G. Nicol, 1797	欧美有法、德、荷兰、俄、意译本等15种版本，中国有叶笃义的中译本③

---

① 此版本系据 James Louis Hevia. *Cherishing Men from Afar: Qing Guest Ritual and the Macartney Embassy of 1793*. Durham: Duke University Press, 1995. p. 262。中译文参见〔美〕何伟亚著，邓常春译：《怀柔远人：马嘎尔尼使华的中英礼仪冲突》"文献目录"，北京：社会科学文献出版社，2002年，第259页。

② 〔英〕爱尼斯·安德逊著，费振东译：《英使访华录》，北京：商务印书馆，1963年；北京：群言出版社，2002年，改题为《英国人眼中的大清王朝》。

③ 〔英〕斯当东著，叶笃义译：《英使谒见乾隆纪实》，香港：三联书店，1994年；上海：上海书店出版社，1997、2005年。

续表

作者或编者	身份	书名	出版单位、时间	备注
Johann Christian Hüttner（赫脱南）	George Thomas Staunton 的家庭教师、翻译	*Nachricht von der Britischen Gesandtschaftsreise durch China und einen Teil der Tartarei*（《英国派遣至中国之使节团的报告》）①	Berlin, 1797	有荷、法译本
John Stockdale 编	出版商	*An Authentic Account of an Embassy from the King of Great Britain to the Emperor of China*（《英使谒见乾隆纪实》）	London, 1797	
John Stockdale 编	出版商	*An Abridged Account of the Embassy to China Undertaken by Order of the King of Great Britain*（《奉大英国王之命至中国之大使的节略报告》）	London, 1797	
John Stockdale 编	出版商	*An Historical Account of the Embassy to the Emperor of China*（《派遣至中国皇帝之大使的历史报告》）	London, 1797	

① 该书有新的德文版整理本 Johann Christian Hüttner. *Nachricht von der Britischen Gesandtschaftsreise nach China 1792—94*, Sigmaringen: Jan Thorbecke Verlag GmbH & Co, 1996.

续表

作者或编者	身份	书名	出版单位、时间	备注
George Cawthorn 编	出版商	A Complete View of the Chinese Empire（《中华帝国全貌》）	London: J. S. Pratt, 1798	
Samuel Holmes（塞缪尔·霍姆斯）	使团卫队士兵	The Journal of Mr. Samuel Holmes（《塞缪尔·霍姆斯先生的日志》）	London: W. Bulmer & Co, 1798	欧美有法、德、意译本
William Alexander（威廉·亚历山大）	使团绘画员	Views of Headlands &. Taken during a Voyage to, and along the Eastern Coast of China, in the years 1792 & 1793, etc（《1792—1793年沿中国东海岸之旅途中各海、海岛之景貌》，画册）	London, 1798	
William Alexander（威廉·亚历山大）	使团绘画员	The Costume of China（《中国服饰》，画册）	G. Nicol, 1797—1799（前九册），William Miller, 1803—1804（后三册），1805年合为一册	

续表

作者或编者	身份	书名	出版单位、时间	备注
William Alexander（威廉·亚历山大）	使团绘画员	*The Custom of China*（《中国风俗》，画册）①	London, 1800	有刘潞、〔英〕吴芳思的中文编译本。
William Alexander（威廉·亚历山大）	使团绘画员	*The Picturesque Representation of the Dress and Manners of the Chinese*（《中国服饰与习俗之生动描绘》）	London：John Murray, 1814	欧美有法译本，中国有沈弘的中文编译本。②
Sir John Barrow（约翰·巴罗）	马戛尔尼的私人总管	*A Voyage to Cochin China, in the Years 1792 and 1793*（《一次前往交趾支那的航行1792—1793》）	London：T. Cadell & W. Davies, 1806	
Sir John Barrow（约翰·巴罗）	马戛尔尼的私人总管	*Travels in China*（《中国游记》，中译本题为《我看乾隆盛世》）	London：T. Cadell & W. Davies, 1804, 1806	欧美有法、德、荷译本等多种版本，中国有李国庆、欧阳少春，何高济、何毓宁的中译本。③

---

① 此画册参见刘潞：《前言》，收入刘潞、〔英〕吴芳思编译：《帝国掠影——英国访华使团画笔下的清代中国》，北京：中国人民大学出版社，2006年，第22页。

② 〔英〕威廉·亚历山大著，沈弘译：《1793：英国使团画家笔下的乾隆盛世——中国人的服饰和习俗图鉴》，杭州：浙江古籍出版社，2006年。

③ 李国庆、欧阳少春译：《我看乾隆盛世》，北京：国家图书馆出版社，2007年。〔英〕乔治·马戛尔尼、〔英〕约翰·巴罗著，何高济、何毓宁译：《马戛尔尼使团使华观感》，北京：商务印书馆，2013年。

续表

作者或编者	身份	书名	出版单位、时间	备注
Sir John Barrow（约翰·巴罗）	马戛尔尼的私人总管	*Some Account of the Public Life and A Selection from the Unpublished Writings of the Earl of Macartney*（《与马戛尔尼伯爵公务相关之一些报告及其未出版著述之选集》）	London: T. Cadell & W. Davies, 1807	
Sir John Barrow（约翰·巴罗）	马戛尔尼的私人总管	*Autobiographical Memoir of Sir John Barrow*（《约翰·巴罗自传回忆录》）	London: John Murray, 1847	
William Jardine Proudfoot 编、James Dinwiddie 著	机械专家，负责掌管使团礼物	*Biographical Memoir of James Dinwiddie*（《詹姆斯·丁威迪传记体回忆录》）	Liverpool: Edward Howell, 1868	
Helen H. Robbins 编	马戛尔尼的后人	*Our First Ambassador to China: An Account of the Life of George Earl of Macartney*（《我们的第一位中国大使：马戛尔尼一生记事》）	London: John Murray, 1908	此书第十至十二章系马戛尔尼本人的出使中国日记。有刘半农的中文节译本①

---

① 据黄一农先生核对，刘半农译《乾隆英使觐见记》（上海：中华书局 1916 年、天津：天津人民出版社 2006 年）系节译自 Helen H. Robbins 一书的第 10—12 章。

续表

作者或编者	身份	书名	出版单位、时间	备注
J. C. Cranmer-Byng 编辑整理	香港大学教授	An Embassy to China: being the Journal Kept by Lord Macartney during his Embassy to the Emperor Ch'ien-lung, 1793—1794（《一个访华使团：1793—1794年马戛尔尼勋爵率团出使乾隆皇帝期间写下的日记》）	London: Longmans, Green and Co., 1962	此书系马戛尔尼本人出使中国的全部日记、报告和《吉兰医生在中国所见医学、外科和化学之状况》《马戛尔尼关于中国的报告》。有秦仲龢和何高济、何毓宁的中译本。①
Connor, Patrick and S. L. Sloman		William Alexander: An English Artist in Imperial China（《威廉·亚历山大：中华帝国里的一位英国画家》）	Brighton: Brighton Borough Council, 1981	

此外,马戛尔尼使团尚留有一些未刊的手稿和档案收藏在美国康奈

---

① 秦仲龢译:《英使觐见乾隆纪实》,香港:大华出版社,1966年。后收入沈云龙主编:《英使谒见乾隆纪实》,台北:文海出版社有限公司,1973年。经笔者核对,秦译本缺《吉兰医生在中国所见医学、外科和化学状况》和《马戛尔尼关于中国的观察》两部分和书后附录,日记亦有多处删节。〔英〕乔治·马戛尔尼、〔英〕约翰·巴罗著,何高济、何毓宁译:《马戛尔尼使华观感》,北京:商务印书馆,2013年。该书收入《马戛尔尼私人日志》(即《马戛尔尼关于中国的观察》和附录《基兰医生记中国的医学、外科和化学》,正好补秦译本之所缺。

尔大学、华盛顿州立大学、杜克大学、英国大不列颠图书馆、印度事务部图书档案馆、伦敦公共图书馆、威尔康姆历史医学协会、北爱尔兰贝尔法斯特公共档案馆、加拿大达尔豪斯大学、爱尔兰国家国书馆、约翰内斯堡的威特沃特斯兰德大学、日本东洋文库、法国国家档案局、外交部档案、法兰西学院图书馆、遣使会档案、耶稣会档案等处。因篇幅关系,这些档案的具体内容和原始来源,在此不赘。①

综上所述,马戛尔尼使团成员此行的纪实性著述,回国后很快得到出版,且随后出现各种欧洲语言的翻译版本,故此行获取的信息在欧美迅即得到传播,在出版界刮起了一股不小的"中国风"。与此前法国传教士所撰写的书信或报告相比,使团成员留下的纪实性文献,其份量和影响可以说毫不逊色。迄今已整理出版了9名使团成员的旅行日记、回忆录、报告或画册,他们是:爱尼斯·安德逊(1795)、斯当东(1797)、塞缪尔·霍姆斯(1797)、赫脱南(1797)、威廉·亚历山大(1804)、约翰·巴罗(1804)、詹姆斯·丁威迪(1868)、马戛尔尼(1908、1962)、吉兰(1962)。另外我们知道至少还有5人留下了手稿,他们是:"狮子号"舰长高厄、绘画师希基、炮兵军官巴瑞施、使团秘书温德、小斯当东。② 斯当东的《英使谒见乾隆纪实》曾引用希基、巴瑞施、吉兰、巴罗等人的相关记叙,③均出自未刊的手稿。因使团由各种不同身份、不同职业(外交、商贸、医生、科技人员、画家等)的人员组成,其记录访华之行的内容各有侧重,他们之间的回忆也构成一种互补,从而比较全面地反映了使团所见乾隆时期中国的面貌。其中安德逊的《英使访华录》出版最早,系由英国出版商请人据安氏日记整理而

---

① 相关介绍参见黄一农:《龙与狮对望的世界——以马戛尔尼使团访华后的出版物为例》,《故宫学术季刊》第 21 卷第 2 期,2003 年。

② 有关马戛尔尼使团成员的著述及其译本介绍,参见 J. C. Cranmer-Byng. *An Embassy to China: being the Journal Kept by Lord Macartney during his Embassy to the Emperor Ch'ien-lung*, 1793—1794. London: Longmans, Green and Co. 1962. pp. 342—352.〔法〕佩雷菲特著、王国卿、毛凤支等译:《停滞的帝国——两个世界的撞击》,北京:三联书店,1998年,第 7—12、650—657 页。黄一农:《龙与狮对望的世界——以马戛尔尼使团访华后的出版物为例》。张国刚:《从中西初识到礼仪之争——明清传教士与中西文化交流》,北京:人民出版社,2003 年,第 180—181 页。

③ Sir George Staunton. *An Authentic Account of an Embassy from the King of Great Britain to the Emperor of China*. 2nd, Vol. 2. London: Printed for G. Nicol, Bookseller to His Majesty, Pall-Mall. 1797. pp. 252—254, 368—383. Vol 3. pp. 56—58, 120—121. 中译文参见〔英〕斯当东著、叶笃义译:《英使谒见乾隆纪实》,上海:上海书店出版社,1997 年,第 299、345—352、374、375、398—400 页等处的相关引文。

成。斯当东爵士的《英使谒见乾隆纪实》是使团的"正式报告",详于记录使团访华的整个活动过程。巴罗的《中国游记》对其中国见闻按专题作了新的归纳,加重了评论和表述其态度的分量。马戛尔尼勋爵的《我们的第一位中国大使:马戛尔尼一生记事》和《一个访华使团:1793—1794年马戛尔尼勋爵率团出使乾隆皇帝期间写下的日记》两书则是其个人日记的整理稿,内容虽相对简要,但价值甚高,后书还保有一份《马戛尔尼关于中国的考察报告》(Lord Macartney's Observation on China),显系马氏的个人汇报。《詹姆斯·丁威迪传记体回忆录》对其在北京装配科学仪器的过程有较为翔实的记叙。亚历山大的画册则在文字之外,为人们展现了一幅丰富多彩的18世纪末中国风情画。

1816年英国第二次派出阿美士德勋爵使团访华,并抵达北京。其在华旅行路线与马戛尔尼使团一样,但在北京仅停留十小时即被驱逐,使团成员留下的此行游记有:副使小斯当东的《阿美士德使团纪行》、副使埃利斯的《新近出使中国纪事》、医生克拉克·阿裨尔的《中国旅行记(1816—1817年)》、首席翻译马礼逊的《中国观》和《1816年英使赴华主要事件录》、随员德庇时的《中国笔记》(两卷)①。其内容和价值与马戛尔尼使团留下的材料相比要弱一些。埃利斯甚至抱怨地说:"我已经陈述完对于中国及其居民的回忆了。现在还得要问问我自己,如果不考虑官方工作的话 …… 如果不是因为觉得自己是极少数游历过中国内地的欧洲人而产生出些许满足之感的话,我就会认为这段时间完全虚度了。我既未能体验到文明生活的优雅和舒适,也没有品味到大多数半野蛮国家所具的天

---

① G. T. Staunton. *Notes of Proceedings and Occurrences During the British Embassy to Peking in 1816*. London: Patrick Tuck, 1824. Henry Ellis. *Journal of the Proceedings of the Late Embassy to China*, London: J. Murray, 1817. Clark Abel. *Narrative of a Journal in the Interior of China and a Voyage to and from that Country in 1816 and 1817*. London: Longman, Hurst, Rees, Orme and Brown, 1818. R. Morrison. *A View of China for Philological Purposes, Containing a Sketch of Chinese Chronology, Geography, Goverment, Religion & Customs*. Macao: 1817. R. Morrison, *A Memoir of the Principal Occurrences during an Embassy from the British Government to the Court of China in the Year 1816*. London: [s. n.], 1819. Sir J. F. Davis. *Sketches of China*. 2 Vol. London: Charles Knight & Co., 1841. 中译本有〔英〕亨利·埃利斯著,刘天路、刘甜甜译:《阿美士德使团出使中国日志》,北京:商务印书馆,2013年。〔英〕克拉克·阿裨尔著,刘海岩译:《中国旅行记(1816—1817年)——阿美士德使团医官笔下的清代中国》,上海:上海古籍出版社,2012年。〔英〕斯当东著,侯毅译:《1816年英使觐见嘉庆帝纪事》,载《清史研究》2007年第2期。

然情趣,而只是发现我自己的心灵和精神受到了身边的枯燥和压抑气氛的影响。"①这是一次彻底失败的遣使。

以上是我们所知鸦片战争以前英国使团进入北京的两次记录。须指出的是,马戛尔尼使团成员留下的文献在整理出版过程中,往往经过了编辑加工处理;且越是出版时间晚的文献,其贬华的倾向越是明显,其附加的偏见、成见的痕迹也较多,或隐或显地与时代背景可能有某些关联。英国学者毕可思就指出:"当通商口岸的存在受到攻击时,马戛尔尼使团和中英关系的其他版本的历史就涌现出来了。例如,普理查德对该使团叩头问题的学究似的考据发表于该事件 150 周年的 1943 年,决不是什么巧合。还应注意到,该文发表于英国和美国正式放弃它们在中国的治外法权,和通商口岸时代终后的一个月。"②类似的情形似乎还有,如 1868 年出版的《詹姆斯·丁威迪传记体回忆录》发出的"中国除了被一个文明的国家征服以外,没有任何办法使它成为一个伟大的国家"的叫喊,不免使人产生这是否在为 8 年以前结束的第二次鸦片战争辩护的疑问。1962 年让—路易·克莱默—平整理出版《一个访华使团:1793—1794 年马戛尔尼勋爵率团出使乾隆皇帝期间写下的日记》,书前那一长段撇清英国与西藏叛军关系的谈话,尽管在斯当东的《英使谒见乾隆纪实》亦有记载,但在 1908 年出版的《我们首次出使中国:马戛尔尼一生记事》只是略加提及,它是否有意暗示英国政府对西藏叛乱和 1962 年发生的中印边界冲突所持的态度,也值得人们进一步研究。实际上,英美学者普理查德、让—路易·克莱默—平、何伟亚三人的研究成果,微妙地折射了英美方面在 1930、1940 年代(民国时期)、1950、1960 年代(中华人民共和国初期)、1990 年代(后冷战时期)处理中英关系的态度。

马戛尔尼使团回国后,其成员应约纷纷出版自己的日记、游记,其中的真实性或者部分真实性也受到人们的质疑。佩雷菲特曾发出过这种疑问:"这些旅行家一回到国内,出版商们就马上请他们写点东西。他们不

---

① Henry Ellis. *Journal of the Proceedings of the Late Embassy to China*. London: J. Murray, 1817. p. 440. 中译文参见〔英〕亨利·埃利斯著,刘天路、刘甜甜译:《阿美士德使团出使中国日志》,第 300 页。

② 〔英〕毕可思:《通商口岸与马戛尔尼使团》,收入张芝联主编:《中英通使二百周年学术讨论会论文集》,北京:中国社会科学出版社,1996 年,第 326 页。

能不描绘一下那座他们曾经生活过,却从未游览过的城市。他们关于北京的介绍,与其说来自他们的亲身经历,还不如说来自他们与欧洲传教士的谈话。的确,在外国,最好的情报来源莫过于在这个国家长住的自己同胞。他们在观察事物时比较平稳,因而头脑清醒。对使团来说,欧洲传教士正好起这个作用:他们同英国使团促膝谈心,他们的谈话要比他们写的东西更加诚恳。"①这是一个提示,这就要求我们在阅读使用这些文献时需要谨慎地加以鉴别,分清哪些是使团成员有关中国的实际叙述,哪些是使团成员当时或回国以后对中国的态度,哪些可能是编辑加工或根据出版商要求增加的迎合市场趣味的文字。

二 马戛尔尼使团在北京、热河的行程和食宿安排

1792年9月26日,大英帝国派出的马戛尔尼勋爵率领的庞大使团以向乾隆贺寿为名,从朴次茅斯港起程,开始前往中国。经过十个月的航程,1793年6月20日,到达老万山群岛。7月3日,到达舟山。7月25日,到达大沽口。8月5日,使团换乘中方的民船,其所携行李、礼品亦搬入中方来接载的船只。8月9日,进入内河航行。8月11日,抵达天津。8月17日,船队到达通州,使团上岸。8月21日抵达北京城。9月2日,使团大部分成员随马戛尔尼勋爵离京赴热河,巴罗、丁威迪等部分成员仍留京装配所赠科学仪器。9月8日,到达热河。9月14日,马戛尔尼率使团成员在热河避暑山庄第一次觐见乾隆皇帝。9月15日,使团再次觐见乾隆,获准游览万树园。9月17日,马戛尔尼参加乾隆生日庆典,第三次觐见乾隆。9月18日,使团出席为庆祝乾隆生日举行的各种戏剧表演活动,第四次觐见乾隆。9月21日,使团离开热河回北京。9月26日,到达北京。9月30日,马戛尔尼参加乾隆皇帝入京典礼。10月3日,马戛尔尼向乾隆呈递他的要求的备忘录。10月5日,乾隆亲自到圆明园观看使团所赠礼品,并接见了装配仪器的英国技师。10月6日,使团接到命令准备离京。10月7日,使团收到对备忘录的答复和乾隆皇帝给英王乔治三世的信件,离开北京到达通州。10月11日,使团乘船沿运河南

---

① 〔法〕佩雷菲特著,王国卿等译:《停滞的帝国——两个世界的撞击》,第179页。

下,结束了在北京的行程。使团在北京、热河的行程,实际只有 56 天,其中使团主要成员在北京城的时间只有 24 天。以上即使团在北京、热河的行程。

10 月 11 日使团离开通州以后南下。11 月 9 日,到达杭州。12 月 19 日,到达广州。1794 年 9 月 5 日,回到伦敦。① 整个访华行程约近三年。使团在华的一切食宿费用、领航员和登陆后的交通工具,均由中方承担。

为做好接待英国使团的工作,乾隆数次上谕布置有关事宜:乾隆五十八年(1793)正月十八日谕沿海各省督抚:"如遇该国贡船进口时,务先期派委大员,多带员弁兵丁,列营站队。务须旗帜鲜明,甲仗精淬。并将该国使臣及随从人数,并贡件行李等项,逐一稽查,以肃观瞻,而昭体制。"② 对沿途各省迎接英国使团的事宜作了交待。六月十七日又谕:"该国贡船笨重,不能收泊内洋,到津后须辗转起拨,计抵热河已在七月二十以外,正可与蒙古王公及缅甸等处贡使一并宴赉。即或海洋风信靡常,到津略晚,不能于七月内前抵热河,即八月初旬到来,亦不为迟。但应付外夷事宜,必须丰俭适中,方足以符体制。外省习气,非失之太过,即失之不及。此次英咭唎国贡使到后,一切款待固不可踵事增华。但该贡使航海远来,初次观光上国,非缅甸、安南等处频年入贡者可比。梁肯堂、徵瑞务宜妥为照料,不可过于简略致为远人所轻。"③ 对英国使团到达热河的具体日期和高于安南、缅甸这些邻近朝贡国的接待规格作了明确指示。

秉承乾隆皇帝的指示,中方接待英方的规格很高。7 月 20 日,英国使团乍到登州府,登州知府即上舰拜会。7 月 31 日,天津道台乔人杰、副将王文雄赶来与英国使团洽谈进京事宜。④ 8 月 7 日,直隶总督梁肯堂与

---

① Hosea Ballou Morse. *The Chronicles of the East India Company Trading to China 1635—1834*. Vol. 2. Oxford: Clarendon Press, 1926. p. 224. 中译文参见〔美〕马士著,区宗华译:《东印度公司对华贸易编年史》第二卷,广州:广东人民出版社,2016 年,第 253—254 页。笔者在内容上有所增补。

② 秦国经:《从清宫档案,看英使马戛尔尼访华历史事实》,收入中国第一历史档案馆编:《英使马戛尔尼访华档案史料汇编》,北京:国际文化出版公司,1996 年,第 28 页。

③ 中国第一历史档案馆编:《英使马戛尔尼访华档案史料汇编》,第 32 页。

④ J. L. Cranmer-Byng. *An Embassy to China: being the Journal Kept by Lord Macartney during his Embassy to the Emperor Ch'ien-lung*, 1793—1794. London: Longmans, Green and Co., 1962. p. 71. 中译文参见秦仲龢译:《英使谒见乾隆纪实》,台北:文海出版社有限公司,1973 年,第 14 页。

马戛尔尼交换名片,11日在天津设行辕热烈欢迎英国使团;钦差大臣长芦盐政徵瑞亦同赶来会面。徵瑞、乔人杰、王文雄是使团在北京、热河活动的主要陪同者。从10月10日使团离开北京到杭州一段,由钦差大臣松筠护送。从杭州至广州一段,则由新任两广总督长麟陪送。使团在北京、热河行程中的食宿,中方尽其所能,周到安排,令英国使团基本满意。

居住 8月17日,使团人员离船上岸,将行李、礼品搬上岸,安放在贮藏所内。马戛尔尼第一次提及当日住处的安排:"我们所住的地方是城郊的一所庙宇,地方很大,有好几个院子和广阔的厅房。我们在这里暂住,觉得很是舒适,每日所供给的物品,和在船上一样,凡有所需,只要略一开口就咄嗟立办。"①他对住处的安排感到满意。希基以一个画师的眼光对这座庙宇作了描绘:"本庙建在通州府郊区附近一块渐渐上升但又不陡的高坡上,距离河边半哩,四周围有高墙。对着河边的高墙下面开着一个小门,门外由中国军队站岗警卫。……从这个小门进去通过几个院子和平房然后到达佛堂。佛堂同其余地方又有另外一道墙隔开,墙上打开一个八呎直径的圆洞来往通行。佛堂面对面共两座,中间距离很大,每座都有前廊,廊下柱子都是漆成朱红色的。"②安德逊对所住庙宇略有微词:"中国政府所指定拨给大使在通州居住的寓所离河岸3/4英里,离城区约1英里之遥,地面隆起。它的外表是雅致精美,但是这样地低矮,好像对于可以期望给予的显要地位和当时我们考虑到的拨这所房屋的意义不相符合——这座房屋没有哪一部分比一层屋高。"③安德逊对这种临时性的住房安排似期望过高,自然不免有难合其意之感。

---

① J. L. Cranmer-Byng. *An Embassy to China*: *being the Journal Kept by Lord Macartney during his Embassy to the Emperor Ch'ien-lung*, 1793—1794. London: Longmans, Green and Co., 1962. pp. 88—89. 中译文参见秦仲龢译:《英使谒见乾隆纪实》,第61页。

② Sir George Staunton. *An Authentic Account of an Embassy from the King of Great Britain to the Emperor of China*. 2nd, Vol. 2. London: Printed for G. Nicol, Bookseller to His Majesty, Pall-Mall. 1797. pp. 252—254. 中译文参见〔英〕斯当东著,叶笃义译:《英使谒见乾隆纪实》,第299页。

③ Aeneas Anderson. *A Narrative of the British Embassy to China, in the Years 1792, 1793, and 1794: Containing the Various Circumstances of the Embassy, with Accounts of Customs and Manners of the Chinese; and a Description of the Country, Towns, Cities, Edc. Edc.* London: J. Debrett, 1795. p. 131. 中译文参见〔英〕爱尼斯·安德逊著,费振东译:《英国人眼中的大清王朝》,北京:群言出版社,2002年,第71—72页。

8月21日使团离开通州,进入北京。进京的第一天,使团被安置在圆明园与海淀之间的弘雅园。① 马戛尔尼对所下榻的花园并不满意:"中国官员给我们预备好的房子也是在一个花园里的,地方很大,有好几个小院子和亭榭。有一小曲径通到小河边,循河而下,曲曲折折而到一小岛,岛的中间有一小屋可为避暑之用。这一带都种了很多树木,颇有草坪山石之胜。整个园子围以高墙,园门驻有军士一队以资保护。园中的房子,虽然有几间颇为广大并且精洁良好,但若从整体而言,可说是荒秽破损,在冬季时候住下来一定不会很舒适,而只适于夏季避暑。听说像这样的馆舍好几所,都是招待外国使节之用的,我们现在所住的这一所,算是其中最好的了。"② 相对马戛尔尼这一平实、客观的描述,安德逊、斯当东、巴罗、霍姆斯的意见不一,安德逊感觉住所的安排与使节的身份颇不相称:"这座宫殿,为了表示它的重要虽然不配作为一个伟大君主的代表的住所——我必须继续称它为宫殿——是分为两个四合院,屋舍排列成一个长方形,不仅是谈不到雅丽,而且破旧失修;沿墙砌上走道,有油漆好的木屋顶。在这座建筑物的几扇大门前面和在一个大院的中间有几棵树,并不怎么别致也不美观;地面上则铺了一种砂砾。在这地区内还有几块小草地,看样子是没有整修过的。"③ 斯当东注意观察别墅的外部景观:"招待使节团居住的别墅即在海淀和圆明园之间,别墅至少占有十二亩地面。里面花园的走道蜿蜒盘旋,小溪环绕假山,草地上各种树木成林,太湖石不规则地堆在一起。整个别墅包括若干幢住房,分成许多小院子。住房的设计和装饰都非常考究。其中有些房子的墙上绘着水彩画。画得不算坏,也注意到配景法,但就是完全忽略了明暗面,这充分表示出中国的画法。……这个别墅曾为几个外国使臣和各省大吏到圆明园谒见皇帝时住

---

① 据洪业先生《勺园图录考》(北平:引得编纂处,1933年)一文考证,弘雅园即为现在北京大学(原燕京大学)校园内的勺园之前身。乾隆年间,因避讳清高宗弘历的"弘"字,故称宏雅园。
② Cranmer-Byng. *An Embassy to China: being the Journal Kept by Lord Macartney during his Embassy to the Emperor Ch'ien-lung*, 1793—1794. London: Longmans, Green and Co., 1962. pp. 92-93. 中译文参见秦仲龢译:《英使谒见乾隆纪实》,第68页。
③ Aeneas Anderson. *A Barrative of the British Embassy to China, in the Years 1792, 1793, and 1794*. London: J. Debrett, 1795. pp. 165-166. 中译文参见〔英〕爱尼斯·安德逊著,费振东译:《英国人眼中的大清王朝》,第91页。

过。这个招待所好象空闲很久,有些地方已经失修。"①霍姆斯非常留恋此地:"此地有墙环绕,墙长约达二英里。墙内有不同类型的小房舍,且皆甚佳。舍前往往有大溪可浴,亦可作别用。派与卫兵所住房屋,在深林中,颇广爽,且四面环水,总而言之,其地可喜之至。然仅居五六日又移回北京,实可恼之至也。"②巴罗则极为不满,他甚至联想起此前荷兰使团访问北京时住宿安排的窘境。他如是评价弘雅园:"此园约15英亩,散布着数幢独立的小馆舍,既不够整个使团人员住宿,也容不下礼品和我们的行李,又疏于修整、破败不堪,以至于绝大部分都完全不适于居住。于是我们告知清朝官员,这种居所与一位英国特使的尊贵地位很不相配,他在任何情况下都不会接受。对他来说,下榻于城里还是乡下并不重要,但是馆舍应有适当的生活设施而且体面。"③在弘雅园住了两天,8月23日马戛尔尼向中方提出搬离要求,经过一阵讨论,中方答应了英方的要求。当天,马戛尔尼派他的秘书艾奇逊·马克斯威和一位译员随同王大人前往北京城内观看新安排的馆舍。④

8月26日使团搬离了弘雅园,迁到北京城内的一处豪宅。关于这次搬迁情况,马戛尔尼有简短记录:"今早我们从圆明园迁往北京城里居住了。这所华丽的馆舍,在北京内城,地方很大,有十一个院子之多,其中有些还很大,空气又很好。我们从圆明园到北京城外需时一点半钟,从城门到我们的住所又费时一点半钟。"⑤

---

① Sir George Staunton. *An Authentic Account of an Embassy from the King of Great Britain to the Emperor of China.* 2nd, Vol. 2. London: Printed for G. Nicol, Bookseller to His Majesty, Pall-Mall, 1797. pp. 299—300. 中译文参见〔英〕斯当东著,叶笃义译:《英使谒见乾隆纪实》,第317页。相关论述和考证,参见洪业:《勺园图录考》,北平:引得编纂处,1933年。

② Samuel Holmes. *The Journal of Mr. Samuel Holmes.* London: W. Bulmer & Co., 1798. p.135.

③ John Barrow. *Travels in China.* London: T. Cadell and W. Davies, 1804. p.102. 中译文参见〔英〕约翰·巴罗著,李国庆、欧阳少春译:《我看乾隆盛世》,第75—76页。

④ J. L. Cranmer-Byng. *An Embassy to China: being the Journal Kept by Lord Macartney during his Embassy to the Emperor Ch'ien-lung, 1793—1794.* London: Longmans, Green and Co., 1962. pp. 94,95—96. 中译文参见秦仲龢译:《英使谒见乾隆纪实》,第81,85—86页。

⑤ J. L. Cranmer-Byng. *An Embassy to China: being the Journal Kept by Lord Macartney during his Embassy to the Emperor Ch'ien-lung, 1793—1794.* London: Longmans, Green and Co. 1962, p.98. 中译文参见秦仲龢译:《英使谒见乾隆纪实》,第89页。

安德逊、斯当东、巴罗则有更为详尽的描述,安德逊评价较高:"下午2时,没有遇到任何实际阻碍就到达了指定为使团今后居住的高贵宫殿。这座宫殿是一位广东总督的财产,一般英国人称呼他为约翰·得克(John Tuck)。""这宫殿是用灰色砖建筑,十分宏大,有12个大院和6个小院。墙壁的砌筑工夫是如此细巧,砖缝间的浆灰像线一样的细,而且是奇特的均匀,必须详细观察以后才能相信这不是画家所画而是泥水匠所筑,这不是用铅笔描画而是用镘划成的。这些砖犹如大理石一样平滑,16英寸长,8英寸宽,2英寸厚。""这里我第一次看到中国人在房屋上的油漆艺术的高超,它的光泽不亚于日本式漆器,它的色彩不但能持久不退而且不受空气、日光和雨水的侵蚀。"①斯当东对新居也很满意,他对新居观察得非常细致:"使节团在北京的馆舍宽阔华美,厅房甚多。""这所官邸的建筑结构同一般中国大官的府第相同。整块园地由一个高的四方形砖墙围起,在一边的角端由一个小门通过一个小窄便道进到里面。从外面看很简单朴素,里面却非常富丽堂皇。"②巴罗却不以为然,他的评价大打折扣:"新馆舍足够大,但是卧室肮脏不堪,久已不住人,急需修理,又全无家具。这座府邸被认为是全城最好的一所……它是已故的广州海关监督,一个户部所建。他后来被提升为长芦盐政,又似乎因侵吞公款而下狱,巨额财产被充了公。被委派来照料使团的官员告诉我们,请求让英国使团占用这座府邸的奏报呈交给皇帝后,他马上批复道:'当然可以啦。那个国家对建造该府贡献良多,你怎么能够拒绝她的特使临时用一下呢?'从这句话可以推断,清廷相当清楚广州当局对外国人的敲诈勒索。"③巴罗所引乾

---

① Aeneas Anderson. *A Narrative of the British Embassy to China, in the Years 1792, 1793, and 1794*. London:J. Debrett,1795. pp. 172,174. 中译文参见〔英〕爱尼斯·安德逊著,费振东译:《英国人眼中的大清王朝》,第94,95页。

② Sir George Staunton. *An Authentic Account of an Embassy from the King of Great Britain to the Emperor of China*. 2nd , Vol. 2. London:Printed for G. Nicol, Bookseller to His Majesty,Pall-Mall. 1797. pp. 313—314. 中译文参见〔英〕斯当东著,叶笃义译:《英使谒见乾隆纪实》,第323页。

③ John Barrow. *Travels in China*. London:T. Cadell and W. Davies, 1804. pp. 103—104. 中译文参见〔英〕约翰·巴罗著,李国庆、欧阳少春译:《我看乾隆盛世》,北京:国家图书馆出版社,2007年,第77页。原译 ho-poo(户部)音译作"侯伯",现改。"广州商馆的外商称户部委任的粤海关监督为户部",参见 J. A. G.. Roberts. *China Through Western Eyes:the Nineteenth Century*. Far Thrupp:A. Sutton,1991.

隆这段话明显具有演义性质,斯当东早已说明搬迁新居之事,系"圆明园的总管大臣出来主持,说不必经过请示",他一言九鼎。①巴罗的叙述充满了傲慢与偏见,明显带有调侃的意味。新居原主人穆腾额,正白旗满洲人,武进士,乾隆四十九年至五十一年(1784—1786)任粤海关监督,后因贪污腐败罪被罢官。

使团在京食宿安排,中方亦有材料简要记载。《乾隆五十八年七月初八日廷寄》:"大学士伯和字寄直隶总督梁传谕长卢盐运使徵瑞:……奉上谕:……该贡使到京后,应在圆明园宏雅园居住,城内令备有宽敞房屋居住。"②《七月初八日军机处致金简等函》:"启者,本日面奉谕旨:……该使臣到热河瞻觐后,定于八月十六日起身回京圆明园,令在宏雅园居住,城内令在穆腾额入官房屋内居住,一切饭食等项,应派内务府人员妥为照料。其两处房屋,量为糊饰打扫,以备给住。"③从这两处材料看,使团成员在京实为分弘雅园和穆腾额家两处居住。

9月8日使团到达热河,被安排住在"建筑在一个山坡上"的宫殿。它处在热河镇的南顶端,位于行宫和热河镇之间。据考证,约为今承德市酒庙桥附近的佟王府。④"整个馆舍非常宽大方便,从这里可以俯视全镇,和一部分御花园。"⑤中方选择此地应是精心安排。安德逊详细描绘了这座庭院:

> 它的进口处有八级宽大的阶沿,接着是一座木制的门道。过这门道是一条走道通到一个大院子。院子中央铺着大而平的石板。院

---

① Sir George Staunton. *An Authentic Account of an Embassy from the King of Great Britain to the Emperor of China*. 2nd, Vol. 2. London: Printed for G. Nicol, Bookseller to His Majesty, Pall-Mall, 1797. p. 313. 中译文参见〔英〕斯当东著,叶笃义译:《英使谒见乾隆纪实》,第322页。
② 《英使马戛尔尼来聘案》,收入故宫博物院掌故部编:《掌故丛编》,北京:中华书局,1990年,第669、671页。原作"圆明园应在宏雅园居住",可能系排有误,现据文意改。
③ 《七月初八日军机处致金简等函》,收入故宫博物院掌故部编:《掌故丛编》,第676页。
④ 参见秦国经、高换婷:《乾隆皇帝与马戛尔尼》,北京:紫禁城出版社,1998年,第69页。
⑤ Sir George Staunton. *An Authentic Account of an Embassy from the King of Great Britain to the Emperor of China*. 2nd, Vol. 3. London: Printed for G. Nicol, Bookseller to His Majesty, Pall-Mall, 1797. p. 9. 中译文参见〔英〕斯当东著,叶笃义译:《英使谒见乾隆纪实》,第356页。

第八章　英国马戛尔尼、阿美士德使团的"北京经验"　475

里每一面都有一条长而宽的走廊,屋顶是用黑色有光的瓦盖着,廊前用木柱支住。……这院子的两厢所有的屋子供大使团的军队居住,正对廊庑的正中央的房屋,又有三级阶沿,供大使和斯当东爵士居住;再进去为另一院落大小相同,两厢给机工、音乐师和仆役们,中央的房屋拨给大使团的官员们;但这只有两间大房屋,因此他们就分为两部分寝息。侧厢作为餐厅。

这座建筑不能算宏大或雅丽:它只有一层屋,高低不平,由于建筑在倾斜的地面上房屋高低不一。它的四周有一堆墙,但从山上高处可以窥见屋子,因为它就筑在这山坡上。

我们对接待我们的礼节虽不免失望,但对我们的迫切所需的照顾和关怀,是没有理由感觉不满的。我们吃得舒服而且丰富。①

使团回到北京后仍回原住所。10 月 6 日,离京路过通州时,在此住了一宿,马戛尔尼、斯当东、安德逊对所安排的住所说法不一。马戛尔尼说:"我们所住的地方,与城墙相距甚近,房屋建造的时间还不算很远。据说这所馆舍的建筑费值十万英镑之巨,原本是一个粤海关监督的私产,因为他在任上有营私舞弊的行为,皇帝把他的官职革了,很久以来就关在狱中服刑。据一位传教士对我说,那个海关监督弄来的钱财,大部分从广东英商身上刮来,所以拿他的私产来招待外国人最适合不过。"②此说似与其在北京的馆舍相混。斯当东说:"使节团到达通州之后,仍被招待住在上次曾经住过的庙里。"③安德逊说得更离谱:"到那里我们发现招待我们的设备已大有改变,分配给我们居住的房子不过是临时搭起的挂着席子

---

①　Aeneas Anderson. *A Narrative of the British Embassy to China, in the Years 1792, 1793, and 1794*. London:J. Debrett,1795. p. 209. 中译文参见〔英〕爱尼斯·安德逊著,费振东译:《英国人眼中的大清王朝》,第 115 页。

②　J. L. Cranmer-Byng, *An Embassy to China: being the Journal Kept by Lord Macartney during his Embassy to the Emperor Ch'ien-lung, 1793—1794*, London: Longmans, Green and Co., 1962. p. 158. 中译文参见秦仲龢译:《英使谒见乾隆纪实》,第 237—238 页。

③　Sir George Staunton. *An Authentic Account of an Embassy from the King of Great Britain to the Emperor of China*. 2nd, Vol. 3. London: Printed for G. Nicol, Bookseller to His Majesty, Pall-Mall. 1797. p. 168. 中译文参见〔英〕斯当东著,叶笃义译:《英使谒见乾隆纪实》,第 417 页。

的棚子。"①三说应以斯当东的说法近是,且合情理。

值得一提的是,亚历山大的绘画作品中还保有《通州庙里的石碑》《使团在京下榻弘雅园的石舫》《使团下榻花园草图》三图,它们成为使团在通州、北京三处住所的历史见证。②

招待 使团抵达庙岛后,中方立即给抛锚的英国"狮子"号送来食品,斯当东写道:"几只中国小船送来大批家畜、水果、蔬菜等供应物品,数量太大,使节船只简直容纳不下,只能收留一部分,将其余的璧谢。""此后,不须提出请求,大批免费供应的物资源源不断送来。使节团所受的款待,特别是在土伦港、舟山、登州府和此地所受到的,除了东方而外,在世界上任何其他地方是少见的。"③7月31日马戛尔尼在他的日记中详细记录了中方赠送的食物数量后,赞叹地说:"这样的厚待客人,我们在交趾支那,在舟山,在登州前所未有,东方人对待远客是这样的热情,真使人可感。"④在随后的日子里,使团也处处感觉到中方的热情款待:

> 大量丰富的日用品不但供应到全体团员,而且普遍供应到使节团的所有技匠、卫队和仆人。看来中国方面不吝惜任何花费以求尽到对于使团的豪华供应。动员了这么多的官员,这么多的厮役,这么多的船只,来做招待工作。这些参加招待的官员和厮役据说都得到例外的加薪,借以鼓励他们做好这项工作。沿途岸上有列队欢迎的兵士,有搭的彩牌楼和特别准备的表演。所有以上一切费用俱由皇

---

① Aeneas Anderson. *A Narrative of the British Embassy to China, in the Years 1792, 1793, and 1794*. London:J. Debrett,1795. pp. 273—274. 中译文参见〔英〕爱尼斯·安德逊著,费振东译:《英国人眼中的大清王朝》,第 149 页。

② 参见刘潞、〔英〕吴芳思编译:《帝国掠影——英国访华使团画笔下的清代中国》,北京:中国人民大学出版社,2006 年,第 115、107、108 页。

③ Sir George Staunton. *An Authentic Account of an Embassy from the King of Great Britain to the Emperor of China*. 2nd , Vol. 2. London:Printed for G. Nicol,Bookseller to His Majesty,Pall-Mall, 1797. pp. 116—118. 中译文参见〔英〕斯当东著,叶笃义译:《英使谒见乾隆纪实》,第 244—245 页。

④ J. L. Cranmer-Byng. *An Embassy to China:being the Journal Kept by Lord Macartney during his Embassy to the Emperor Ch'ien-lung, 1793—1794*. London: Longmans, Green and Co., 1962. p.71. 中译文参见秦仲龢译:《英使谒见乾隆纪实》,第 13 页。

第八章　英国马戛尔尼、阿美士德使团的"北京经验"　477

帝一人担任起来。①

使团进京沿途,每到一处就受到当地官员的热情接待,周围群众赶来围观,形成欢迎的人潮。8月12日,使团到达天津,"天津的长官,作为礼物,送来三包彩色绸缎,分赠给大使团人员"。② 8月16日,安德逊写道:"在航程中我们见到更多的村落,更多的人。经常供应我们的肉类、家禽、蔬菜和水果继续收到。约午后5时我们抵达通州城,离北京约20英里,我们在这优美的河上航行至此告终。"③可见由于中方的热情接待,使团人员是带着愉快的心情走进北京。

在饮食方面,由于中英习惯不同,使团人员对中方送来的食物有时可能不适。8月6日使团成员乘上中方接载他们的帆船,随即中方送来了食物。中午接到一批生牛肉、面包和水果,安德逊初次品尝的结果,"这牛肉虽则不很肥,但质量很好。但这些面包,虽系很好的面粉所制,但不合我们口味,因为中国既不用酵母,又不用烤炉,因此这面包实质上和普通的面团差不多"。中午又接到一宗煮熟了的食物,内中有牛肉、羊肉、猪肉,熏烤的和烹煮的都有,熏肉"味道也不合我们口味",烹煮的猪肉"却远为适口"。④ 类似的情形时常有之,并不足为奇,是中、英方的饮食方式不同使然。

由于水土不服,英国使团上岸后,先后有三名成员在这段期间患病离世。8月19日晚,使团机工哈莱·伊兹先生因患急性痢疾而死。第二天使团为他举行隆重的军礼安葬,基于人道主义的理由,中方提供了墓地,并允准使团自由地进入墓地举行葬礼,对此英方颇感欣慰,安德逊说:"这

---

① Sir George Staunton. *An Authentic Account of an Embassy from the King of Great Britain to the Emperor of China*. 2nd , Vol. 2. London:Printed for G. Nicol,Bookseller to His Majesty,Pall-Mall,1797. pp.165,190. 中译文参见〔英〕斯当东著,叶笃义译:《英使谒见乾隆纪实》,第264页。类似的记载见于多处,参见同书第274页。

② Aeneas Anderson. *A Narrative of the British Embassy to China*,in the Years 1792,1793,and 1794. London:J. Debrett,1795. p.118. 中译文参见〔英〕爱尼斯·安德逊著,费振东译:《英国人眼中的大清王朝》,第65页。

③ Aeneas Anderson. *A Narrative of the British Embassy to China*,in the Years 1792,1793,and 1794. London:J. Debrett,1795. p.128. 中译文参见〔英〕爱尼斯·安德逊著,费振东译:《英国人眼中的大清王朝》,第70页。

④ Aeneas Anderson. *A Narrative of the British Embassy to China*,in the Years 1792,1793,and 1794. London:J. Debrett,1795. pp.94—95. 中译文参见〔英〕爱尼斯·安德逊著,费振东译:《英国人眼中的大清王朝》,第52页。

一自由,在我们自己的地球上有教化的地区内的某些国家里,可能从未允许给外国人享受过。"① 使团从热河启行之前,使团一名卫兵"因食水果,突然暴病身死"。② 9月21日使团从热河返回北京途中,使团的炮兵队员詹兰米·利特因患痢疾病逝,随队而行的其他几名士兵也传染上了同样的病,到9月30日,马戛尔尼卫队的50人中就有17人需要医生诊治和照顾。③ 可以想象,使团当时弥漫着恐慌的气氛。

考察马戛尔尼使团在北京、热河的行程和食宿安排,我们可以发现:第一、使团被允许通过海路北上,由大沽口登陆,然后转入内河航行,经天津、通州,进入北京,这在欧洲外交使团进京路线安排中前所未有,表现了乾隆对英国使团的特别礼遇。相对从前那些在广州登陆后,由陆路步行北上进入北京的外交使团来说,英国使团实在是幸运得多。对此,巴罗曾感叹地提及此前荷兰使团从陆路进京的艰苦情形:"荷兰使团是由陆路进京的。时值隆冬,大江小河皆冰冻了,气温常常在冰点以下8到16度,全国大部分地表都覆盖着冰雪,可是他们常常需要连夜赶路。被强拉来为他们运礼品和行李的农夫们,尽管身负重担,还是被迫竭尽全力跟上他们。范罢览先生记录道,两夜之间,居然就有不少于8名农夫死于重负、冻饿劳累和官员的残酷对待。"④ 第二、使团处处受到中方的热情接待和周到照顾,这对长途跋涉来京的英国使团的确在心理上多少是一个安慰。使团踏上中国的土地后,明显有一种安全感,这改变了过去他们对中国所抱有的成见:"过去一般都认为,对一个没有保障的外国人来说,深入中国内地是一件困难的事,同时也是危险的事。带着英王委任状前来访问并

---

① Aeneas Anderson. *A Narrative of the British Embassy to China, in the Years 1792, 1793, and 1794.* London: J. Debrett, 1795. p. 143—144. 中译文参见〔英〕爱尼斯·安德逊著,费振东译:《英国人眼中的大清王朝》,第78页。

② Sir George Staunton. *An Authentic Account of an Embassy from the King of Great Britain to the Emperor of China.* 2nd, Vol 3. London: Printed for G. Nicol, Bookseller to His Majesty, Pall-Mall. 1797. p. 92. 中译文参见〔英〕斯当东著,叶笃义译:《英使谒见乾隆纪实》,第387页。

③ Aeneas Anderson. *A Narrative of the British Embassy to China, in the Years 1792, 1793, and 1794.* London: J. Debrett, 1795. pp. 251,256. 中译文参见〔英〕爱尼斯·安德逊著,费振东译:《英国人眼中的大清王朝》,第138,140页。

④ John Barrow. *Travels in China.* London: T. Cadell and W. Davies, 1804. p. 162. 中译文参见〔英〕约翰·巴罗著,李国庆、欧阳少春译:《我看乾隆盛世》,第120页。

第八章　英国马戛尔尼、阿美士德使团的"北京经验"　479

得到中国皇帝鼓励的使节团,这一行人对自己的安全丝毫没有任何顾虑。……全体使节团员感到绝对的保障。"①与此前荷兰使团匆匆赶路进京和在京郊一所"马厩似的处所下榻"的窘境相比,②斯当东承认"中国对英国使节的豪华供应不同于一般外国客人"。③ 在通州上岸时,巴罗对为使团搬运行李的挑夫和官员的工作之仔细印象深刻,"给皇帝的礼物和我们的行李都卸下了船,整理了包装。清廷的官员仔细登记了每一件物品,命令挑夫在每件箱包上系扎好竹杠。……中国挑夫所表现的敏捷有力,我相信是其他国家的所无法比拟的"。④ 清廷对英国使团在北京、热河行程的安排可谓从容不迫,有条不紊。

不过,接待像马戛尔尼使团这样庞大的外交使团,在中方可能还是首次。故清朝方面安排了严密的安保措施,以防不测。乾隆五十八年(1793)二月二十二日乾隆谕有关督抚:"该国贡使到口时,总须不动声色,密加查察防范,以肃观瞻,而昭体制。固不可意存玩忽,亦不可张大其事。务使经理得宜,无过不及,方为妥善。"⑤从技术上说,安保措施常常是保卫、监视、控制三位一体,很难截然分开。故使团成员由于文化上的隔阂,对中方的保安措施,时常有不适之感,他们希望能自由自在地进行旅游观光或出入所经城镇,结果不免常与中方人员发生矛盾,使团成员在他们的日记中常常抱怨这一点:

　　任何一个欧洲人上岸散步,总有一个中国兵陪在旁边,一方面固

---

① Sir George Staunton. *An Authentic Account of an Embassy from the King of Great Britain to the Emperor of China*. 2nd, Vol. 2. London：Printed for G. Nicol, Bookseller to His Majesty, Pall-Mall. 1797. p. 157. 中译文参见〔英〕斯当东著,叶笃义译:《英使谒见乾隆纪实》,第261页。

② John Barrow. *Travels in China*. London：T. Cadell and W. Davies, 1804, p. 208. 中译文参见〔英〕约翰·巴罗著,李国庆、欧阳少春译:《我看乾隆盛世》,第153页。

③ Sir George Staunton. *An Authentic Account of an Embassy from the King of Great Britain to the Emperor of China*. 2nd, Vol. 3. London：Printed for G. Nicol, Bookseller to His Majesty, Pall-Mall. 1797. p. 99. 中译文参见〔英〕斯当东著,叶笃义译:《英使谒见乾隆纪实》,第390页。

④ John Barrow. *Travels in China*. London：T. Cadell and W. Davies, 1804. pp. 87-88. 中译文参见〔英〕约翰·巴罗著,李国庆、欧阳少春译:《我看乾隆盛世》,第65页。

⑤ 收入中国第一历史档案馆编:《英使马戛尔尼访华档案史料汇编》,第93页。

然表明中国政府对使团加意保护,另方面也可能有监视行动的意思。①(8月5日)

这住所是被一座很高而坚固的墙围住的,使团人员,不论任何借口,都不准越过这个墙界,官员和士兵驻守在每一条大的走道上,把我们看守在这个可怜的寓所区域之内。所以实际上我们是处于一种光荣的囚禁地位,除了由皇帝开支,供应我们每天的食物外,没有任何其他对我们失去自由的安慰品。(8月22日)

在这一段时期里,使团里的每一个官员或低级随从人员并不是在满意或静待中过日子的。本松上校由于被剥夺了跑出墙垣的自由,是如此地忧伤、屈辱,他试图满足他的愿望,竟产生了极不愉快的吵架事件。当时他不但被强力阻止了他的行动,而且受到门口站岗的中国人的极不文明的威胁。②(8月23日)

据他说,他们在路上虽然没有人限制其行动,也没有人指示他们路径,可是在他们后边仍然有几个中国官员和军士随着,相离很近,我们的一举一动,都不能逃出中国人视线之外。由这件事看来……中国人对我们英国人之不信任,同一向所疑忌的其他欧洲人绝无二致。③(9月17日)

我曾听说和读过许多有关其优雅美丽的景色和宏伟壮观的宫殿的描述,自然期待会看到一种比欧洲同类园林优越、至少是相等的风格和设计。要是我的行动没有受到约束,或许我的所有期待真的都会得到满足。可惜事实并非如此。我的一切漫游全都是偷偷地进行

---

① Sir George Staunton. *An Authentic Account of an Embassy from the King of Great Britain to the Emperor of China*. 2nd, Vol. 2. London:Printed for G. Nicol,Bookseller to His Majesty,Pall-Mall,1797. p.160. 中译文参见〔英〕斯当东著,叶笃义译:《英使谒见乾隆纪实》,第262页。

② Aeneas Anderson. *A Narrative of the British Embassy to China*, in the Years 1792, 1793,and 1794. London:J. Debrett,1795. pp.169—170. 中译文参见〔英〕爱尼斯·安德逊著,费振东译:《英国人眼中的大清王朝》,第92、93页。

③ J. L. Cranmer-Byng. *An Embassy to China:being the Journal Kept by Lord Macartney during his Embassy to the Emperor Ch'ien-lung*, 1793—1794. London:Longmans, Green and Co.,1962,p.129. 中译文参见秦仲龢译:《英使谒见乾隆纪实》,第178页。

第八章　英国马戛尔尼、阿美士德使团的"北京经验"

的。即使是在大殿和下榻处之间大约 300 步的短距离内来往,我们也被一刻不停地监视着。一想到会被太监或小官吏发现而受到阻拦,我们就会因面临的羞辱而止步。①

特使回到北京以后,留守北京馆舍的随员们都异常欣慰。在特使在热河的期间,他们过着一个完全与外界隔离的生活。……随员们没有翻译代为讲解事物,也没有中国官员陪同他们出去。他们偶然出去一次,走在路上他们的外国装束引起中国人的哄笑,因此,只得整天守在馆舍。②

使团与中方互换礼品后,清朝认为英国使团的任务已告结束;马戛尔尼不适当地提出要求扩大通商等六项要求,被乾隆敕谕一一驳回。随即清朝方面委婉地通知英国使团尽速离京。③ 清朝做出让使团离京的决定是如此匆忙,以致使团成员在心理上感到过于突然,没有任何准备,安德逊如此形容当时的心境:"我们进入北京时好像是穷极无依的人,居留在北京的时候好像是囚犯,离开时好像是流浪者。"④英国使团的北京、热河之行,先缓后紧,易给人虎头蛇尾之感,这给英国使团成员心理上多少带来了一些不良的后遗症。后来的西方历史学家常常以这样的语词形容马戛尔尼使团在北京、热河被款待的过程:"平心而论,大使受到了最礼貌的接待,最热情的款待,最严密的监视和最客套的打发。"⑤

---

① John Barrow. *Travels in China*. London: T. Cadell and W. Davies, 1804. p. 122. 中译文参见〔英〕约翰·巴罗著,李国庆、欧阳少春译:《我看乾隆盛世》,第 90 页。

② Sir George Staunton. *An Authentic Account of an Embassy from the King of Great Britain to the Emperor of China*. 2nd, Vol. 3. London: Printed for G. Nicol, Bookseller to His Majesty, Pall-Mall, 1797. p. 93. 中译文参见〔英〕斯当东著,叶笃义译:《英使谒见乾隆纪实》,第 388 页。

③ 有关这方面的情形,参见秦国经、高换婷:《乾隆皇帝与马戛尔尼》,第 138—155 页。

④ Aeneas Anderson. *A Narrative of the British Embassy to China, in the Years 1792, 1793, and 1794*. London: J. Debrett, 1795. pp. 171—172. 中译文参见〔英〕爱尼斯·安德逊著,费振东译:《英国人眼中的大清王朝》,第 148 页。

⑤ James Louis Hevia. *Cherishing Men from Afar: Qing Guest Ritual and the Macartney Embassy of 1793*, Durham: Duke University Press, 1995. p. 229. 中译文参见参见〔美〕何伟亚著,邓常春译:《怀柔远人:马戛尔尼使华的中英礼仪冲突》,第 232 页。

三 马戛尔尼使团笔下的北京、热河

为完成自己的赴华使命,马戛尔尼在来华途中做各种"热身"活动,其中之一就是在知识储备上给自己充电。他在座舰"狮子"号上设置了一个图书馆,购买了一个世纪以来欧洲出版的各种有关中国的书籍,东印度公司送给他不少于 21 卷的材料,他将自己的船舱按照中国的风格装饰,实习中国的生活方式。① 其他使团成员亦有类似的自觉,在约翰·巴罗的旅行记里,我们可看到多处提到或引用约翰·贝尔、威廉·钱伯斯、荷兰使团、法国传教士、马可·波罗的著述,②这反映了他此前已有相当的阅读准备。由于使团成员本身是通过精心挑选组成,且注意了各种职业的搭配,所以英国使团不同于此前前往中国的任何一个欧洲使团,她不仅依托英国强大的经济、海军背景,而且在知识结构上有着高层次、多职业的组合优势。他们谙熟欧洲的汉学知识谱系,对自己的工作基础有清晰的认识。这一切有助于他们天然地站在一个新的工作起点上,对中国见闻做出超越欧洲其它国家传教士或外交使团的新的解释。

让我们回到历史现场,沿着使团在北京、热河的行程,将其所见所闻以及相关记录逐项作一回放。

天津 天津是英国使团从大沽口登陆后经过的第一个城镇。8 月 11 日(星期日)英国使团路过此地,受到了群众的夹道围观。安德逊记下了这一幕:"9 时,在人声喧噪中我们进入该城。毫无疑问,这时的观众有 10 万人左右。这地方都是砖屋,一般是两层高,铅色的瓦屋顶,外表很清洁好看。但这城市是无计划形成的。街道,实在只能称之为小巷,是如此狭

---

① 参见〔法〕佩雷菲特著,王国卿、毛凤支等译:《停滞的帝国——两个世界的撞击》,第 29—30 页。J. L. Cranmer-Byng. *An Embassy to China: being the Journal Kept by Lord Macartney during his Embassy to the Emperor Ch'ien-lung*, 1793—1794. London: Longmans, Green and Co., 1962. p. 278.

② John Barrow. *Travels in China*. London: T. Cadell and W. Davies, 1804. pp. 162,193,208,302,346,441—442. 中译文参见〔英〕约翰·巴罗著,李国庆、欧阳少春译:《我看乾隆盛世》,第 120、143、153、218、249、324 页。

小,两人并肩走路还有困难,不铺路面,可是街道很长;居民之多不可言喻。"①在天津衙门对面,使团受到了当地官兵的热烈欢迎。

斯当东对天津的历史、地理似乎作过一番研究,因而他的记述更为详尽。"坐在船上航过天津,感觉这个商埠非常之大,有些观察家认为天津的长度相当于伦敦。""天津街道上的商店和作坊里也充满了人。至于住宅里面,人口众多的情况,从岸上拥挤围观的大量群众来看,可以推想出来。中国人习惯于世代同居,一个家庭里无论分出多少支来,大家都住在一起。""天津的房子大半是铅蓝色砖瓦盖的,少数是红色砖瓦盖的。穷人的房子多是褐灰色的。""天津很多房子是两层的,这同中国其他地方只建一层平房的习惯有所不同。""两条通航的河在此汇流,一条河通向北京附近,一条河通远方省份,这样的地理条件使天津自从中国建成为大一统帝国以来就成为一个交通要地。"②他从《马可波罗行纪》对天津的称谓"天府之城"到当时"天津卫"的名称,如数家珍,可见他对天津早有了解。

马戛尔尼计算了从其换乘中国帆船的河口到达天津的路程:水路大约八十英里,陆路则只有四十五英里。③ 亚历山大则以自己的画笔迅速记下了中国戏剧团为欢迎使团在水畔戏台的演出情景和中国官兵热烈欢送英国使团的一幕。④

通州 通州是使团经过的第二个市镇。使团在通州的一座庙宇住了四天(8月17日—20日)。安德逊是使团成员中"一名胆子最大的旅游者",他自述8月18日"这天早晨我有机会去访问通州城和它的郊区,受

---

① Aeneas Anderson. *A Narrative of the British Embassy to China, in the Years 1792, 1793, and 1794*. London:J. Debrett, 1795. p. 112. 中译文参见〔英〕爱尼斯·安德逊著,费振东译:《英国人眼中的大清王朝》,第62页。

② Sir George Staunton. *An Authentic Account of an Embassy from the King of Great Britain to the Emperor of China*. 2nd, Vol. 2. London:Printed for G. Nicol, Bookseller to His Majesty, Pall-Mall. 1797. pp. 200—204. 中译文参见〔英〕斯当东著,叶笃义译:《英使谒见乾隆纪实》,第278—279页。

③ J. L. Cranmer-Byng. *An Embassy to China: being the Journal Kept by Lord Macartney during his Embassy to the Emperor Ch'ien-lung*, 1793—1794. London:Longmans, Green and Co., 1962. p. 78. 中译文参见秦仲龢译:《英使谒见乾隆纪实》,第23页。

④ 《天津的水畔戏台》《中国官兵在天津欢送英国使团》,收入刘潞、〔英〕吴芳思编译:《帝国掠影——英国访华使团画笔下的清代中国》,第20、22页。

了不少的累,还碰到一些麻烦事,我把这城市的大部分地区走完了"。①"通州这地方商业繁盛,从停泊在河边的大量船只数目上和令人惊骇的人口的稠密上可以看出;我从几个当地商人方面探悉,一般认为这里的人口至少有50万。"②安德逊还特别记下了通州的城防工事,"它建筑成一方形,有极为高大坚固的城墙保卫着。城墙外容易接近的地段有一道深的护城河。城墙周围约6英里,高30英尺,宽6英尺,有三个门,防卫充分;每一城门上面筑起壁垒,架上炮。城门内有健壮的守卫队,经常不断地看守着"。③ 这样的记录多少已具有军事情报的价值。

马戛尔尼在8月21日日记中记录了离开通州时所见的情景:"我们经过通州城,这是一座很大的城,四面围以高厚的城墙,城外的一边有城河绕着。城砦上并没有安装大炮以资保护,我所能见到的武装,除了城门有几个很小的回旋炮座之外,可说一无所有。我们走了两小时才走过通州城,我观察所得,通州城里的街道颇广阔平直,两旁的商店也很齐整美观,可是见不到有美丽宏伟的屋子和公共建筑。主要的大街上,筑有几座牌坊,看起来也颇可装饰市容,但它们只是木制的,不过加以髹漆使之增加美观而已。路上的民房,很多都悬挂布篷以为遮蔽太阳和雨水之用,篷的一端有小绳子可以收放,不用到布篷的时候,将绳子一收,就卷起了。"④这称得上是一幅通州城的素描。

巴罗记载了通州到达北京的交通状况。"通往京城的大路横贯一片开阔的原野,多沙而贫瘠。两旁为数不多的房子外形简陋,多为泥墙

---

① Aeneas Anderson. *A Narrative of the British Embassy to China, in the Years 1792, 1793, and 1794*. London:J. Debrett,1795. p. 135. 中译文参见〔英〕爱尼斯·安德逊著,费振东译:《英国人眼中的大清王朝》,第74页。

② Aeneas Anderson. *A Narrative of the British Embassy to China, in the Years 1792, 1793, and 1794*. London:J. Debrett,1795. p. 138. 中译文参见〔英〕爱尼斯·安德逊著,费振东译:《英国人眼中的大清王朝》,第75页。

③ Aeneas Anderson. *A Narrative of the British Embassy to China, in the Years 1792, 1793, and 1794*. London:J. Debrett,1795. p. 136. 中译文参见〔英〕爱尼斯·安德逊著,费振东译:《英国人眼中的大清王朝》,第74页。

④ J. L. Cranmer-Byng. *An Embassy to China: being the Journal Kept by Lord Macartney during his Embassy to the Emperor Ch'ien-lung, 1793—1794*, London:Longmans, Green and Co., 1962. pp. 91—92. 中译文参见秦仲龢译:《英使谒见乾隆纪实》,第65—66页。

或是由半生不熟的砖块砌成,一直延伸到北京的城门口。路宽 18 到 20 英尺,中央铺着花岗石块,6 到 16 英尺的长宽比例。"①马戛尔尼也对从通州直到北京城的路况作了描述:"所行的道路,都在大平原的乡村上,路很广阔,两旁皆植有树木,多为杨柳,而且是很巨大的,这样大的柳树,我在欧洲还未见过呢。大路的中间一段是石子路,以巨石砌成,平滑光润。从通州往北京,我们路经一座美丽的大石桥,阔约四十英尺,桥上有五座牌坊,中央的那一座,照我看来,不会少过□尺。"②沿途挤满了围观的民众,清军手执长鞭在前面开路,使团即将到达梦寐以求的目的地。

初进北京城 8 月 21 日使团浩浩荡荡开进北京,这是一个令使团所有成员都非常激动的时刻。临近城门时,斯当东难以抑制自己内心的激动,他对即将来临的这一刻充满着憧憬:"据说北京是世界上最大的一个都市,距离越近,心里越急于想看看它到底是什么样子。但这里还没有看到绅士住宅和别墅,说明距离北京还不很近。最后终于到达北京东郊。铺石的街道挤满了人。商店、作坊和顾客之多,处处表示出兴盛繁荣的气象。""使团刚刚走到城墙,城上马上鸣炮表示欢迎。""初进北京大门,第一个印象是它同欧洲城市相反,这里街道有一百呎宽,但两边房屋绝大部分都是平房,欧洲城市街道很窄,但房子很高,从街的这一头向那一头望,两边的房子好似彼此互相倾斜靠近一起。北京空气流通,阳光充足,人民表现非常活泼愉快。"③斯当东给予北京高度的评价。

马戛尔尼记述了使团通过北京的路程:"北京郊区很广大,从东郊到东门我们走了十五分钟,我们花了大约两小时穿越北京城,从西门到西郊

---

① John Barrow. *Travels in China*. London:T. Cadell and W. Davies,1804. p. 91. 中译文参见〔英〕约翰·巴罗著,李国庆、欧阳少春译:《我看乾隆盛世》,第 68 页。

② J. C. Cranmer-Byng. *An Embassy to China:being the Journal Kept by Lord Macartney during his Embassy to the Emperor Ch'ien-lung,1793—1794*. London:Longmans,Green and Co. 1962. p. 92. 中译文参见秦仲龢译:《英使谒见乾隆纪实》,第 67 页。

③ Sir George Staunton. *An Authentic Account of an Embassy from the King of Great Britain to the Emperor of China*. 2nd,Vol. 2. London:Printed for G. Nicol,Bookseller to His Majesty,Pall-Mall,1797. pp. 286—287. 中译文参见〔英〕斯当东著,叶笃义译:《英使谒见乾隆纪实》,第 312—313 页。

的尽处花了十五分钟,再从西郊到圆明园又花了两小时。"①对于经过的街景,斯当东、巴罗、安德逊给予了详细描述:

> 北京街道都是土路,需要经常洒水以免灰尘飞扬,许多漂亮的"牌楼"横穿街道。按照字义,牌楼相当于凯旋门,但上面并没有拱门。牌楼是木制的,牌楼门共有三个,两边的小,当中的高大。牌楼上面共有三层顶盖,油漆雕刻得非常漂亮。②

> 街道上的房子绝大部分是商店,外面油漆装潢近似通州府商店,但要大得多。有些商店的屋顶上是一平台,上面布满了各种盆景花草。商店门外挂着角灯、纱灯、丝灯或纸灯,极精巧之能事。商店内外充满了各种货物。③

> 这座城呈长方形,周长40里,每1里等于600码,所以城墙近14英里长,不算每座城门外大量延伸的市郊地区,其面积约12平方英里。南城墙有三座门,其余各面都是两座,因此它有时也被称为"九门之城",但是一般还是叫"北京",即北方的都城。④

> 当我们沿途经过时,我们注意到很多人把水泼在街上,使灰尘不致飞扬。当干燥的天气,这种灰沙不只使行路人感到讨厌,也使商店感到讨厌,如果不进行有力措施和必要的预防,则不能不损及暴露在外的商品。

> 北京的房屋从它的面积和家庭实用上看是低矮而鄙陋,但它的

---

① J. C. Cranmer-Byng. *An Embassy to China: being the Journal Kept by Lord Macartney during his Embassy to the Emperor Ch'ien-lung*, 1793—1794. London: Longmans, Green and Co. 1962. p. 92.

② Sir George Staunton. *An Authentic Account of an Embassy from the King of Great Britain to the Emperor of China*. 2nd, Vol. 2. London: Printed for G. Nicol, Bookseller to His Majesty, Pall-Mall, 1797. p. 289. 中译文参见〔英〕斯当东著,叶笃义译:《英使谒见乾隆纪实》,第313页。

③ Sir George Staunton. *An Authentic Account of an Embassy from the King of Great Britain to the Emperor of China*. 2nd, Vol. 2. London: Printed for G. Nicol, Bookseller to His Majesty, Pall-Mall, 1797. p. 290. 中译文参见〔英〕斯当东著,叶笃义译:《英使谒见乾隆纪实》,第314页。

④ John Barrow. *Travels in China*. London: T. Cadell and W. Davies, 1804. p. 93. 中译文参见〔英〕约翰·巴罗著,李国庆、欧阳少春译:《我看乾隆盛世》,第69页。

外貌却体面而雅观,因中国人对他们的店铺和住宅的门面装饰很讲究:店面的上层部分装上一种富丽的金字招牌;在住宅的上层楼阁,刷上油漆和各种装饰;不少妇女在上面按照中国的方式过着消闲的日子。①

在穿过北京城区的过程中,使团遇到了几支队伍,其中一支队伍身着白色饰物,"用欧洲人的眼光来推测,以为这准是一个结婚典礼",没想到竟是一支送葬的队伍。② 这似乎是一个不祥的先兆。使团在紫禁城北面当中的三座门对面地点"小憩",然后经过景山、钟鼓楼,从东向西穿过北京城,③落脚于京郊西北处的弘雅园。

高大、厚重的城墙,宽敞、平直的大道,低矮、木制的房屋,这就是展现在使团成员眼前的北京,与一百年前欧洲传教士们所看到的和描绘的北京几乎一模一样。使团成员同他们的欧洲同胞——传教士一样,对欧式建筑仍拥有不可动摇的自豪感。

圆明园　马戛尔尼可能是使团成员中真正有机会深入圆明园游览的人。为商量安置礼品,8月23日乔大人特别带他游览了圆明园,他当天的日记记载了自己所见的一切:

> 这个园子是皇帝的离宫之一,有万园之园之称。据说,圆明园周

---

① Aeneas Anderson. *A Narrative of the British Embassy to China, in the Years 1792, 1793, and 1794*. London: J. Debrett, 1795. pp. 136—137. 中译文参见〔英〕爱尼斯·安德逊著,费振东译:《英国人眼中的大清王朝》,第85页。

② Sir George Staunton. *An Authentic Account of an Embassy from the King of Great Britain to the Emperor of China*. 2nd, Vol 2. London: Printed for G. Nicol, Bookseller to His Majesty, Pall-Mall. 1797. p. 290. 中译文参见〔英〕斯当东著,叶笃义译:《英使谒见乾隆纪实》,第314页。Aeneas Anderson. *A Narrative of the British Embassy to China, in the Years 1792, 1793, and 1794*. London: J. Debrett, 1795. pp. 136—137. 中译文参见〔英〕爱尼斯·安德逊,费振东译:《英国人眼中的大清王朝》,第89页。

③ 关于使团穿过北京城的行进路线,费振东先生曾加译者按初步考证:"从通州进北京城通常是进东直门,或从前门(即南门)进;从北京城里到那时指定的使团住处是圆明园,应该是出西直门。"参见〔英〕爱尼斯·安德逊,费振东译:《英国人眼中的大清王朝》,第85页。沈弘则根据亚历山大日记所载,认为他们是出平则门(阜成门)。参见〔英〕威廉·亚历山大著,沈弘译:《1793:英国使团画家笔下的乾隆盛世——中国人的服饰和习俗图鉴》,第16页。因亚历山大当时掉队,故其所走路线是否有别,仍待考。笔者根据斯当东的描写,以为使团可能是从朝阳门入城,从阜城门出城,由东向西横贯北京城。

长十八英里。入园门,每经一处,就有一处的景色,其中亭台楼榭,池沼花木,多到不可胜数,但又点缀得很适当,构造得很巧妙,使人见了几疑神工鬼斧。我们此次游园,不单是为了游览,而是要商量安放各种礼物的方法,所以只能在行过的地方略一寓目,未能详细观看。以全园之大,如果要逐一细览,恐非一两个月不能了事,就目前所见者,还不及十一之也。然而这十分之一,就已使我永远不能忘怀,我在日记中即欲详言其状,也觉得千头万绪,不知从何处说起,倒不如不说为妙。①

马戛尔尼仅以"正大光明殿"为例说明,因此地在他看来特别适宜摆放使团所带的礼品:"这座大殿面积既大,而且又极壮丽,正好用来陈设我们送来的一部分礼品。""安排妥当,集此种种精致美观的物品于一堂,恐怕世界上再没有一处可与圆明园比拟的了。"②同行的卫兵霍姆斯也描绘了参观的各种类型的优雅小建筑。③

巴罗是使团成员中有机会对圆明园周围作较多观察的人。为安置科学仪器,他留守北京,自称在"皇家宫苑圆明园"居住了"五个星期",④因此他似乎成了使团中的权威发言人。斯当东在他的报告中干脆直接引述巴罗的观察作为依据:

> 根据巴罗先生的观察,北京近郊的圆明园至少占十二平方哩面积。他比使节团其他人员更多的看到该园,他说,"圆明园是一个引人入胜的地方。它不是东拼西凑杂乱无章的一些建筑,整个花园形成一个完整的调和的天然风景。园里没有一块剪到根的圆的或是椭圆的或是长方的草地。中国人在一块土地上点缀天然景色使得它显

---

① J. L. Cranmer-Byng. *An Embassy to China : being the Journal Kept by Lord Macartney during his Embassy to the Emperor Ch'ien-lung*, 1793—1794. London: Longmans, Green and Co. 1962. p. 95. 中译文参见秦仲龢译:《英使谒见乾隆纪实》,第 83—84 页。

② J. L. Cranmer-Byng. *An Embassy to China: being the Journal Kept by Lord Macartney during his Embassy to the Emperor Ch'ien-lung*, 1793—1794. London: Longmans, Green and Co. 1962. pp. 95—96. 中译文参见秦仲龢译:《英使谒见乾隆纪实》,第 85 页。

③ Samuel H. Holmes. *The Journal of Mr. Samuel H. Holmes*, London: W. Bulmer & Co., 1798. p. 134.

④ John Barrow. *Travels in China*. London: T. Cadell and W. Davies, 1804. p. 169. 中译文参见〔英〕约翰·巴罗著,李国庆、欧阳少春译:《我看乾隆盛世》,第 124 页。

得更大的本领真是无(与伦)比。……圆明园内往往通过一丛林小路看过去只是一堵小墙,而实际走到头则豁然开朗却是一片大风景。许多片人工湖,四周不由堡垒式斜堤围绕,而由一些人造岩石包围着,看上去好像是天生的。"

"中国人在布置园林上虽然如此出色,在布置事务上如此到家,但他们却丝毫不懂配景法和调和明暗面,这从他们的绘画上看得出。当几位中国官员观看礼品中几张欧洲最有名画家作品时,他们不懂明暗的道理,问为什么左边和右边的色泽不一样。"①

巴罗本人在旅行记中对所见的圆明园也花了不少笔墨,但他认为传教士们对圆明园美景的宣传有些夸大其词:"传教士和一些旅行家曾津津乐道北京和圆明园的宫殿多么宏伟壮丽。谁要是信以为真,那么一经目睹就会大失所望。这些宫殿跟该园的普通民居一样,全都是按照帐篷的式样设计的。所谓的壮观只是相对而言,就数量而言;其数量之多的确可以自成一个小镇。它们的墙比普通民居的高,它们的木柱更粗,屋顶更大,不同的部分使用不同的油漆和彩瓦。"他以为欧洲园林建筑并不逊色于圆明园:"有些作者说过,英格兰国王居住的圣詹姆斯宫比欧洲任何君主的都差。在我看来,跟中国的皇家宫苑相比,圣詹姆斯宫总体上虽然逊色,其卧室、家具以及生活设施,还是大大地好过中国的。……法国君主时代凡尔赛宫廷大臣的破旧居所,跟中国皇帝拨给其首相在京城和圆明园的住处相比,简直就是豪华的宫殿了。"②他甚至不同意威廉·钱伯斯(Sir William Chambers,1726—1796)对中国园林的观察:"要是单就我所见到的下一个结论,它们远远不像威廉·钱伯斯爵士所描绘的中国园林那样神奇和铺张。但是,它们绝对是精心构造之物,而且没有一件有违自

---

① Sir George Staunton. *An Authentic Account of an Embassy from the King of Great Britain to the Emperor of China*. 2nd, Vol. 3. London: Printed for G. Nicol, Bookseller to His Majesty, Pall-Mall, 1797. pp. 120—123. 中译文参见〔英〕斯当东著,叶笃义译:《英使谒见乾隆纪实》,第398—399页。

② John Barrow. *Travels in China*. London: T. Cadell and W. Davies, 1804. p. 194—195. 中译文参见〔英〕约翰·巴罗著,李国庆、欧阳少春译:《我看乾隆盛世》,第143—144页。

然。"①威廉·钱伯斯是一位建筑艺术家,曾两度来华访问,撰有《中国房屋、家具、服饰、机械和家庭用具设计图册》(Deigns of Chinese Buildings, Furniture, Dresses, Machines, and Utensils, 1757)、《论东方园林》(Dissertation on Oriental Gardening, 1772),他品味不低,具有专业的眼光,对中国园林的评价不致胡说八道。巴罗自称是使团成员中对圆明园观察、游览最多的人,但他由于监控的限制,是否真正获得机会深入圆明园内部进行游览,是一件令人怀疑的事,在他有关圆明园的文字中,除了一大段大而不当的批评外,我们几乎看不到任何实景的描写。②

紫禁城 进入北京城当天,使团成员就有幸看到紫禁城的"黄墙"。10月3日晨,马戛尔尼应和珅之召前往紫禁城接受乾隆皇帝致英王乔治三世的书信。这也许是此次英国使团唯一一次进入紫禁城的机会,马戛尔尼在日记中大致记录了这一过程:

> 计自金大人至馆舍,至吾抵宫门之时,为时不过一钟,而抵宫门后静候至三点钟之久,方见和中堂及诸国老联翩出迎。行相见礼后,即导余进宫。经华丽之厅事数座、长桥数道,始抵宝殿之前。殿基极高,有石级数十,如梯形,石级尽处,有黄缎褊成之圈手椅一行,状颇郑重。中有一椅,椅上有一黄封,即系乾隆皇帝致英皇之书信。
>
> 吾等在殿下行礼后,拾级而登,至于宝座之前,和中堂乃指椅上之黄封曰:这是皇上赐予你们国王的书信,等一会儿,便须叫执事官送往你馆舍里去,但是照规矩你得先到此地来行个接受礼,所以我叫金钦差请你来。③

马戛尔尼当天身体不适,加上和珅会见马戛尔尼时"恭静之中颇夹有威严之气",故"心中至觉不耐"。他似没有心思欣赏这座心仪已久的中国皇宫。

---

① John Barrow. *Travels in China*. London: T. Cadell and W. Davies, 1804. p. 123. 中译文参见〔英〕约翰·巴罗著,李国庆、欧阳少春译:《我看乾隆盛世》,第91页。

② 有关马戛尔尼使团与圆明园的关系,参见汪荣祖著,钟志恒译:《追寻失落的圆明园》,南京:江苏教育出版社,2005年,第111—125页。

③ Helen H. Robbins. *Our First Ambassador to China: An Account of the Life of George Earl of Macartney*. London: John Murray, 1908. pp. 331—332. 中译文参见马戛尔尼著,刘半农译:《1793年乾隆英使觐见记》,天津:天津人民出版社,2006年,第146—147页。

随行前往的副使斯当东在报告中对所见的紫禁城极口称赞:

> 北京皇宫建在鞑靼城的中心。虽然北京距离鞑靼区山脉很近,是一个尘土飞扬的地方,但皇宫之内却似乎是天造地设的另一个天地。里面的山和谷,湖水和河水,断崖和斜坡,这样配合,这样协调,任何一个外来的参观者进到皇宫之后都会自然怀疑到这究竟是一座天造地设的胜景还是人工的创造。整个这块小天地不知道耗费了多少万人的劳力,最后用来供一人的享乐。①

随员安德逊在当天日记中也记录了他所见的这座中国式皇宫:

> 皇宫是在城的中央,四周围着约20英尺高的墙,墙刷红色,盖绿色琉璃瓦。据说城内地面的周围可能有7英里,四周是石子铺的路;城内有规模巨大的花园,据我探悉,花园里满都是装点中国园林的各种人造景物,我只能说,进入到皇宫的通道是一条甚为坚实的石筑门道,门道上面是一座两层楼的建筑;内宫里有宽敞的殿,正对着这门道是一行三层高的建筑,每层都有一像走廊似的阳台,它的栏杆、栅栏和庭柱都刷上金色,屋顶是盖上黄琉璃瓦。这大厦的本身都涂了墙泥,施加了彩绘。这外殿是我惟一有机会看到的皇宫的一部分。这是一个中国式建筑物的典型。②

使团成员并没有机会进入紫禁城里面游览,对其内部情形,自然并不知晓,故其着墨相对有限。

北京与伦敦比较 正如法国传教士游览北京时喜欢将北京与巴黎作对比一样,英国使团进入北京后,也处处将北京与伦敦进行比较。初次观光北京城,使团成员即对所见交换意见,肯定在财富象征和商业繁荣方面,北京不如伦敦:

---

① Sir George Staunton. *An Authentic Account of an Embassy from the King of Great Britain to the Emperor of China*. 2nd, Vol. 3. London: Printed for G. Nicol, Bookseller to His Majesty, Pall-Mall, 1797. pp. 118—119. 中译文参见〔英〕斯当东著,叶笃义译:《英使谒见乾隆纪实》,第397页。

② Aeneas Anderson. *A Narrative of the British Embassy to China, in the Years 1792, 1793, and 1794*. London: J. Debrett, 1795. pp. 25—259. 中译文参见〔英〕爱尼斯·安德逊著,费振东译:《英国人眼中的大清王朝》,第141页。

使节团在郊区的尽头又稍停留,大家交换了一下刚才穿过北京城时所得的印象。他们自然知道这样匆促的走马观花无法得出一个恰当的判断。不过大家共同感觉是,实际所看到的一切,除了皇室而外,远没有未到之前想象的那么美好。假如一个中国人观光了英国的首都之后做一个公正的判断,他将会认为,无论从商店、桥梁、广场和公共建筑的规模和国家财富的象征来比较,大不列颠的首都伦敦是超过北京的。①

从城市绝对面积相比,北京比伦敦大,但从北京、伦敦与所在国家面积比例相比,则又要小得多,这样的类比似乎是当时的中国人绝不会想到的。"按面积比例来说,北京和中国相比,同伦敦和英国相比,差得很多。北京的主要部分称为鞑靼城,建于十三世纪第一个鞑靼王朝。城是平行四边形,四边面对四个方位基点,面积约十四平方哩,当中是由皇城包围的皇宫。皇宫的面积至少有一平方哩。整个北京约比现在扩建的伦敦大三分之一。……北京鞑靼城之南称为中国城,汉人和所有外省因事晋京的人都住在这里。这个城约九平方哩,城墙大部损坏。住户拥挤在城的一小部分,房舍非常平凡,且不一律,其余大部分空着,或种庄稼。先农坛建在这里。"②北京是一座皇城,它的格局和重要建筑、它的宽大的城市面积都反映了这一特征;而伦敦是一座新兴的工业、商业都市,它所聚集的居民群体和展现的街区面貌与北京的确大不一样。

巴罗因未去热河,在北京所待的时间较长,有过多次在城内外游览的经历,故有机会对北京做更多、更细致的观察,他表示所见的北京并不如其所期盼的那样美妙,他将北京与欧洲城市的建筑做了对比:"这个著名城市给人的第一眼印象既不足以勾起巨大的期待,也不能引发深入的了

---

① Sir George Staunton. *An Authentic Account of an Embassy from the King of Great Britain to the Emperor of China.* 2nd, Vol. 2. London: Printed for G. Nicol, Bookseller to His Majesty, Pall-Mall, 1797. p. 298. 中译文参见〔英〕斯当东著,叶笃义译:《英使谒见乾隆纪实》,第316—317页。

② Sir George Staunton. *An Authentic Account of an Embassy from the King of Great Britain to the Emperor of China.* 2nd, Vol. 2. London: Printed for G. Nicol, Bookseller to His Majesty, Pall-Mall, 1797. pp. 322—323. 中译文参见〔英〕斯当东著,叶笃义译:《英使谒见乾隆纪实》,第326页。

解。接近一个欧洲城市,通常都会有丰富多彩的事物引人注目,如城堡、教堂的尖顶、穹顶、方尖碑以及其他高耸的公共建筑,人们心中自然就会想象它们各自的建筑特点和用途。在北京,连一根高耸于屋宇之上的烟囱都看不见。所有的屋宇都差不多一般高,加之街道纵横笔直,就像一个大营地似的外貌统一,整齐而呆板。"①他对路经北京街头的情景,特别是街头民众做了描写,并将之与伦敦做了比较:"在这样一种特殊场合聚集了如此众多的人是可以预料的,同样的好奇在伦敦也能聚集大批观众,但是北京和伦敦的民众之间有一种明显而惊人的不同。在伦敦,观众全是无所事事者,其注意力也集中在新奇的景物上。在北京,看热闹只是附带的,每个人都既忙于自己的事情同时也满足自己的好奇。事实上,似乎一年中的每一天都同样地喧闹、忙乱和拥挤。我一星期进出西门两三次,尽管有两三个士兵以鞭子为我开路,却没有一次是顺利通过的,尤其是在上午。不过,拥挤的人群完全限于大路上,也就是唯一的出城通道上。纵横交叉的辅街皆平静而安宁。"②北京热闹的街景、拥挤的道路令巴罗印象深刻。

　　使团成员注意到北京与伦敦两城在某些细节上的区别,安德逊发现北京没有出租车:"街道上并无停着接客的车辆,不像在伦敦沿路可有出租的马车;高级人员都备有轿子,较低级人士则乘一种单马或单骡所牵引的两轮篷车。"③巴罗留意到北京的垃圾处理办法:"虽然北京不像古罗马或现代伦敦那样自夸有统一的下水道,用以排除大城市必然会积累的垃圾,却有一项长处是英国首都也难以发现的:没有散发臭气的粪便之类秽物被扔在街道上。这一种洁净或许更应当归功于肥料的珍贵,而不是警察的监管。每家都有一口大缸,一切可用作肥料的东西都被收集在内。缸满之后,可以毫不费力地用它们换钱或蔬菜。同一辆为城里供菜的独轮小斗车会毫无例外的带着一车这样的水肥返回菜园。在圆明园和北京城之间,我遇见过成百辆这种车。通常是一人拉,

---

　　① John Barrow. *Travels in China*. London:T. Cadell and W. Davies, 1804. p. 93. 中译文参见〔英〕约翰·巴罗著,李国庆、欧阳少春译:《我看乾隆盛世》,第 69 页。

　　② John Barrow. *Travels in China*. London:T. Cadell and W. Davies, 1804. p. 97. 中译文参见〔英〕约翰·巴罗著,李国庆、欧阳少春译:《我看乾隆盛世》,第 71—72 页。

　　③ Aeneas Anderson. *A Narrative of the British Embassy to China, in the Years 1792, 1793, and 1794*. London:J. Debrett, 1795. p. 160. 中译文参见〔英〕爱尼斯·安德逊著,费振东译:《英国人眼中的大清王朝》,第 87 页。

一人推，在路上留下的气味弥漫好几英里。"①这种人工处理拉圾的办法，有利于废物利用和培植肥料，但与欧洲的下水道排污法相比，其手段显然却较为落后。

使团成员眼中的北京仅仅是中国的政治中心，不是一个经济、商业中心，也没有繁荣的娱乐业，这与他们原来的想象颇有距离。"北京仅是中国政府的所在地点。它并不是一个港口，也不是一个工业和商业中心。中国政治制度上没有代议性质的机构来帮助、限制或监督皇权。北京也不是一个追求娱乐或享受的地点。欧洲许多繁荣兴盛的大都市同北京情况不一样。在那里住着许多吃祖先遗产或有政治靠山的人，饱食终日无所用心，尽量销〔消〕费金钱来追求享受。他们吸去国家的主要收入。……但北京的繁荣兴盛与此迥不相同。在这里，大部分人都有所司，或者服务于有所司的人。除了少数皇帝宗室而外，很少人在大家都各司其事的时候整天没有事做，专门追求享乐。"②总之，北京只是一个传统的帝都而已，不是具有发达工业、商业和娱乐业的近代意义上的大都市。这些看法，与此前法国传教士对北京与巴黎两城的比较，只看到两城建筑、人口、街面的不同，明显向前跨越了一大步。

长城 长城是中国古代文明的象征。9月5日使团到达古北口段的长城。登上长城，使团成员兴奋之情可想而知，马戛尔尼在当天的日记中写道：

> 我们步行到了长城的城顶，举目四望，见到它的建筑之坚固，似已超出人类体力范围之外，世界上任何有名的工程，虽尽集合在一起也不能和长城的工程相比。可惜历年已久，毁坏者占其大半，而中国人又似乎对此不大重视的。但也有几处颇为完好，似系近日才加以修理的。我正想就其完好与残破的研究一下其修或不修的缘故，但导游的那几个中国官员似乎露出不耐烦的样子。我觉出他们好像怀疑我们外国人何以对此有这么大的兴趣，不知是否心怀不测，要侦察

---

① John Barrow. *Travels in China*. London: T. Cadell and W. Davies, 1804. p. 98—99. 中译文参见〔英〕约翰·巴罗著，李国庆、欧阳少春译：《我看乾隆盛世》，第72—73页。

② Sir George Staunton. *An Authentic Account of an Embassy from the King of Great Britain to the Emperor of China*. 2nd, Vol. 2. London: Printed for G. Nicol, Bookseller to His Majesty, Pall-Mall, 1797. pp. 325—327. 中译文参见〔英〕斯当东著，叶笃义译：《英使谒见乾隆纪实》，第327—328页。

中国的内情。

> 为了避嫌,我们立即下城上车。①

斯当东对发现长城似有一种意外的欣喜,站在长城他浮想联翩:

> 第四天早晨,遥望远山腰一条非常突出的曲曲折折的线条,好似从远处看苏格兰的格奈斯山上的石英矿脉。这个直达鞑靼区山顶的连绵不断的线条引起我们大家的注意。逐渐往前走,越来越看得清楚,原来这是一条带着雉堞的城墙。我们没有想到这是一条城墙,也没想到它能建到这些地方。站在一处,一眼望过去,这条堡垒式城墙从小山岭到最高山顶,穿过河流上的拱门,下到最深的山谷,在重要隘口地方筑成两道或三道城墙,每一百码左右距离建有一座高大的棱堡或楼塔,整个这条城墙一眼望不到边。这样巨大的工程真令人惊心动魄。②

斯当东将自己所见的长城构造、尺寸和建筑材料、堡垒和雉堞的大小尺寸都记录下来,他从长城的修建推想到当时的中国政府,他甚至还考证了《马可波罗行纪》为什么没有留下长城的记载。③

安德逊并没有他的主人马戛尔尼那样拘谨,他尽情地欣赏了眼前的一切,与斯当东着重描写长城的建筑成就不同,安德逊对长城的观感还伴随历史的反省和文明的批判:

---

① J. L. Cranmer-Byng, *An Embassy to China: being the Journal Kept by Lord Macartney during his Embassy to the Emperor Ch'ien-lung*, 1793—1794, London: Longmans, Green and Co., 1962. p. 113. 中译文参见秦仲龢译:《英使谒见乾隆纪实》,第 119 页。

② Sir George Staunton. *An Authentic Account of an Embassy from the King of Great Britain to the Emperor of China*. 2nd, Vol. 2. London: Printed for G. Nicol, Bookseller to His Majesty, Pall-Mall, 1797. pp. 359—360. 中译文参见〔英〕斯当东著,叶笃义译:《英使谒见乾隆纪实》,第 341 页。马戛尔尼使团游览长城的经历对欧洲旅游者有一定影响,法国传教士樊国梁(Alphonse Favier)在其名著《北京:历史和记忆》(*Pékin, Histoire et Description*)一书中引用了马戛尔尼对长城的描述,参见〔法〕樊国梁著,陈晓径译:《老北京那些事儿》,北京:中央编译出版社,2010 年,第 145—146 页。

③ Sir George Staunton. *An Authentic Account of an Embassy from the King of Great Britain to the Emperor of China*. 2nd, Vol. 2. London: Printed for G. Nicol, Bookseller to His Majesty, Pall-Mall, 1797. pp. 366—367. 中译文参见〔英〕斯当东著,叶笃义译:《英使谒见乾隆纪实》,第 344—345 页。

> 这城墙是,或者可能是,曾为人类所创造的最宏大而惊人的工程。它的长度据说是超过 1200 英里,它的高度不一,随地势而异,在我立足之处有 30 英尺高,约 24 英尺宽。城基是方形的大石块,上层是砖,中间是黏土,上面用石板盖好。在城顶两面也有雉堞形的石砌短垣,3 英尺厚。……
>
> 我所登上的这一部分城墙临视着广漠的旷野,迷人的景色无穷。我极目远眺,妙美的平原一望无际;一条大河,顺流而下;稍向西顾,则大山兀立,阻住了视线。
>
> 可是这最为宏大骇人的人类杰作,到头来也必衰颓;自鞑靼与中国合并成为一国,在统一的政府统治以后,这城墙就丧失了它的作用;在防卫与安全上不再有此必要,因而到今天对它的维护也不再注意;这个由坚毅的劳动所造成的伟大纪念品,依据国策而努力进行的无比的建筑物,它的使命业已终了,无穷尽的颓废从此开始。这可算是一宗大事业的灭坏的榜样。①

亚历山大未获准跟随马戛尔尼前往热河,他耿耿于怀地表示:"只离长城——这人类的奇迹,智慧的见证——50 英里了,却不得而见,乃是这次旅行中最最扫兴的事情了。"尽管如此,他还是根据使团成员亨利·威廉·帕里什中尉的口头描绘,以自己丰富的想象力,创作了颇为壮观的《古北口长城》,②展现了长城的雄姿。此画在西方流传甚广,迄今仍是西方世界以长城为题材的经典画作。

热河 按照清廷的成规,外交使节未觐见皇帝以前,不得随意游览北京或皇家园林。故 8 月 30 日马戛尔尼向徵瑞提出游览北京风景古迹时,他的要求未得到允准。③ 马戛尔尼在热河觐见乾隆后,9 月 15 日随即获

---

① Aeneas Anderson. *A Narrative of the British Embassy to China, in the Years 1792, 1793, and 1794.* London: J. Debrett, 1795. pp. 196—198. 中译文参见〔英〕爱尼斯·安德逊著,费振东译:《英国人眼中的大清王朝》,第 107—108 页。

② 参见刘潞、〔英〕吴芳思编译:《帝国掠影——英国访华使团画笔下的清代中国》,北京:中国人民大学出版社,2006 年,第 111 页。

③ J. L. Cranmer-Byng, *An Embassy to China: being the Journal Kept by Lord Macartney during his Embassy to the Emperor Ch'ien-lung, 1793—1794*, London: Longmans, Green and Co., 1962. pp. 100—101. 中译文参见秦仲龢译:《英使谒见乾隆纪实》,第 95—96 页。

准游览御花园,马戛尔尼知道这"在中国制度上是一特殊恩典"。此次游览由和珅等军机大臣数人亲自陪同,它使马戛尔尼大开眼界,他无比兴奋地在日记中记录了这次游览给自己带来的愉悦的享受:

> 这些建筑都很宏大壮丽,有些悬挂着乾隆皇帝的秋狩图或功业图,有些又藏有各种大玉瓶及玛瑙瓶,或精美瓷器和漆器;更有些则收藏欧洲玩物和音乐歌唱器,……看到了这许多丰富的收藏,使我吃了一惊,受惊的是我们带来的礼物如果和这儿所藏的相较一下,简直小巫见大巫,我们只好"缩藏其渺小之首"了。但中国官员对我说,这里所收藏的东西,拿来和寝宫中所藏的妇女用品相比,或与圆明园中专藏欧洲物品的宫殿相较,犹相差远甚。……
>
> 我如果要详详细细描写万树园中的一切景物,实在是写之不尽。凡英国国内所有的天然景色,万树园无不皆备。
>
> 湖面有很多地方都满植莲花,这种植物,颇像我们英国的大叶荷花,大概中国人是很喜欢它的,所以在水中常见有此物,但老实说,我倒不大喜爱这种东西的。园中有颇多假山和人工池沼,皆养有金鱼极多,而亭榭楼阁之外,又多有巨型的瓷狮瓷虎来作摆设,在我们欧洲人看来是非常不顺眼的。然而凡此种种,皆无关宏旨,绝不会影响整个花园之美,我游玩了六个钟头之后,细心观察,我简直不能找出这座万树园有什么弱点。①

9月16日,马戛尔尼杜门未出,斯当东勋爵和几位随员"一同出门,行至乡村里游览"。斯当东也对这座御花园欣赏不已,"整个花园既有天然的雄伟气概,又有秀丽的人工创造"。"园内的自然产物似乎天造地设地使它生在那里点缀风趣,而人工加工部分看上去似乎没有使用工具而只是人的双手创造"。② 马戛尔尼、斯当东及其随员饱览热河御花园胜

---

① J. L. Cranmer-Byng. *An Embassy to China: being the Journal Kept by Lord Macartney during his Embassy to the Emperor Ch'ien-lung*, 1793—1794, London: Longmans, Green and Co., 1962. pp. 125—126. 中译文参见秦仲龢译:《英使谒见乾隆纪实》,第165—166页。

② Sir George Staunton. *An Authentic Account of an Embassy from the King of Great Britain to the Emperor of China*. 2nd, Vol. 3. London: Printed for G. Nicol, Bookseller to His Majesty, Pall-Mall, 1797. p. 51. 中译文参见〔英〕斯当东著,叶笃义译:《英使谒见乾隆纪实》,第372页。

景,他们相关的游记后来在欧洲广为流传,瑞典探险家斯文·赫定正是阅读了这些游记,带着朝圣一般的心情踏上前往热河的旅途,在斯文·赫定的游记《热河:帝王之都》一书中多处引用马戛尔尼等人的作品,并专辟一章介绍马戛尔尼在热河觐见乾隆的过程。① 由此不难想象马戛尔尼的热河之行所产生的后续影响。

军事 使团中有多名军官和随行的卫队,涉及海军、步兵、骑兵、炮兵多兵种,他们是职业军人,故在旅途中,对所见所闻有着特有的职业军人的敏感。尽管沿途受到清朝官员和士兵的严密监控,使团成员对沿途所见的军事要塞、城池工事、军队人数、武器装备都作了细致的观察、测算和记录,这一工作显然具有搜集军事情报的性质。朱杰勤先生注意到使团所抱的这一特殊目的,他指出:"英使团中的人对于中国的国防军备的情况都特别留心,例如安德逊的《英使访华录》就描述得很详细。1793 年 6 月 7 日使船经过越南托伦港,派了七个人乘快艇去测量海岸,被捕后放回,似乎他们之来,不是为了友好通商,而是带有窥探国家虚实的意图。"② 负责搜集军事情报工作的主要是炮兵队军官兼测量员 H.W. 巴瑞施上尉。

8月5日英国使团乘船到达大沽口,安德逊随即观测了炮台及其附近水域:

> 这地方只有一个炮台,仅仅是一个方形的塔,看样子与其说是为了保卫之用,不如说是为了装饰。它虽然是很靠近海面而且临视着江口,但是在围墙上一个大炮也没有。

> 这一段河面的宽度约220码。河水很混浊,和它流入的黄海水色相像。河水深浅不一,有几处深9英尺,有些地方6英尺,但没有浅于2英尺的地方。河口,上文已提及,有个沙滩,横挡在前;在潮涨最高时水深亦不超过6英尺或7英尺。但离河口沙滩不过几码之

---

① Sven Hedin. *Jehol: City of Emperors*. London: Kegan Paul, Trench, Trubner & Co., Ltd. 1932. 此书有中译本,于广达译:《热河:帝王之都》,北京:中信出版社,2008 年,第 117—132 页。

② 朱杰勤:《英国第一次使团来华目的和要求》,载《世界历史》1980 年第 3 期。

第八章 英国马戛尔尼、阿美士德使团的"北京经验" 499

处,正对着大海,则水深 6 英寻。①

安德逊对沿途所见清军的服装、所携装备、旗帜、队列都作了细致观察,②对所经过的通州、北京城的城门、城墙及防御工事和守备军队也有较为准确的描绘。③

8月5日,清朝总督、钦差在河岸接见英国特使,一队中国士兵在后面列队欢迎,巴瑞施上尉将其队列由前到后做了记录。④

9月5日,使团到达古北口长城脚下,经过关隘时,巴瑞施对周围的兵站、城堡做了详细的军事调查:

> 兵站的形状多半是大小不等的方形城堡,里面驻屯着几个人,遇到战争,这里就可能为附近军队的集合点。兵站多设在山中隘口,不容易攀登的高地,或者狭窄的河道附近。有的城堡大到四十呎见方,四十呎高,有的小到四呎见方,六呎高。小的兵站很少,从北京到长城一路上只在这里看到一个这样小的兵站。大型城堡由石头台阶升上去到距底一半高的拱门。为了便于防御,炮台边上很少看到炮门。炮台的胸墙上筑有雉堞。除了最大型的外,一般城堡都是实心的。从下面看,城堡的顶端有一屋宇能容少数驻屯兵士。屋宇的一端竖一旗竿,上面悬挂一面黄旗。城堡墙上有时用油漆画了各种颜色的龙。……
>
> 使节团经过的时候,每个兵站走出来至少六个,至多十五个兵

---

① Aeneas Anderson. *A Narrative of the British Embassy to China, in the Years 1792, 1793, and 1794.* London:J. Debrett,1795. p. 91. 中译文参见〔英〕爱尼斯·安德逊著,费振东译:《英国人眼中的大清王朝》,第 50 页。

② Aeneas Anderson. *A Narrative of the British Embassy to China, in the Years 1792, 1793, and 1794.* London:J. Debrett,1795. pp. 104—107,115,195. 中译文参见〔英〕爱尼斯·安德逊著,费振东译:《英国人眼中的大清王朝》,第 58—59、63、106 页。

③ Aeneas Anderson. *A Narrative of the British Embassy to China, in the Years 1792, 1793, and 1794.* London:J. Debrett,1795. pp. 136—138,151—157. 中译文参见参见〔英〕爱尼斯·安德逊著,费振东译:《英国人眼中的大清王朝》,第 74—75、83—85 页。

④ Sir George Staunton. *An Authentic Account of an Embassy from the King of Great Britain to the Emperor of China.* 2nd., Vol. 2. London:Printed for G. Nicol,Bookseller to His Majesty,Pall-Mall. 1797. p. 183. 中译文参见〔英〕斯当东著,叶笃义译:《英使谒见乾隆纪实》,第 271—272 页。

士。……兵站与兵站的距离，各处不一样。白河沿岸，从河口到通州府，东沽和天津不计算在内，共有十五个兵站，差不多每十三哩一个兵站。从北京到鞑靼区的公路上，每五哩就有一个兵站。①

使团到达古北口长城附近的豁口，得以有机会上城顶去参观，利用这一机会，巴瑞施又对周围的军事工事做了详尽的测量和记录。斯当东对他的测绘工作表示非常满意："从以上巴瑞施上尉所做的详细的调查研究，我们对中国在纪元以前年代的建筑和军事技术可以有一个清楚的认识。整个来说，它表示出当初从事这项巨大工程时政府的决心，表示出动员这么大人力物力的当时社会的高度发展水平，以及完成这项建设的精力和毅力。"②

对北京到热河交通的特殊用途，使团经过七天的旅行亦了如指掌。"北京热河之间的公路，很是平坦，尤其是最后两天所行的路，更为完整可喜，但这条公路并不是御道，御道是和公路平行的，平时严禁人行，只在皇帝出巡之时，御道上才盛陈卤簿。此等帝皇之尊严，世界上恐怕只中国有之。"对沿途的军队人数，他们也有意摸底，"从热河到北京的御道，共长一百三十六英里，所用修路的兵丁有二万三千人之多，每相隔十码远近，就有十人一队在工作。故此御道附近，逐段都有营幕，每一营幕驻兵的人数，由六名至十五名不等。""据说，皇帝驻跸热河之时，用作护卫的军士，多至十万名以上。"③可见，使团利用这一机会又了解到京畿周围的卫戍兵力。

在亚历山大的画作中，有不少军事题材的作品。或画军事工事，如

---

① Sir George Staunton. *An Authentic Account of an Embassy from the King of Great Britain to the Emperor of China*. 2nd，Vol. 2. London：Printed for G. Nicol，Bookseller to His Majesty，Pall-Mall，1797. pp. 368—370. 中译文参见〔英〕斯当东著，叶笃义译：《英使谒见乾隆纪实》，第345—346页。

② Sir George Staunton. *An Authentic Account of an Embassy from the King of Great Britain to the Emperor of China*. 2nd，Vol. 2. London：Printed for G. Nicol，Bookseller to His Majesty，Pall-Mall，1797. pp. 382—383. 中译文参见〔英〕斯当东著，叶笃义译：《英使谒见乾隆纪实》，第352页。

③ J. L. Cranmer-Byng. *An Embassy to China：being the Journal Kept by Lord Macartney during his Embassy to the Emperor Ch'ien-lung*，1793—1794，London：Longmans，Green and Co.，1962. p.117. 中译文参见秦仲龢译：《英使谒见乾隆纪实》，第126页。

《天津附近的军堡》《兵堡》；或画所见军人，如《鞑靼骑兵》《穿常服的士兵》《士兵肖像》《鞑靼骑兵》《中国军官王文雄》；或画军事装备，如《手持火绳枪的军人》《弓箭部队的官员》《中国海船》。在《鞑靼骑兵》这幅画的说明中，亚历山大如是评价清军骑兵："英国使团见到的所有的骑兵，如同画上画的，都是平庸的，参差不一的，最不像骑兵的。"①这样轻蔑的判断，实际预示着半个世纪后中英交战时清军的可怕命运。

人口 中国是一个人口众多的国家，这一点使团成员虽早已知晓，但真正身临其境，看到到处是拥挤的人群，还是给使团成员留下了难以忘怀的印象。8月9日是使团进入内河航行的第一天，据安德逊观察，"按照我的判断，这一天的航程不超过24英里。在这一段水路上，我们计算来往的船数在600只以上，我可以说这数字毫不夸大，而我们所见的停着不动的船数要两倍于此；我毫不犹豫地说，按最保守的估计，我们已遇见的人数至少有50万"。② 8月13日，继续航行，沿途遇见许多群众和船只。"这一天我们经过几个人口非常多的乡村，虽在我们的经验中可以肯定说，没有所谓人口不稠密的乡村，或者，毕竟在这个国家里的各种新奇的事情中，人口多是最显著的。""这天河的两岸排列着这么多的群众来观看我们，实非笔墨所能形容；而这一天航程中所遇见的船只数目，我坚信，毫无夸张，至少有4000只；如果我们把所见的大小乡村的人数估计为比船只数目多20倍，还是大大低于实际情况。"③使团沿途不断遇到群众围睹，以致安德逊惊叹，"出来观看这一列接载大使的新奇的航船队伍的人数难于计算；这给我们一个完整的印象是，中华帝国拥有大量的人口"。④

路经天津时，当地官员告诉使团"天津有七十万人口"，斯当东确信这

---

① 刘潞、〔英〕吴芳思编译：《帝国掠影——英国访华使团画笔下的清代中国》，第10页。
② Aeneas Anderson. *A Narrative of the British Embassy to China, in the Years 1792, 1793, and 1794*. London: J. Debrett, 1795. pp. 108－109. 中译文参见〔英〕爱尼斯·安德逊著，费振东译：《英国人眼中的大清王朝》，第60页。
③ Aeneas Anderson. *A Narrative of the British Embassy to China, in the Years 1792, 1793, and 1794*. London: J. Debrett, 1795. p. 123. 中译文参见〔英〕爱尼斯·安德逊著，费振东译：《英国人眼中的大清王朝》，第67页。
④ Aeneas Anderson. *A Narrative of the British Embassy to China, in the Years 1792, 1793, and 1794*. London: J. Debrett, 1795. p. 111. 中译文参见〔英〕爱尼斯·安德逊著，费振东译：《英国人眼中的大清王朝》，第61页。

一数字,"从岸上拥挤的大量观众来估计,即使其中包括一些附近外地来的人,但出来看的妇女和小孩甚少,这个数目加估进去,七十万的数字是可能的"。①

北京的人口数量,斯当东估计约三百万,他采取的计算办法仍是过去传教士通常使用的老办法——通过目测住房数量估算人口。②"根据杰美利·卡尔利(Gemelli Carreri,引者按:17世纪意大利旅行家)所述耶稣会徒格利马尔第(Grimaldi,引者按:17世纪意大利波洛尼亚大学教授、物理学家)在前一世纪的估计,北京有一千六百万人。另一个传教士的估计小得多,但只鞑靼城就有一百二十五万人。使节团所得到的比较最正确的数字,全北京的人口约三百万人。按照北京的矮房子,实在容纳不下这么多的人。中下级人士住得非常挤,他们的家里除了寝室而外,没有多余的房间。中国的家宅一般都由六七呎高的墙包围起来。家宅之内老少三辈带着妻子小孩都住在一起。一家人住在一间房子里。一间屋子分开几张床,当中用席隔开。全家在一间公共的屋子吃饭。"③斯当东所估的这个数字,大大超过了当时北京的实际人数。据后来的研究者统计,清朝乾隆四十六年(1781)京师的城市人口(含内、外城)986978人,周围州县人口1193315人。④

尽管北京房屋低矮,城市拥挤,但斯当东对北京的城市管理仍给予了好评:"北京居民虽然住得这样挤,但并不影响人们的健康。中国人大部分时间在露天生活,根据天气冷热增减衣服。此地天气干燥,不产生腐败性疾病。纵欲的行为也很少发生。北京人口虽然这样多,但秩序良好,犯

---

① Sir George Staunton. *An Authentic Account of an Embassy from the King of Great Britain to the Emperor of China*. 2nd, Vol. 2. London: Printed for G. Nicol, Bookseller to His Majesty, Pall-Mall. 1797. p. 200. 中译文参见〔英〕斯当东著,叶笃义译:《英使谒见乾隆纪实》,第278页。

② 参见〔法〕李明著,郭强、龙云、李伟译:《中国近事报道(1687—1692)》,郑州:大象出版社,2004年,第66页。李明估计清初北京的人口数约为巴黎人口的两倍左右,计二百万人。

③ Sir George Staunton. *An Authentic Account of an Embassy from the King of Great Britain to the Emperor of China*. 2nd, Vol. 2. London: Printed for G. Nicol, Bookseller to His Majesty, Pall-Mall. 1797. pp. 332—333. 中译文参见〔英〕斯当东著,叶笃义译:《英使谒见乾隆纪实》,第330页。

④ 韩光辉:《北京历史人口地理》,北京:北京大学出版社,1996年,第120页。另参见曹子西主编,吴建雍著《北京通史》第七卷,北京:北京出版社,1996年,第373页。

法事件很少。同英国古代十家联保制度差不多,在北京每十家中有一家必须对其余九家的行为负责,实际上也就是九家归一家管。城内打更守夜制度严格执行,全城好似一个兵营,人们住在里面享受安全,但也受一点限制。只在城外有一些发给登记执照的妓女。由于住在本地的单身汉,及由外地来到北京的离开家庭的丈夫人数很少,妓女人数并不算多。"①巴罗也基本认同斯当东对北京城市管理的观感,"京城的治安管理非常好,居民的安全和宁静很少受扰。在每一条横街的尽头,以及街上一定的距离之内,都有一种横栏,带有岗亭,其中有一个兵丁。很少有不设岗亭的街道。"②北京街面秩序良好,是使团成员的共识。

地理环境 了解地理环境是使团的一项既定目标。从斯当东的航海日志可以看出,他几乎逐日记录了所经海域海水的深度、海域的经纬度、气候变化等情况,使团甚至以自己的方式命名某些经过的重要地点。当使团抵达舟山群岛,斯当东承认:"过去欧洲船只最远只到过舟山。以后这一段约占纬度十度、经度六度的航程,它的具体情况,除了住在沿岸附近的中国人了解一些附近的情况外,对欧洲人来说,是毫无所知的。……在舟山找到的两个领航人过去经常在这段海上航行。使节团可以在他们领航之下毫无危险地对这一广大的海面进行一次探查,这个机会是非常宝贵的。"③ 7月9日使团舰队进入黄海水域,斯当东每天都留有航行日志。7月17日使团舰队到达登州湾附近水域,当天看见两个海角,加上前一天望见的一个小岛,"对从南开进渤海的船来说是最初遇到的陆地",他们于是将这三处分别命名为:马戛尔尼海角、高厄海角和斯当东岛,并

---

① Sir George Staunton. *An Authentic Account of an Embassy from the King of Great Britain to the Emperor of China*. 2nd, Vol. 2. London:Printed for G. Nicol, Bookseller to His Majesty, Pall-Mall. 1797. pp. 333—334. 中译文参见〔英〕斯当东著,叶笃义译:《英使谒见乾隆纪实》,第330—331页。

② John Barrow. *Travels in China*. London:T. Cadell and W. Davies, 1804. p. 100. 中译文参见〔英〕约翰·巴罗著,李国庆、欧阳少春译:《我看乾隆盛世》,第73页。

③ Sir George Staunton. *An Authentic Account of an Embassy from the King of Great Britain to the Emperor of China*. 2nd, Vol. 2. London:Printed for G. Nicol, Bookseller to His Majesty, Pall-Mall. 1797. p. 63. 中译文参见〔英〕斯当东著,叶笃义译:《英使谒见乾隆纪实》,第224页。

准确记录了它们的经纬度。① 舰队抛锚停泊在大沽口期间,又对周围的地形、水域情况和散布岛屿及经纬度作了详细记录,留下了极有价值的数据。② 这一带正是后来第二次鸦片战争英法联军舰队登陆的地点。

在从大沽口到北京和从北京到热河这两段路程中,使团对沿途的地理环境、山川形势、交通路程、城镇建筑、天气变化都颇为留意,一一逐项记录,甚至在北京至热河的沿途还采集了 67 种植物标本,巴瑞施测量热河的纬度为北纬四十一度五十八分,③其工作之勤之细,绝非中方所可能想到。

妇女 马戛尔尼使团成员为清一色的男性,在长途旅行中对异性的观察自然成为使团成员间的趣闻和调节他们跋涉之苦的甘露。在整个访华过程中,使团成员除了巴罗临近访问尾声时在广州有过一次吃花酒的"艳遇"外,其他人都未近女色。可以想象,使团弥漫着一股性压抑的气氛,使团成员被抑制的欲望导致对异性的渴望,以至任何女性的出现,若如招花引蝶,都会吸引大家的眼光。

乍到北京,在欢迎的人群中,使团成员惊喜地发现一些漂亮满族女子进入他们的视野:"女子在北京的人丛中很常见,或者漫步在窄街上,或者骑在马背上,跟男子一样叉着双腿。不过她们都是满族人,穿的长缎袍垂及脚面。鞋子似乎比普通汉人的尺寸大,多为缎面,由多层布或纸叠成的底约一英寸厚,方头略翘。头发从四面向上梳,跟汉人的没多大不同。虽然脸上也施了粉黛,她们的皮肤却明显地比汉人的白皙。汉族女子在北京比在其他地方更严格地被拘束在室内。"④对满、汉妇女不同社会地位

---

① Sir George Staunton. *An Authentic Account of an Embassy from the King of Great Britain to the Emperor of China*. 2nd, Vol. 2. London:Printed for G. Nicol, Bookseller to His Majesty,Pall-Mall, 1797. pp. 83—84. 中译文参见〔英〕斯当东著,叶笃义译:《英使谒见乾隆纪实》,第 232 页。

② Sir George Staunton. *An Authentic Account of an Embassy from the King of Great Britain to the Emperor of China*. 2nd, Vol. 2. London:Printed for G. Nicol, Bookseller to His Majesty,Pall-Mall, 1797. pp. 245—249. 中译文参见〔英〕斯当东著,叶笃义译:《英使谒见乾隆纪实》,第 295—297 页。

③ Sir George Staunton. *An Authentic Account of an Embassy from the King of Great Britain to the Emperor of China*. 2nd, Vol. 3. London:Printed for G. Nicol, Bookseller to His Majesty,Pall-Mall, 1797. pp. 85—87. 中译文参见〔英〕斯当东著,叶笃义译:《英使谒见乾隆纪实》,第 385 页。

④ John Barrow. *Travels in China*. London:T. Cadell and W. Davies. 1804, p. 97. 中译文参见〔英〕约翰·巴罗著,李国庆、欧阳少春译:《我看乾隆盛世》,第 72 页。

有一清晰的了解。

安德逊根据自己的短暂接触,对中、欧妇女作了比较,他毫不掩饰自己对开放、美丽的北京妇女的好感:

> 认为中国妇女是被关在屋子里不准与外人相见的见解,是无甚根据的。会集观看英国使团马车队的大量人群中至少有 1/4 的人是妇女,这比例数字大大超过我们自己国内所遇到的由于观看新奇事物而聚集起来的人群中的妇女的数目……从我所见到的,当我们在他们面前经过时,她们所表露出来的热烈情绪同刚才所说的爱看新奇的性格是同样地普遍存在于亚洲妇女之中的。
>
> 我们在北京旅行时所见的妇女,一般的容貌极为娇嫩,面色是自然的优美,但她们尚不满足于此,因此在面上还擦些化妆品。她们也用些口红,但使用方法与欧洲妇女用唇膏的办法完全不同,她们在她们的嘴唇中央点上深红的一条,毫无隐避其修容之意,这显然增加美容不少。①

在亚历山大的画册里,保有数幅妇女题材的图画。其中有一幅以《贵妇人》为题的作品,画家在这幅画下留有说明:

> 除了用缠脚布把脚缠成三角形,使脚致残这种非自然的习惯外,这位身着长裙的上流社会女子的生活没有什么不适当的。特别是她头部的装饰,常常体现出很好的品味。妇女的头饰一般会用做衣服的绸料制成,尤其是其中绣花的部分,看上去极为漂亮。由于受到的教育有限,她们的大部分时间,或用来装饰居室,或用来养花养鸟。家养的鸟有的会唱歌,有的长有美丽的羽毛,样子也极好看。图中背景是北京西直门附近的花园。②

这幅图画生动、自然,堪称珍宝,即使在同时期中国人的画作中,我们也不易找到与之媲美的类似题材的北京贵妇图画作品,怪不得大型画册《京华

---

① Aeneas Anderson. *A Narrative of the British Embassy to China, in the Years 1792, 1793, and 1794.* London: J. Debrett, 1795. pp. 160 - 161. 中译文参见〔英〕爱尼斯·安德逊著,费振东译:《英国人眼中的大清王朝》,第 87—88 页。

② 刘潞、〔英〕吴芳思编译:《帝国掠影——英国访华使团画笔下的清代中国》,第 137 页。

遗韵——西方版画中的明清老北京》一书为吸引读者,在封底刊登此画,以之作为广告。①

官场 英国使团由于受到清廷的严密监控,加上语言不通,与普通民众交往、交流的机会甚少。他们只能与为数极少指定陪同的官员交往,在这极为有限的人员交往中,他们对清朝多少有了一些由表入里的认识。

初次相会陪同的中国官员,中国官员讲究排场的作风即令斯当东印象深刻:

> 他的官气十足,每次拜会的时候,前面都由一些兵士和仆役高声吆喊肃清道路。他坐的轿子同我们以前叙述的差不多,不过多一些丝穗子。轿子由四个人抬驾着。轿竿顶端用绳子绑着竹筒,轿夫的肩就驾在竹筒下面,轿前两个人,轿后两个人。四个人抬轿,另有四个人轮流换班。仆役们撑着伞和扛着官衔牌走在前面,另有一些人骑马跟在轿后。中国官员出门都是按照身份携带随从人员。这种排场为的是使一般人民对之肃敬,任何官员独自一个人随便在路上走,将被认为是一件不体面的事。②

从款待使团的奢华花费,使团成员也看出了清廷的腐败一面。"中国官员对于吃饭真是过于奢侈了。他们每天吃几顿饭,每顿都有荤菜许多道。空闲的时候,他们就吸烟或者咀嚼槟榔。他们有时把一些香料放进烟内,有时放进一些鸦片。关于历史、戏剧、小说等消遣性质的读物,中国很多,但这些官员们似乎没有欧洲文明社会那种以读书作消遣的风气。他们没事时宁愿闲坐着,也不愿读些有兴趣的书或者做些体力劳动。"③说中国官员缺乏读书习惯,并不合乎实际,但指出其讲究吃

---

① 参见李弘著,〔英〕马思奇译:《京华遗韵——西方版画中的明清老北京(1598—1902)》,北京:新世界出版社,2008 年。
② Sir George Staunton. *An Authentic Account of an Embassy from the King of Great Britain to the Emperor of China*. 2nd , Vol. 2. London:Printed for G. Nicol,Bookseller to His Majesty,Pall-Mall, 1797. pp. 240—241. 中译文参见〔英〕斯当东著,叶笃义译:《英使谒见乾隆纪实》,第 293 页。
③ Sir George Staunton. *An Authentic Account of an Embassy from the King of Great Britain to the Emperor of China*. 2nd , Vol. 2. London:Printed for G. Nicol,Bookseller to His Majesty,Pall-Mall, 1797. pp. 237—238. 中译文参见〔英〕斯当东著,叶笃义译:《英使谒见乾隆纪实》,第 292 页。

喝,则并不为过。马戛尔尼从陪同官员王大人、乔大人那里获悉使团的消费开支:"使节团在北京时,每日费用规定为一千五百两(每两约合英金六先令八便士)。中国的生活程度很低,物价极廉,而使节团一日的费用竟然要一千五百两之巨,真是骇人闻听之事。我们在北京时,虽然一切供应颇有失之奢汰之嫌,但何至每日要开销至一千五百两之多,这是令人难以置信的。也许是乾隆皇帝为了优待我们,定下了这个极为优裕的数字,而经手人太多,层层剥削,规定的数目与实际的开销相去极远。"①在"康乾盛世"的背后潜藏着的是官场腐败,这是清朝统治的危机。实际上,与英国使团接洽的清廷高官和珅,后来即因贪污腐败而被治罪。

与乔大人、王大人接触不久,马戛尔尼就觉察到满汉官员的矛盾和严重的民族歧视的存在。乔、王在闲谈中,实话实说:"他们的皇上是满洲人,所以重用满人,而不十分信任他的汉族子民,因此朝廷有什么大政,有汉人办理,就一定要加派一个满人去插手其间",徵瑞即是一位"愚昧昏暗"且"人格不大好"的钦差大臣。② 松筠取代徵瑞出任钦差大臣后,马戛尔尼发现一个有趣的现象:"乔大人与王大人虽然也都称为'大人',但他们尽量避免当着松大人的面前来见特使,他们在松大人面前须恭敬侍立,没有坐位。有一次特使的中国翻译不自觉地当着松大人的面前坐下,马上被他纠正站起来。"③满汉官员之间的等级差别如此严重,着实让马戛尔尼同情乔、王二位,他俩大概算是马戛尔尼认为"中国朝廷中有几位大员和我们感情很融洽"的官员吧!

如果说满汉矛盾是清朝统治者的软肋,那么对世界知识的无知则是其最大的盲点。斯当东深感中国官员的世界知识普遍都严重匮乏。"除

---

① J. L. Cranmer-Byng. *An Embassy to China: being the Journal Kept by Lord Macartney during his Embassy to the Emperor Ch'ien-lung*, 1793—1794. London: Longmans, Green and Co., 1962. p. 161. 中译文参见秦仲龢译:《英使谒见乾隆纪实》,第 244—245 页。

② J. L. Cranmer-Byng. *An Embassy to China: being the Journal Kept by Lord Macartney during his Embassy to the Emperor Ch'ien-lung*, 1793—1794. London: Longmans, Green and Co., 1962. p. 86. 中译文参见秦仲龢译:《英使谒见乾隆纪实》,第 42 页。

③ Sir George Staunton. *An Authentic Account of an Embassy from the King of Great Britain to the Emperor of China*. 2nd, Vol. 3. London: Printed for G. Nicol, Bookseller to His Majesty, Pall-Mall, 1797. p. 178. 中译文参见〔英〕斯当东著,叶笃义译:《英使谒见乾隆纪实》,第 421 页。

了在广州而外,中国人对一切外国人都感到新奇,但关于这些外国人的国家,他们却并不感兴趣。他们认为自己的国家是'中华',一切思想概念都出不去本国的范围。""他们的书上很少提到亚洲以外的地区,甚至在他们画得乱七八糟的地图上也找不到亚洲以外的地方。""对于更远的区域,中国政府,如同外国人做生意的中国商人一样,只有一个抽象的概念。其余社会人士对于任何中国范围以外的事物都不感兴趣。"①遗憾的是,斯当东指出的这些问题,直到四十多年后鸦片战争爆发时仍没有任何改观,当远道而来的"英夷"以船坚炮利的优势打开中国东南大门时,朝野上下对英吉利的精确位置依旧是茫然无知。②

弃婴 太监 在有关北京的描述中,除了景物和官场外,使团报告还特别提到太监和弃婴两大问题,这显然是他们看到的这个城市最令他们感到难以理解的阴暗面。

马戛尔尼从与法国遣使会神父罗广祥(Nicolas-Joseph Raux,1754—1801)的交谈中,了解到中国信教的人数约有五十万,北京一地就有五千人以上,这些信徒很大一部分来自弃婴。"中国的贫民常因生活困难,将婴儿残害。这种事情,在我们欧洲人看来是伤天害理的,但中国人却处之泰然。"③传教士正是利用这一机会,将这些弃婴收为自己的信徒。巴罗因与传教士交谈机会较多,获得了更多这方面的信息:"清廷默认京城的巡街兵丁有责任雇一些人,在清早拖着板车收捡夜间被人抛弃的婴尸。他们不加追究,只是将尸体拉到城外的乱坟冈去,据说不管是死是活,都一扔了之。在这个可怕的乱坟冈边,北京的罗马天主教传教团有人轮流看守,选出最有可能存活的救下,以作将来的信徒,同时也为剩下的那些

---

① Sir George Staunton. *An Authentic Account of an Embassy from the King of Great Britain to the Emperor of China*. 2nd, Vol. 2. London:Printed for G. Nicol,Bookseller to His Majesty,Pall-Mall,1797. pp. 238—239. 中译文参见〔英〕斯当东著,叶笃义译:《英使谒见乾隆纪实》,第 292—293 页。

② 有关这方面的情形,参见龚缨晏:《鸦片战争前中国人对英国的认识》,收入黄时鉴主编:《东西文化交流论谭》,上海:上海文艺出版社,1998 年,第 230—264 页。

③ J. L. Cranmer-Byng. *An Embassy to China:being the Journal Kept by Lord Macartney during his Embassy to the Emperor Ch'ien-lung*,1793—1794. London:Longmans,Green and Co.,1962. p.102. 中译文参见秦仲龢译:《英使谒见乾隆纪实》,第 99 页。

有可能还活着的做临终洗礼。"①"根据我们交谈过的传教士所给的数字,取其平均数,我得出的结论是,每天在北京大约有 24 个婴儿被扔到那个乱坟冈。……这样算下来的结果,在京城一地每年就有近 9000 弃婴。一般认为此数目相当于帝国其他部分的总和。"②所提弃婴数目,正如他们所估计的北京人口数量一样,明显有夸大之嫌。

如果说弃婴现象属耳闻的话,太监的存在则是亲眼所见。在圆明园、热河皇家御花园、紫禁城,使团随处都能看到这种"不男不女"的太监。斯当东猛烈地抨击了自己亲见的这种太监现象:

> 宫内侍从人员全部或绝大部分是在性熟期以前被割去生殖机能的人。在一个国家里,只是疯狂的猜忌心理才想到要戕贼一种性别的主意,使其成为另一种性别的护卫者,并且可以不怀疑,同时也只有无限制滥用权力才能把这种残酷不人道的主意付诸实施。……乾隆皇帝的祖父,康熙皇帝,曾放逐了六千名太监到边远少数民族地区,但从那时到现在,太监人数又逐渐增多,北京和圆明园内的宫殿里又充满了这种人了。
>
> 割去了生殖机能的太监可以穿堂入室无所顾忌地服侍宫内妇女。土耳其也有这种人,他们称之为黑阉人,意思是所有性别的痕迹都消失了,在欧洲少数地方也有自动施行这种手术的,但他们是为了节育和改善自己的声调。
>
> 中国人根本不懂外科学,他们连放血都不会,人体解剖是他们所深恶痛绝的。在这种情形下,对于一个英国人来说,简直无法理解他们是怎样进行这种割生殖器的复杂手术的。③

---

① John Barrow. *Travels in China*. London: T. Cadell and W. Davies, 1804. p. 168. 中译文参见〔英〕约翰·巴罗著,李国庆、欧阳少春译:《我看乾隆盛世》,第 124 页。

② John Barrow. *Travels in China*. London: T. Cadell and W. Davies, 1804. pp. 169–170. 中译文参见〔英〕约翰·巴罗著,李国庆、欧阳少春译:《我看乾隆盛世》,第 125 页。

③ Sir George Staunton. *An Authentic Account of an Embassy from the King of Great Britain to the Emperor of China*. 2nd, Vol. 3. London: Printed for G. Nicol, Bookseller to His Majesty, Pall-Mall, 1797. pp. 128–130. 中译文参见〔英〕斯当东著,叶笃义译:《英使谒见乾隆纪实》,第 401 页。

太监是中国皇权制度的附属品，如此非人道现象的长期存在，的确给使团成员上了一堂生动的中国皇权专制的历史课。

除了以日记、游记、报告这些文字性的材料记录自己的访华见闻和感受外，使团绘图师亚历山大还留有大量的写实图画，这些作品更为生动、形象地记录了沿途的城镇要塞、山川形势、风土人情、民居建筑。其中涉及北京、热河的风物画大致有三类：一、建筑画，如《在白河见到的兵站和礼炮》《天津附近的军堡》《圆明园的房子》《北京的皇宫》《牌坊草图》《热河"小布达拉宫"》等；二、人物画，《乾隆皇帝》《乾隆皇帝侧身坐像》《乔大人》《抽旱烟的乔大人》《中国军官王文雄》《上层社会母子与仆人》等；三、风景画，如《避暑山庄中远眺棒槌山》等。这些图画为使团的"北京经验"增添了新的材料，也给这位地位低微的画师带来了不朽的名声。

使团成员对所经北京、热河等京畿地区的游览虽带有走马观花、浮光掠影的性质，其描述也不免一鳞半爪，或片断素描，但大体反映了他们所见的实景实情，由此引发的观感也具有"经验"的成分。由于使团是一个集体，成员之间能分享所见所闻的材料，在使团内部亦形成一种独特的集体记忆，甚或有故事流传，他们在饱览风光迷人的景色后逐渐使直观的印象形成一个鲜活、充实的新的"北京形象"。使团成员对北京的解读不再是传教士那种充满对巍峨的东方帝都羡慕的笔调，而是在细微的观察之中伴随某种文明的批判和超越的审视，这是一个新的转变，它是一个步入近代社会且伴随工业革命崛起的新兴民族对一座浸透着古老文明的大都市的审读。

四　阿美士德使团的"礼仪之争"——叩头

1816 年 1 月 20 日，英政府宣布委任阿美士德（William Pitt Amherst，1773—1857）为赴华全权公使出访中国。此次出使的目的在于"消除一向受到种种冤抑，免除将来这种或其他类似性质的情况继续发生，并将东印度公司的贸易建立在一种安稳、健全和公平的基础之上，避免地方当局任意侵害,并受到中国皇帝及钦定章程的保护"。① 2月8日,阿美士德率领副使埃利斯(Henry Ellis)、特使男侍小阿美士德(Hon. Mr. Amherst)等十三名使团成员乘坐军舰"奥尔斯特号"(Alceste,一译"阿尔赛斯特"号)从英国斯皮特黑德(Spithead)出发,随行者有皇家双桅帆船"利拉号"(Lyra)及公司特许船"休伊特将军号"(General Hewitt)。7月10日,使团抵达南丫群岛,英国东印度公司在广州的特别委员会主席小斯当东爵士(Sir George Thomas Staunton)及商馆人员黑斯廷斯·特朗(Hastings Trone)、德庇时(John Francis Davis)、马礼逊(Robert Morrison)、曼宁(Thomas Manning)、亚历山大·跛臣(Alexander Pearson)六人加入使团。使团其他人员包括佣仆、乐队、卫队,共计72人。② 7月28日,"奥尔斯特号"号停泊在广州白河口外。此后的行程:8月9日,使团在塘沽登陆。8月12日,到达天津,开始讨论叩头问题。8月20日,到达通州。8月28日,离开通州。8月29日晨到达海淀圆明园,随即被通知朝见嘉庆皇帝;特使以匆促故称病未见。8月30日,返回通州。9月2日离开通州从陆路南下。1817年1月1日,回到广州。1月20日离开广州。8月17日,回到英国斯皮特黑德。③ 整个访华行程历时一年半,在京停留不到一天。相对于马戛尔尼使团成员留下的文献大肆渲染他们的沿途观赏所得及其在北京、热河的经历,阿美士德使团留下的文献记载北京之行的篇幅并不多,这是他们在北京所待时间太短所致。

---

① John Francis Davis. *The Chinese: General Description of the Empire of China and its Inhabitants*. Vol. 1. London: Charles Knight, 1836. p. 90. 小斯当东对使团的缘起和目的有不同的看法,他说:"这一出使计划的缘起与我本人或我的友人毫无关联。在我们看来,决定那时出使中国,并不合时宜。出使的准备工作,在好多方面均与我的朋友约翰·巴罗爵士的意见与建议相左,他个人明显最懂得这一问题。使团的唯一目的在于解决发生在广州的几起纠纷,并重建两国贸易关系;但是这些目标在他们到达中国前早已完全得以实现。"George Thomas Staunton. *Memoirs of Sir George Thomas Staunton*, Bart. London: L. Booth, 307 Regent Street,1856. pp. 65－66. 中译文参见〔英〕乔治·托马斯·斯当东著,屈文生译:《小斯当东回忆录》,上海:上海人民出版社,2015年,第61－62页。

② 〔英〕克拉克·阿裨尔著,刘海岩译:《中国旅行记(1816—1817年)——阿美士德使团医官笔下的清代中国》,上海:上海古籍出版社,2012年,第322－323页。而据使团翻译马礼逊的回忆,在大沽口登陆时为75人,中方查验名单时表示"使团有50个人就足够了,用不了75个人"。参见附录一附加注释7《马礼逊先生大沽拜访钦差》,同上书,第331页。

③ Hosea Ballou Morse. *The Chronicles of the East India Company Trading to China 1635—1834*. Vol. 3. Oxford: Clarendon Press, 1926. p. 256. 中译文参见〔美〕马士著,区宗华译:《东印度公司对华贸易编年史(1635—1834)》第三卷,第287－288页。

阿美士德使团成员倒是详细记载了使团访华礼仪之争的过程,这当然是对他们在北京"遭遇"的辩护性解释。①

8月10日使团在塘沽上岸后,小斯当东从清廷小官处得知,使团"到达北京的时间确定,觐见定于22日进行"。当时,他们感觉旅行时间"实在是非同寻常的短"。② 使团到达天津后,8月13日中方设宴招待使团,就使团觐见嘉庆皇帝的礼仪问题,清廷钦差工部尚书苏楞额、长芦盐政广惠与阿美士德、埃利斯、小斯当东首次进行会商。阿美士德表示"他准备在各方面都遵行马戛尔尼勋爵的先例"行礼。然而,双方对"马戛尔尼勋爵的先例"却看法不一。苏楞额坚称,马戛尔尼"在觐见皇帝时和其他场合都行了叩头礼",并要求当时在场的小斯当东作证。小斯当东的回答极富技巧,"大使对前一使团有关情形的了解,来源于马戛尔尼勋爵回国后呈递给我们君主的真实报告,我们现在的训令也是根据这一报告做出的。他(小斯当东爵士)在23年以前还只是个12岁的孩子,向他询问有关当时情况的意见或证词,或者认为他的意见对于裁决一个已经由更高权威决定了的问题具有任何重要性,都是不妥当和十分荒唐的"。③ 显然,小斯当东回避了提问。这样,双方在认知马戛尔尼是否在觐见乾隆皇帝时行叩头礼的问题上出现了分歧。由于马戛尔尼本人及其使团成员在他们回国公开出版的回忆录和提交的报告中对觐见乾隆皇帝的礼仪陈述与实际情形有很大差异,所以双方所据的证词版本及其理解自然就很不一样。④

接着,双方围绕觐见嘉庆帝的礼仪展开谈判,清廷官员软硬兼施、步

---

① 有关阿美士德使团的中文研究成果,迄今仅有刘兰青:《嘉庆帝驱逐英使阿美士德团述论》,载《北京档案史料》2007年第3期。该文主要利用了第一历史档案馆所藏档案史料。

② Henry Ellis. *Journal of the Proceedings of the Late Embassy to China*. London: J. Murray, 1817. p. 80. 中译文参见〔英〕亨利·埃利斯著,刘天路、刘甜甜译:《阿美士德使团出使中国日志》,北京:商务印书馆,2013年,第57页。

③ Henry Ellis. *Journal of the Proceedings of the Late Embassy to China*. London: J. Murray, 1817. pp. 92—93. 中译文参见〔英〕亨利·埃利斯著,刘天路、刘甜甜译:《阿美士德使团出使中国日志》,北京:商务印书馆,2013年,第65页。

④ 有关马戛尔尼使团的觐见礼仪之争的最新研究成果,参见秦国经的《从清宫档案,看英使马戛尔尼访华历史事实》和〔法〕戴廷杰:《兼听则明——马戛尔尼使华再探》,两文分别从中、外两个不同视角的材料对马戛尔尼使团觐见乾隆的礼仪做了非常精确的考证,收入中国第一历史档案馆编:《英使马戛尔尼访华档案史料汇编》,北京:国际文化出版公司,1996年,第22—148页。

步进逼,试图迫使英国使团就范,按照通常的中方礼仪行跪拜礼。阿美士德开始坚持"打算以他向英国君主表达尊敬的同样方式觐见中国皇帝,这是马戛尔尼勋爵的做法,也是他的君主对现在这个使团的训令"。迫于中方的压力,后来表示"为了表明他愿意协商的诚意,尽管他在自己君主的王位前习惯上只鞠躬一次,但这一次,中国官员们跪拜多少次,他就会毫不犹豫地鞠躬多少次"。中方"要求阿美士德勋爵应该单膝跪地"。这一提议遭到了英方的反对。① 双方在觐见礼仪上不能达成一致意见,更不要说让对方满意。上午的谈判结束后,从会谈内间进入大堂,桌子正面覆盖着黄色丝绸,上面放着一个点着的香炉,中国官员行跪拜礼九次,英国使团成员跟着鞠躬九次,这就算是上午会谈的初步"成果"。

用完正餐后,双方重新回到内间会谈,广惠重提觐见皇帝时如何行礼的问题,经过几个回合的交锋,阿美士德的态度有所退让,表示"如果在觐见皇帝时他们或者其他大臣也在场的话,大臣们跪拜几次,他也会毫不犹豫地屈体几次"。但"他认为这样的礼仪并不能表示尊敬程度有一丝一毫的增加"。在英方"再次明确地说明了礼仪的具体形式之后,会议就结束了"。② 这里的关键词"屈体""礼仪的具体形式"究竟意指什么?从苏楞额的奏折可知,实为"九跪一膝,九一俯首"。③ 它与清廷通常要求的"三

---

① Henry Ellis. *Journal of the Proceedings of the Late Embassy to China*. London:J. Murray,1817. pp. 93—96. 中译文参见〔英〕亨利·埃利斯著,刘天路、刘甜甜译:《阿美士德使团出使中国日志》,北京:商务印书馆,2013年,第65—67页。

② Henry Ellis. *Journal of the Proceedings of the Late Embassy to China*. London:J. Murray,1817. pp. 97—98. 中译文参见〔英〕亨利·埃利斯著,刘天路、刘甜甜译:《阿美士德使团出使中国日志》,北京:商务印书馆,2013年,第68—69页。

③ 据《钦差工部尚书苏楞额等覆奏英贡使在津谢宴行礼各情节并带领该使等起程进京日期折》(二十一年闰六月二十日):"据译生马逊云,'贡使等来朝一心,无不诚敬。惟嘆咭唎国礼节与天朝不能相似,在本国遇贵官尊者,系免冠拱立,一俯首;在国王前系免冠,跪一膝,一俯首;如向国王之位系免冠拜揖,一俯首,是极大之礼'。奴才等复知,'既知恭敬,自应随同行礼,方为顺从'。伊等似有难色,奴才等反复开导,曲为引谕。据云,'嘆咭唎国外貌行礼,虽不与天朝相同,其心中恭敬则一,并无不尊之处'。奴才等又告,'汝等向位免冠拜辑一俯首,乃亦系汝国之礼。中华瞻观,实属简便。且大皇帝如此恩典,汝等岂不知感? 即将来入觐,咫尺天威,汝等免冠,跪一膝,一俯首,岂足为向化输诚,尽汝国王之意?'据云,'贡使等敬心无二,实不敢改易本国礼节,恐回国时本国王见怪。惟有行礼时照本国礼节加增,仰答恩典。想大皇帝俯念夷忠,自必欢喜'等语。奴才等别无异说,察其词气,甚属恭顺,尚非空言,至诚有心,支饰随带同望阙行三跪九叩礼。伊等即向上三免冠,九拜辑,九俯首。并云,'如见大皇帝时,情愿免冠,九跪一膝,九一俯首'。奴才等观其礼节,究有不合,俟沿途再行开导。'"故宫博物院"辑:《清代外交史料》(嘉庆朝)五,台北:成文出版社,1969年,第29页,总第537—538页。

跪九叩"有所不同,而为英方妥协后认可的礼节。

对于英国使团来说,他们的前车之鉴有两种模式:一是俄国模式,1805年(嘉庆十年)俄罗斯派遣戈罗夫金伯爵使团前往北京,抵达库伦后因不顺从中国的礼仪规范遭清廷拒绝,被迫折返。一是荷兰模式,1795年(乾隆六十年)荷兰东印度公司派遣德胜使团抵达北京访问,在京多次觐见乾隆,荷兰使团完全按照清廷要求行朝拜礼仪,其待遇与中国周围被纳入朝贡体系的国家无异,因此在回到欧洲后,他们的出使被当作一个笑话传扬。副使埃利斯总结这次会谈的结果时这样写道:

> 我们成功地抵制了导致俄国大使使华失败、被迫从边境返回的那一要求。从来没有人提出过像今天这样的礼仪仪式,无论是等价或不等价的,作为顺从中国觐见皇帝的习俗权宜之计。顺从中国觐见礼仪的唯一一次先例是上一次的荷兰使团。荷兰使团在整个过程中所受到的对待,以及中国人想方设法在一些无足轻重的场合无数次要求他们以最丧失体面的形式重复行礼的事实,足以证明不顺从中国礼仪是适宜的。①

阿美士德希望既不要像俄国使团那样中途折回,又要避免荷兰使团的"卑恭屈膝",这次会谈他争取到的就是这样一个结果。

担任阿美士德使团翻译的罗伯特·马礼逊特别提到"身体的不同姿态"表示"恭顺和尊敬"的不同程度:单膝跪地较站立俯首为重,双膝跪地较单膝跪地为重,双膝跪地兼以双手和前额触地则更重。依据中国人的观念,以这种姿态行礼,重复次数越多,礼越重,九次比六次重,六次比三次重,三次比一次重。② 在中国皇帝面前是否行跪拜礼,阿美士德所获指示殊为分歧:"他的本国政府准许他便宜行事,只要能达成出使的目的,尽可顺从中国的要求;但东印度公司董事会却认为在广州能产生的结果比

---

① Henry Ellis. *Journal of the Proceedings of the Late Embassy to China*. London: J. Murray, 1817. p. 99. 中译文参见〔英〕亨利·埃利斯著,刘天路、刘其心译:《阿美士德使团出使中国日志》,第69页。

② Robert Morrison. *A Memoir of the Principal Occurrences during an Embassy from the British Government to the Court of China in the Year 1816*. London:〔s. n.〕, 1819. p. 141. 又参见〔英〕克拉克·阿裨尔著,刘海岩译:《中国旅行记(1816—1817年)——阿美士德使团医官笔下的清代中国》,第334—335页。

较在北京的任何表面利益更加重要。"① 上级的不同指示版本本来给阿美士德使团的灵活处理留下了余地。

阿美士德使团内部对待觐见礼仪的态度也不一致。副使埃利斯认为,如果因不愿叩头而失去觐见皇帝或后面有的机会,代价实在太大。"在叩头本身以及遵行它会带来何种影响的问题上,我起初就持有不同意见,认为如果中国人在其他方面对待使团的态度还算令人满意的话,在叩头这一点上进行反抗,对于维护我们国家的尊严决不是至关重要的。因此,由于坚决拒绝服从中国人的要求而使得使团有可能不被接受,我自然会感到深深遗憾。……如果不在意九次双膝跪下伏地叩头与九次单膝跪地深度鞠躬之间的区别而取得一个相反的结果,所付出的代价算不算过于昂贵。即使我们得到接见,但不允许讨论使团的深层目标,我仍然会认为,在某种程度上,是在礼仪问题上的长时间抗争阻碍了他们作出对我们更为有利的决定。"② 他对行跪拜礼或叩头是否有损尊严这一点并不太在意,以为达成出使的深层目标更为重要。

小斯当东的意见则完全相反。8月8日在塘沽上岸之前,他就叩头问题对阿美士德明确表态:"蒙阁下荣耀地要我提出关于答应用中国仪式来达到目的这个方法,会对在广州的不列颠人的品格和利益带来影响的意见,我恳求说,我觉得有一个坚强的信念,屈从将是不合适的,即使因拒绝会招致完全不接受本使团的危险。我非常了解当前的使命目的的重要性,但不能使我相信由于屈从的问题而对它的成功就有一点促进,而仅获接见(这不能说是荣耀的接见)本使团,我认为用这种牺牲作代价是太大了。"③ 小斯当东根据的更多的是他在广州商馆与清朝官员打交道的经

---

① 参见〔美〕马士译,张汇文等译:《中华帝国对外关系史》第一卷,上海:上海古籍出版社,2000年,第63页。

② Henry Ellis. *Journal of the Proceedings of the Late Embassy to China*. London: J. Murray, 1817. p. 153. 中译文参见〔英〕亨利·埃利斯著,刘天路、刘甜甜译:《阿美士德使团出使中国日志》,第105页。

③ Hosea Ballou Morse. *The Chronicles of the East India Company Trading to China 1635—1834*. Vol. 3. Oxford: Clarendon Press, 1926. p. 262. 中译文参见〔美〕马士著,区宗华译:《东印度公司对华贸易编年史(1635—1834)》第三卷,第294页。又参见〔英〕斯当东著,侯毅译:《1816年英使觐见嘉庆帝纪事》,载《清史研究》2007年第2期。斯当东1816年8月8日日记收入他致阿美士德信原文。

验，即使叩头也未必赢得清廷的让步，维护使团的尊严也许有助于清廷改变对英商的政策。埃利斯的灵活态度与小斯当东的强硬主张可以说正是英国政府与东印度公司分歧的延伸。

阿美士德就觐见礼仪如何行事一直有所犹豫，在天津与清廷官员会谈达成的协议，应该说更多的是采纳了埃利斯的意见，或者说阿美士德自己的选择。而当时的清廷官员错以为可能是小斯当东将马戛尔尼使团行跪拜礼的实情告诉了阿美士德，才使阿美士德做出上述妥协。8月14日使团离开天津时，苏、广两位大人回访了使团的正、副使阿美士德、小斯当东、埃利斯三人，并再次举行会谈，对前一天提出的有关礼仪的主要问题进行了仔细讨论。在会谈中，中方以为前一天会议的结果可能与小斯当东在使团内部所起的作用有关，因此将注意力特别转向小斯当东本人，再次质询小斯当东，如果皇帝要求他为马戛尔尼勋爵顺从一事作证的话，他会怎样做？"小斯当东爵士非常明智地回答说，他当时还是个孩子，他的回忆可能没有任何价值。他利用这一机会，向他们转述了他个人的意见：他的君主的命令十分明确，不允许阿美士德勋爵顺从这一礼仪，坚持在这一点上施加压力必然是无效的。"①清廷官员没想到小斯当东做了并不如意的回答。小斯当东拒绝行跪拜礼的态度是明确而坚定的，他的经验告诉他不能妥协退让。埃利斯似乎感到如此下去，使团取得进展的希望就会越来越渺茫。"对于有关礼仪问题讨论的必然增多，我不得不感到遗憾，因为我认为，在这些问题上我们的每一次胜利，都意味着实现使团更实质性目标的机会的减少。"②对使团的不妙前景，埃利斯似乎有了某种预感。

8月15日中午使团离开天津到达杨村时，苏楞额、广惠与阿美士德及其两位副使举行会谈。苏、广两位大人传达嘉庆皇帝下达的谕旨：拒绝使团随行乐队进京，让他们返回船上，等候大使返回。"只有4个人——

---

① Henry Ellis. *Journal of the Proceedings of the Late Embassy to China*. London：J. Murray，1817. p. 108. 中译文参见〔英〕亨利·埃利斯著，刘天路、刘甜甜译：《阿美士德使团出使中国日志》，第75页。

② Henry Ellis. *Journal of the Proceedings of the Late Embassy to China*. London：J. Murray，1817. p. 108. 中译文参见〔英〕亨利·埃利斯著，刘天路、刘甜甜译：《阿美士德使团出使中国日志》，第75页。

特使、两名副使和杰弗里——被允许觐见皇帝,另有 12 名随员被允许出席宴会。"① 这是中方对使团拒绝行礼做出的第一个强硬反应,对中方的这一决定,使团"深感惊诧",因为马戛尔尼使团中"就有一个乐队,为这样的场合增加了所需要的豪华气氛"。② 黄昏时分,双方再次举行会谈,中方告知使团在海岸边已看不到那些运送使团的船只了。③ 钦差广惠宣布说,"这些船舰没有得到皇帝的允许就离开海岸会让皇帝大为愤怒,他们个人也要为此承担责任"。阿美士德勋爵告诉他们,"护送船的船长接到过他的政府的命令,在特使上岸后立即返回广州,所以他很可能一有顺风就启航开走了"。苏楞额得悉英方船只擅自离去的消息自然非常不满,要求使团"提供某些理由,以便向皇帝交代"。当天晚上,使团"将一份文件交给了中国官员,为船舰离去提出了几个理由,主要是停泊地的不安全和前次使团的先例"。④ 这些理由实际掩盖了他们的真正图谋,即让船队离去,以使中方安排或允许使团像马戛尔尼使团那样从陆路南下,从而获得一次贯穿中国南北的旅行机会。后来英国使团从通州南下时,中方对英方的意图懵然不知,竟以为"暎咭唎来使于天津登岸后,即将原船开行,其意狃于上次故智,希冀由浙放洋,此次特令纤道行走,经由数省抵粤,正欲使知中国疆域之闳廓、山川之险阻,即使其潜绘地图,该使臣所历,皆属腹地,距海甚远,虽知道路情形,亦何所施其伎俩,若令由浙放洋,乃是适如所愿,岂为计之得乎"。⑤ 中方以从前款待马戛尔尼使团的方式安排阿美

---

① Henry Ellis. *Journal of the Proceedings of the Late Embassy to China*. London:J. Murray,1817. pp. 111—112. 中译文参见〔英〕亨利·埃利斯著,刘天路、刘甜甜译:《阿美士德使团出使中国日志》,第 76—77 页。

② Henry Ellis. *Journal of the Proceedings of the Late Embassy to China*. London:J. Murray,1817. p. 111. 中译文参见〔英〕亨利·埃利斯著,刘天路、刘甜甜译:《阿美士德使团出使中国日志》,第 77 页。

③ 据《直隶总督那彦成奏报英贡使船五艘原泊天津海口现已移动片》(嘉庆二十一年闰六月)禀报:"暎咭唎贡船五只,原泊天津海口,旋已移动,不知去向。"收入中国第一历史档案馆、澳门基金会、暨南大学古籍研究所编:《明清时期澳门问题档案文献汇编》(二),北京:人民出版社,1999 年,第 72 页。

④ Henry Ellis. *Journal of the Proceedings of the Late Embassy to China*. London:J. Murray,1817. pp. 114—116. 中译本参见〔英〕亨利·埃利斯著,刘天路、刘甜甜译:《阿美士德使团出使中国日志》,第 79—80 页。

⑤ 中国第一历史档案馆、澳门基金会、暨南大学古籍研究所编:《明清时期澳门问题档案文献汇编》(二),第 85 页。

士德使团南下,结果正中英国使团下怀。

8月16日上午,苏楞额、广惠会见阿美士德传达谕旨,"坚持要求阿美士德勋爵行叩头礼,并且要求小斯当东爵士为事实作证。最后,命令把礼物退回,皇帝不能接受大使,除非他行大清礼仪"。阿美士德回复,"他的目的一直是把向皇帝陛下表达尊敬和服从他的君主的命令结合起来,他提出的行礼方式与中国礼仪要求的方式十分接近,他自认为会让皇帝满意"。① 阿美士德在这里所谓的"行礼方式",据苏楞额具奏:"但九跪一膝,九一仰首,与三跪九叩之礼,究不相同。汝等仍应遵照三跪九叩,以便求恩。据云,二十日贡使等所说九跪一膝,九一仰首,若不似中华之礼。如今请跪一膝,三俯首,如此三次,与三跪九叩之礼,似相仿照。"②阿美士德的模糊回答没有获得中方的认可,阿美士德遂转而提出建议,"一名与他有着相同官阶的满族官员,在摄政王的画像前行叩头礼。在这种情况下,他就可以顺从皇帝的意愿"。中方官员表示不可能。阿美士德又生一计,"作为他行叩头礼的回报,他只有请求皇帝陛下发布一道谕旨,宣布任何中国大使今后在英国朝廷出现的时候,也应该在英国君主面前行这种清朝礼仪"。中方官员表示"更难以接受"。③ 双方的谈判到此陷入僵持状态。

在会谈中,中方提到所有外国大使觐见时都要行叩头礼,并且以暹罗和日本为例。阿美士德对此回答说,"这些国家无论在文明程度上还是在国家力量方面都不能和英国相提并论。官员们对这一点很愿意承认,他们说,它们的大使绝对得不到如此受尊重的接待。接着,他们又列举了皇

---

① Henry Ellis. *Journal of the Proceedings of the Late Embassy to China*. London: J. Murray, 1817. pp. 117—121. 中译文参见〔英〕亨利·埃利斯著,刘天路、刘甜甜译:《阿美士德使团出使中国日志》,第80—81页。嘉庆闻报英使离开天津,曾严责苏楞额、广惠:"所奏错误极矣……曾面谕务将该贡使等礼节调习娴熟,方可令其入觐,如稍不恭顺,即令在津等候,毋亟亟启程来京。今该贡使既不肯行中国礼仪,即应奏明候旨。乃苏楞额、广惠于二十一日带领启程,实属冒昧。"参见第一历史档案馆藏:军机处上谕档,卷884(1),嘉庆二十一年闰六月二十二日上谕。

② 台北"故宫博物院"辑:《清代外交史料》(嘉庆朝)五,第39页,总第537—538页。

③ Henry Ellis. *Journal of the Proceedings of the Late Embassy to China*. London: J. Murray, 1817. pp. 117—121. 中译文参见〔英〕亨利·埃利斯著,刘天路、刘甜甜译:《阿美士德使团出使中国日志》,第82—83页。

帝陛下安排的大使在北京逗留期间的娱乐活动"。① 中方对英国使团的待遇已超出寻常,这一点并未打动英方。

8月17日,英国使团接到中方通知前往通州,在那里他们将会见两名比苏楞额和广惠级别更高的官员——王爷和世泰和礼部尚书穆克登额。阿美士德被要求在这两位官员面前演习清朝礼仪,或在苏楞额和广惠面前演习行礼。阿美士德承诺,"严格遵行他所提议的礼仪,他也可以毫不犹豫地对此作出书面保证"。双方经过商议,"最后确定,屈膝和躬身的次数应当与叩头的次数一致,也就是说,屈一次膝,躬三次身,重复三遍"。② 但他并不愿事先做这样的演示。当天,苏楞额有"奏报转谕英贡使行三跪九叩头不从等情折",详述与阿美士德、小斯当东交涉情形,内称:"奴才等细思其言,自系词穷暂为支饰,诚如圣谕,与其到京逐回,不若中途转回。奴才等断不敢希图将就,不目睹该贡使等演习三跪九叩之礼,率行带领到园,致进表行礼稍不如仪,自于重咎。"③

随后两天使团前进的速度放慢。8月18日一天行进不到20英里,这显然是在等候中方的决定。8月19日,中方对使团基本物资的供应完全停止,这是中方对使团不愿遵从清朝礼仪做出的进一步反应。使团从一开始就向中方抱怨供应品贫乏,这与前次马戛尔尼使团受到丰盛的款待大相径庭。

8月20日,使团抵达通州。"在通州,为英国使团准备的住处很小,甚至还不够使团主要成员居住。这个住处主体是一小套住房,由一长溜一层建筑组成,住房前建有柱廊。房屋建在一个有围墙的院子的一头,院子的另一头有一个大门以供进出。这些房屋供特使以及使团一

---

① Henry Ellis. *Journal of the Proceedings of the Late Embassy to China*. London:J. Murray, 1817. p. 118. 中译文参见〔英〕亨利·埃利斯著,刘天路、刘甜甜译:《阿美士德使团出使中国日志》,第81页。

② Henry Ellis. *Journal of the Proceedings of the Late Embassy to China*. London:J. Murray, 1817. p. 124. 中译文参见〔英〕亨利·埃利斯著,刘天路、刘甜甜译:《阿美士德使团出使中国日志》,第85页。

③ 参见中国第一历史档案馆、澳门基金会、暨南大学古籍研究所合编:《明清时期澳门问题档案文献汇编》(二),第72页。

两名主要成员住宿,其他人宁愿睡在船上,但用餐则要聚集到特使的房间。"①这样的待遇可能是清廷官员基于英方不从中国礼仪态度所刻意做出的安排。8月22日中午,和世泰、穆克登额、苏楞额、广惠接见使团正、副使、小阿美士德和翻译马礼逊,和世泰告诉阿美士德,来看他是要看他行大清礼仪。大使要么遵从清朝礼仪,要么就会被遣回。阿美士德表示他来中国的目的是表达对皇帝陛下所怀有的尊重和崇敬之情,他受命以皇帝的伟大父亲乾隆曾经接受过的礼仪觐见皇帝陛下。和世泰坚称,对于叩头礼节问题,绝对要遵守。在得悉这是中方的最后决定时,阿美士德从衣袍里取出一封封好的摄政王的信件,请求和世泰转递给皇帝陛下。第二天,接待使团的天津兵备道张五纬将阿美士德昨天提交的信件退回给使团翻译马礼逊,理由是信中没有提到大使的名字。张五纬还交给阿美士德一份中方档案的摘录,其中包含有关马戛尔尼勋爵遵行清朝礼仪的叙述。②

8月24日,中方遣责小斯当东隐藏有关马戛尔尼觐见的真情,教唆大使拒绝皇帝的合理要求。张五纬通知马礼逊,要求会见小斯当东就此事进行质询,并要阿美士德写信给护送使团的英国船队,命令他们在尽可能近的地点停留,以便尽快转送。

8月26日,张五纬向使团透露中方的两种看法:一种看法认为,使团可以确信会得到接见,但遵从礼仪与否将会决定接见他们的态度是愤怒还是亲切。一种看法可能来自高级官员,认为这个问题关系到大清皇帝和英国的尊严,在这种情形下,皇帝不可能屈服。③ 同日,张五纬向英方提交《英国特使呈递表文仪式概要》,显示中方已有意让英国使团知晓觐

---

① 〔英〕克拉克·阿裨尔著,刘海岩译:《中国旅行记(1816—1817年)——阿美士德使团医官笔下的清代中国》,上海:上海古籍出版社,2012年,第89页。

② Henry Ellis. *Journal of the Proceedings of the Late Embassy to China*. London: J. Murray, 1817. p.154. 中译文 参见〔英〕亨利·埃利斯著,刘天路、刘甜甜译:《阿美士德使团出使中国日志》,第106页。又参见〔英〕斯当东著,侯毅译:《1816年英使觐见嘉庆帝纪事》,载《清史研究》2007年第2期。

③ Henry Ellis. *Journal of the Proceedings of the Late Embassy to China*. London: J. Murray, 1817. p.167.

见皇帝的礼仪及安排。① 使团内部在经过一阵讨论后达成一致意见,"如果王爷的态度是和善的、友好的,能够使我们期望可以完成使团的使命,我们会无条件地同意在礼仪问题上重新进行考虑"。②

8月27日,小斯当东向阿美士德提交了一份意见大纲,"声明坚持他在'阿尔赛斯特'号上所提出的有关遵行礼仪的后果的意见,认为使团被拒绝不会产生长期性的有害影响"。阿美士德则以为"最好还是按中国礼节行礼为好",埃利斯支持阿美士德的意见。小斯当东遂与同来的其他五位商馆人士商量,这些人士相对来说富有中国经验,他们"认为没有可能按照中国礼节行礼"。小斯当东将他们的意见反馈给阿美士德,最后得到了阿美士德的认可。③ 英国使团向拒绝叩头这一方向迈出了决定性的一步。和世泰与阿美士德当天举行了会谈,阿美士德陈述了他拒绝按照中方要求行跪拜礼的理由,和世泰则坚持顺从的必要和正当,双方的意见仍分歧很大。④ 正是带着这种分歧,8月28日清晨,使团从通州启程前往北京。和世泰在当天奏称:"英吉利国贡使连日演习礼仪极为敬谨。该国远隔重洋,输诚慕化,自乾隆五十八年入贡,今复遣使来庭纳贡,恭顺可嘉。本日和世泰、穆克登额已带领该使臣等来到海淀路蝎子湖公馆,着于初七日(8月29日)在正大光明殿瞻觐各等因。十二日遣令回国。"⑤这无异是谎报实情。从和世泰的奏报可知,中方原拟使团在京停留六天(8月29日—9月3日)。和世泰擅自所为实际上违背了嘉庆皇帝的本意,据嘉庆二十一年八月二十五日(1816年10月15日)《寄谕两广总督蒋攸铦英贡

---

① 此件英译本收入〔英〕克拉克・阿裨尔著,刘海岩译:《中国旅行记(1816—1817年)——阿美士德使团医官笔下的清代中国》,第354—356页。英译文较原文略有删减。上谕原文见第一历史档案馆编:《嘉庆道光两朝上谕档》第21册(嘉庆二十一年),桂林:广西师范大学出版社,2000年,第353—355页。

② 参见〔英〕斯当东著,侯毅译:《1816年英使觐见嘉庆帝纪事》,载《清史研究》2007年第2期。

③ 参见同上文。

④ Henry Ellis. *Journal of the Proceedings of the Late Embassy to China*. London: J. Murray, 1817. p. 169.

⑤ 《附录二(2)和世泰从通州谎报特使的行为》,收入〔英〕克拉克・阿裨尔著,刘海岩译:《中国旅行记(1816—1817年)——阿美士德使团医官笔下的清代中国》,第354页。英译文较原文略有删减。上谕原文见第一历史档案馆编:《嘉庆道光两朝上谕档》第21册(嘉庆二十一年),第379—380页。

使抵粤当以礼遣归并檄饬该国王嗣后贸易须在指定地点并选诚实之人经理》曰:"朕预行计及,是以该贡使到津后,两次派员前往察看情形,如实不能跪叩,原令不必来京纳其贡献,赏赍遣回,于词甚顺。乃苏楞额、和世泰俱不钦遵办理,将该贡使连夜带至宫门。和世泰又不以实奏,以致不能成礼,该贡使之咎本轻,至该国王于数万里外,输诚纳赆,极为恭顺,其使臣不能恪恭将命,非国王所能逆料。"①看得出来,嘉庆帝要求英使遵循大清礼仪的立场始终如一,问题在执行者没有拿捏把握好他的指示。

从后来嘉庆帝谕旨追责可知,他基本掌握事态的发展线索:"此次英咭唎国进贡使臣至天津海口登岸,特命苏楞额、广惠传旨赐宴。令其谢宴行三跪九叩礼,如合式,即日带领进京。如不谙礼仪,具奏候旨,其原船勿令驾驶,仍由原路回津,泛海还国。苏楞额、广惠故违旨意。径行带来,又纵令原船私去,伊二人之咎在此。因事已不妥,又命和世泰、穆克登额迎赴通州演礼,以七月初六日为限,限内行礼。即日带来。满限尚未如仪,即行参奏候旨。和世泰、穆克登额于初五日含混具奏,初六日径自带来。朕于未初二刻御勤政殿,召见伊二人,先询以演礼之事,伊二人免冠碰头云,并未演礼,及至再问以'既未演礼。何不参奏?'和世泰云:'明日进见。必能如仪。'此一节伊二人之咎已同前二人矣。"②如果参照英人的记载,谕旨陈述与事实完全相符。

8月29日拂晓,使团甫抵海淀,就直接被拉到嘉庆皇帝所在的圆明园。阿美士德刚到圆明园蝎子湖公馆,张五纬就过来传达和世泰的指示,通知他及其儿子小阿美士德、两名副使去见皇帝。英方表示,"在特使阁下现在疲惫、虚弱并且缺少所有必需装备的情况下,他绝对不可能参加觐见"。和世泰随即与阿美士德当面交换意见,阿表示"如果不携带国书而觐见皇帝,是极为失礼和不规范的"。和世泰回复说,"在就要进行的觐见中,皇帝只是希望见见大使,并不打算谈正事"。阿美士德不接受这一建议。张五纬建议阿美士德去和世泰的房间里私下交谈,阿美士德"很自然地认识到,如果他前往公爷的房间的话,这样一个一般来说对中国人最有

---

① 中国第一历史档案馆、澳门基金会、暨南大学古籍研究所合编:《明清时期澳门问题档案文献汇编》(二),第104页。
② 《清实录》第32册,卷三二〇(嘉庆二十一年七月),北京:中华书局,1986年,第241页。又参见王之春:《清朝柔远记》,北京:中华书局,2000年,第170页。

说服力的辩解理由就不能再用了,所以他断然表示拒绝"。在这种情形下,可能因为嘉庆在等待,情急之下,中方官员上来拉扯阿美士德,阿美士德坚决不从,"宣称除非使用极端暴力,否则他不会离开这间屋子,前去给他安排的住处之外的任何地方"。随后使团就接到消息,"皇帝取消了他的觐见,并且愿意让他的医生为大使提供他的疾病所需要的一切医疗帮助"。果然皇帝的私人医生迅即前来看望阿美士德,使团被引到安排给他们的住处——它曾经是接待过马戛尔尼使团钦差大臣松筠的庭院。使团成员们进入屋内,感到"房子十分宽敞,环境优美,主体部分附近生长着花和树木。它是那样令人赏心悦目,我们不由得渴望着能够在这住几天"。① 但不过两小时,中方拒绝卸下行李,并告英方"大使没有按照皇帝的命令参加觐见,皇帝十分生气,下令立即离开"。英方推测,"皇帝之所以突然之间怒气大发,部分原因可能是由于这名医生报告说大使身体不适只不过是借口而已"。②

中方对阿美士德拒绝觐见嘉庆皇帝的过程叙述与英方记载强调中方官员强拖硬拽有很大出入。据《清实录·嘉庆朝实录》卷三百二十载:"至初七日早膳后,卯正二刻。朕传旨升殿,召见来使。和世泰初次奏称:'不能快走,俟至门时再请。'二次奏称:'正使病泄,少缓片刻。'三次奏称:'正使病倒,不能进见。'即谕以'正使回寓赏医调治,令副使进见',四次奏称:'副使俱病,俟正使痊愈后,一同进见。'中国为天下共主,岂有如此侮慢倨傲甘心忍受之理?是以降旨逐其使臣回国,不治重罪,乃命广惠护送至广

---

① "准备供使团住宿的房子,无论其自身还是位置都非常舒适,是一位值得尊敬的陪同马戛尔尼的官员松大人的宅邸,他现在身在俄国的边境地区。"参见〔英〕克拉克·阿裨尔著,刘海岩译:《中国旅行记(1816—1817年)——阿美士德使团医官笔下的清代中国》,上海古籍出版社,2012年,第103页。

② Henry Ellis. *Journal of the Proceedings of the Late Embassy to China*. London: J. Murray, 1817. pp. 178—183. 中译本参见〔英〕亨利·埃利斯著,刘天路、刘甜甜译:《阿美士德使团出使中国日志》,第120—124页。关于这位御医还有更为详细的记录,"皇上派来的御医随即前来探视特使。这位医生看上去已经人过中年,穿着官员的衣服。他测试了勋爵两个手腕的脉搏,说勋爵的胃很有可能是由于食用中国食品而失调,建议休息和服用催吐剂,然后就离开了。这个医生向皇上的报告,对我们后来的待遇产生了重要的影响,就如同随后所看到的那样"。参见〔英〕克拉克·阿裨尔著,刘海岩译:《中国旅行记(1816—1817年)——阿美士德使团医官笔下的清代中国》,第103页。

东下船。"①在中方记载中,有两个情节不见英人记载:一是强调嘉庆四次传唤使节觐见,英使均以病故托辞;二是三次传唤英国正使不成,"四次奏称副使俱病"。小斯当东的《1816年英使觐见嘉庆帝纪事》和克拉克·阿裨尔的《中国旅行记(1816—1817年)——阿美士德使团医官笔下的清代中国》均不见载此事,显为有意隐瞒。事情败坏到此,嘉庆帝勃然大怒,才下令驱逐使团。《清实录》的记载与嘉庆帝给英国使团《颁给英国国王敕书》内容一致。

美国著名中外关系史学者马士这样叙述29日阿美士德使团拒绝觐见礼仪的原委:"在8月29日早上,特使风尘满面,经过12个小时的酷暑夜在粗石路上的旅途困顿之后,被朝廷上的皇帝和国家的大臣推拥着,拖着手,并推向皇帝召见的殿堂方向,以便立即觐见。他要求有时间去拿取委任书,把自己打扮成配得上是一个大不列颠的贵族和他的君主的特使的样子,而最主要是,要有一段时间恢复他15000里旅途而产生的疲劳,以便于觐见。——但最后他宣称,他拒绝叩头(his refusal to perform the kotow)。他终于突然走开,皇帝听到这个报告,对他的态度表示震怒,下令他立即在当天晚上再回通州,再从该处返回广东。"②在马士叙述的版本里,最惹人注目的词眼是"拒绝叩头",这在外人看来是不肯屈从的象征。

英国使团从北京返回通州的路途中,一切都发生了变化,阿美士德及其随行人员敏感地觉察到这一变化。"没有士兵为我们开道了,也没有人打着灯笼为我们照路了,我们事实上必须要自己面对黑暗和坏天气。船上宣告我们是贡使的旗帜被撤掉了,但没有换上任何其他旗帜。"③使团明显遭到了冷遇。

---

① 《清实录》第32册,卷三二〇(嘉庆二十一年七月),北京:中华书局,1986年,第241页。又参见王之春:《清朝柔远记》,北京:中华书局,2000年,第170—171页。

② Hosea Ballou Morse. *The Chronicles of the East India Company Trading to China 1635—1834*, Vol. 3. Oxford: Clarendon Press, 1926. p.264. 中译文参见〔美〕马士著,区宗华译:《东印度公司对华贸易编年史(1635—1834)》第三卷,第296页。

③ Henry Ellis. *Journal of the Proceedings of the Late Embassy to China*. London: J. Murray, 1817. p.190. 中译本参见〔英〕亨利·埃利斯著,刘天路、刘甜甜译:《阿美士德使团出使中国日志》,第128页。

第八章 英国马戛尔尼、阿美士德使团的"北京经验" 525

中方将阿美士德使团打发回通州后第二天,8月30日(嘉庆二十一年七月初八日)嘉庆帝在知悉阿美士德拒绝觐见的全部内情后,对自己的匆促决定似有所悔。① 他在给英国使团《颁给英国国王敕书》中,对遣返使团的缘由做了说明:

> 尔使臣始达天津,朕饬派官吏在彼赐宴,讵尔使臣于谢宴时即不遵礼节,朕以远国小臣,未娴仪度,可从矜恕,特命大臣于尔使臣将次抵京之时,告以乾隆五十八年尔使臣行礼,悉跪叩如仪,此次岂容改毕。尔使臣面告我大臣以临期遵行跪叩,不致愆仪。我大臣据以入奏,朕乃降旨,于七月初七日令尔使臣瞻觐,初八日于正大光明殿赐宴颁赏,再于同乐园赐食,初九日陛辞,并于是日赐游万寿山,十一日在太和门颁赏,再赴礼部筵宴,十二日遣行。其行礼日期、仪节,我大臣俱已告知尔使臣矣。初七日瞻觐之期,尔使已至宫门,朕将御殿,尔正使忽称急病不能动履,朕以正使猝病,事或有之,因只令副使入见,乃副使二人亦同称患病,其为无礼莫此之甚。朕不加深责,即日遣令归国,尔使臣既无瞻觐,则尔国王表文,亦不便进呈,仍由尔使臣赍回。但念尔国王数万里外奉表纳贽,尔使臣不能敬恭将事,代达悃忱,乃尔使臣之咎,尔国王恭顺之心,朕实鉴之。特将贡物内地理图、画像、山水人像收纳,嘉尔诚心,即同全收。并赐尔国王白如意一柄、翡翠玉朝珠一盘、大荷包二对、小荷包八个,以示怀柔。至尔国距中华过远,遣使远涉,良非易事,且来使于中国礼仪不能谙习,重劳唇舌,非所乐闻。天朝不宝远物,凡尔国奇巧之器,亦不视为珍异,尔国王其辑和尔人民,慎固尔疆土,无间远迩,朕实嘉之。嗣后毋庸遣使

---

① 嘉庆谕旨:"近日召见廷臣,始知来使由通州直至朝房,行走一夜。来使云:'进见朝服在后,尚未赶到,便服焉能瞻谒大皇帝?'此等情节,和世泰见面时何不陈奏? 即或遗忘,或晚间补奏,或次日一早具奏俱可,直至将次升殿,总未奏明情节。伊二人之罪,重于苏楞额矣。若豫先奏明,必改期召见,成礼而返。不料庸臣误事至此! 朕实无颜下对臣工,惟躬自引咎耳。四人之罪,俟部议上时再行处分,先将此旨通谕中外及蒙古王公等知之。"《清实录》第32册,卷三二〇(嘉庆二十一年七月),北京:中华书局,1986年,第241页。又参见王之春:《清朝柔远记》,北京:中华书局,2000年,第170—171页。

远来，徒烦跋涉，但能倾心效顺，不必岁时来朝，始称向化也。①

这封敕书对使团来京不从礼仪的傲态、中方原对使团的周到安排、双方交换的礼品做了详细交代，遣词造句，颇费斟酌，既体现了清皇宽宏柔远之情，又指出了英使无礼拒从之实，在外交策略上可谓仁至义尽，义正词严。这封敕书直到1817年1月7日才由两广总督蒋攸铦在广州交给阿美士德，在接受敕书时，阿美士德"深深地鞠躬"。这封敕书由汉、满、拉丁三种文字撰写。阅毕这封敕文，使团的最初反应是："和以往一样，这封信用对英国国王的训令的格式写成，但除了这点以外，并不像起先想象的那样傲慢。实际上，整个地说，它远不如乾隆皇帝给国王陛下的信那样令人憎恶。对于圆明园发生的事情，信中做了错误的陈述，把使团被遣回归咎于大使和副使们以身体不适的荒谬借口中，固执地拒绝觐见皇帝。"②被驱逐出京的积怨似稍有缓和。

在嘉庆二十一年七月二十二日《寄谕两江总督百龄英使已知悔惧仍当待之以礼至改令由浙洋行走一节著不可行》的谕旨中，嘉庆帝一方面严责和世泰处理不当，一方面道明交换礼品的真正用心："此次该使臣于抵宫门之日，称病不能瞻觐，后来察知乃系该使臣由通至京，行走竟夜，及到宫门时，伊等所带朝服尚在途次，不敢以便服行礼，是以称病，和世泰未将实情奏明改期行礼，乃和世泰奏对舛错所致。即日遣归，朕复念该国王远在重瀛万里之外，输诚纳贶，不忍拂其恭顺之忱，又降旨择其贡物中之最轻者，赏收地理图、画像、印画三件，立颁赏该国王白玉如意，翡翠玉朝珠、

---

① 中国第一历史档案馆、澳门基金会、暨南大学古籍研究所合编：《明清时期澳门问题档案文献汇编》（二），第75—76页。嘉庆皇帝赠送使团的礼品，阿裨尔亦有记载："皇上送给摄政王的礼物，包括一件由硅石雕刻而成的'如意'，呈浅绿色，中国人称之为'玉'；一串玛瑙项珠以及其他一些珠子；还有几件绣有凸起来装饰的丝绸小包。作为这些礼物的回赠，他们从英国的礼品中挑选了英国国王和王后的肖像、一幅唐开斯特（Doncaster）赛马的油画、几幅雕版版画和几幅中国地图；正如后来发布的一份上谕所说的，以表'厚往薄来之意'！"〔英〕克拉克·阿裨尔著，刘海岩译：《中国旅行记（1816—1817年）——阿美士德使团医官笔下的清代中国》，上海：上海古籍出版社，2012年，第107页。

② Henry Ellis. *Journal of the Proceedings of the Late Embassy to China*. London：J. Murray，1817. p. 413. 中译文参见〔英〕亨利·埃利斯著，刘天路、刘甜甜译：《阿美士德使团出使中国日志》，第283页。

大小荷包,以示厚往薄来之意。"①嘉庆帝颁发敕书和在通州交换礼品这一幕,可以说是嘉庆帝对自己仓促决定的一个弥补。对这次接洽使团处事不当的官员,嘉庆帝谕旨问责:"苏楞额革去工部尚书、镶红旗汉军都统,加恩以三品顶带降补工部左侍郎,仍留总管内务府大臣;广惠降内务府八品笔帖式;和世泰革去理藩院尚书、镶白旗汉军都统,仍留公爵、总管内务府大臣;穆克登额革去礼部尚书、镶黄旗汉军都统,降补镶蓝旗汉军副都统。"②使团通过与之打交道的一位广州通事和张五纬在 9 月 2、3 日获悉了这一消息。③

小斯当东、埃利斯的日志主要关注使团与中方官员的交往(特别是礼仪之争),因此留下有关通州到北京沿途所见风光的记载颇少。加上使团往返都未进入北京城内,而在城外与北京擦肩而过,没有机会去游览北京。"在返回的路上,我们仔细地观看了北京的城墙。和通州城墙一样,北京的城墙也是砖筑成的,有着石头地基。城墙很厚,墙体用泥土填充,所以可以认为砖石砌成的只是外层。不过,要在炮眼那里安放大口径的大炮,城墙的顶部可能还不够结实。所有的城门以及城墙每间隔一段的地方都矗立着很高的塔楼,四面都有炮眼,可以安放大炮。实际上,我没有看到安放着任何大炮,却有着一些木头做的仿制品。塔楼旁有一座好几层的木头建筑,作为城门的标志。这些建筑中的一座装潢华丽,向外伸出的屋顶随高度的增加,一层比一层小。屋顶上覆盖绿色和黄色的瓦,在阳光照射下显得十分灿烂。有一道水渠环绕着我们所经过的城墙。高高耸立的城墙,一个又一个的城堡和令人惊叹的塔楼,为坐落在平原之上的北京城留下一幅壮丽的外貌,无愧于一个伟大帝国的京城。"从北京城下走过,使团成员们只能依依不舍地仰望这座令他们心动神驰的东方帝都,而埃利斯则更想去游览远方的西山。"京城西山蓝色的山峰无边无际,是

---

① 中国第一历史档案馆、澳门基金会、暨南大学古籍研究所合编:《明清时期澳门问题档案文献汇编》(二),第 84 页。
② 《清实录》第 32 册,卷三二○(嘉庆二十一年七月),北京:中华书局,1986 年,第 241 页。又参见王之春:《清朝柔远记》,北京:中华书局,2000 年,第 171 页。
③ Henry Ellis. *Journal of the Proceedings of the Late Embassy to China*. London: J. Murray, 1817. pp. 193—194. 中译文参见〔英〕亨利·埃利斯著,刘天路、刘甜甜译:《阿美士德使团出使中国日志》,第 134 页。又参见〔英〕克拉克·阿裨尔著,刘海岩译:《中国旅行记(1816—1817 年)——阿美士德使团医官笔下的清代中国》,第 107 页。

北京附近最为壮丽的景色。对使团中的许多人来说,北京的街道可能有着巨大的吸引力,但对我来说,去看看这道瑰丽的山脉,会得到更大的满足。"①

相对来说,使团成员克拉克·阿裨尔作为医官、博物学家,在他的《中国旅行记》中却留下了大量使团沿途见闻和风光的记载。关于通州城,阿裨尔引用了使团库克上尉的描述:"通州街道的一般布局与天津很相像,但房屋的整洁程度,以及城里居民的外表,却比天津差了很多。库克上尉由于骑马,所以比乘车者有更多的机会观察周围的情景,承蒙他的惠允特引述他对通州城墙和城门的评论:'我们跨过架在壕沟上的一座桥,到达城的外墙,这条壕沟的宽度和深度足以对攻城者构成相当大的障碍——如果壕沟不被填塞的话。城墙的高度看来有 60 到 70 英尺,从拱形城门洞的长度判断,城墙的厚度有 50 英尺。穿过这道城墙后,我们又从它的右角穿过第二道大约有 30 英尺厚的城墙。城门是用木头制作的,七八英寸厚。城墙和城门有许多供弓箭和步枪使用的射击孔,但我没有看到大炮。'"②作为军官,库克更多地是从军事眼光观察通州的建筑设施。从通州到北京的道路给阿裨尔的感觉很差,"这条道路是用大块花岗岩铺成的,铺的很不规则,石块之间由于长时期的磨损出现了很大的坑洞,其深度足以把四轮马车颠翻。在整条道路上,这种坑洞不断出现,给乘坐两轮车的人带来极大的烦恼。我们经过这一地区时,一直到白天,道路两旁种植的黍类作物生长茂盛,但却没有看到值得描述的景色"。③ 阿裨尔光顾了通州城外的市场,他发现,欧洲银币在通州可以找到很多,"18 便士和 3 先令的英国硬币特别受欢迎,价值好像和西班牙元一样高"。④ 使团成员不被允许进城,城外街道两旁是不值得一逛的店铺和公共游乐场所,多数店铺摆满了冬季服装——皮衣,它们主要是由商队从西伯利亚运来,阿裨尔花费 14 西班牙元买了一件鹿皮大衣。皮货店之外,还有药铺、酒馆。

---

① Henry Ellis. *Journal of the Proceedings of the Late Embassy to China*. London: J. Murray, 1817. p. 185. 中译文参见〔英〕亨利·埃利斯著,刘天路、刘甜甜译:《阿美士德使团出使中国日志》,第 125 页。

② 〔英〕克拉克·阿裨尔著,刘海岩译:《中国旅行记(1816—1817 年)——阿美士德使团医官笔下的清代中国》,第 92—93 页。

③ 同上书,第 96 页。

④ 同上书,第 109 页。

街上随处可见的乞丐使阿裨尔感到"在中国这种现象会普遍存在",这与巴罗在《中国旅行记》中认为乾隆年间中国不存在乞丐很不一样。作为博物学家的阿裨尔对搜集植物标本最感兴趣,"在圆明园附近,在北京城墙下,我都曾看到广阔的地面上到处盛行开着粉红色和黄色的鲜花,可以让人引发像中国诗人那样的热情,月光下,徜徉在莲花掩映的河畔,快乐地吟诵着诗句"。"白菜完全可以说是这个国家的植物。整个中华帝国白菜的消费是极大的,尤其是北京;按照一些作者所谈,每当10月至11月,北京城的九个城门,经常从早到晚被运白菜的各种车辆堵塞住了。事实上,可以将这种蔬菜与中国人的关系看作马铃薯与爱尔兰人的关系一样。"通州当地的居民将他们种植的植物作为礼物送给他,而阿裨尔回赠的"最受欢迎的礼物是黑铅笔和普通的英国信签纸"。①

英国使团在大沽口登陆后,其行踪处处受到清军士兵的严密监控。如在通州,8月24日埃利斯的日志写道:"在过去的3天里,两名俄国人以及一名为俄国服务的法国人一直在我们驻地附近转悠。那名法国人第一天与阿美士德勋爵乐队的鼓手进行交谈,告诉他他们希望能向大使表达敬意,但一直受到中国卫兵的阻止,除了那些头戴官帽的人以外,他们不允许任何人进入。他说自己在中国已经待了9年。阿美士德勋爵决定不和他们做任何联系,此后也就没有发生什么交往。"②8月25日晚,"张五纬送给马礼逊先生一份文件,据称是北京地方长官发布的一道谕令,命令成倍增加我们驻地的卫兵人数,并且严密监视我们与中国人的所有联系。发布这些命令,是由于那些长期居住在广州的外国人会说中国话,而对那些与外国人联系的叛逆的中国人,将严惩不贷"。③ 对于军事装备更是严禁使团采购,"他们竭力反对我们购买这个地方的任何兵器,一名随

---

① 〔英〕克拉克·阿裨尔著,刘海岩译:《中国旅行记(1816—1817年)——阿美士德使团医官笔下的清代中国》,第108—119页。
② Henry Ellis. *Journal of the Proceedings of the Late Embassy to China*. London: J. Murray, 1817. p. 162. 中译文参见〔英〕亨利·埃利斯著,刘天路、刘甜甜译:《阿美士德使团出使中国日志》,第111页。
③ Ibid., p. 165. 中译文参见〔英〕亨利·埃利斯著,刘天路、刘甜甜译:《阿美士德使团出使中国日志》,第113页。

员买了一把剑,当他公开带着它走进特使驻地时,被中国人没收了"。①

在通州停留期间,由于水土不服,使团中有多人患病,在乐队和卫队中尤其严重。疾病主要是痢疾和发炎,原因多为饮用白河河水产生的不良反应。乐队一名叫布斯(Pybus)的乐手,"在离开通州前往圆明园的前一天去世。他以军人的葬礼被埋葬在一处中国人的墓地,这处墓地也埋葬了马戛尔尼的一名随员、他的同胞伊德(Eade)"。②

英国使团离开通州后,英使抗拒中方礼仪的强硬态度顿使清廷感觉不安和警觉,朝野上下都觉察到英国具有不同于其他"朝贡"国的实力。因此在使团南下后断然采取了相应的措施。第一个步骤是针对鼓动使团采取强硬态度的小斯当东,"严词饬禁",不许其再重返中国。8月30日(嘉庆二十一年七月初八日)军机大臣《寄谕两广总督蒋攸铦英贡使到粤即将颁给该国王勅书交彼恭赍回国哂嘧东亦饬令同回并可否停止该国贸易酌议具奏》:"至该副使斯当东久住澳门,通晓内地语言,人本谲诈,此次该使臣等反复狡猾,料必系伊从中播弄。斯当东到粤时,即饬令同该正使一并回国,勿许停留。伊若请于回国后,仍来澳门充当大班,亦严词饬禁,断不许其再来。并谕知各洋行勿许私自容留,违者治罪。"③10月15日(嘉庆二十一年八月二十五日)军机大臣《寄谕两广总督蒋攸铦英贡使抵粤仍当以礼遣归并檄饬该国王嗣后贸易须在指定地点并选诚实之人经理》重申:"其尔国遣来粤东经理贸易事件,亦必慎选诚实之人才可任用,如哂嘧东之狡猾愚昧、不知礼体者,断不可令其复来粤省。"④这等于宣布小斯当东从此为不受欢迎的人。第二个步骤是"著直隶、山东、江苏、浙江、福建、广东各省督抚饬知沿海文武员弁,各将水师炮械勤加训练,并留心察探,此后如有嗳咭唎国夷船驰近海口,即行驱逐,不许寄椗停泊,亦不准其一人登岸,倘该船夷船不遵约束,竟有抢掠情事,即痛加剿杀,或用炮轰击,不可稍存姑息"。⑤ 这等于宣布嗳咭唎为敌国,这可能是清朝自开

---

① 〔英〕克拉克·阿裨尔著、刘海岩译:《中国旅行记(1816—1817年)——阿美士德使团医官笔下的清代中国》,第109页。
② 同上书,第121页。
③ 收入中国第一历史档案馆、澳门基金会、暨南大学古籍研究所合编:《明清时期澳门问题档案文献汇编》(二),第77页。
④ 同上书,第105页。
⑤ 同上书,第88页。

国以来对西方国家采取的最严厉防范措施。

英国方面对阿美士德出使北京的评价可从两份文件看出来,一份是出自副使埃利斯的意见:"反思前往北京朝廷的两个使团所取得的结果,不能不产生某种屈辱感。派遣这两个使团的明确目的即使不是要取得更多的特许权,至少也是要增加贸易的保障,就此而言,两个使团都遭到了彻底的失败,而后一个使团肯定还会引起更加严重的不满。"如果询及他本人对顺从中国礼仪持何种态度,他说:"我都不会认为使团仅仅得到接见会带来任何实质性的好处。同时我也不会认为,使团出于尊重无可置疑的行家的意见和丰富的地方经验而采取的行动,影响了派遣使团这一措施本身的总体得当性。"①一份是 1820 年十六位广州商馆同人致小斯当东的证明函,函中说:"我们在华英国商馆下文签名的各位成员,完全能够体会您在担任中国使团使节时所做贡献的价值,请您接受这一高度敬重您的证明函,我们在此秉持的是您行事的原则。您在最为尴尬难堪的情况下展现出了果断又明智的判断力,意志不坚定者可能早就在您承受的重担下压垮了腰身,您的果断维护了祖国的荣誉,同时也促进了国家的商业利益;而它们之间历来就有着天然的、密切的联系。"②当英国方面确定顺从中国礼仪也不会获取商贸上的利益保障时,选择反抗就是一个必要的选择。从这个意义上说,小斯当东的强硬主张,也就是阿美士德使团的选择,可以说是英国力图冲破清朝传统朝贡体系的最后一搏,中英关系由此开始紧张,鸦片战争的爆发只是这种事态蓄积、升级的结果。

结　语

马戛尔尼使团访华在中西关系史上是一个重要转折点,在中英关系史上更是一个新的起点。对英国乃至欧洲来说,都具有极为重要的历史

---

① Henry Ellis. *Journal of the Proceedings of the Late Embassy to China*. London: J. Murray, 1817. p. 437. 中译文参见〔英〕亨利·埃利斯著,刘天路、刘甜甜译:《阿美士德使团出使中国日志》,第 298 页。

② George Thomas Staunton. *Memoirs of Sir George Thomas Staunton*, Bart. London: L. Booth, 307 Regent Street. 1856. p. 71. 〔英〕乔治·托马斯·斯当东著,屈文生译:《小斯当东回忆录》,上海:上海人民出版社,2015 年,第 65 页。

意义。正因其如此重要,研究中英关系史的著名学者普理查德才认定其为早期中英关系发展的"决定性时代"。①

首先,马戛尔尼使团出版的游记、报告,改变了过去主要由传教士传播"中国经验"的做法,开启了非神职人员主导欧洲"中国经验"的新局面。从明末意大利耶稣会士罗明坚、利玛窦进入中国开创传教士汉学时代,欧洲主要通过在华的传教士传输"中国经验",了解遥远的东方文明古国——中国。接踵而至的法国耶稣会士虽在18世纪取代意大利人掌控了在华传教的主导权,但他们的职业身份并没有改变,他们以天主教的立场解读中国,他们的"中国经验"往往局限在宗教的范围内,带有强烈的宗教色彩。18世纪是"传教士汉学"步入鼎盛的时代。②

马戛尔尼使团的游记、报告、画册出版后,很快风行欧洲,刮起了一股新的出版"中国热"。这些读物不具宗教色彩,至少在三方面为欧洲的汉学知识谱系增添了新质:一是因有一批职业科学家、机械师、医师等专业人才参加马戛尔尼使团,他们对中国相关学科知识(如力学、化学、天文、医学等)的评估和中西之间差距的比较,较此前传教士的了解明显有了新的进步。斯当东、巴罗在他们的游记中对中国古代科技、艺术,如印刷、火药、建筑、人文、艺术有大篇幅的评论,③这些看法实为使团的经验总结。二是因有一批军官和不同兵种的职业军人参加使团,使团无形之中带有军事色彩,他们对所游历之地进行军事考察(如测量山川地形、观测军事工事、调查兵力部署、观察军事武器、考核清军素质),大大推进了对中国实际军事状况的了解。三是因有专业画师和绘图员参加使团,他们创作的近千幅图画为欧洲汉学知识谱系增添了新的篇章。过去虽有传教士画

---

① Earl H. Pritchard. *The Crucial Years of Early Anglo-Chinese Relations*, 1750—1800. Pullman, Washington: Research Studies of the State College of Washington, 1936.

② 有关"传教士汉学"概念及其相关研究,参见张西平:《传教士汉学研究》,郑州:大象出版社,2005年。

③ Sir George Staunton. *An Authentic Account of an Embassy from the King of Great Britain to the Emperor of China*. 2nd, Vol. 3. London: Printed for G. Nicol, Bookseller to His Majesty, Pall-Mall, 1797. pp. 104—131. 中译文参见〔英〕斯当东著,叶笃义译:《英使谒见乾隆纪实》,第392—402页。John Barrow. *Travels in China*. London: T. Cadell and W. Davies, 1804. pp. 236—356. 中译文参见〔英〕约翰·巴罗著,李国庆、欧阳少春译:《我看乾隆盛世》,第172—256页。

师进入宫廷,受命为清廷绘画,为增进中西美术交流做出了重要贡献,但与这些传教士画师服务于中国皇帝不同,马戛尔尼使团的画师亚历山大的创作目的完全是为了满足其了解中国愿望的需要,所以他的画作具有写实、传实的性质,他为西方展现了一幅幅18世纪末中国风情的绚丽画卷。竖立在博克斯利教堂的墓碑给亚历山大以这样的评价:

> 他于1792年随一个特使团去了中国,并且通过他画笔的力量,使欧洲比以前任何时候都更好地了解中国。这位画家本人性情温和,平易近人,待人宽厚,并且具有圣洁的人格,耐心地等待福音书所带来的名声、荣耀和不朽。1767年4月10日,他出生于梅德斯通,并于1816年7月23日在那里去世。①

"使欧洲比以前任何时候都更好地了解中国"这一评语,可谓亚历山大的最佳墓志铭。

"有关中国知识的激增也许是使团最为重要的收获。"②这些新增的中国知识大大改变了欧洲汉学依附神学的状况,提升了其科学化、专业化和技艺的水平,增添了新的军事色彩,从而使欧洲汉学朝着世俗化和旅行者的方向发展。

其次,马戛尔尼使团的旅行记、报告对中国的现状和实力作了新的评估,强化了其原有的贬华倾向和英国人此前已有的优越感,增强了其向中国殖民开拓的信心。

在英国使团来到中国以前,英国著名哲学家休谟就批评中国:"没有人敢于抵制流行看法的洪流,后辈也没有足够的勇气敢于对祖宗制定、世代相传、大家公认的成规提出异议。这似乎是一个非常自然的理由,能说明为什么这个巨大帝国里科学的进步如此缓慢。"③经济学家亚当·斯密也发现:"今日旅行家关于中国耕作、勤劳及人口稠密状态的报告,与500年前视察该国的马可·波罗的记述比较,几乎没有什么

---

① 威廉·亚历山大著,沈弘译:《1793:英国使团画家笔下的乾隆盛世——中国人的服饰和习俗图鉴》,杭州:浙江古籍出版社,2006年,第37—38页。
② Earl H. Pritchard, *Anglo-Chinese Relations during Seventeenth and Eighteenth Centuries*. Urban: University of Illinois, 1930, p. 184.
③ 〔英〕休谟著,杨适等译:《人性的高贵与悲劣——休谟散文集》,上海:上海三联书店,1988年,第48页。

区别。也许在马可·波罗时代以前好久,中国的财富就已经完全到了该国法律制度所允许的发展程度。各旅行家的报告,虽然有许多相互矛盾的地方,但关于中国劳动工资低廉和劳动者难于赡养家属的记述,则众口一词。""中国下层人民的贫困程度,远远超过欧洲最贫乏国民的贫困程度。"①敏锐的英国思想家已捕捉到中国在科技、经济方面发展缓慢的信息。

英国使团经过自己的实地考察,大大强化了此前的贬华倾向。马戛尔尼批评中国政治状况时说:"种种原因导致政治领域不可思议的现象。自从鞑靼人150年前进入中国以来,这个国家在一种削弱的管理状态下逐渐衰落,被内战和叛乱搅得混乱不堪,被几个无价值的竞争者争夺不已。"②斯当东对当时中国科技水平表现出不屑一顾的观感:"他们对于地球和宇宙的关系完全无知,这就使他们无法确定各个地方的经纬度,因此航海技术永远得不到改进。""中国人对于事物的研究只限于能够达到实际利用的目的为止。他们对于磁性吸引力的一些普通的知识在他们的航海范围内已经足够用的了。""中国人虽然在特定的几种工业上的技术非常高超,但在工业上和科学上,比起西欧国家来,实在处于极落后的地位。"③巴罗对中国的文明程度评价很低:"在总体上,可以认定中国是现今世界上尚存的、最早达到一定文明程度的国家之一。不过此后,因为朝廷的政策或其他原因,它就停滞不前了。他们在2000年前,当全欧洲相对而言可以说还未开化之时,他们就已经有了跟他们目前所有的一样高的文明了。但是从那以后,没有任何方面有任何进展,在许多方面反而倒退。目前,跟欧洲相比,他们可以说是在微不足道的小事上伟大,在举足

---

① 柳卸林主编:《世界名人论中国文化》,武汉:湖北人民出版社,1991年,第371—372页。

② J. C. Cranmer-Byng. *An Embassy to China: being the Journal Kept by Lord Macartney during his Embassy to the Emperor Ch'ien-lung*, 1793—1794. London: Longmans, Green and Co, 1962. p. 236.

③ Sir George Staunton. *An Authentic Account of an Embassy from the King of Great Britain to the Emperor of China*. 2nd, London: Printed for G. Nicol, Bookseller to His Majesty, Pall-Mall, 1797. Vol. 2. pp. 65—66, 73; Vol 3. p. 498. 中译文参见〔英〕斯当东著,叶笃义译:《英使谒见乾隆纪实》,第225、227—228、498页。

轻重的大事上渺小。"① 使团这三位要员对中国现状的评价,彻底修正甚至颠覆了此前18世纪欧洲"中国热"所树立的中国形象。对此,美国学者孟德卫(David E. Mungello)如是评论道:"早在1800年前,中国的衰弱已经渐露端倪。1792—1794年马戛尔尼使华期间的观察就给出了一个最清晰的影像。"② 佩雷菲特更是明确地说:"从此,中国的形象黯淡了。"③

中国形象的改变并不独是英国使团所有,法国启蒙思想家早已有之,甚至可以说可能是法国人影响了英国人的看法。但对中国实力的评估,却是英国使团此行的一个最大收获。孟德卫认为:"虽然马戛尔尼使团的出使是一次外交失败,但在东印度公司看来,其所获取的信息可以抵偿他们的赞助费用。"④ 斯当东在他的报告附录中有十个表,详列了他获得有关中国土地、人口、国家收入、官员数目及薪俸、英国和其他欧洲各国对华贸易、英国对华贸易、外国从中国运出茶叶统计等统计数据,这些数据充分显示了英国使团对中国了解的精确程度,为英方决策提供了可靠依据。⑤ 巴罗的旅行记从皇城行宫、社会百态、宫廷生活、人文艺术、法律制度、宗教信仰、农村面貌多方面对其所见所闻作了报道,他的评述虽充满了傲慢和偏见,但也的确展现了中英实力对比的天秤已朝着有利于英国的方向倾斜。马戛尔尼在他的《马戛尔尼关于中国的考察报告》一文中,分风俗与个性、宗教、政府、法律、财富、人口、税收、军事、贸易与商业、艺术与科学、水利、航海、中国语言、结论诸节对中国的现状作了新的评估。这份内部报告明显增强了英国方面的实

---

① John Barrow. *Travels in China*. London: T. Cadell and W. Davies, 1804. p. 355. 中译文参见〔英〕约翰·巴罗著,李国庆、欧阳少春译:《我看乾隆盛世》,第255—256页。

② David E. Mungello. *The Great Encounter of China and the West, 1500—1800*, Lanham, Md.: Rowman & Littlefield Publishers, 2013. p. 150. 中译文参见〔美〕孟德卫著,江文君等译:《1500—1800中西方的伟大相遇》,北京:新星出版社,2007年,第182页。

③ 〔法〕佩雷菲特著,王国卿等译:《停滞的帝国——两个世界的撞击》,第563页。

④ David E. Mungello. *The Great Encounter of China and the West, 1500—1800*, Lanham, Md.: Rowman & Littlefield Publishers, 2013. p. 153. 中译文参见〔美〕孟德卫著,江文君等译:《1500—1800中西方的伟大相遇》,第187页。

⑤ Sir George Staunton. *An Authentic Account of an Embassy from the King of Great Britain to the Emperor of China*. 2nd, Vol. 3. London: Printed for G. Nicol, Bookseller to His Majesty, Pall-Mall, 1797. pp. 467—489. 中译文参见〔英〕斯当东著,叶笃义译:《英使谒见乾隆纪实》,第537—555页。

力感。"马戛尔尼的伙伴们到达中国时坚信自己比其他欧洲人强,他们回国时又增加了一种新的信念:他们同样也比中国人强。他们看到这个从马可·波罗以来大家都说得天花乱坠的帝国竟是如此的落后。为什么呢?因为它反对进步、反对科学、反对事业精神。相反,他们却发现了自己强大的动力。"①英国使团成员普遍认为在航海、科技、军事这些方面,他们已遥遥领先于中国。"中华帝国是一艘古老、疯狂、一流的战舰,只是幸运地有了几位能力强、而又谨慎的船长才使它在过去150年期间没有沉没。仅凭它那巨大的外表就足以威慑周围的邻国。然而一旦来了个无能之辈在甲板上掌舵,轮船就会丧失纪律和安全。"②使团的这一预感增强了大英帝国向中国殖民开拓的决心,大清帝国这艘风雨飘摇的旧船离沉没的日期为时不远了。

最后,马戛尔尼使团的使华游记为英国发动两次鸦片战争提供了丰富的情报资源和动力因素,成为英国抉择英中关系的重要依据,从这个意义上说,马戛尔尼使团实际开启了中英关系甚至中西近代关系史的序幕。

刘半农可能是最早洞见英国使团的文献材料与后来历史演变存有密不可分的关系的中国学人。1916年他在《乾隆英使觐见记》译序中写下了如下这段话:

> 濮兰德《清室外纪》有言,英使来华,所求互派公使,推广商业,议订税则诸事。中朝一不之许,但赐以文绮珍玩令归,故英使所得,文绮珍玩而外,仅有本人及随员之笔记而已。吾则谓此笔记之值,重于文绮珍玩为倍万,而重于所求诸事者,为倍亦百。盖自有此书,而吾国内情,向之闭关自守,不以示人者,至此乃尽为英人所烛。彼其尺进寸,益穷日之力,合有形无形以谋我者,未始非此书为其先导也。③

黄一农先生根据自己发现的一首英诗和马戛尔尼与闻罗伯特·克莱

---

① 〔法〕佩雷菲特著,王国卿等译:《停滞的帝国——两个世界的撞击》,第628页。
② J. L. Cranmer-Byng. *An Embassy to China: being the Journal Kept by Lord Macartney during his Embassy to the Emperor Ch'ien-lung*, 1793—1794. London: Longmans, Green and Co., 1962. pp. 212—213.
③ 〔英〕马戛尔尼著,刘半农译:《1793 乾隆英使觐见记》,天津:天津人民出版社,2006年,第4页。

夫(Robert Clive)庞大的殖民计划一事,①认为"在十八世纪末,当自认是'天朝上国'的乾隆皇帝视马戛尔尼为贡使时,也有英人期望中国向大不列颠帝国进贡。事实上,马戛尔尼亦曾听闻 Robert Clive 欲在中国大陆建立一块殖民地的计划。亦即,英使来华的目的,加强商贸或只不过是其表面或近程的企图而已!"②视马戛尔尼使华是大英帝国向中国殖民拓展战略的有机组成部分。

马戛尔尼使团与后来的中英关系及两次鸦片战争存有密切关系,大致有四条线索可循:一是马戛尔尼使团对沿途风土人情、城市面貌、地理环境的实地考察,填补了此前英国人没有亲身游历北京、热河、天津等地和黄海、渤海海域的空白,其旅行记录自然也就成为后来英国人"中国经验"的主要材料来源。事实上,英国军队在两次鸦片战争的活动区域和入侵北京的路线,正是马戛尔尼使团走过的旧路,使团不啻充当了英军或英法联军的先导。二是马戛尔尼使团掌握了大量中国军事情报,从环绕在英国战舰周围简单、笨重、低矮的中国帆船,他们看出了中国水师与英国海军的明显差距;从粗犷的武将王大人那里,他们获悉了中国军队的步、骑兵人数和诸多军事材料;③从清军那些翻跟斗、叠罗汉的操练,他们得出其根本无法匹敌以精确瞄准火器为主要训练内容的英军的结论。④ 乾隆皇帝为了展示军威,上谕沿途各省督抚排列军队,供使团检阅,没想到这反而给英国使团提供了实际观察清军的绝好机会,据马戛尔尼 12 月 18 日日记载,使团南下后,"自南州府以降,每过一城镇即有极严肃之兵队向吾辈行礼,此军队行礼之事吾于所经各处均遇之"。"然以余观之,此

---

① J. L. Cranmer-Byng. *An Embassy to China: being the Journal Kept by Lord Macartney during his Embassy to the Emperor Ch'ien-lung*, 1793—1794. London: Longmans, Green and Co., 1962. p. 213. 此段载 1794 年 1 月 2 日马戛尔尼日记,秦仲龢中译本未译。

② 黄一农:《印象与真相——清朝中英两国的觐礼之争》,载台北《历史语言研究所集刊》第七十八本第一分,2007 年,第 37 页。

③ Sir George Staunton. *An Authentic Account of an Embassy from the King of Great Britain to the Emperor of China*. 2nd, London: Printed for G. Nicol, Bookseller to His Majesty, Pall-Mall. 1797. Vol. 2. p. 134; vol. 3. pp. 392—293. 中译文参见〔英〕斯当东著,叶笃义译:《英使谒见乾隆纪实》第 252、506 页。

④ 参见〔英〕威廉·亚历山大著,沈弘译:《1793:英国使团画家笔下的乾隆盛世——中国人的服饰和习俗图鉴》,第 28、49 页。

种宽衣大袖之兵,既未受过军事教育,而所用军器又不过刀、枪、弓、矢之属,一旦不幸,洋兵长驱而来,此辈果能抵抗与否? 尚属一不易置答之疑问也。"① 12月25日日记甚至狂妄的声称:"只要我们派两三艘小战舰,不消两个月功夫,就可以把中国沿海的海军全部摧毁,沿海各省居民,大都靠捕鱼为业的,这么一来,他们的生活便大受影响,说不定会发生饥荒呢。"② 马戛尔尼以为清军缺乏战斗力,不堪一击。依恃其拥有的军事优势,英军后来胆敢远道而来,悍然发动一场又一场侵略战争。三是使团当时虽未就扩大两国通商的六项要求与清朝达成协议,但他们掌握了中欧之间茶叶贸易较为真实的数据,这为英方后来的决策提供了重要依据,英国发动鸦片战争实为其以战争手段达到马戛尔尼使团扩大通商要求的继续。两次鸦片战争所强加给中国的不平等条约,远远超越了马戛尔尼使团当年提出各项要求的范围。四是使团的最小成员小斯当东1816年作为阿美士德使团的副使再次访华,以后又当选为英国议会议员,1840年英国下议院就发动鸦片战争进行辩论时,他是主战的强硬派代表。③ 更为凑巧的是,1860年10月18日,侵入北京的英法联军闯进圆明园,在这里发现了马戛尔尼使团赠送的大部分礼品,包括各种天文仪器和火炮,原封不动地放在那里,他们将这些物品带回英国,历史在这里又奇妙地会合。

阿美士德使华失败以后,英国处理对华关系剩下的只有三种选择:"诉诸武力,强迫他们作出某种公正的安排;完全听任他们的旨意;或是撤去全部贸易,直到他们提议恢复为止。事情的进程按第二条持续下去,到

---

① Helen H. Robbins, *Our First Ambassador to China: An Account of the Life of George Earl of Macartney*. London: John Murray, 1908. pp. 376—377. 中译文参见〔英〕马戛尔尼著,刘半农译:《1793年乾隆英使觐记》,第215页。

② J. L. Cranmer-Byng. *An Embassy to China: being the Journal Kept by Lord Macartney during his Embassy to the Emperor Ch'ien-lung, 1793—1794*. London: Longmans, Green and Co., 1962. p. 170. 中译文参见秦仲龢译:《英使谒见乾隆纪实》,第262—263页。

③〔法〕佩雷菲特:《序言》,收入中国第一历史档案馆编:《英使马戛尔尼访华档案史料汇编》,第11页。又参见游博青:《英人斯当东与鸦片战争前的中英关系》,收入复旦大学历史地理研究中心编:《跨越空间的文化——16—19世纪中西文化的相遇与调适》,上海:东方出版中心,2010年,第275—295页。

了采取第一条之后才实现了全部海岸对西方国家的企业的开放。"① 当英国即将完成工业革命,对拓展海外市场和原料产地有着更大的欲求之时,发动战争达成自己的目的就势成必然。

反观中国,这件对英国具有重要历史意义的事件,在中国却是一片空白,几乎没有留下任何影响的痕迹。随着马戛尔尼使团的离去,清朝又回复原态。英国阵容强大的使团,没有引发清廷深入探究英国的冲动;马戛尔尼使团赠送的科技仪器、军事武器,没有激发起中方研究近代科学的兴趣。一切就像没有发生一样,中国后续的历史没有因此产生任何连锁反应。面对这样一种无奈的结局,戴逸先生只能以"失去了的机会"表达对清朝的遗憾。② 如果说,乾隆的"限关自守"政策发挥了限制性接触这一防范作用,也许还情有可原,但面对军事、科技方面落后的压力却无动于衷,没有采取任何积极的应对措施和制度更新,则反映了清朝自我更新机制的衰竭。由此造成的社会停滞局面,最终让清朝在两次鸦片战争中付出了惨重的代价。

---

① Williams, Samuel Wells. *The Middle Kingdom: a Survey of the Geography, Government, Education, Social Life, Arts, Religion, etc. of the Chinese Empire and its Inhabitants.* Vol. II. New York: Wiley, 1848. p. 459. 中译文参见〔美〕卫三畏著,陈俱译:《中国总论》下册,上海古籍出版社,2005年,第909页。

② 参见戴逸:《失去了的机会——为朱雍著〈不愿打开的中国大门〉一书所写序言》,收入朱雍:《不愿打开的中国大门》,南昌:江西人民出版社,1989年,第1—17页。

总　结

盛世下的忧患——中西关系视角下的康雍乾盛世

18世纪是东西方双雄并峙、互相对望的时代。一方面，中国作为东方古老文明国家的样板，在清朝康熙、雍正、乾隆三帝时期达到帝制社会的鼎盛，傲然屹立于世界的东方，雄视四邻。另一方面，西方国家的政治、经济、文化正在发生革命性的转型，其殖民锋芒指向中国，法国、葡萄牙、意大利等国借大批传教士在华布道；荷兰、葡萄牙、西班牙、英国纷纷派遣使节来到北京，洽谈商贸；俄罗斯虎视眈眈，觊觎中国东北、西北、蒙古广大地区。中西方虽然平静地度过了一个世纪，但在强势的清朝背后，映衬着沉重的阴影，一场由西向东的飓风正在呼啸而来。将18世纪中国置于广阔的世界背景中去考察，特别是将其与西方同时正在发生的巨大变革对比，可以看出中西关系正在发生复杂而微妙地变化，从这一视角重新探讨康雍乾盛世，我们对这段历史或许可以获致更为深刻的理解。

一　中西交流给北京带来的"西方元素"

18世纪的中国在历经康熙、雍正、乾隆三朝后，步入了前所未有的"盛世"。从传统的意义来看，所谓"盛世"，包括以君主专制为核心的中央集权权威秩序得以确认和强化，铲除地方割据势力，吏治相对清明；通过对外用兵拓展疆域、巩固边疆，加强边远少数民族对清朝的认同感、归附感；社会秩序相对稳定，士人在科举体制内获得对知识、权力的满足,异端情绪逐渐平息;经济发展,商业繁荣,人口增长,农民生活相对自足。这些条件到乾隆年间都已具备。好大喜功的康熙、乾隆两帝在文治武功方面都远超历代君主,事实上他们在位的时间也最长,几乎跨越18世纪。中国历代的疆域版图之广以乾隆朝为最。毫无疑问,中国是当时世界上最强大的国家。诚如戴逸先生中肯地指出:"直到18世纪,当时正处在清朝的康雍乾盛世,政治清明、社会安定、经济繁荣、文化昌盛、多民族国家的统一大大巩固。如果只把它和汉、唐、元、明作纵向比较,而不进行世界性的横向比较,中国封建社会看起来仍具有活力,仍在继续发展。18世纪的中国确有值得称道的巨大成就。"①这是就中国自身的发展而言。

与此相适应,18世纪的北京也是当时世界上最具国际性的都市。北京不仅是东方世界的交流中心,清廷在此与周边的朝鲜、日本、琉球、安南、吕宋、暹罗、缅甸、文莱等国,以及东南亚、中亚、西亚诸国保持着传统往来关系,而且是与欧洲各国交往最为频繁的东方帝都。欧洲通过传教士、外交使节、贸易往来三条途径与北京保持密切的交往。据统计,18世纪耶稣会派往北京或游历过北京的传教士达到117名;②迄至1840年,遣使会来到北京的传教士至少有17名,他们是:毕天祥、德里格、马国贤、山遥瞻、苏鸿孝、罗广祥、基德明、巴茂正、韩纳庆、王保禄、福文高、李拱辰、南弥德、毕学源、高守谦、赵主教、孟振生;③方济各会在北京设立了教区。从1716年到1860年,俄罗斯东正教向北京派出布道团十三届,有130多名神职人员;④这些传教士常驻北京,集传教、

---

① 戴逸:《18世纪的中国与世界·导言卷》,沈阳:辽海出版社,1999年,第4页。
② 参见拙作《十八世纪法国耶稣会士的"北京经验"》,载《中国文化》第三十四期,2011年秋季号。收入本书第四章,第226—228页。
③ 另有华人司铎多名。迄今对遣使会研究的中文成果甚为缺乏,遣使会在耶稣会被解散后,取代耶稣会在北京的角色,同时大力发展华人主教、司铎,成为19世纪在北京传教举足轻重的势力。参见耿昇《遣使会传教士的在华活动》和《1697—1935年在华遣使会士列传》,收入《16—20世纪入华天主教传教士列传》,桂林:广西师范大学出版社,2010年,第531—546、549—573页。〔法〕P. Octave Ferreux C. M. 著,吴宗文译:《遣使会在华传教史》,台北:华明书局,1977年10月初版。
④ 参见〔俄〕尼·伊·维谢洛夫斯基编:《俄国驻北京传道团史料》第一册,北京:商务印书馆,1978年,第122—128页。

外交、研究与搜集情报于一身。平心而论，这些西来的传教士一方面将西方的宗教、文化、科技带到中国，促进了西方与中国的文化交流；一方面将中国文化带往西方，大力发展西方汉学，极大地满足了西方了解中国的欲望，引发了18世纪欧洲的"中国潮""中国风"。在世界范围内架起了一座中西文化交流的桥梁。与此同时，必须承认西方传教士也是向东方殖民开拓的先行者。他们因长驻北京，有些人甚至充当西方获取中国情报的"坐探"，为后来西方向中国的殖民开拓做了必要的知识准备。在18世纪，欧洲各国派遣赴京的使团或使节，俄罗斯有伊兹玛依洛夫使团(1720—1721)、萨瓦使团(1726—1727)，葡萄牙有斐拉理使团(1720—1721)、麦德乐使团(1727)、巴哲格使团(1753)，英国有马戛尔尼使团(1793)，荷兰有德胜、范罢览使团(1795)，教廷有多罗使团(1705)、嘉乐使团(1720—1721)，中欧继续保持外交往来。《皇清职贡图》卷一曾对来往的欧洲使节加以描绘，内中涉及俄罗斯、英吉利、法兰西、荷兰等国。在商贸方面，来自北方的俄罗斯商队以北京为中心展开活动，北京一度是中俄贸易的主要场所；传教士、欧洲其他国家使节、使团随身携带的物品、礼品源源不断地运往京城。可以说，北京与欧洲的来往保持相当开放的局面。从整体来说，18世纪的中国虽然维持封闭的状态，但从局部诸如北京、广州这些城市来说，却与外部保持密切的联系。北京是当时世界上与外部交往最为频繁的都城，北京有足够的渠道了解外部世界。

"西方元素"成为京城丰富多彩多元文化的一部分。东、西、南、北四堂和俄罗斯馆、俄罗斯东正教堂这些区别于中式建筑的西方风格建筑，还有钦天监观象台的欧式仪器，留下了西力东渐的明证。作为耶稣会士入京的另一个重要附属物是一批中国教徒的出现和司铎的产生，据费赖之《在华耶稣会士列传及书目》一书记载，经耶稣会培养的中国神父或修士在京或来京的有：游文辉、钟鸣仁与钟鸣礼兄弟、郑玛诺、何天章、马玛诺、樊守义、霍儒良、程儒良、罗秉中、高若望、陈圣修、彭德望、沈东行、李玛窦、尚玛诺(新张)、仇伯都、陈多禄、□雅谷(贾迪我)、周若瑟、杨方济、薛而凡、苏多默、沙达德、孙觉人、艾若翰、刘多默、崔保禄、刘保禄、杨达、蓝方济、曹貌禄、刘道路、姚若翰、杨德望、高类思、侯钰、贾克兴、杨等39人,①数量居全国之冠,②这反映了17、18世纪耶稣会在京渗透之深。与元朝信仰天主教者非为汉人不同,明、清两朝的天主教信徒除少数为旗人者外,③多为汉人,这也是清朝猜忌天主教的重要缘由。

与18世纪欧洲的代表性城市巴黎、伦敦、莫斯科、罗马相比,在城市规模、人口数量、财富积聚、文化含量等方面,北京仍具有无可比拟的明显优势。④ 这与大一统的中央集权制秩序给北京带来的丰厚的政治、经济、文化诸方面的资源密切相关。

二 不对称的中西方文化交流

不过,中欧之间的交流(特别是信息交流)并不对称。西方文化之输入中国与中国文化之传入西方,其中介主要是由来华的西方传教士、旅行者和外交使节来承担,耶稣会士在其中扮演的角色尤为重要。⑤ 在中西对望、对话、互相认识的18世纪,欧洲对中国的了解远远超过中国对西方的了解,西方从中国获取的信息和灵感远远超过中国从西方所得到

---

① 参见〔法〕费赖之著,冯承钧译:《在华耶稣会士列传及书目》上、下册,北京:中华书局,1995年,第105、127、380、412、461、680、683、754、755、756、757、762、762、763、763、764、764、766、766、773、810、837、838、843、846、870、872、907、915、924、927、958、960、970、975、1040、1042、1052页。

② 据统计,华人加入耶稣会者有81人(内司铎50人),参见〔法〕沙不烈撰,冯承钧译:《明末奉使罗马教廷耶稣会士卜弥格传》,上海:上海古籍出版社,2014年,第19页。

③ 清代旗人信教并导致教案最知名者有:雍正年间有苏努及其子九人案,嘉庆年间德天赐案,图钦、图敏、魁敏、窝什布等案。参见方豪:《中国天主教史人物传》,北京:宗教文化出版社,2007年,第510—515、600—610页。

④ 有关17世纪末北京与巴黎的比较,参见〔法〕李明著,郭强、龙云、李伟译:《中国近事报道(1687—1692)》,郑州:大象出版社,2004年,第66—69页。有关18世纪北京与伦敦的比较,参见〔英〕约翰·巴罗著,李国庆、欧阳少春译:《我看乾隆盛世》,北京:国家图书馆出版社,2007年,第433—434页。

⑤ 有关耶稣会在中国传播西学及西书流通的最新研究,参见 Noël Golvers. *Libraries of Western Learning for China. Circulation of Western Books between Europe in the Jesuit Mission (ca. 1650 —ca.1750)* 1. Logistics of Book Acquisition and Circulation (《为中国而设的西学图书馆:欧洲与中华耶稣会传教站间的西书流通(大约1650到1750年间)》,第一部,书籍的取得与流通机制》),2. Formation of Jesuit libraries (《第二部,耶稣会图书馆的设立》),3. Of Books and Readers (第三部《图书与读者》),Leuven:Ferdnand Verbiest Institute KUL,2012,2013,2015。

的一切。中西之间的这一差距在19世纪得到应验。中国因对西方了解甚少或根本不了解,屡受战争挫辱,反过来被迫走上了向西方学习的道路。

通过与中国长达两三百年的接触,特别是驻节北京的亲身经历,西方对中国的认识从外部到内部、从表层到深入、从地方到中央,有了极大的发展。西方对中国基本国情的了解,包括历史、地理、人口、政治、经济、文化、军事诸方面的了解不能说已了如指掌,但大体不差,法国耶稣会士的三大汉学名著和英国马戛尔尼使团的报告可以作为例证说明这一点。神秘的紫禁城对于那些频频出入宫廷的传教士来说其实已经熟悉,由于担任中欧交往之间的翻译,清廷的外交秘辛完全为传教士们所知晓。从利玛窦以来,北京作为帝都始终是耶稣会士工作的主要目标和重心所在,耶稣会士从适应策略——知识传教——上层传教,经过两个多世纪的探索,逐渐形成一套系统的行之有效的传教策略,这样一种传教策略对后来的西方对华战略有着极其重要的影响。西方通过长期的、各种途径的接触,认识到在中国这样一个君主专制的中央集权国家,皇帝是国家重心之所在,故其远征中国的战略,逐渐从沿海骚扰发展到进而要求打入京城、"擒贼先擒王"的"斩首"。面对辽阔的中华大地,西方殖民者采取的是不同殖民战略。法国汉学家沙不烈谈及17、18世纪西方各国对华战略时如是看:"葡萄牙、西班牙、荷兰、俄罗斯、英吉利、法兰西等国各在其侵略行动中表示其特性。葡萄牙之特性则在将侵略精神与传教精神严密结合;至若谋利精神,无论其表现如何强烈,只能退居第三位。"① 这实际上也适用于同一时期的西班牙、荷兰、法国。后起的英国由于商业比较发达,最先经历工业革命,故对寻求发展与中国的商贸关系,开拓中国市场,抱有强烈的兴趣。总的来看,西欧列强由于距离中国遥远,主要是选择在东南沿海进行海盗式的骚扰和活动,企图在这些区域建立自己立足和通商的据点,对宗教远征和商贸往来怀抱浓厚的兴趣。俄罗斯凭借其在陆地与中国接壤的优势,寻求向东、向南扩张领土,对宗教传播兴趣不大。俄国人企图吞并大片土地的"面"的欲求和西欧列强"打点"的谋划,成为西方列

---

① 〔法〕沙不烈撰,冯承钧译:《明末奉使罗马教廷耶稣会士卜弥格传》,上海:上海古籍出版社,2014年,第4页。

强宰制中国的两个相辅相成的战略选择。近代以降，英、法列强在两次鸦片战争中组织远征军直扑北京，以此要挟建立通商口岸等条件，表现了其"斩首"战略和"打点"谋划的结合；而俄罗斯则乘清朝之危，大肆威逼、勒索清朝让出大片土地，以逞其对"面"的欲求。"北京经验"在西人的"中国经验"中可谓重中之重，称得上是其精粹之所在。

来京的西方人士通过自己的观察和体验，对中国政治制度、经济发展、科技水平、军事实力进行评估。关于政治制度，《利玛窦中国札记》第1卷第6章《中国的政府机构》对明朝的政府机构及其职能加以介绍。安文思的《中国新史》从第12章到第16章，用了五章的篇幅介绍清初在北京的中央政府机构和京兆机构，基本上符合清廷实情。李明的《中国近事报导》第9封信为《致红衣主教德斯泰大人：论中国政治及政府》。杜赫德编辑《中华帝国志》第二卷大篇幅地评述了清朝的宫廷礼仪、政治制度。约翰·巴罗的《中国旅行记》第七章专门讨论了"政府—法律—地租和赋税—岁入—文官、武官，及文武机构"这些政治问题。《马戛尔尼勋爵私人日志》则评述了清朝政府、司法、文武官员的等级和制度等问题。这些文献对中国政治制度的详细介绍和评述，不断充实西方对中国政治内情的了解，更新他们对中国政治制度的认识。在西方没有发展出近代意义的文官制度以前，中国传统的君主专制和官僚制度所呈现的规范、有序和完备的体系给西人留下了深刻的印象，庞大的帝国体系和精密的官僚制度是令西人着迷且精研的课题。法国、俄罗斯先后向统一的民族国家和中央集权的君主专制迈进，与中国的影响有着一定的关系。

关于经济发展，将西人的中国观感按编年排列，可以看出他们对中国经济发展和中欧经济比较的大致把脉。1585年出版的西班牙人门多萨著《中华大帝国史》在第一卷第三、四章描述了"这个帝国的富饶，它生产的果实及其他东西"，表现了西人对中华帝国的富饶与繁荣之羡慕。这是大航海时代来临之初，西方对中国的最初印象。《利玛窦中国札记》承认："作为中国食谱上主要食品的大米产量远比欧洲富裕得多。""食用蔬菜的种类和质量和栽培植物的种植情况也差不多，所有这些中国人使用的数量都要比欧洲人的通常数量多得多。"①利玛窦在华二十八年(1582—1610),他的看法显然是据所获大量一手材料而得。安文思的《中国新史》则声称:"航行和物产丰富即一个国家拥有各种各样的商品,是贸易的两个源头。中国具有这两大优势,没有别的国家能超过它。""至于肉、鱼、水果及其他食物,完全可以这样说,我们欧洲有的,他们都有,而且有许多是我们所没有的品种。"②安文思来自葡萄牙,他对比中西经济的感受和眼光明显受到本土经验的限制。随着法国耶稣会士们的到来,情况开始发生微妙的变化,李明的《中国近事报道(1687—1692)》宣称:"中国人在住房上远远不如我们,他们的房子不如我们的豪华美丽。""在法国,无论个人的财富,还是个人的雄心都在奢侈豪华方面比欧洲任何一个王国走得更远,而中国人在一般活动和公共场合几乎都超过我们,看上去更为讲究排场,更加盛大隆重;但私下里居家过日子,我们的居室却是无比富丽堂皇,有钱人数目虽少,生活却过得更轻松,装束打扮更舒适,饮食起居伺候得更周到。一般说,费用支出更稳定平衡。"③虽然公共盛典的排场,法国远不如中国,但从普通人的生活水平来看,法国人并不亚于中国人,在居室方面甚至更加优越。杜赫德编纂的《中华帝国全志》一方面盛赞中国,"若说中国地大物博,风光秀丽,这一点都不夸张,单是中国的一个省份就足以成就一个巨大的王国,以飨皇子的统治野心。其他国家的物产在中国几乎都能找到,而中国的很多东西却是独此一家。中国物产如此丰富可以说归功于其土壤肥沃、人民勤劳和星棋罗布的湖泊溪流以及纵贯全国的运河。"一方面又指出,"尽管这里物产富足,但是矛盾之处也确实存在。这个世界上最富强繁荣的帝国在某种意义上说来非常贫乏。她虽然地域辽阔,土壤肥沃,也不过勉强可以维持居民的生计,大胆的说一句,他们需要再大一倍的国土才能安居乐业。""极度贫困匮乏使很多中国人会做出令人发指的事来。一个人如果在广州了解更深入一些就会发现一些司空见惯的现象,比如父母遗弃几个亲生子女,父母卖女为奴,一己私利

---

① 何高济、王遵仲、李申译:《利玛窦中国札记》,北京:中华书局,2001年,第10—11页。
② 〔葡〕安文思著,何高济、李申译:《中国新史》,郑州:大象出版社,2004年,第84、88页。
③ 〔法〕李明著,郭强、龙云、李伟译:《中国近事报道(1687—1692)》,郑州:大象出版社,2004年,第144、163页。

驱动了许多人。"①18世纪中国极度的人口膨胀和土地使用、资源匮乏之间的矛盾日益暴露于外人面前,一个具有双重性格的中华帝国形象出现在法人的文本中。马戛尔尼使团游览了京津、直隶、山东、江苏、浙江、江西、广东等省,饱览中国的大好河山。约翰·巴罗的《中国旅行记》第九章《农村面貌》以一章的篇幅讨论了他所见中国从北到南广大农村的面貌,留下了许多即使在今天看来也颇有价值的材料。当时中国与英国的农业已呈现明显差距,表现在生产方式上,"英国大农场优于小农场,主要是大农场能够使佃农更好地分工合作,因而能够把庄稼种得更好,这是小农场根本做不到的"。"在中国,90%的农民可以认为是个体小农,拥有的牲口极少(附加一句,数百万的农民根本没有牲口),因此人们根本不要期望整个国家的土地得到了充分的开垦和利用。就园艺而言,他们也许有许多值得称赞的地方。但是,在大规模发展农业方面,他们当然不能与欧洲许多国家相提并论"。② 在人均耕地面积上,"如果我们考虑一下在长城以内中国的整面积为 1,297,999 平方英里,也即 830,719,360 英亩,而总人口多达 333,000,000,那么我们会发现每平方英里将有 256 个人,每个人拥有土地 2.5 英亩。大不列颠平均每平方英里有 120 人,每人可分享 5 英亩土地,或者说每个家庭可获得 12.5 英亩地。因此,中国人口与英国人口比例为 256:120,稍大于 2:1。英国每人可获得的土地正好是中国每个人可获得的两倍"。③ 约翰·巴罗对当时中国人口的数量估计略高于

---

① J. B. Du Halde. *The General History of China: Containing a Geographical, Historical, Chronological, Political and Physical Description of the Empire of China, Chinese-Tartary, Corea and Thibet: Including an Exact and Particular Account of Their Customs, Manners, Ceremonies, Religion, Arts and Sciences.* Vol. 2. London: Print for J. Watts,1736. pp. 236,250. 中译本参见〔法〕杜赫德编著,石云龙译:《中华帝国通史》第二卷,收入周宁编注:《世纪中国潮》,北京:学苑出版社,2004年,第382、392页。

② John Barrow. *Travels in China.* London: T. Cadell and W. Dawies, 1984. p. 567. 中译文参见〔英〕约翰·巴罗著,李国庆、欧阳少春译:《我看乾隆盛世》,北京:国家图书馆出版社,2007年,第422页。

③ John Barrow. *Travels in China.* London: T. Cadell and W. Dawies, 1984. p. 576. 中译文参见同上书,第429—430页。据中国学者比较可靠的统计,乾隆五十九年(1794)的人口数量为:313,000,110。参见葛剑雄著:《中国人口发展史》,福州:福建人民出版社,1991年,第246页。乾隆年间的可耕地面积约为人口的四倍,即12亿亩,人均耕地面积每人4亩,参见郑正、马力、王兴平:《清朝的真实耕地面积》,载《江海学刊》1998年第4期。

实际数字,而他对中英两国可耕地面积的估算基本符合实情。在身体素质上,"在中国普通人中间,人们很难找到类似英国公民的啤酒大肚皮或英国农夫喜气洋洋的脸。的确,他们天生就身体瘦小,满面倦容,很少有人在面颊上显出健康的红润"。① 英国人从所见到的每一张中国人面孔,看出了普通中国民众生活的贫困和身体健康的不良。根据现场的观察,约翰·巴罗得出一个符合事实的结论:"总的来说,就中国在农业上值得称赞之处而言,如果要我斗胆说说自己的看法,那么我会毫不犹豫地说,给一个中国农民足够的土地(足够到他和他的家人用锄头能够耕种得过来的土地),他会比任何欧洲的农民更好地利用那块土地,生产出更多的粮食。但是,倘若在中国将 50 或 100 公顷最好的土地按平均地租交给一个农民种植(按一般计算,我们的农民创造的价值是租金的三倍),那么在支付种地需要的劳动力后,他几乎会无法养家糊口。"② 约翰·巴罗找出了问题的症结,中、英农业经济的差距和中国农民生活状况的低下,关键在于中国人均土地面积的不足。③ 到 18 世纪末,英国农业经济发展已为工业化准备了必要的条件。

关于科技水平,明末清初西学在士大夫中最受欢迎者为舆地、天文、数学,这实际上也是中国士大夫认可自身在这些学科比较薄弱、急需弥补缺陷的领域。据统计,明清耶稣会士著译涉及的学科相当广泛,除传教和汉学类的书籍外,天文、数学、地理、舆地方面的著译所占比重较大。④ 其中在舆地学方面,"利玛窦之《万国舆图》、南怀仁之《坤舆全图》、白进等所著之《皇舆全览图》,以及《乾坤体义》(利玛窦著)、《职方外纪》(艾儒略著)、《坤舆图说》(南怀仁著)等书,允为最著者也"。⑤ 耶稣会士的这些著

---

① John Barrow. *Travels in China*. London: T. Cadell and W. Dawies, 1984. p. 553. 中译文参阅〔英〕约翰·巴罗著,李国庆、欧阳少春译:《我看乾隆盛世》,第 411—412 页。

② John Barrow. *Travels in China*. London: T. Cadell and W. Dawies, 1984. p. 570. 中译文参见同上书,第 424 页。

③ 有关 18 世纪中、英农民的比较,中文文献可参看徐浩:《18 世纪的中国与世界·农民卷》,沈阳:辽海出版社,1999 年。该书对 18 世纪中英农民与农村经济、农村生产关系、农村商品经济、农民生产生活、农民反抗斗争作了详细比较。

④ 参见彭斐章主编:《中外图书交流史》,长沙:湖南教育出版社,1998 年,第 153 页。该页有耶稣会士"著译图书学科分类统计表"。

⑤ 徐宗泽:《明清间耶稣会士译著提要》,上海:上海书店出版社,2006 年,第 4 页。

作在中土产生了积极影响,柳诒徵先生曾如是评价:"元、明间人犹未泯究心于地理,至利玛窦等来,而后知有五大洲,及地球居于天中之说。艾儒略著《职方外纪》,绘图立说,是为吾国之有五洲万国地志之始。而清康熙中,各教士测绘全国舆图,尤有功于吾国焉。"① 在天文方面,1600年前后,利玛窦将欧洲的天球仪、星盘和日晷等小型仪器介绍到中国来。从1629年起,邓玉函、罗雅谷、汤若望等耶稣会士应徐光启之邀,供职皇家天文机构,在《崇祯历书》等书籍里描述了十几种欧洲式天文仪器,包括托勒密时代的仪器、第谷的仪器和伽利略的望远镜。清朝初年,汤若望开始执掌钦天监,并将《崇祯历书》修订为《西洋新法历书》。1669—1674年,南怀仁为北京观象台主持设计制造了黄道经纬仪、赤道经纬仪、地平经仪、象限仪、纪限仪和天体仪,刊刻了相关设计图纸和说明书。1713—1715年,纪理安为观象台添造了一架欧洲风格的地平经纬仪。1745—1754年,戴进贤、刘松龄等为观象台制造了一架玑衡抚辰仪。这些传教士所制造的天文仪器和传授的技术,对中国人来说都是新知识,只是有些技术仅停留在文字介绍,有些仪器只是皇家御用品,未能广泛传播。② 在数学方面,明万历年间,利玛窦与徐光启合译了《几何原本》,与李之藻合译了《同文算指》。明末清初,为配合历法改革所编的《崇祯历书》《西洋新法历书》里面收有若干种数学方面的著作,包括艾儒略的《几何要法》四卷、邓玉函的《大测》二卷、《割圆八线表》六卷、《测天约说》二卷,汤若望的《浑天仪说》五卷、《共译各图八线表》六卷,罗雅谷的《测量全义》十卷、《比例规解》一卷等。与此同时,中国数学家梅文鼎(1633—1721)对传入的西方数学进行系统的整理、编排和阐发,消化新传的西方数学。康熙帝向来京的法国耶稣会士张诚、白晋学习西方的数学,此事经白晋的《康熙皇帝传》介绍,在欧洲传为佳话。康熙主持的《数理精蕴》既对传入的西方数学知识作了系统编排,又对西方数学与中国传统数学做了比较,是当时中西结合的一部数学百科全书。③ 传教士并非专职的科技人员(法国耶稣会士的科学

---

① 柳诒徵:《中国文化史》下册,上海:东方出版中心,1996年,第679—680页。
② 参见张柏春:《明清测天仪器之欧化》,沈阳:辽宁教育出版社,2000年。该书对17、18世纪中国测天仪器之欧化过程描述甚详。
③ 有关西方数学在17、18世纪中国的传入情形,参见杜石然:《数学·历史·社会》,沈阳:辽宁教育出版社,2003年,第180—213页。

素养较高,可视为例外),但他们传授的西方科技确给中国带来了一股新风,成为17、18世纪中西文化交流最有价值的内容。

在明末到清朝乾隆年间的中西文化交流中,西方传教士从中国获取了大量信息、情报。在科技方面,他们所获主要是传统工艺,如瓷器、纺织、人痘、植物、染色、漆器等技艺知识。他们开始形成中国科技停滞不前的观点。①"中国人擅长多种工艺,特别是丝绸和某类棉布的制作。他们擅长印染和定色之方,也优于处理颜料上色的研磨和调和,漆的制造和使用,以及利落的木匠手工活。但据说他们水平最高的是陶瓷技术,也就是将泥土尽可能做成各种用具,而且随意设计、上釉、着色和烘干。""至于科学,中国肯定远远落后于欧洲。"②这就是从中国考察归来的马戛尔尼使团的结论。由于拥有"绝技"的耶稣会士多被召往北京,故上述科技交流基本上是在京城进行,带有浓厚的"御用"性质,这可谓17、18世纪中西科技交流的一大局限。由于中西方之间的科技差距在当时尚未拉开,中国仍有能力消化来自传教士带来的信息,因此中国士人并不以差距,而是以差异来看待双方的落差。加上康熙极力倡导"西学中源"说,士人以传统的方式轻易地把中西学之间的裂缝抹平了,康熙皇帝和士大夫对西学的"受容"某种程度上仍受制于天朝的尊严和儒教的训诫。马戛尔尼、约翰·巴罗在他们的报告中对中国科技的评价和中西之间差距的看法,虽然带有一定偏见,但大体反映了走在欧洲前列的英国人的自信。③

关于军事技术,国人最先认可西人武器,首推火炮。明末,辽东边境战事频繁,面对强悍的清军,明朝将目光投向火力较猛的西洋火炮,时人称之"红夷大炮"。《明史·徐光启传》谓:"徐光启从利玛窦学天文、历算、火器,尽其术。神宗时辽东方急,光启乃请多铸西洋大炮,以资城守。"黄伯禄《正教奉褒》又谓:"天启二年,上依部议敕罗如望(葡萄牙国人)、阳玛诺、龙华民等制造铳炮,以资戎行。"④西洋火炮在明军抵抗清军的宁远之

---

① 参见韩琦:《中国科学技术的西传及其影响》,石家庄:河北人民出版社,1999年。
② 〔英〕乔治·马戛尔尼著,何高济、何毓宁译:《马戛尔尼使团使华观感》,北京:商务印书馆,2013年,第60—61页。
③ 有关英国使团对中国科技的评价,参见〔英〕乔治·马戛尔尼著,何高济、何毓宁译:《马戛尔尼使团使华观感》,北京:商务印书馆,2013年,第60—70页。〔英〕约翰·巴罗著,李国庆、欧阳少春译:《我看乾隆盛世》,北京:国家图书馆出版社,2007年,第203—228页。
④ 收入陈方中主编:《中国天主教史籍汇编》,第476页。

战中一度发挥作用。但是清军很快仿造在围城之战中缴获的"红夷大炮",清初命南怀仁制造大炮,"红夷大炮"改称"红衣大炮",一字之改,表现了清军为这种武器的正名。西洋火炮成为清军南下攻城略地的利器,也成为清军平定三藩之乱使用的优势武器。① 西方军事上的另一优势技术是造舰,在17、18世纪,中、西方之间虽未发生大规模海战,但对西方的造船技术,中国已有领教。当马戛尔尼使团访华的舰队出现在大沽口一带时,"三十多只中国驳船云集在使节船只周围。英国船只的高大桅杆和其复杂的构成,在一群简单、笨重、低矮但相当宽阔结实的中国船只中间形成一个鲜明的对照。"② "英国在欧洲是第一位海军强国,素被称为海上之王,英王陛下为了表示郑重其事,本来准备派遣最大的船只载运访问使节,但鉴于黄海水浅多沙,欧洲航海家们不熟悉这段航路,不得不改为派遣较小的船只前来。因此,礼品中加配一付全套装备的英国最大的军舰模型,有一百零十门重炮装备的巨大军舰上的各个微细部分俱在模型上表现无遗。"③ 遗憾的是,这尊炮舰模型未能引起清朝足够的重视,至少事后没有仔细研究。否则,就不会遭遇后来鸦片战争的失败。其实,此前常被国人夸耀的郑和七下西洋,虽然声势浩大,与哥伦布横渡大西洋、发现新大陆之举相比,两者使用的航海技术,也不可相提并论。郑和下西洋是贴着海岸线航行,可隔三岔五上岸补给;哥伦布跨越大西洋,远航之风

---

① 有关西洋火炮技术在明末清初的传播及其运用,中、西研究文献甚多,新近重要论著有黄一农:《红夷大炮与明清战争:以火炮测准技术之演变为例》,载新竹《清华学报》1996年新26卷第1期。徐新照:《明末两部"西洋火器"文献考辨》,载《学术界》2000年第2期。尹晓冬:《明末清初几本火器著作的初步比较,载《哈尔滨工业大学学报》(社会科学版)2005年第7卷第2期。刘旭:《中国古代火药火器史》,郑州:大象出版社,2004年。〔英〕李约瑟:《中国科学技术史》第五卷《化学及相关技术》第七分册《军事技术:火药的史诗》,北京:科学出版社、上海:上海古籍出版社,2005年,第308—358页。狄宇宙:《与枪炮何干? 火器和清帝国的形成》,收入〔美〕司徒琳主编,赵世瑜等译:《世界时间与东亚时间中的明清变迁》下卷,北京:三联书店,2009年,第152—207页。

② Sir George Staunton. *An Authentic Acount of an Embassy from the King of Great Britain to the Emperor of China*. 2nd Vol. 2. London:Printed for G. Nicol, Bookseller to his Majesty, Pall-Mall, 1797. pp.134—135. 中译文参见〔英〕斯当东著,叶笃义译:《英使谒见乾隆纪实》,上海:上海书店出版社,1997年,第252页。

③ Sir George Staunton. *An Authentic Acount of an Embassy from the king of Great Britain to the Emperor of China*. 2nd Vol. 2 London:Printed for G. Nicol, Bookseller to his Majesty, Pall-Mall, 1797. pp.130—131. 中译文参见同上书,第250页。

险、补给之难度不可预测。"船坚炮利"是近人对优势的西方军事技术的概括,实际上这一优势在17、18世纪已显露端倪。

如果根据上述比较,以为在18世纪西方诸国的实力已经超越中国,那将是错误的评判。西方诸国以英国最强,当时它的主要精力仍放在经营印度,北美独立战争爆发后,它为战争所困,自然无暇顾及向远东扩张。法国于1789年爆发革命,明显受到国内战争的严重消耗。俄罗斯仍是一个传统型的帝国,其向东殖民扩张的锋芒已为清帝国有效遏制。意大利、德国尚处在四分五裂的状态,根本谈不上对外的殖民开拓。美国刚刚获得独立,其心营目注仍在国内事务。最重要的是,"西方"在整体上还不成其为一个近代意义上的文明共同体。虽然基督教是西方各国共同享有的宗教背景,但它尚不足以成为维系西方各国共同利益的基础。中国传统的帝国体制继续得到强化,中央集权进一步加强,统一的多民族国家进一步巩固,清朝以其刚柔并济、强悍与包容双管,给传统的大一统帝国体制注入了新的血液,使外部世界对之仍望而生畏。从整体上来说,在18世纪世界形势动荡不安、此起彼伏的大环境里,中国仍是世界上相对稳定的大国。中、西方的差异主要表现在:中国在继续强化传统的帝制,而西方为向近代转型已在各方面酝酿新的革命性因素,这一差异当然不是一下子就显现出来的,只有经过日积月累,出现飞跃性的质变,差距悬殊才会使落后的一方相形见绌。

有关18世纪中西方的实力对比,我们往往只能从西人当时的报道找寻评判中西之间差异的依据。这是因为国人当时基本上缺乏游历欧洲的经验,因而也就无法根据中方文献对中、西方之间的差异(差距)进行真实对比,也就无从谈起从中国士人的文献了解其对比中西方的真实感受。西人的记载当然带有成见、偏见、误会,甚至盲点,但西方当时与中国的接触毕竟已有相当的规模,故对他们留下的文献材料我们须加仔细甄别,但不可简单否定、弃置不用。在这场中西方对话中,西方是主动者,中国只是"受容"的掌控者。

三 康雍乾盛世下潜存的危机因素

戴逸先生在比较中西走向现代化的路程时深刻地指出:"西方国家走

向资本主义是由几个世纪的长期进程所准备起来的,是很多领域近代因素的汇聚、成长的结果。近代因素的积累和成长是一个静悄悄的、未被觉察的缓慢过程。""18世纪的康雍乾盛世,貌似太平辉煌,实则正在滑向衰世凄凉。可当时中国没有人能够认识清楚这一历史真相,只有岁月推移,迷雾消散,矛盾激化,百孔千疮才逐渐暴露。历史的悲剧只有在悲剧造成以后很久时间,人们才会感到切肤之痛。"①戴先生的这一看法值得我们深思。他主持的"18世纪的中国与世界"课题研究及其相关成果,反映了对这一认识的深入和细化。

诚然,戴先生视"18世纪是世界历史的分水岭"这一观点可以商榷,他可能将中西之间的差异的显现提早了一个世纪。美国加州大学学者彭慕兰(Kenneth Pomeranz)根据自己对中国、欧洲与现代世界经济建构关系的研究,提出1800年以前并不存在一个经济中心,仍是多元的世界。19世纪以后,英国经过工业革命才脱颖而出,欧洲才真正领先于亚洲,世界才产生近代意义上的"大分流"或"大歧变"(The Great Divergence)。②另一位加州派学者王国斌(R. Bin. Wing)从经济变化、国家形成、社会抗争三个方面来做中国和西欧历史的比较研究,提出以"中西互释"的方法进行中西比较更为恰当,即一方面以欧洲经验来评价中国正在发生的事情,一方面则用中国经验来评价欧洲。他以这种方法令人信服地证明,在近代早期的欧洲和明清时期的中国,经济变化的动力颇为相似,直到19世纪,它们才变得截然不同。欧洲的农村手工业被城市的机械化工厂工业所代替,更适用于新古典主义的以储蓄和投资为动力的增长理论,而中国经济虽因西方的入侵,扩展了贸易和市场,但主要是扩大了斯密型劳动力运作的空间,并未根本改变中国经济发展的动力。③ 他们的观点引起一些中、西方学者的呼应和争议。

荷兰学者皮尔·弗里斯著《从北京回望曼彻斯特:英国、工业革命和

---

① 戴逸:《18世纪的中国与世界·导言卷》,沈阳:辽海出版社,1999年6月版,第5页。

② Kenneth Pomeranz. *The Great Divergence: China, Europe, and the Making of the Modern World Economy*. Princeton:Princeton University Press,2000. 此书中译本参见〔美〕彭慕兰著,史建云译:《大分流:欧洲、中国与现代世界的经济发展》,南京:江苏人民出版社,2003年。

③ 参见〔美〕王国斌著,李伯重、连玲玲译:《转变的中国:历史变迁与欧洲经验的局限》,南京:江苏人民出版社,2010年。

中国》(*Via Peking back to Manchester Britain, the Industrial Revolution and China*)①和他即将出版的新著《一个有着惊人差异的世界：近代早期西欧和中国的国家与经济》(*A World of Surprising Difference: State and Economy in Early Modern Western Europe and China*)对彭慕兰为代表的美国加州学派学者着力经济资源和生产关系的观点提出了挑战，他分析了中英两国基础结构的"硬件"设施，包括金融财政状况、政府机构的设置、军队组织以及政策方针，发现双方的差异是如此显著。"同清代中国相比，英国政府在基础结构上拥有更为庞大的权力。英国有着更多的收入，可以支付更多，拥有更为高效的税收和财政体系，更好的货币体系，以及债券体系，这是清政府所缺乏的。坦率地讲，在19世纪50年代之前中国是根本没有这些的。英国拥有更为高效的政府机构和陆军，以及当时世界上最为高效的海军。英国中央政府的重商主义政策完全不同于当时清政府典型的农业家长式制度。"他强调，"国家政府可以被描述为一切制度背后的制度"。② 在此之前，德国学者贡德·弗兰克在其著《白银资本——重视经济全球化中的东方》，表达了不能说是相反，但是相异的观点，他认为，从1400—1800年，"作为中央之国的中国，不仅是东亚纳贡贸易体系的中心，而且在整个世界经济中即使不是中心，也占据支配地位"。"中国在世界经济中的这种位置和角色的现象之一是，它吸引和吞噬了大约世界生产的白银货币的一半；这一统计还力图表明，这些白银是如何促成了16世纪至18世纪明清两代的经济和人口的迅速扩张与增长。""这一切之所以能够发生，直接缘于中国经济和中国人民在世界市场上所具有的异乎寻常的巨大的不断增长的生产能力、技术、生产效率、竞争力和出口能力。这是其他地区都望尘莫及的，只有印度能够望其项背。""直到1800年，具体到中国是直到19世纪40年代的鸦片战争，东方才衰落，西方才上升到支配地位——而这显然也是暂时

---

① Peer Vries. *Via Peking Back to Manchester Britain, the Industrial Revolution, and China*. The Netherlands: CNWS Publications at Leiden University, 2003.
② 参见〔荷〕皮尔·弗里斯著，苗婧译：《从北京回望曼彻斯特：英国、工业革命和中国》，《中文版序言》，杭州：浙江大学出版社，2009年，第 iv 页。

的,从历史角度看,这仅仅是很近的事。"①弗兰克对中国的经济发展前景持相对乐观的态度。

围绕19世纪中国为什么衰落,西方为何胜出这一问题所展开的讨论,涉及的核心内容是如何评价中、西方在前近代的政治制度、生产关系、经济模式与近代工业化之间的关系。由于西方在19世纪崛起这一既定事实,讨论的歧异在于认可这是一种西方内在发展孕育的必然结果,还是偶然因素导致的结果。另一方面,中国虽然在19世纪出现了落后于西方的情形,是否意味着中国内在没有向近代转型的动力。对于后一问题,毛泽东曾经论断:"中国封建社会内的商品经济的发展,已经孕育着资本主义的萌芽,如果没有外国资本主义的影响,中国也将缓慢地发展到资本主义社会。外国资本主义的侵入,促进了这种发展。"②新近李伯重对江南早期工业化的研究似为这一论断再次提供了新的证明。③ 最近二十年来中西学者的研究趋向是在世界视野下将中西方的历史独特性与近代工业化结合起来加以考察。这就要求我们对18世纪后中国之所以未能自发地向近代转型的内在障碍,不是就事论事,而是放在世界环境中去做一比较研究。

18世纪的清朝统治者在处理对外关系时,也许最大的错误并不是不愿与外界接触,与西方打交道。事实上,18世纪中国与欧洲的关系之密切可谓前所未有,清朝前期的开放度较明朝也有一定的拓展。问题在于清朝在与外国的接触中,力图建立自己的世界体系或者按照传统的朝贡体制建筑以自我为中心的天下体系。从康熙、雍正到乾隆,他们都明确地向外部世界表现了这一意志。周围的弱小邻国纳入传统的朝贡体制自不待说,远道而来的欧洲各国使节,他们亦以此相待。除了俄罗斯、英国使团对这一做法表示异议,其他欧洲国家似乎没有反抗地就接受了清朝外交体制的规训。而俄罗斯、英国使团表示异议的潜台词,则实为要求英、

---

① 〔德〕贡德·弗兰克著,刘北城译:《白银资本——重视经济全球化中的东方》,《中文版前言》,北京:中央编译出版社,2000年,第19—20页。
② 毛泽东:《中国革命和中国共产党》,收入《毛泽东选集》第2卷,北京:人民出版社,1969年,第589页。
③ 参见李伯重:《江南的早期工业化(1550—1850)》(修订版),北京:中国人民大学出版社,2010年。

俄君主拥有与清帝同等的地位,马戛尔尼更是明确表示,英王乔治三世是与乾隆皇帝平起平坐的西方君主。中英之间在外交场合的礼仪之争,实际上是英国扩张的殖民体系与中国传统的朝贡体制之间的冲突。外交是政治的继续,是内政的延伸,是以实力为后盾。所谓"礼仪"其实也是对自我认同的实力秩序的规范,它体现了对国家利益的维护能力和对别国的控制能力。

中国保持与西方的交往关系,这对中国了解正在崛起的西方会有一定帮助。问题在于因囿于传统的朝贡体制,清朝缺乏调整与西方关系的机制,也很难与西方建立起新的互动互惠关系。① 当马戛尔尼使团向乾隆提出六项有关通商的不当要求时,清朝如能以讨价还价的谈判策略加以应对,而不是断然拒绝,这显然是一种更为明智、更富柔性的外交选择,它也许会对中国与西方的关系预留更多想象的空间。清朝无意这样做,因为它不符合天朝的朝贡体制。中国在对外交往中缺乏主动性、开拓性,处处表现出被动、应付、自保的状态,从而失去了在对外交往中获取主动权的良机。强固的天朝帝国体制和自给自足的自然经济,使清朝循依"华夷之辨"的思维惯性制定对外政策,很难出现向外拓展的外交新思维。

当清朝感觉到西来的殖民者对自身的安全构成威胁时,其对外政策从嘉庆年间开始出现急转弯。"禁教"政策严格执行,天主教传教士大多被驱逐出境或被迫离华,教徒人数锐减。对外交往受到严格限制,俄罗斯派遣的戈罗夫金使团(1805—1806)在前往北京的路上无功而返;英国派遣的阿美士德使团(1816)在北京只呆了不到一天就被勒令出京。嘉庆皇帝关上了与欧洲交往的大门。嘉庆的对外政策之改变至少与他本人忠厚老实、平庸无为的守成性格有关,毕竟对外开拓需要雄图大略的魄力,康熙、雍正、乾隆三帝具备这一条件,而嘉庆皇帝确实没有。航海贸易虽在嘉庆年间仍然维持正常发展,"中国在东南亚海域的航运实力,仍处于领导地位",中国在东南亚从事远洋航海贸易的商船总吨,超过英国来华船吨的四倍以上。但到道光年间,中西之间的力量对比发生了明显变化,

---

① 对清朝对外关系的研究,参见 John King Fairbank edited. *The Chinese World Order: Traditional China's Foreign Relations*. Cambridge: Harvard University Press, 1968. 中译本参见〔美〕费正清编,杜继东译:《中国的世界秩序:传统中国的对外关系》,北京:中国社会科学出版社,2010年。

"到鸦片战争的前夕,来华的西方海船,1835年为199艘,总计78000吨,1837年为213艘,总计83000吨。这就是说,西方侵略者对华贸易所投入的船舶载重量,此时已与中国远洋商船总吨相等了。从1820年到1837年,中间不过十五六年时间,一方面是中国远洋商船停滞不前,另一方面是进入中国海域的洋船日益增多,一消一长之间,表明了中国航海贸易的变化,也表明了西方资本主义殖民者对中国航海事业的排挤"。① 与此同时,世界形势发生巨大的变化,英国工业革命突飞猛进,"新大陆"开始崛起,欧洲大陆发生剧烈变革。相形之下,中国却由于走向封闭,而陷入沉寂、保守的状态。面对神州大地的沉寂,龚自珍悲愤地哀叹:"九州生气恃风雷,万马齐喑究可哀。我劝天公重抖擞,不拘一格降人才。"

18世纪的中国缺乏制度革新的思想和动力。清朝在可比的世界竞争中危机四伏。危机之一,内部民族矛盾严重。清朝统治集团在前期以满族为核心,满汉有别,北京内外城之分即是这一区别的一个象征。这一格局维持到19世纪中期没有根本改变。清朝前期康熙、雍正、乾隆三帝中央集权进一步强化,地方割据势力悉数荡平。在传统秩序里,只有国家,没有"社会"。国家机器之外,农村依靠宗法制维持乡间秩序。有清一代,由于满族对汉族实行严酷的统治,汉人只能通过建立秘密结社来反抗,以白莲教、天地会、哥老会为代表的秘密社会盛行成为18到19世纪上半期中国社会的重要特征,这实为当时满汉矛盾的一大反映。② 一般来说,秘密社会的兴起是在王朝末年,皇权衰弱、对地方和士绅的控制力削弱之时,而清朝在其鼎盛的乾隆朝即已出现,说明汉族反抗满族统治者的情绪从未稍减。

危机之二,缺乏海上开拓的能力。在大航海时代来临之时,中国几无海上拓展的能力,"禁海"政策实际封闭了向海外开拓的可能。从顺治十二年(1655)至康熙二十三年(1684),为防堵内地人民与台湾郑氏政权发生联系,清朝实行严格的"禁海闭关"。从康熙五十六年(1717)到雍正五年(1727)对南洋"禁海",则主要是应对吕宋、噶喇巴两地的西班牙、荷兰

---

① 参见中国航海学会:《中国航海史(古代航海史)》,北京:人民交通出版社,1988年,第334—336页。

② 有关清代秘密结社与排满思想之间的关系,参见萧一山:《清代通史》第2册,北京:中华书局,1985年,第892—924页。

西洋势力的渗透。乾隆六年(1741)在福建实行"禁海",禁止私人下南洋贸易,则是鉴于荷兰殖民者在爪哇屠杀当地华侨。在清朝前期,没有再像明朝郑和下西洋那样,举行大规模的出海活动。清朝的"海禁"政策具有两面性,一方面是出于军事上防止台湾郑氏政权和外来的西方殖民势力向内地渗透的需要,一方面是阻挠内地人民向外发展,在贸易方面控制军事武器和重要原料的出口。"禁海"政策在贸易上实际达到了闭关或限关(即限广州一关)的效果,而更大的危害则是放弃了向海洋拓展的努力,面对万里海疆,中国失去了成为海洋强国的可能。① 这与正在大力拓展海外殖民地的西方殖民者形成强烈对比。

危机之三,实行文化专制,文网恢恢,大兴文字狱,窒息了革新的生机。惨酷严厉的文字狱几乎与康熙、雍正、乾隆三朝相始终,从康熙年间的明史狱、沈天甫、朱方旦之狱,《南山集》案,到雍正年间的查嗣庭案,曾静、吕留良案,再到乾隆年间的徐述夔《一桩楼诗》案、卓长龄等《忆鸣诗集》案、王锡侯《字贯》案,清朝统治者一方面利用文字狱这种极端手段,钳制言论,禁锢思想,扼杀汉族士大夫的遗民情绪和反清思想;另一方面,又以开《四库全书》馆,修《四库全书》,搜集、整理、编纂历代典籍,网罗汉族知识精英,点缀其盛世的门面。在这种情势之下,汉学的文字、音韵、训诂、校勘、辑佚、考证之类学问得以助长,明末方兴未艾的启蒙思想火花渐趋泯灭。18世纪的中西方形成一个强烈的对比:西方知识分子(以法国为代表)掀起启蒙运动,寻找向近代转型的突破口;中国士大夫囿于文化专制的牢笼,只能满足于以传统典籍的集大成工作自娱。

危机之四,士大夫普遍缺乏世界知识,缺乏向外探险的冲动。在18世纪,清朝曾于1729—1731年、1731—1733年两次派使团赴俄罗斯访问,此外再没有派遣使团赴欧洲其他国家访问,这表现了清朝对与欧洲外交往来的冷漠。对此,张星烺先生不无感慨地评论:"清代康熙、雍正、乾隆三朝盛时,外国使来中国者甚多。教化王(即今之教皇)之使亦曾数至。然清朝在此一百三十余年长期间,竟未一次遣使浮海至西欧,采风问俗。

---

① Gang Zhao. *The Qing Opening to the Ocean: Chinese Maritime Policies 1684—1757*. Honolulu: University of Hawai'i Press, 2013.

诚可异也。"① 为何国人当时不愿出使欧洲？1654年被南明政权遣使罗马教廷的耶稣会士卜弥格与罗马宣教部之间的对话，颇能反映这一问题的症结。当罗马教廷质询卜弥格"何以不多带中国侍从俱来？"这一疑问时，卜弥格解答原因有三：其一，"盖因华人体质不强，不适于长途旅行。当时被指派随行者甚众，仅有两人愿往；而此两人中之一人因病止于中途，别一人在道数濒于死"。其二，"中国人之自尊心，使之自负其政治、其学识、其财富皆优于他国；则其不愿声称求救他国可知也。是故不愿遣华人赴欧洲"。其三，"中国商人不甚解葡萄牙语，如何能用此种语言与之交谈国事"。② 卜氏所述隐情到18世纪其实也没有什么改变。身体不健、自负心强、不通西语，这是阻止国人远赴欧洲的三大障碍。

17、18世纪中国人赴欧洲者多为跟随西方传教士的中国教徒，见诸史载者有：顺治七年(1650)随卫匡国赴罗马的郑玛诺，他在罗马加入耶稣会，并晋升司铎，成为耶稣会华人晋司铎第一人。1671年返华，随闵明我、恩理格入京。1673年殁于北京。③ 康熙二十年(1681)随柏应理乘荷兰商船前往欧洲的沈弥格(又名沈福宗)，他于1694年随纪理安返回中国，死于中途。④ 康熙四十六年(1707)随传教士艾逊爵赴意大利的中国教徒樊守义，他在欧洲待了十余年，1720年回到中国。⑤ 樊守义的旅欧见闻详载于其《身见录》一文，是为国人最早的大西洋游记，文中对所见意大利诸地称赞备至。⑥ 康熙六十一年(1722)另一名中国教徒胡若望随耶稣会士傅圣泽踏上了赴法国的旅程，他在法国闲居了三年后，1726年回到

---

① 张星烺：《欧化东渐史》，北京：商务印书馆，2000年，第41页。
② 〔法〕沙不烈撰，冯承钧译：《明末奉使罗马教廷耶稣会士卜弥格传》，上海：上海古籍出版社，2014年，第82、84页。
③ 参见〔法〕费赖之著，冯承钧译：《在华耶稣会士列传及书目》上册，北京：中华书局，1995年，第380页。
④ 同上书，第313、480页。
⑤ 参见〔法〕费赖之著，冯承钧译：《在华耶稣会士列传及书目》下册，第680—683页。据载，1720年"守义抵华后，康熙皇帝欲知艾逊爵神甫消息，召守义赴京，垂询一切。嗣后守义在京，终其余年，曾传教近畿、山东一带"。1753年2月28日殁于京师，终年七十一岁。
⑥ 此文为阎宗临先生在罗马图书馆拍摄携回，载1941年桂林《扫荡报·文史地副刊》第52—53期。《山西师范学院学报》1959年2月号复刊。收入阎宗临《中西交通史》，桂林：广西师范大学出版社，2007年，第187—198页。

广州。① 雍正二年(1724)意大利传教士马国贤带领五名中国人(其中有四人知名:殷若望、顾若望(一作谷文耀)、吴露爵、王雅敬)从广州乘船前往英国伦敦,经伦敦再返回罗马②,1732 年马国贤经过多方努力,终于在那不勒斯建立了一座中国学院,并收留了殷若望、顾若望两名中国学生,这座中国学院称得上是欧洲最早专门培养中国人的教学和研究机构。1793 年英国马戛尔尼使团启程赴华访问时,即从该学院延请了两个中国学生随船翻译。③ 乾隆五年(1740)法国耶稣会士吴君自澳门回国时,率中国青年康斐理、刘保禄、蓝方济、曹貌禄、陶□五人前往,这五名中国学子到达巴黎后,进入路易大王学院学习,这是中国人留学法国之始。吴君后来拟增加求学人数,遭会督赫苍璧反对,耶稣会会长亦禁止中国学子赴法。沙如玉接任赫苍璧会督一职后(1745—1747),于 1746 年 11 月 16 日自北京致信法国耶稣会会长,"言及中国与澳门未能养成中国青年,拟遣赴法国学习,请求自法国或附近教区遣派新人来华"。④ 纽若翰担任会督期间(1747—1752),于 1751 年 12 月 20 日自澳门致耶稣会会长信札,"请会长允许再派中国青年赴法研究修养"。⑤ "自是以后,迄于耶稣会之废止,中国学子就学巴黎或拉弗累舍者时有之。"⑥乾隆十六年(1751),北京青年杨德望、高类思得法国耶稣会士蒋友仁之助,由卜纳爵(Ignatius Barborier)携带,前往法国拉弗累舍留学,1759 年加入耶稣会,随后又在路易大王学院学习神学。1765 年回国,1766 年回到北京任事。⑦ 不过,

---

① 有关胡若望的欧洲之旅,参见 Jonathan D. Spence. *The Question of Hu*. New York: Knopf, 1988. 中译本有〔美〕史景迁著,吕玉新译:《胡若望的困惑之旅:18 世纪中国天主教徒法国蒙难记》,上海:上海远东出版社,2006 年。

② 参见方豪:《中国天主教人物传》,北京:宗教文化出版社,2007 年,第 464 页。

③ 参见〔意〕马国贤著,李天纲译:《清廷十三年——马国贤在华回忆录》,《导言》,上海:上海古籍出版社,2004 年,第 30—32 页。有关那不勒斯中国学院的情形,参见 Karl Josef Rivinius. *Das Collegium Sinicum zu Neapel und seine Umwandlung in ein Orientalisches Institut. Ein Beitrag zu seiner Geschichte*(《那布勒斯的中国司铎书院及欧洲早期东方学机构》). Nettetal: Steyler Verlag, 2004. 承蒙雷立柏先生惠赠该书中译本电子版,在此谨致谢意。

④ 〔法〕费赖之著,冯承钧译:《在华耶稣会士列传及书目》下册,第 745 页。又参见方豪:《中国天主教史人物传》,第 464—465 页。

⑤ 〔法〕费赖之著,冯承钧译:《在华耶稣会士列传及书目》下册,第 753 页。

⑥ 同上书,第 760 页。

⑦ 同上书,第 970—975 页。方豪:《中国天主教史人物传》,第 567—568 页。

"宗教家皆主静修,独善其身。不愿多与外界交游,不注意政治学术。故鸦片战争前,由中国往欧洲留学宗教者,虽代不乏人,而求其有影响于中国文化则甚微也"。① 此外,还有一些国人随外国商船漂洋过海,远赴欧洲。如乾隆四十七年(1782)广东人谢清高乘坐外国商船游历亚、非、欧、美洲诸地,漂泊达十四年之久,他应是第一位环游世界的中国人,他的出洋事迹和见闻经杨炳南笔录,详记于《海录》一书。② 西学虽经欧洲传教士传播,进入了士人的视野,但大家普遍都轻视西学。③ 一般士人囿于儒家"父母在,不远游"的信条和执迷于科举制试,根本没有远赴欧洲游历的兴趣,因而也就缺乏切身体验的"西方经验"。士大夫对欧洲所知甚为贫乏,他们只是从传教士撰写的一些介绍性小册子(如艾儒略的《职方外纪》,南怀仁的《坤舆图说》,利类思、安文思、南怀仁等撰《西方要记》之类)获取遥远的西方地理知识。中国着实可怜的西学与西方蔚为大观的汉学对比相形见绌,反映了当时中西互相认识的深刻裂缝和极大差距。

上述各种危机,当然不能为清廷当政者所看清。限于维护自身统治的需要,清廷的目光紧盯在内部危机,他们像一支救火的消防队,疲于奔命,应付扑灭各地起义和叛乱的烈火。对于世界形势正在发生的革命性变化竟懵然无知。过去,人们总结中国未能成功地向近代社会自我转型的历史原因时,有一种普遍的价值默认,即将中国传统的政治制度(包括君主专制、中央集权、科举制度)与现代化对立起来,视之为中国迈向早期现代化的主要障碍,这成为铸造革命的逻辑出发点和主要理由。但西方国家的早期现代化历史却不能证明这一点。从近代英国、德国、俄罗斯、日本的例子来看,君主制或君主立宪制保留了相当长一段时间,传统政治制度和政治传统完全有可能在一定程度上转化成为现代化的正能量,并不一定只有负面作用,至少在近代的早期是如此。世界上大部分近代民

---

① 张星烺:《欧化东渐史》,北京:商务印书馆,2000年,第41页。有关近代以前中国人留学欧洲情形,详见方豪:《同治前欧洲留学史略》一文,收入氏著《方豪六十自定稿》上册,台北:学生书局,1969年,第379—402页。

② 参见谢清高口述,杨炳南笔录,冯承钧注释:《海录》,北京:中华书局,1955年。(清)谢清高口述,杨炳南笔录,安京校释:《海录校释》,北京:商务印书馆,2002年。

③ 如《钦定四库全书总目》介绍《西方要记》时称:该书"专记西洋国土、人物、土产及海程远近。大抵意在夸大其教,故语多粉饰失实"。参见《四库全书》研究所整理:《钦定四库全书总目》(整理本)上册,北京:中华书局,1997年,第1055页。

族国家都不同程度地利用了传统的政治资源,或在相当长的时间尽量保护自身传统的政治遗产。只有美国由于是一个天生的新大陆国家,缺乏自身的政治传统,才产生一种崭新的政治建构。如果在经济领域,人们认可中国出现了资本主义萌芽,甚至出现了早期的工业化,在文化思想领域有着丰厚的历史遗产应当继承,那么,在政治领域就不免发生疑问:中国传统的政治制度或政治传统,是否就没有转化为现代化助力资源的可能?民国的创建者孙中山先生在设计近代国家制度时,曾发掘中国传统的政治资源,特别留意继承传统的监察制度和考试制度,将西方的三权分立扩大到五权宪法。作为自由主义者的胡适论及"民主中国的历史基础"这个问题时,也特别指出"一个彻底民主化的社会结构""两千年客观的、竞争性的官吏考试甄选制度""政府创立其自身'反对面'的制度和监察制度"这些历史因素"可以解释辛亥革命,君主制的推翻,共和政府形式的确立,以及最近三十年与今后宪法的发展"。① 孙、胡的认识,表现出并不排斥利用传统政治资源的可能。在一个革命话语占主流的年代,强调维护传统政治资源,会成为保守的代名;而彻底的推翻则可赢得革命的美名。孙、胡的努力表现出某种折中的倾向。最后,我想以约翰·巴罗的一段话作为本书的结语,这段话如实地反映了18世纪末西人对中国政治文化的感受,它也许某种程度上折射了传统政治文化的伟大与局限:

> 如乔治·斯当东爵士所说:"这里出现一个罕见的宏伟景观:在人类的这个泱泱大国,人们都愿意结合在一个伟大的政治实体中,全国都安静地服从一个大帝王,而他们的法律、风俗、乃至他们的语言始终没有变化。在这些方面他们和其他的人类没有丝毫相同之处。他们既不想跟世上其他地方交往,也不企图去占领。"这个如实的观察,中国是一个有力的例证,和权力相比较,人类更容易受传统观念的统治。②

---

① Hu Shih. Historical Foundation for a Democratic China, In: *Edmund J. James Lectures on Government: Second Series*. Urbana:University of Illinois Press, 1941. pp. 53—64.

② John Barrow. *Travels in China*. London: T. Cadell and W. Davies, 1984. pp. 486—487. 中译文参见〔英〕乔治·马戛尔尼、〔英〕约翰·巴罗著,何高济、何毓宁译:《马戛尔尼使华观感》,北京:商务印书馆,2013年,第461页。

附录一

16—18世纪来京西方耶稣会士一览表①

汉名	原名	生卒	国籍	在京时间	在京活动、事迹	备注
利玛窦	P. Matthieu Ricci	1552—1610	意大利	1598、1601—1610	在北京传教，并广泛结交士人，传播西方历算、舆地等知识，遗著《利玛窦中国札记》（意大利文）。	《列传》9
郭居静	P. Lazare Cattaneo	1560—1640	意大利	1598	偕利玛窦共同入京。	《列传》15

---

① 在制作本表时，参考了下述四书所载列传内容：〔法〕费赖之著，冯承钧译《在华耶稣会士列传及书目》（上、下册），北京：中华书局，1995年，表中备注简称《列传》；〔法〕荣振华著，耿昇译《在华耶稣会士列传及书目补编》（上、下册），北京：中华书局，1995年，表中备注简称《补编》；〔法〕费赖之著，梅乘骐、梅乘骏译《明清间在华耶稣会士列传（1552—1773）》，上海：天主教上海教区光启社，1997年；方豪著《中国天主教史人物传》，北京：中华书局，1988年。

续表

汉名	原名	生卒	国籍	在京时间	在京活动、事迹	备注
龙华民	P. Nicolas Longobardi	1559—1654	意大利	1609—1616、1620—1654	继利玛窦后任中国教区区长。在北京及周围地区传教。1629年参与朝廷修历。	《列传》17
庞迪我	P. Didace de Pantoja	1571—1618	西班牙	1601—1616	偕利玛窦一起赴京,为利氏助手,参与朝廷修历,确定广州至北京各城市纬度,1616年因南京教案被驱逐出京。	《列传》19
李玛诺	P. Emmanuel Diaz	1559—1639	葡萄牙	1604	偕倪雅谷赴北京视察,与利玛窦在京共事两月。	《列传》20
费奇观	P. Gaspard Ferreira	1571—1649	葡萄牙	1604—1610	监会铎范礼安派其赴京,被利玛窦委任培训初学修士,在京郊传教六年。	《列传》21
熊三拔	P. Sabbathin de Ursis	1575—1620	意大利	1606—1616	参与朝廷修历,制造各种水力机械,得到万历皇帝欣赏。1616年因南京教案被驱逐出京。	《列传》30

续表

汉名	原名	生卒	国籍	在京时间	在京活动、事迹	备注
阳玛诺	P. Emmanuel Diaz	1574—1659	葡萄牙	1621—1626	1621年被召至北京，获准传教。1623年任中国教区副省会长。自此中国副省区从日本教区划出独立。	《列传》31
金尼阁	P. Nicolas Trigault	1577—1628	比利时	1611	1611年赴京向长上汇报传教区情况，获《利玛窦中国札记》手稿。	《列传》32
艾儒略	P. Jules Aleni	1582—1649	意大利	1613	被派往北京，随后偕徐光启去上海。	《列传》39
毕方济	P. François Sambiasi	1582—1649	意大利	1613—1616	1613年被召入京，1616年因南京教案被驱逐。	《列传》40
傅汎济（际）	P. François Furtado ou Heurtado	1587—1653	葡萄牙	约1634—1651年之间	1634年被任命为副省会长，巡历各地教区。1641年中国教区被分为南、北两区，北部由傅汎济负责，管	《列传》45

续表

汉名	原名	生卒	国籍	在京时间	在京活动、事迹	备注
					辖北京、山西、山东、陕西、河南、四川。	
邓玉函	P. Jean Terrenz ou Terentio	1576—1630	瑞士	1621—1630	1629年参与朝廷修历，并制造天文仪器。	《列传》46
汤若望	P. Jean Adam Schall von Bell	1591—1666	德意志	1630—1666	1630年应召入京修历，1636年帮助明朝铸炮。1645年顺治帝命其为钦天监监正，颇得顺治帝信任，1665年因教案被拘禁。	《列传》49
罗雅谷	P. Jacques Rho	1593—1638	意大利	1630—1638	1630年为修历应召入京，在京编写历书，制造天文仪器。	《列传》55
瞿洗（西）满	P. Simon da Cunha	1590—1660	葡萄牙	1659	一度任省区副省会长。1659年进京，获顺治帝允准，凡精通历算的教士，皆可晋京上朝供职。	《列传》63

续表

汉名	原名	生卒	国籍	在京时间	在京活动、事迹	备注
聂伯多	P. Pierre Canevari	1594—1675	意大利	1665—1666	因教案解送北京。	《列传》64
方德望	P. Etienne Faber 或 Le Fèvre	1598—1659	法国	1641—1647	协助汤若望在京传教。	《列传》65
金弥格	P. Michel Trigault	1602—1667	法国	1665—1666	因教案解送北京。	《列传》70
陆若汉	P. Jean Rodriguez	1561—1634	葡萄牙	1630—1632	1630年随勤王的明军进入北京。1632年朝廷褒词中第一次称他作"耶稣会士",而不称"西洋学者"。	《列传》71
郭纳爵	P. Ignace da Costa	1599—1666	葡萄牙	1665—1666	因教案解送北京。	《列传》75
何大化	P. Antoine de Gouvea	1592—1677	葡萄牙	1665—1666	因教案解送北京。	《列传》78
潘国光	P. François Brancati	1607—1671	意大利	1665—1666	因教案解送北京。	《列传》79
利类思	P. Louis Buglio	1606—1682	意大利	1648—1682	1648年被清军押解北京。1655年创建圣若瑟教堂(东堂)。	《列传》80
万密克	P. Michel Walta	1606—1643	德意志	1640年前后	到过北京,事迹不详。	《列传》84、《补编》898

续表

汉名	原名	生卒	国籍	在京时间	在京活动、事迹	备注
李方西	P. Jean-François Ronusi de Ferrariis	1608—1671	意大利	1665—1666	因教案解送北京。	《列传》87
安文思	P. Gabriel de Magalhaens	1609—1677	葡萄牙	1648—1677	1648年被清军押解北京。1655年创建圣若瑟教堂(东堂),遗著《中国新史》。	《列传》88
卫匡国	P. Martin Martini	1614—1661	意大利	约1657—1658	顺治帝批准卫匡国及其随从晋京觐见。在京短暂停留。	《列传》90
穆尼阁(各)	P. Jean-Nicolas Smogolenski	1611—1656	波兰	1653—?	奉召来京,顺治帝批准他在各地传教。	《列传》91
张玛诺	P. Emmanuel Jorge	1621—1677	葡萄牙	1665—1666	因教案解送北京。	《列传》94
成际理	P. Félicien Pacheco	1622—1686	葡萄牙	1665—1666	因教案解送北京。	《列传》95
汪儒望	P. Jean Valat	1599—1696	法国	1665—1666	因教案解送北京。	《列传》96
洪度贞	P. Humbert Augery	1616—1673	法国	1665—1666	因教案解送北京。	《列传》101

续表

汉名	原名	生卒	国籍	在京时间	在京活动、事迹	备注
刘迪我	P. Jacques Le Favre	1610—1676	法国	1665—1666	因教案解送北京。	《列传》102
聂仲迁	P. Adrien Greslon	1614—1695	法国	1665—1666	因教案解送北京。	《列传》104
穆格我	P. Claude Motel	1619—1671	法国	1665—1666	因教案解送北京。	《列传》107
穆迪我	P. Jacques Motel	1618—1692	法国	1665—1666	因教案解送北京。	《列传》108
柏应理	P. Philippe Couplet	1624—1692	比利时	1665—1666	因教案解送北京。	《列传》114
苏纳	P. Bernard Diestel	1619—1660	德意志	约1659—1660年之间	应召进京，在宫廷从事历算工作，因不适北京气候，获准去山东。	《列传》115
吴尔铎	P. Albert d'Orville	1622—1662	比利时	1659年以后	应召进京，与白乃心获得允准，领取护照赴印度。	《列传》116
毕嘉	P. Jean-Dominique Gabiani	1623—1696	法国	1665—1666、1690—1693	因教案解送北京。1690年受托进京送气压表，康熙留其住京三年之久，倍受恩遇。	《列传》118

续表

汉名	原名	生卒	国籍	在京时间	在京活动、事迹	备注
白乃心	P. Jean Grueber	1623—1680	奥地利	约1659—1661年之间	应召进京,住了两年。1661年到西安与吴尔铎会合,开始其打通亚欧大陆交通线的行程。	《列传》119
殷铎泽	P. Prosper Intorcetta	1625—1696	意大利	1665—1666	因教案解送北京。留有对1665年北京大地震的详细记载。	《列传》120
陆安德	P. André-Jean Lubelli	1610—1683	意大利	1665—1666	因教案解送北京。	《列传》121
鲁日满	P. François de Rougemont	1624—1676	比利时	1665—1666	因教案解送北京。	《列传》122
瞿笃德	P. Stanislas Torrente	1616—1681	意大利	1665—1666	因教案解送北京。	《列传》123
南怀仁	P. Ferdinand Verbiest	1623—1688	比利时	1660—1688	应召进京,协助汤若望在钦天监从事历算工作。1665年因教案被拘。1669年康熙平反教案,释放南怀仁,续任钦天监监正,颇受康熙重视。	《列传》124

续表

汉名	原名	生卒	国籍	在京时间	在京活动、事迹	备注
恩理格	P. Christian Herdtricht	1624—1684	奥地利	1673—1675	因通晓历法应召进京，后因身体不适北京气候，并不能传教，获准离开。	《列传》126
闵明我	P. Philippe-Marie Grimaldi	1639—1712	意大利	1673—1686、1694—1712	因通晓历法进京，擅长制作天文仪器、机械装置。1683、1685年两次随驾出巡东北。1686年康熙特命出使俄国。1694年回到北京，1695年任副省会长，1700年任北京住院院长，1702—1707年任中国、日本省区视察员。	《列传》135
皮方济	P. François Pimentel	?—1675	葡萄牙	1670	随葡萄牙遣使玛讷撒尔达聂赴京，受到康熙的接见。	《列传》135附
徐日昇	P. Thomas Pereira	1645—1708	葡萄牙	1673—1708	因音乐才能应召进京，颇受康熙喜爱，多次随驾出巡，1688年在中俄尼布	《列传》142

续表

汉名	原名	生卒	国籍	在京时间	在京活动、事迹	备注
					楚谈判中任翻译。1691年任教区监会铎，1706年任副省区会长。	
李西满	P. Simon Rodrigues	1645—1704	葡萄牙	约1679—1682年之间	被召进京，任职钦天监。	《列传》144
罗历山	Mgr. Alexandre Ciceri	1637—1704	意大利	1692—1696	1692年康熙着苏霖带领罗历山、李国正进京，受到康熙接见。1696年因教廷任命他为南京教区主教，遂离京。	《列传》152
孟由义	P. Emmanuel Mendes	1656—1743	葡萄牙	1685—1688年间、1707	在京曾从南怀仁学，从事传教。1707年在京领取钤印信票。	《列传》159
马玛诺	P. Emmanuel Rodrigues	1631—？	葡萄牙	1694	到过北京，事迹不详。	《列传》160
苏霖	P. Joseph Suarez	1656—1736	葡萄牙	1688—1736	应召进京，在京48年。1692—1697年任北京	《列传》161

续表

汉名	原名	生卒	国籍	在京时间	在京活动、事迹	备注
					住院院长,1711年任副省会长。从1719年起,苏霖劝化了苏奴亲王及其家属。	
安多	P. Antoine Thomas	1644—1709	比利时	1685—1709	应召进京,任钦天监监副,向康熙讲授数学与科学仪器知识。1692年任北京耶稣会会长,1703年任副省会长。曾多次随驾巡视,参加《皇舆全览图》测绘工作。	《列传》163
洪若翰	P. Jean de Fontaney	1643—1710	法国	1688、1692—1699、1701—1702	1688年应召进京,觐见康熙帝后获准前往南京传教。1692年进京,因献"金鸡纳霜"治愈康熙疟疾,获赐住宅一所。	《列传》170
白晋	P. Joachim Bouvet	1656—1730	法国	1688—1693、1699—1730	1688年应召进京,留在宫中服务,向康熙讲解几何学,颇受康	《列传》171

续表

汉名	原名	生卒	国籍	在京时间	在京活动、事迹	备注
					熙青睐。1693年作为康熙特使返回欧洲，携带礼品和大批书籍。1699年重回北京。其著《康熙皇帝》在欧洲广为人知。	
李明	P. Louis Le Comte	1655—1728	法国	1688	1688年应召进京，觐见康熙帝后获准前往山西传教。	《列传》172
张诚	P. Jean-François Gerbillon	1654—1707	法国	1688—1707	1688年应召进京，留在宫中服务。1689年在中俄尼布楚谈判中任翻译，多次随驾出巡，为康熙讲授几何学，颇受康熙喜爱。1700年请求康熙赐地兴建教堂，1703年北堂落成。	《列传》173
刘应	Mgr. Claude de Visdelou	1656—1737	法国	1688、1692—1693	1688年应召进京，觐见康熙帝后获准前往山西传教。1692年	《列传》174

续表

汉名	原名	生卒	国籍	在京时间	在京活动、事迹	备注
					与洪若翰回京,负责培训新教友。	
王石汗(王以仁)	P. Pierre Van Hamme	1651—1727	比利时	1700—1702、1706、1720—1727	在北京传教,任住院院长。1706年在京传教,领取铃印信票。1725年任中国教区会长。	《列传》179、《补编》865
郭天爵	P. François Simois	1650—1694	葡萄牙	1692—1694	在北京传教,事迹不详。	《列传》180
卢依道	P. Isidore Lucci	1671—1719	意大利	1692—1694	应召进京,随康熙帝第九皇子作鞑靼之行。	《列传》183
李国正	P. Emmanuel Ozorio	1663—1710	葡萄牙	1692—?	1692年与罗历山一起进京,受到康熙盛情接见。曾任北京住院院长。	《列传》185
樊西元(方西满)	P. Jean-Joseph-Simon Bayard	1661—1725	法国	1707	在京领取铃印信票。	《列传》193
法安多	P. Antoine Faglia	1663—1706	意大利	1694	1694年随闵明我同到北京,获准到边区省份传教。	《列传》194

续表

汉名	原名	生卒	国籍	在京时间	在京活动、事迹	备注
鲁(骆)保禄	P. Jean-Paul Gozani	1647—1732	意大利	1716	在京传教,领取钤印信票。	《列传》195、《补编》383
纪理安	P. Bernard-Kilian Stumpf	1655—1720	德意志	1700—1720	颇受康熙青睐,多次随驾出巡,并授予钦天监监正。1705—1720年任中国、日本两地监会铎。	《列传》198
费约理	Fr. Christophe Fiori	1672—?	意大利	1694	画家。1694年1月末到达北京。	《列传》201、《补编》317
鲍仲义	Fr. Joseph Baudino	1657—1718	意大利	约1694—1718年之间	医生、药剂师和植物学家。多次随康熙出巡。	《列传》202
艾逊爵(艾若瑟)	P. Joseph-Antoine Provana	1662—1720	意大利	1702—1707	供职宫廷,深得康熙信任,1708年作为钦使被派往罗马。	《列传》205
林安多(言)	Mgr. Antoine de Silva(Sylva)	1654—1726	葡萄牙	1707	在京领取钤印信票。	《列传》206
金澄	P. Emmanuel Camaya	1662—1723	葡萄牙	1707	在京领取钤印信票。	《列传》207

续表

汉名	原名	生卒	国籍	在京时间	在京活动、事迹	备注
高嘉乐（高尚德）	P. Charles de Rezende	1664—1746	葡萄牙	1706、1724—1746	1706年在京领取铃印信票。1724—1746年在京任两处住院院长、副省会长。并任职钦天监。	《列传》213
杨若翰	P. Jean de Saa	1672—1731	葡萄牙	1707	在京领取铃印信票。	《列传》214
龙安国	P. Antoine de Barros	1664—1708	葡萄牙	1701—1706	应召进京，因康熙派他出使罗马，离开北京。	《列传》218
毕登庸	P. Antoine de Costa	1666—1747	葡萄牙	1708	在京领取铃印信票。	《列传》219
庞嘉宾	P. Gaspard Kastner	1665—1709	德意志	1707—1709	任钦天监监正（1707—1709）。	《列传》220
利国安	P. Jean Laureati	1666—1727	意大利	1718—1721	任中国、日本两地监会铎（1720），因宣誓忠于教皇有关礼仪问题的决定，被康熙拘禁。	《列传》221
何多敏	Fr. Jean-Dominique Paramino	1661—1713	意大利	约1699—1713年之间	康熙出巡的随行医务人员。	《列传》224

续表

汉名	原名	生卒	国籍	在京时间	在京活动、事迹	备注
艾斯玎	P. Augustin Barelli	1656—1711	意大利	1707	在京领取铃印信票。	《列传》226
卜纳爵（卜嘉年、卜嘉）	P. Gabriel Baborier (Gabriel-Ignace)	1663—1727	法国	1707	在京领取铃印信票。	《列传》228、《补编》63
瞿敬臣	P. Charles Dolzé	1663—1701	法国	约1699—1701年之间	在鞑靼（蒙古）地区传教，葬于北京。	《列传》230
孟正气	P. Jean Domenge	1666—1735	法国	1703—1712	到过北京，事迹不详。	《列传》231
巴多明	P. Dominique Parrenin	1665—1741	法国	1699—1741	历任康熙、雍正、乾隆三朝翻译。	《列传》233
南光国	P. Louis Pernon	1663—1702	法国	1699—1702	事迹不详，卒于北京。	《列传》234
马若瑟	P. Joseph-Henry-Marie de Prémare	1666—1735	法国	1714—1716	应召进京，与白晋一起工作。	《列传》235
雷孝思	P. Jean-Baptiste Régis	1663—1738	法国	约1698—1738年之间	精于数学、天文，参加《皇舆全览图》测绘工作。	《列传》236

续表

汉名	原名	生卒	国籍	在京时间	在京活动、事迹	备注
卫嘉禄	Fr. Charles de Belleville	1656—1700年以后（不详）	法国	约1701	精于雕塑、建筑，设计并指导北京住院的建筑工作。	《列传》237
马安能	P. Dominique de Magalhaens	1670—1721	葡萄牙	1707	在京领取铃印信票。	《列传》239
薄贤士	P. Antoine de Beauvollier	1656—1708	法国	1700—1706	受康熙之命，与龙安国出使罗马，遂离开北京。	《列传》241
殷弘绪	P. François-Xavier d'Entrecolles	1662—1741	法国	1720、1722—1741	在京传教，担任法籍神父住院院长。	《列传》242
傅圣泽	Mgr. Jean-François Foucquet	1663—1739	法国	1710—1720	从事传教和天文研究工作。	《列传》243
宋若翰（傅圣铎）	P. Jean-François Pélisson	1657—?	法国	1736—1737	在北京居住。	《列传》244、《补编》614
罗德先	Fr. Bernard Rhodes	1645—1715	法国	1700—1715	康熙随从医生，尤长于外科。	《列传》245
聂若望	P. Jean Duarte	1671—?	葡萄牙	1707	在京领取铃印信票。	《列传》247

续表

汉名	原名	生卒	国籍	在京时间	在京活动、事迹	备注
穆敬远	P. Jean Mourao	1681—1726	葡萄牙	1712、1721、1723	1712年被康熙遣使经俄罗斯赴罗马，旅行中断。1721年陪康熙前往热河，患病后回澳门治疗。1723年回到北京，被雍正发配到西宁。	《列传》248
郭中传	P. Jean-Alexis de Gollet	1666—1741	法国	1707	在京领取铃印信票。	《列传》250、《补编》368
樊继训	Fr. Pierre Frapperie	1664—1703	法国	1700—1703	名医和药剂师，在宫廷行医。	《列传》251
方记金（方全纪）	P. Jérôme Franchi	1667—1718	意大利	1707	被召赴朝廷供职，婉辞。	《列传》253
沙守信	P. Émeric de Chavagnac	1670—1717	法国	1707	在京领取铃印信票。	《列传》254
龚当信	P. Cyr Contancin	1670—1733	法国	1711—1719	任法籍神父住院院长。	《列传》256
顾铎泽	P. Etienne-Joseph Le Couteulx	1667—1731	法国	1707	在京领取铃印信票。	《列传》257
戈维里	P. Pierre de Goville	1668—1758	法国	1719	去过北京一次。	《列传》258

续表

汉名	原名	生卒	国籍	在京时间	在京活动、事迹	备注
赫仓壁	P. Julien-Placide Hervieu	1671—1746	法国	1707	在京领取铃印信票。	《列传》259
杜德美	P. Pierre Jartoux	1668—1720	法国	1701—1720	长于数学、机械学,参加《皇舆全览图》测绘工作。	《列传》260
隆盛	P. Guillaume Melon	1663—1706	法国	1707	进京觐见康熙,领旨去无锡。	《列传》261
聂若翰	P. François-Jean Noëlas	1669—1724年以后	法国	1707	在京领取铃印信票。	《列传》262
汤尚贤	P. Pierre-Vincent du Tartre	1669—1724	法国	1710—1724	长于数学,参加《皇舆全览图》测绘工作。	《列传》264
陆伯嘉	Fr. Jacques Brocard	1661—1718	法国	1701—1718	供职朝廷,任机械师。	《列传》265
彭加德（彭觉世）	P. Claude Jacquemin	1669—1735年以后	法国	1707	在京领取铃印信票。	《列传》268、《补编》417
冯秉正	P. Joseph-François-Marie-Anne de Moyriac de Mailla	1669—1748	法国	1710—1748	参加《皇舆全览图》测绘工作,撰写《中国通史法译本》。	《列传》269

续表

汉名	原名	生卒	国籍	在京时间	在京活动、事迹	备注
庞克修	P. Jean Testard	1663—1718	法国	1707	在京领取铃印信票。	《列传》270、《补编》840
习展(屏)	P. Marc Silveiro	1675—1738（之后）	葡萄牙	时间不详	来过北京,任葡籍会士住院院长。	《列传》272
德其善	P. Emmanuel Telles	1676—1715	葡萄牙	1707	在京领取铃印信票。	《列传》273
费隐	P. Xavier-Ehrenbert Fridelli	1673—1743	奥地利	1710—1743	参加《皇舆全览图》测绘工作,任北京葡籍神父住院院长6年。	《列传》274
张安多	P. Antoine de Magalhaens	1677—1735	葡萄牙	1716—1721 1726—1735	任葡萄牙住院财务员,颇受康熙器重,1721年被委任钦使,出访葡萄牙,陪送嘉乐返欧。1726年返京,葡使麦德乐和9名教士随其同来。	《列传》275
穆若瑟 穆代来(赉)	P. Joseph Simoens	1676—1750年以后	葡萄牙	1707	在京领取铃印信票。	《列传》276

续表

汉名	原名	生卒	国籍	在京时间	在京活动、事迹	备注
德玛诺	P. Romain Hinderer	1669—1744	法国	约1708—1718年之间	参加《皇舆全览图》测绘工作。	《列传》277
石可圣	P. Léopold Liebstein	1665—1711	波希米亚	1707—1711	长于音乐，深受康熙及王爷们的喜爱。	《列传》278
林济各	Fr. François-Louis Stadlin	1658—1740	瑞士	1707—1740	钟表技师。供职朝廷，深得康熙喜爱。	《列传》280
白维翰（台维翰）	P. Bakowski Jeam Baptista Chrzciciel	1672—1731	波兰	1708	在京领取钤印信票。	《列传》281、《补编》66
孔禄食（公类思）	P. Louis Gonzaga	1673—1718	意大利	1708、1716—1717	1708年12月8日在北京发愿，康熙御前历算家。1716年9月28日由于健康原因前往北京。	《列传》282、《补编》376
随弥嘉	Fr. Michel Viera	1681—1761	葡萄牙	1707—？	任宫廷药剂师。	《列传》283
麦大成	P. Jean-François Cardoso	1676—1723	葡萄牙	1711—1723	作为葡王特使来京，参加《皇舆全览图》测绘工作。	《列传》284

续表

汉名	原名	生卒	国籍	在京时间	在京活动、事迹	备注
阳秉义	P. François Thilisch	1667—1716	波希米亚	1711—1716	长于数学，供职朝廷，康熙出巡鞑靼时，常侍从左右。	《列传》285
夏德修	P. Jean-Xavier-Armand. Nyel	1670—1727年以后	法国	1712	来过北京。	《列传》288
郎世宁	Fr. Joseph Castiglione	1688—1766	意大利	1715—1766	擅长美术，供职朝廷，深得乾隆喜爱，留下画作多幅，是最著名的宫廷画家。	《列传》293
罗怀忠	Fr. Jean-Joseph da Costa	1679—1747	意大利	1716—1747	专攻药物学和外科技术，供职宫廷。	《列传》294
喜大教（倪天爵）	P. Nicolas Giampriamo	？—1750	意大利	约1716—1721之间	以历算家身份供职朝廷，1721年康熙委任他为特使随俄罗斯使团赴罗马。	《列传》296
戴进贤	P. Ignace Kögler	1680—1746	德意志	1717—1746	才学超群，任钦天监监正达29年。历任住院院长、教区监会铎、副省区省会长。1731年乾	《列传》297

续表

汉名	原名	生卒	国籍	在京时间	在京活动、事迹	备注
					隆授予其礼部侍郎、赏二品项戴。	
李国成	P. Cajétan Lopes	1690—1736	葡萄牙	1726—1727	作为麦德乐使团的翻译来京，后以历算家身份留京工作。	《列传》298
徐懋德	P. André Pereira	1690—1743	葡萄牙	1724—1743	长于天文和数学，任钦天监监副。并任耶稣会副省区省会长(1732—1738)。	《列传》299
严嘉乐	P. Charles Slaviczek	1678—1735	波希米亚	约1717—1735年之间	长于音乐、机械，精通数学，供职朝廷，深受喜爱。	《列传》301
米来迩（金亮）	P. Balthazar Miller	1682—1724	德意志或意大利	1720	1720年7月3日从北京发出一信。	《列传》304、《补编》553
徐茂盛	P. Jacques-Philippe Simonelli	1680—1755	意大利	1719—1721之间	以历算家身份被召入京。	《列传》305
安泰	Fr. Etienne Rousset	1689—1758	法国	1719—1758	为御医和药剂师，常随驾扈从。	《列传》306

续表

汉名	原名	生卒	国籍	在京时间	在京活动、事迹	备注
倪天爵	Fr. Jean-Baptiste Gravereau	1690—1757年以后	法国	1719—1722之间	画家、木刻家。因患病离京。	《列传》307
法方济各	Fr. François Folleri	1699—1766以后	意大利	1721—1728	作为工程师,被召入北京。	《列传》312
利博明	Fr. Ferdinand-Bonaventure Moggi	1684—1761	意大利	1721—1761	长于绘画、雕塑、镂刻,圣若瑟堂是其工程杰作之一。	《列传》313
宋君荣	P. Antoine Gaubil	1689—1759	法国	1723—1759	在朝廷任职,受命担任翻译,并从事天文观测。著作等身。	《列传》314
杨嘉禄	P. Charles-Jean-Baptiste Jacques	1688—1728	法国	约1723—1728之间	与宋君荣一起作为天文学传教士召进北京。	《列传》315
麦有年	P. Paul de Mesquita	1696—1729	葡萄牙	1726—1729	张安多带其赴京,在朝治历。	《列传》317
陈善策	P. Dominique Pinheiro	1688—1748	葡萄牙	1726—1748	任北京圣若瑟住院院长、两度出任副省会长。	《列传》318
索智能	Mgr. Polycarpe de Sousa	1697—1757	葡萄牙	1729—1757	1740年被任命为北京主教继任者。	《列传》320

续表

汉名	原名	生卒	国籍	在京时间	在京活动、事迹	备注
黄安多	P. Antoine-Joseph Henriques	1707—1748	葡萄牙	1726	作为葡王麦德乐使团随员进京。	《列传》322
沙如(叩)玉	P. Valentin Chalier	1697—1747	法国	1728—1747	供职宫廷。长期担任法籍会士住院院长、法籍神父传教区会长(1745—1747)。	《列传》323
孙璋	P. Alexandre de La Charme	1695—1767	法国	1728—1767	在中俄交涉中任翻译,在北京任法国传教区司库,从事天文学、翻译工作。	《列传》324
赵加彼	P. Gabriel Boussel	1699—1764	法国	1734—1750	与吴君一起进京,常住法籍会士住院。	《列传》333
吴君	P. Pierre Foureau	1700—1749	法国	1734—1749	在京体质羸弱多病,无力工作。1750年带5名中国青年返国。	《列传》334
查林格	P. Joseph Zallinger	1701—1736	德意志、(一作蒂罗尔)	1736	事迹不详,卒于北京。	《列传》343、《补编》914

续表

汉名	原名	生卒	国籍	在京时间	在京活动、事迹	备注
赵圣修	P. Louis des Roberts	1703—1760	法国	1748—1760	任法籍神父住院院长（1748—1754），收养大量弃婴。	《列传》346
任重道	P. Jacques Antonini	1701—1739	意大利	约1738—1739之间	寄宿在北京的耶稣会公学。	《列传》348
魏继晋	P. Florian Bahr	1706—1771	德意志	1739—1771	最初几年在宫廷教授音乐，后在北京周围地区传教。	《列传》349
鲍友管	P. Antoine Gogeisl	1701—1771	德意志	1738—1771	任钦天监监副（1746—1771）。	《列传》350
刘松龄	P. Augustin de Hallerstein	1703—1774	奥地利	1739—1774	擅长历算，先后任钦天监监副、监正。	《列传》351
南怀仁	Mgr. Godefroid Xavier de Laimbeckhoven	1707—1787	奥地利	时间不详	1757年开始兼作北京主教。	《列传》352
傅作霖	P. Félix da Rocha	1713—1781	葡萄牙	1739—1781	供职朝廷，从事历算。1753年任钦天监监副。	《列传》353
王致诚（巴德尼）	Fr. Jean-Denis Attiret	1702—1768	法国	1738—1768	任宫廷画师，颇得乾隆喜爱。	《列传》356

续表

汉名	原名	生卒	国籍	在京时间	在京活动、事迹	备注
杨自新	Fr. Gilles Thébault	1703—1766	法国	1738—1766	供职宫廷，精于钟表制作和机械技术。	《列传》357
汤执中	P. Pierre d'Incarville	1706—1757	法国	1741—1757	精于花卉艺术，颇得乾隆喜爱。	《列传》361
石若翰	P. Jean-Baptiste de La Boche	1704—1785	法国	1784—1785	因教案被押送北京。	《列传》362
纪文	Fr. Gabriel-Léonard de Brossard	1703—1758	法国	1739—1758	在宫廷从事玻璃工艺制作。	《列传》363
鲁仲贤	P. Jean Walter	1708—1759	波希米亚	1742—1759	擅长音乐，在宫廷负责培训青年歌唱和弹奏。	《列传》367
林德瑶	P. Jean de Seixas	1710—1785	葡萄牙	1753—1785	陪同葡使巴哲格进京，此后留京传教。	《列传》369
习（沈）若望	P. Jean Simoens	1713—1758年以后	葡萄牙	约1748年	任北京耶稣会财务员，在北京公学。	《列传》373
马德昭	P. Antoine Gomes	1705—1751	葡萄牙	1744—1751	擅长外科。任副省会长（1748—1751）。	《列传》376
蒋友仁	P. Michel Benoist	1715—1774	法国	1744—1774	擅长天文、工艺，供职朝廷，颇得乾隆喜爱。参与设计圆明园西洋楼。	《列传》377

续表

汉名	原名	生卒	国籍	在京时间	在京活动、事迹	备注
吴直方	P. Bartolomeu Azevedo	1718—1745	葡萄牙	1745	事迹不详,卒于北京。	《列传》381
艾启蒙	P. Ignace Sichelbarth	1708—1780	波希米亚	约1746—1780之间	来京后,从郎世宁学画,成为乾隆最喜爱的三画家之一,赐予三品官衔。	《列传》383
钱德明	P. Jean-Joseph-Marie Amiot	1718—1793	法国	1751—1793	知识渊博,在京编著有《中国丛刊》等著。	《列传》392
高慎思	P. Joseph d'Espinha	1722—1788	葡萄牙	1751—1788	先后任钦天监监副(1770)、监正(1781)。	《列传》396
罗启明	Fr. Emmanuel de Mattos	1725—1764	葡萄牙	1751—1764	供职朝廷。	《列传》399
张舒	P. Ignace Francisco	1725—1792	葡萄牙	1753—1792	常住北京,专门负责照料葡籍会士住院和公学。	《列传》401
索德超	P. Joseph-Bernard d'Almeida	1728—1805	葡萄牙	1759—1805	从事天文工作24年后,1783年任钦天监监正。	《列传》417
安国宁	P. André Rodrigues	1729—1796	葡萄牙	1759—1796	1775年任钦天监监副,旋任监正。兼任圣若瑟住院院长。	《列传》418

续表

汉名	原名	生卒	国籍	在京时间	在京活动、事迹	备注
韩国英	P. Pierre-Martial Cibot	1727—1780	法国	1760—1780	博学多才，文艺、科学、机械皆通，供职朝廷。是圆明园西洋楼喷泉等处的设计者。	《列传》419
方守义	P. J.-F-Marie-Dieudonné d'Ollières	1722—1780	法国	1760—1780	供职朝廷，在中俄交涉中充当翻译。	《列传》420
刘保禄（巴良）	P. Léon Baron	1738—1778年以后	法国	约1766—1771之间	与汪达洪同到京，在京住留了一段时间。	《列传》424
汪达洪	P. Jean-Mathieu de Ventavon	1733—1787	法国	1767—1787	在宫廷任钟表师、机械师。	《列传》426
晁俊秀	P. François Bourgeois	1723—1792	法国	1768—1792	任法籍神父住院院长。	《列传》430
金济时	P. Jean-Paul-Louis Collas	1735—1781	法国	1768—1781	在朝廷任历算工作，一度可能任钦天监监正。	《列传》431
严守志	P. Pierre de La Baume	1732—1770	法国	1769—1770	奉召入京。	《列传》432
梁栋材	P. Jean-Joseph de Grammont	1736—1812（前）	法国	1769—1785 1790—1812	以宫廷历算家之名奉召入京。1784年在京给高丽王子付洗。	《列传》433

续表

汉名	原名	生卒	国籍	在京时间	在京活动、事迹	备注
巴新	Fr. Louis Bazin	1712—1774	法国	1768—1774	医生,长于外科,供职宫廷。	《列传》434
齐类思	P. Louis Cipolla	生卒不详	意大利	1771—1805以后	长于玻璃器皿和车水晶的技艺,供职宫廷。	《列传》435
贺清泰	P. Louis de Poirot	1735—1814	法国	约1771—1814	长于语言,在中俄交涉中任翻译。	《列传》436
潘廷章(璋)	Fr. Joseph Panzi	1733—1812	意大利	1773—1812	长于作画,供职宫廷。	《列传》437
李俊贤	P. Hubert. de Méricourt	1729—1774	法国	1773—1774	供职宫廷,担任修理钟表和机械工作。	《列传》438
德阿瓜多	P. Ignace de Aguado	?—1735	葡萄牙	1735	事迹不详,卒于北京。	《列传》443
范大讷	P. Jean de Avendano	?—1735	葡萄牙	1735	事迹不详,卒于北京。	《列传》444
郅维铎	P. Maur de Azevedo	?—1692	葡萄牙	1692	事迹不详,卒于北京。	《列传》445
博(波)尔德	Fr. Gilbert Bordes	?—1710(之后)	法国	约1710—1711	药剂师,事迹不详。	《列传》446
塞巴斯蒂昂·德阿尔梅达	P. Sebastião de Almeida	1622—1682或1683	葡萄牙	1678	1678年1月13日曾从北京发出一信。	《补编》26

续表

汉名	原名	生卒	国籍	在京时间	在京活动、事迹	备注
贾方济	Francisco Calado	生卒不详	澳门	1735	事迹不详，卒于北京。	《补编》127
卡布里尔-莱昂·拉米	Fr. Gabriel-Léon Lamy	生卒不详	法国	1741	与汤执中一起来京，任宫廷钟表匠。	《补编》447a

附录二

鸦片战争以前北京与西方关系编年事辑[①]

元朝

1275年(至元十二年),夏,波罗一家经过千辛万苦地远途跋涉,抵达上都,晋见元世祖忽必烈。马可·波罗在中国任职十七年。

同年,聂斯脱里派教士列班·巴扫马及其弟子从北京启程,前往圣地耶路撒冷朝圣。

1289年(至元二十六年),元朝设崇福司,负责管理基督教等宗教事宜。

1294年(至元三十一年),7月教皇使节孟高维诺到达大都,受到元成宗的召见,颇为优待,准其在大都传教。

1305年(大德九年),1月8日孟高维诺从大都发出第一封信。

1306年(大德十年),2月孟高维诺从大都发出第二封信。

1307年(大德十一年),罗马教廷任命孟高维诺为汗八里教区总主教,统理中国及远东教务。并派圣方济各会传教士七人来华协助孟高维诺。

[①] 在制作本附录时,曾参考〔法〕费赖之著,梅乘骐、梅乘骏译:《明清间在华耶稣会士列传》,上海:天主教上海教区光启社,1997年;黄时鉴主编:《解说插图中西关系史年表》,杭州:浙江人民出版社,1994;顾卫民著:《中国天主教编年史》,上海:上海古籍出版社,2003年;萧致治、杨卫东编撰:《西风拂夕阳:鸦片战争前中西关系》,武汉:湖北人民出版社,2005年;蔡鸿生著:《俄罗斯馆纪事》(增订本),北京:中华书局,2006年;黄庆华著:《中葡关系史》(下册),合肥:黄山书社,2006年等著,特此说明。

1313年(皇庆二年),教廷所派圣方济各会传教士哲拉德、裴莱格林和安德鲁抵达大都,其他三人死在途中,另有一人未出发。哲拉德被派赴泉州教区担任首任主教。

1318年1月8日(延祐四年十二月初六),裴莱格林致信教廷,报告因哲拉德病逝,其已继任泉州教区主教;并告在汗八里有总主教、教友佩雷贾人安德鲁和主教、教友佛罗伦萨人彼得。

1322年(至治二年),泉州教区主教裴莱格林去世,安德鲁从大都前往泉州继任主教一职。

同年,和德里抵达大都,协助总主教孟高维诺传教。

1328年(致和元年),和德里离开大都,经陆路返回欧洲,向教廷请求多派教士来华传教。

1333年(元统元年),教皇约翰二十二世获悉孟高维诺去世的消息,派方济各会士尼古拉前往大都继任总主教一职,尼古拉随行人员有教士26人,但后来失去音信。

1342年(至正二年),教皇使节马黎诺里抵达大都,受到元顺帝的接见,呈上教皇书信,并献"天马"一匹,一时传为美谈。

1346年,马黎诺里离开大都,南下杭州、宁波,由泉州乘船返回欧洲。

1362年(至正二十二年),教廷任命马索(Thomasso)为汗八里总主教,但未到任。

明朝

1370年(洪武三年),教皇乌尔班五世任命方济各会士伯拉笃(Gughiemo del Prato)为北京总主教,率十二名教士来华,实未抵达中国。

1426年(宣德元年),教皇马丁五世任命加布阿(Giacomo da Capua)为北京总主教,实未到任。

1521年(正德十五年),1月11日(十二月初三)葡萄牙第一次遣使皮雷斯(Tomé Pires)到达北京,下榻会同馆。5月葡萄牙特使皮雷斯被请出京城,押解广州。

1598年(万历二十六年),9月7日意大利籍耶稣会士利玛窦携郭居静抵达北京,在京居留一月。

1601年(万历三十年),1月24日利玛窦与西班牙籍耶稣会士庞迪我抵达北京，并被允准在北京居留。

1602年（万历三十一年），利玛窦所译《坤舆万国全图》由李之藻在北京刊印。

1605年（万历三十三年），利玛窦在北京城南宣武门内购得一处房屋，经改建修成礼拜堂，是为北京第一座教堂——南堂的雏形。

同年，葡萄牙籍耶稣会士鄂本笃从印度经中亚、西域等地到达甘肃，成为17世纪唯一一位由陆路来华的西方传教士，利玛窦派人与到甘肃与他接洽。

1610年（万历三十八年），2月利玛窦写毕《天主教传入中国史》。5月11日利玛窦在北京去世，葬于栅栏墓地。

1611年（万历三十九年），意大利籍耶稣会士龙华民继任耶稣会中国会长。

1612年（万历四十年），意大利籍耶稣会士熊三拔所编《泰西水法》在北京刊行。

1615年（万历四十三年），葡萄牙籍耶稣会士阳玛诺所作《天问略》在北京刊印，此书首次将西洋望远镜和伽利略的天文学研究成果，如土星的光环、银河、木星有四卫星等知识介绍给中国。

1618年（万历四十六年），9月1日—9月4日俄国西伯利亚地方政府派遣伊万·佩特林使团首次出使北京，因未带国书及礼品，未能受到明神宗的接见。

1620年（万历四十八年），耶稣会士金尼阁率领汤若望、邓玉函、罗雅谷抵达澳门，随后汤若望等应召入京。

1623年（天启三年），两广总督胡应台遣游击张焘解送澳夷24人赴京听候使用，尽试其技，传西洋大铳铸炼之法及点放之术，择人教演。

1624年（天启四年），7名葡萄牙炮手抵达北京传授用炮技术。

1629年（崇祯二年），李之藻编刻了中国第一部天主教丛书——《天学初函》。

1630年（崇祯三年），5月11日瑞士籍耶稣会士邓玉函在北京去世。汤若望、罗雅谷应召进入历局修订历法。

1634年（崇祯七年），7月12日汤若望和李天经译成历书一百四十余册，编成百卷、十一部，呈献朝廷，崇祯赐名《崇祯历书》。汤若望进呈星屏、日晷、星晷、窥筒诸仪器,并出版《真福训诠》。

1639年(崇祯十二年),毕方济在北京上疏,献计四策:明历法以昭大统,办矿脉以裕军需,通西商以官海利,购西铳以资战守。

1643年(崇祯十六年),汤若望口授,焦勖笔述《火攻挈要》刊刻。

清朝(1840年以前)

1644年(顺治元年),清朝仿明制四夷馆,设四译馆,处理涉外事务。

同年,清廷准用西洋历法,由礼部任命汤若望为钦天监监正。

1650年(顺治七年),汤若望获准在北京宣武门重建天主教堂(南堂)。

1652年(顺治九年),宣武门天主教堂竣工,顺治帝赐以"钦差天道"匾额一方,礼部尚书题赠堂额。

1653年(顺治十年),顺治帝特敕汤若望为"通玄教师",缮写的木匾悬挂于天主堂内耶稣会大客厅里。

1654年(顺治十一年),意大利籍耶稣会士龙华民在北京去世。

1655年(顺治十二年),葡萄牙籍耶稣会士安文思与意大利籍会士利类思创建了北京第二座教堂——东堂(圣若瑟教堂),开始他们在北京的传教事业。

1656年(顺治十三年),3月3日至9月4日俄罗斯费·伊·巴伊科夫使团在北京访问,因礼仪之争,清廷将其礼品退还,并将使团遣送出京。

同年,6月荷兰东印度公司第一次遣使彼得·德·侯叶尔(Peter de Goyer)和雅可布·凯塞尔(Jacob Keyzer)抵京,赍表朝贡,并请贡道。被清廷准许每八年遣使一次,每次随带商船四艘。关于此行,随团成员尼霍夫(J. Nieuhof)撰有旅记《荷兰东印度公司的使团晋谒当时的中国皇帝鞑靼大汗,介绍1655—1657年使团访华期间发生的重要事情及风景地貌……并生动描述中国的城镇、乡村、官府、科学、工艺、风俗、宗教、建筑、服饰、船舶、山川、植物、动物以及与鞑靼人的战争,配有实地描绘的150幅插图》。

1660年(顺治十七年),6月9日比利时籍会士耶稣会士南怀仁从西安来到北京,参与修历。

同年,俄罗斯沙皇派遣佩菲利耶夫出使北京,因顺治皇帝拒绝接见,使团未达其目的。

1661年(顺治十八年),奥地利籍耶稣会士白乃心、比利时籍会士吴尔铎奉耶稣会总会长之命,探索一条贯通欧亚陆路直达中国的道路,他们从北京出发,至西藏拉萨,然后经印度、波斯、土耳其到达罗马。吴尔铎在途经印度亚格拉城时病逝。

同年,荷兰东印度公司第二次派专使坎彭(de J-V Campen)和诺伯尔(C. Nobel),抵达北京,觐见顺治帝。

1664年(康熙三年),9月15日杨光先上书请求诛邪教,掀起"康熙历狱",汤若望等各地25名耶稣会士、1名方济各会士、4名多明我会士被拘押在东堂。

1665年(康熙四年),4月13日北京发生地震,除汤若望、南怀仁、安文思、利类思四人留在北京外,其他被拘传教士押解广州。

1666年(康熙五年),8月15日汤若望因病在北京去世。

1667年(康熙六年),6月20日荷兰东印度公司第三次派遣专使彼得·范·侯尔恩(Pieter van Hoorn),抵京进贡,要求在海岸港口通商,未果。

1668年(康熙七年),因康熙询问西洋风土国情,利类思、安文思、南怀仁三人撰写《西方要记》进呈,供康熙御览。

同年,安文思撰成《中国十二绝》(或《中国十二优点》,现译为《中国新史》)一书,其手稿由中国教团总监柏应理带往欧洲。

1669年(康熙八年),3月南怀仁被授予钦天监监副。6月应南怀仁所请,改造观象台仪器。康熙帝为汤若望等教士平反,并召通晓历法的恩理格、闵明我进京。

1670年(康熙八年),6月俄罗斯阿勃林使团在北京访问。

同年,6月30日葡萄牙遣使玛讷撒尔达聂(de don Manuel de Saldanha)一行抵达北京,7月底入宫觐见康熙帝。8月玛讷撒尔达聂从礼部接到康熙皇帝致葡萄牙国王阿丰索六世(Alphonse Ⅵ)谕及所赠礼品,随即离京。

同年,7月—8月俄罗斯米洛瓦诺夫使团在北京访问。

1672年(康熙十一年),奥地利籍耶稣会士恩里格、意大利籍闵明我抵达北京,供职钦天监。

1673年(康熙十二年),5月26日第一任中国籍耶稣会司铎郑玛诺在北京病逝,享年38岁。郑氏青年时代随卫匡国赴罗马,1671年返回中国,与恩理格、闵明我一同入京。

1675年(康熙十四年),康熙帝访问北京天主教堂,赐书"敬天"。是年,荷兰人布特从印度经西藏拉萨,到达北京。

1676年(康熙十五年),5月15日至9月1日俄罗斯派遣尼·加·斯帕法里使团在北京访问。

同年,南怀仁接替成际理出任耶稣会中国副省会长。

1678年(康熙十七年),8月葡萄牙国王派遣使臣本多·白垒拉(Bento Pereira de Faria)来华至京。白垒拉为了实现与中国自由贸易的愿望,特别将其在非洲捕获的一头狮子辗转运到北京,献给康熙。利类思译著小册子《狮子说》在北京刊行,是为最早译成汉文的介绍狮子这类动物的西洋书籍。

1682年(康熙二十一年),2月南怀仁随康熙皇帝去盛京,作《鞑靼旅行记》记述此行。4月因南怀仁制炮精坚,加授工部右侍郎衔。

1683年(康熙二十二年),清廷将在雅克萨战役中俘获的俄罗斯战俘编入八旗中的镶黄旗第四参领第十七佐领之内,驻扎在北京城东北角东直门的胡家圈胡同。俄罗斯人在驻地设立东正教临时祈祷所,俗称罗刹庙,后名圣索菲亚教堂或圣尼古拉教堂,即俄罗斯北馆。

1685年(康熙二十四年),康熙帝遣耶稣会士闵明我出使莫斯科。

1686年(康熙二十五年),7月荷兰东印度公司遣使文森特·巴兹(Vincent Paets)抵京,入朝进贡。8月3日受到康熙接见,9月14日离开北京。清廷准许荷兰国五年一贡,贡船准由福建进贡。

1688年(康熙二十七年),1月28日南怀仁在北京去世。2月7日法国耶稣会士洪若翰、白晋、李明、张诚、刘应五人到达北京,受到康熙皇帝的接见,进呈浑天器、象显器、千里镜、量天器、天文经书等物。除白晋、张诚留在宫内服务外,其他三人被分发外省传教。

同年,葡萄牙籍耶稣会士徐日昇任耶稣会北京会院院长,任期到1691年。

1689年(康熙二十八年),6月内大臣索额图率团前往尼布楚会晤俄国使臣戈洛文伯爵,勘议边界,徐日昇、张诚随行担任翻译。7月24日中俄签订《尼布楚条约》。索额图率团回京后,康熙帝亲自召见随团翻译徐日昇、张诚,垂询会谈情形。

1690年(康熙二十九年),4月10日教皇亚历山大八世(Alexander VIII)敕令以南京、北京为正式教区,意大利籍方济各会士伊大仁任北京主教,中国籍多明我会教士罗文藻为南京教区主教。

1692年(康熙三十一年),比利时耶稣会士安多出任耶稣会北京会院院长及副省会长。

1693年(康熙三十二年),5月康熙皇帝染患疟疾,张诚、白晋进呈金鸡纳霜见效,康熙大悦,以西安门蚕池口前辅政大臣苏克萨哈旧府赐给张诚、白晋,并谕工部修葺,法国耶稣会士从此获得独立住所。他们将该住所改建为教堂——"救世堂",它是北堂(西什库教堂)的前身。

同年,11月到次年2月19日俄罗斯伊台斯使团在北京访问。清廷议准俄罗斯国贸易,人不得超过二百名,犯禁之物不准交易。到京时安置俄罗斯馆,不支廪给,定限八十日起程。

同年,康熙帝命白晋赴使欧洲,邀请更多身怀技艺的传教士来华,并赠送书籍和礼品给法国国王。

1694年(康熙三十三年),俄罗斯馆在北京设立,地处北京城中玉河桥西。

1695年(康熙三十四年),俄罗斯东正教托博尔斯克区主教正式承认北京的小教堂"罗刹庙",后称俄罗斯北馆。

1696年(康熙三十五年),罗马传信部下令划分北京、南京、澳门主教管辖区域,其中北京教区管辖直隶、山东、辽东。

1698年(康熙三十七年),俄罗斯派出国家商队抵达北京。

1699年(康熙三十八年),3月法国耶稣会士白晋返回中国,带来10名耶稣会士,康熙派苏霖、刘应赴广州迎接白晋出使归来。康熙重见白晋,颇为高兴,授予其"皇储随从翻译员"衔荣。

1700年(康熙三十九年),1月29日张诚托总管太监向皇帝转达筹建圣堂之事,获康熙帝恩准,并着令各部门供应建堂所需物资。11月30日康熙皇帝批示:敬孔祭祖纯为表示敬爱先师、先祖,不是宗教迷信。耶稣会士得康熙批示,通过四条不同路线将此信息传递到罗马。

同年,张诚出任法籍耶稣会会长(1700—1706年)。

1702年(康熙四十一年),南堂开始重建,由徐日昇主持。次年,康熙皇帝"以宣武门内天主堂规模狭隘,另给银一万两,饬令重修"。1712年重建完工,南堂成为一座欧式建筑。

1703年(康熙四十二年),12月9日举行法国耶稣会天主堂(北堂)落成庆祝典礼,盛况之影响播及全国,北堂成为东方最漂亮的教堂。

同年,俄罗斯伊守·萨瓦齐耶甫商队抵达北京,住俄罗斯馆。

1705年(康熙四十四年),12月14日教皇使节多罗一行抵达北京,住在西安门内天主堂,多罗此行主要是为解决礼仪之争问题。12月31日多罗觐见康熙皇帝。

1706年(康熙四十五年),2月27日、6月27日康熙皇帝两次召见教廷使节多罗,询及多罗来华目的,并严告西洋人如反对敬孔祭祖,则不准居留中国。12月康熙帝下令驱逐颜珰及浙江代牧何纳笃等出境,召见所有在京西人,传令领票。

同年,10月康熙帝派遣葡萄牙籍耶稣会士龙安国、法国籍耶稣会士薄贤士前往葡萄牙和罗马教廷,交涉礼仪之争问题。

1707年(康熙四十六年),3月22日张诚在北京病逝。

1708年(康熙四十七年),4月法国耶稣会士雷孝思、白晋、杜德美三人奉康熙之命,测绘万里长城位置及附近河流地貌。10月奥地利籍耶稣会士费隐与雷孝思、杜德美奉命往北直隶各地测绘,制作地图。

1710年(康熙四十九年),12月教廷所派遣使会会士德理格、山遥瞻、马国贤抵达北京。

同年,康熙谕命时在江西临江的耶稣会士傅圣泽进京襄助白晋研究翻译《易经》。

1711年(康熙五十年),2月4日康熙接见德理格、山遥瞻、马国贤,马国贤被留在宫中绘画,德理格则为乐工。

同年,耶稣会士麦大成作为葡萄牙国王特使应召抵京,所献贡物包括康熙所特别喜欢的葡萄酒。

1715年(康熙五十四年),4月30日俄罗斯派遣修士大司祭依腊离宛率领修士司祭拉夫连季、修士辅祭菲利蒙、教堂辅助人员阿法纳耶夫等一行10人抵达北京,是为第一届俄罗斯东正教驻北京传教团。

1716年(康熙五十五年),11月12、13日康熙召集在京的西洋教士,大骂德理格不遵守利玛窦的成规,无视中国的礼仪。

1717年1月2日(康熙五十五年十一月廿日),德国耶稣会士戴进贤应康熙之召,进京佐理历政。1725年(雍正三年)补授钦天监监正。

1717年(康熙五十六年),10月14日俄罗斯修士大司祭伊拉里昂在北京逝世,他被安葬在城北安定门外的墓地里,以后去世的俄罗斯人亦葬在此地,这里遂成为俄罗斯人的公墓。

1719年(康熙五十八年),康熙主持绘制的《皇舆全览图》历时三十年告成。

同年,北京主教伊大仁上书罗马传信部,报告中国教务因礼仪之争陷入困境。

1720年(康熙五十九年),7月中国天主教徒樊守义抵达北京,此前樊旅欧达十余年,著有《身见录》。

同年,11月29日俄罗斯伊兹玛依洛夫使团抵达北京俄罗斯馆,次年3月13日离京返俄,在京期间康熙召见使团十二次。

同年,12月教皇使节嘉乐抵达北京,多次受到康熙的召见。

同年,澳门议事会遣使斐拉理到达北京。

1721年(康熙六十年),清廷遣使葡萄牙籍耶稣会士张安多赴葡萄牙访问,并陪送教皇使节嘉乐返欧。

1723年(雍正元年),4月9日法国籍耶稣会士宋君荣抵达北京。

同年,遣使会士德理格在西直门内购地,建天主教堂一座,是为西堂。

1725年(雍正三年),10月22日教廷第三次遣使圣衣会士噶哒都(Gotthard Plaskowitz de St. Maria)、易德丰(Ildefonso de Nativitate)抵京。11月7日觐见雍正皇帝,递呈教皇国书。

1726年(雍正四年),11月1日俄罗斯遣使萨瓦伯爵一行抵达北京,住俄罗斯馆,与清廷进行谈判,在京停留到次年5月。

同年,根据《恰克图界约》,俄罗斯馆的另一座教堂——奉献节教堂开始动工,在普拉特科夫斯基任职期间落成。

同年,11月19日耶稣会士张安多返回北京,24日受到雍正皇帝的召见。

1727年(雍正五年),5月葡萄牙国王唐·若昂五世遣使麦德乐(Alexandre Metelo de Sousa e Menezes)抵达北京,入朝觐见雍正皇帝,贡奉礼品。

同年,法国耶稣会士冯秉正在北京刘家发现叙利亚文古钞本《景教徒必携》,当为七、八世纪遗物。

同年,11月2日中俄签订《恰克图条约》。该约第五条规定:"在京城之俄馆,嗣后仅止来京之俄人居住。俄使请造庙宇,中国办理俄事大臣等帮助于俄馆盖庙。现在住京喇嘛一人,复议补遣三人,于此庙居住,俄人照伊规矩,礼佛念经,不得阻止。"

1729年(雍正七年),清朝设立西洋馆,以法国耶稣会士巴多明主持教授满族子弟学习拉丁文。

同年,俄罗斯东正教第二届传教团团长、修士大司祭安冬尼·普拉特科夫斯基率团到达北京,以后历届传教团均以俄罗斯馆为驻地。

1730年(雍正八年),北京发生大地震,天主教南堂、北堂均受损,雍正拨款银1千两,以资修葺天主堂。6月29日法国耶稣会士白晋在北京去世。

1732年(雍正十年),在北京俄罗斯南馆建成"奉献节"东正教堂,尼古拉圣像由"罗刹庙"迁入此堂。

1735年(雍正十三年),俄罗斯传教团学生罗索欣被理藩院聘为通事,年俸40两。

1736年(乾隆元年),俄罗斯东正教第三届传教团团长、修士大司祭伊拉里昂·特鲁索夫率团到达北京。

1738年(乾隆三年),法国耶稣会士王致诚抵达北京。

1741年(乾隆六年),国子监奏准俄罗斯遣子弟入学,习满、汉书。学生衣服、饮食等项,由理藩院给发。

同年,9月28日法国耶稣会士巴多明在北京去世。巴多明1698年11月4日来华,在京四十年,精通多种语言,对传教事业影响甚巨。

1743年(乾隆八年),法国耶稣会士王致诚致信巴黎友人,详细报道圆明园美景,后又将圆明园40景图副本寄往法国,从此,圆明园的美名传遍欧洲。

1745年(乾隆十年),11月27日俄罗斯东正教第四届传教团团长、修士大司祭格尔瓦西·林妥夫斯基与随行的八等文官拉西姆·科勃拉托夫斯基所率领的商队一起抵达北京。

1746年（乾隆十一年），斯洛文尼亚籍耶稣会士刘松龄被任命为钦天监监正。

1747年（乾隆十二年），圆明园西洋楼开始建造，郎世宁、蒋友仁、王致诚等负责设计督造。

1748年（乾隆十三年），6月28日法国耶稣会士冯秉正在北京去世。冯氏1703年6月16日来华，在华四十余年，编译《中国通史》等多种著作。

1751年（乾隆十六年），葡萄牙耶稣会士高慎思与罗启明修士一起来到北京，1770年他被任命为钦天监监副，后于1781年傅作霖去世后任监正。

1753年（乾隆十八年），葡萄牙国王若泽一世派遣使节巴哲格赴华访问。使团于4月30日抵京，5月4日觐见乾隆皇帝。此前葡王若泽一世曾于1742年向乾隆皇帝赠进礼品。6月巴哲格一行离开北京。

1754年（乾隆十九年），12月25日俄罗斯东正教第五届传教团团长、修士大司祭阿姆夫罗西·尤马托夫随阿列克谢·弗拉迪金所监护的商队抵达北京。

1755年（乾隆二十年），俄罗斯派出最后一支国家商队赴京，以后改在恰克图互市。

1757年（乾隆二十二年），清廷创办内阁俄罗斯学，供八旗学生专习俄罗斯文字。聘俄罗斯习满文人员协同教授。

同年，5月26日北京主教、葡萄牙籍耶稣会士索智能在京去世。索氏1726年8月26日来华，1740年12月19日被确定为北京主教的继任者，1741年在澳门领受祝圣典礼，任北京主教16年。

1762年（乾隆二十七年），俄罗斯政府正式宣布废除毛皮专营，并终止派遣官方商队前往北京。

1763年（乾隆二十八年），4月28日俄国政府派遣的克罗波托夫使团抵达北京。为向驻京俄罗斯传教团提供资金，该团组织了一支商队前往北京，史称"最后的俄国商队"。

1766年（乾隆三十一年），中国天主教徒高类思、杨若望从法国返回北京，他们曾在法国学习、居留近十五年。

同年，7月16日法国传教士郎世宁病逝。郎氏居京五十年，擅长画艺，在康、雍、乾三朝宫廷服务，享年七十八岁。

1767年（乾隆三十二年），俄罗斯女皇叶卡德琳娜二世特派专使克罗波罗夫赴京修改旧约，新约于次年10月18日签字。

1771年（乾隆三十六年），12月俄罗斯东正教第六届传教团团长、修士大司祭尼古拉·茨维特在康斯坦丁的儿子、十四等文官瓦西里的护送下抵达北京。在京居住了九年，第十年返回俄国。

1773年（乾隆三十八年），7月21日罗马教皇克莱孟十四世宣布解散耶稣会，此消息于1775年传到北京，在京耶稣会士当时尚有17人。11月15日，在北京签署撤销耶稣会的敕令。

1775年（乾隆四十年），天主教南堂失火，教堂焚毁，乾隆帝拨银一万两重建。

1776年（乾隆四十一年），由在北京的传教士钱德明、韩国英编撰《北京传教士关于中国历史、科学、艺术、风俗、习惯之论考》（简称《中国丛刊》，*Mémoires concernant l'histoire, Les Sciences Les Arts, Les Moeurs, Les Usages, & Des Chinois: par les missionaires de Pékin*）开始在巴黎出版，到1814年共出版16册。

同年，法国国王路易十六任命晁俊秀为北京住院会长和整个法国传教区代管教区的神父。因受到阻碍，1779年11月11日改派钱德明代替他。此前，1778年萨卢斯蒂主教非法以汪达洪取代了晁俊秀。

1781年（乾隆四十六年），5月25日乾隆皇帝传谕两广总督：如遇有西洋人情愿来京，即行奏闻，遣令赴京当差，勿为阻拒。因西洋人在京者渐少，再传谕巴延三，令其留心体察，如有西洋人来粤，即行访问，奏闻送京。

同年，11月2日俄罗斯东正教第七届传教团团长、修士大司祭约阿基姆·希什科夫斯基率团到达北京。

1782年（乾隆四十七年），罗马教廷任命葡萄牙方济各会士汤士选为北京教区主教。

1785年（乾隆五十年），4月29日遣使会所派主教罗广祥、吉德明神父、辅理修士巴茂正抵达北京，接替已被解散的耶稣会。5月8日遣使会与耶稣会在北京举行交接仪式，出席交接仪式的有北京教区主教、法国耶稣会士和遣使会士。

同年,元月葡萄牙方济各会士汤士选奉旨进京,入钦天监"专理天文",居南堂兼理教务。

1793年(乾隆五十八年),8月21日英国马戛尔尼使团抵达北京,先住圆明园附近的弘雅园,8月26日搬往城内原粤海关监督穆腾额住所。9月2日,使团大部分成员随马戛尔尼勋爵离京赴热河,丁威迪、巴罗等部分成员仍留京装配所赠科学仪器。在热河,使团四次觐见乾隆皇帝。9月26日,使团回到北京。9月30日,马戛尔尼参加乾隆皇帝入京典礼。10月3日,马戛尔尼呈递他的要求的备忘录。10月5日,乾隆亲自到圆明园观看使团所赠礼品,并接见了装配仪器的英国技师。10月6日,使团接到命令准备离京。10月7日,使团收到对备忘录的答复和乾隆皇帝给英王的信件,离开北京到达通州。10月11日,使团乘船沿运河南下,结束了在北京的行程。

同年,10月8日法国耶稣会士钱德明在北京去世。钱氏1750年7月27日来华,在京四十三年,知识渊博,供职朝廷,对中西文化交流贡献巨大。

1794年(乾隆五十九年),11月27日俄罗斯东正教第八届传教团团长、修士大司祭索夫罗尼·格里鲍夫斯基率团到达北京,任期到1808年。自本届起,俄方设监护官一名。

1795年(乾隆六十年),1月9日荷兰东印度公司派遣正使德胜(Isaac Titsingh)、副使范罢览(A. E. van. Braam. van Houckgeest)抵达北京访问,在京多次受到乾隆接见,2月15日使团离开北京。有关此行,德胜、范罢览和随团法籍翻译小德经三人留下了旅行记载。

同年,俄罗斯传教团在俄罗斯馆创建图书馆。

1802年(嘉庆七年),遣使会主教罗广祥在北京去世。

1804年(嘉庆九年),葡萄牙遣使会会士毕学源、高守谦抵达北京东堂。

1805年(嘉庆十年),俄罗斯沙皇亚历山大一世派遣戈罗夫金伯爵使团前往北京,抵达库伦后因与中方发生礼仪冲突折返。

1808年(嘉庆十三年),1月10日俄罗斯东正教第九届传教团团长、修士大司祭雅金夫·比丘林率团到达北京。

同年，葡萄牙遣使会士福文高补授钦天监监正，兼理算学馆事务。北京主教汤士选去世，葡萄牙遣使会士沈东行继任，由于清廷不允沈氏进京，沈只好命李拱宸代理主教。

1811年（嘉庆十六年），俄罗斯要求遣人探望在京的东正教教士、学生，遭清廷理藩院驳回。

同年，北京尚有欧洲传教士11人。北京西堂发生火灾，西堂传教士变卖财产，将西堂以六百两银子卖给清廷。

1816年（嘉庆二十一年），8月29日英国阿美士德勋爵（Lord William Pitt Amherst）率团抵达北京海淀，因与清廷发生觐见清帝礼仪之争，不愿妥协，在北京待了不到一天即被嘉庆皇帝勒令出京。

1820年（嘉庆二十五年），俄罗斯东正教第十届传教团团长、修士大司祭彼得·卡缅斯基率团抵达北京。任期十年，1831年回国。

同年，北堂法国遣使会士南弥德被逐，葡萄牙遣使会士高守谦代管北堂，并兼钦天监监正。

1821年（道光元年），俄罗斯东正教第九届传教团团长雅金夫·比丘林离开北京，随行带回大批满、汉文书籍。

1826年（道光六年），钦天监监正高守谦鉴于北京乏人，想回欧洲召募传教士来京辅助，上疏道光皇帝，道光帝允准他回国，但不许再荐人来。

1827年（道光七年），道光帝下谕，没收北堂，其房产以五千两银子卖给一于姓官员。

同年，在钦天监任职的传教士高守谦辞职回国，此后钦天监不再使用西洋人士。高守谦离京后，李拱宸不久去世，北京只剩下毕学源主教一位外籍教士。

1831年（道光十一年），俄罗斯东正教第十一届传教团团长、修士大司祭维尼阿明·莫拉契维奇率团随监护官拉迪任斯基上校一起来到北京。

1838年（道光十八年），北京主教毕学源在京去世，中国籍遣使会士韩若瑟将主教遗体、南堂和栅栏墓地转交给俄罗斯东正教传教团管理。

1840年（道光二十年），俄罗斯东正教第十二届传教团团长、修士大司祭波利卡尔普·图加里诺夫随监护官亚洲司科长尼古拉·伊万诺维奇·柳比莫夫一起来到北京。

参考文献

一、中文原始文献、工具书：

北京遣使会编：《北堂图书馆藏西文善本目录》，北京：国家图书馆出版社，2009年。

陈方中主编：《中国天主教史籍丛编》，台北：辅仁大学出版社，2003年。

陈高华等点校：《元典章》，北京：中华书局、天津：天津古籍出版社，2011年。

陈佳荣、钱江、张广达主编：《历代中外行纪》，上海：上海辞书出版社，2008年。

陈蕊编著：《国图藏俄罗斯汉学著作目录》，北京：北京大学出版社，2013年。

陈垣：《康熙与罗马使节关系文书影印本》，北平：故宫博物院，1932年。

冯蒸编著：《近三十年国外"中国学"工具书简介》，北京：中华书局，1981年。

福格：《听雨丛谈》，北京：中华书局，1997年。

高智瑜、马爱德主编：《虽逝若存 栅栏：北京最古老的天主教墓地》，澳门：澳门特别行政区政府文化局、旧金山：美国旧金山大学利玛窦研究所，2001年。

葛桂录：《中英文学关系编年史》，上海：上海三联书店，2004年。

巩珍著，向达校注：《西洋番国志》，北京：中华书局，2000年。

顾卫民：《中国天主教编年史》，上海：上海古籍出版社，2003年。

故宫博物院掌故部编：《掌故丛编》，北京：中华书局，1990年。

故宫博物院文献馆编：《文献丛编》第五辑，北平：故宫博物院1930年。

（台北）"故宫博物院"编：《清季外交史料》（嘉庆朝），台北：成文出版社，1968年。

韩琦、吴旻校注：《熙朝崇正集 熙朝定案（外三种）》，北京：中华书局，2006年。

何秋涛：《朔方备乘》，台北：文海出版社，1964年影印版。

黄时鉴主编：《解说插图中西关系史年表》，杭州：浙江人民出版社，1994年。
黄省曾著，谢方校注：《西洋朝贡典录校注》，北京：中华书局，2000年。
黄兴涛、王国荣编：《明清之际西学文本：50种重要文献汇编》（四册），北京：中华书局，2013年。
金景善：《燕辕直指》卷三《留馆录·鄂罗斯馆记》，收入林基中编：《燕行录全集》，第71册，韩国东国大学出版社，2001年。
李景文、张礼刚、刘百陆、赵光贵编校：《古代开封犹太人：中文文献辑要与研究》，北京：人民出版社，2011年。
李之藻：《天学初函》（影印版），台北：学生书局，1965年。
历史语言研究所编：《明清史料》庚编，第八本，台北：历史语言研究所，1960年。
梁廷枬总纂，袁钟仁校注：《粤海关志》，广州：广东人民出版社，2002年。
梁廷枬：《海国四说》，北京：中华书局，1997年。
刘侗、于奕正：《帝京景物略》，北京：北京古籍出版社，2001年。
刘民声、孟宪章、步平编：《十七世纪沙俄侵略黑龙江流域史资料》，哈尔滨：黑龙江教育出版社，1998年。
刘鉴唐等编著：《中英关系系年要录（公元13世纪—1760年）》第一卷，成都：四川省社会科学院出版社，1989年6月。
柳卸林主编：《世界名人论中国文化》，武汉：湖北人民出版社，1991年。
孟宪章主编：《中苏贸易史资料》，北京：中国对外经济贸易出版社，1991年。
明晓燕、魏扬波：《历史遗踪——正福寺天主教墓地》，北京：文物出版社，2007年。
《明清档案通览》编委会编：《明清档案通览》，北京：中国档案览出版社，2000年。
乾隆官修：《清朝文献通考》第2册，杭州：浙江古籍出版社，2000年。
《清实录》第四、二七、三二册，北京：中华书局，1985—1987年。
《清会典事例》第五、六册，北京：中华书局，1991年。
四库全书研究所整理：《钦定四库全书总目》（整理本）上册，北京：中华书局，1997年。
陶宗仪撰，王雪玲校：《南村辍耕录》，沈阳：辽宁教育出版社，1998年。
王士禛：《池北偶谈》上册，卷四《荷兰贡物》，北京：中华书局，1997年12月。
王铁崖编：《中外旧约章汇编》第一册，北京：三联书店，1982年。
汪大渊著，苏继廎校释：《岛夷志略校释》，北京：中华书局，2000年。
吴相湘主编：《天主教东传文献》，台北：学生书局，1966年。
吴相湘主编：《天主教东传文献续编》（3册），台北：学生书局，1966年。
吴相湘主编：《天主教东传文献三编》（6册），台北：学生书局，1972年。
吴志良、汤开建、金国平主编：《澳门编年史》第一卷，广州：广东人民出版社，2009年。
魏源撰，魏源全集编辑委员会编：《魏源全集》第六册，长沙：岳麓书社，2004年。

萧致治、杨卫东编撰:《西风拂夕阳:鸦片战争前中西关系》,武汉:湖北人民出版社,
　　2005年。
熊梦祥:《析津志辑佚》,北京:北京古籍出版社,2001年。
谢清高口述,杨炳南笔录,冯承钧注释:《海录注》,北京:中华书局,1955年。
谢清高口述,杨炳南笔录,安京校释:《海录校释》,北京:商务印书馆,2002年。
徐宗泽:《明清间耶稣会士译著提要》,上海:上海书店,2006年。
徐继畬:《瀛寰志略》,上海:上海书店出版社,2001年。
叶农:《艾儒略汉文著述全集》(2册),桂林:广西师范大学出版社,2011年。
俞正燮:《癸巳类稿》,沈阳:辽宁教育出版社,2001年。
俞正燮:《癸巳存稿》(收入《新世纪万有文库》第六辑),沈阳:辽宁教育出版社,2003年。
张红扬主编:《北京大学图书馆藏西文汉学珍本提要》,桂林:广西师范大学出版社,
　　2009年。
张维华:《明史欧洲四国传注释》,上海:上海古籍出版社,1982年。
张西平:《梵蒂冈图书馆藏明清中西文化交流史文献丛刊》(第一辑44册、177种),郑
　　州:大象出版社,2014年。
张星烺编注,朱杰勤校订:《中西交通史料汇编》第1册,北京:中华书局,2003年。
张星烺编注:《中西交通史料汇编》第2册,北平:辅仁大学,1930年。
张璋编校:《顾太清奕绘诗词合集》,上海:上海古籍出版社,1998年。
赵晓阳编译:《北京研究外文文献题录》,北京:北京图书馆出版社,2007年。
郑安德:《明末清初耶稣会思想文献汇编》(5卷),北京:北京大学宗教研究所,
　　2003年。
钟鸣旦、杜鼎克:《耶稣会罗马档案馆明清天主教文献》(12册),台北:利氏学社,
　　2002年。
钟鸣旦、杜鼎克、蒙曦:《法国国家图书馆明清天主教文献》(26册),台北:利氏学社,
　　2009年。
中华书局校点版:《史记》《汉书》《后汉书》《三国志》《晋书》《宋书》《南齐书》《梁书》《陈
　　书》《魏书》《北齐书》《周书》《隋书》《南史》《北史》《旧唐书》《新唐书》《旧五代史》《新
　　五代史》《宋史》《辽史》《金史》《元史》《明史》《清史稿》。
中华书局编辑部、李书源整理:《筹办夷务始末》(同治朝),北京:中华书局,2008年。
中国第一历史档案馆编:《清代中俄关系档案史料选编》第一编(上、下册),北京:中华
　　书局,1981年。
中国第一历史档案馆编:《英使马戛尔尼访华档案史料汇编》,北京:国际文化出版公
　　司,1996年8月。
中国第一历史档案馆编:《清中前期西洋天主教在华活动档案史料》(第1—4册),北

京：中华书局，2003年。

中国第一历史档案馆编：《康熙朝汉文朱批奏折汇编》（8册），北京：档案出版社，1984—1985年。

中国第一历史档案馆编：《康熙朝满文朱批奏折全译》，北京：中国社会科学出版社，1996年。

中国第一历史档案馆、中国海外汉学研究中心合编，安双成编译：《清初西洋传教士满文档案译本》，郑州：大象出版社，2015年。

中国第一历史档案馆编：《中葡关系档案史料汇编》，北京：中国档案出版社，2000年。

中国第一历史档案馆、澳门基金会、暨南大学古籍研究所合编：《明清时期澳门问题档案文献汇编》，北京：人民出版社，1999年。

中国社会科学院近代史研究所编：《中葡关系史资料集》上册，成都：四川人民出版社，1999年版。

中国社会科学院文献情报中心编：《俄苏中国学手册》（上、下册），北京：中国社会科学出版社，1986年。

周达观著，夏鼐校注：《真腊风土记校注》，北京：中华书局，2000年。

周駬方：《明末清初天主教史文献丛编》（5册），北京：北京图书馆出版社，2001年。

周宁著/编注：《契丹传奇》，北京：学苑出版社，2004年。

周致中著，陆峻岭校注：《异域志》，北京：中华书局，2000年。

朱维铮：《利玛窦中文著译集》，香港：香港城市大学出版社；上海：复旦大学出版社，2001年。

朱一新：《京师坊巷志稿》，北京：北京古籍出版社，2001年。

祝平一、黄一农：《徐家汇藏书楼明清天主教文献》（5册），台北：辅仁大学神学院，1996年。

二、中文研究论著：

白寿彝：《中国交通史》，北京：商务印书馆，1993年版。

北京行政学院编：《青石存史——"利玛窦与外国传教士墓地"的四百年沧桑》，北京：北京出版社，2011年。

薄树人：《清钦天监人事年表》，载《科技史文集》第1辑，上海科学技术出版社，1987年版，第86—101页。

曹雯：《清朝对外体制研究》，北京：社会科学文献出版社，2010年。

曹增友：《传教士与中国科学》，北京：宗教文化出版社，1999年。

曹子西主编，吴建雍著：《北京通史》第七卷，北京：北京出版社，1996年。

陈高华、史卫民：《元代大都上都研究》，北京：中国人民大学出版社，2010年。

陈得芝:《蒙元史研究丛谈》,北京:人民出版社,2005年。
陈观胜:《利玛窦对中国地理学之贡献及其影响》,载1936年《禹贡》第5卷第3、4期。
陈开科:《巴拉第的汉学研究》,北京:学苑出版社,2007年。
陈开科:《巴拉第与晚清中俄关系》,北京:上海书店出版社,2008年。
陈垣:《元也里可温教考》,收入《中国现代学术经典·陈垣卷》,石家庄:河北教育出版社,1996年。
陈东风:《耶稣会士墓碑人物志考》,北京:中国文联出版社,1999年。
陈月清、刘明翰:《北京基督教发展述略》,北京:首都师范大学出版社,1998年。
陈受颐:《中欧文化交流史事论丛》,台北:商务印书馆,1970年。
陈佳荣:《中外交通史》,香港:学津书店,1987年。
陈方中、江国雄:《中梵外交关系史》,台北:台湾商务印书馆,2003年。
陈复光:《有清一代之中俄关系》,昆明:云南大学,1947年。又收入《民国丛书》第二编第28册,上海:上海书店,1990年。
陈志华:《中国造园艺术在欧洲的影响》,济南:山东画报出版社,2006年。
蔡鸿生:《俄罗斯馆纪事》(增订本),北京:中华书局,2006年。
蔡鸿生主编:《广州与海洋文明》,广州:中山大学出版社,1997年。
崔维孝:《明清之际西班牙方济会在华传教研究(1579—1732)》,北京:中华书局,2006年。
戴逸:《18世纪的中国与世界·导言卷》,沈阳:辽海出版社,1999年。
德山:《元代交通史》,呼和浩特:远方出版社,1995年。
党宝海:《蒙元驿站交通研究》,北京:昆仑出版社,2006年。
党宝海:《马可波罗眼中的中国》,北京:中华书局,2010年。
方豪:《方豪六十自定稿》,台北:台湾学生书局,1969年。
方豪:《方豪六十至六十四自选待定稿》,台北:台湾学生书局,1974年。
方豪:《方豪晚年论文辑》,台北:辅仁大学出版社,2010年。
方豪:《中国天主教史人物传》,北京:宗教文化出版社,2007年。
方豪:《中西交通史》(上、下册),长沙:岳麓书社,1987年;上海:上海人民出版社,2008年。
樊洪业:《耶稣会士与中国科学》,北京:中国人民大学出版社,1992年。
范存忠:《中国文化在启蒙时期的英国》上海:上海外语教育出版社,1991年。
冯明珠:《坚持与容忍——档案中所见康熙皇帝对中梵关系生变的因应》,收入《中梵外交关系史国际学术研讨会论文集》,台北:辅仁大学历史学系印行,2002年,第145—182页。
耿昇:《中法文化交流史》,昆明:云南人民出版社,2013年。

耿昇:《法国汉学史论》(上、下册),北京:学苑出版社,2015年。

葛剑雄:《中国人口发展史》,福州:福建人民出版社,1991年。

葛桂录:《雾外的远音——英国作家与中国文化》,银川:宁夏人民出版社,2002年8月。

龚缨晏:《大航海时代——鸦片的传播与对华鸦片贸易》,北京:东方出版社,1999年。

龚缨晏:《西方人东来之后:地理大发现后的中西关系史专题研究》,杭州:浙江大学出版社,2006年。

龚缨晏:《欧洲与杭州:相识之路》,杭州:杭州出版社,2004年。

顾卫民:《中国与罗马教廷关系史》,北京:东方出版社,2000年。

郭小东:《打开"自由"通商之路——19世纪30年代在华西人对中国社会经济的探研》,广州:广东人民出版社,1999年。

郭福祥:《时间的历史映像——中国钟表史论集》,北京:紫禁城出版社,2013年。

郭世荣、李迪:《清钦天监西洋监正高慎思》,载《内蒙古师范大学学报》(哲学社会科学版)2005年3月,第34卷第2期。

何兆武:《中西文化交流史论》,北京:中国青年出版社,2001年。

何高济、陆峻岭:《域外集——元史、中外关系史论丛》,北京:中华书局,2013年。

何新华:《威仪天下——清代外交礼仪及其变革》,上海:上海社会科学院出版社,2011年。

何芳川主编:《中外文化交流史》(上、下册),北京:国际文化出版公司,2008年。

韩光辉:《北京历史人口地理》,北京:北京大学出版社,1996年。

韩琦:《中国科学技术的西传及其影响》,石家庄:河北人民出版社,1999年8月。

洪建新:《郑和航海前后东、西洋概念考》,收入《郑和下西洋论文集》第1集,北京:人民交通出版社,1985年。

洪业:《勺园图录考》,北平:引得编纂处,1933年。

侯仁之:《我从燕京大学来》,北京:生活·读书·新知三联书店,2009年。

侯仁之:《北京城的生命印记》,北京:生活·读书·新知三联书店,2009年。

黄庆华:《中葡关系史》(上下册),合肥:黄山书社,2006年。

黄时鉴:《东西交流史论稿》,上海古籍出版社,1998年。

黄时鉴:《黄时鉴文集》(3卷),上海:中西书局,2011年。

黄时鉴主编:《东西交流论谭》第二集,上海文艺出版社,2001年。

黄正谦:《西学东渐之序章——明末清初耶稣会史新论》,香港:中华书局,2010年。

黄心川、张伟达:《沙俄利用东正教侵华史话》,北京:中华书局,1979年。

黄一农:《龙与狮对望的世界——以马戛尔尼使团访华后的出版物为例》,载2003年台北《故宫学术季刊》第21卷第2期。

黄一农:《印象与真相——清朝中英两国的觐礼之争》,载台北《历史语言研究所集刊》第七十八本第一分,2007年3月。

姜立勋、富丽、罗志发:《北京的宗教》,天津:天津古籍出版社,1995年。

季羡林主编:《中外文化交流史丛书》,长沙:湖南教育出版社,1998年。

计翔翔:《十七世纪中期汉学著作研究——以曾德昭〈大中国志〉、安文思〈中国新史〉为中心》,上海:上海古籍出版社,2002年。

江文汉:《中国古代基督教及开封犹太人》,上海:知识出版社,1982年。

江文汉:《明清间在华的天主教耶稣会士》,上海:知识出版社,1987年。

纪念利玛窦来华四百周年 中西文化交流国际学术会议秘书处编:《纪念利玛窦来华四百周年 中西文化交流国际学术会议》(论文集),台北:辅仁大学出版社,1983年。

金国平:《中葡关系史地考证》,澳门:澳门基金会,2000年。

赖惠敏、王士铭:《清中叶迄民初的毛皮贸易与京城消费》,《故宫学术季刊》第31卷第2期,2013年冬季号。

赖惠敏:《清乾隆朝内务府皮货买卖与京城时尚》,收入胡晓真、王鸿泰主编:《日常生活的论述与实践》,台北:允晨文化出版社,2011年,第103—144页。

赖惠敏:《乾嘉时代北京的洋货与旗人日常生活》,收入巫仁恕、康豹、林美莉主编:《从城市看中国的现代性》,台北:近代史研究所,2000年,第1—36页。

李明滨:《中国与俄苏文化交流志》,上海:上海人民出版社,1998年。

李明滨:《中国文学俄罗斯传播史》,北京:学苑出版社,2011年。

李喜所主编:《五千年中外文化交流史》(第一、二卷),北京:世界知识出版社,2002年。

李伯重:《江南的早期工业化(1550—1850)》(修订版),北京:中国人民大学出版社,2010年。

李向玉、李长森主编:《明清时期中国与西班牙国际学术研讨会论文集》,澳门:澳门理工学院,2009年。

李伟丽:《尼·雅·比丘林及其汉学研究》,北京:学苑出版社,2007年。

李淑兰:《北京史稿》,北京:学苑出版社,1994年。

李庆新:《17世纪广东与荷兰关系考述》,载《九州学林》2005年第七卷第一期。

林有能、吴志良、黎玉琴主编:《利玛窦与中西文化交流——第二届利玛窦与中西文化交流学术研讨会论文集》,香港:香港出版社,2012年。

林金水:《利玛窦与中国》,北京:中国社会科学出版社,1996年。

林发钦:《帝国斜阳:荷兰使臣德胜使华考述》,载《澳门理工学报》(人文社会科学版)2013年第1期。

林仁川、徐晓望:《明末清初中西文化冲突》,上海:华东师范大学出版社,1999年。

林梅村:《大朝春秋:蒙元考古与艺术》,北京:故宫出版社,2013年。
罗光:《教廷与中国使节史》,台北:传记文学出版社,1983年。
刘潞主编:《清宫西洋仪器》,上海:上海科学技术出版社,1999年。
刘迎胜:《海路与陆路——中古时代东西交流研究》,北京:北京大学出版社,2011年。
柳诒徵:《中国文化史》下册,上海:东方出版中心,1996年。
栾景河主编:《中俄关系的历史与现实》,开封:河南大学出版社,2004年。
马肇椿:《中欧文化交流史略》,沈阳:辽宁教育出版社,1993年
《明清档案通览》编委会编:《明清档案通览》,北京:中国档案出版社,2000年。
毛泽东:《毛泽东选集》第2卷,北京:人民出版社,1969年。
孟华:《伏尔泰与孔子》,北京:新华出版社,1993年。
孟宪章主编:《中苏经济贸易史》,哈尔滨:黑龙江人民出版社,1992年。
莫小也:《十七—十八世纪传教士与西画东渐》,杭州:中国美术学院出版社,2002年。
米镇波:《清代北京俄罗斯东正教会图书馆的若干问题》,载《故宫博物院院刊》1994年第3期。
米镇波、苏全有:《清代俄国来华留学生问题初探》,载《清史研究》1994年第1期。
聂崇正:《清宫绘画与"西画东渐"》,北京:紫禁城出版社,2008年。
南京郑和研究会编:《走向海洋的中国人——郑和下西洋590周年国际学术研讨会论文集》,北京:海潮出版社,1996年。
潘吉星:《中外科学之交流》,香港:香港中文大学出版社,1993年。
潘吉星:《中外科学技术交流史论》,北京:中国社科出版社,2012年。
庞乃明:《明代中国人的欧洲观》,天津:天津人民出版社,2006年。
彭斐章主编:《中外图书交流史》,长沙:湖南教育出版社,1998年。
彭海:《马可波罗来华史实》,北京:中国社会科学出版社,2010年。
戚印平:《远东耶稣会史研究》,北京:中华书局,2007年。
戚印平:《日本早期耶稣会史研究》,北京:商务印书馆,2003年。
屈春海:《清代钦天监暨时宪科职官年表》,载《中国科技史料》1997年第3期。
秦国经:《明清档案学》,北京 学苑出版社 2005年。
秦国经、高换婷:《乾隆皇帝与马戛尔尼》,北京:紫禁城出版社,1998年。
宋黎明:《神父的新装——利玛窦在中国(1582—1610)》,南京:南京大学出版社,2011年。
沈定平:《明清之际中西文化交流史》,北京:商务印书馆2001年初版、2012年增订版。
沈福伟:《中西文化交流史》,上海:上海人民出版社,2006年。
沈福伟:《郑和时代的东西洋考》,收入《郑和下西洋论文集》第2集,南京,南京大学出版社,1985年。

粟周熊：《俄国驻北京传教士团图书馆述略》，载《北京图书馆馆刊》1993年第3、4期.
宋嗣喜：《沟通中俄文化的使者——记十九世纪来华的俄国医生》，载《求是学刊》1986年第1期。
史玉民：《清钦天监研究》，中国科技大学博士学位论文，2001年。
史玉民：《清钦天监管理探赜》，载《自然辩证法通讯》2002年第4期。
宿丰林：《早期中俄关系史研究》，哈尔滨：黑龙江人民出版社，1999年。
宿丰林：《早期中俄关系史研究的最新力作——〈俄国来华使团研究〉(1608—1807)》，载《西伯利亚研究》2011年第2期。
宿丰林：《十八世纪俄国的"中国热"》，载《黑河学刊》1999年第2期。
宿丰林：《十七八世纪俄国来华商队对中国文化的传播》，载《西伯利亚研究》2001年第6期。
孙尚扬：《基督教与明末儒学》，北京：东方出版社，1994年。
孙尚扬：《利玛窦与徐光启》，北京：新华出版社，1993年。
孙尚扬、钟鸣旦：《一八四〇年以前的中国基督教》，北京：学苑出版社，2004年。
谈敏：《法国重农学派学说的中国渊源》，上海：上海人民出版社，1992年。
陶亚兵：《中西音乐交流史稿》，北京：中国大百科全书出版社，1994年。
陶亚兵：《明清间的中西音乐交流》，北京：东方出版社，2001年。
汤开建：《明清天主教史论稿初编——从澳门出发》，澳门：澳门大学，2012年。
汤开建：《明清天主教史论稿二编——圣教在中土》(上、下册)，澳门：澳门大学，2014年。
汤开建：《顺治时期荷兰东印度公司与清王朝的正式交往》，载《文史》2007年第1期。
佟洵主编：《基督教与北京教堂文化》，北京：中央民族大学出版社，1999年。
佟洵等编著：《北京宗教文物古迹》，北京：光明日报出版社，2004年。
王开玺：《清代外交礼仪的交涉与论争》，北京：人民出版社，2009年。
王治心：《中国基督教史纲》，上海：上海古籍出版社，2004年。
万明：《中葡早期关系史》，北京：社会科学文献出版社，2001年。
万明：《明代中外关系史论稿》，北京：中国社会科学出版社，2011年。
万明：《中国融入世界的步履：明与清前期第外政策比较研究》，北京：故宫出版社，2014年。
吴克明：《俄国东正教侵华史略》，兰州：甘肃人民出版社，1985年。
吴伯娅：《康雍乾三帝与西学东渐》，北京：宗教文化出版社，2002年版。
吴梦麟、熊鹰：《北京地区基督教史迹研究》，北京：文物出版社，2010年。
吴建雍：《18世纪的中国与世界(对外关系卷)》，沈阳：辽海出版社，1999年
吴孟雪、曾丽雅：《明代欧洲汉学史》，北京：东方出版社，2000年。

吴孟雪:《明清时期——欧洲人眼中的中国》,北京:中华书局,2000年。

吴莉苇:《天理与上帝——诠释学视角下的中西文化交流》,北京:宗教文化出版社,2014年。

吴持哲:《欧洲文学中的蒙古题材》,呼和浩特:内蒙古大学出版社,1997年。

吴丰:《清代"俄罗斯佐领"考略》,载《历史研究》1987年第5期。

魏开肇:《利玛窦和北京》,载《北京社会科学》1996年第3期。

肖玉秋:《俄国传教团与清代中俄文化交流》,天津:天津人民出版社,2009年。

谢方:《谢方文存》,北京:中华书局,2012年。

向达:《中外交通小史》,上海:商务印书馆,1933年。

向达:《中西交通史》,上海:中华书局,1934年。

邢永福主编:《明清档案与历史研究论文选 1994.10—2004.9》(上、下册),北京:新华出版社,2005年。

徐艺圃主编:《明清档案与历史研究论文选 1985.10—1994.9》(上、下册),北京:国际文化出版公司,1995年。

徐浩:《18世纪的中国与世界·农民卷》,沈阳:辽海出版社,1999年。

徐苹芳:《元大都也里可温十字寺考》,收入《中国考古学研究——夏鼐先生考古五十纪念论文集》,北京:文物出版社,1986年,第309—316页。

徐苹芳:《北京房山十字寺也里可温石刻》,载《中国文化》第七辑,1992年11月。

徐万民:《清季俄国来华留学生与俄国汉学》,载《徐州师范大学学报》(哲学社会科学版)2005年第1期。

徐宗泽:《中国天主教传教史概论》,上海:上海书店,1990年重印。

许光华:《法国汉学史》,北京:学苑出版社,2009年5月。

许明龙:《欧洲十八世纪中国热》,北京:外语教学与研究出版社,2007年。

许明龙:《孟德斯鸠与中国》,北京:国际文化出版公司,1989年。

许明龙主编:《中西文化交流先驱》,北京:东方出版社,1993年。

萧一山:《清代通史》第2册,北京:中华书局,1985年。

晏可佳:《中国天主教简史》,北京:宗教文化出版社,2001年。

余士雄主编:《马可波罗介绍与研究》,北京:书目文献出版社,1983年。

余士雄:《中世纪大旅行家马可·波罗》,北京:中国旅游出版社,1988年7月。

余三乐:《早期西方传教士与北京》,北京:北京出版社,2001年。

余三乐:《中西文化交流的历史见证——明末清初北京天主教堂》,广州:广东人民出版社,2006年。

余三乐:《徐光启与利玛窦》,北京:中华书局,2010年3月。

余太山:《两汉魏晋南北朝正史西域传要注》,北京:中华书局,2005年。

余敷华、张芝联:《中国面向世界——中法友谊的历史文化见证》,北京:生活·读书·新知三联书店,2007年。
杨志玖:《马可波罗在中国》,天津:南开大学出版社,1999年版。
杨靖筠:《北京天主教史》,北京:宗教文化出版社,2009年。
杨靖筠:《北京基督教史》,北京:宗教文化出版社,2014年。
阎国栋:《俄国汉学史》,北京:人民出版社,2006年。
阎国栋:《俄国汉学三百年》,北京:学苑出版社,2007年。
阎宗临:《中西交通史》,桂林:广西师范大学出版社,2007年。
阎宗临著,阎守诚编:《传教士与法国早期汉学》,郑州:大象出版社,2003年。
严建强:《十八世纪中国文化在西欧的传播及其反应》,杭州:中国美术学院出版社,2002年。
姚京明:《平托〈远游记〉里的中国想象》,载《文化杂志》2004年冬季,第52期。
叶柏川:《俄国来华使团研究(1618—1807)》,北京:社会科学文献出版社,2010年。
游博青:《英人斯当东与鸦片战争前的中英关系》,收入复旦大学历史地理研究中心编:《跨越空间的文化——16-19世纪中西文化的相遇与调适》,上海:东方出版中心,2010年。
羽离子:《俄罗斯首次对清政府赠书始末》,载《近代史研究》1991年第4期。
于德源:《北京历史灾荒灾害纪年》,北京:学苑出版社,2004年。
于德源:《北京灾害史》下册,北京:同心出版社,2008年1月。
袁宣萍:《十七至十八世纪欧洲的中国风设计》,北京:文物出版社,2006年。
乐峰:《东正教史》(修订本),北京:中国社会科学出版社,2005年。
乐峰主编:《俄国宗教史》下册,北京:社会科学文献出版社,2008年。
张铠:《庞迪我与中国——耶稣会"适应策略"研究》,北京:北京图书馆出版社,1997年。
张铠:《中国与西班牙关系史》,郑州:大象出版社,2003年。
张星烺:《欧化东渐史》,北京:商务印书馆,2000年。
张维华:《明清之际中西关系简史》,济南:齐鲁书社,1987年。
张维华、孙西:《清前期中俄关系》,济南:山东教育出版社,1997年。
张奉箴:《利玛窦在中国》,台南:闻道出版社,1983年。
张西平:《中国与欧洲早期宗教和哲学交流史》,北京:东方出版社,2001年。
张西平:《欧洲早期汉学史——中西文化交流与西方汉学的兴起》,北京:中华书局,2009年。
张西平:《中西文化的初识:北京与罗马》,上海:华东师范大学出版社,2012年。
张西平:《传教士汉学研究》,郑州:大象出版社,2005年。

张承友、张普、王淑华:《明末清初中外科技交流研究》,北京:学苑出版社,2000年。
张绥著:《东正教和东正教在中国》,北京:学林出版社,1985年。
张国刚:《文明的对话:中西关系史论》,北京:北京师范大学出版社,2013年。
张国刚:《从中西初识到礼仪之争——明清传教士与中西文化交流》,北京:人民出版社,2003年。
张国刚等:《明清传教士与欧洲汉学》,北京:中国社会科学出版社,2001年。
张国刚、吴莉苇:《启蒙时代欧洲的中国观——一个历史的巡礼与反思》,上海:上海古籍出版社,2006年。
张国刚、吴莉苇:《中西文化关系史》,北京:高等教育出版社,2006年。
张宁:《记元大都出土文物》,《考古》1972年第6期。
张柏春:《明清测天仪器之欧化》,沈阳:辽宁教育出版社,2000年。
张雪峰:《清朝前期俄国驻华宗教传道团研究》,新北市:花木兰文化出版社,2012年。
张雪峰:《清朝初期中俄交往文化障碍的克服与俄国宗教传道团来华》,收入关贵海、栾景河主编:《中俄关系到的历史与现实》(第二辑),北京:社会科学文献出版社,2009年,第124—132页。
张芝联主编:《中英通使二百周年学术讨论会论文集》,北京:中国社会科学出版社,1996年。
张泽:《清代禁教期的天主教》,台北:光启出版社,1992年。
赵春梅:《瓦西里耶夫与中国》,北京:学苑出版社,2007年。
郑和下西洋600周年纪念活动筹备领导小组编:《郑和下西洋研究文选(1905—2005)》,北京:海洋出版社,2005年。
郑永华主编:《北京宗教史》,北京:人民出版社,2011年。
左芙蓉:《北京对外文化交流史》,成都:巴蜀书社,2008年。
左芙蓉:《古近代北京对外文化关系史》,北京:光明日报出版社,2011年。
中国第一历史档案馆编:《明清档案与历史研究:中国第一历史档案馆六十周年纪念论文集》,北京:中华书局1988年。
中国第一历史档案馆编:《明清档案与历史研究论文集》,北京:中国友谊出版公司,2000年。
中国第一历史档案馆编:《明清档案与历史研究论文集》(上、下册),北京:新华出版社,2008年。
中国航海学会:《中国航海史》(古代航海史),北京:人民交通出版社,1988年。
中国国际文化书院编:《中西文化交流先驱——马可·波罗》,北京:商务印书馆,1995年。
中国社会科学院近代史研究所:《沙俄侵华史》(第一册),北京:人民出版社,1978年。

周景濂编著:《中葡外交史》,北京:商务印书馆,1991年。
周一良主编:《中外文化交流史》,郑州:河南人民出版社,1987年。
朱杰勤:《中外关系史论文集》,郑州:河南人民出版社,1984年。
朱谦之:《中国哲学对于欧洲的影响》,福州:福建人民出版社,1985年。
朱谦之:《中国景教》,北京:人民出版社,1993年。
朱学勤、王丽娜:《中国与欧洲文化交流志》,上海:上海人民出版社,1998年。
朱雁冰:《耶稣会与明清之际中西文化交流》,杭州:浙江大学出版社,2014年。
朱耀廷:《〈马可波罗行纪〉中的元大都——农业文化与草原文化结合的产物》,载《北京联合大学学报(人文社会科学版)》2009年第2期。
朱雍:《不愿打开的中国大门——18世纪的外交与中国命运》,南昌:江西人民出版社,1989年。
朱祖希:《北京城演进的轨迹》,北京:光明日报出版社,2004年。
卓新平主编:《相遇与对话——明末清初中西文化交流国际学术研讨会文集》,北京:宗教文化出版社,2003年。
卓新平:《基督教犹太教志》,上海:上海人民出版社,1998年。

三、译著:

〔波兰〕卜弥格著,张振辉、张西平译:《卜弥格文集》,上海:华东师范大学出版社,2013年。
〔波斯〕拉施特主编,余大钧、周建奇译:《史集》第二卷,北京:商务印书馆,1985年。
〔德〕斯托莫著,达素彬、张晓虎译:《通玄教师汤若望》,北京:中国人民大学出版社,1989年。
〔德〕G. G. 莱布尼茨著,〔法〕梅谦立、杨保筠译:《中国近事——为了照亮我们这个时代的历史》,郑州:大象出版社,2005年。
〔德〕马克思:《希腊人暴动》,收入《马克思恩格斯全集》第10卷,北京:人民出版社,1962年。
〔法〕菲利普·尼摩著,阎雪梅译:《什么是西方》,桂林:广西师范大学出版社,2009年。
〔法〕费赖之著,冯承钧译:《在华耶稣会士列传及书目》(上、下册),北京:中华书局,1995年。
〔法〕费赖之著,梅乘骐、梅乘骏译:《明清间在华耶稣会士列传(1552—1773)》,上海:天主教上海教区光启社,1997年。
〔法〕高龙鞶著,周士良译:《江南传教史》第一、二册,台北:辅仁大学出版社,2010、2014年。

〔法〕贝尔纳·布里赛著,王岷、丽泉、赵丽莎译:《法兰西在中国 300 年——从路易十四到戴高乐》,上海:上海远东出版社,2014 年。

〔法〕沙里昂注,冯承钧译:《马可波罗行纪》,北京:商务印书馆,2012 年。

〔法〕裴化行著,管震湖译:《利玛窦神父传》(上、下册),北京:商务印书馆,1995 年。

〔法〕裴化行著,萧睿华译:《天主教十六世纪在华传教志》,台北:商务印书馆,1964 年。

〔法〕荣振华著,耿昇译:《在华耶稣会士列传及书目补编》(上、下册),北京:中华书局,1995 年。

〔法〕杜赫德编,郑德弟、吕一民、沈坚等译:《耶稣会士中国书简集》(上、中、下卷),郑州:大象出版社,2005 年。

〔法〕埃德蒙·帕里斯著,张茄萍、勾永东译:《耶稣会士秘史》,北京:中国社会科学出版社,1990 年 7 月。

〔法〕卫青心著,黄庆华译:《法国传教史》(上卷),北京:中国社会科学出版社,1991 年。

〔法〕安田朴著,耿昇译:《中国文化西传欧洲史》,北京:商务印书馆,2000 年。

〔法〕艾田蒲著,许钧、钱林森译:《中国之欧洲》(上、下册),桂林:广西师范大学出版社,2008 年。

〔法〕雅克·布罗斯著,耿昇译:《发现中国》,济南:山东画报出版社,2002 年。

〔法〕伯德莱著,耿昇译:《清宫洋画家》,济南:山东画报出版社,2002 年。

〔法〕Gilles Béguin、Dominique Morel 著,李圣云译:《紫禁城》,上海:上海人民出版社,2007 年。

〔法〕萨莫佑、〔法〕戴浩石、〔法〕贝甘著,王眉译:《枫丹白露城堡:欧仁妮皇后的中国博物馆》,上海:中西书局,2011 年。

〔法〕缪里尔·德特里(Muriel Détrie)著,余磊、朱志平译:《法国—中国两个世界的撞击》,上海:上海译文出版社,2004 年。

〔法〕戴仁编,耿昇译:《法国中国学的历史与现状》,上海:上海辞书出版社,2010 年。

〔法〕谢和耐、〔法〕戴密微等著,耿昇译:《明清间耶稣会士入华与中西汇通》,北京:东方出版社,2011 年。

〔法〕张诚著,陈霞飞译:《张诚日记(1689 年 6 月 13 日—1690 年 5 月 7 日)》,北京:商务印书馆,1973 年。

〔法〕白晋著,冯作民译:《清康乾两帝与天主教传教史》,台北:光启出版社,1966 年。

〔法〕沙不烈撰,冯承钧译:《明末奉使罗马教廷耶稣会士卜弥格传》,上海:上海古籍出版社,2014 年。

〔法〕伏尔泰著,王燕生译:《哲学辞典》,北京:商务印书馆,1995 年。

〔法〕宋君荣:《有关雍正与天主教的几封信》,收入杜文凯编:《清代西人见闻录》,北京:中国人民大学出版社,1985年。

〔法〕P. Octave Ferreux C. M. 著,吴宗文译:《遣使会在华传教史》,台北:华明书局,1977年。

〔法〕亨利·柯蒂埃著,唐玉清译:《18世纪法国视野里的中国》,上海:上海书店出版社,2006年。

〔法〕加斯东·加恩著,江载华、郑永泰译:《彼得大帝时期的俄中关系史(1689—1730年)》,北京:商务印书馆,1980年。

〔法〕荣振华、〔法〕方立中、〔法〕热拉尔·穆赛、〔法〕布里吉特·阿帕乌著,耿昇译:《16—20世纪入华天主教传教士列传》,桂林:广西师范大学出版社,2010年。

〔法〕德尔尼著,耿昇译:《紧急出版〈耶稣会士书简集〉中有关中国的信》,载《中国史研究动态》1980年第6期。

〔法〕伊萨贝尔·微席叶著,耿昇译:《〈耶稣会士书简集〉的由来和现状》,载《中国史研究动态》1980年第6期。

朱静编译:《洋教士看中国朝廷》,上海:上海人民出版社,1995年。

〔荷〕包乐史著,庄国土、程绍刚译:《中荷交往史 1601—1989》,阿姆斯特丹:路口店出版社,1989年修订版。

〔荷〕伊兹勃兰特·伊台斯、〔德〕亚当·勃兰德著,北京师范学院俄语翻译组译:《俄国使团使华笔记(1692—1695)》,北京:商务印书馆,1980年。

〔荷〕皮尔·弗里斯著,苗婧译:《从北京回望曼彻斯特:英国、工业革命和中国》,杭州:浙江大学出版社,2009年。

程绍刚译注:《荷兰人在福尔摩莎》,台北:联经出版公司,2000年。

〔美〕魏若望编:《南怀仁(1623—1688)——鲁汶国际学术研讨会论文集》,北京:社会科学文献出版,1994年。

〔美〕莫菲特著,中国神学研究院中国文化研究中心译:《亚洲基督教史》,香港:基督教文艺出版社,2000年。

〔美〕乔治·亚历山大·伦森编,杨诗浩译:《俄国向东方的扩张》,北京:商务印书馆,1978年。

〔美〕约瑟夫·塞比斯编,王立人译:《耶稣会士徐日升关于中俄尼布楚谈判的日记》,北京:商务印书馆,1973年。

〔美〕司徒琳主编,赵世瑜等译:《世界时间与东亚时间中的明清变迁》下卷,北京:三联书店,2009年。

汪荣祖著,钟志恒译:《追寻失落的圆明园》,南京:江苏教育出版社,2005年。

〔俄〕马·伊·戈尔曼著,陈弘法译:《西方的蒙古史研究(十三世纪—二十世纪中叶)》,呼和浩特:内蒙古教育出版社,2012年。

〔俄〕马·伊·戈尔曼著,陈弘法译:《西方的蒙古学研究(二十世纪50年代—90年代中期)》,呼和浩特:内蒙古教育出版社,2012年。

〔俄〕B. C. 米亚斯尼科夫主编,徐昌翰等译:《19世纪俄中关系:资料与文件》,广州:广东人民出版社,2012年。

〔俄〕Ⅱ. E. 斯卡奇科夫著,B. C. 米亚斯尼科夫编,柳若梅译:《俄罗斯汉学史》,北京:社会科学文献出版社,2011年。

〔苏〕斯卡奇科夫:《俄国驻北京布道团的医生》,载《苏联的中国学》1958年第4期。

〔俄〕阿·科尔萨克著,米镇波译:《俄中商贸关系史述》,北京:社会科学文献出版社,2010年。

〔俄〕尼古拉·班蒂什—卡缅斯基编著,中国人民大学俄语教研室译:《俄中两国外交文献汇编1619—1792》,北京:商务印书馆,1982年。

〔俄〕娜·费·杰米多娃、〔俄〕弗·斯·米亚斯尼科夫著,黄玫译:《在华俄国外交使者(1618—1658)》,北京:社会科学文献出版社,2010年。

〔俄〕A. 罗曼年科主编,朱达秋译:《临近又遥远的世界——俄罗斯作家笔下的中国》,北京:北京大学出版社,2011年。

〔俄〕亚·弗·卢金著,刘卓星、赵永穆、孙凌齐、刘燕明译:《俄国熊看中国龙——17—20世纪中国在俄罗斯的形象》,重庆:重庆出版社,2007年。

〔俄〕尼·伊·维谢洛夫斯基编:《俄国驻北京传道团史料》第一册,北京:商务印书馆,1978年。

〔俄〕尼古拉·阿多拉茨基著,阎国栋、肖玉秋译:《东正教在华两百年史》,广州:广东人民出版社,2007年。

〔俄〕阿夫拉阿米神父辑,柳若梅译:《历史上北京的俄国东正教使团》,郑州:大象出版社,2016年。

〔俄〕叶·科瓦列夫斯基著,阎国栋等译:《窥视紫禁城》,北京:北京图书馆出版社,2004年。

〔俄〕特鲁谢维奇著,徐东辉、谭萍译:《十九世纪前的俄中外交及贸易关系》,长沙:岳麓书社,2010年。

〔俄〕阿·科尔萨克著,米镇波译:《俄中商贸关系史述》,北京:社会科学文献出版社,2010年。

〔俄〕B. 谢利瓦诺夫斯基:《东正教会在中国》,香港:中华正教出版社,2014年。

〔苏〕齐赫文斯基主编:《中国近代史》上册,北京:三联书店,1974年。

〔苏〕普·季·雅科夫列娃著,贝璋衡译:《1689年第一个俄中条约》,北京:商务印书馆,1973年。

〔苏〕米·约·斯拉德科夫斯基著,宿丰林译:《俄国各民族与中国贸易经济关系史（1917年以前）》,北京:社会科学文献出版社,2008年。

〔苏〕约·阿·克雷维列夫著:《宗教史》(上、下卷),北京:中国社会科学出版社,1984年。

〔苏〕尼科利斯基著,丁士超等译:《俄国教会史》,北京:商务印书馆,2000年。

苏联科学院远东研究所等编,黑龙江大学俄语系翻译组译:《十七世纪俄中关系》(第1—2卷),北京:商务印书馆,1975年。

郝建恒、候育成、陈本栽译:《历史文献补编——17世纪中俄关系文件选译》,北京:商务印书馆,1989年。

〔葡〕雅依梅·科尔特桑著,王庆祝、朱琳等译:《葡萄牙的发现》第六卷,北京:中国对外翻译出版公司,1997年。

〔葡〕曾德昭著,何高济译:《大中国志》,上海:上海古籍出版社,1998年。

〔葡〕多默·皮列士著,何高济译:《东方志——从红海到中国》,南京:江苏教育出版社,2005年。

〔葡〕费尔南·门德斯·平托著,金国平译:《远游记》,澳门:澳门基金会,1999年。

〔葡〕费尔南·门德斯·平托著,王锁英译:《葡萄牙人在华见闻录》,澳门:澳门文化司署、东方葡萄牙学会,海南:海南出版社、三环出版社,1998年。

〔葡〕巴洛斯、〔西〕艾斯加兰蒂等著,何高济译:《十六世纪葡萄牙文学中的中国 中华帝国概述》,北京:中华书局,2013年。

张天泽著,姚楠、钱江译:《中葡早期通商史》,香港:中华书局,1988年。

〔瑞士〕冯铁、〔瑞士〕费瑞实、〔瑞士〕高思曼著,陈壮鹰译:《走近中国——瑞士人在华见闻录》,上海:东方出版中心,2000年。

〔瑞典〕龙思泰著,吴义雄、郭德焱、沈正邦译:《早期澳门史》,北京:东方出版社,1997年。

〔西〕门多萨撰,何高济译:《中华大帝国史》,北京:中华书局,2004年。

〔英〕道森著,吕浦译:《出使蒙古记》,北京:中国社会科学出版社,1983年。

〔英〕傅熊著,王艳、〔德〕儒丹墨译:《忘与亡:奥地利汉学史》,上海:华东师范大学出版社,2011年。

〔英〕约翰·曼德维尔著,郭汉民、葛桂录译:《曼德维尔游记》,上海:上海书店出版社,2006年。

刘潞、〔英〕吴芳思编译:《帝国掠影——英国访华使团画笔下的清代中国》,北京:中国人民大学出版社,2006年。

李弘著,〔英〕马思奇译:《京华遗韵——西方版画中的明清老北京(1598—1902)》,北京:新世界出版社,2008年。

〔英〕休谟著,杨适等译:《人性的高贵与悲劣——休谟散文集》,上海:上海三联书店,1988年。

〔英〕李约瑟:《中国科学技术史》第五卷《化学及相关技术》第七分册《军事技术:火药的史诗》,北京:科学出版社、上海:上海古籍出版社,2005年。

中华续行委办公调查特委会编,蔡咏春、文庸、段琦、杨周怀译:《1901—1920年中国基督教调查资料》下卷,北京:中国社会科学家出版社,2007年。

朱杰勤译:《中外关系史译丛》,北京:海洋出版社,1984年。

〔意〕艾儒略原著,谢方校释:《职方外纪校释》,北京:中华书局,2000年。

〔意〕马哥孛罗(Marco Polo)著,〔英〕亨利·玉尔(H. Yule)英译兼注,〔法〕亨利·考狄(H. Cordier)修订兼补注,张星烺汉译兼补注:《马哥孛罗游记》第1册,北平:燕京大学图书馆,1929年。

〔意〕克里斯托瓦尔·哥伦布著、孙家堃译:《航海日记》,南京:译林出版社,2011年。

〔意〕白佐良、〔意〕马西尼著,萧晓玲、白玉崑译:《意大利与中国》,北京:商务印书馆,2002年。

〔意〕利玛窦、〔比〕金尼阁著,何高济、王遵仲、李申译,何兆武校:《利玛窦中国札记》,北京:中华书局,2001年。

〔意〕利玛窦著,文铮译:《耶稣会与天主教进入中国史》,北京:商务印书馆,2014年。

〔意〕马可·波罗口述,〔意〕鲁思梯谦笔录,〔美〕曼纽尔·科姆罗夫英译,陈开俊等译:《马可波罗游记》,福州:福建科技出版社,1981年。

〔意〕马可波罗(Marco Polo)著,〔法〕[沙海昂] A. J. H. Charignon 注,冯承钧译,党宝海新注:《马可波罗行纪》,石家庄:河北人民出版社,1999年。

〔意〕路易吉·布雷桑(Luigi Bressan)著,姚建根译:《西方人眼里的杭州》,上海:学林出版社,2010年。

冯承钧:《西域南海史地考证译丛》(第一——三卷),北京:商务印书馆,1995、1999年。

耿昇、何高济译:《柏朗嘉宾蒙古行纪 鲁布鲁克东行记》,北京:中华书局,2002年。

何高济译:《海屯行纪、鄂多立克东游录、沙哈鲁遣使中国记》,北京:中华书局,2002年。

刘俊余、王玉川译:《利玛窦全集·利玛窦中国传教史》(上、下册),台北:光启出版社,1986年。

罗渔译:《利玛窦全集·利玛窦书信集》(上、下册),台北:光启出版社,1986年。

四、西文著作:

英文:

Abel, Clarke, *Narrative of a Journey to the Interior of China, and of a Voyage to* and from that Country, in the Years 1816 and 1817, London: Longman, Hurst, Rees, Orme and Brown, 1818.

Adshead, Samuel Adrian M., *China in World History*, Houndmills, Basingstoke, Hampshire: Macmillan Press; New York: St. Martin's Press, 2000. 中译本〔英〕艾兹赫德著,姜智芹译:《世界历史中的中国》,上海:上海人民出版社,2009年。

Alexander, William, *Picturesque Representations of the Dress and Manners of the Chinese: Illustrated in Fifty Coloured Engravings, with Descriptions*, London: Printed for J. Goodwin by W. Lewis, 1814. 中译本〔英〕威廉·亚历山大著,沈弘译:《1793:英国使团画家笔下的乾隆盛世——中国人的服饰和习俗图鉴》,杭州:浙江古籍出版社,2006年。

Allan, C. W., *Jesuits at the Court of Peking*, Shanghai: Kelly and Walsh Limited, 1935.

Anderson, Aeneas, *A Narrative of the British Embassy to China, in the Years 1792, 1793, and 1794*. London: J. Debrett, 1795. 中译本〔英〕爱尼斯·安德逊著,费振东译:《英使访华录》,北京:商务印书馆,1963年;北京:群言出版社,2002年,改题为《英国人眼中的大清王朝》。

Arlington, Lewis Charles and Lewisohn, William, *In Search of Old Peking*, Peking: Henri Vetch, 1935. 中译本〔美〕L. C. 阿灵敦、〔英〕威廉·卢因森著,赵晓阳译:《寻找老北京》,北京:清华大学出版社,2012年。

Baddeley, John F., *Russia, Mongolia, China*, London: Macmillan, 1919. 中译本〔英〕约·弗·巴德利著,吴持哲、吴有刚译:《俄国·蒙古·中国》(上、下卷),北京:商务印书馆,1981年。

Barrow, John, *Travels in China: Containing Descriptions, Observations, and Comparisons, Made and Collected in the Course of a Short Residence at the Imperial Palace of Yuen-min-yuen, and on a Subsequent Journey through the Country from Pekin to Canton*, London: T. Cadell and W. Davies, 1806. 中译本〔英〕约翰·巴罗著,李国庆、欧阳少春译:《我看乾隆盛世》,北京:国家图书馆出版社,2007年。〔英〕乔治·马戛尔尼、〔英〕约翰·巴罗著,何高济、何毓宁译:《马戛尔尼使团使华观感》,北京:商务印书馆,2013年。

Bickers, Robert A., *Ritual & Diplomacy: The Macartney Mission to China 1792—1794*, London: The British Association for Chinese Studies, 1993.

Boxer, C. R., *Dutch Merchants and Mariners in Asia, 1602—1795*, London: Variorum Reprints, 1988.

Bredon, Juliet, *Peking: A Historical and Intimate Description of its Chief Places *of Interest*，Shanghai：Kelly & Walsh，1931.

Bretschneider, E. , *Archaeological and Historical Researches on Peking and its Environs*，Shanghai：American Presbyterian Mission Press，London：Trübner & Co. ，1876.

Brockey, Liam Matthew, *Journey to the East：the Jesuit Mission to China*，1579—1724，Cambridge：Belknap Press of Harvard University Press，2007. 中译本（美）柏里安著，陈玉芬译：《东游记：耶稣会在华传教史 1579—1724》，澳门：澳门大学，2014 年。（美）柏理安著，毛瑞方译：《东方之旅：1579—1724 耶稣会传教团在中国》，南京：江苏人民出版社，2017 年。

Carroll Brown Malone, *History of the Peking Summer Palaces under the Ching Dynasty*，Urbana：University of Illinois Press，1934.

Catholic University of America, *New Catholic Encyclopedia*. Vol. Ⅲ. New York：Mcgraw-Hill Book Gompany，1967.

Charbonnier, Jean-Pierre, *Christians in China：A. D. 600 to 2000*，San Francisco，CA：Ignatius Press，2007. 中译本〔法〕沙百里著，耿昇译：《中国基督徒史》，北京：中国社会科学出版社，1998 年。

Criveller, Gianni, *Preaching Christ in Late Ming China：the Jesuits' Presentation of Christ from Matteo Ricci to Giulio Aleni*，Taipei ；Brescia ：Taipei Ricci Institute，in collaboration with Fondazione Civiltà Bresciana，1997. 中译本〔意〕柯毅霖著，王志成等译：《晚明基督论》，成都：四川人民出版社，1999 年。

Cupitt, Don, *The Meaning of the West*，London：SCM Press，2008. 中译本〔英〕唐·库比特著，王志成、灵海译：《西方的意义》，成都：四川人民出版社，2012 年。

Davis, John Francis, *Sketches of China：Partly during an Inland Journey of Four Months，between Peking，Nanking，and Canton；with Notices and Observations Relative to the Present War*，2 vol. London：C. Knight & Co. ，1841.

De Magalhaes, Gabriel, *A New History of China：Containing a Description of the Most Considerable Particulars of Vast Empire*，London ：Thomas Newborough，1688. 中译本〔葡〕安文思著，何高济、李申译：《中国新史》，郑州：大象出版社，2004 年。

De Rachewiltz, Igor, *Papal Envoys to the Great Khans*，Stanford：Stanford University Press，1971.

Deiwiks, Shu-Jyuan, Führer, Bernhard, and Geulen, Therese, *Europe Meets China，China Meets Europe：The Beginnings of European-Chinese Scientific Exchange in the 17th Century*，Nettetal：Steyler Verlag，2014.

Du Halde, J. B. , *The General History of China：Containing a Geographical*，

Historical, Chronological, Political and Physical Description of the Empire of China, Chinese-Tartary, Corea and Thibet: Including an Exact and Particular Account of Their Customs, Manners, Ceremonies, Religion, Arts and Sciences. Vol. 1—4, J. Watts, 1736. 中译本〔法〕杜赫德编著,石云龙译:《中华帝国通史》第二卷,收入周宁编注:《世纪中国潮》,北京:学苑出版社,2004 年。

Dunne, George Harold, *Generation of Giants: the Story of the Jesuits in China in the Last Decades of the Ming Dynasty*, Notre Dame, Ind.: University of Notre Dame Press, 1962. 中译本〔美〕邓恩著,余三乐、石蓉译:《从利玛窦到汤若望——晚明的耶稣会传教士》,上海:上海古籍出版社,2008 年。

Duyvendak, J. J. L., The Last Dutch Embassy in the "Veritable Records", *T'oung Pao*, Vol. 34, Livr. 3, 1938.

Duyvendak, J. J. L., "Supplementary Documents on the Last Dutch Embassy to the Chinese Court", *T'oung Pao*, Vol. 35, Livr. 5, 1940.

Elder, Chris, *Old Peking: City of the Ruler of the World*. Hong Kong: Oxford University Press, 1997.

Ellis, Henry, *Journal of the Proceedings of the Late Embassy to China*, London: J. Murray, 1817.

Fairbank, John King, *The Chinese World Oder: Traditional China's Foreign Relations*. Cambridge, Mass: Harvard University Press, 1968. 中译本〔美〕费正清编,杜继东译:《中国的世界秩序:传统中国的对外关系》,北京:中国社会科学出版社,2010 年。

Fisher, Raymond Henry, *The Russian Fur Trade (1550—1700)*, Berkeley and Los Angeles: University of California Press, 1943.

Foust, Clifford M., *Muscovite and Mandarin: Russia's Trade with China and Its Setting, 1727—1805*. North Carolina: University of North Carolina Press, 2012.

Frank, Andre Gunder, *ReORIENT: Global Economy in the Asian age*, Berkeley: University of California Press, 1998. 中译本〔德〕贡德·弗兰克著,刘北城译:《白银资本——重视经济全球化中的东方》,北京:中央编译出版社,2000 年。

Fu, Lo-shu, *A Documentary Chronicle of Sino-Western Relations, 1644—1820*, Published for the Association for Asian Studies by the University of Arizona Press, 1966.

Gang Zhao, *The Qing Opening to the Ocean: Chinese Maritime Policies, 1684—1757*, Honolulu: University of Hawai'i Press, 2013.

Gernet, Jacques, *China and the Christian Impact: a Conflict of Cultures*,

Cambridge: Cambridge University Press, 1985. 中译本〔法〕谢和耐著,耿昇译:《中国与基督教》,上海:上海古籍出版社,2003年。

Goodrich, Anne Swann, *Chinese Hells. The Peking Temple of Eighteen Hells and Chinese Conceptions of Hell*, Sankt Augustin: Monumenta Serica, 1981.

Goodrich, Anne Swann, *Peking Paper Gods. A Look at Home Worship*, Nettetal: Steyle-Verlag, 1991.

Goodrich, Anne Swann, *The Peking Temple of the Eastern Peak (The Tung-yüeh Miao of Peking and Its Lore with 20 Plates)*, Japan: Monumenta Serica, 1964.

Greenberg, Michael, *British Trade and the Opening of China 1800—42*, Cambridge: Cambridge University Press, 1951,1969. 中译本〔英〕格林堡著,康成译:《鸦片战争前中英通商史》,北京:商务印书馆,1961年。

Golvers, Noël, *Ferdinand Verbiest, S. J. (1623—1688) and the Chinese Heaven: The Composition of his Astronomical Corpus, and its Reception in the European Republic of Letters*. Leuven: Leuven University Press, 2003.

Golvers, Noël, *Libraries of Western Learning for China. Circulation of Western Books between Europe in the Jesuit Mission (ca. 1650—ca. 1750) 1. Logistics of Book Acquisition and Circulation. 2. Formation of Jesuit libraries, 3. Of Books and Readers*, Lellven: Ferdinand Verbiest Institute KUL, 2012,2013,2015.

Golvers, Noël, *The Astronomia Europaea of Ferdinand Verbiest, S. J. (Dillingen, 1687) Text, Translation, Notes and Commentaries*, Nettetal: Steyler Verlag, 1993.

Golvers, Noël and Nicolaidis, Efthymios, *Ferdinand Verbiest and Jesuit Science in 17th Century China: An Annotated Edition and Translation of the Constantinople Manuscript (1676)*, Athens: Institute for Neohellenic Research; Leuven: Ferdinand Verbiest Institute KUL, 2009.

Grousset, René, *The Empire of the Steppes: a History of Central Asia*, New Brunswick: Rutgers University Press, 1970. 中译本〔法〕勒内·格鲁塞著,蓝琪译:《草原帝国》,北京:商务印书馆,1999年。

Hedin, Sven Anders, *Jehol, City of Emperors, Translated from the Swedish by E. G. Nash*, London: Kegan Paul, Trench, Trübner & Co., Ltd., 1932. 中译本〔瑞典〕斯文·赫定著,于广达译:《热河:帝王之都》,北京:中信出版社,2008年。

Hevia, James Louis, *Cherishing Men from Afar: Qing Guest Ritual and the Macartney Embassy of 1793*, Durham: Duke University Press, 1995. 中译本〔美〕何伟亚著,邓常春译:《怀柔远人:马嘎尔尼使华的中英礼仪冲突》,北京:社会科学

文献出版社,2002 年。

Heyndrickx, Jerome, *Philipe Couplet S. J. (1623—1693): The Man Who Brought China to Europe*, Nettetal: Steyler Verlag, 1990.

Holmes, Samuel, *The Journal of Mr. Samuel Holmes, Serjeant-Major of the XIth Light Dragoons, During his Attendance, as One of the Guard on Lord Macartney's Embassy to China and Tartary*, London: W. Bulmer & Co., 1798.

Hou, Renzhi, *An Historical Geography of Peiping*, Ph. D Dissertation, Liverpool: University of Liverpool, 1949.

Hu Shih, *Historical Foundation for a Democratic China*, In: Edmund J. James Lectures on Government: Second Series, Urbana: University of Illinois Press, 1941.

Innocent, Archmandrie, The Russian Orthodox Mission in China, *The Chinese Recorder*, Vol. 47, No. 10, 1916.

Lach, Donald F., *Asia in the Making of Europe*, 3 vol. Chicago: University of Chicago Press, 1965, 1977, 1993. 中译本〔美〕唐纳德·F. 拉赫著,周宁总校译:《欧洲形成中的亚洲》,北京:人民出版社,2013 年。

Latourette, Kenneth Scott, *A History of Christian Missions in China*, New York: The Macmillan Company, 1929. 中译本〔美〕赖德烈著,雷立柏译:《基督教在华传教史》,香港:道风社,2009 年。

Lee, Thomas H. C., ed., *China and Europe: Images and Influences in Sixteenth to Eighteenth Centuries*, Hong Kong: The Chinese University Press, 1991.

Legouix, Susan, *Image of China: William Alexander*, London: Jupiter Books,1980.

Macartney, George Macartney, Earl, *An Embassy to China: being the Journal Kept by Lord Macartney during his Embassy to the Emperor Ch'ien-lung*,1793—1794, London: Longnans, Green and Co., 1962. 中译本〔英〕马戛尔尼著,秦仲龢译:《英使觐见乾隆纪实》,香港:大华出版社,1966 年。(收入沈云龙主编:《英使谒见乾隆纪实》,台北:文海出版社有限公司,1973 年。)〔英〕乔治·马戛尔尼、〔英〕约翰·巴罗著,何高济、何毓宁译:《马戛尔尼使团使华观感》,北京:商务印书馆,2013 年。

Macau Ricci Institute, *Acta Pekinensia Western Historical Sources for the Kangxi Reign*, International Symposium Organised by the Macau Ricci Institute, Macao,5th—7th October 2010. Macao: The Macau Ricci Institute, 2013.

Malek, Roman, *The Chinese Face of Jesus Christ*, Nettetal: Steyler Verlag, 2002.

Malek, Roman, ed., *Western Learning and Christianity in China. The Contribution and Impact of Johann Adam Schall von Bell, S. J. (1592—1666)*, 2 vol., Nettetal: Steyler Verlag, 1998.

Malek, Roman, and Criveller, Gianni, *Light a Candle: Encounters and Friendship with China. Festschrift in Honour of Angelo S. Lazzarotto P. I. M. E*, Nettetal: Steyler Verlag, 2010.

Mancall, Mark, *Russia and China, Their Diplomatic Relations to 1728*, Cambridge: Harvard University Press, 1971.

Meng Ssu Ming, The E-Lo-ssu (Russian in Peking), *Harvard Journal of Asiatic Studies*, Vol. 23, 1960—1961.

Mish, John L., Creating an Image of Europe for China: Aleni's His-fang Ta-wen Introduction, Translation, and Notes, *Monumenta Serica Journal of Oriental Studies*, Vol. 23, 1964.

Morrison, Robert, *A View of China for Philological Purposes: Containing a Sketch of Chinese Chronology, Geography, Government, Religion & Customs, Designed for the Use of Persons Who Study the Chinese Language*, Macao: printed at the Honorable the East India Company's Press by P. P. Thoms; published and sold by Black, Parbury, and Allen, 1817.

Morse, Hosea Ballou, *International Relations of the Chinese Empire*. 3 vol. London: Longmans, Green, and Co., 1910—1918. 中译本〔美〕马士著,张汇文等译:《中华帝国对外关系史》(三卷),上海:上海书店出版社,2000 年 9 月。

Morse, Hosea Ballou, *The Chronicles of the East India Company Trading to China 1635—1834*, 5 Vol. Oxford: Clarendon Press, 1926—1929. 中译本〔美〕马士著,区宗华译:《东印度公司对华贸易编年史》五卷,广州:广东人民出版社,2016 年。

Moule, A. C., *Christians in China before the Year 1550*, London: Society for Promoting Christian Knowledge; New York; Toronto: The Macmillan Co., 1930. 中译本〔英〕阿·克·穆尔著,郝镇华译:《一五五〇年前的中国基督教史》,北京:中华书局,1984 年。

Mungello, D. E., *The Chinese Rites Controversy: Its History and Meaning*, Nettetal: Steyler Verlag, 1994. 中译本李天纲:《中国礼仪之争:历史、文献和意义》,上海:上海古籍出版社,1998 年。

Mungello, David E., *The Great Encounter of China and the West, 1500—1800*, Lanham, Md.: Rowman & Littlefield Publishers, 2013. 中译本〔美〕孟德卫著,江文君等译:《1500—1800 中西方的伟大相遇》,北京:新星出版社,2007 年。

Naquin, Susan, *Peking: Temples and City Life, 1400—1900*, Berkeley: University of California Press, 2000.

Needham, Joseph, *Science and Civilisation in China*, Cambridge: Cambridge

University Press,1954— .

Nesterova, Elena, The Russian Painter Anton Legasov in China from the History of the Russian Ecclesiastic Mission in Peking. *Monumenta Serica Journal of Oriental Studies*, Vol.48. 2000.

Noll, Ray R., ed., *100 Roman Documents Concerning the Chinese Rites Controversy (1645—1941)*, San Francisco: The Ricci Institute for Chinese-Western Cultural History, 1992. 中译本〔美〕苏尔、〔美〕诺尔编,沈保义、顾卫民、朱静译:《中国礼仪之争西文文献一百篇(1645—1941)》,上海:上海古籍出版社,2001年。

Olschki, Leonardo, *Marco Polo's Asia: An Introduction to His "Description of the World" called "II Milione"*, trans. by John A. Scott, Berkeley: University of California Press, 1960.

Parry, A., Russian (Greek Orthodox) Missionaries in China, 1689—1917, their Cultural, Political, and Economic Role, *Pacific Historical Review*, Vol.9. No.4, 1904.

Pomeranz, Kenneth, *The Great Divergence: China, Europe, and the Making of the Modern World Economy*, New Jersey: Princeton University Press, 2000. 中译本〔美〕彭慕兰著,史建云译:《大分流:欧洲、中国与现代世界的经济发展》,南京:江苏人民出版社,2003年。

Pritchard, Earl Hampton, *Anglo-Chinese Relations during Seventeenth and Eighteenth Centuries*, Urbana: University of Illinois Press, 1930.

Pritchard, Earl Hampton, Letters from Missionaries at Peking Relating to the Macartney Embassy (1793—1803), *T'oung Pao*, Vol.31, No.1/2, 1934.

Pritchard, Earl Hampton, The Instruction of the East India Company to Lord Macartney on His Embassy to China and His Reports to the Company, 1792-4. *The Journal of the Royal Asian Society of Great Britain and Ireland*, 1938. 中译本 H. 普利查德编注,朱杰勤译:《英东印度公司与来华大使马卡特尼通讯录》,收入《中外关系史译丛》,北京:海洋出版社,1984年。

Pritchard, Earl Hampton, *The Crucial Years of Early Anglo-Chinese Relation, 1750—1800*, Pullman, Washington: Research Studies of the State College of Washington, 1936.

Pritchard, Earl Hampton, The Kotow in the Macartney Embassy to China in 1793, *The Far Eastern Quarterly*, Vol.2, No.2, 1943.

Qian Zhongshu, *China in the English Literature of the Seventeenth and Eighteenth Centuries*, 收入《钱钟书英文文集》,北京:外语教学与研究出版社,2005年。

Reed, Marcia, and Dematté, Paola, *China on Paper: European and Chinese Works from the Late Sixteenth to the Early Nineteenth Century*, Los Angeles: Getty Research Institute, 2007.

Ripa, Matteo, *Memoirs of Father Ripa during Thirteen Years' Residence at the Court of Peking in the Service of the Emperor of China*, Beijing: Foreign Language Teaching and Research Press, 2008. 中译本〔意〕马国贤著, 李天纲译:《清廷十三年——马国贤在华回忆录》, 上海: 上海古籍出版社, 2004年。

Robbins, Helen Henrietta Macartney, *Our First Ambassador to China: An Account of the Life of George Earl of Macartney*, London: John Murray, 1908. 中译本马戛尔尼著, 刘半农译:《1793年乾隆英使觐见记》, 天津: 天津人民出版社, 2006年。

Roberts, John Anthony George, *China through Western Eyes: the Nineteenth Century*. Far Thrupp, England: A. Sutton, 1991. 中译本〔英〕约·罗伯茨编著, 蒋重跃、刘林海译:《十九世纪西方人眼中的中国》, 北京: 中华书局, 2006年。

Rowbotham, Arnold H., *Missionary and Mandarin: The Jesuits at the Court of China*, New York: Russell & Russell, 1966.

Singer, Aubrey, *The Lion and the Dragon: The Story of the First British Embassy to the Court of the Emperor Qianlong in Peking*, London: Barrie & Jenkins Ltd., 1992.

Sirén, Osvaldo, *The Walls and Gates of Peking*, London: John Lane press, 1924. 中译本〔瑞典〕喜仁龙著, 邓可译:《北京的城墙与城门》, 北京: 北京联合出版公司, 2017年。

Spence, Jonathan D., *The memory Palace of Matteo Ricci*, London: Faber and Faber, 1985. 中译本〔美〕史景迁:《利玛窦的记忆之宫》, 上海: 上海远东出版社, 2005年。

Spence, Jonathan D., *The Chan's Great Continent: China in Western Minds*, New York and London: W. W. Norton & Company, 1998. 中译本〔美〕史景迁:《大汗之国》, 桂林: 广西师范大学出版社, 2013年。

Staunton, George, *An Authentic Account of an Embassy from the King of Great Britain to the Emperor of China: Taken Chiefly from the Papers of His Excellency the Earl of Macartney*, Cambridge: Cambridge University Press, 2012. 中译本〔英〕斯当东著, 叶笃义译:《英使谒见乾隆纪实》, 上海: 上海书店出版社, 1997年。

Staunton, G. T., *Notes of Proceedings and Occurrences, During the British Embassy to Peking in 1816*, London: Patrick Tuck, 1824.

Steinhardt, Nancy Shatzman, *Chinese Imperial City Planning*, Honolulu: University of Hawai'i Press, 1990.

Van Braam, Houckgeest Andre Everard, *An Authentic Account of the Embassy of the Dutch East-India Company to the Court of the Emperor of China in the Years 1794 and 1795 (subsequent to that of the Earl of Macartney.), Containing a Description of Several Parts of the Chinese Empire, Unknown to Europeans*, 2 vol. London: Printed for R. Phillips, 1798.

Vries, Peer, *Via Peking Back to Manchester Britain, the Industrial Revolution, and China*, The Netherlands: CNWS Publications at Leiden University, 2003.

Wardega, Artur K., and De Saldanha, António Vasconcelos, eds., *In the Light and Shadow of an Emperor Tomás Pereira, S. J. (1645—1708), the Kangxi Emperor and the Jesuit Mission in China*, London: Cambridge Scholars Publishing, 2012.

Widmer, Eric, *The Russian Ecclesiastical Mission in Peking during the Eighteenth Century*, Cambridge: Harvard University Press, 1976.

Williams, S. Wells, *The Middle Kingdom: a Survey of the Geography, Government, Literature, Social Life, Arts, and History of the Chinese Empire and Its Inhabitants*, New York: Charles Scribner's Sons, 1895. 中译本〔美〕卫三畏著,陈俱译:《中国总论》(上、下册),上海:上海古籍出版社,2005年。

Wills, John E., *Embassies and Illusions: Dutch and Portuguese Envoys to K'ang-hsi 1666—1687*, Cambridge, Mass.: Council on East Asian Studies, Harvard University, 1984.

Witek, John W., *Controversial Ideas in China and in Europe: A Biography of Jean-François Foucquet, S. J. (1665—1741)*, Roma: Institutum Historicum S. I., 1982. 中译本〔美〕魏若望著,吴莉苇译:《耶稣会士傅圣泽神甫传:索隐派思想在中国及欧洲》,郑州:大象出版社,2006年。

Witek, John W., *Ferdinand Verbiest, S. J. (1623—1688) Jesuit Missionary, Scientist, Engineer and Diplomat*, Nettetal: Steyler Verlag, 1993.

Wong, Roy Bin, *China Transformed: Historical Change and the Limits of European Experience*, Ithaca, N. Y.: Cornell University Press, 1997. 中译本〔美〕王国斌著,李伯重、连玲玲译:《转变的中国:历史变迁与欧洲经验的局限》,南京:江苏人民出版社,2010年。

Wood, Frances, *Did Marco Polo Go to China?* Colorado: Westview Press, 1996. 中译本〔英〕吴芳思著,洪允息译:《马可波罗到过中国吗?》,北京:新华出版社,

1997年。

Wright, D. B., and Davis, D. W., New Evidence on the Authorship of "Titsingh's" Journal, *Ch'ing-shih Wen-t'i*, Vol. 5, No. 1, 1984.

Yule, Henry trans. & eds., *Cathay and the Way Thither*, 4 Vol. London: Printed for the Hakluyt Society, 1913—1916. 中译本〔英〕裕尔撰,〔法〕考迪埃修订,张绪山译:《东域纪程录丛》,北京:中华书局,2008年。

法文:

Amiot, Joseph Marie, *Mémoires concernant l'histoire, les sciences, les arts, les moeurs, les usages, etc. des Chinois / par les missionnaires de Pékin*. 16 vol. Paris: Nyon, 1776—1814.

Blussé, Léonard & Falkenburg, R., *Johan Nieuhofs Beelden van een Chinareis 1655—1657*, Middelburg: Stichting VOC Publicaties, 1987.

Brizay, Bernard, *Le sac du Palais d'été: l'expédition anglo-française de Chine en 1860*, Monaco: Rocher, 2009. 中译本〔法〕伯特·布立赛著,高发明、顾泉、李鸿飞译:《1860:圆明园大劫难》,杭州:浙江古籍出版社,2005年。

Cordier, Henri, Cinq lettres inédites du Père Gerbillon, S. J., *T'oung Pao*, Vol. 7, No. 4, 1906.

Cordier, Henri, Le Consulat de France à Canton au XVIIIe siècle, *T'oung Pao*, Vol. 9, No. 1, 1908.

Cordier, Henri, L'arrivée des Portugais en Chine, *T'oung Pao*, Vol. 12, No. 4, 1911.

Cordier, Henri, Mélanges géographiques et historiques (Gaubil), *T'oung Pao*, Vol. 16, No. 4, 1915.

Cordier, Henri, La suppression de la Compagnie de Jésus et la mission de Peking, *T'oung Pao*, Vol. 17, No. 3, 1916.

De Guignes, Chrétien-Louis-Joseph, *Voyages à Peking, Manille et l'ile de France: faits dans l'intervalle des annés 1784 à 1801. Atlas*, 3 vol. Paris: Imprimerie imperiale, 1808.

De Kéroulée, Georges, *Un voyage à Pé-kin*, Paris: P. Brunet, 1861.

De Mailla, Joseph Anne Marie Moyriac, *Histoire générale de la Chine, ou, Annales de cet empire*, 11 Vol. Paris: P.-D. Pierres, 1777—1785.

De Mairan, Dortous, *Lettres au R. P. Parrenin, Jésuite, missionnaire à Pékin: contenant diverses questions sur la Chine*, Paris: Imprimerie Royale, 1770.

Eyriés et Klaptoth, *Rapport sur le plan de Péking, publié à St.-Pétersbourg en 1829*, Nouveau Journal Asiatiques, 1829, t. Ⅳ.

Favier, Alphonse, *Pékin: Histoire et Description*, Desclée, De Brouwer, 1902. 中译本〔法〕樊国梁著,陈晓径译:《老北京那些事儿》,北京:中央编译出版社,2010 年。

Fester, Louis, *Notices biographiques et bibliographiques sur les jésuites de l'ancienne mission de Chine*, 1552—1773, San Francisco: Chinese Materials Center, 1976.

Gaubil, A., and Cordier, Henri, Situation de Ho-lin en Tartarie, Manuscrit inédit du Père A. Gaubil, S. J., publié avec une introduction et des notes, *T'oung Pao*, Vol. 4, No. 1, 1893.

Landry-Deron, Isabelle, *La preuve par la Chine: La "Description" de J.-B. Du Halde, Jésuite*, 1735, Paris: Éditions de L'École des hautes Études en Sciences Sociales, 2002. 中译本〔法〕蓝莉著,许明龙译:《请中国作证——杜赫德的〈中华帝国全志〉》,北京:商务印书馆,2015 年。

Le Comte, Louis, *Nouveaux Mémoires sur l'état présent de la Chine 1687—1692*. 3 vol. Paris: J. Anisson, 1696—1698. 中译本〔法〕李明著,郭强、龙云、李伟译:《中国近事报道(1687—1692)》,郑州:大象出版社,2004 年。

Pelliot, Paul, *Les Mongols et la papauté*, Paris: A. Picard, 1923. 中译本〔法〕伯希和撰,冯承钧译:《蒙古与教廷》,北京:中华书局,2001 年。

Peyrefitte, Alain, *L'empire immobile ou Le choc des mondes: Récit historique*, Paris: Fayard, 1989. 中译本〔法〕佩雷菲特著,王国卿、毛凤支等译:《停滞的帝国——两个世界的撞击》,北京:三联书店,2013 年。

Pinot, Virgile, *La Chine et la formation de l'esprit philosophique en France (1640—1740)*, Paris: Librairie Orientaliste Paul Geuthner, 1932. 中译本〔法〕维吉尔·毕诺著,耿昇译:《中国对法国哲学思想形成的影响》,北京:商务印书馆,2000 年。

Tchen, Ysia, *La musique chinoise en France au XVIII e siècle*, Paris: Publication orientaliste de France, 1974. 中译本〔法〕陈艳霞著,耿昇译:《华乐西传法兰西》,北京:商务印书馆,1998 年。

Thomaz de Bossière, Yves de, Mme. *Jean-François Gerbillon, S. J. (1654—1707): mathématicien de Louis XIV et, premier Supérieur général de la Mission française de Chine (1700—1707)*. Leuven: Ferdinand Verbiest Foundation, K. U. Leuven, 1994.〔法〕伊夫斯·德·托玛斯·博西耶尔夫人著,辛岩译:《耶稣会士张诚——路易十四派往中国的五位数学家之一》,郑州:大象出版社,2009 年。

德文:

Grube, Wilhelm, *Zur Pekinger Volkskunde*, in: Veröffentlichungen aus dem Königlichen Museum für Völkerkunde, Berlin: W. Spemann, 1901.

Grube, Wilhelm, Pekinger Todtengebräuche, *Journal of The Peking Oriental Society*, Vol. 4, 1898.

Rivinius, Karl Josef, *Das Collegium Sinicum zu Neapel und seine Umwandlung in ein Orientalisches Institut. Ein Beitrag zu seiner Geschichte*, Nettetal: Steyler Verlag, 2004.

Stücken, Christian, *Der Mandarin des Himmels Zeit und Leben des China Missionars Ignaz Kögler S. J. (1680—1746)*, Nettetal: Steyler Verlag, 2003.

Väth, Alfons, *Johann Adam Schall von Bell S. J.: Missionar in China, kaiserlicher Astronom und Ratgeber am Hofe von Peking 1592—1666*, ein Lebens und Zeitbild, Nettetal: Steyler Verlag, 1991. 中译本〔德〕魏特著,杨丙辰译:《汤若望传》(上、下册),上海:商务印书馆,1949 年;北京:知识产权出版社,2015 年。

Von Collani, Claudia, *P. Joachim Bouvet S. J.: sein Leben und sein Werk*, Nettetal: Steyler Verlag, 1985. 中译本〔德〕柯兰霓,李岩译:《耶稣会士白晋的生平与著作》,郑州:大象出版社,2009 年。

荷兰文:

Joan Nieuhof: *Het Gezandtschap Der Neêrlandtsche Oost-Indische Compagnie, aan den grooten Tartarischen Cham, Den tegenwoordigen Keizer van China: Waarin de gedenkwaerdigste Geschiedenissen, die onder het reizen door de Sineesche landtschappen, Quantung, Kiangsi, Nanking, Xantung en Peking, en aan het Keizerlijke Hof te Peking, sedert den jaren 1655 tot 1657 zijn voorgevallen, op het bondigste verhandelt worden. Beneffens Een Naukeurige Beschrijvinge der Sineesche Steden, Dorpen, Regeering, Weetenschappen, Hantwerken, Zeden, Godsdiensten, Gebouwen, Drachten, Schepen, Bergen, Gewassen, Dieren, etcetera en oorlogen tegen de Tartars. Verçiert met over de 150 afbeeltsels, na 't leven in Sina getekent.* Amsterdam: Jacob van Meurs, 1665. 中译本〔荷〕约翰·尼霍夫原著,〔荷〕包乐史、〔中〕庄国土著:《〈荷使初访中国记〉研究》,厦门:厦门大学出版社,1989 年。

俄文:

Бунаков Е. В. Из истории русско-китайских отношений в первой половине XIX в. Советское Востоковедение. 1956г.

Н. Адоратский П. С. Православная миссия в Китае за 200 лет её существования. Странник. 1887г.

五、日文著作：

後藤末雄著，矢沢利彦校訂:《中国思想のフランス西漸》(《東洋文庫》144－148)，东京：平凡社，1969年。

矢沢利彦:《西洋人の見た十六～十八世紀の中国女性》，东京：东方书店，1990年。

矢沢利彦:《西洋人の見た中国皇帝》，东京：东方书店，1992年。

矢沢利彦:《西洋人の見た十六～十八世紀中国官僚》，东京：东方书店，1993年。

矢沢利彦:《北京四天主堂物語》，东京：平河出版社，1987年。

矢泽利彦著，艾廉莹译:《日文本〈耶稣会士中国书简集〉解说》，载《中国史研究动态》1980年第6期。

岩村忍:《十三世纪东西交涉史序说》，东京：三省堂，昭和二四年版。

岩村忍:《蒙古の欧洲远征》，东京：三省堂，昭和十六年版。

岩井大慧:《元代东西交通略考》，收入东京帝国大学史学会编:《史学会创立五十周年纪念 东西交涉史论》上册，东京：富山房，昭和十四年。

羽田亨:《元朝驛傳雜考》，東京：東洋文庫，1930年。

佐伯好郎:《支那基督教の研究》第2、3册，东京：春秋社，昭和十八、十九年版。

书成后记

本书是我承担的教育部人文社会科学研究项目"鸦片战争以前西方人士的'北京经验'研究"(11YJA770040)和国家社科基金项目"鸦片战争前北京与西方文明研究"(12BZS070)的最终成果。从 2006 年我应约在同心出版社出版的《北京文化发展研究报告 2006》《2005 北京文化发展报告》分别发表《中外文化交流史上的北京》《北京文化的国际化与城市竞争力的提升》两文，到 2008 年为外语教学与研究出版社主编"京华往事丛书"(Memories of Peking)，再到 2011 年教育部人文社会科学研究项目立项资助我申报的课题，我在这一研究领域实际工作已有十二三年时间。

这是一次学术长征。在本书出版之际，我想简要回顾自己从事这项研究工作的大致历程。当初我萌发研究这一课题的动机，既是为满足自己蓄积已久的学术兴趣，也是有意寻求新的学术生长点。我的工作依循稳健发展、扎实推进的思路，从易到难，逐步深入。北京大学图书馆接收了原燕京大学、中法大学、中德学会等多家机构的图书资料，皮藏有丰富的早期西方汉学文献，为我的研究提供了极大的便利。而这一课题涉及多种语言的历史文献，对我来说几乎又构成一道天然障碍。2010 年上半年我首先选择从《马戛尔尼使团的"北京经验"》(第八章)入手，因为这一章的文献材料主要是自己能够阅读的英语文献，其可资利用的材料十分丰富，当时虽有法国学者佩雷菲特、美国学者何伟亚等人富有影响力的研究成果问世，但对马戛尔尼使团的"北京经验"仍缺乏自觉的探讨。为了克服外语阅读的局限性，对于那些自己没有掌握的西语文献，我采取选择大家认可的译本和查阅相关的权威工具书加以核对来弥补。2010年下半年到2011年,我撰写了本书的第二到四章,这三章的核心材料实为采用已有比较可靠的中文译本,如《利玛窦中国札记》《利玛窦全集》《耶稣会与天主教进入中国史》、安文思著《中国新史》、李明著《中国近事报道》、《耶稣会士中国书简集》《十七世纪俄中关系》《在华俄国外交使者(1618—1658)》等,这些译著大多系新近出版,国内史学界尚少见利用,它们内含有丰富的西人"北京经验"材料。当我接触这些文献时,立即就有一种如获至宝之感,发现的冲动油然而生。2011年底我撰成这四章后,实际上已接近完成本书内容的一半,我内心有了继续掘进的底气和信心。2012年申请国家社科基金立项如愿以偿。2013年我撰写本书的第一章,2014年上半年完成本书的总结。随着研究的逐步展开,我可以说进入了这一课题的深水区,在材料、语言方面都遇到了难以克服的各种困难,进展维艰。我曾有意请相关专家来写第七章《俄国东正教的"北京经验"》,但因他们实在太忙,无暇接受约请,只好多次请教陈开科、柳若梅诸友,自己勉力撰写了这一章。

在此期间,我因打算修订过去出版且早已脱销的《胡适文集》《傅斯年全集》,清理自己在五四运动史、胡适、傅斯年方面的研究成果,增订《严复评传》,以为自己此前二十年的学术成果加工升级、汇集成书;加上又接受了国家出版基金项目《中国近代思想家文库·蔡元培卷》《傅斯年卷》,两岸暨香港、澳门合作项目《中华民国专题史研究》第二卷的约稿,可以想象这一段的工作极为忙碌、紧促,本项课题的结题因此往后延期了两年。

在我的研究过程中,承蒙诸多新老朋友、同道的邀请,参加了多场相关学术研讨会。这些会议包括:2010年5月22—23日,在北京参加中国社会科学院近代史研究所主办的"第三届中国与世界国际学术研讨会",提交论文《狮与龙的对话——英国马戛尔尼使团的"北京经验"》;10月30日—11月1日,赴南京参加《中国社会科学》杂志社与南京大学历史系共同主办的"第四届历史学前沿论坛",提交论文《十七世纪西方耶稣会士眼中的北京——以利玛窦、安文思、李明为中心的讨论》。2011年7月8—10日,在首都师范大学参加"美国世界史学会第20届年会",提交论文《十八世纪法国耶稣会士的"北京经验"》;11月16—20日,赴香港参加由香港树仁大学、浸会大学主办的"中国与世界"国际学术研讨会,提交论文《来自北极熊的窥探——十世纪俄罗斯遣使的"北京经验"》。2012

年9月20—23日,赴河南登封市参加北京大学高等人文研究院等机构主办的嵩山论坛——"华夏文明与世界文明对话",提交论文《欧洲与中国文明对话的新开端——以西人在元大都"汗八里"的经验为中心的考察》。2013年4月3—5日,赴西安参加陕西省人民政府主办、西北大学承办的"清明·弘扬民族独特传统文化"学术交流会,提交论文《盛世下的忧患——中西关系视角下的康雍乾盛世》。2014年11月3—5日,赴奥地利维也纳参加中华炎黄文化研究会、北京外国语大学、维也纳大学等单位主办的"中欧文化交流的过去与未来——21世纪中华文化世界论坛第八届国际学术研讨会",提交论文《俄罗斯东正教在京活动述评(1716—1859)》;11月22—23日,在北京参加中国社科院近代史所、北京大学历史学系主办的"战争与外交:第五届近代中外关系史国际学术研讨会",提交论文《俄罗斯东正教传教团的"北京经验"》。2015年4月2—5日,赴西安参加陕西省人民政府主办、西北大学承办的"文以载道·文以化人"清明黄帝文化学术交流会,提交论文《文明的冲突与权力的博弈——以"中国礼仪之争"为中心的讨论》;6月5—6日,参加北京大学东方学研究院主办的首届"21世纪东方文化论坛"国际学术研讨会,提交论文《朝拜东方帝都——马可波罗的"汗八里经验"》;10月17—18日,参加由北京大学主办的海峡两岸暨香港人文社会科学论坛"中华文化与现代世界——纪念新文化运动一百周年"和10月24日由北京师范大学历史学院中国近现代史研究中心主办的第三届"近代文化与近代中国"国际学术研讨会,提交论文《国际视野下的北京研究——〈北京与西方文明〉导论》。应邀参会提交的论文或收入论文集,或在国内外学术刊物发表。通过参加这些学术研讨会,我得以结识不少同行朋友,获得向他们请教的良机。在此,我谨向这些研讨会的主办者和邀请人,表示衷心的感谢!

在进入新世纪后,我有幸获得了一些出国访学或客座研究的机会。2001年7月—2002年6月获Freeman Fellowship资助,赴美国伊利诺伊大学(UIUC)访学。2006年9月—2007年3月、2011年12月,两度赴德国柏林自由大学汉学系访学并讲授中国近代史料学、中国近代思想史课程。2011年10月、2014年6月—8月,两度赴台北近代史研究所从事研究。2013年7、8月,赴日本东京大学访学。2016年6月—9月,赴英国牛津大学中国研究中心访学。我还多次应李又宁教授邀请,赴美国纽约圣约翰大学参加国际学术研讨会。每次外访期间,不管时间长短,我都会利用各种可能的途径查阅、搜集资料,与海外同行进行交流。这些海外访学对于拓展我的研究视野,了解西方社会与文明,提供了必要的观察机会。在此,我谨对出境访问期间提供接待、资助的海外机构、北京大学人文基金及其海外学者于子侨、李又宁、罗梅君(Mechthild Leutner)、余凯思(Klaus Mühlhahn)、巴斯蒂(Marianne Bastid-Bruguière)、黄克武、村田雄二郎、拉纳·米特(Rana Mitter)诸位教授,表示诚挚的谢意!

本著的大部分章节,在撰成后得以在国内外各种刊物上发表或转载,如导论第二节(载《史学月刊》2015 年第 9 期,中国人民大学复印报刊资料《历史学》2015 年第 12 期复印)、第一章(第一、五至七节载《北京大学学报》(哲学社会科学版)2013 年第 5 期,中国人民大学复印报刊资料《宋辽金元史》2013 年第 6 期复印;第二至四节载《中国高校社会科学》2016 年第 1 期)、第二章(载《历史研究》2011 年第 3 期,中国人民大学复印报刊资料《明清史》2011 年第 9 期复印)、第三章(载《中国文化》2013 年秋季号,中国人民大学复印报刊资料《明清史》2013 年第 12 期复印)、第四章(载《中国文化》第 34 辑,2011 年秋季号;*Chinese Studies in History*, vol. 46, no. 2, Winter 2012—13, pp. 35—57)、第五章(第一节载《北京行政学院学报》2015 年第 6 期,中国人民大学复印报刊资料《明清史》2016 年第 1 期复印)、第七章(第三节载《安徽史学》2016 年第 1 期;第一、二、四节载《华中师范大学学报》(哲学社会科学版)2016 年第 3 期;第五节收入《近代中外关系史研究》第 5 辑,北京:社会科学文献出版社,2015 年 11 月,第 70—77 页)、第八章(第二、三节载《北京社会科学》2010 年第 6 期;第一节载《国际汉学》第 25 辑,郑州:大象出版社,2014 年 4 月出版,第 102—113 页)、总结(载《北京大学学报》(哲学社会科学版)2014 年第 5 期,中国人民大学复印报刊资料《明清史》2014 年第 12 期复印,《新华文摘》2014 年第 23 期转载)。在此,我谨向提供发表园地的这些刊物及其责任编辑(恕我不一一点名),表示诚挚的感谢!

2016 年 6 月初我向教育部社科司、国家社科基金规划办提交了本课题的结项报告。在随后的一年多时间里,我继续进行修改,"北京大学人文学科文库"总主编申丹教授多次督促、关照。2017 年 12 月我正式将改订稿交给北大出版社和香港三联书店,获得了两社的认可,将其纳入"北京大学人文学科文库""三联学术文库",拟出简体版、繁体版,随后进入编辑流程。在编辑过程中,责任编辑张晗认真、细致地审查书稿,北大研究生李乐、邓成、郑鑫、付政、陈少卿协助核校引文,减少了不少差误,使拙作得以以现在这样过得去的面貌出版。在此,我谨对参与评审本课题结项报告、书稿的陈佳荣、耿昇、李孝聪、张西平、任大援、陈开科等教授和匿名评审的其他先生,对北大出版社责编张晗、香港三联书店总编辑侯明、责编顾瑜,表示衷心的感谢!

过去十年我有意识地在学术上转型,一方面继续推进在中国近现代思想史研究领域的工作,寻求新的提升和拓展;一方面开拓中西文化交流史研究,寻找新的学术发展空间,可谓两栖作战。面对新潮如涌的学术浪潮,我以夸父追日之精神,只争朝夕,尽可能以较快速度消化中外学术界的相关前沿信息,使之融会于自己的研究成果。

在拙著即将问世之际,我怀着忐忑不安的心情看着这个新生儿的诞生,这样说并非自谦。当我向出版社交付书稿时,就感觉尚存这样那样不尽人意之处。追求完美当然是每一个学者的最高境界。但研究工作总有阶段性之分,我应该对过去在这一领域的工作成果先作一个交代。我的下一个目标是启动续篇的研究——"近代北京与西方文明"。至于本书所存的问题,就留待以后有机会再修订、增补吧!

2018 年 5 月 14 日于京西水清木华园